陕西师范大学研究生教材建设项目
"文学人类学理论与实践"（GERP-19-19）成果

陕西师范大学中国语言文学"世界一流学科建设"成果

文学人类学理论与实践

李永平　主　编
李泽涛　副主编

中国社会科学出版社

图书在版编目（CIP）数据

文学人类学理论与实践 / 李永平主编. —北京：中国社会科学出版社，2021.1

ISBN 978-7-5203-7817-8

Ⅰ.①文… Ⅱ.①李… Ⅲ.①文化人类学—研究 Ⅳ.①C958

中国版本图书馆 CIP 数据核字（2021）第 025603 号

出 版 人	赵剑英	
策划编辑	王丽媛	
责任编辑	张　潜	
责任校对	刘　洋	
责任印制	王　超	

出　　版	中国社会科学出版社	
社　　址	北京鼓楼西大街甲 158 号	
邮　　编	100720	
网　　址	http://www.csspw.cn	
发 行 部	010-84083685	
门 市 部	010-84029450	
经　　销	新华书店及其他书店	

印　　刷	北京明恒达印务有限公司	
装　　订	廊坊市广阳区广增装订厂	
版　　次	2021 年 1 月第 1 版	
印　　次	2021 年 1 月第 1 次印刷	

开　　本	710×1000　1/16	
印　　张	43	
插　　页	2	
字　　数	640 千字	
定　　价	198.00 元	

凡购买中国社会科学出版社图书，如有质量问题请与本社营销中心联系调换
电话：010-84083683
版权所有　侵权必究

编委会

（按照姓氏拼音字母排序）

郭明军　胡建升　黄　悦　惠　嘉　孔　军
李　川　李永平　李泽涛　刘俐俐　彭兆荣
宋莉华　苏永前　谭　佳　唐启翠　王　倩
王明道　王明珂　徐新建　叶舒宪　赵周宽

总　　序

　　陕西师范大学中国语言文学学科至今已经走过了 70 多年的发展历程。数代学人培桃育李、滋兰树蕙，在学科建设、人才培养、科学研究以及社会服务等方面取得了令人瞩目的成就，涌现出了一批蜚声海内外的硕学鸿儒，形成了"守正创新、严谨求实、尊重个性、兼容并包"的学术传统和"重基础训练、重理论素质、重学术规范、重人文教养、重社会实践、重能力提高"的人才培养特色，铸就了"扬葩振藻、绣虎雕龙"的学院精神。数十年来，全体师生筚路蓝缕、弦歌不辍，获得中国语言文学一级学科博士授予权、中国语言文学一级学科博士后科研流动站，中国古代文学学科也跻身于国家重点学科；建成"国家文科（中文）基础学科人才培养和科学研究基地"，教育部、国家外国专家局"长安与丝路文化传播学科创新引智基地"，教育部"2019 年全国普通高校中华优秀传统文化传承基地""陕西师范大学语言资源开发研究中心""陕西文化资源开发协同创新中心"等多个省部级科学研究平台；汉语言文学专业为教育部特色建设专业、陕西省名牌专业、入选陕西省"一流专业"建设项目，秘书学专业和汉语国际教育专业也入选陕西省"一流专业"培育项目；形成了从本科、硕士、博士到博士后完整的人才培养和科学研究体系，中国语言文学学科走上了稳健、持续发展的道路。

　　2017 年，中国语言文学学科被教育部列入"世界一流学科"建设学科，迎来了难得的发展机遇。中国语言文学学科全体师生深知"一流学科"建设不仅决定着我校中国语言文学学科能否在新时代开创新局面、取得新成就、达到新高度，更关乎陕西师范大学的整体发展。在学校的正确领导下，各有关部门同心协力，兄弟院校及合作机构鼎力支持，文学院同仁更是呕心沥血、发愤图强，学科建设取得了显著成效。为了及时汇总建设成果，展示学术力量，扩大学术影响，更为了请益于大方之家，与学界同仁加强交流，实现自我提高，我们汇集本学科师生的学术著作（译作）、教材等，策划出版"陕西师范大学中国语言文学世界一流学科建设成果"丛书和"长安与丝路文化研究"丛书，从不同的方面体现我们的研究特色。

丛书的出版得到了陕西师范大学学科建设处、社会科学处以及有关出版机构的大力支持，在此一并致谢！

作为陆路丝绸之路的起点与丝路文化中心城市高校，我们既承载着历史文化的传统与重托，又承担着新时代的使命与责任。作为新时代的中国语言文学学科，既古老又年轻，既传统又现代，包容广博，涵盖古今中外的语言与文学之学。即使是传统的学术学科，也是一个当下命题，始终要融入时代的内涵。用一种人人参与、人人分享的形式，借助于具体可感的学术载体，传播中华优秀传统文化，发扬中华优秀传统文化，彰显中华现代文明，这是新时代人文社会科学工作者的重要使命。"士不可以不弘毅，任重而道远。""一流学科"建设永远在路上，中华优秀文化的发扬光大永远在路上。我们将不忘初心，不辱使命，努力前行！

陕西师范大学文学院院长　张新科

2019 年 10 月 30 日

前　言

1930年，陈寅恪先生曾提出"预流"与"未入流"之说，① 发现新材料，或者重新解释，我们才能找到新问题，引领知识创新。在现代中国，文学人类学的研究萌蘖于20世纪早期域外"东方学"研究激荡起的"发现中国""建构国学"的社会文化转型。1918年北京大学发起的"歌谣运动"，对童谣、谶语、格言等进行搜集整理，拉开了文学人类学，或者说文学的人类学研究在现代中国的序幕。②

在学理上，人类学与域外直接关联的是20世纪80年代以来对西方论著的译介，其中包括人类学学家弗雷泽、文艺理论家弗莱、精神分析学派代表人物卡尔·荣格（Carl Gustav Jung）的著作。格尔兹的《文化的解释》，马尔库斯、费彻尔编撰的《作为文化批评的人类学——一个人文学科的实验时代》，克利福德和马库斯编的《写文化——民族志的诗学与政治学》，伊瑟尔的《虚构与想象：文学人类学疆界》和布莱迪的《人类学诗学》是这一工作的延续。《人类学诗学》主张虚构人类的本质力量，或认为人不仅是生物的存在和经济与社会的动物，就其本质属性而言也是"故事讲述者"（Storytellers），从而提出创建围绕文本、表演及审美现象等展开的"民族志诗学"（Ethnopoetic）。③

---

① 陈寅恪：《金明馆丛稿二编》，生活·读书·新知三联书店2001年版，第266页。
② 《北京大学征集全国近世歌谣简章》，《北京大学日刊》1918年2月1日；《新青年》第4卷第3号，1918年3月15日。相关研究可参见徐新建《民歌与国学：民国早期"歌谣运动"的回顾与思考》，巴蜀书社2006年版。
③ ［美］伊万·布莱迪编：《人类学诗学》，徐鲁亚等译，中国人民大学出版社2010年版。

行政管理机构确认"文学人类学研究"始于1996年。这一年在长春,"中国文学人类学研究会"正式成立。次年,在厦门举办的首届学术年会上,北京大学的汤一介、乐黛云,从台北专程赶到的人类学家李亦园到会支持。来自多学科前沿的中青年学者包括曹顺庆、庄孔韶、杨儒宾、易中天、郑元者、宫哲兵及潘年英等纷纷发言,向学界宣示了一门"现代学术传统中有本土色彩与独创性、能与西学方法接榫并创新的新兴学科"的诞生。

新时期以来,中国文学人类学取得了比较丰硕、厚重的学术成果,例如已出版了"中国文化的人类学破译丛书",这套"中国文化的人类学破译丛书"从全新的角度重新解读中国上古最重要的典籍,将传统训诂—文献格局引向现代跨文化阐释的方向,凸显文化人类学视野对于文本研究的穿透力。"文学人类学论丛""中华文明探源的神话学研究丛书""神话历史丛书",展现文学人类学青年学者采用四重证据法的个案探索,如:谭佳《断裂中的神圣重构:〈春秋〉的神话隐喻》、唐启翠《礼制文明与神话编码:〈礼记〉的文化阐释》、林炳僖《韩国神话历史》、金立江《苏美尔神话历史》等。"神话历史丛书"由此切入中国古史传说与民俗—口头文化,再现比"书面文本"更高的"诗性真实"和古史本相。让以"民俗神话学"为核心的文学人类学介入或者建构"新考据—诠释学",对古史与传统礼俗进行新的"还原"与破译。国家出版基金项目支持的"神话学文库""文学与人类学原创书系""文学人类学博士文丛""华夏文明之源·玉帛之路丛书"等,在学术界产生了广泛而深远的影响。

曹顺庆认为,中国文学人类学新时期四十年的发展有助于文学史观的进步,这是通过中国文学人类学对两个问题的反思体现的。首先是少数民族文学"失语"的问题。在通行的文学史著作中,少数民族文学的研究往往被忽视,这导致了众多民族的文学在文学史中的"失语","中国文学史"只是"中国汉族古代文学史"。其次是口传等原生态文学"失语"的问题。历史上长期存在着的夷夏之辨和雅俗之分,使文学研究者先入为主地局限在"精英文学"的范畴内,而"精英文学"

是建立在书写基础之上的。这很明显地忽视了广泛存在的口传文本。①文学人类学以其对主流之外、文字之外的文学样式的关注，拓展了文学研究的视野，丰富了中国文学的内涵。不仅有利于破除汉民族文化霸权、精英文化霸权，也是对西方中心的文化霸权的消解与反抗。

三十多年来，文学人类学始终坚持在"世界眼光"与"中国学问"思想下对西方理论与方法的吸收与创造，使之能适应中国本土的问题；以"破"为策略，跨越学科藩篱，消除学科本位意识和门户之见对学术研究的阻力，逐步完成了从文本到田野的研究观念和研究范式的变革；以"立"为目标，创立具有中国内涵和特色的文学人类学理论话语体系。②经过30年的实践和理论探索，中国文学人类学研究已初步形成了自身的一些学术话语，如神话中国、神话历史、大小传统、文化符号编码理论、文学人类学表述、文化遗产等。我们看到，文学人类学已成为名副其实的前沿交叉学科，发挥着引领知识创新的作用。

在研究方法上，自从1996年在中国比较文学学会第五届学术年会期间成立作为二级学会的"文学人类学研究会"以来，逐渐将其独家倡导的人类学方法（以田野作业为特色的方法，关注非文字的符号证据，包括口传与非遗）和研究视野的引入，作为国学考据学方法的"第三重证据"，从而在国学研究原有的20世纪新方法论二重证据法基础上，拓展为三重证据法。③在2005年进一步融合考古学和艺术史方面的学术资源，再度拓展出四重证据法，即将口传文化、仪式展演等人类学研究特色资源作为三重证据，将考古学发掘的遗址、文物和图像等作为第四重证据，进而在2010年提出"文化大传统"（Big Tradition）的全新理念，特指无文字时代的或先于文字符号的文化传统。文学人类

---

① 曹顺庆：《三重话语霸权下的少数民族文学研究》，《民族文学研究》2005年第3期。
② 代云红：《新时期以来中国文学人类学的历史展望》，《文学人类学研究》2018年第1辑。
③ 孟华主编：《三重证据法》，吉林大学出版社2009年版。叶舒宪：《人类学与三重证据法与考据学的更新》，载《诗经的文化阐释》，湖北人民出版社1994年版，"自序"第1—16页。

学研究自觉地引领研究者走出文字和文献本位的研究窠臼，将文化传统的深度探索目标进一步理论化，即引导学者从文字文本研究朝向"文化文本"构拟的创新之旅。在此基础上，尽量找出从无文字大传统到文字小传统的"榫卯结合部"，从而形成对文化整体的和深度的动态认识。与此同时，参照民间口传的活态文化及其他文化和文明（第三重证据），以便重建在当今的书本知识世界中早已失落的古代文化，实现动态重建，或称再语境化，或称情境化，尝试努力"激活"文献叙事和考古发现的文物图像。[①] 叶舒宪教授从黄帝号轩辕又号有熊的千古谜题开始，联系伏羲为何号黄熊，鲧禹皆能化熊，楚王为什么会有25位都要以熊为名号，从穴熊和鬻熊开始，直到熊通、熊丽、熊狂……辽宁建平的牛河梁红山文化女神庙中出土的真熊头骨和泥塑熊像和熊掌，追溯至距今5000年以上的"熊图腾"，堪称石破天惊的考古新发现。从齐家、二里头出土的镶嵌绿松石的熊形铜牌，玉红山文化遗址出土的玉质熊神偶像的塑造到夏商周三代，从"物证"着手，破解黄帝时代的神话、图腾与信仰情况，都是这一工作的范例。

可以说，2010年叶舒宪教授的研究生教材《文学人类学教程》的出版是一个标志性的事件，它对之前二十多年"文学人类学"的发展进行了阶段性总结。在此之前，从本科生到博士生，尽管文学人类学相关课程的教学，已经在国内二十余所院校开展了近20多年，但是，对此前文学人类学研究进行"教科书式"总结，这还是第一次。

《文学人类学教程》被纳入中国社会科学院研究生重点教材。乐黛云先生在序言中高度评价，认为"文学人类学是20世纪比较文学领域催生的跨学科研究"，在中国人文学界培养并形成了"富有创造力，创新活力的知识群体"，该群体从中国实际出发，立足于跨文化、跨学科的视野，"深入阐释和反思本土文学与文化现象，其学术成就和实践，不但为文学研究开辟了新的生长点，而且为文化学，民族学，宗教学等

---

① 文学人类学研究会主编，陕西师范大学人文社会科学高等研究院承办：《文化文本》创刊号，商务印书馆2020年版。

多学科建构了新的平台"。①

随着社会思潮的急剧转向，高等教育发生了深刻的变革，总结起来包括：高等教育面向大国复兴的社会实践转向，学术研究向新文科、新工科的交叉融合转向，教育手段向高技术和数字化转型。尤其是近几年学术研究范式的革命——"新文科"建设，要求进一步促进"学科交叉融合"，②通过跨学科交叉、多学科协同为各学科人才培养、知识体系创新与发展注入活力、提供动力，深度参与中国特色话语体系建设，切实发挥学科建设的引领作用。③

正像钱乘旦所讲的那样，今天到了这么一个临界点：若再不打通学科之间的界限，那么不仅知识的增加日益不可能，而且连更深入的研究都难以做到了，学科界限成了障碍。到这时，突破学科分割，实行学科之间的交叉，用不同学科的方法和角度以及不同学科之间的知识积累，对某些问题做共同的探讨，就成为新的需要。④

学科交叉促进新知识的诞生，新观念的形成，使研究走向深化，这些在单一学科的框架下是得不到的。文学人类学借助文献学、考古学、分子人类学、大历史的学科交叉，以及文理交叉推动了学科向纵深发展，形成了神话考古、神话与古史、认知神话学、文化文本、图像学、故事人类学、文化禳灾、医疗社会史等研究领域。

文学人类学是 20 世纪后期的跨学科研究大潮中涌现的新兴交叉学科，作为预流，从文学文本到文化文本，由书写本位上溯至信仰驱动的神话观，通过四重证据法，重建文化大传统新视野，从中细化出以物与图像叙事为基点的 N 级编码理论，进而借助于玉石神话信仰探索华夏

---

① 乐黛云：《序》，参见叶舒宪《文学人类学教程》，中国社会科学出版社 2010 年版，第1—2页。
② 张江：《用科学精神引领新文科建设》，《上海交通大学学报》（哲学社会科学版）2020 年第 1 期。
③ 宁琦：《社会需求与新文科建设的核心任务》，《上海交通大学学报》（哲学社会科学版）2020 年第 2 期。
④ 钱乘旦：《文科为什么要交叉——兼论知识发展的一般规律》，《文化纵横》2020 年第 5 期。

文明认同的深层文化基因。虽然就华夏文明的某些特性或称"中国性"（Chineseness）而言，"我们可能永远也无法确切地知道中国性，到底是如何形成的，也难以彻底了解古代中国性的所有详情，而且，需要研究的问题永远比答案多"[①]。但也正因如此魅力的存在，随着知识考古学新知的不断更新与推进，这就为适时发挥文学人类学理论的阐释效力、探究此类问题提供了可能性契机。

近年来，文学人类学研究取得了很多成果，叶舒宪、徐新建、彭兆荣、程金城、王宪昭、张进、李永平、宁梅等主持的由文学人类学理论引领的国家重大社科招标项目获批立项，文学人类学理论取得了进一步拓展。如今，超越近代殖民话语体系——西方话语，走出与中国文化传统相扞格的文化藩篱，在口头与田野实践中把握人类叙述的诗性根脉，主张多学科交叉融合，它引领的文化和学术转向会随着时间的推移进一步显现出来。在教学活动中，亟须体现近十年来，文学人类学研究的新成果。2020 年，陕西师范大学启动了《文学人类学教程》的配套教材建设项目，以"读本"的形式，选入了近 30 年来文学人类学理论与实践成果。"读本"整体分为三个部分，尽力呈现出文学人类学的前沿动态。

李永平

2020 年 12 月

[①] 刘莉、陈星灿：《中国考古学：旧石器时代晚期到早期青铜时代》，生活·读书·新知三联书店 2017 年版，第 419 页。

目　　录

第一编　文学人类学理论

人类学与文学——知识全球化、跨文化生存与本土
　　再阐释 …………………………………………… 叶舒宪（3）
文学人类学的中国历程 ………………………………… 徐新建（22）
整合与创新：中国文学人类学研究七十年…………… 谭　佳（36）
从"中国神话"到"神话中国"
　　——文学人类学对神话研究范式的变革…… 叶舒宪　公维军（52）
文学何为？
　　——文化大传统对文学价值的重估 ……………… 李永平（63）
第四重证据：比较图像学的视觉说服力
　　——以猫头鹰象征的跨文化解读为例 …………… 叶舒宪（75）
玉石神话与中华认同的形成
　　——文化大传统视角的探索发现 ………………… 叶舒宪（92）
英雄·孝子·准弃子
　　——虞舜被害故事的文化解读 …………………… 尚永亮（122）
网络游戏角色扮演的艺术人类学思考 ………………… 赵周宽（138）
中国古代"小说"概念的中西对接 …………………… 宋莉华（163）
人文科学内部深度问题汇合转换研究范式的原理与意义
　　——以文学经典、故事和方法论等深度问题的汇合
　　　转换为中心 …………………………………… 刘俐俐（184）

第二编 文学人类学的周边

边界的空隙：一个历史人类学的场域 ………………… 彭兆荣（207）
历史事实、历史记忆与历史心性 …………………………… 王明珂（222）
族群历史之文本与情境
　　——兼论历史心性、文类与范式化情节 ………… 王明珂（243）
历史就是再表述
　　——兼论民族、历史与国家叙事 ………………… 徐新建（263）
神话叙事中的"历史真实"
　　——人类学神话理论述评 …………………………… 彭兆荣（274）
民族志"书写"：徘徊于科学与诗学间的叙事 ………… 彭兆荣（291）
民族志视野中"真实性"的多种样态 …………………… 彭兆荣（305）
人类学仪式理论的知识谱系 ……………………………… 彭兆荣（329）
论叙事传统 ………………………………………………… 傅修延（347）
人类为什么要讲故事
　　——从群体维系角度看叙事的功能与本质 ……… 傅修延（360）
"神话历史"
　　——论一种新的神话观与历史观 ………………… 赵　菌（390）
文化遗产关键词：天命 …………………………………… 彭兆荣（404）

第三编 文学人类学实践

远古部族文化融合创新与《九歌》的形成 ……………… 江林昌（423）
一则中国古代神话与仪式的结构学研究 ………………… 李亦园（459）
引魂之舟：战国楚《帛画》与《楚辞》神话 …………… 萧　兵（474）
伊甸园生命树、印度如意树与"琉璃"原型通考
　　——苏美尔青金石神话的文明起源意义 ………… 叶舒宪（506）

乞桥·乞巧·鹊桥
　　——从文化编码论看七夕神话的天桥仪式原型 …… 叶舒宪（536）
石家河新出土双人首玉玦的神话学辨识
　　——《山海经》"珥蛇"说的考古新证 ………… 叶舒宪（558）
生死两界"送魂歌"
　　——《亚鲁王》研究的几个问题 ……………… 徐新建（584）
文学人类学视野下的谣言、流言及叙述大传统 ………… 李永平（606）
神话学的话语机制及其变迁 ……………………………… 黄　悦（628）
涿鹿之战
　　——一个晒盐的故事 ……………………………… 吴晓东（641）
上古授时仪式与仪式韵文
　　——论《夏小正》的性质、时代及演变 ………… 韩高年（660）

ant
第一编 文学人类学理论

人类学与文学

——知识全球化、跨文化生存与本土再阐释

叶舒宪[*]

一 两种"人学"相遇：文学和人类学

文学爱好者都熟悉高尔基的著名比喻——文学是人学。还有一门同样以人为对象的学问，文学爱好者却不很熟悉。那就是人类学。

"人类学是人的科学。"[①] 这是美国人类学家克鲁伯（A. L. Kroeber）在他的专业教科书《人类学》第一章第一节写下的第一句话。

人学与人的科学，用字虽有繁简之别，但从常识判断，大致可以看成同义词。将这两个理论命题放在一起，人们自然会产生疑问：文学与人类学这两门人的学问之间，在其对象上有怎样的相关性，在内容范围上有哪些重合点，在视角和方法上又会有怎样的外在与内在联系？二者的联系是如何开始的，又将以何种方式延续下去？

当初，也就是20世纪的早期，高尔基和克鲁伯分别讲出他们的名言时，上述的学科关联性问题还没有明确出现。文学圈子里的人只是在比喻的意义上理解高尔基的"文学人学"说，并且津津乐道。克鲁伯在他的教科书里只注意区别了作为晚生的"人的科学"的人类学与其

---

[*] 叶舒宪，上海交通大学资深教授，中国民间文艺家协会副主席，中国比较文学学会副会长。

[①] Kroeber, A. L., *Anthropology*, New York: Harcourt, Brace and Company, 1923, p. 1.

他研究人的学科（如生理学，医学）、其他研究人的作品（works）的学科（如政治史、经济学、文学批评和艺术史）之间的差异，因为他的目的是要说明人类学的特性所在。至于学科关联性，他只是一笔带过："肯定有确实的和可探究的关联。"仅此而已。当年的人类学尚处在初出茅庐阶段，为了争取它在大学课堂上的合法地位，人类学家们所要强调的当然是学科的独立和特殊的一面。

到了20世纪后期，在无情的市场社会和新兴媒体的双重夹击下，作为"人学"的文学逐渐失去了往昔的神圣性和号召力，遇到前所未有的生存危机，诸如"文学已死"或"后文学时代"的说法已为人们所熟悉。作为"人的科学"的人类学虽然也经历其自身的学科危机和表现危机，但却以其特有的核心范畴"文化"为媒介，给包括文学在内的人文、社会科学变革与重组带来广泛作用。受此影响，人类学与文学的关联性受到空前的关注，我们不仅看到诸如"文学与人类学"或"人类学与文学"之类的学术研讨会和著作名称,[①] 而且还名正言顺地出现了"文学人类学"和"人类学诗学"这样的科际嫁接或跨学科转基因杂交的新名目。此类迹象与打破学科的文化研究的同步发展，预示着传统的文学创作、文学理论和文学批评都在面临着一种大变化的格局。

系统地梳理文学与人类学两大学科之间产生的互动、交叉和理论创新的主要线索,[②] 描述在这个重叠的边缘地带所滋生的新的理论与视角的变化轨迹，回顾文学人类学研究在过去一个世纪中取得的进展与成绩，展望它在知识全球化时代的科际整合与重构中的发展前景，是尝试文学人类学研究和理论建构的必要条件。期望这些工作能够对"后文

---

① Dennis, P. A. and Aycock, W., eds., *Literature and Anthropology*, Lubbock, Tex., U. S. A.: Texas Tech University Press, 1989. 并参见李亦园为"文学人类学论丛"撰写的总序《从文化看文学》，见叶舒宪编《文学与治疗》，社会科学文献出版社1999年版。

② 关于人类学与文学创作在20世纪的对应发展与相互作用，拙文《论20世纪文学与人类学的同构与互动——从超现实主义到魔幻现实主义》有初步探讨，见《东方丛刊》2001年第2期。

学时代"的文学研究和文化研究方法提供一些可资借鉴的背景资料，为拓展我们的人文视野和重塑我们的文化身份与学科身份提供某种参照。

二 人类学产生的大前提

文化人类学这门学科的产生同知识全球化的进程是息息相关和互为表里的。

没有地理大发现所带来的全球航行和全球贸易，世界一体化的实现就没有可能。建立在世界一体化基础上的知识更新和观念变革，直接催生出了世界文化的整体意识，以及把世界各地的人视为同类的"人类"意识。人类学只有在世界文化的整体意识和人类意识形成之后才得以诞生。"大发现"不仅是地理的大发现，而且也是人类的大发现。[①]

这就说明了为什么人类学在整个人类知识发展中显得相当滞后，一直到19世纪后期才姗姗来迟地作为新兴学科加入到晚生的社会科学的门类中来。

按照19世纪哲学家黑格尔的看法，理性的人区别于动物的本质就在于发展出了"自我意识"。他还认为世界历史发展到古希腊文明时，人类才达到真正的自我意识。但是他没有想到的是，人类意识的产生在世界史和思想史上之所以如此滞后，甚至还要大大晚于生物学、植物学和人体解剖学，其根本原因在于人类各个社会集团过去始终无法超越"自我中心"的认识局限，总是习惯于把自己的民族和自己的文化看成是属人的或高等人的，而将一切文化他者视为非人的或低等人的。人类在文化观念上的这种偏见和盲点居然伴随着所谓理性和自我意识延续了两千多年，乃至体现在黑格尔这样近代以来最渊博的知识体系构建者身

[①] 参见 Geana, G., "Discovering the Whole of Humankind", in *Fieldwork and Footnotes: Studies in the History of European Anthropology*, Vermeulen, H. F. ed., London: Routledge, 1995, pp. 60 – 72.

上。他在《历史哲学》中把他所从属的西方基督教文明描述为人类历史发展的最高代表时，他在贬低东方人不知道自由、不懂得自我意识时，显然仍深陷在传统的种族主义偏见中不能自拔。而以希特勒为代表的德国法西斯在20世纪中期仍然坚信日耳曼种族优越论，并以此为理由对他们所认为的低等人类如犹太人等实行灭绝政策，这就充分说明了新建立的"人类"意识还是多么的不普及和多么的脆弱，而传统的党同伐异的种族观念和族群认同又是多么的顽固和难以改变。

人类学学者陈其南指出，人类的族群差别虽然有其生物性的基础，例如白种、黄种和黑人等一般性的分法，但是其连续性仍然十分清楚，有些族群实际上不能根据生物特质断然划分。另一方面，我们看到许多最极端的"我群""他群"之分别，主要是建立在主观的文化和生活方式的差异。人类历史上最重要的敌对关系，并未发生于生物性的种族差异上，而是在文化、政治和经济的冲突方面。生物的种族差异只是附属的原因，甚至可能还是文化差异的结果。中国人在较早的时期对所谓"人"就有不同的看法，往往主观地认为只有汉文化才算是人，否则便是"夷狄"。因此，我们往往在异族的名称上加了犬、虫、羊等偏旁。一百年前，我们还会用"英猁猁"称呼英国人呢！这是文化差异的生物化。异民族一旦被视为异类或"非人"，任何非人性的行为便可能发生。这些异类马上变成了可杀可吃的对象，如一般野兽。人类的弱肉强食便是由此产生。地理大发现时代以来，西方殖民者在殖民地滥杀无辜土著。为了使屠杀合理化，不惜捏造事实，把澳洲土人说成是动物不是人，把他们描绘成奇形怪状，似人似兽的样子。[1] 至于为什么会出现把异族人看成非人的这种普遍现象，人类学家麦克杜格尔博士（Mcdougall）在1898年就有个说法："任何动物，其群体冲动，只有通过和自己相类似的动物在一起，才能感到心满意足。类似性越大，就越感到满意。……因此，任何人在与最相似的人类相处时，更能最充分地发挥他的本能作用，并且得到最大的满足，因为那些人类举止相似，对相同事

---

[1] 陈其南：《文化的轨迹》，春风文艺出版社1987年版，第49页。

物有相同的感情反应。"①

从这种解说来看,党同伐异似乎是人得自生物遗传的一种天性。由这种根深蒂固的天性出发,人类种族之间自发地产生彼此敌视和歧视的态度也就是顺理成章的了。人们在接受相似性的同时必然会排拒相异性。于是,丑化、兽化、妖魔化异族之人的现象自古屡见不鲜。② 人类学家报告说,从某些未开化民族的古代文献和绘画艺术中,可以找到种族歧视的许多实例。在法国山洞等地发现的旧石器时代的人类粗糙画像,就已显出这种倾向。

现在,人类经历了种族之间的无数次拼杀,在牺牲了无数同类之后,总算开始认识到不同种族和文化的人,原来都是具有同样本质的人类大家庭中的成员,他们彼此之间并无优劣高下之分,因而是可以和平相处,平等互补的。由于有了这种人类意识,人对自己同类任何歧视、残忍和侵害行为,都会受到道义上的谴责,被看作是人性之中的兽性遗留的表现。文化人类学这样一门以整个人类为对象的学科,只有在上述有关人类的全球认识的基础之上才有可能建立,而这门当初与殖民统治的需要多少有些联系的晚熟学科,在其发展和成熟的过程中终于走向了殖民主义的反面,成为反对新老种族主义和形形色色的民族主义的理论基石,也成为批判和解构殖民主义、西方文化霸权的重要学术力量。

三 知识全球化与人类学

从上述意义上看,人类学是知识全球化进程的伴生物;反过来看,人类学的发生和发展也积极促进了知识全球化的进程。这种促进作用主要体现在如下方面:

---

① [英] 哈登:《人类学史》,廖泗友译,山东人民出版社1988年版,第2—3页。
② 参见 O'Flaherty, W. D., *Other Peoples' Myths*, New York: Macmillan, 1988; Jahoda, Gustav, *Images of Savages: Ancient Roots of Modern Prejudice in Western Culture*, London: Loutledge, 1999; 拙作《〈山海经〉与"文化他者"的神话——形象学与人类学的分析》,《海南大学学报》(社会科学版) 1998年第2期。

第一,人类学的主要研究对象是非西方的文化传统。人类学家从世界各个边缘地区提供前所未有的"地方性知识"的报告,他们广泛的田野作业经验将西方传统以外的知识和信息传播于世,其客观的结果便是对于单一基准的欧洲中心主义知识观发起挑战,对自古希腊罗马以来确立的西方知识体系的普世价值与合法性提出质疑,促成多元主义的文化思想新格局。

第二,人类学的文化相对主义原则要求一视同仁地看待世界各族人民及其文化,消解各种形形色色的种族主义文化偏见和历史成见。这是对人类有史以来囿于空间界限而积重难返的"我族中心主义"价值取向的一次根本性改变。正如个体儿童认知发展过程就是不断消解自我中心的过程,各民族文化也只有在摆脱了"我族中心主义"的思维和情感定势之后,才有可能客观公正地面对异族人民和异族文化,建立起成熟的全球文化观。

这样一种摆脱了自我中心定式的文化观对于现代人文、社会科学研究者而言是至关重要的,因为它能够使研究者以相对中性的态度面对研究对象,减少妖魔化和乌托邦化的作用。出身于人类学专业后来成为著名社会学理论家的布尔迪厄,在一次访谈中指出:"在我看来,在社会科学中错误的主要来源之一是科学处于一种失控的状态,即没有控制好科学与对象之间的关系,这种状况导致了人们将与对象发生的关系投设到对象上。当我读社会学家写的一些作品时令我感到痛苦的是,那些其职业就是要使社会世界对象化的人,最后被证明他们很少能使他们自己对象化,他们很少能认识到他们那些形似实非的科学话语所谈论的东西其实不是对象本身,而是他们与对象之间的关系。"[①] 从布氏措辞中这两个"很少能"的关系可以看出,研究者偏离客观性的根本原因是没有意识到自己作为研究者的本位立场和社会偏见对自己眼光的限制。鉴于此,布尔迪厄提出,一种真正的反观社会学必须不断地保护自己以抵

---

① [法]布尔迪厄:《文化资本与社会炼金术》,包亚明译,上海人民出版社1997年版,第100页。

御"认识论中心主义"(epistemocentrism)、"科学家的种族中心主义"(ethnocentrismofscientist)。这种"中心主义"的偏见之所以会形成,是因为分析者把自己放到一个外在于对象的位置上,他是从远处、从高处来考察一切事物的,而且分析者把这种忽略一切、目空一切的观念贯注到他对客体的感知之中。换言之,研究者的自我中心和自我优越感犹如一副有色眼镜,使他无法洞见对象的本色。人类学消解传统的文化偏见的功绩,首先在于为跨文化认识的公正性提供了理论的可能性。

第三,人类学与以往的人文社会科学的贵族化倾向针锋相对,更加关注所谓"精英文化"的对立面即"俗民文化""大众文化"和形形色色的"亚文化"群体,也就是和文化的"大传统"相对的"小传统"。这种平民化的知识取向对于解构文史哲各学科的精英主义偏向,在帝王将相和杰出人物之外去发掘历史和文化真相,具有充分的示范意义。这就给全球范围内的知识构架的重组和学科之间的科际整合提供了有益的借鉴。[1]

第四,人类学的出现代表着人类知识体系内部划分的一种危机和重新整合的需要。人类学的核心术语"文化",正是这种知识重新整合的有效概念工具。美国人类学家拉尔斐·比尔斯指出:"在众多有关人的学科中,人类学的特殊作用在于它是唯一汇集全面的、历史的、比较的方法进行研究的学科。全面的方法即是根据人类生存的全部范型来研究人或人类群体。这样,人类学家面对诸如生态、社会关系、经济或艺术等特别领域与人本身和人类行为等各个方面的关系。在人类学中,全面论的基本主张是:人类行为产生于文化系统中复杂的相互作用。"[2] 正是"文化"概念的这种全面论和整合论的特征,使它在20世纪的后期越出了单一学科的界限,催生出更加具有综合性的跨学科的和反学科的

---

[1] 参见 Mukerji, C. and Schudson, M. eds., *Rethinking Popular Culture: Contemporary Perspectives in Cultural Studies*, Berkeley: University of California Press, 1991, Introduction, pp. 1–61。

[2] [美]拉尔斐·比尔斯等:《文化人类学》,骆继光等译,河北教育出版社1993年版,第2—3页。

研究新潮流——"文化研究"（Cultural Studies）。当代从事文化研究的学者们非常清楚地意识到，必须揭露在西方知识传统中构成学科划分的主流意识形态因素，揭露在大学的院系中支配着教学与研究的体制性因素，也就是揭露学院派的历史传承和现实运作背后的知识与权力的关系。"文化"这一概念的超学科性正好给这场学科批判和反思运动带来一件有效的思想工具。"文化研究的话语必须抵抗学术学科及院系中已确立的利益。它必须质问捍卫各类学科与院系的学术现状的知识要求与理智性模式常出现的围绕在不许在学术学科领域内提出的问题的利益。同样重要的是，文化研究必须谴责学科未提出的问题中包含的利益。"[①]由这种激进的打破原有学科划分的批判要求，我们不难看出晚生的学科人类学所给予的积极影响。人类学家马林诺夫斯基早在20世纪初叶就预示过，人类学应当是整个社会科学的基础。

斯蒂芬·努贞特（Stephen Nugent）在谈到人类学与文化研究的关系时说，二者之间的联系与张力来源于它们的综合性的雄心的相似性。"人类学，由于它以他者的世界和他者的生活为导向，由于人类学家可以通过他们的田野作业获得对材料的特殊把握方式，在突破官方的学科界限方面很大程度上避免了庞杂无序的责难：一名人类学家可以做出一篇论文，涵盖亲属关系、政治、经济、动物饲养、医疗实践、宇宙观和认识论，不用说还有实用植物志、文身和幼儿抚养等方面。"[②]人类学把人重新定义为"文化动物"，并且将文化视为一个整体，它使一切与人相关的知识都可以在文化这个整合的视野上获得重新的理解和建构，由此带来的超学科研究的潮流成为20世纪后期人文、社会科学领域最重要的变化，这种超学科的倾向甚至反过来也给当代人类学的课题设计带来新变化，如对后殖民问题、大众文化的重视，以及从女性主义过渡

---

① [美]亨利·吉罗等：《文化研究的必要性：抵抗的知识分子和对立的公众领域》，见罗钢等编《文化研究读本》，中国社会科学出版社2000年版，第90—91页。
② Nugent, S., *Anthropology and Cultural Studies*, London: Pluto Press, 1997, p. 3.

到性别研究，等等。①笔者主持的"文学人类学论丛"（中央编译出版社，1998；社会科学文献出版社，1999—2002）亦有意拓展文学的性别研究和少数话语等被昔日主流学术所压抑和忽略的方面，收入以性别和性文学为关照对象的《性别诗学》《英雄之死与美人迟暮》以及以台湾少数民族文学为对象的《神话与鬼话》等论著。

四 "跨文化生存"与本土再阐释

跨国公司与世界性大市场格局的建立，资源与劳动力的全球共享，物质生产和消费的国际化，技术革命特别是信息技术的突飞猛进，这些都在促使人类加速迈进所谓"地球村时代"。与这一进程相应，知识全球化这一命题的提出，成为精神生活和学术研究领域的创新与发展的一种契机。史蒂芬·罗的《再看西方》一书中写道："技术进步、能力增强和危险把我们带入了新的相互依存之中。为了在这种依存中作为人而不是作为技术的奴仆生活，我们必须成为地球本身的世界公民。我们无法在太空中获得全球性。我们只有同时是来自某地的，才能真正成为全球的。"②这里自然出现了本土观点与全球观点之间的张力。这种张力在20世纪后期引发出种种争议的问题。

关于全球化所带来的新的生活和思想方式，以及它所创造出的国际性文化新格局，可以概括为两个对立的矛盾进程：一面是文化的多样性和差异性被同质化，并趋于削弱和消失；另一面是文化交流、互补、综合，以及新的多样化的出现。在经济生产和金融市场等方面，同质化最为明显；而在文学艺术和思想方面，文化的世界化并没有导致完全的同质化。虽然形成了大规模的理论旅行和文学艺术思潮流派的跨文化传播，但是民族特殊性的表达仍受到普遍的重视。在思想领域，同质化的

---

① Marcus, G. E., "The Unbalanced Reciprocity between Cultural Studies and Anthropology", T. Miller ed., *A Companion to Cultural Studies*, London: Blackwell, 2001, p.178.

② [美]史蒂芬·罗：《再看西方》，林泽铨等译，上海译文出版社1998年版，第235页。

主要表现方式是对全球性或人类性问题形成共识。比如战争与和平的问题、人权问题、保护环境和生态伦理问题的提出等。俄国学者丘马科夫在展望哲学的发展前景时说："现代哲学主要寄希望于形成全球性意识，把它作为未来世界发展的决定性因素来看，但形成全球性意识道路上的主要障碍，是对全球性价值的不同的理解与解释。"① 不同的理解来自不同传统所注塑成的感知与思考习惯。

然而，在各个文化传统中孵化出的关于知识与真理的概念，在全球化的新语境之中难免要遭遇消解、调适与重构的命运。如詹姆斯·哈密尔所说，"与其认为知识的内容是事实，不如说是人们的各种思考方式"。多参照系的出现给本土视角的单一性、相对性提供了对照和反思的契机。千百年来既定的思考方式所建构的知识、所信奉的真理，也就不得不面对和异文化的思考方式进行对话的新现实，不得不在形成中的全球化语境中重新检验其自身的合理性与存在的依据。因此，知识全球化自然会给本土学者带来文化身份（认同）的危机。

后发型的追逐现代化的国家在全球化过程中所扮演的是被历史牵着走的被动角色。西方作为一种"异文化"，从原来的敌对者不知不觉地变成了东方国家的现代化榜样和未来文化发展的自我前景。这一现实给本土知识分子所带来的失落感和错位感也是激发出文化身份焦虑的原因。

克服文化认同危机的常见心理反应模式不外乎：要么就是全部地或部分地放弃地方本位的立场，自觉地和以外来异文化为代表的世界文化相认同；要么就是坚守国族本位的传统立场，并坚信本土文化的价值必将在未来世界格局中发扬光大，扮演最为重要的作用。关于这类反应所表现的主要观点，无须举例，我们在百年来的中西文化论战中已经很熟悉了。本土主义的价值取向为人文学者提供的最常见的理论预设是：本族或本国的文化优于世界上其他国家和民族的文化。在这样一种不经证明就当成公理的

---

① ［俄］丘马科夫：《全球性问题哲学》，姚洪芳等译，中国人民大学出版社1996年版，第121页。

理论预设的作用下，倾向性结论早在研究展开之前就已经成竹在胸了。研究工作的进行实际上成了按照既成的思路搜罗和排比相关资料，通过各种分论点的发挥，使我族优越的总结论由潜到显，获得又一次的具体说明。了解中国现代学术史的人们对于这种本土立场的论证方式早已司空见惯。观王新命等十教授《中国本位的文化建设宣言》，可略知该派人士立论之心态。再往上溯，早在十七世纪围绕传教士和西学问题的争议中，即可窥见此种自卫心态之表现。由此而形成的一种对抗西方文化挑战、消解其影响压力的自卫策略，就是在本土文化中寻找与西方文化要素相对应之处，进而以"古已有之"的逻辑将外来文化因素追根溯源到自己的历史传统中去。这其实也是再阐释的一种极端表现。

杰缅季叶夫指出：民族情感在人的心理生活中占有重要地位。因为民族性是个人终生的和几乎是最稳定的社会特征。人的贫富可能变化，社会的、阶级的和党派的属性可能变化，还可以改变宗教信仰，然而，人的民族性则是亘古不变的。当人在自己的民族属性事实中寻找自尊的源泉时，民族情感就能起到补偿作用。民族情感所具有的补偿作用和心理自卫特性越强，民族情感所具有的民族主义形式就越鲜明。[①] 当民族情感的道德要求高于一切时，跨文化认知的价值就会向本土一方倾斜。然而，世界局势的迅速变化不以个人或个别民族的意志为转移。全球化的进程使那些传统深厚、历史悠久而又相对闭锁的文化面临巨大的社会转型和思想、观念、情感的转型。在人们世代相因、习以为常的从本土文化立场考察事物的观点之外，出现了前所未有的新视野，那就是从跨国的（transnational）、跨文化的（cross-cultural）和全球的视界去考察本土事物的观点。这种立场、角度、思路的转换必然会给旧的对象带来新的可能性，并因此促成对传统的再发现和再认识。

作为推进知识全球化、倡导文化相对主义的文化人类学，在如何面对异文化，解决人文学者的身份危机方面，已做出具有先导性的有效示

---

① [苏] 杰缅季叶夫：《论民族冲突心理》，张广翔译，《现代外国哲学社会科学文摘》1991年第5期。

范。人类学在文化认知方面最重要的方法论贡献就是通过田野作业深入文化他者之生活的方法。① 这种他者眼光对本文化有反观之效,有助于揭示自身文化的弱点与局限,从而在认识论上,在情感、心态上真正消解我族中心主义,超越本土主义的束缚,获得文化反思的认知能力,使得理性关照下的再阐释成为可能。

人类学把再阐释当作文化变迁的重要标志。不同的学者对此有不同的措辞。克鲁伯喜欢用"重构"(reorganization)一词;赫茨科维兹则叫"再阐释"(reinterpretation)。后来的学者还有叫"价值重估"(transvaluation of values)的,如胡适,也有叫"创造性转化"的,如林毓生。对"再阐释"过程的解说,在赫茨科维兹的《文化动力》一书中有这样一段:"再阐释标志着文化变迁的所有方面。它是把原有的旧意义赋予到新的因素上,或是新的价值改变了旧形式的文化意义发生过程。"② 我们把新旧两方换成外来的和本土的两方,也可以说,再阐释就意味着文化他者的视野在本土文化中的应用,或是赋予本土文化以新的资源价值。

不论哪一种情况,本土学者若要对自己的文化进行再阐释,那就要求再阐释者拥有超乎自身文化之外的眼光。这种眼光不可能像我们的视觉一样来自生物遗传,只能靠后天的培育。培育的最基本条件是重新建构自己的文化身份:从一个地方社会的公民到一个地球村的公民。换言之,跨文化的身份或身份的全球化,乃是视野和知识的全球化之条件。关于跨文化身份的构成,人类学者大卫·托马斯在《跨文化空间与跨文化生存》一书中,以外来的西方人与安达曼岛原住民的最初接触与互动为素材,提供了非常精辟的人类学专题论述。他提出"跨文化生存"(transcultural beings,或译作"跨文化的人")③ 的新概念,说明不

---

① Denzin, Norman K., *Interpretive Ethnography: Ethnographic Practices for the 21st Century*, Thousand Oaks, Calif.: Sage Publications, 1997. Vermeulen, H. F. ed., *Fieldwork and Footnotes*, London: Routledge, 1995.

② Herskovits, M., *Cultural Dynamics*, New York: Alfred A. Knopf, 1964, p. 191.

③ Tomas, D., *Transcultural Space and Transcultural Beings*, Boulder, Co: Westview Press, 1996, pp. 97–99.

同文化的碰撞如何改造和重塑着习惯性的感知方式，产生出与单一文化生存不同的生存方式和表现方式。

费孝通先生作为人类学家马林诺夫斯基的弟子，对此也有自己的体会。他针对中国本土人类学者的身份转换问题说道："中国本土人类学者面临的是如何'出的来'的问题，也就是说，作为研究本土社会的人类学者，重要的是要从我们所处的社会地位和司空见惯的观念中超脱出来，以便对本土社会加以客观的理解。本土人类学的要务在于使自身与社会形成一定的距离，而形成这种距离的可行途径是对一般人类学理论方法和海外研究中国的人类学的深入了解。通过这种了解，我们可以在一定程度上把自己的社会和文化'陌生化'。"① 西方人类学者通过到异文化中去做田野作业的方式，就可以实现转换身份的训练；而我们本土学者要想在不出国门的情况下转换身份，建立跨文化的视野，确实有相当难度。但是，如果没有这种"出的来"的前提，就不可能对自己的文化有"陌生化"的观察眼光，那么如何强化训练自己"出得来"，就成了知识全球化对本土人文知识分子的一大过关考验。

越是传统深厚、历史久远的社会和文化，其成员就越难使自己获得超脱出来的眼光。这主要是千百年来早已形成惯性的自我中心式的感知和思维习惯，以及自古就受到社会鼓励的党同伐异心态的影响。人类学的建立和发展为世人树立了超越本土主义的人类观和全球观的可行范式。从黑格尔、摩尔根到马克思、恩格斯，我们可以清晰的看到，这些终于跳出本族本国文化限制的思想家，是如何拥有了俯视世界、洞观全局历史的宏阔视野的。

在人类学作为一门学科尚未出现之前，在哲学社会科学领域中已有不少学者明确提出超越本土主义价值观的理论要求。美国人类学者威廉·亚当斯便从人类学产生以前的哲学思想中探寻这门学科的根源，他

---

① 费孝通：《跨文化的席明纳》，《读书》1997年第10期。

在《人类学的哲学之根》一书①中把德国思想家的贡献放在显赫的位置上。这就启发我们从历史主义的脉络中去追溯文化相对主义思想的渊源。

德国人黑格尔在法国军队侵入德国之际，带着未完稿的《精神现象学》手稿逃出家，却依然在书中称法国的入侵是"一次光辉的日出"，因为它代表的是"世界精神"的历史行程。用今日的眼光看，黑格尔的"世界精神"可以理解为先于全球化时代到来的"前全球意识"。马克思在评价英国殖民者对印度的侵略时，表现出同样一种超越了狭隘的民族国家意识的高瞻远瞩的历史主义原则。而历史唯物主义关于"奴隶——封建——资本主义——共产主义"这样的世界历史发展观，从某种意义上对应人类学古典进化论派所构想的世界演进模式。马克思晚年如此关注当时的人类学的进展，写下大量的读书笔记，可知他不是为他自己的祖国和民族而工作，他对全球化世界观的渴望和解放人类的理念，已经使他先于时代而成为世界公民。换言之，马克思的全球意识得之于他在身份认同上的全球化。马克思在《共产党宣言》中对"世界文学"时代的预期不只是重复歌德的话，也是他在文化身份上与"世界公民"认同的必然结果。

深受马克思、恩格斯推崇的美国人类学之父摩尔根，尽管他的原始社会和婚姻家庭进化模式如今已经被主流人类学所放弃，但是从文化认同的转化方面看，他仍不失为超越本土主义价值观的局限的先驱者。他身为白人律师，却利用自己的法律知识为印第安人争取合法权益而打官司。作为人类学者，他不只转换了自己原有的文化身份，而且在情感上也和印第安人相认同，乃至被印第安部落收为养子。这些先驱者的事迹为所有试图走出民族主义和本位文化束缚的后人树立了榜样。在他们那里，身份的全球化是先于知识全球化的。

---

① Adams, W. Y., *The Philosophical Roots of Anthropology*, Stanford: CSLI Publications, 1998, p. 75.

五 后现代认识论与"地方性知识"

　　文化人类学的诞生出于西方人对原始文化的认识需要，这门学科在 20 世纪后半叶的发展出现了一个未曾料到的转向，即一方面地球上未经认识的原始社会越来越少，几乎没有什么新发现的余地了；另一方面已发现的原始文化呈现出丰富多样的形态，远非西方的知识系统和概念术语所能把握。越来越多的人类学者借助于对文化他者的认识反过来观照西方自己的文化和社会，终于意识到过去被奉为圭臬的西方知识系统原来也是人为"建构"出来的，从价值上看与形形色色的"地方性知识"一样，没有高下优劣之分，只不过被传统认可（误认）成了唯一标准的和普遍性的。这种与后殖民主义批判密切相关的知识"建构"说，同新历史主义的历史叙述虚构说[①]相互呼应，在西方知识界内部出现了一场认识论上的新启蒙运动：像社会学家彼得·伯格（Peter L. Berger）的《社会建构的现实》（*The Social Construction of Reality*，Anchor Book，New York，1957），历史学家霍布斯鲍姆（Eric J. Hobsbawin）等的《被发明出的传统》（*The Invention of Tradition*，Cambridge University Press，1992），英国人类学家亚当·库柏（Adam Kuper）的《发明原始社会》（*The Invention of Primitive Society*，Routledge，1988），考古学家乔治·邦德（George C. Bond）等编的《社会建构出的过去》（*Social Construction of the Past*，Routledge，1994）等一大批新近问世的著作或文集，仅仅从书名的措辞就不难看出重新认识"打假"的激进要求已经变成知识界相当普遍的共识。在库柏的《发明原始社会》一书中，文化人类学

---

　　① 彼得·伯克指出："历史学家就像社会学家和人类学家一样，经常假设他们论述的是事实，他们的文章反映的是历史实际。在哲学们的攻击下，这种假设已经崩溃了。现在有必要考虑一下这个说法：历史学家和人种学者在很大程度上是与小说家和诗人一样从事虚构故事的工作，也就是说，他们也是遵循流派和文体规则（不管他们是否意识到了这些规则）的'文学作品'制造者。关于'民族学诗学'的最近研究把社会学家和人类学家所做的工作描述为对事实的'文本建构'，并把它同小说家所做的工作相提并论。"参见［英］彼得·伯克《历史学与社会理论》，姚朋等译，上海人民出版社 2001 年版，第 158—159 页。

的古典进化论派杰作弗雷泽的《金枝》也被列入"发明"原始社会的学者行列:"《金枝》出版大获成功,为众多读者提供了古典学、外域风俗和勇敢的理性主义的难以抗拒的结合物。"① 这就揭示了西方知识生产本来就有的"发明"性质,而学者和作者本人则对此种性质并无察觉。经过这一场知识观和认识论的再启蒙,"地方性知识"的重要性也就相应地彰显出来。用吉尔兹的话说,知识形态从一元化走向多元化,是人类学给现代社会科学带来的进步。虽然"一般性理论"仍在我们中有其信众,但其实质已逐渐空泛,这种企望已渐被视为虚妄。②

由此可见,地方性知识的确认对于西方的一元化知识观和科学观具有潜在的解构和颠覆作用。过去可以不加思考不用证明的"公理",现在如果自上而下地强加在丰富多样的地方性现实之上,就难免有"虚妄"的嫌疑了。这种知识观的改变自然要求每一个研究者和学生首先学会容忍他者和差异,学会从交叉文化的立场去看待事物的那样一种通达的心态,不再盲从"用归纳法则探索原因这类社会物理学的老方法"。③ 吉尔兹不无讽刺地把一元化知识时代的社会科学称作"社会物理学",旨在警示人们,社会生活和文化现象本来就不能像物理现象那样用机械的因果模式去处理。比如像"思想"这样一个简单的概念,过去只在哲学课堂上加以抽象的处理,而现在,"我们至少被逼迫在实验室,在诊疗室,在贫民区,在电脑中心,或在非洲的村落,去仔细寻想我们到底是怎样思考'思想'的"④。每一特定地点和场合中关于"思想"的认识都具有彼时彼地的合理性,它们之间可以相互参照,相互补充。鉴于此,"我们富有逻辑,你们是糊涂的乡巴佬"一类西方中心主义价值观及其反应定式,已经成为进入"地方性知识"大门的潜

---

① 参见叶舒宪《从〈金枝〉到〈黑色雅典娜〉——20世纪西方文化寻根札记》,《寻根》2000年第6期。
② [美]吉尔兹:《地方性知识》,王海龙等译,中央编译出版社2000年版,第19页。
③ [美]吉尔兹:《地方性知识》,王海龙等译,中央编译出版社2000年版,第65—68页。
④ [美]吉尔兹:《地方性知识》,王海龙等译,中央编译出版社2000年版,第73页。

在障碍，有待于从根本上加以放弃。

这样看来，"地方性知识"命题的意义就不仅仅局限在文化人类学的知识观和方法论方面，由于它对正统学院式思维的解构作用同后现代主义对宏大叙事的批判、后殖民主义对西方文化霸权的批判是相互呼应的，所以很自然地成为经历"后学"洗礼的知识分子所认同的一种立场和倾向，成为挣脱欧洲中心主义和白人优越论的一种契机，成为反思自身的偏执与盲点的一种借镜。

获得地方性知识的第一前提在前文中略有涉及，那就是传统心态与价值观的转变。人类学对此有一个十分重要的原则叫作"文化相对主义"。吉尔兹对这个原则早已心领神会，并以此作为他所倡导的阐释人类学的起码条件。他在《地方性知识》绪言中写道：

> 用别人的眼光看我们自己可启悟出很多瞠目的事实。承认他人也具有和我们一样的本性则是一种最起码的态度。但是，在别的文化中间发现我们自己，作为一种人类生活中生活形式地方化的地方性的例子，作为众多个案中的一个个案，作为众多世界中的一个世界来看待，这将会是一个十分难能可贵的成就。只有这样，宏阔的胸怀，不带自吹自擂的假冒的宽容的那种客观化的胸襟才会出现。如果阐释人类学家们在这个世界上真有其位置的话，他就应该不断申述着稍纵即逝的真理。①

只有自觉地培育出文化相对主义的立场和心态，才能在面对"他者"时避免意识形态化的想象和偏见。《译释中的查知——论道德想象的社会史》一文举出西方人对巴厘岛的印象，来说明克服传统想象和偏见的必要性，不然的话，我们关于巴厘的认识就总会陷入理想化和妖魔化的两极模式：要么将它视为现存的伊甸乐园，"众神之岛"或"世界的清晨"；要么将其视为无情的可怕之地，地狱的所在。真实的巴厘

---

① ［美］吉尔兹：《地方性知识》，王海龙等译，中央编译出版社2000年版，第19页。

岛怎样才能为我们所体察呢？这就要求观察者学会用"文化持有者的内部眼界"去查知外人难以理解的微妙精细之处。

《地方性知识》第三章题为"文化持有者的内部视界：论人类学理解的本质"，是正面讨论田野作业的认识方法的核心的一章，其中提到长久以来困扰人类学家们的一个方法论悖论：内部眼光和外部眼光、"贴近感知经验"和"遥距感知经验"的矛盾对立。前者虽然可以从文化的内里去进行体察，却容易流于琐细而忽略实质的东西；后者则容易囿于先入为主的概念术语而难以把握文化对象的要领。吉尔兹认为，人类学者在很大程度上并不能感知一个当地人所拥有的感知，而只能尽量地近似于那种感知。正如庄子所说的"子非鱼，安知鱼之乐"。关键似乎在于把地方性的知识非地方化。具体的做法是，入乎其内再出乎其外，把文化持有者的感知经验转换成理论家们所熟悉的概括和表现方式。当然，这是一种非常精微细致的工作。吉尔兹说到他自己的经验：既不以局外人自况，又不自视为当地人；而是勉力搜求和析验当地的语言、想象、社会制度、人的行为等这类有象征意味的形式，从中去把握一个社会中人们如何在他们自己人之间表现自己，以及他们如何向外人表现自己。[①] 这种研究工作本身同文学批评家分析文本的方式相似，所以阐释人类学也同解释学一样遵循着"阐释循环"的原则。

从文化相对主义的立场出发，用阐释人类学的方法去接近"地方性知识"，这种新的倾向在人类学的内外都产生了相当可观的反响。比如美国人类学界近来兴起的"人类学诗学"（Anthropological Poetics）一派，提倡用文学和美学的手段（如撰写诗歌和小说）去传达田野工作者的实地观察和体验，避免过度依赖西方式的理论概念框架。另一方面，地方性知识及其认识方法也招致了一些非议和批评。有人指责阐释人类学缺乏预见性、复现性、可证实性及形成规律的能力；也有人说它"公开地自由从事神秘活动"；还有人把它等同于主观主义和唯我论，

---

① [美] 吉尔兹：《地方性知识》，王海龙等译，中央编译出版社2000年版，第75页。

或者是走过了头的相对主义,① 等等。面对这些批评,人们也不免产生疑虑:"地方性知识"的概念究竟是人类学和社会科学发展的福音呢,还是其终结的象征呢?

笔者认为,它至少可以看作是老式的社会科学范式走向终结的丧钟,甚至危及"科学"本身的合法性;而从人类学和社会科学走向更加具有人文性的"软"科学方向这一点看,它又是一种诱人的福音。作为认识论新启蒙的直接结果,社会科学的人文化转向也和文化身份的建构观相互吻合。如萨义德在《东方学》1994年版后记中所说,每一个时代和社会都要重新地创造它自己的"他者"。人类的身份不仅是不自然的和不确定的,干脆就是建构出来的,甚至是发明出来的。自我身份的确认需要有"他者"作为条件,所以"建构"和"发明"在某种意义上是不可避免的。

原载于严平编《全球化与文学》,山东教育出版社2009年版,第48—64页

---

① 参见[美]沃特森《重写文化》,载[美]理查德·福克斯主编《重新把握人类学》,和少英等译,云南大学出版社1994年版,第87—88页。

文学人类学的中国历程

徐新建[*]

一 领域交叉：文学与人类学的相互走进

"西学东渐"以来，中国的学术体制一直处于改造和重建的探索之中。经过百余年的演变，逐渐形成了以西方自然科学、社会科学、人文学科"三足鼎立"为根基的一整套学科体系和教研分工，以至派生出近似于画地为牢式的相互界限。如今，由于受到来自学术内部的不断挑战及源于社会现实的需求影响，既有的体系和分工又卷入了新一轮学科交叉与重组的浪潮。这个浪潮冲击广泛，对各门学科皆有影响。当代中国的"文学人类学"可视为较为突出的体现之一。

近代以来，包括文学、人类学在内的诸多领域经过长时间的中国化、汉语化，已大致完成了语言和术语的本土转型。通过几代人的努力，人们已能够熟练地用汉语来讲述文学和人类学，也就是民族国家的表述问题，但其实这表象后面掩盖着一种本相，那就是很多人忘记了当今以汉语呈现的学术样式很大程度上其实是西学引进的一个倒影。表面上的东方之路，其实是 literature 和 anthropology 的异邦镜像和模拟。所以，随着世界性的学科交叉与门类重组时代的到来，文学与人类学这两个表面看去距离甚远的独立门类，不约而同地迈出了相互走进的步子。

---

[*] 徐新建，四川大学文学与新闻学院教授，四川大学文学与人类学研究所所长。

此种趋势在当代中国也有体现。正由于从引进之初就深深烙上的西学印记，看似已本土化了的文学和人类学同样呈现出彼此的交叉和兼容。

在当年"西学东渐"的过程中，张之洞撰写的《劝学篇》就提到"今欲强中国、存中学，则不得不讲西学"。后来的康有为则强调"西学甚多新理，皆中国所无，宜开局译之，为最要事"[1]。在此风气之下，从晚清起逐渐创办在中国的高等学府基本以西式的学科分类为基础。在其中，文学始终占有独立和重要的位置，可称为介于自然科学和社会科学之间的人文学代表，同时还肩负着进行社会动员与改造国民性的使命。新中国建立后，文学被划归到中文系和外文系，成了承继本土的平台和了解世界的窗口之一。中文系的全称本是"中国语言文学系"，但由于地域、观念及师资方面的局限，在很长时期里，国内大部分高校，包括北京大学、南京大学和复旦大学等名牌院校，都仅有其中的一个"汉语言文学专业"，无法实现对中国多民族文学的完整呈现和传承。与此同时，在少数民族地区的民族院校设立的课程里，往往只突出本地、本族的单一语言、文学和文化，也缺乏对中国文学的整体教学。

这种二元对立式的文学划分不利于多民族中国的文学阐释和传授。一方面，随着国家民族团结政策的确立和推进，作为学科和教育门类的中国文学终于在与民族学、人类学联手交汇的互动下，实践着学科的交叉和兼容。另一方面，随着"新时期"改革开放政策的实施，以往相对封闭的外国文学教育又在比较文学、比较文化的推动下，兴起了突出国别差异及关联的"影响研究"与强调学科对话的"平行研究"，同时还倡导注重全球关怀的"世界文学"远景。这些新现象的出现既为文学与人类学的整合提出了明确的时代要求，也提供了坚实的社会支撑。

经过老中青学者们的共同努力，以新兴交叉学科为特征的文学人类学已成为列入教育部学科目录的新成员和新平台。自 1993 年成立中国比较文学学会下属二级学会的中国文学人类学研究会后，陆续在四川大

---

[1] 中国史学会主编：《康南海自编年谱》，载《中国近代史资料丛刊·戊戌变法》第 4 册，神州国光社 1953 年版，第 119 页。

学、厦门大学以及上海交通大学等国内若干院校设置了文学人类学的学科点和研究基地。2012年暑期，经教育部批准，首届高校教师文学人类学培训班在上述机构的合作下顺利举办，标志着文学人类学的中国历程又进入了新的时期。①

二 "文学"之问：对汉词翻译的反思

什么是文学？学术界的争论很激烈，前一段时间又把焦点转向了"文学性"。人们试图由此界定什么是文学，并进而回答网络、手机、短信乃至广告词语……是否算文学。有人说算，因为文学是在发展的；另外的人则坚决反对，理由是不能把文学泛化了，文学的本质是审美。可见，在什么是文学的讨论中没有共识。不过许多人没注意到，在讨论"什么是文学"的时候，需要先界定"文学"这个词语本身。也就是说，如果没有对西方世界的"literature"加以对照，我们无法理解什么是汉语所说的"文学"。在近代以前，中国人并不使用literature这个概念，也不刻意去说"文学"。在大多时候，用一个"文"字就足矣。在《文心雕龙》里，"文"的含义很广，而且自足，很难与literature对应，甚至可以说有所超越。其他双声的词语，如"文章""文采""文笔""文韵"乃至"文理""文道"等都彼此相关但又各有特指。那么，近代中国为什么要淘汰其他，单单留下或凸显"文学"一词呢？从话语更迭意义上讲，这体现了一种学术的谱系性"失语"。我们没有话讲、讲不出话了，只好用翻译过来的新词来表述恒古的意思和跨国的问题。

然而作为翻译，"文学"这个词是有问题的。与"化学""算学""群学"等其他近代译词相似，文学的词根是"学"，也即强调其是一种学问和一门学科，这就与literature在西文本义里将其归为艺术的划分发生了冲突，混淆了抽象的学理与形象的创作，致使翻译过来的汉语含

---

① 刘壮：《中国高校首届文学人类学骨干教师高级研讨班在渝成功举办》，《中华读书报》2012年8月15日。

义不伦不类。Literature 一词来自拉丁语的 letter，后来引申的词义是指 the art of written works，也就是"写作的艺术"。就是说它是"艺"而不是"学"。但是我们的文学院不培养作家，我们培养的是研究文学的人，我们上的课是文学史、文学批评和文学理论，而不是文学创作。

所以在笔者看来，现代汉语的"文学"是一个有问题的假词。问题在哪里呢？就在文学的"学"。如果把文学视为艺术，再有一门关于文学的学问和学科，那它应该叫"文学学"。作为研究文学的一门学问，就像物理学是研究物理的学问一样。由此引申，现在使用的"比较文学"同样有问题，作为一门关于文学比较的学问，也应该叫"比较文学学"。

三 "人类学"追问：对西式学科的考察

与文学人类学相关的另一个领域是人类学。从官方到民间，从学界到媒体，人们大量地把人类学当作知识用语和解释工具，用人类学的方式去展现国家形象和族群身份。然而这只是表面现象。实际上相对于"文学"而言，公众对人类学的了解或许更少。

中国自近代引进的人类学通常包括源于英美传统的四大部类。

第一是体质人类学或者叫生物人类学。它偏重于自然科学，研究人的种属、起源及演变、分布，乃至基因遗传等。在这方面，假如有人想要确认南方某一民族在体质上的特征，那他或许就会接受体质—生物人类学训练，然后由此出发，从相关族群中挑选一些成员标本来测量身高、血型甚至基因等，然后通过分析比较得出相关结论。这是人类学比较经典的一种方式和门类。

第二是考古人类学。作为主要关注人类远古文明及消逝的文化遗址的学问，考古人类学对现今的世界知识谱系产生了重大影响，因为它以科学实证的方式构建了史前文明与进化阶序，从而在世界各地为不同人群生产出既统一又有别的"史前史"。对于历史悠久、自认为万世一系的中国，该学科的影响也非常之大。从周口店猿人的化石发现到仰韶、红山等多处史前遗址的出土和解读，在学术和政界激发的一个心愿，就是如何把"上下五千年"的大一统历史由传说和想象朝科学的方向落实。如今越来越多的地方都希望通过考古来形塑各自的文化传统，凸显本地身份，增强社会资本，也就是把考古当作了一种重写历史的实用工具。人们都把本属于人类学一个分支的考古视为新的竞争力，为什么呢？就在于考古能够发掘出地下文物，而地下文物是一种强有力的话语，可以传达出其他文字方式无法言说的故事信息。所以考古虽然在中国历史不长，但现在已被社会各界所关注。其中比较突出的表现是如今几乎每个有能力的地方都在大力兴建博物馆，也就是用考古叙事的方式，开展历史文化的话语竞争。这形成了另一种表述中国的新浪潮。它在近代中国的产生，可从周口店发现"北京人"算起，然后到"元谋猿人"、中原"仰韶文化"的出土和传播，直到最近闻名的内蒙古"红山文化"和成都平原的"三星堆文化"……极大改变了世人对于"中国""中国人"和"中国历史"的集体认知。

第三是语言学人类学。它也在人类学的四个分支里面，而且是一个很重要也是很难掌握的学科。不过由于如今人们对语言研究不感兴趣，所以对这一门类关注不多。并且由于受文化认同上的"本族中心论"限制，容易把语言学的视野和对象不知不觉地压缩为各自单一的母语，比如汉语，或藏语、蒙古语，同时对其他语种视而不见。然而作为人类学的早期支柱之一，语言学的研究对解释人类及其文化的作用是非常有力的。它的突出特征在于对人类的语言现象进行抽象和深层的结构分析，以及对不同人群的语言行为加以比较研究。

按英美系统划分的人类学第四部类，就是如今人们较为熟悉的文化人类学和社会人类学。需要指出的是，这样的划分并不是全球性的，而是带有明显地域色彩，可称为人类学学科的一种"地方性知识"。此外，由于考古人类学和语言人类学因自身的强大而逐渐独立分家，即便在英美，人类学谱系也缩减为两个基本部分，即体质—生物人类学和社会—文化人类学。①

经过百年演变，如今在中国影响较广的是社会—文化人类学。由于这种偏狭的压缩，导致人类学被一些学者强调为"研究'他者'的学问"，也就是主要关注人类不同文化的相互特征和历史变迁。

然而与英美体系不同，欧洲大陆的人类学传统呈现的是三分法，其中包含了人类学的哲学和宗教面向，合在一起的构成是：体质—生物人类学、社会—文化人类学和哲学—神学人类学。

文学与人类学的交叉整合意味深长。可以看出，在其背后蕴藏着的是跨学科、跨领域的范式融通，你中有我，我中有你，既代表了传统的人文学科，也体现着经典的自然科学和现代的社会科学。这也就是可以把文学人类学视为当代学术转型的一种代表的原因。

四　四个问题：文学人类学的内部构成

作为两大学科的交叉融合，文学人类学内部包含的问题有四个，即：文学问题、人类学问题、文学与人类学问题和文学人类学问题。四个问题相辅相关，彼此不同，而且体现着递进的逻辑联系。

（一）文学问题

所谓"文学问题"，举例而言，在如今中文系的汉语言文学教学中，要讲授中国现当代文学史、古代文学史，有的可能还要上外国文学史，讲西方、日本和印度等国的文学。现在，这个实施已久的体系受到了质疑和挑战，那就是——

1. 中国文学的民族多样性明显缺失。这也就是很多学者尖锐批评的现行的中国文学史基本上仅只是汉语文学史和汉民族文学史。从《诗经》一直到鲁迅，都是这样，都主要是以汉族作家、汉语文献和中

---

① 徐新建：《回向"整体人类学"——以中国情景而论的简纲》，《思想战线》2008年第2期。

原叙事为其构架和主线的。这样的缺位，使得今天汉族之外的55个少数民族的文学类型没有被客观、完整和真实地体现出来。这是第一个大问题。

2. 关于文学的定义主要受限于西方。由于这样的限制，文学被界定和分类为四个部类：诗歌、小说、散文、戏剧，而且以印刷的作品为标志，非此就不是文学。这样的界定以精英和文字的书写为代表，扼杀了民间、口传和仪式过程中的活态文学，比如格萨尔、玛纳斯以及刘三姐、阿诗玛……几乎都被限制在所谓正统的文学分类之外；要不就将后者剥离出来，作为另类书写，与精英和书面的文学形成二元对立，或作为对前者的陪衬。

由这样的眼光来看，我们现有的文学观念、文学理论以及文学史都是不完整的。在这个意义上，作为一门学科，现代汉语所谓的"文学"——这里的文学实际是"文学学"，也即关于文学的学问——其实是充满了问题的。要想解决，首先就需要从概念上予以突破，更何况如今已进入了网络媒体及其催生的"超文本"时代。

所以，面对一个多样化的世界和动态的历史过程，现今流行的文学教科书及其观念体系已不足以解答全面的文学问题，超越的途径之一，就是人类学转向。

（二）人类学问题

人类学的根本问题在于回答"人是什么"。延伸来看，亦要解答汉族、少数民族乃至中国人、印度人、美国人及所有古人和今人的存在和变迁，也就是要在各类分述的前提下阐述"我们是谁？从哪来？在哪里？到哪里去？"

在西方，这些问题是在现代人类学之前就有答案的，一切指向上帝，指向基督教的"创世论"和万民信奉的经典——圣经。到了后来，现代人类学的出现把神学的答案颠倒过来，用"自然进化"置换"上帝创造"，以人本主义改写历史，用科学替代宗教。在这样的过程中，以达尔文为起点和代表，人类学家们开始以动物化石及考古遗址为素材，重新书写人的故事，直至用基因图谱构造出人类共同起源于非洲的"新史诗"，并故意与圣经作对，将故事主角命名为"真正的夏娃"，让原被说成以男人肋骨做成的女人成为人类之源，把全世界不同肤色和不同文化的民族——包括中国人在内，都回归到统一的自然母体之中。①

但是，人类学的科学主义回答表面"超越"《圣经》，整合了西方的两希传统（希伯来和希腊），但并没有消除另外的挑战，那就是来自非西方世界其他"轴心话语"的解答。②比如道家的"阴阳五行"观和佛教的"六道轮回"说。

在笔者看来，对于人类的终极追问而言，佛家的解释不亚于基督教的圣经故事。以《六道轮回图》的开示为例，它的阐释可谓博大精深：从作为众生本性的"贪嗔痴"到决定性命的"十二因缘"，直至循环不定的"生死六道"以及佛所指引的出世涅槃……对于人类的由来、处境及与环境万物的关系，真是阐发得环环相扣，丝丝入理。

可见人类学的问题就是人的问题；而在人类学的视野下，文学的问题也与此相关，体现为对"人是什么"的不同描绘和表述。而由于有文学的问题需要回答，同时有人类学的问题需要面对，因而在特定的条件下出现了探寻文学与人类学关联的可能。这就是从学科上走向文学人类学的一个必然过渡。

（三）文学与人类学问题

第三个问题包括两个不同的维度，同时又都指向文学与人类学的联盟。由这问题的提出，就引出了上面所说的两个领域及两个学科的链接。一方面通过人类学来认识文学，另一方面经由文学来反观人类学。二者的结合，或许将产生出新的可能，推出一个新的交叉学科，即文学人类学。

---

① 相关资料可参阅中国文采声像出版公司引进的纪录片《真正的夏娃》，2005 年（IS-RC：CNA510501270）。原名：*The Real Eve*，由美国探索传媒有限公司拍摄。

② 此处的"轴心话语"，取义于雅斯贝斯的轴心时代论述和福柯的话语理论。参见雅斯贝斯《历史的起源和目标》，魏楚雄等译，华夏出版社 1989 年版；福柯《知识考古学》，谢强、马月译，生活·读书·新知三联书店 2007 年版。

当文学与人类学联盟以后,接下来的问题是:与过去的研究相比,它们所关注的问题是什么?对象和方法何在?怎么样来进行它们的交叉研究?于是便引出了需要探索的下一个问题。

(四) 文学人类学问题

从学科产生的脉络和实践看,作为一种新兴的研究门类,文学人类学的范式严格说来还处在探索之中。为此,与其过早地针对文学人类学"是什么"下定义,不如对其已有的实践作描述,通过分析具体的研究过程和作品,来展示文学人类学正在和可能会怎么样。下面结合中国学者的学术实际对此再做陈述。

五 类型开放:文学人类学在当代中国的探索和实践

文学人类学在中国的兴起经历了几起几落。如果简约划分的话,可以大致分为1905年至1949年和1949年至今的两个时期。第一个时期的成果是奠基性的,需要下力气挖掘梳理。其中的重要人物有闻一多、郑振铎、茅盾等。第二时期以"改革开放"以来的学科重建为代表。其中的标志性成果可大致概括为五种类型或五个面向。

(一) 经典与重释

20世纪80年代,大陆学界在对西方"原型批评"的理论引进及创作界的"寻根文学"出现之后,推出了一套名为"中国文化的人类学破译"丛书。其中有萧兵的《楚辞的文化破译》、叶舒宪的《诗经的文化阐释》以及臧克和的《说文解字的文化说解》等。对于丛书的主要成就,主编王孝廉的评价是,作者们"在传统文献的掌握和西方理论的认知两方面,取得平衡而又开拓出自己的见解"。[①] 而从今天的学科

[①] 王孝廉:《关于叶舒宪等"中国文化的人类学破译"丛书的笔谈》,《海南大学学报》1995年第4期。

发展史角度来看，这套丛书及其倡导并实践的经典重释，可以说就是"新时期"中国文学人类学的重建标志。此类型的成果特点在于尝试用人类学的眼光和方法，对本土传统的文献表述重新解读，打破了过去，比如说仅用小学的方式对经典进行考据、训诂的惯例。当然，他们的结论并不都为学术界所公认，有的甚至争论激烈。但它的确辟出了一条新路，引发了很多有意思的讨论，乃至推出了文学人类学的新类型。

（二）原型与批评

此类型是把人类学理论与方法运用于中国文学批评的一种实践。自20世纪80年代末期以来，以方克强、叶舒宪等为代表的一批学者连续发表了用原型理论分析中国作品的论文。其中包括《原型题旨：〈红楼梦〉的女神崇拜》《原型模式：〈西游记〉的成年礼》以及《我国古典小说中的原型意象》等。1992年，继叶舒宪编著的《神话——原型批评》之后，方克强出版《文学人类学批评》一书，对文学的人类学批评做了系统梳理，后来又在高校开设同题课程，向研究生们讲授"原始主义文学批评""神话原型文学批评""文学人类学批评的世界性潮流"等专题，把此类型的实践带入到体制内的教学系统中，扩大了文学人类学作为新兴学科在中国学界的影响与接受。

（三）文学与仪式

文学人类学在中国新时期出现的另一类型是对"文学与仪式"的整合与研究。以厦门大学的彭兆荣等为代表，彭兆荣早期做比较文学时关注希腊戏剧，接着在把文学与人类学加以交叉审视的前提下，通过对酒神精神及《金枝》仪式分析，阐释戏剧与故事后面的仪式象征。2004年，在他到海外就仪式课题做专门的访学回来后，以丰富的第一手文献为基础出版了论述文学与仪式的专著，副标题就叫"文学人类学的一个文化视野"。顺此思路，不少学者同样展开了对本土文学的仪式性研究和阐释。

如今看来，文学人类学的重要成果之一就是对文学与仪式的关注。这不仅因为其从人类学角度把文学与仪式相关联，更重要的是从理论上把文学也看成一种仪式。这是一个很大的贡献。作为一种类型，文学与仪式的研究有什么特别之处呢？举个例子，仪式研究是人类学里的一个重要领域。但不少人以为提到仪式就是古老的，都是远方和乡村的，要不就跟宗教、巫术相关，与现代都市的世俗社会扯不到一起。这是一种偏见。其实，在现代都市的世俗社会里，几乎每个人都逃避不了仪式的包围，从学校的开学典礼到全民的国庆大典，直至中外观众参与的"奥运会""世博会"开幕式、授奖式……哪一处不是意味深长的仪式？哪一个不值得文学和人类学进行分析和阐释？至于将文学和仪式结合最为紧密的事例，无疑是每日在世界各地频频出现的"国歌"高咏和列队"升旗"。在奏国歌和升国旗的仪式里，伴随着的文学就是歌词。在神圣庄严的音乐中，人们面对国旗起立高唱："起来，不愿做奴隶的人们……"这时，文学不是仪式是什么？

人类社会里，仪式无所不在。即便进入现代都市，人们仍逃避不了仪式的包围。不过，结合现实的研究状况看，文学与仪式的类型研究在中国可谓方兴未艾，还需要大家开掘和努力，继续突破过去的文本限制，把目光从单一的言辞、书写等分类模式中超越出来，把文学视为仪式，当作生活场景中动态的、交流的文化事象。

（四）民歌与国学

这一类型的实质是力图从文学人类学视角对中国文化中"官—士—民"结构的打通，以及将精英的书写与民众的口传连为整体。在这方面笔者做了一些尝试，出版了专著《民歌与国学》。其他学者的相关成果也不少，如《到民间去》《眼光向下的革命》等，共同的意图是力求从总体上考察并阐释民族、民间和民俗的文学表达，也就是要研究人类学意义上的"大文学""活态文学""草根文学"乃至"生命文学"与"终极文学"。[①]

[①] 参见徐新建《民歌与国学》，巴蜀书社2008年版；[美]洪长泰《到民间去：1918—1937年的中国知识分子与民间文学运动》，董晓萍译，上海文艺出版社1993年版；赵世瑜《眼光向下的革命——中国现代民俗学思想史论（1918—1937）》，北京师范大学出版社1999年版。

顺此思路，笔者通过对贵州和广西少数民族地区的田野考察，出版了《侗歌民俗研究》。意图与上述初衷仍是一致的，那就是在国家话语与国学叙事形成统摄的前提下，考察并阐释民族、民间和民俗的文学表达——当然，这里的文学指的是人类学意义上的"大文学"或曰"活态文学""草根文学"乃至"生命文学"与"神性文学"。相关的例子还有很多，如朝戈金对丝绸之路少数民族口头传统的现状考察、罗庆春对彝族母语文学的研究和继承，梁昭及陆晓芹、廖明君等对刘三姐与壮族歌圩的研究等。①

（五）神话和历史

把神话与历史作整体看待称得上文学人类学在新时期以来的另一研究类型。代表性成果是叶舒宪团队推出的几套相关丛书。

在五四"新文学"以来的体系里，神话也开始在文学教材里出现。其中会提到希腊的神话、中国的远古神话，以及世界上一些少数族裔的神话（传说）。不过由于过度强调进化论观点，使得对神话的解释添上了"过去""异邦"和"蒙昧""落后"等色彩。如今的研究逐渐以结构—功能主义替代进化主义，更多从文化相对主义和多元论出发来看问题，对神话有了更为宽容和宽泛的理解，同时也以可称之为"新神话观"的立场为基点，对包括文学和历史等在内的族群记忆进行进一步阐释。为此，叶舒宪从文学与历史整合的角度提出重新阐释"神话中国"的呼吁。他指出：

> 神话作为初民智慧的表述，代表着文化的基因。后世出现的文、史、哲等学科划分都不足以涵盖整体性的神话。作为神圣叙事

---

① 参见朝戈金《中国西部的文化多样性与族群认同：沿丝绸之路的少数民族口头传统现状报告》，中国社会科学文献出版社 2008 年版；罗庆春《穿越母语：论彝族口头传统对当代彝族文学的深层影响》，《民族文学研究》2004 年第 4 期；梁昭《民歌传唱与文化书写：跨族群表述中的"刘三姐"事像》，博士学位论文，四川大学，2007 年；廖明君、陆晓芹《山歌好比春江水——广西少数民族歌谣文化通览》，《广西日报》2011 年 8 月 10 日。

的神话与史前宗教信仰和仪式活动共生,是文史哲的共同源头。中国早期历史具有"神话历史"的鲜明特点。文学人类学与历史人类学的会通视角,是重新进入华夏文明传统,重新理解中国神话历史的门径……呼吁学界从文学视野的"中国神话",转到文化整体视野的"神话中国"。①

此外,从文学人类学出发对神话与历史的研究还进入到了将古代文本与当代社会彼此关联的对照之中。一批史学家对"炎黄子孙""黄帝崇拜"以及"英雄祖先"与"兄弟故事"等现象的梳理和论述,即可视为此中的重要成果之一。② 与此同时,艺术界与学界对"狼图腾"与"龙传人"等新神话表述的展现和论争,也堪称对此的热烈回应。③ 在后一种论述框架中,神话就活在当代,呈现在包括CCTV新闻在内的"海外华人祭拜炎帝黄陵墓"与河南、贵州等地修建缅怀炎帝、黄帝和蚩尤的"三祖堂"等事件中。

在我看来,从人类学角度对神话和历史进行的分析和阐释,对于文学人类学的中国实践来说非常重要。因为这涉及一个重要的问题,即如何延续并评述中国这一自古注重世代传承且存有丰富文献与口传遗产之大国的族群记忆。

结　语

综上所述,可以把当代中国的文学人类学实践概括为四个数字:

---

① 叶舒宪:《中国的神话历史:从"中国神话"到"神话中国"》,《百色学院学报》2009年第1期。

② 关于这方面的论述可参见沈松乔《我以我血荐轩辕:黄帝神话与晚清的国族建构》,《台湾社会研究》1997年12月;孙隆基《清季民族主义与黄帝崇拜之发明》,《历史研究》2000年第3期;王明珂《论攀附:近代炎黄子孙国族建构的古代基础》,《"中央研究院"历史语言研究所集刊》2002年第3期。

③ 可参见姜戎《狼图腾》,长江文艺出版社2004年版;徐新建《"龙传人"与"狼图腾":当代中国的民族身份表述》,《民族文学研究》2006年第4期。

一、二、四、五。

"一"是说文学人类学是一个学科,一种方法或一个领域,或一种尝试,同时也是一种从西方引进并逐渐在本土生长起来的新知识范式。

"二"指的是其关涉的两个领域,即文学与人类学,强调两个门类的连接和打通。

"四"就是四个相关的问题:"文学问题""人类学问题"以及"文学与人类学问题"和最后的"文学人类学问题"。四个问题交织为一体,构成了此项研究的基本内容。

最后的"五",代表到目前为止中国文学人类学较有代表性的五个方面,从"经典破译"到"原型批评""文学仪式""民歌国学""神话历史",体现了一代学人的执着追求。其中成败皆有,需要总结。

这样的概括并非固定不变。随着实践的推移,又有不少新的话题和类型涌现了出来,如近来对"多重证据""文化遗产""民族志文本"和"人类学写作"与"多民族史观"等议题的论述,都值得进一步关注。

总体说来,作为一门横跨文理两边的新兴学科,文学人类学在当代中国的探索实践可谓刚刚起步,今后的发展不但需要从业者们的加倍努力,还需要更多有志于学科交叉与整合之同道的关心和扶持;同时不仅依托于前辈学者的持续开拓,更离不开青年学子的积极参与。

原载于《西南民族大学学报》(人文社会科学版)2012年第12期,收入本书时作者有修订

整合与创新：中国文学人类学研究七十年

谭 佳[*]

作为一个学术词汇，"文学人类学"在1988年才出现。该年，在加拿大召开的第十一届国际人类学与民族科学大会的会议主题即为"文学人类学"，会后出版论文集《文学人类学：人、符号与文学的一种跨学科新视角》(Literary Anthropology: A New Interdisciplinary Approach to People, Sign and Literature)。此后，德国美学家沃尔夫冈·伊瑟尔出版《虚构与想象：文学人类学疆界》，作者以"文学"为载体来讨论人的本质性存在问题。[①] 这两部书从符号学和哲学角度，阐发了文学与人类学的连接方式，具有很强的思辨性与非文学性。在欧美学界，与历史人类学、艺术人类学、医疗人类学等跨学科的发展有所不同，文学人类学并未引发太大学术效应。然而，在中国，文学人类学呈现出独有的蓬勃发展景象，在跨学科实践中具有鲜明的文学性：它孕育于文学革命时期、萌发于新时期文艺学的复兴、在新时期比较文学的学科建制中成型。成为新的研究领域之后，它又与多民族文学、民间文学、古代文学、文艺学等学科紧密联系，尤以表现出对主流文学观的反思与开拓、方法论的创新而备受关注。目前已有多部、多篇相关的学术史论著描述中国文学人类学的发展。在此基础上，笔者拟以前学科实践→学科化进

---

[*] 谭佳，中国社会科学院文学研究所研究员，中国文学人类学研究会秘书长。
[①] [德]沃尔夫冈·伊瑟尔：《虚构与想象：文学人类学疆界》，陈定家、汪正龙等译，吉林人民出版社2003年版。

程的时间轴为顺序,以新时期为界,讨论中国文学人类学的不同阶段特点,分析其话语体系的表现方式及其形成原因。

一 新时期以前的学科实践

作为一门成熟的现代学科,人类学不是简单地研究"人的科学",究其根本,它仅是对人类生活的一种独特表述路径,并且深受其所处的文化和权力格局的制约。欧洲现代性转型之际,需要一套新概念与话语来解释一个从"神创"到"世俗"的、从神学到科学的社会。欧洲的社会变迁造就了包括人类学在内的诸多社会科学,它们是以欧洲为中心的现代世界体系建立的学科结果。从19世纪中后期到第一次世界大战爆发,英美进化论和德国传播论占据主导,旨在说明西方文明是全球文化的最高境界;同时,弗雷泽对现代理性的局限提出批判。第一次世界大战爆发,西方文明的"优越性"遭遇内在困境,以马林诺夫斯基为代表的新兴流派到"他者"的田野中,去探寻一种文化功能何以整合社会的文化模式。至20世纪60年代,功能论的观点支配了英国人类学,它强调异文化的田野与工作的民族志,强调个人与制度之间的关系,文化相对主义开始成为人类学主流。

费孝通曾说,人类学是为"文化自觉"而设的学问。在西方人类学的刺激下,中国现代性转型中形成的人类学,其实质是本土的"文化自觉"诉求。结合上述西学脉络参照,中国的人类学具有明确的启蒙救亡色彩和进化论诉求。与西方人类学的发端一样,中国早期的人类学同样是想论证一个去神圣化的中国历史如何可能,一个世俗的"自然时间"社会如何被表述。随之发生在文学与人类学之间的跨学科实践,比如被后人视为中国文学人类学开山鼻祖的郑振铎,以及茅盾、闻一多等大家,在20世纪初期,从人类学视角去重新阐释先秦文本。[1] 他们的相关研究以"启蒙"为

---

[1] 相关论述参见叶舒宪《人类学"三重证据法"与考据学的更新》,载《诗经的文化阐释》,陕西人民出版社2005年版,"序"第13—14页;叶舒宪《文学人类学教程》,中国社会科学出版社2010年版;徐新建《文学人类学研究》第1辑,社会科学文献出版社2018年版。

目的,希望在"进步"的话语中重新理解上古文明,他们所倚重和凭借的人类学,也仅是前文所述的古典进化论的理论形态。正因如此,如何理解上古,成为中国文学人类学最重要的研究领域,也是当下的范式创新所在(关于这点,本文第四部分会再分析强调)。

当人类学中的进化论传入中国时,其在西方却已面临着诸如传播派、功能派、历史批评学派的激烈挑战,这些学派几乎无不批评进化论否认了人类文化的多样性。甚至可以说,当时整个中国学界所拥抱的古典进化论,正在20世纪30年代开始被欧美人类学界抛弃。作为一种哲学和史学观,进化论和"遗留说"只阐明了人类社会的总体趋势,并非对各种文化发展程序的具体描述。相应的,进化论之外的其他学派对中国人类学的发展同样有着深刻影响,也激发了文学人类学的其他实践面向,比如对多民族文学的研究、揭示有意识行为之下的无意识思维模式和文化结构、对现代性文化的反思等。

新中国成立后,中国科学院文学研究所西方文学组于1962年出版了《现代英美资产阶级文艺理论文选》(上编),在整体的封闭状态中透露出些许外国的学术流变的动向。其中,该书选编了一组"神话仪式学派"的材料,如赫丽生的《艺术与仪式》、鲍特金的《悲剧诗歌中的原型模式》、墨雷的《哈姆雷特与俄瑞斯忒斯》等,它们大体反映了20世纪60年代以前的文学与人类学结合倾向。

20世纪70年代,台湾比较文学界较多地使用"原型批评"这一术语。1975年台北的幼狮文化事业公司出版了徐进夫翻译的《文学欣赏与批评》(A Handbook of Critical Approaches to Literature),该书重点介绍"神话与原型的批评"。稍后出版的颜元叔翻译的《西洋文学批评史》,其第三十一章为"神话与原型"(中译作"神话与原始类型")。这时已经涌现出台湾学者尝试借鉴原型批评方法用于分析中国本土的作品。[①] 1976年的《比较文学的垦拓在台湾》收有两篇应用原型研究方

---

① 例如:水晶的《张爱玲的小说艺术》(1973)、颜元叔的《谈民族文学》(1975)、侯健的《二十世纪文学》(1976)均借鉴人类学方法,以原型和神话视角研究小说或戏剧。

法的专论：张汉良的《扬林故事系列的原型结构》和侯健的《三宝太监西洋记通俗演义》呈现出汉语学界的学者较娴熟地掌握了这一批评模式，使古典文学研究的旧有格局有所改变。在台湾学人的相关实践中，李亦园的研究为当代中国的文学人类学学科发展做出了较大贡献。他的开拓性贡献在于引入了人类学的视野和方法，从"口头文学"（oral literature）视角质疑传统的经典文学研究。1997年，李亦园应邀参加文学人类学研究会首届年会，他以"文学人类学的形成"为题进行演讲，把文学视为动态的展和演，强调生活世界中多重参与者的实践与互动过程，进一步完善了文学人类学的理论建构。①

二 新时期以来的学科化发展

20世纪80年代，文学人类学在文艺学复兴的大框架下萌生。1982年第3期《文艺理论研究》刊登译文《当代英美文艺批评的五种模式》，这是大陆学界了解原型批评的最早窗口之一。80年代中期以后，西方文论的译介形成高潮，当时在哲学、美学和文艺学方面颇有影响的李泽厚、刘再复等人均对原型理论有所借鉴。这段时期在原型研究方面具有代表性的学者是叶舒宪教授。1986年，他发表《神话—原型批评的理论与实践》一文，系统评述了这一批评派别的产生和发展过程。1988年出版的《探索非理性的世界》一书中归纳出原型模式的中国变体，尝试重构中国上古神话宇宙观的时空体系。② 从学理上讲，由于西方的原型批评与"神话批评"（Myth Criticism）、"剑桥学派"（Cambridge School）等思潮有关，聚焦神话、仪式等文学与人类学的学科交叉地带，所以从萌发至成型，神话学及原型研究一直是中国文学人类学的核心组成部分。这一时期，《中国比较文学》自1992年起增设"神话原

---

① 参见谭佳、徐新建《关注文学的展演和过程：李亦园先生对文学人类学的开拓贡献》，《青海民族研究》2018年第3期。

② 叶舒宪：《探索非理性的世界》，四川人民出版社1988年版，第134—165页。

型研究"专栏。台湾学者王孝廉的《中国的神话与文学》(1977) 和香港学者陈炳良的《神话·礼仪·文学》(1985),都是这方面研究的重要著述。

20世纪90年代,《文艺争鸣》于1990年推出"方克强的文学人类学批评"和"中国文学与原型批评笔谈"两个栏目;1992年又辟有"叶舒宪的文学人类学研究"专栏。《上海文论》1992年开辟"当代批评理论与方法研究"专栏,首期刊出"文学人类学与原型批评"小辑,文学人类学研究成为文艺学界的热门现象。逐渐地,它溢出文艺学领域,走向民族文学研究和对传统国学的"改造"实践。在与民族文学研究的交叉方面,徐新建教授主编的西南研究书系侧重云贵高原少数民族文学与文化的专题探讨。"新国学"方面,萧兵教授、叶舒宪教授、臧克和教授等的"中国文化的人类学破译"丛书(1991—2004)尝试从人类学视野对中国上古经典进行重新解读,先后出版的对《楚辞》《诗经》《老子》《庄子》《山海经》《中庸》《史记》《说文解字》等的跨文化和跨学科新解释,在学界产生了重要引导作用。

1996年是中国文学人类学最重要的一年。这一年,在长春召开的中国比较文学学会第五届年会上,学会领导与中青年学者商议成立二级学会——"中国文学人类学研究会"。海南大学重点学科建设"比较文学"确定文学人类学为主要方向。

1997年,首届中国文学人类学年会于11月13日—17日在厦门大学人类学研究所举行。中国比较文学学会主席乐黛云教授,台湾"中央研究院"院士李亦园教授,中国文化书院院长汤一介教授,以及活跃于比较文学和人类学界的知名学者,如萧兵、庄孔韶、曹顺庆、郑元者等,共同就文学人类学的定位、多元文化、同质性、方法论、口传/书写、文化展演、知识体制等问题进行了集中和深入的讨论。同年,高等教育出版社出版的国家教委规划教材《比较文学》中增设了"文化人类学与比较文学"专章。1998年,中央编译出版社出版会议文集《文化与文本》。1999年,社会科学文献出版社出版了国内首套"文学人类学论丛"。厦门大学人类学研究所的彭兆荣教授主编的"文化人类学笔记"丛书侧重收集和总结本土学人的田野研究经验。至此，作为比较文学的一个分支领域，文学人类学正式成型，并逐渐形成自己的学科话语与领域、研究方法与特点。

三 新世纪以来的蓬勃发展

2000年，新成立的四川大学文学与人类学研究所在国内首倡"文明反思与原始复归"的大讨论，提出人类学视角对"现代性"与"发展观"的批判质疑。2003年，叶舒宪的《文学与人类学——知识全球化时代的文学研究》一书出版，这是国内外第一部系统研讨文学与人类学的跨学科关系的理论著述。在2004年人类学高级论坛（银川）上，文学人类学学者们策划了学界人士的"生态宣言"；在族群研究、文化研究等新范式的生长语境中，反映出比较文学的传统研究范式与当下文化热点的相互渗透与思考。随后，文学人类学研究会分别于2005年5月在湖南湘潭、2006年10月在甘肃兰州、2008年11月在贵州贵阳、2010年6月在广西南宁、2012年在重庆、2014年在陕西西安、2017年在上海，召开学会年会，相继出版多部论文集。①

2008年，在四川汶川5·12大地震发生后，文学人类学学者汇聚四川大学，组织起"文学人类学救灾工作组"，倡导"人文救灾"的理念，动员师生克服恐惧，积极行动，深入救灾第一线，发挥文学治疗和灾难民族志的专业作用，显示了这一代中国比较文学学者贴近现实、及时深入田野的特色与活力。救灾工作组在第一时间编辑了《比较文学报：人文救灾专号》。该报虽然只是一份专业性内部发行的小报，但在余震不断的成都出版后，被全国十多家媒体报道、转载引用，发挥了巨

---

① 这些论文集有《国际文学人类学研究》（百花文艺出版社2006年版）、《人类学写作：中国文学人类学研究会第四届年会文辑》（四川大学出版社2010年版）、《重述神话中国》（上海交通大学出版社2018年版）。

大影响，体现了比较文学学者高度的社会责任感与承担意识。①

2009年，徐新建教授主编的"中国民族文化走廊丛书"出版，包括叶舒宪的《河西走廊：西部神话与华夏源流》、彭兆荣的《岭南走廊：帝国边缘的地理与政治》、徐新建的《横断走廊：高原山地的生态与族群》三部著作，分别从文学和人类学的路径走进东亚大陆备受关注的三大走廊：北部草原与大漠地带的"河西走廊"、南部百越族群间的"岭南走廊"和横断山地区的"横断走廊"，对这三大文化走廊的重新审视与研究，突破了"中原中心观"对多元历史的扭曲与遮蔽。由于选题的新颖和旨趣的突破，这套丛书荣获"第二届中国出版政府奖提名奖"。同年，学会定期编辑《中国文学人类学研究会通讯》（电子版，以下简称《通讯》）。《通讯》至2019年已问世五期，旨在全面、及时反映学科发展前沿与会员学术研究情况。每期内容皆20万字以上，发送给会员和海内外相关学者共计600余份，均受到广泛认可与好评。

2010年，叶舒宪教授主编的大型丛书——"神话历史丛书"（第一辑）出版。该套丛书分为"中国神话历史"和"世界神话历史"两大系列，共计20卷。"神话历史丛书"的策划和出版，承继了叶教授在20世纪90年代与萧兵、王建辉合作主编的"中国文化的人类学破译"系列丛书（湖北人民出版社1991—2004年）八卷本。两套丛书有所不同的是，"神话历史丛书"更集中体现新世纪成长中的青年学者的新锐探索，力图呈现出更具有规模性的人文研究和国学研究的创新群体。另外，叶舒宪教授主编的"神话学文库"也于2011年由陕西师范大学出版社出版。该文库内容包括译介国际著名神话学研究成果（包括修订再版者）；同时，推出中国神话学研究的新成果，注重具有跨学科视角的前沿性神话学探索。在教学和现实影响层面，叶舒宪的《文学人类学教程》（2010）是中国社会科学院研究生院的重点教材，也是我国第一部文学人类学的理论与方法教科书。同期，相对于文学理论注重对消

---

① 相关报道参见《民族艺术》2008年第4期、《文化学刊》2008年4期"灾难与人文关怀"栏目等。

费社会的纯理论思辨和人文批评等路径，文学人类学更强调从人类表述自我的符号层面探究符号经济的学术根脉与实践可能，从而为当下的符号经济和文化创意产业提供一些视角、资源、方法和研究个案。这类研究集中在2012年出版的《文化与符号经济》一书中，多位学会研究者从不同侧面回答了这一问题。[①]

随着中国文学人类学者研究成果的丰硕壮大，学术影响的不断扩展，2010年9月20日，"中国文学人类学理论与方法研究"入选国家社会科学基金重大项目。这是以"文学人类学"学科命名的选题首次入选国家社会科学基金重大项目。2010年底，由中国社会科学院叶舒宪教授任首席专家组织、申报、投标的多单位集体合作项目"中国文学人类学理论与方法研究"获得批准立项。此后，彭兆荣、徐新建、李永平等学会副会长也陆续获得国家社科基金重大招标项目。2018年，在中国文学人类学发生发展四十周年之际，经重新整理、修订，由陕西师范大学出版社出版的"中国文学人类学原创书系"是纪念和发展文学人类学学科的重要事件。该系列丛书涵盖文学人类学研究领域具有代表性的21本书目，集中展现了20世纪80年代以来中国文学人类学的渐进轨迹，并凸显了学科的重点与亮点所在。2018年，学会会刊《文学人类学研究》创刊，并定每年推出两辑。4月7日，上海交通大学神话学研究院暨上海市社会科学创新研究基地"中华创世神话"首届成果发布会暨专家论坛在上海交通大学召开，上海交通大学神话学研究院暨上海市社会科学创新研究基地郑重推出了由复旦大学出版社出版的四部专著：《玉石神话信仰与华夏精神》《文学人类学新论》《四重证据法研究》《希腊神话历史探赜》。

四　中国文学人类学的话语体系构建

历经七十年发展，中国的文学人类学派已建立了成熟的团队合作、

[①] 叶舒宪主编：《文化与符号经济》，广东人民出版社2012年版。

完备的机构组织和日常运行规则。在全体会员的不断努力下，现已有中国社会科学院研究生院、上海交通大学、华东师范大学、中央民族大学、北京语言大学、四川大学、厦门大学、陕西师范大学、兰州大学、吉林师范大学、西南民族大学、广西师范大学、海南大学、西安外国语学院、安徽大学、台湾中兴大学等20余所高校设有文学人类学专业，招收硕士和博士研究生。学会在全国各省市共成立了13个学会研究中心或基地，定期召开学会年会、工作坊等活动。文学人类学学者不仅聚焦古今关联的学理分析，而且深入"玉石之路"、乡村、牧区、边疆乃至海外进行多区域的田野考察与跨文化比较，以多种类型的学术实践对人文学科研究范式和观念的革新做出了积极推动。基于七十年来的学术实践，下文对文学人类学正在不断形成的学科话语进行梳理与介绍。

（一）学科建构逻辑与研究视域

文学人类学立足于文学与人类学两大学科。然而，文学强调主观虚构和想象，人类学强调客观取向与科学方法，二者却发生交叉融合，形成了一门新兴交叉学科，其内在逻辑是什么？与本文开篇所描述的西方学界的文学人类学特征有所不同，中国的文学人类学构建视角可从三大方面理解。

第一，从文学理解人类学，对人类学提出新的整体性解释。21世纪初出版的《文学与仪式》[1]和《人类学仪式的理论与实践》[2]两部著作，弥补了文学人类学研究在理论建构方面的欠缺，对于比较文学的主题学和形象学研究也有启发意义。21世纪以来，中国的文学人类学派认为，在人类学终端的表述意义上，民族志也是一种虚构乃至文学，而这不意味着其与事实无关，更不等于断言人类学不是科学。因此，文学人类学界提出"体性民族志""整体人类学"的研究理路，相关论述已溢出文艺学视域，此不赘述。

---

[1] 彭兆荣：《文学与仪式》，北京大学出版社2004年版。
[2] 彭兆荣：《人类学仪式的理论与实践》，民族出版社2007年版。

第二，从人类学理解文学，引领多民族文学研究。从人类学反思"中国文学"乃至"人类文学"原本存在的多种形态，还原出"中国文学"的本真存在样态，给文学研究带来更多新视野和新方法，这是文学人类学于文艺学的贡献所在。文学人类学派的文学观，用图示表示即为：

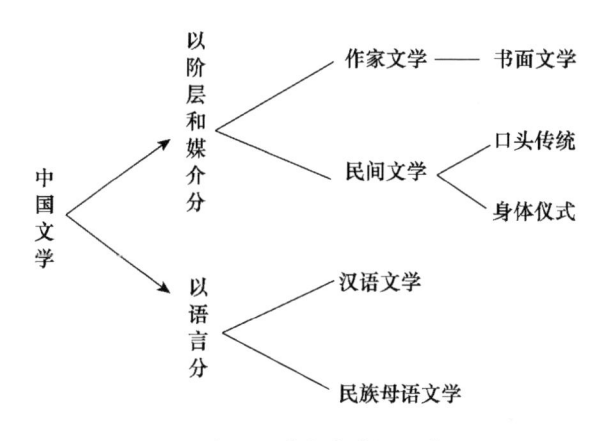

```
                    ┌─ 作家文学 ── 书面文学
         ┌─ 以阶层和媒介分 ─┤              ┌─ 口头传统
         │          └─ 民间文学 ─┤
中国文学 ─┤                        └─ 身体仪式
         │                    ┌─ 汉语文学
         └─ 以语言分 ─────────┤
                              └─ 民族母语文学
```

图 1　中国文学人类学派文学观

如图 1 所示，文学人类学把"文学"的概念从作家文学、书面文学进而扩大到民间文学、口头文学、身体仪式等事项，强调中国文学发生的文化语境与信仰背景。例如在民间文学开拓方面，相关学者从上述视野对宝卷进行多重证据和跨学科研究，把田野口述资料、宝卷插图、宝卷文本、宣卷家族、民俗仪式等都作为论述证据，全面挖掘宝卷背后的神话信仰，揭示宝卷演述的禳灾与祈福等社会功能。在民族文学研究方面，以往少数民族文学研究存在一种普遍观念，即把"民族"视为"国家"之下或与"国家"同源的文化和政治集团，视为构成人类社会的次群体。与这种普遍观念不同，文学人类学视域中的"多民族文学"不只着眼于某一民族的精神表达和建设，还着重于在国家和国际视野的牵引下，在国际思想资源的帮助下，让民族文学研究成为人类成员的人性表达。由此，文学人类学的研究改造了来自现当代文学和文艺学研究的"文学生活"这一概念，并为之注入了人类学的意涵。正如徐新建

所强调的:

> "文学的生活性"强调文学不仅是书写的文本和死去的遗产,更是鲜活的事像和动态的过程,是个体的心志展现,更是众人的互动参与。在这个意义上文学就是生活,或曰生活的一种形态。①

这个概念不只包含了口头、书面和网络等文学的媒介形态,不只强调了文学与地域、文学与族群生活的关联,还进一步把文学视为人类存在的根本——文学就是生活本身,文学就是生命的诗性展开。换言之,文学人类学的文艺观所倡导的,是一个把握文学的族群文化特质、揭示人类文学多样性的文学模式。这个模式的意义在于其灵活性,主体可以从任何一种类型的文学文本进入,思考文学与生活、文学与自我和他人的关系。

第三,精耕细作文学与人类学的交叉地带——神话学。作为一个跨学科领域,文学人类学的形成与发展无不是各类具体实践。在此,我们着重强调文学与人类学的重叠之处——神话研究,这也是十余年来该学科强劲发展的重点领域。

一直以来,文学人类学派把神话观念与仪式结合起来研究,或从古今文学叙事模式中发掘仪式原型,或深入民间考察至今还存活的仪式与信仰、神话的关系,将典籍记载之死去的神灵和现今庙宇中尚在供奉之神联系起来,显示了人类学的仪式视角对于传统的文学批评方法的革新改造。近年来,中国的文学人类学派又相继提出了"神话历史""神话中国""文化大小传统"等重要命题,初步建成了自己的神话学体系。

具体而言,在研究视域和方法论的构建上,中国文学人类学派提出"文化大小传统"的新命题及其方法论体系——"四重证据法"。大传统指先于和外于文字的文化传统,小传统则是文字书写的传统。这类研究范式在对象的开拓上,将整个文化文本视为研究对象,强调文化大传

---

① 徐新建:《多民族国家的文学生活》,《中外文化与文论》2013 年第 4 期。

统是中国文学人类学的重大理论突破，相应的，形成了"N级编码理论"。该理论系列强调运用历史性的动态视野去看待文学文本的生成，将文物与图像构成的大传统编码视作一级编码，将象形字汉字的小传统萌发视作二级编码，早期用汉字书写而成的文本经典则被视作三级编码，古代经典时代之后至今，以及未来无法穷尽的所有文本写作都是再编码，统称N级编码。N级编码的提出使得文学人类学的文化原型探索，与流行于西方学界的原型批评方法有了明显区别：中国文学人类学派的原型研究深度，并不止步于相当于希腊罗马神话的早期华夏神话故事，而是凸显大传统新知识观的优势，穿越文字和文本的限制，深入到无文字的文化深远脉络之中。在研究方法的开拓上，"四重证据法"是中国文学人类学界的重要武器。叶舒宪教授提出"要从传统史学唯书证马首是瞻的偏颇和蒙蔽中解放出来，转向以搜求物证为主的历史线索之学术努力"。他认为要走出单一的文本资料限制，在研究中致力于搜索书证之外的"物证"材料，并进一步提出四重证据法："传世和出土的文字材料分别属于第一和第二重证据。将口传与非物质文化遗产方面看作依然在民间传承的活态文化，属于第三重证据。……物质文化的传承，属于第四重证据。"四重证据法的提出为文学人类学的发展提供了方法论的实践，对于指导当下的文学与文化研究具有重要的突破意义。

（二）理论革新与范式突破

中国的人文学界在西学东渐以来的知识背景下，其理论建树方面一直处于非常尴尬的境地。一般而言，介绍和接受西方理论居多，本土的原创性理论建构却显得寥寥。同时，西化的大学教育体制被横向移植照搬到中国，基本上没有得到审慎权衡、思考与筛选，造成唯西方马首是瞻的盲从局面，积重难返。正是受到20世纪后期的反思人类学派和后殖民理论影响，中国的文学人类学学者积极反思、解构西方中心主义的学科范式，大力倡导和呼吁本土文化自觉。在国内知识界一边倒地拥抱西方学院派理论的情况下，文学人类学率先揭示出20世纪西方思想的"东方转向""原始转向"和"生态转向"，重视后现代知识观的变革与全球文化寻根运动，并大力倡导人类学"地方性知识"的新视角，启发对本土文化的自觉和尊重。① 基于这些探讨，文学人类学派对人文领域的经典理论已然开始质疑、批判和重构，其范式拓展及展望，可归纳出以下诸项：

第一，重构文化大传统视域中的文化文本。

结构主义和符号学的共时性研究思路被视为人文学科在20世纪发生的最重要的学术转向——语言学转向，并且和19世纪的历史语言学思路相区别。但正是结构主义的共时性研究范式，阉割了文化文本生成脉络认识的可能性。所以必须有一个学术再转向，从关注共时性视角，到兼顾共时性与历时性，恢复发生学的视角。文学人类学派所强调的文化文本概念便是对这种"视角"的回应。

虽然，从名称上，"文化文本"和"结构主义—符号学"的思路似乎有一致，然而，文学人类学派所秉承的学术传统更多地侧重在文化人类学方面，而其研究旨趣则更接近历史人类学和认知考古学。文学人类学的研究者认为，相对于后代的一切文本（不论是语言文字的还是非语言非文字的），文化文本的源头期最为重要。没有源头的，即没有找到其原编码的文本，很难有理论的解释力。就中国的情况而言，旧石器时代的符号材料十分稀少，因而可以暂且侧重研究新石器时代以来的时段。对于有文字的社会传统而言，原编码是先于文字而存在的。换言之，一个古老文明的所有重要的文化原型，一定是在先于文字符号的更早年代已出现，这就必然要诉诸考古学和史前史的全新知识领域。我们在此对"文化文本"做出必要的三层次界定：

> 文化文本，指由特定文化所支配的符号系统及其意义生成规则。

---

① 参见徐杰舜、叶舒宪、王铭铭、彭兆荣、徐新健《人类学与国学》（对话录），《光明日报》2007年2月8日；徐杰舜、徐新建、叶舒宪、潘年英、艾娣雅《面对世界的中国传统——人类学与中国传统漫谈》，《百色学院学报》2008年第2期。

文化文本，不等于"文化的文本"（cultural text），而等于说"作为文本的文化"（culture as text）。

文化本文，是大于"文字文本"或"语言文本"的概念，它将语言文字符号和非语言文字符号统统包括在内。

需要注意的是，第一层界定中的"特定文化"概念，具有相当的伸缩性：可指一个部落、村社，或一个族群，也可指一个文明国家。但不论哪种情况，特定文化都是一个个性化的概念，该文化的意义生成活动会有与其他文化所不同的自身法则。文学人类学派之所以采用这个概念作为理论主攻方向，是要凸显中国文化的意义生成"潜规则"，这既包括华夏文明整体的意义生成，也包括每一个民族或族群文化的意义生成，这就能给本土研究者带来非常多样的对象选择。

第二，突破"轴心时代"的话语牢笼，走向神话中国。

文学人类学的立场基于文化人类学的"文化相对主义"和"地方性知识"原则，要求针对每一特定文化的认识，采取实事求是的和具体情况具体对待的方式。而不宜预先假设一种具有普世性的万能理论模式，或直接移植外国理论家的模式，去套在所要考察的对象国的历史和文化上。以"哲学突破说"和"轴心时代"为代表的西方垄断性话语，并不能准确地表述中国的历史与现状。为此，文学人类学界提出"神话中国"论和"神话历史"论的理论命题，正是为对抗或替代所谓"轴心突破"论的误导作用。

从20世纪90年代至今，通过文学人类学派对先秦经典的不断再阐释，我们能看到，用"信仰→理性""宗教→理性化""神圣→世俗"的演进过程置换中华文化的渊源与形成之做法值得商榷。用现代性工具理性观来规避中国王制中的"神—人"关系和礼乐文化渊源的做法同样有弊端。在笔者看来，这类二元对立的理论模式，解释不了中国文明发生发展的独特性。礼崩乐坏的东周无疑是"王制"被"断裂"的历史时期，春秋时期所做的"文化工程"恰恰不是突破"非理性"、形成所谓"理性化"的哲学，而是当时巫史及王权阶层运用一切资源来重新沟通天人，重建王制的神圣和礼乐规范过程。这个过程与所谓的"轴心突破"或世俗理性化等理论模式正好相反，我们需要新的文化理念以走进早期中国的研究。

第三，构建早期中国思想研究的物论体系及其方法论。

与批判"轴心时代"旨趣相同，在现代性科学话语之外，以上古之"物"为切入点来构建研究中国思想的新可能，这是文学人类学界范式拓展的一大亮点，这条路正在探索中。笔者曾总结中国文明起源特点都是围绕"物"而展开。其一，在中国文明起源过程中，以最早的显圣物玉器为代表，先进的生产工艺并未用于生产劳动中，而是成为特权阶层彰显权力的工具，被大量用于祭祀仪式和政治活动中。其二，在文明起源阶段，玉器信仰仪式占据重要地位，这些仪式以祖先崇拜、天地祭祀为主要内容，并逐渐演化成礼制系统，至周代完全建立。其三，中国古代的城市体现出政治上强控制的特征。城市并非出于商贸经济的考虑而建立，而是成为权力角逐的舞台和特权阶层实施统治的场所。根据这些特点不难理解：文学人类学聚焦"物"的背后是要挖掘更深层的神圣信仰、权力垄断、祭祀仪式等因素，研究围绕"物"所形成的权力垄断和强政治的历史根源。这也昭示着超越文学性的跨学科研究已成为神话学发展的必然趋势。从拜物到格物，从圣物到圣人，中国思想史有自己独特的物论思想与神圣观念，而这套观念并非现代性科学话语能认知，也非西方哲学话语能囊括和表述。文学人类学的理论探讨，其本质是对现代人文学术传统及范式研究进行深刻反思及再造。

总之，与其他相对更成型的研究领域比较而言，中国的文学人类学呈现出很强的"进行时"特征——它的研究对象、学科领域、学科方法等核心问题，在不断被探索、建构和完善。一言以蔽之，文学人类学不是简单的文学+人类学，从任何角度所追溯的学科资源，实则都是对当下"进行时"的合法性论证。正如笔者在《文学人类学研究》（创刊号）的"四十年专栏"主持人语中所说：作为一个新兴研究领域，文学人类学的内涵与外延是什么？它究竟应该倚重文学还是人类学？它与民间文学、民俗学、民族文学的关系或区别是什么？它的研究对象和意义是什么？也许，每一位从事或关注文学人类学研究的学人都有自己的答案，这正是这个新学科的魅力与希望所在。最为关键的是，这个领域的相关学者是否提出了真正有意义的概念、理论体系、方法论和新的研究范式，并取得了大量的、不可替代的重要成果。可喜的是，中国的文学人类学正是在这样的诉求及态势下发展壮大，焕发着绚丽的学术光芒。

原载于《中国文学批评》2019年第3期，收入本书时作者有修订

从"中国神话"到"神话中国"

——文学人类学对神话研究范式的变革

叶舒宪 公维军[*]

从 1986 年翻译介绍加拿大批评家弗莱的原型批评理论时首次提到"文学的人类学"[①]，到 1991 年出版《英雄与太阳——中国上古史诗的原型重构》一书的引言题为"文学的人类学研究"[②]；以及方克强专著《文学人类学批评》[③]在 1992 年问世，文学人类学这个新兴交叉学科的术语从无到有，逐渐流行，到 1996 年成立中国文学人类学研究会，2012 年教育部委托重庆文理学院在永川茶山竹海举办首届全国高校文学人类学骨干教师培训班，这个新兴学科借助于全国性的学术组织，其研究创新态势日益得到有关方面的重视，开始向全国高校和科研部门推广。2010—2016 年，国家社科基金重大招标项目"中国文学人类学理论与方法研究"完成结项，一个以中国本土的文学与文化理论创新建构为目标的学术任务，初步宣告完成。

中国的文学人类学理论建设是在 20 世纪以来国际性的跨学科研究实践大潮中逐步发展的，其前后脉络较为清晰：从神话原型批评起步，

---

[*] 公维军，江苏大学文学院讲师，中国比较文学学会文学人类学研究会青年学术委员会主任。

[①] 叶舒宪：《神话原型批评的理论与方法》，《陕西师范大学学报》1986 年第 2 期、第 3 期。

[②] 叶舒宪：《英雄与太阳——中国上古史诗的原型重构》，上海社会科学院出版社 1991 年版。

[③] 方克强：《文学人类学批评》，上海社会科学院出版社 1992 年版。

关注文学与文化的关系，希望能够率先培育出一套可操作的研究范型。于是在20世纪90年代先提出三重证据法，到21世纪初提升改造为四重证据法，并在四重证据法应用实验十年后，走向文化文本的符号编码理论系统：号召研究者走出本学科的狭隘视野，从文学本位的神话观，拓展到信仰驱动的神话观，依靠整合多学科知识，尤其是中国考古新发现的知识，以"神话历史"这个学科整合性的视角，重建文化的大、小传统理论，并细化为N级编码理论，把先于文字和外于文字记录的传统视为大传统，将文字记录的传统视为小传统，号召新时代的学者们在知识观上与时俱进，深入洞悉古代的学者们不可能看到的文化大传统真相。在此基础上，提炼出一种对文明国家起源具有精神引领作用的史前信仰——玉石神话信仰，简称为"玉教"，以此作为文明发生潜在驱动力，梳理出从玉教神话到华夏核心价值生成的完整符号化过程，从文化基因层面解释中华文明形成的特殊奥秘。

然而，像一切新生事物一样，中国文学人类学目前仍处在理论建构的初级阶段，在探索过程中会有来自各方的怀疑与批评。有学者认为中国文学人类学理论吸收的纯粹是修正后的诺斯洛普·弗莱的文学人类学思想；亦有学者认为这些理论的探讨目前处于一种"游离""散乱"甚至"滞后"的认知状态，似乎没有规律可循，导致研究方向的不统一和随兴所致等。鉴于此，本文拟针对"神话中国"这个新命题所带来的巨大研究机遇和广阔研究空间加以阐释，并将其还原到文学人类学理论发展的主要脉络中，揭示一条贯穿始终的，其认知过程是步步为营的发展线路。这套文学人类学理论，从跨学科的多样视角出发，突出文学人类学与考古学、历史学、艺术史等学科的多元互动，意在能够真正契合"20世纪文学创作与文艺理论的人类学转向以及20世纪文化人类学的文学（或人文）转向"两大潮流。

19世纪中叶，德裔的英国语言学家麦克斯·缪勒（Max Müller）首创比较神话学，从比较语言学视角对印度、希腊、罗马、北欧诸地的神话进行了比较，认为这些神话具有相同的源头和根基，即古代印欧语的表达方式。基于此，他指出：

> 神话尽管主要地是和自然相联系，其次和那些显示规律、法则、力量，以及智慧特征的证明（神迹）联系在一起，但神话对所有一切都是适用的。没有一件事物能排除在神话的表达之外；道德、哲学以及历史、宗教，无一能够逃脱古代女巫的咒语。①

缪勒还第一次将西方历史的起源与印度文明联系起来，创立印欧语系假说，而古印度祭祀诗集《吠陀》成为其思想体系的基石。他将《吠陀》与传统希腊罗马神话加以比较，使得研究雅利安民族的"原始共同神话"成为可能，同时坚信"整个原始的、自然的、可理解的神话世界，保存在《吠陀》之中，《吠陀》的神话对于比较神话学的意义，有如过去以来梵语对比较语法所起的作用"②。从此以后，比较神话学迅速传播开来，并在20世纪初年假道日本学界，辗转传播中国，催生中国神话学研究热潮。

四部《吠陀》虽然在今日也被当作古典文学作品在大学里讲述，但是《吠陀》诗歌皆为宗教仪式行为的副产品，也是不争的事实。其性质类似于我国《诗经》中的《颂》诗部分。宗教仪式的核心观念是神话的和崇拜的，是以信仰为基础的。神话是文、史、哲、宗教、政治等未分化独立之前，最初的文化表述和文化编码形式。自1902年"神话"一词假道日本，进入中国学术界，便始终与"历史"相形相生。蒋观云提出的"字模说"不啻为中国神话学的先声——"神话堪称后世文学作品的'字模'"，并以活字印刷术中的"植字"为譬喻，将神话与历史置于等量齐观的位置之上：

> 夫社会万事之显现，若活版之印刷文字，然撮其种种之植字，

---

① ［英］麦克斯·缪勒：《比较神话学》，金泽译，上海文艺出版社1989年版，第139—140页。

② ［英］麦克斯·缪勒：《比较神话学》，金泽译，上海文艺出版社1989年版，第80页。

排列而成。而古往今来，英雄豪杰，其一言一行，一举一动，即铸成之植字，而留以为后世排列文字之用也。植字清明，其印成之书亦清明；植字漫漶，其印成之书亦漫漶。而荟萃此植字者，于古为神话，于今为历史。①

而"古史辨"派进一步将"神话"与"历史"截然对立并剥离开来的做法，遭到了钱穆、徐旭生等历史学家冠以"妄肆疑辨"的批评，后者认识到神话之中存在着历史真实的因子。随着2009年文学人类学派打出"神话历史"理论的大旗，"神话"与"历史"经历了对立、互动、再融合的百年发展，终归会走向统一。② 文学人类学一派在"神话历史"研究上强调四重证据法，即通过研究在文字形成之前的漫长历史时期的实物与图像，以先于语言文字的神话思维为线索，钩沉出远古初民的文化记忆和历史编码。

事实上，神话作为一种概念性工具，自身具有"多边际整合性视野"，"是作为文化基因而存在的，它必然对特定文化的宇宙观、价值观和行为礼仪等发挥基本的建构和编码作用"③。法国人类学家列维-斯特劳斯（Lévi-Strauss）通过研究罕为人知的南美印第安神话，证明野性思维与科学思维处于同等重要的价值地位。而加拿大文学批评家弗莱认为整个文学无非是古老神话生命体的一种变相延续或置换，其首创的"神话文学观"成功催生出文学人类学的学科新理念。由此，神话开始显露出接管文学和认识论的苗头，那么历史学是否也能被统一到神话的旗下呢？美国新历史主义倡导者海登·怀特（Hayden White）给出了肯定的答案。

---

① 蒋观云：《神话历史养成之人物》，载马昌仪编《中国神话学文论选萃》（上编），中国广播电视出版社1994年版，第18页。
② 于玉蓉：《从"神话与历史"到"神话历史"——以20世纪"神话"与"历史"的关系演变为考察中心》，《民俗研究》2014年第2期。
③ 叶舒宪：《中国的神话历史——从"中国神话"到"神话中国"》，《百色学院学报》2009年第1期。

列维-斯特劳斯指出，历史修撰的阐释方面特别具有神话性质，"尽管激活和占有历史上的另一个时刻是值得的和不可或缺的，但是，一部清晰历史应该承认，它永远不能完全避开神话性质"①。怀特正是充分吸收了列维-斯特劳斯与罗兰·巴特（Roland Barthes）各自《神话学》的叙事学思想，突出论证历史和神话在叙事上具有同样的虚构和比喻性质，并在此基础上，提出将"历史科学"变成"历史诗学"或"历史叙事学"的革新目标。毫不夸张地说，比较神话学在西方理论界的"蝴蝶效应"，再次将文学、史学、哲学重新统一到神话的旗帜之下。换言之，神话是未分化时期的文、史、哲、政、经、法的共同源头。这为我们反思"神话中国"②以及中国多民族的复数的神话历史带来颇为有益的理论参照。

在上述背景下，国内学者逐渐意识到在比较神话学中切入中国视角的必要性和重要性，期望借助中国材料的译解，来验证人类模式分析法的演绎可行性。因此才有了《神话—原型批评》（1987）、《结构主义神话学》（1988）、《探索非理性的世界：原型批评的理论与方法》（1988）、《中国神话哲学》（1992）等一批相关论著的问世。以《中国神话哲学》为例，该书正是将结构主义和原型模式方法结合起来，对中国神话宇宙观结构体系拟构的一次尝试，也是对中国哲学思维模式及范畴之神话起源的路径寻踪。

"与20世纪初期的文学家们拥有了西方传来的神话概念，就在古籍中寻找'中国神话'的做法不同，经过神话学转向之后，打通理解的神话概念，可以引导我们对中国文化做追本溯源式的全盘理解。其直接结果即是认识到整体性的'神话中国'。"③而"神话中国"所要揭示

---

① 转引自［美］海登·怀特《后现代历史叙事学》，陈永国、张万娟译，中国社会科学出版社2003年版，第71—72页。

② 所谓"神话中国"，指的是按照"天人合一"的神话式感知方式与思维方式建构起来的五千年文化传统，它并未像荷马所代表的古希腊神话叙事传统那样，因为遭遇"轴心时代"的所谓"哲学的突破"，而被逻各斯所代表的哲学和科学的理性传统所取代、所压抑。参见叶舒宪《金枝玉叶——比较神话学的中国视角》，复旦大学出版社2012年版，第42页。

③ 叶舒宪：《金枝玉叶——比较神话学的中国视角》，复旦大学出版社2012年版，第42页。

的并非某一部特定作品的神话性,而是一种内在价值观和宇宙观所支配的文化编码逻辑。举例而言,早期史书和金文开篇常见"王若曰"与"曰若稽古"一类套语,过去多当作没有实际意义的发语词。其实,"'若'字取象神异,也就是事神;'若'之'诺',一身兼职,一形两边,完成神人之际沟通"①,可见这些套语实为巫史宗祝们进入通神状态的符号标记,是给叙事话语带来降神背景和神圣权威性的标记,而绝非毫无意义的发语词。因此,在当代全球文化寻根思想驱动下,以往的文学本位的"神话"观念得以更新,寻找"中国神话"的目标,逐渐向重新认识和解读"神话中国"学术范式转变,努力站在跨学科的视角进行前沿性的探索,意在拓展中国神话研究的狭窄范畴,将神话作为思想资源和文化原型编码,在对神话想象的思想考古中持续关注生命的神话表述和信仰问题。如《黑衣壮神话研究》②《盘古国与盘古神话》③《民间信仰与汉代生肖图像研究》④ 等,皆将神话研究还原到信仰文化的语境之中,溯源求本。此外,如《神话意象》(2007)、《熊图腾:中国祖先神话探源》(2007)、《河西走廊——西部神话与华夏源流》(2008)、《儒家神话》(2011)、《宝岛诸神——台湾神话历史的古层》(2011)、《金枝玉叶——比较神话学的中国视角》(2012)、《神话作为中国文化的原型编码——走出文学本位的神话观》⑤ 等,皆为文学人类学方面有拓展意义的研究案例和新理论主张。还有从中国思想起源史视角梳理神话观念与巫觋信仰关系的大著《天神与天地之道——巫觋信仰与传统思想渊源》⑥。

然而,正如代云红所反思的那样,这又引出了将中国文学人类学的

---

① 臧克和:《释"若"》,《殷都学刊》1990年第1期。
② 覃守达:《黑衣壮神话研究》,广西师范大学出版社2005年版。
③ 覃乃昌等:《盘古国与盘古神话》,民族出版社2007年版。
④ 郑先兴:《民间信仰与汉代生肖图像研究》,河南大学出版社2012年版。
⑤ 叶舒宪:《神话作为中国文化的原型编码——走出文学本位的神话观》,《中国社会科学报》2010年8月12日。
⑥ 郭静云:《天神与天地之道——巫觋信仰与传统思想渊源》,上海古籍出版社2016年版。

历史起点定位于与"文学性神话"相关联的探索思路是否还恰当的问题。① 当前,文学人类学的理论视野及方法仅仅还局限在圈内人的范围,对于一般研究者,还是曲高和寡和遥不可及的东西。这就意味着理论建构者除了用心于理论的内容完善本身,还要大力从事推广、普及和传播的工作。

从"中国神话"到"神话中国"的神话学研究范式改造以后,更需要借助于物的强大叙事功能,这样才能在文学本位原有范式之上进行新突破,充分发挥知识考古的特有优势,从而主动自觉引领人文学科在学术规范上进行革新与突破。跨学科领域的打通式研究,有助于走出学科本位主义的窠臼,充当起学科间联系互动的桥梁纽带作用。加拿大吉尔大学考古系教授布鲁斯·G. 崔格尔(Bruce G. Trigger)通过对埃及、美索不达米亚、商代中国、墨西哥谷地的阿兹特克及周边人群、玛雅、印加和约鲁巴七个早期文明的比较研究,系统探讨早期文明的精神观念,特别强调充分理解文明发生期的神话思维与神话观念,成为研究者必备的一个知识条件。② 当然,从"中国神话"到"神话中国"的神话学研究在跨学科性质及应用中都会涉及诸多难点,宋兆麟就指出:

  目前的中国神话研究,是在前人成果基础上开展的。它不仅要求研究者有较高的理论修养和科学的方法,还要有广泛的、跨学科的专业知识,因为现在已经不是"单打一"或仅凭单一学科知识就能做学问了,而是利用多学科的综合性研究,才能有所突破,有所建树。因此,必须有历史学、史前史、考古学、民族学、社会学、民俗学等多学科知识,正确的治学方法,才能得心应手,为神话学的发展作出新的贡献。③

---

  ① 代云红:《中国文学人类学历史起点中的理论问题及反思》,《吉首大学学报》(社会科学版)2012年第1期。
  ② 参见[加]布鲁斯·G. 崔格尔《理解早期文明:比较研究》,徐坚译,北京大学出版社2014年版。
  ③ 陆思贤:《神话考古》,文物出版社1995年版,"序言"第4页。

需要明确的是，研究神话中国已经不等于研究神话，而是要研究文化文本及其编码程序。出于这个自觉的意识，才会有研究对象从具体的文学作品到虚拟的文化本文这样一种根本性转换。针对理论上重构出的文化文本，需要努力把握其符号编码规则。这是最具有解释力的。在这方面，还要强调四重证据法中的第三重证据，这也是大传统存留至今的宝贵资源。也只有让四重证据和三重证据发生积极互动，文学人类学研究才得以和正统的考古学研究相区别。例如，史前炎、黄二帝时代的氐羌族群栖居过的西北陇中地区，遍布传承大地湾文化和马家窑文化彩陶纹饰而来的民俗剪纸，作为符号载体，陇中民俗剪纸用自己的神奇力量创造世界，创造事物在世界上发生的可能。张淑萍在众多剪纸中，选取一种"叫魂"剪纸（叫魂人人）予以细描：

> 在漫长的前现代时期，小孩得病一般被认为是受了惊吓。魂被吓跑了，母亲用大红纸剪三个拉手的叫魂人人。在孩子睡觉位置相应的炕头脚下放置一个清水碗，上面罩上面罗（面筛），使叫魂人人倚面罗边框站立，用孩子的贴身背心或线衣粘叫魂人人，一边粘，一边呼唤孩子的名字，通常用拖腔或高声或低声吟唱："X—X—哎，吃—馍—馍—喝—汤—来……"召唤吓跑的魂归来，直到什么时候把叫魂人人粘起来，便表示魂被叫回来了，呼唤声也转换成孩子的腔调："来啦！来啦！"把粘着叫魂人人的内衣在孩子身上左绕三圈、右绕三圈，然后用红线缝在叫魂时使用的内衣腋窝处（男孩缝在左腋窝，女孩缝在右腋窝），叫魂仪式就完成了。[①]

"叫魂人人"是一种饱含神话色彩的巫术剪纸，一般以草就而成的三个拉手娃娃而成。创作者一般是患病孩子的母亲或祖母，因为是巫术灵物，除非是孩子生病等万不得已的情况，否则剪纸艺人是不愿意剪叫魂人人的，更不愿意将它保存起来。诚如赵毅衡所言，人类学家固然明

---

① 张淑萍：《陇中民俗剪纸的文化符号学解读》，苏州大学出版社2014年版，第180页。

白这些巫术手法："用孩子的衣服叫魂遵循的是接触率原理，用剪成人体形状的拉手人人来叫魂，遵循的是相似率原理。"但是从符号学角度来看，符号及其解释创造了文化的元语言。陇中民间剪纸，如同内丘神码、云南纸马等一样，都在大传统文化文本中实现着对"神话中国"的地方性诠释。

通过比较可见，"中国神话"概念对应的是文学文本，曾驱使现代人文学者到《山海经》《诗经》《楚辞》等先秦古籍中去寻觅可以与古希腊罗马神话相匹配的叙事作品，但因受汉字书写历史的条件限制，这也仅能追溯到3000多年前的甲骨文时代。而"神话中国"概念对应的却是文化文本，突破了纯文字的限制，已经引领我们打通文、史、哲诸学科的整合性认知视野，能够使我们在考古发现的史前遗址、文物、图像叙事与活态文化传承的民间叙事等多领域中重新认识神话思维的非语言文字表现。应该说，从"中国神话"到"神话中国"的范式转向是将研究对象从纯审美的文学文本拓展到更具有理论意义的文化文本的学术契机，这也努力让源于西方学界的比较神话学理论向"中国化"方向切实地迈进。

2016年，中国社科院考古研究所研究员王仁湘出版了《半窗意象——图像与考古研究自选集》一书。书中尝试解析考古图像，包括冠饰、黄金面具、带钩和带扣、梳篦等华夏特色的器物，特别是从宗教信仰和神话观念的视角去解读，得出一批史前神像的辨识结论，尤其会令中国的神话研究者振奋。例如书中的《中国史前的纵梁冠——由凌家滩遗址出土玉人说起》，仔细排比分析近几十年来各地发掘出土的史前玉人像，认为凌家滩遗址发掘出的六件玉人像，其共同特征是玉人头顶刻画出的纵梁冠，这一特征延续到凌家滩以后的良渚文化、龙山文化和石家河文化，即在玉器上浮雕出戴有纵梁冠的人面或兽面造型。这一传统再经过中原陶寺文化进入夏商周三代的玉器造型之中，总共延续两千年左右。以往学界对此类纵梁冠造型有各种不同的称谓，如人字冠、介字冠、尖顶冠或亭形冠等。纵梁冠不变的特点是冠顶有一个凸脊，这个凸脊由额前纵向平延至脑后，由立面看它恰似屋脊一般。杨建芳先生曾将戴纵梁冠的兽面神像定性为战神蚩尤之像，以为冠两侧歧出的沿是牛角之类。对于"牛角蚩尤"之说，孙机等先生不同意，以为那是鸱鸮之像，那"角"实际是耳朵。顶部呈"介"字形的神面，首先出现在良渚文化中，玉琮上的神人羽冠有"介"字形轮廓，表明"介"字形冠轮廓是良渚神面之习用的标志。陈星灿先生解释良渚神徽上的神人面相，应是鸟的面相，表现鸟和猛兽的复合形象。与此同时，邓淑萍研究员还发表了"上帝"说。她说戴有"介"字形冠顶之帽子的神，地位最高，应是上帝。①

这些依据考古新材料得出的新认识，大大超出了古代学者所拥有的资料范围，堪称石破天惊。再如《看远古如何造出神模样》一文又指出：

> 在史前艺术中，有一些半人半兽的艺术形象，不论是彩陶上或是刻画纹样上，这样的形象都被我们认作是神面，是神灵人格化的偶像。这样的神面，表现有特别的恐怖感，你觉得他像人，但并非是人。神面的狰狞模样，在史前艺术的表现上大约是一个通例。圆瞪的大眼，龇出的獠牙，恐怖之态令人惶惑。这样的神面，是史前人制作的神灵的简化图形，它并不只是表示一个头面，而是以头以面代表神灵的本体。②

这篇文章还提到，有关神灵图像的更早的发现，是湖南黔阳高庙遗址陶器上的刻画，显露着龇出的獠牙，狰狞之态跃然眼前。这样就把中国文化中出现神像的时间，从距今五千年前后的玉器，上溯到距今七八千年的陶器图像。

可以说，依据考古发掘品对史前神像的辨识工作，是"神话中国"研究的一项基础性的普及工作，有助于重新确认中国神话研究的时空范

---

① 王仁湘：《半窗意象——图像与考古研究自选集》，文物出版社2016年版，第20页。
② 王仁湘：《半窗意象——图像与考古研究自选集》，文物出版社2016年版，第351页。

围。简言之，在范式转向之前，神话研究主要是对 2500 年前后的具有神话内容的文学文本研究。而在转向之后，则是延伸到 8000 年以来的神像构成研究，以及对神像表现的物质媒介材料的专题研究。这些前所未有的研究领域目前正在和方兴未艾的玉文化研究汇合起来。理由很简单，玉文化是代表华夏文明特质的、既持久不断又能凸显神权象征性的方面。用林巳奈夫的说法：早自石器时代的人们就意识到"玉是与神有亲缘关系的，是神可以驻宿之物。"[①] 如今看来，研究古玉及其背后的信仰系统，已经不单单是雕塑美术或工艺技术方面的研究，而是名正言顺的史前神话观与史前宗教的研究。

原载于《文化学刊》2017 年第 3 期

---

① ［日］林巳奈夫：《中国古玉研究》，杨美莉译，台北：艺术图书公司 1997 年版，"序"第 1 页。

文学何为?
——文化大传统对文学价值的重估

李永平[*]

有一种曾经的文化传统,在结构上更为宏大、在意义上更深远、在时间上更悠久,它源于原始宗教时代,贯穿于口头传统时代,流淌于经史子集之中,这样一种文化传统是所有文化的根脉,我们谓之大传统。在2012年文学人类学第六届年会上,台湾中兴大学陈器文对大传统的界定有以下五点:(1)长时间的延递;(2)社会群体的认同;(3)对个体具有内化作用与制约力;(4)潜意识的优势合法性;(5)具有人文意义与价值感。[①] 大传统在历史的延递过程中,其下游会发生轮替与置换,但其本质不会改变。叶舒宪针对中国文化源远流长和多层叠加、融合变化的复杂情况,认为由汉字编码的文化传统叫作小传统,将前文字时代的(和文字时代没有进入文字记录的)文化传统视为大传统。这样,从文明史的角度判断中国文化的大传统与小传统,有一个容易辨识的基本分界,那就是汉字书写系统的有无。[②] 本文旨在探讨大传统观对当前文学观念的变革作用。

一 文化大传统范式的意义

文化是要靠表述的,甚至我们说,历史上没有被表述的文化就不是

---

[*] 李永平,陕西师范大学文学院教授,文学人类学研究中心主任。
[①] 根据台湾中兴大学陈器文教授在2012年文学人类学第六届年会(重庆)上发言的录音整理。
[②] 叶舒宪:《叶舒宪谈中国文化的大传统与小传统》,《光明日报》2010年8月30日。

文化，但表述方式在历时性的层累之后，后面的表述被扭曲、遮蔽乃至与之前的表述分道扬镳，"大传统"概念的提出就是对人类表述方式之———"写文化"的深刻反思。历史上部分文明古国因为民族更替，历史被层累覆盖，遭受殖民统治的民族国家"集体失语"。他们的表述在展示或表达民族文化传统时，殖民心态使传统经历再遗忘和再选择，在被话语围困的处境中很难再有突围的视野、勇气和魄力。

文字产生以后，书写媒介参与进了话语权力的分配。媒介权力的文化表述面目繁多：书写媒介霸权以"白纸黑字"的表述，参与了真实与虚构的话语实践，历史叙述已经惯性地把没有文献叙述的事件和历史看成子虚乌有，把没有文字的民族看成"低级""原始""野蛮""蒙昧"的民族。历史学确立了依据文献史料判断历史叙述真实性的真理观，然后又依据这种真理观否认口述历史和民间历史的真实性，从而否认其作为历史叙事的权利。

经由国家权力和书写、印刷等媒介技术的整合，书写叙述又成为"想象的共同体"必需的建构链条。口传时代和信仰紧密关联的口耳相传的口述事实，即便记录下来，仍然被书写媒介规制、筛选，要么抬升成为经典，要么断裂、遮蔽，被遗忘为"神话""传说"甚至"志怪"。来自人类学、考古学反思的大传统范式，独辟蹊径方能舍筏登岸，在一定意义上，超越西方现代性的魔咒、书写媒介和身份遮蔽，重新以整体宏观的眼光理解包括华夏文明在内的世界各国文明的起源及其关系。

在传统的自觉上，民族国家亟需一场多元文明、多元文化价值、本土文化自觉的转型和启蒙，所以在这个意义上，大传统的文化观，从后现代知识观出发，自觉认同后殖民批判的立场，把无文字民族的文化遗产和文化传统看成和文明传统一样重要，[①] 引领民族国家最大限度地摆脱现代性话语权力规制，实现思想和文化的再启蒙。大传统把文学还原

---

① 叶舒宪：《重新划分大、小传统的学术创意与学术伦理：叶舒宪教授访谈录》，《社会科学家》2012年第7期。

到原初的文化环境中，对文学的理解和文学观念革新的价值和意义同样可圈可点。

二 文化大传统视野下的文学观念革新

(一) 重建文学的知识谱系

视野决定境界，大传统所引领的是人文学科走出书斋，走进田野，眼光向下，重视民族、民间活态的口头传统范式，是在后现代真理观的推动下，本土文化自觉和学术范式变革的表现。口传文化和物叙事超越文字拘牵，更能舍筏登岸，复原远古以来人类文化发生发展的真实语境及其形态，这与文化研究多重证据所呈现的文化表达的立体关联，是对文学谱系的重新思考和全新定位。

大传统之于文学最值得重视的是对口头传统的再发现。这使得对文学的理解重新还原最初的"多媒体"场域，在原初的视、听、仪式等空间场域中，立体、聚焦式地还原使得文学发生的第一现场。长期以来，后起的文字媒介小传统对文学筛选、扭曲、祛魅、矮化，以致圆凿方枘，所造成的遮蔽显而易见。考索圣经的形成史，荷马史诗传播史，细读藏族史诗《格萨尔》神授艺人嘎藏智化的实地采访录音，文字媒介所承载的文学只是漫长得多的口头传统的规训和固化。从比较文化的角度或从人类学、民俗学的立场看待国学之原典由来，我们惊讶地发现，原来被抬高到"经"的所谓圣人之书，其实大都是靠口语传承下来的，是口头叙事，而非书写文本，更不是后代意义上的书本。《周礼》中有数以百计的盲官在朝廷官府担任着传承礼乐文化知识的要职，他们和古希腊的盲诗人荷马一样，具有在生理上的听觉发达超群的特征，这绝不是巧合现象，而是前文字时代的人类普遍现象。[1]

透过今天几乎所有文学现象的纸背，沿波讨源，见微知著，就

---

[1] 叶舒宪：《国学考据学的证据法研究及展望：从一重证据法到四重证据法》，《证据科学》2009 年第 4 期。

像宇宙学家通过测量宇宙微波背景辐射来推断宇宙大爆炸一样，大传统就是要通过民俗、仪式、口头程式、宗教观念等文化事项捕捉该事项第一现场发出来的声波。大传统观念的建立，以元学科的立场，不仅动用文字小传统编码，使用文化事项中的占星术、天文历法、考古发掘、宗教信仰等成果，使得长期被学科分离所规制的支离破碎的文化重获整体感。文化大传统下的文学不再是只见树木不见森林的"技术科层"之学，作为连续性的文明，中国学问只有问学门径的不同，没有具体学科的分野。这意味着文学批评家要向人类学家学习田野作业的考查方式，尝试从交往和传播情景的内部把握口传到书写的文学谱系变异，以及由此而产生的信息缺失、传达变形、阐释误读和效果断裂。

大传统还原文学演进谱系，对口语诗学的回归，其意义正如美国学者弗里所言，使长期沉浸在书写和文本中的人们"重新发现那最纵深也最持久的人类表达之根"，为"开启口头传承中长期隐藏的秘密提供了至为关键的一把钥匙"。① 且不说中国传统累积小说，今天各民族的诗史传唱、民歌民谣、说唱性展演本身就是次生口头传统，就是中国早期的文字文献《尚书》《论语》《老子》也同样来自于口头大传统。② 对口传文化的发掘，使得文化溯源工作在材料搜罗和比较上，接续20世纪初的歌谣运动发出"口语诗学"之新声，再次引领知识界从文艺到学术的"民间转向"。口语诗学从日常生活而来，又重回民间，重回多元文化生态，与视觉叙事在"声像相求"的互文中求索真理。③

（二）重建文学人类学意义上的文学史观，重绘中国文学地图

长期以来，中国文学史的编写，仍然贯穿着本土的儒家"夷夏之

---

① [美]约翰·迈尔斯·弗里：《口头诗学：帕里—洛德理论》中译本前言，朝戈金译，社会科学文献出版社2000年版。
② 叶舒宪：《孔子〈论语〉与口传文化传统》，《兰州大学学报》（社会科学版）2006年第2期。
③ 徐新建：《全球语境与本土认同：比较文学与族群研究》，巴蜀书社2008年版，第308—309页。

防"，以及"华夏/四夷"二元对立的中原中心文化观念和现代西方"民族"观念建构起来的权威的、不容置疑的"文学"及"文学史"的书写观念。大传统建立文学人类学意义上的文学观，一是对中国文化多源构成的分析以及对"少数民族文学"价值与地位的再重估；二是通过探讨多民族文学史观问题，提出文学人类学意义上的文学史观念构架。叶舒宪提出了中国文化及文学的两条传播路径：红山文化——河西走廊和氐羌——藏彝走廊及其发生源流。据此重构了从熊图腾神话到鲧禹启的文学叙事，从《山海经》昆仑玉神话叙事到《红楼梦》玉叙事，从《穆天子传》到《西游记》的"西游"范式等。

对口语文化及其多元文学形态的重视，对神话、少数族裔、边缘、弱势族群文化的关注，从多元族群关系互动的角度提出"多民族文学史观"及"重绘中国文学地图"的努力，既显示出在华夏的边缘，那些文化交汇碰撞的版块连接地带的多元文化景观的连接碰撞和融合，又反思西方中心论、中原中心论、汉族中心论、汉字崇拜及书写媒介专政等。

"多民族文学史观"在价值立场上解构西方中心主义；在地理空间上解构中原中心论，是对现代性立场上的文本中心论的批判反思，其价值指向的是在文学人类学立场上的多元文化对话及文学史重建，最大限度体现出中国文学内部的多样性和丰富性。①

（三）对文学功能的反思

以往学界认为文学有认识、教化、消遣娱乐、宣泄等功能。大传统观念对文学功能问题的阐释，追溯文学的治疗和禳灾等原初的文化整合功能。文学叙事的治疗途径在于"回归大传统"，即回归文学传统中历久弥新的叙事程式和认知模式，让作家文本叙述建构起的符号世界和读者的阅读想象世界，回归以往的人类经验和文化传统，以求获得对现实

---

① 叶舒宪：《文化自觉与"文学"、"文学史"观反思：西方知识范式对中国本土的创新与误导》，《文学评论》2008年第6期。

问题的理解框架，找到所依赖的价值评判体系，解决现实世界中因身份虚弱、身份冲突、单一身份执着等问题引发的自我确立困难，获得稳定的文化支持和身份认同，还主体一个明确的自我，达成认知协调，由此消除个体内心生活的障碍，维持身心、个人和社会之间的健康均衡关系，从容应对突发事件，抚平心理创伤。① 所以文学在社会人类学意义上的功能发挥和个体心理、社会心理意义上的情绪—情感的宣泄与满足是统一的。

大传统的文学治疗功能在个体生理—心理和族群文化传统之间建立了双向关联，并和以往的文学认识、教化、消遣娱乐、宣泄等功能说获得了认识上的统一。关于这一点叶舒宪最新提出的文化传统的 N 级编码理论给出了进一步的研究：认为可把一万年以来的文化文本和当代作家的文学文本之关系归纳成"N 级编码体系理论"。从"大传统"到"小传统"，可以按先后顺序，排列出 N 级的符号编码程序。无文字时代的文物、图像，充当着文化意义的原型编码作用，可称为一级编码，主宰这一编码的基本原则是神话思维。汉字的形成，是二级编码或次级编码，其中发挥的是音、声、意、形之间引譬连类的关联性创造力。三级编码指早先用汉字书写下来的古代经典。今日的作家写作，处在这一历史编码程序的顶端，称之为 N 级编码。谁掌握了 N 级编码和元编码之间的能级关系，善于调动程序中的前三级编码，尤其是程序底端的深层编码，谁就较容易获取深厚的文化蕴含，给作品带来巨大的意义张力空间。这也就很好地解释了掌握博大精深的文化传统对一个作家的意义，同时也暗合了荣格集体无意识的原型理论。

人类两大基本表述系统对应着治疗的两种基本类型：抒情/叙事传统。抒情诗歌的治疗主要是"唱咒诗治疗"，其疗效的发生主要在于激发语言的法术力量；叙事治疗的疗效来源于幻想的转移替代作用。②

---

① 代云红：《中国文学人类学的基本问题》，云南大学出版社 2012 年版，第 228—229 页。

② 叶舒宪：《文学治疗的民族志》，《百色学院学报》2008 年第 5 期。

（四）对神话价值的再认识

我们今人神话观的主要窠臼，就是貌似合法并且权威地将文、史、哲割裂开的现代性学科制。从文学学科的角度，神话仅被看作文学想象源头，被看作"幻想""虚构"或"子虚乌有"。在学科内部，神话则被归入与书写经典文学相对的，不登大雅之堂、下里巴人的"民间文学"。从历史学科看，神话是"伪史"，是科学的历史观的对立面。因之，严谨的学人唯恐避之不及。从哲学学科看，神话是非理性的孪生兄弟，因而成为理性的对立面。要建立"逻各斯"（logos）的权威，必须从哲学王国中将"秘索思"（mythos）和诗人幻觉等统统驱逐出去。[①]

文化大传统的范式，把神话概念从现代性的学术分科制度的割裂与遮蔽中解放出来。我们知道，信仰时代的叙述大都是从神话框架开始的，以往神话被认为是文学的一种，大传统视野绝不简单地把神话形式理解为文学。人类早期的认识和信仰的全部表现为神话叙事，所以神话成为后世认识史前文化和当今精神家园最重要的门径。神话叙事留给人类精神以无比丰富的原型意象和符号资源，其超学科的潜在能量绝不能被人为的学科设置所遮掩，正如坎贝尔所言，"我们赖以生存的神话"。[②]

对于神话阐释有两个原则。第一，对文学原初的神话叙述，在理性中心的影响下无论是《圣经·旧约》中的希伯来历史，还是《春秋》和《史记》都距离现代人所设想的"客观"历史或"历史科学"十分遥远。但从大传统所倡导的功能主义角度，神话叙述都是广义社会结构的组成部分。按照弗莱的看法，文学从属于神话，而非神话从属于文学。若考虑到神话与宗教信仰和仪式活动的原初关联，则神话的概念要比文学的概念宽广。神话所反映的原始思维中的心理和情

[①] 叶舒宪：《中国的神话历史———从"中国神话"到"神话中国"》，载《金枝玉叶：比较神话学的中国视角》，复旦大学出版社2012年版，第40页。

[②] 叶舒宪：《神话学文库总序》，载《神话—原型批评》，陕西师范大学出版总社有限公司2011年版，第2页。

感，对社会结构和功能的有序运作至关重要。第二，在写实层面上，神话的深层结构的隐喻的无意识认知秩序，是一种普遍的思维模式。由神话开启的文学叙述是一部人类精神的秩序建构与疗救（即恢复秩序）史。

神话表达、激发、拓展了人们对世界进行的现实描述，相对于科学家那种单一的物质世界里的真理来说，神话式的真理更加具有道德上、价值观念上以及显著的宇宙观上的意味。[1]

在德国哲学家雅斯贝尔斯所言的"轴心时代"，中国、印度、以色列、希腊都发生了"哲学的突破"，又都同时出现了诗歌，体现出了精神发展的普遍性。[2] 而中国的"礼乐文明"传统中还有"巫"的成分，但儒、道、墨三家都不约而同地克服了"巫"的余威，但同时又把"巫"的内核收归为文化传统的"心"中。考释早期儒家文明的起源，仪式唱诵由瞽矇等神职人员担任，交通人神。神权衰落后，瞽矇成为乐师和史官。官学失守后，瞽矇流落民间成为盲艺人或算命先生。在神圣的祈禳仪式上，"祭祀王"进行沟通人神活动时所使用的祝、颂、咒语、演剧等形式，是文学最早的意识源头。诗为"寺人之言"，[3] 祭祀禳灾仪式是诗乐舞等文学艺术早期产生的场域。

后世叙述文学由通神祝颂赞等活动的声教转化为对族群英雄祖先事迹"出生入死"的仪式性反复吟诵，长期累积为口头程式，在集体记忆中逐渐叠加为传统，用以教化族群、凝聚族群力量、实现族群认同。

---

[1] 在后现代大传统的视野下，知识并不只限于自然法则下的理性和物质世界，而是存在各种各样的知识：在他人中间存在经验性的知识、修辞性的知识、隐喻的知识、社会的知识以及道德和审美上的知识。关于确定性和多变性的想象在神话中扮演了重要角色，具有明显的政治含义和社会含义。神话通常表达了特定的政治观点，有别于一般的权力模式的规约。通过这样的安排，就能够清晰地描绘出特定模式的恰当性和畸异性。参见 [美] 奈杰尔·拉波特、乔安娜·奥弗林《社会文化人类学的关键概念》，华夏出版社2009年版，第264—265页。

[2] [德] 雅斯贝尔斯：《历史的起源与目标》，魏楚雄、俞新天译，华夏出版社1989年版。

[3] 叶舒宪：《诗经的文化阐释：中国诗歌的发生》，第三章"诗言寺"，湖北人民出版社1994年版。

(五) 对文学视野的开拓

文化大传统观念下的文学人类学模式分析法，对文学的分析犹如乔姆斯基"转换生成语法"对语言的驾驭和分析：世界上面貌繁多、千变万化的各种语言，是由深层模式高度统一的结构转换生成的。因之，不同民族国家文学的"具体语法"，在不同文化的深层，具有一种"普遍语法"结构。文化大传统视野下的文学，在历时性的材料上古今中外"一网打尽"，在释古方法上的多重证据立体聚焦，和下象棋一样，棋局再千变万化，都必须遵守基本象棋规则。文学人类学的"文化模式"原则中蕴含着"普遍语法"这一基本规则的影子。

文学人类学的理论先导"人类学诗学"和"民族志诗学"是西方用来解构自古希腊亚里士多德以来占据西方思想统治地位的"诗学"观念，使当今文学理论的概念能够真正涵盖并有效阐释现存人类的数千种族群的活着的多媒体表演情景中的文学及其文化传统。从这一意义上看，大传统的文学人类学立场首先是民族的，因为该理论蕴含了保护人类文学的多样性存在，特别是众多的无文字社会的文学存在，同时也能够更加突出现象学意义上的文学认识，抢救在全球化浪潮冲击下陷入失语状态的原生态文学；又是世界的，是比较文学与世界文学的，因为在包罗万象的民族文学背后试图探考其普遍的、永恒的逻辑规律和语法结构。[1]

加拿大文艺理论家弗莱提出"原型"概念，旨在从文化传统和历时性演变的角度探讨文学主题的发生和发展。在文化大传统观念的支配下，探讨不可经验的但又实际存在并支配、决定着千变万化的文化表象的深层结构模式。除一般意义上的文学外，把仪式、民俗、梦境、宗教等学科结合起来，在跨学科视野中对人类象征思维这种深层模式做出合理的发生学阐释，力求在主体——人的（思维）心理结构和客体对象

---

[1] 叶舒宪：《从"世界文学"到"文学人类学"：文学观念的当代转型略说》，《当代外语研究》2010 年第 10 期。

的结构之间的对应关系中,把握原型生成及转换的规律性线索。① 因之,大传统对文学的把握是文化的、整体宏观的、大视阈的,本身包含着比较文学的内核与视界。

三 文学大传统与小传统的视域统一

文化大传统的文学观念必须处理好大传统和小传统的关系。我们由文字承载的文学形式可谓异彩纷呈、面目多样。如果说大传统是文字产生以前的传统,那么无文字的大传统文学和由文字记录的文学及其"小传统"之间的逻辑关联是什么?其中间环节又是什么?

文化大传统中的口头传统是人类文化的表达之根,书写传统继承了它文类的丰富性。众所周知,口头表达的历史大约在12万年至20万年之间,书写的历史与之相比极为短暂。然而,书写传统的媒介特性在近两千年来获得了话语霸权,从而替代口头传统挤占了文化表达的主流空间。这种现状容易给当今学人造成一些片面的理解:一种是脱离两种表述传统存在的文化环境去理解彼此的历史地位,厚此薄彼,有失公允;二是在理解两种文化传统时,缺乏一种动态的、演化的、历时性的眼光。

笔者认为,如果把大传统视野下的文学区分为两个方面:一是前文字的口头传统;二是与文字书写传统并行的口头传统。在前文字时代,二者是历时性的关系;在文字时代,二者存在共时性关系。研究前者主要靠文物、图像和遗址、口头神话等。研究后者主要靠仪式、民俗活动中的口传叙事等。

西方"荷马问题"的研究给我们回答二者统一问题提供了思路。由神话思维的原编码转化为口头传统,口头传统中埋藏着神话叙事的深远之根。那些"积极传统的携带者",运用传统性指涉,从"表层结构"上与表演场景相表里,极大地调动属于个体特性的语言天赋,从

---

① 叶舒宪:《文学的人类学研究》,《英雄与太阳》前言,陕西人民出版社2005年版。

"深层结构"上又谙熟与神话叙事等文化传统铆合最为紧密的结构、主题等程式化表达。正如纳格勒所言"在演唱的瞬间,如自然流泻一般,使继承而来的传统性的冲动,得以独创性地实现"①。

大传统中的"口头传统"和小传统所表现出的"书写文化"是文化传统的两个极端,二者之间存在许多"过渡性文本"。程式出现的频度,在实践中往往成为判定诗歌是否具有口头起源的指数。当一个文本的程式权重超过 20% 时,我们一般认为这一表达源于原生口头传统。②

前文字时代和荷马史诗一样的口头叙事诗表演创作者大多是文盲,他们吟诵的诗歌韵律规整、套语众多。也就是说在创造了辉煌的神话、诗史和传说的口头大传统演变为小传统的漫长过程中,形成了大量套语和程式。这些标准化的套语围绕一定主题形成一些群落,其主题有议事会、调兵遣将、对垒叫阵、英雄的盾牌、英雄的战马、轮回、最后的审判、世界末日等。③ 其中最核心的母题魂牵梦绕般地和文人书写文学传统相互参照,彼此牵连,形成一个潜力无限的开放网络,以此构成文本过去、现在、将来的巨大开放体系和文学符号学的演变过程。

大传统给书面文学提供了土壤和营养,不同民族的书写文学诞生于大传统时期的"巫术—宗教意义的神圣空间",而这种源于长期社会实践的审美活动,积淀了人类诞生以来的所有智慧,如今形成的原型意象贯穿于大大小小的文学主题之中。书写传统和口头传统之间存在明显的张力,学习读书写字会使口头诗人的创作逐渐具有脱离神圣空间和信仰的倾向,从而丧失创造力。读写能力产生的文本观念也远离了文学艺术的初衷,这对口头诗人的叙事起着一种潜在抑制作用,甚至直接干扰口

---

① [美]约翰·迈尔斯·弗里:《口头诗学:帕里—洛德理论》,朝戈金译,社会科学文献出版社 2000 年版,第 262 页。

② [美]约瑟夫·达根在《罗兰之歌:程式风格与诗学技巧》一文中使用电脑技术进行量化研究。参见 [美]约翰·迈尔斯·弗里《口头诗学:帕里—洛德理论》,朝戈金译,社会科学文献出版社 2000 年版,第 250 页。

③ [美]沃尔特·翁:《口语文化与书面文化:语词的技术化》,何道宽译,北京大学出版社 2008 年版,第 16 页。

头传统过程。①

前文字和非文字的大传统和以书写为特点的书写传统之间的过渡形态是"次生口头传统"。从这个意义上,文化的N级编码逻辑中元编码不仅是无文字时代的文物、图像,还应该包括"祝""颂""赞"等人类早期的音声形态的"祭坛古歌";二级编码不仅是汉字,还包括其语言表音系统;三级编码是汉字书写的早期经典和次生口头传统。这一点从叶舒宪对蛙神创世神话的信仰背景的研究中可以体察到。②

进入口语文化的研究领域的人类学家,他们吸收了米尔曼·帕里、阿尔伯特·洛德、哈弗洛克、沃尔特·翁、约瑟夫·达根、格雷戈里·纳吉等学者的研究成果,认为迄今为止从巫术到科学的转变,或者从所谓"前逻辑"到日益"理性"的意识的转变,所有这些标签都可以用口头演述、音声文本、书写口头诗歌、诗人创作的各阶段的大脑"两院制"属性演化来解释,而且这样的解释既言简意赅又切中要害,令人信服。③

文学大传统和小传统界定的意义在于把文学批评置身于文化人类学的视野中,从文化的演进的"田野"出发,从交流和传播的角度,来认识判断从口传到书写的文本变异,经典形态与过渡形态,以及由此而来的信息缺失、变形、阐释误读等。

原载于《思想战线》2013年第5期,收入本书时作者有修订

---

① [美]沃尔特·翁:《口语文化与书面文化:语词的技术化》,何道宽译,北京大学出版社2008年版,第45页。
② 以下按照"蛙"思维文化编码列举。1级编码:物与图像(兴隆洼文化石蟾蜍/良渚文化玉蛙神);2级编码:文字(汉字"蛙"与"娃"的同根同构);3级编码:古代经典《越绝书》蛙怒,台湾赛夏族蛙祖神话;N级编码:后代创作,从《梨俱吠陀》颂经之蛙、《聊斋志异》蛙神,到莫言的《蛙》。参见叶舒宪《从女娲到女蛙:中国的蛙神创世神话及信仰背景》,载《金枝玉叶:比较神话学的中国视角》,复旦大学出版社2012年版,第49—61页。
③ [美]沃尔特·翁:《口语文化与书面文化:语词的技术化》,何道宽译,北京大学出版社2008年版,第21—22页。

第四重证据：比较图像学的视觉说服力
——以猫头鹰象征的跨文化解读为例

叶舒宪

一 "图像人类学"或"比较图像学"的方法

"道可道，非常道。名可名，非常名。""言所不追，笔故知止。"这些话语是古人的智慧早已经意识到语言表达的有限性和遮蔽性的明证。对语言工具的不信任感肇始于道家圣人们早期的修道体悟经验。这种清楚的意识也催生出古代文论中一些著名的高论，什么"述而不作"，"尽信书则不如无书"，什么"得意忘言"；什么"不着一字，尽得风流"；直至今人依然津津乐道的"一切尽在不言中"。好在人类的符号意指系统除了最常用的语言之外，还有更加古老的视觉符号系统。视觉符号以具体可感的形象、意象、画面、造型和象征来传达意义，恰好成为弥补"道可道，非常道"的语言缺陷的替代性选择。当我们说"图像的蕴涵远远大于语言和文字"时，也就相当接近了对图像特有的视觉说服力的认识。而当我们在对图像的视觉说服力充分自觉的基础上，开始运用跨文化的图像资料作为人文学科研究中的"第四重证据"时，那也许会有"柳暗花明又一村"的令人惊叹的效果——从语言的贫乏和书写的局限所导致的盲视，转向生动而直观的洞见。

知识全球化时代的比较文学研究在理论上最大也是最实在的贡献，就在于真正打破了过去被形形色色的学科本位主义者奉为"雷池"和

"天堃"的种种学科的和知识的壁垒界限。对文字文本的理解和解读，从来也没有像今天这样和非文字的"文化文本"（culture as text）的概念及其解读方式联系在一起。而图像作为非文字文本所特有的认知意义，也逐渐为越来越多的学人所关注和重视。那绝不是什么关于"读图时代"到来的判断就能够说明的。关于"图像人类学"一名，听起来有些抽象难懂。如果我们了解到文化人类学又素有"比较文化"的别称，那就不难理解了。笔者在《千面女神——性别神话的象征史》中，也曾经用过"比较图像学"和"原型图像学"的说法。由于该书要阐明女神形象是艺术史上最悠久的人像造型的原型，所以用了"千面"一词来暗示千变万化的变体形象背后那不变的母神原型。该书自序云：

所谓比较图像学的方法，又可称为原型图像学的方法，力求从最古老的表现传统根源上入手，把握基本的原型，从而洞悉不同文化中各种女神形象的源流演变，做到查源而知流，克服见木不见林的短视，培育一种整体性的系统关照的文化眼光。①

该书引言"女神五问"中又说：

比较图像学的方法特征有二：即横向比较与纵向比较。横向比较指的是不同文化的图像之比较，希望能够达到异中求同的"打通"效果；或者从同中见异，更明确地把握不同文化的艺术形象特色。纵向比较指的是某一个原型图像与其后代的各种变形图像之间关联的认识。这种原型与变体的关系有时是一目了然的，相似度十分明显，有时却是较为隐晦的，甚至在色彩、构图诸方面有相反的特征。②

---

① 叶舒宪：《千面女神——性别神话的象征史》，上海社会科学院出版社2004年版，第1页。
② 叶舒宪：《千面女神——性别神话的象征史》，上海社会科学院出版社2004年版，第5页。

这里需要补充说明的是，比较图像学或图像人类学的方法是否能够有效地给文史研究者提供"第四重证据"？如果能够，那又该如何操作此种方法呢？

20世纪初，受到西学视野熏陶的国学大家王国维先生曾经在他的清华讲稿《古史新证》中，根据地下新发掘出的甲骨文记录材料（地下材料），提出在传世文献（纸上材料）的一重证据之外的第二重证据，给古代文史研究领域带来巨大的方法论震动。[①] 笔者在20世纪90年代也曾倡导人类学的"三重证据法"[②]，希望在非常有限的地下发掘资料以外，寻求更加广阔的跨文化视野的旁证材料的有效途径，给路子越走越狭窄的传统考据学提供一种在知识全球化基础上自我再造和更新的契机，让具有悠久历史和充分中国特色的"国学"方法论在同西学的对话与互动之中得到新视野的拓展。[③] 这里，笔者将比较文化视野中的"物质文化"（material culture）及其图像资料作为人文学研究中的第四重证据，提示其所拥有的证明优势。希望能够说明，即使是那些来自时空差距巨大的不同语境中的图像，为什么对我们研究本土的文学和古文化真相也还会有很大的帮助作用。在某种意义上，这种作用类似于现象学所主张的那种"直面事物本身"的现象学还原方法之认识效果。

下文将以猫头鹰这样一种自然形象物象为例，揭示其在文化的两种符号系统中如何被建构出相反的象征蕴涵，进而演示图像人类学的比较观照和还原方略，凸显第四重证据所拥有的超越抽象语言的视觉说服力。

二 史前玉鸮陶鸮之谜：视觉符号对猫头鹰的文化建构

陶器时代是和人类文化进化史上的新石器时代几乎同步出现的。

[①] 王国维：《古史新证》，清华大学出版社1994年版，第2—3页。
[②] 叶舒宪：《诗经的文化阐释》，自序"人类学三重证据法与考据学的更新"，湖北人民出版社1994年版；陕西人民出版社2005年新版。叶舒宪：《三重证据法与跨文化阐释》，载《原型与跨文化阐释》，暨南大学出版社2002年版，第51—62页。
[③] 关于三重证据法的讨论，参见叶舒宪《两种旅行的足迹》下篇"三重证据法阅读笔记"，上海文艺出版社2000年，第143—210页。

由于那个时代还没有产生书写文字系统，所以新石器时代出土的玉器、陶器艺术造型往往就成了无言的符号密码，对于数千年后发掘和欣赏它们的现代人，发出智力上的和情感上的召唤，遗留下来具有充分的学术挑战性的疑难问题：这些造型形象究竟是装饰性和美学性的呢，还是具有文化意蕴并且有意传达某种特殊的信仰观念和价值的视觉符号呢？

回顾考古学和艺术史学科史，不难看到，面对同一个难题，大部分的主流学者倾向于前一种答案，不去深究这些石器时代的祖先们留下的造型遗物（不少人承认它们是原始艺术品）所包含的文化语义。于是，这些非常古老的人工造型虽然历经千百万年的尘封而重见天日，却依然像永不开口的哑谜一样，沉睡在博物馆的橱窗里，以及考古学、史前学、艺术史教科书纸页里。20世纪80年代在我国辽宁建平牛河梁出土的新石器时代玉鸮及绿松石鸮和更早些时候在西北地区的马家窑文化及齐家文化出土的鸮陶罐就是这样的例子。后者的陶器造型在考古学上又被称为"贴塑鸮面像"，是青海柳湾齐家文化墓葬中的代表性器形，一次出土有十件之多。一般是在灰陶单耳罐的罐口加一半圆形泥板，再在泥板上用泥条贴塑出猫头鹰的面相。标本M1103：26，在象征枭眼的两个圆孔中央，贴塑一根表示鼻子的绳状泥条，在周围用锥刺纹装饰出类似于羽毛状的效果。诸如此类的文物如今已经积累相当丰富了，在青海西宁和甘肃兰州等地的文物市场上也可以经常看到它们的真品和复制品，北京的潘家园古玩市场也不乏其例。然而，鸮即猫头鹰为什么会成为5000多年前的红山文化和4000多年前的齐家文化先民造型艺术所青睐的形象呢？

这样的问题却没有多少专业人士愿意费心去解答。我国精研史前艺术的专家吴诗池所给的评语也仅有八个字："造型新颖，形象生动。"[1]如此而已。远古文化真相连同珍贵文化观念遗产的现代失落，于此可略知一二。

---

[1] 吴诗池：《中国原始艺术》，紫禁城出版社1996年版，第127页。

如果牛河梁出土的玉鸮和齐家文化的鸮面罐只是中国史前考古的孤立发现，也就没有太多的研究价值了。好在从中国境内到世界各地的史前文化遗址中发现了大量的猫头鹰造型形象，其广泛和普遍的程度是惊人的。这就足以启发我们，这样广博的分布现象表明的不只是一种源远流长的造型艺术传统，其背后一定存在过一种同样源远流长而且相对统一的猫头鹰神话信仰和观念。请看如下实例：

辽宁省文物考古研究所编的《牛河梁红山文化遗址与玉器精粹》一书于1997年问世，给红山文化玉器最有代表性的动物造型提供了新的证据：玉鸟和玉鸮的形象在其中占据着非常突出的位置。如彩图28绿松石鸮；彩图29玉鸟；彩图30玉鸮；彩图31玉鸮。[1] 关于红山文化玉器的功能认识，该书认为它们不是一般的装饰用品，而是和神权相关的重要礼器。这是正确的判断，可惜未能根据个别的动物形象给予系统的、比较图像学的解说。近年在东北红山文化出土文物中多有所见，可以直观地呈现出五千年前的先民心目中以鸟和鸮为崇拜偶像的艺术造型。如2004年出版的徐强《红山文化古玉精华》一书，收录的玉鸟、鸟形玉佩和鸟形器雕像已经多达70余件。其中最值得注意的是头顶鸟（鸮）的所谓玉鸟女神、玉鸟龙及鸟兽复合形象，还有人面鸟神。[2] 因为这些非自然或超自然的奇特造形直接暗示着一种史前流行的神话信仰和观念背景。70多件玉鸟之中明确表现出"鸮"特征的也有约20多件，超出了牛河梁一地的发现。

在红山文化和齐家文化以外的新石器时代以来的考古发现中，著名的猫头鹰造型还有很多。比如：陕西华县太平庄出土仰韶文化的陶鸮鼎，以及陶塑猫头鹰；内蒙古和东北红山文化出土的各种玉鸮造型；商代的制作精美、造型各异的青铜鸮鼎；青铜器上的浮雕鸮形象，类似鸮

---

[1] 辽宁省文物考古研究所编：《牛河梁红山文化遗址与玉器精粹》，文物出版社1997年版，第63—66页。

[2] 徐强：《红山文化古玉精华》，蓝天出版社2004年版，第343—346页。

面的饕餮形象，以及石制或者陶制的鸮，等等。① 还有山东、河南、陕北的汉代画像石中的鸮形象。这些图像充分表明在 6000 年前的仰韶文化到 3000 多年前的殷商文化，再到汉代之间约 40 个世纪的漫长时间里，猫头鹰都是华夏文明发生期内一脉相承的极重要的偶像，非但与龙凤等神话动物不相上下，而且在某些地域还超过它们，具有非常神圣和神秘的特质。

除了以上考古学所提供的非文字的第四重证据，还有来自人类学、民俗学的第三重证据：猫头鹰被供奉为神灵，比如在美洲的印第安文化中，在黑龙江流域的某些少数民族以及日本北方阿伊努人，就用木雕猫头鹰神像以供崇拜。②

史前的和早期文明的这些多不胜举的猫头鹰形象，对于当时一代又一代重复地塑造这些形象的初民们来说，究竟意味着什么呢？

三　夜猫子又叫了：语言符号对猫头鹰的文化建构

任何一种自然物或自然现象，一旦进入人类的符号表意系统，就不再是纯粹的天然对象了，因为它必然要被人类群体特定的文化价值观所改制和建构。猫头鹰在我们的心目中似乎早就是一种不吉利的动物，原因在于我们的语言符号中对它的编码早已经形成了多种负面的联想：死亡、凶杀、阴间、黑暗、夜幕、凄厉的叫声，等等。民间所说的"夜猫子又叫了"，迷信者往往认为是一种凶兆。

猫头鹰给人的印象好像自古以来就十分可怕，这种昼伏夜出的猛禽被视为勾魂鸟、凶禽、恶鸟、不祥鸟，甚至是不孝鸟。在中国汉族文学中，给猫头鹰形象不祥联想起到最重要作用的一篇作品，是《文选》卷十三所收汉代贾谊的名篇《鵩鸟赋（并序）》。贾谊是洛阳人，十八

---

① 王献唐：《国史金石志稿》第 1 册，青岛出版社 2004 年版，第 210 页，商代卣；第 279 页，商氏鸮卣；第 205 页，周氏鸮尊。

② ［日］山川力：《阿伊努民族文化史试论》，东京：未来社 1980 年版，卷首图片第四幅。

第四重证据：比较图像学的视觉说服力

岁时就以文章高手而闻名于地方。河南太守吴公闻其秀才，召置门下，甚幸爱。后文帝召为博士，为绛灌冯敬之属害之，于是天子疏之，贬为长沙王太傅。居三年，有鵩鸟飞入谊舍，止于坐隅。鵩似鸮，不祥鸟也。[1] 谊既以谪居长沙。长沙卑湿，谊自伤悼，以为寿不得长，乃为赋以自广。其辞曰：

> 单阏之岁兮，四月孟夏。庚子日斜兮，鵩集予舍。止于坐隅兮，貌甚闲暇。异物来萃兮，私怪其故。发书占之兮，谶言其度。曰：野鸟入室兮，主人将去。请问于鵩兮，予去何之？吉乎告我，凶言其灾。淹速之度兮，语予其期。鵩乃叹息，举首奋翼。口不能言，请对以臆：万物变化兮，固无休息。斡流而迁兮，或推而还。形气转续兮，变化而嬗。沕穆无穷兮，胡可胜言。祸兮福所倚，福兮祸所伏。忧喜聚门兮，吉凶同域。彼吴强大兮，夫差以败。越栖会稽兮，勾践霸世。……且夫天地为炉兮，造化为工。阴阳为炭兮，万物为铜。合散消息兮，安有常则？千变万化兮，未始有极？忽然为人兮，何足控抟？化为异物兮，又何足患？小智自私兮，贱彼贵我。贪夫殉财兮，烈士殉名。夸者死权兮，品庶每生。怵迫之徒兮，或趋东西。愚士系俗兮，窘若囚拘。至人遗物兮，独与道俱。众人惑惑兮，好恶积亿。真人恬漠兮，独与道息。释智遗形兮，超然自丧。寥廓忽荒兮，与道翱翔。乘流则逝兮，得坎则止。纵躯委命兮，不私与己。其生兮若浮，其死兮若休。澹乎若深泉之静，泛乎若不系之舟。不以生故自宝兮，养空而浮。德人无累，知命不忧，细故蒂芥，何足以疑。[2]

贾生此赋中充满了关于道家的生命变化哲理的阐发，许多语句和用词明显源出于《庄子》。不过，这一切都是借鵩鸟对主人公教导的形式

---

[1] 《文选》李善注云：《晋灼》曰：《巴蜀异物志》曰：有鸟，小如鸡，体有文色，上俗因形名之曰鵩。不能远飞，行不出域。

[2] （南朝梁）萧统：《文选》，中华书局1977年版，第198—200页。

表达的，并没有对鵩鸟表示厌恶和丝毫的不尊敬。这就和后世所传的恶鸟形象有很大差距，让我们不得不思索：史前时代至殷商时代的神圣猫头鹰造型，与汉代以生死哲理教导者身份呈现出的文学形象鵩鸟之间，是否有着一脉相承的关系呢？更加值得思索的问题是，为什么明明是体现道家生死哲理的鵩鸟形象，在贾谊以后的文学传统中却被完全彻底地妖魔化、丑化了呢？

四 《鵩鸟赋》的文化误读

钱锺书先生《管锥编》注《全汉文》时，注意到贾谊《鵩鸟赋》的"谶言"写法对后代文学的巨大影响，提及的作品从嵇康《明胆论》的"忌鵩作赋"说，到《旧唐书·高骈传》的"野鸟入室，军府将空"说，总之都是不吉利的预兆。其还引用后世小说《醒世姻缘传》第六十四回白姑子曰"鹞鹰入人房，流水抬灵床，不出三十日，就去见阎王"；皆与此"谶"如依样画葫芦也。[①] 不过，钱先生所引用的这些例子虽然可以说明"谶言"的写作手法有继承性，但是都和《鵩鸟赋》中从鵩鸟那里接受生死变易哲理的教化之旨截然不同。只是表明在后人心目中，猫头鹰和鹞鹰一类猛禽进入人的房屋，是将要死人的可怕恶兆。猫头鹰何以有如此的预兆作用呢？

象征学家汉斯·比德曼指出："猫头鹰夜间活动的习性（'鬼祟'）、独来独往的生活方式、悄没无声的飞行以及它绝望痛苦的叫声（'胆怯''死亡的前兆'）使它久而久之成为拒绝精神之光，甚至是耶稣基督身处'炼狱般的死亡之夜'的象征。"[②] 原来，猫头鹰就是来到人间的死神或者阴间使者。难怪生人见到它就要感到恐怖呢！

---

① 钱锺书：《管锥编》第3册，中华书局1979年版，第883—884页。
② ［德］汉斯·比德曼：《世界文化象征辞典》，刘玉红等译，漓江出版社2000年版，第213页。

犹太教中的女魔莉丽丝（Lilith）以猫头鹰为伴，印度教中可怕的黑暗女神德格（Durga）则以猫头鹰为坐骑，而玛雅人的死神哈恩汉（Hunhan）的面目酷似猫头鹰。在中国，猫头鹰作为厄运之象征是象征吉祥的凤凰的死对头，显然，这源于它那魔鬼般的眼光和一个关于它的童话，相传猫头鹰只有在残忍地啄出双亲的眼珠后才学习飞行，这是一种相当大逆不道的行为。①

由于世界上各个民族所见的猫头鹰都是昼伏夜出的习性，所以各文化中赋予这种夜间猛禽的负面价值也就大同小异。不过传闻中猫头鹰会啄出双亲之眼的母题在以孝治国的中国文化中尤其无法被容忍。而它超凡的夜视之眼也能够在个别文化中催生出智慧女神的联想。如象征学家詹姆斯·霍尔说：

> 中国人和日本人认为猫头鹰预示死亡，从它啄瞎生母的眼睛这一说法，又象征子女的不孝。它象征印度地府之神阎魔王。在西方，伊特鲁里亚人曾把奴隶和俘虏献给一枭神。它如何与雅典娜米涅瓦联系起来不得而知，但猫头鹰通过她获得了智慧的美名。在文艺复兴寓言中，它象征拟人化的夜晚和睡眠。②

猫头鹰既然在大多数文化中充当死亡女神的象征，为什么又能够在个别文化中成为智慧女神的象征呢？它的神圣性究竟是怎样分化开来的呢？下面对此展开比较神话学的溯源性解释。

五 神圣的还原：猫头鹰的比较神话学解读

从现存人类最早的传世神话文本看，猫头鹰是苏美尔的阴间女神莉

---

① ［德］汉斯·比德曼：《世界文化象征辞典》，刘玉红等译，漓江出版社2000年版，第214页。
② ［美］姆斯·霍尔：《东西方图形艺术象征词典》，韩巍等译，中国青年出版社2000年版，第65页。

丽丝（Lilith）的象征，这位死亡女神的基本造型特征是人身鸟爪。在号称世界第一部史诗的巴比伦作品《吉尔伽美什》里，我们可以找到对这种形象特征的文字叙述说明。该史诗第七块泥板讲到恩启都重病后在一场梦中被死神带入阴间：

那爪如同鹫爪
它把我（压倒）
[   ] 它扑上了身，
[   ] 它要使我下沉。
在 [   ] 他将我变形，
[   ] 于是我的手就和飞鸟仿佛
他见了我，就领到"黑暗之家"，伊鲁卡鲁拉（阴间女王）的住处。
领到那个家，有进无出，
领上那步行者有去无回的路，
领进那住人的家，光亮全无。
那里，尘埃是他们的美味，粘土是他们的食物，
穿上有翼如鸟的衣服，
就在那见不到光的黑暗中居住。①

我们已经清楚了猫头鹰的象征蕴涵，对于死亡女神为什么要被塑造为人身鸟爪的特征，也就容易理解了。更重要的是，许多其他文化中具有同样造型特征的类似形象，也可以通过比较图像学的关照，并结合具体情况给出合理的解释。比如，我国的三星堆文化出土的青铜礼器中，就在一件神坛的上方中央出现了异常神秘的人首鸟身鸟爪雕像。对此，一般都承认是神的形象。但这究竟是什么神，为什么要用如此造型，却迄今还没有公认的解释。如果联系到新石器时代的欧亚大陆上曾经普遍

---

① 《吉尔伽美什》，赵乐甡译，辽宁人民出版社1981年版，第65页。

崇拜鸟女神（Bird Goddess）的深远传统，对照图像人类学所能够提供的参证素材，我们至少可以推测三星堆出土的这种人首鸟身鸟爪雕像，以及同时出土的众多铜鸟和铜鸟头造型，显而易见可以视为史前女神崇拜传统的延续。2003年新发表的湖北石家河文化考古报告，让我们在一个5000年前古城遗址的宗教仪式场所中居然看到成百上千的陶塑鸟类形象，其中当然也包括有着鲜明造型特征的猫头鹰形象。[①] 可见史前中国南方也有将包括猫头鹰在内的鸟类圣化的情况。三星堆的青铜鸟人形象要比石家河文化的时间晚2000多年，当是圣化神鸟传统的一种延续形态。就如同5000年前的良渚文化玉琮出现在3000年前成都金沙遗址中的情况那样。

国际上久负盛名的立陶宛裔美国考古学家金芭塔斯认为：鸟类形象在新石器时代艺术中反复出现的频率甚高，以至于使其他的动物形象都黯然失色。世界各地的许多神话都讲述到世界如何开始于一只卵。显而易见，鸟卵作为一种生命之源，肯定传达着强烈的象征意义。候鸟迁徙的季节性消失与回归，还有小鸟从卵壳之中谜一般的出现，都使鸟成为新生命与营养之源，这也许构成了史前鸟崇拜的主要因素。鸟神观念的产生还有如下的神话思维类比因素：鸟类能够在空中自由飞行，介乎天界与大地之间，就这样获得了与天界沟通的特权，也许因此才被认同为住在天界的诸神。关于鸟女神造型为什么会有半人半鸟特征，金芭塔斯的看法是：

> 大多数的鸟女神形象都组合了人类的女性形式与某一特殊种类的鸟：如水鸟（鸭子、鹅、苍鹭），春鸟（布谷鸟）或食肉类的猛禽（大鸦、猫头鹰、秃鹫）。鸟类形象大量出现在仪式用容器上，该类容器储存的是给予生命能量的液体，用途乃是祭献给神灵。鸟女神经常被艺人们表现为这样一种形象：戴着鸟喙的或鸭嘴式的面

[①] 湖北省文物考古研究所、北京雕像考古学系等石家河考古队：《邓家湾》（天门石家河考古报告之二），文物出版社2003年版，第5页。

具，身体为人类的女性。当她摘下面具时，她的脸上呈现出一种鸟喙式的大鼻子。在没有明晰的鸟形面孔的情况下，鸟女神形象也采用一种隆起肉团式的形状。她们短粗的类似羽翼的手臂和夸张的臀部都暗示出鸟的身躯。在人像的肩膀上和面具上的小孔是为了用来插上鸟羽毛，这个习俗通过现代的民间民俗而保留下来。①

我们从日常经验中得知，鸟类之中有两种食肉的猛禽，一是白昼出没的鹰——秃鹫；二是夜间出没的猫头鹰。从金芭塔斯归纳出的史前造型的象征规则看，这两种猛禽至少在古欧洲的史前形象谱中都充当着重要的象征作用。20世纪后期在土耳其著名的新石器时代遗址卡托·胡玉克，考古学家就发掘出一座"秃鹫神庙"（The Vulture shrine）。在这神庙的墙上描绘着几只秃鹫，用伸开的翅膀向下面扑打着一些无头的尸体。有的秃鹫形象还被描绘出人的双脚，这就更加鲜明地暗示出其象征性蕴涵。在这个七八千年以前留下的珍贵图像中透露出如下的信息：秃鹫充当着女神的象征，她们所扮演的是死亡与再生女神的职能。而猫头鹰则在西欧的猛禽形象谱中占据着超过秃鹫的主导地位。早自旧石器时代晚期的洞穴岩壁上，就出现了刻画的猫头鹰形象。如法国南部"三兄弟洞穴"（Les Trois Freres cave）中的"三只白鸮"（three snowy owls），距今已经有了一万三千年之久。到了新石器时代的巨石坟墓中，当时的女神宗教的信徒们在纪念碑石柱上和骨头上都刻画出类似猫头鹰的形象，特别突出的特征就是它的大眼睛。至于这种猛禽同女神联系的迹象也很明确：比如表现出半人半禽的特点。有的巨石墓的石雕猫头鹰被刻画成人形的胸部。还有的猫头鹰造形干脆被刻画上人类的女性生殖器。②看来石器时代的神话想象同样是把猫头鹰作为死亡与再生女神使者的。只是死亡与再生这样看上去截然相反的职能原来就能够统一在一种象征动物身上，这是神话思维不同于理论思维的特点所在，也是

---

① M. Gimbutas, *The Living Goddesses*, Berkeley: University of California Press, 1999, p. 14.
② M. Gimbutas, *The Living Goddesses*, Berkeley: University of California Press, 1999, p. 19.

《鵩鸟赋》中的鵩鸟主人公能够以神意代言人身份大谈特谈生死变易无常道理的话语渊源。

这些猫头鹰形象的超人品质和近似人的外观——高高在上的栖息处,像人一样的凝视,奇幻般的视力,还有夜间的尖叫声,都足以激发起人的神秘感与敬畏感。这种鸟的魅力肯定在新石器时代以前就引起人类的关注。在历史资料和图像学材料中都把猫头鹰同重要的女神相联系,比如希腊的知识与智慧女神雅典娜,苏美尔—阿卡德的女神莉丽丝,她的名字也出现在希伯来人的《旧约》中。有学者提出一种假说,认为莉丽丝这个名字意指"尖叫的猫头鹰"。这种夜间之猛禽自然而然地充当了死亡与阴间的统治者。人类学家还提供出更加明确的第三重证据,表明在所谓原始社会中,就存在着非常类似的关于猫头鹰体现引魂巫师功能的神话观念:下到阴间的死者是由谁来引领呢?有资料表明,猫头鹰充当了责无旁贷的类似于巫师的义务。德国人类学者利普斯在《事物的起源》中说:"一个人死后灵魂永远地离开身体,时常是因为有邪恶的巫师把它赶走。因此,农业社会中经常要寻找出造成死亡的罪犯。死者灵魂仍然在身体附近徘徊,特别在埋葬之前是这样,仅仅在第二次埋葬即肉已朽烂时举行的最后一次埋葬之后,灵魂才旅行到神为死者而设的地方去。常常有从外界来的灵魂,像'接待委员会'那样,把新来的居住者安全地引入未来之地。如阿佩切人死者会遇到猫头鹰,由它携带亡灵到快乐的狩猎地带。"[①] 引魂巫师或者导魂之神的这种神圣职能也可以通过面具图像来表现。面具图像中出现带有狰狞形象特征的老鹰或猫头鹰的造型因素,即可以传达由女神和巫师所操控的那种巫术力量。由此,我们多少可以窥见中国古代最神秘难测的饕餮形象的来源之一了(具体证明将另文展开)。

史前神话想象的猫头鹰象征系统是怎样体现出将死亡与生命再生结合为一种二元对立的统一体呢?语言与文字的材料在此类问题面前显然是无能为力的。我们不得不再求助于图像造型的材料所含有的启迪。如

---

① [德]利普斯:《事物的起源》,汪宁生译,四川民族出版社1983年版,第399页。

考古学家所揭示出的,在布列塔尼和爱尔兰发现的墓葬和雕像上,猫头鹰造型的中央都有一个女阴。爱琴海北部发现的鸟形陶罐也展示了一个女阴或盘蛇形象。葡萄牙出土的多尔门巨石则在鸟女神的特征之上添加了再生性的阳物造形。可见,生殖器意象同猫头鹰形象的同时出现,就是体现史前神话信仰中死亡与再生因果关联的。其符号组合原理很像汉字六书中的"会意字"。

在金芭塔斯《活的女神》引用的图像资料中,我们看到这样一个例子:

> 图11,死亡女神的再生象征,包括猫头鹰眼和喙,图形组合中还有女阴和男根。这个阳物造型包含着鸟喙和眉毛的母题,被雕刻在一个多尔门石柱上。新石器时代的葡萄牙,公元前3000年(卡散伯斯,里斯本以北)。

鸦类或者鹰类猛禽作为史前鸟女神的化身,还可以帮助理解神话中常常出现的一个惨烈场景:主人公因犯下罪过而受到天神惩罚,被绑在裸露的山崖之上,让猛禽啄食剥离肉体。比如因盗火而被宙斯惩罚的普罗米休斯,就是如此。

欧洲的考古学家对于猛禽剥食尸肉的行为,近来有了深入的看法,这有助于我们弄清新石器时代女神宗教中为什么由猛禽来发挥主导的作用,尤其是解释了史前丧葬习俗中常见的"二次埋葬"现象的信仰背景。"人们并不马上埋葬死去的人,而是将死者放置在露天的平台上。而猛禽们会来平台上撕去尸肉,只剩下骨头。剥去尸身原肉体被认为是完成死亡过程所必需的。当尸身只剩下骨头时,那死者才被埋葬,而下一次的生命循环也才能够开始。就这样,我们在古欧洲的停尸处象征系统中看到两种猛禽占据着主导地位,每一种在一个不同的区域里,秃鹫只存在于近东地区和南欧;猫头鹰则遍布欧洲大部分地区。虽然剥肉活动并不是普遍实施的习俗,但是在整个欧洲和近东地区,秃鹫和(或)猫头鹰象征着给人类带来死亡的女神,同时还主宰着生命、确保生育"。① 死亡女神同时也是再生女神的这种认识,是我们反思中国境内史前文化玉枭与陶枭造型大多出现于墓葬遗址的重要借鉴。被后代人当成凶鸟和不祥鸟的鸮,原来在史前人类心目中也是主宰生命和确保生育的神!

在三星堆二号坑内还出土了至少10枚以上的呈菱形的约莫二三十厘米长的铜器,上面模压如眼球的纹饰,似人或动物的眼睛。还有比纵目人面像上那凸起呈柱状的眼球略短的大小青铜眼珠二三十件。这些铜眼睛和眼珠看来不像是诸多铜面像上的配件。因为它们与铜面像上的眼睛形状不一样,应是单独存在的器物。与此相应的是,三星堆遗址所出的一种陶器——封口器上,有的也在封口部分捏出眼睛;而在三星堆遗址的出土陶器上,现已公布的唯一刻划符号就是眼睛的象形。如此众多而怪异的眼睛造型,在三星堆文化中到底象征什么呢?②

自从1957年克劳福德(O. G. Scrawford)发表《眼睛女神》(*The Eye Goddess*)一书以来,这个术语就开始流行于考古学界。起源于中东地区的这个象征,广泛传播到整个西部欧洲。惊人相似性,可能体现着"神圣之眼"的观念。金芭塔斯《女神的语言》一书中专门探讨了西欧史前的"眼睛女神"③ 同鸟女神的联系,对比了猫头鹰的圆眼与所谓眼睛女神造型的相似性。非常可惜的是,在这位欧洲史前考古学专家的知识视野中尚未接触到东方古文明的考古资料和民间图像资料,不能完成关于欧亚大陆乃至美洲大陆的猫头鹰女神神话象征的完整分布图。

六 从三重证据到四重证据:文化解读的方法论意义

了解到史前猫头鹰形象与女神神话信仰之间的普遍联系,就不难理

---

① M. Gimbutas, *The Living Goddesses*, Berkeley: University of California Press, 1999, pp. 20 – 21.
② 屈小强等主编:《三星堆文化》,四川人民出版社1993年版,第179页。
③ M. Gimbutas, *The Language of the Goddess*, San Francisco: Haper & Row, 1989, pp. 55 – 57.

解：为什么国宝级文物珍品——中国殷商时代最精美的猫头鹰造型之一——青铜鸮鼎，是在一位商代的女将军妇好的墓葬中发现的。这种用死亡与再生女神的动物化身或象征来看顾墓葬中死者的传统，当然可以追溯到商代乃至夏代之前的新石器社会的各种玉鸮与陶鸮的偶像造型传统。那是在文字的文明出现以前，我国北起辽河流域，南至长江流域的广大地区中非常普遍的神话观念所支持着的造型艺术传统，居然延续了数千年之久，几乎和我们的文明史本身一样长久。书写文明发展到汉代，女神宗教时代早已经随着父权制社会的发展而烟消云散了，猫头鹰的守护神职能与神圣价值也被逐渐淡忘，于是一部作品《鵩鸟赋》的文化误读，则成为重新开启厌恶和回避这种夜间猛禽的新观念传统之文学契机。

对于猫头鹰女神信仰的重新认识，还可以给那些古代的史学家、今日的美学家和收藏家们百思不得其解的带有阴间神秘气息的饕餮形象与以突出一双大圆眼睛为特征的各种所谓"兽面"形象的由来之谜，提供新的思考空间。

将语言文学现象还原到文化大语境之中去重新理解和阐释，可以说是 20 世纪后期人文学研究方法论的一个重要发展趋向。本文所特别提示的第四重证据，也只有提高到方法论自觉的意义上才能得到充分理解并释放出巨大的潜在能量。代表 20 世纪文化人类学与文化研究方法转向的重要学者吉尔兹在《文化的阐释》中给文化概念的重新定义，是我们进入"文化文本"及其解读方法的一块基石：吉尔兹则受韦伯社会学的影响，要将文化视为一张由人自己编织的"意义之网"，于是，文化的研究"不是寻求规律的经验科学"，而是"一门寻求意义的阐释学科"。[①] 于是乎，人类学者的工作可以不再具有动物学家或地质学家那种实验室的性质，而倒像文学批评家那样专注于文本分析和意义诠释了。这一转向的重要标志是文化文本（culture as text）概念的流行，不光是象征性明显的仪式、典礼等活动可以作为文本来解析，就连人类的

---

① C. Geertz, *The Interpretation of Culture*, New York: Basic Books, 1973, p. 5.

第四重证据：比较图像学的视觉说服力 | 91

一般行为也可以作为意义的载体来解释。有人说吉尔兹的学术目标是建立他自己的"文化的符号学理论"（semiotic theory of culture），也许并不为过。

如果文化文本如同文学文本那样具有可解读的召唤性质，那么图像作为第四重证据的自觉运用，还可以引发如下的方法问题：如何给原有的第一、二、三重证据更好的发挥空间，如何使他们彼此之间相互结合和相互发明印证？比如天女神与鸟女神观念的深远传统，在石器时代形象的宏观透视作用下，语义学层面的创新认识也就顺理成章了。例如，日本学者津田元一郎对《古事记》高天原神话的解读指出："高天原"作为天神观念的象征物，从语音上就暗含着同鹰类和鸟类的特殊关联。[①] 可惜这一认识远远没有获得学界的采纳。现在有了来自考古图像材料支持的鹰类女神神话背景的复原，不仅高天原的象征语义容易理解了，就连高天原上作为天神之主的女性太阳神天照大御神（后来的神道教之主神）也可以和石器时代的女神崇拜传统联系起来考察了。

综上所述，图像作为"第四重证据"在比较文学和文化研究中的视觉说服力，是一个关系到人文研究视野和方法创新的问题。本文只是一个粗浅的初步的探讨，希望理论工作者给予关注。

原载于《文学评论》2006年第5期

---

① ［日］津田元一郎：《日本文化的源流——日本的灵性和语源的研究》，东京：国书刊行会1987年版，第3页。原载于《文学评论》2006年第5期。

玉石神话与中华认同的形成
——文化大传统视角的探索发现

叶舒宪

世界上自古未曾中断的古老文明为数不多。中华文明历数千载而自石器时代绵延至今,其文化生命力持久不坠的奥秘何在?在东部亚洲的广大地域里长久地将诸多不同族群的庞大人口维系在一个行政体制内,其凝聚原因为何?一种由来非常久远的文化向心力即多方共享的文化认同,应该是求解以上难题的主要因素。当今学界遵从文化研究的焦点话语,称之为"中华认同"。这一术语带来的学术视角,是通过文化认同性的研究来求解中华文明构成和延续的原理。什么是文化认同性?一种较为简略的解答是:

> 文化认同性基本上是指民族性。民族性是指一个集团的特征,这种特征表现为其成员有着共同的历史或起源以及一种特殊的文化遗产,尽管其历史和起源经常被神话化,其文化遗产从未是完全同质的。根本的问题在于这些共同要素是有关的集团所表现出的鲜明特征,而且其他人也认为如此。[①]

萨利姆·阿布的上述解说虽然没有顾及文化认同性所包含的诸多方面,如语言文字的、政治的、经济的、宗教和习俗的等,而是简单地在

---

① [黎巴嫩]萨利姆·阿布:《文化认同性的变形》,萧俊明译,载《第欧根尼》中文精选版编辑委员会《文化认同性的变形》,商务印书馆2008年版,第11页。

它与民族性之间画上等号,但是毕竟把握住思考认同问题的核心要素——某种被神话化的历史或共同文化遗产。当这种神话性的文化遗产被众多民族的庞大集团共同拥有时,文化认同性为"民族性"的解释就有必要跳出单一民族的界限,升格到"国族"层面上来。本文即从"国族"认同着眼,通过玉石神话这一观念性的文化遗产来考察中华认同的形成,阐释中华文明在"多元"与"一体"之间的结构奥秘及其生成脉络。

马克斯·韦伯认为,文化科学的特点不像自然科学那样寻找事物的普遍规律,而是探寻特定文化的价值观以及由此价值观所支配的文化现象或社会实在的"意义"。韦伯在1904年的论文中指出:"一切关于文化实在的认识始终是依据于一种特别独特的观点的认识。当我们要求历史学家和社会研究者具有的基本先决条件是他们能够把无关紧要的东西与重要的东西区别开来,而且具有为这种区别所必须的'观点'时,这仅仅是说,他们必须懂得,把实在的事件——有意识的或无意识的——与普遍的'文化价值'联系起来,然后抽象出对我们有意义的联系。"[①] 对于多数研究者而言,文化现象纷纭复杂,困难就在于不易做到有效地认识其意义。许多人还醉心于无关紧要的东西,始终纠缠不休,无法自觉地探寻文化无意识底层潜含着的价值观要素。或者虽有这方面的意向,却缺少穿透现象层面迷障的洞察力,较难把握到特定文化系统中最为核心的关键元素。对此,韦伯的上述提醒,可以成为我们研究实践的方法性指引。本文希望从被主流学界忽略已久的文化现象——华夏的玉石神话入手,探寻伴随华夏文明发生的核心价值观的由来,解释其对中华认同的形成所发挥的信仰与观念纽带作用。

一 引论:从"金枝"到"玉叶"

人类学家弗雷泽的巨著《金枝》影响深远。笔者的问题是:研究

[①] [德]马克斯·韦伯:《社会科学方法论》,韩水法等译,中央编译出版社1999年版,第32页。

西方文化的宗教与习俗之书，全书长达 12 巨册，为什么要取"金枝"这样文学性的书名？既然现实中根本不存在金质的树枝，相关的文学想象是怎样在金属与植物之间嫁接出诗性的"金枝"意象呢？

第一版 12 卷本《金枝》第一卷第一章提到：古罗马内米湖畔的狄安娜女神祭司有"森林之王"的称呼。女神的神庙中生长着一株非凡的树，祭司要守护它，不让它的一根树枝被人折下。只有一位逃亡的奴隶能够成为他的继任者。如果这奴隶能够折下一根树枝的话，就获得与祭司举行一次单打决斗的资格。若能在决斗中杀死前者，就接替他而获得"森林之王"的称号。按照古代公众的看法，这神秘的树枝就是所谓"金枝"。维吉尔史诗主人公埃涅阿斯为了去阴间下届，在先知西比尔的引导下拿到这一金枝。①

1924 年，弗雷泽的夫人为《金枝》第四版（即精编一卷版）改写的简编故事本取名叫《金叶》，依然不忘因袭这个流传久远的神话典故。按照西方风俗，圣诞那天，凡在槲寄生树枝下走过的女子，人人都可以亲吻。弗雷泽夫人撰写的《金叶》前言，就由此写起：

> 当我们在一丛丛槲寄生下悠然闲步或相互亲吻的时候，……我们中间有多少人知道——这些槲寄生就是维吉尔笔下的"金枝"，埃涅阿斯就是拿着它而进入幽暗的冥间的呢？②

原来，圣诞习俗背后的金枝典故，就出自古罗马《埃涅阿斯纪》的第六卷。该作品中讲述的古罗马人文初祖与金枝的神话，通过大诗人维吉尔的文学影响力传播，成为西方文学中家喻户晓的重要主题。

> 在一棵枝叶茂密的树里，藏着一条黄金的树枝，它的叶子和权桠也是黄金的，据说它是冥后普洛塞皮娜的圣物。整片森林护卫着

---

① Frazer, J. G., *The Golden Bough*, Vol. 1, London: Macmillan, 1955, p.11.
② ［英］丽莉·弗雷泽编：《金叶》，汪培基等译，上海文艺出版社 1997 年版，第 1 页。

它，幽谷的阴影遮盖着它。谁要想下到地府的深处，必须先把这黄金发一般的枝条从树上采撷下来。美丽的普洛塞皮娜规定这金枝摘下之后应当献给她。这金枝摘下之后，第二枝金枝又会长出来，枝上长出的新叶也是黄金的。因此，你必须抬起眼睛，去搜索它，当你按照吩咐把它找到了，就把它摘到手里；如果命运同意你摘，这金枝会很情愿地很容易地让你摘到，否则的话，不论你用多大力气也征服不了它，即使用钢刀，你也不能把它砍下来。①

作为一种神秘的法宝，金枝本不属于人间俗世，而是属于冥府女神的。神话想象让金枝被摘下后就有自我生长的能力，这隐约喻示着某种生命再生的神力。生命不死是一切史前神话信仰系统的基本主题，② 它以文学的形式继续传承在文明之中，并且和青铜时代以来新产生的金属神话相结合。黄金这种随着文明的到来而得到大规模开发的稀有金属，就承前启后地担当起象征神性与不死性的符号功能。炼金术，将追求不死的史前神话希望和追求黄金的文明欲望整合起来，成为一种持久而不衰的实践活动。植物世界的树木都是有生有死，并且体现出一岁一枯荣的生命循环规律。可是罗马神话构想的金枝金叶则超越生死界限，成为指引和照亮冥府之途的神奇光源。

《埃涅阿斯纪》接下来讲述主人公为下冥府寻找父亲的亡灵，在神的指引下终于摘得金枝的过程：

> 他（埃涅阿斯）眼望着这无边的林木，独自怀着抑郁的心情在思忖，不知不觉地祝愿道："如果那树上的金枝能在这样大一片树林里自己显现在我们面前该多好啊！米塞努斯啊，女先知所说的关于你的每一句话都丝毫不差啊！"他的话刚说完，只见一对鸽子

---

① ［古罗马］维吉尔：《埃涅阿斯纪》，杨周翰译，人民文学出版社1984年版，第138页。
② 参见 ［英］弗雷泽《不死的神话与死者崇拜》一书。Frazer, J. G., *The Belief of Immortality and the Worship of the Dead*, London: Macmillan, 1922, pp. 3 – 21.

从天上飞来,展现在他的眼前,落到了绿草坪上。伟大的英雄埃涅阿斯认出这是他母亲的鸟,十分喜悦,祝祷道:"请你们做我的向导吧,如果前面有路的话,你们在天上飞着引路,把我引到林中那株遮盖着沃土的吉祥金枝吧。还有你,我的母亲、女神,在这前途未卜的时刻,不要把我抛弃吧。"他说着,停住了脚步,看那两只鸽子发出什么信号,继续向什么方向去。两只鸽子一路啄食一路向前飞,但是用眼睛追着它们的人一直能看见它们。当它们来到恶臭难闻的阿维尔努斯的入口,它们急速飞升,然后从澄澈的天空降下,在一棵双体树的树巅找到了一个落脚的地方,落了下来,在这里,在枝叶丛中,有一道金光闪烁,颜色与其他枝叶不同。就像严冬的树林里,槲树上的寄生枝常常长出新绿的叶子,这绿叶并非它所寄生的树本身长的,它的杏黄色的小浆果却缠绕着那树的浑圆的躯干,同样在那浓密的栎树上那挂着金叶的金枝也显得很突出,在轻风中那金叶片被吹得丁当作响。埃涅阿斯立刻把它攀住,它很坚韧,但埃涅阿斯用力把它折断了,把它带到西比尔先知的庙堂。①

"金枝"一词的拉丁文为 aureus ramus。理解这个典故的关键是要关注希腊罗马神话中黄金与神性的必然联系。《埃涅阿斯纪》第六卷开篇写到狄安娜女神的庙宇,就是"以黄金为顶"(under roofs of gold)的。② 天神宙斯曾化身黄金雨同公主达纳厄幽会。赫西俄德《神谱》讲到天后赫拉称其为"脚穿金鞋的女神";讲到其他神祇时还说"金冠的赫柏""金冠福柏"等③。黄金是本属于神的圣物。在维吉尔笔下,金枝生长在栎树上,枝上挂着金叶。其外在特征不只是视觉上金黄耀眼的色泽,而且还有听觉上的叮当作响。具有半神血统的主人公是在神的使者双鸽的指引下找到宝物的。这个细节表明金枝是神明恩赐人间的圣

---

① [古罗马]维吉尔:《埃涅阿斯纪》,杨周翰译,人民文学出版社1984年版,第140页。
② Virgil, *Aeneid*, trans. Rorbert Fitzgerald, New York: Vintage Books, 1983, p.159.
③ [古希腊]赫西俄德:《工作与时日·神谱》,张竹明等译,商务印书馆1991年版,第27、30页。

物，绝非一般人可以得到。鸽子在基督教神话中是圣灵的化身。据《新约·约翰福音》，约翰见证说："我曾看见圣灵，好像鸽子一样从天降下，留在他（耶稣）的身上。"① 鸽子在西方神话信仰中的神人中介象征作用，在此表达得显而易见。分析罗马国家初祖与圣物之间相关的故事情节，可以得出如下一种由神话观所支配的叙事模式：王者或英雄主人公在一位能够传达神意的中介者（先知）指导下，获取一件代表神意的符号性圣物（宝），借此来完成凡人所无法完成的事业。

神奇法宝的母题在一切民族的叙事文学中都是必不可少的，不论是金苹果、金羊毛、阿拉丁的神灯，还是储藏着秘密的宝葫芦，还有魔法石、如意树、神奇戒指，等等。甚至在中国中古以来的玉雕带版上也常见"胡人献宝"一类的图像叙事，将带来罕见珍宝的任务假托给来自异国他乡的胡人使者。

法宝主题在中国上古有关英雄和圣王的神话叙事中同样出现，可是显然不同的是，早期华夏叙事中的宝物不是金质的法宝，而是玉质的法宝。究其原因，这和华夏文明发生过程中曾经历过为期数千年之久的"玉器时代"有关。黄金作为稀有物质进入华夏文明视线的时间，约在距今4000—3000年前。② 而玉石进入华夏文明视野的时间，约在距今8000—7000年前。③ 二者的差距是倍数的差距。笔者借用人类学的术语，将金属和汉字作为标志的文明传统称为"小传统"，将前文字、前金属和前国家时代的文化传统称为"大传统"。④ 希望借助于大传统的再发现，重新解读小传统的文化基因与文化编码，从而认识华夏文明的国家意识形态生成的源头和特点。

下文展开依照大传统知识解读汉字小传统记录的神话叙事之案例。

---

① 《新约·约翰福音》第 1 章 32—33 节。
② 李京华：《冶金考古》，文物出版社 2007 年版，第 26 页。此书认为中国金银冶炼开始于商末周初。
③ 中国社会科学院考古研究所、香港中文大学中国考古艺术研究中心编：《玉器起源探索》，香港中文大学中国考古艺术研究中心 2007 年版，第 232 页。
④ 叶舒宪：《探寻中国文化的大传统》，《社会科学家》2011 年第 11 期。

第一例是《山海经》中黄帝播种"玉荣"的神话，可以视为中国版的"玉枝玉叶"神话的经典案例：

> （峚山）丹水出焉，西流注于稷泽，其中多白玉，是有玉膏，其原沸沸汤汤，黄帝是食是飨。是生玄玉。玉膏所出，以灌丹木。丹木五岁，五色乃清，五味乃馨。黄帝乃取峚山之玉荣，而投之钟山之阳（郭璞注："以为玉种。"）。瑾瑜之玉为良，坚粟精密，浊泽而有光，五色发作，以和柔刚。天地鬼神，是食是飨。君子服之，以御不祥。①

这一段玉石神话叙事显得瑰丽而神奇，由于和华夏人文初祖黄帝直接联系在一起，所以其中蕴含着华夏文明的核心价值理念，值得深入探究。根据郭璞等人的注解可明确这一段讲的是在华夏大地西部不周山西北的峚山，有一条叫丹水的河流，向西流入稷泽，该河流中不仅出产白玉，还有像泉源一样沸沸扬扬向上冒出来的玉膏，从玉膏中又生出一种黑玉。在玉膏的浇灌下，生长出的一种玉树叫丹木，这玉树五岁时显现为五种颜色，发散出五种馨香气味。华夏始祖黄帝在玉石神话中扮演着主人公的角色：他先是像享用美食一样享用玉膏；然后做出类似播种玉树的举动，将峚山出产的玉树丹木之玉花（郭璞以"玉华"解释"玉荣"）作为玉种，播撒到钟山的南面。其结果是生长出天下最优质的玉材，称之为"瑾瑜之玉"②，其特点是玉质坚硬，密度高，比重大，外表有温润之光泽，并如同其原种丹木那样，呈现为五色发作的绮丽状态。这种瑾瑜之玉的高贵品质和外观感觉，充分体现着后世儒家以玉比德的观念之本，以及由此引申出来的"以和柔刚"的价值思想、"君子

---

① 袁珂：《山海经校注》，上海古籍出版社1980年版，第41页。
② 《左传·宣公十五年》："谚曰：'高下在心，川泽纳污，山薮藏疾，瑾瑜匿瑕。'"孔颖达疏："瑾瑜，玉之美名。"唐欧阳詹《瑾瑜匿瑕赋》："玉之美者，其曰瑾瑜。"《楚辞·九章·怀沙》："怀瑾握瑜兮，穷不知所示。"《山海经·西山经》："翰山神也……瘗用百瑜。"郭璞注："瑜，亦美玉名。"

必佩玉"的传统礼俗等。黄帝播种出的"瑾瑜之玉",和西方神话中的"金枝"一样,具有神奇法宝的意义。《山海经》叙事中简略提到它的两种用途,一是让天地鬼神享用为美食,以增加其神力;二是让人间的君子佩戴,借助其神力达到驱邪避害、抵御不祥的目的。华夏美玉的两种用途,在天人之际和神人之间,架设出一条联系和沟通的桥梁。这一层意义非比寻常,因为它明确无误地将华夏民族崇拜玉石、酷爱玉文化的源头,直接上溯到华夏国族共祖黄帝的神圣行为,堪称民族记忆中有关华夏文明肇始的"创世记"。

于是乎,美玉明确成为本土文化中神人关系的现实纽带和"天人合一"的中介圣物。这当然也成为历代文人墨客青睐有加的文学主题,众多的作品围绕着此类法宝圣物而展开想象和幻想的空间。先看有关"玉膏"的想象再造。郭璞注引《河图玉版》说:"少室山,其上有白玉膏,一服即仙矣。"此一条叙事将玉膏称为白玉膏,对应的是白色玉材相对稀有的现实情况。"一服即仙"说中的"服"字,可有两种理解:服食和服饰。这里宜作服食解。不论是吃的还是穿戴的,获得白玉膏者即刻就有立地成仙的神奇效果。汉张衡《南都赋》云:"芝房菌蠢生其隈,玉膏滵溢流其隅。"这是将玉膏与华夏医学神话中另一仙丹妙药——灵芝草相提并论的例子。晋张华《博物志》卷一云:"名山大川,孔穴相内,和气所出,则生石脂、玉膏,食之不死。"陶渊明《读〈山海经〉》诗之四:

丹木生何许?
乃在密山阳,
黄花复朱实,
食之寿命长。
白玉凝素液,
瑾瑜发奇光。
岂伊君子宝,

见重我轩黄。①

陶渊明不仅喜欢歌咏黄帝食玉膏的故事,还把玉膏想象为液状的白玉,激发着后人有关琼浆玉液的种种想象。② 以上各位作者提到黄帝玉宝,都是把对自然物的观察引向生命不死的核心观念。与其说这是古代文学家们的发明创造,不如说是直接承袭自史前时代的玉石神话想象。从"瑾瑜发奇光"的特征描述看,是发光的矿石种类差异,造成中西文明间的原生神话观差异:拜金主义和拜玉主义。黄金的光泽与色彩能够让希腊罗马作家痴迷的程度,③ 也就相当于瑾瑜、玉膏、玉荣等让中国作家痴迷的程度。

《山海经》讲述黄帝播种玉荣的地理范围,是从峚山取玉种,到钟山之阳去播种。"自峚山至于钟山,四百六十里。"黄帝是怎样跨越这一距离的,后人不得而知。在峚山本地的白色玉膏如何能够生出黑色玉来,更显得神妙奇幻与变化莫测,能够引发的色彩对比联想物是太极图。玉石神话将现实中不可能发生的种种事物的界限都一一打破,建构出自成一体的传奇世界。从其扑朔迷离的外表可以引出的基本理念是:玉代表神灵,代表神秘变化,也代表不死的生命。这三者,足以构成一个文化的核心价值。

在《山海经》成书的战国时代,黄金已经完成从西域进入中原文明的千年历程。④ 该书中最为常见的叙事模式是金玉并重的山川物产资源报告。例如同在《西山经》记录中的騩山:"无草木,多玉,凄水出焉,西流注于海,其中多采石、黄金,多丹粟。"⑤ 再如数历之山:"其

---

① 逯钦立校注:《陶渊明集》,中华书局1979年版,第135页。
② 《列仙传》云:"赤松子者,神农时雨师也,服水玉,教神农能入火不烧。"《十洲记》:"瀛洲有玉膏如酒,名曰玉酒。饮у升辄醉,令人长生。"
③ 参见[美]彼得·伯恩斯坦《黄金简史》(修订版),黄磊译,上海财经大学出版社2008年版,第1—6页。
④ 关于我国冶金起源与河西走廊地区的特殊关系,参见叶舒宪《河西走廊:西部神话与华夏源流》,云南教育出版社2009年版,第七章第三节。
⑤ 袁珂:《山海经校注》,上海古籍出版社1980年版,第32页。

上多黄金,其下多银,其木多杻橿,其鸟多鹦鹉。楚水出焉,而南流注于渭,其中多白珠。"① 又如龙首之山:"其阳多黄金,其阴多铁。苕水出焉,东南流注于泾水,其中多美玉。"② 又如众兽之山:"其上多㻬琈之玉,其下多檀楮,多黄金,其兽多犀兕。"③ 在这些金属资源与玉石资源并重的报告模式中,金银铜铁皆在其中,其对人类生活的经济价值不言而喻。但是,《山海经》中却没有哪一种金属能够像玉那样和华夏人文始祖的叙事密切结合,生成传奇性的法宝故事。玉荣玉华、玉枝玉叶对于华夏的重要意义,远非世间所有的其他矿物所能够比拟。

行文至此,我们已经在不知不觉中完成了从西方"金枝"过渡到东方"玉叶"的神话之旅。如果要问:世人理想中的"生命之树",究竟像玉石一般长青而温润呢,还是像黄金一般金光灿烂呢?显然不同的文化价值观对此会有截然不同的答案。玉石神话所蕴含着的文化价值,通过以上案例比较研究和分析,已经大体上和盘托出。

二 玉宝:夏商周的神话历史

玉石神话的第二个分析案例,来自《尚书》《史记》有关大禹的一段神话历史叙事。大禹是华夏治水建国的第一功臣。在他之前的尧舜时代,承继黄帝崇玉传统,有所谓"辑五瑞"和"班瑞于群后"的历史记载,相当于用玉礼器作为国家政权的标志信物。④ 从尧舜崇玉到夏代国家的统治者崇玉,古史上的早期王朝国家几乎没有一代不是以玉为圣物宝物的。⑤ 夏禹得到玉器法宝的神话在后世还有一些情节变体,如讲述大禹获得玉简或玉书。相传是羲皇授予大禹的玉简书。晋王嘉《拾遗记·夏禹》:"又见一神,蛇身人面,禹因与语。神即示禹八卦之

---

① 袁珂:《山海经校注》,上海古籍出版社1980年版,第34页。
② 袁珂:《山海经校注》,上海古籍出版社1980年版,第35页。
③ 袁珂:《山海经校注》,上海古籍出版社1980年版,第37页。
④ 参见叶舒宪《班瑞:尧舜时代的神话历史》,《民族艺术》2012年第1期。
⑤ 参见叶舒宪《玉的叙事与夏代神话历史》,《中国社会科学报》2009年7月1日。

图……乃操玉简授禹,长一尺二寸,以合十二时之数,使量度天地。禹即执持此简,以平定水土。蛇身之神,即羲皇也。"这个变体的叙事虽然产生的时代稍晚,却也吻合英雄神话与史诗时代的叙事原型模式:主人公在神意的中介者指导下,获取一件代表神意的圣物(宝),借此来完成凡人所无法完成的事业。引导埃涅阿斯获得金枝的神圣中介者是先知和鸽子天使,引导夏禹获得玉简的是化为蛇身的伏羲大神。

汉赵晔《吴越春秋·越王无馀外传》对夏禹得到宝玉一事有不同的描述:"庚子,〔禹〕登宛委山,发金简之书,案金简玉字,得通水之理。"这一个神话异文将神秘的玉器置换为金玉组合的圣书,显然出自汉代人的想象。它虽不符合夏代初期中原文明既无汉字也无黄金器物的现实情况,却与春秋战国之后"金声玉振"的宝物并列组合理念(《孟子》)大体吻合,因此更能激发文人的想象。如梁朝沈约的《桐柏山金庭馆碑》一文说:"金简玉字之书,玄霜绛雪之宝,俗士所不能窥,学徒不敢轻慕。"黄金与玉石的两种色泽相互辉映,成就了汉语成语"金碧辉煌"的境界想象。《后汉书·张衡传》云:"永元中,清河宋景遂以历纪推言水灾,伪称洞视玉版。"李贤注引《遁甲开山图》云:"禹游于东海,得玉珪,碧色,长一尺二寸,圆如日月,以目照,自达幽冥。"[①] 华夏文学对第一王朝始祖夏禹的历史记忆,就这样与一件神秘的玉器宝物联系在一起,历代文人津津乐道,反复咏叹,与罗马国家之祖埃涅阿斯与金枝的故事相映成趣。

玉石神话第三个案例是夏启得玉璜而升天的神话。启作为禹的儿子,华夏王权"家天下"(即政权交接的父子相传)的始作俑者,同样以玉礼器为最高统治标志物。不过夏禹的神圣礼器标志为玉圭,夏启的则是玉璜。《山海经·海外西经》云:

> 大乐之野,夏后启于此儛九代,乘两龙,云盖三层。左手操翳,右手操环,佩玉璜(郭璞注:"半璧曰璜")。在大运山北。一

[①] (清)王先谦:《后汉书集解》,中华书局 1984 年影印受虚堂刊本,第 668 页。

曰大遗之野。①

一位万人之上的王朝统治者，其形象为何被描述为右手拿着玉环，身上佩戴着玉璜呢？从八千年玉文化大传统看，玉圭的出现要大大晚于玉璜。换言之，与夏禹的标志物玉圭相比，夏启的标志物玉璜有着更加深厚的历史渊源，其文化蕴含自然也非同小可。2007 年在安徽含山县凌家滩发掘出土的第 23 号墓（M23），给出 5300 年前一位部落领袖佩玉的盛况实录：包括左右手各十个玉镯和身体上大量玉璜在内的共计 300 多件玉器，为一位逝去的统治者陪葬。此情此景，表明《山海经》对夏代统治者的佩玉描绘，显然是有其深远历史依据的，绝非想象创作出来的神话文学。四千年前的国家统治者佩玉之俗，肇端于五六千年前的部落统治者佩玉的史前礼俗，需要进一步探究的是佩玉礼俗背后的神话观。和良渚文化、凌家滩文化的高等级墓葬动辄上百件玉器的数量相比，文献叙事中夏禹和夏启只以一两件玉器为标志物的情况，大约体现着玉文化发展的鼎盛期过后的情况，或者说是已经从巅峰状态趋向衰落的表现。此种原因是新的圣物金属器（青铜器）已经伴随中原国家政权的兴起而逐渐流行，以玉独尊的华夏大传统必然向金玉并重的小传统转变。

统治者佩玉礼俗背后的神话观主要和巫觋王或祭司王的通神通天的职业需求相关。关于夏启乘龙升天一事，在注解《山海经》的各家说法中，还可看到其他版本的描述。如郭璞注："《归藏·郑母经》曰：'夏后启筮：御飞龙登于天，吉。'明启亦仙也。"郭璞认为能够升天的夏启本人已经具备仙人的身份。这是以西晋的道教升天信仰去解读远古帝王事迹。清代郝懿行的注疏又引用另一条材料，《太平御览》八十二卷引《史记》曰："昔夏后启筮：乘龙以登于天，占于皋陶，皋陶曰：'吉而必同，与神交通；以身为帝，以王四乡。'"

以上三条材料都说到夏启乘龙或御龙升天的特异能力，后一条还点

---

① 袁珂：《山海经校注》，上海古籍出版社 1980 年版，第 209 页。

明了他之所以要升天就是为了"与神交通"。《山海经》的夏启升天叙事不光讲到乘龙,还特意交代玉礼器的神秘作用:他右手持玉环,身上佩戴着玉璜。这里的叙事带有事物起源神话的意义——说明礼乐歌舞的由来和掌握者,就是能够乘两龙的夏后启。他能够乘龙,为什么还要手操玉环和身佩玉璜呢?文本中没有解释。参照《山海经》的另一处叙事,可知玉环玉璜皆为沟通天人之际的神圣媒介物,与龙的功能类似。《大荒西经》云:"西南海之外,赤水之南,流沙之西,有人珥两青蛇,乘两龙,名曰夏后开。开上三嫔于天,得《九辩》与《九歌》以下。"① 把人间的礼乐歌舞之来源,解说成夏启三次上天取来的。其升天工具,照例还是乘龙。将这两个神话文本组合分析,可归纳出天人合一神话观的基本范式,以三个相关母题为表达,即:

升天者—乘龙—佩玉璜(或操玉环)

在晋代郭璞所作《山海经图赞》中,这三个相关母题再度得到强调:"筮御飞龙,果舞九代。云融是挥,玉璜是佩。对扬帝德,禀天灵海。"玉器为什么会和通天通神的母题结合在一起?《竹书纪年》卷上也讲到夏启举行礼仪活动的一个特殊场所是玉石装饰的高台:"帝启,元年癸亥,帝即位于夏邑。……大飨诸侯于璿台。""璿台"亦作"璇台"或"琁台"。不论是璿字,还是璇字,本义皆为美玉。看来夏代君王的升天通神本领与其拥有的神秘玉器存在某种相关性。《文选》王元长《曲水诗序》云:"至如夏后二龙,载驱璿台之上。"李善注引《易·归藏》曰:"昔者夏后启筮享神于晋之墟,作为璿台于水之阳。"②

璇台指饰以美玉的高台,既然本为夏朝天子的台名,商周以后的帝王们多少与此有所牵连。皇甫谧《帝王世纪》:"〔武王〕命原公释百

---

① 袁珂:《山海经校注》,上海古籍出版社1980年版,第414页。
② 《今本竹书纪年疏证》卷上,载方诗铭等《古本竹书纪年辑证》(修订本),上海古籍出版社2005年版,第213页。

姓之囚，归璇台之珠玉。"晋张协《七命》："云屏烂汗，琼壁青葱。应门八袭，琁台九重。"后世文学将传说中仙人的居所也称璇台。郭璞《游仙诗》之十："璇台冠昆岭，西海滨招摇。"这是将中原想象中的西部产玉之大山昆仑，构想为带着璇台之冠的形象。上溯本源，古人对璇台的原型记忆，从文献中的情况看，尚没有超出夏启时代的。这样看来，玉台、玉璜、玉环等神秘母题不断出现在关于夏启的历史叙事中，当与乘龙或御龙母题一样，带有早于商代的神话信仰之历史信息。换言之，神龙和神玉的母题，皆以史前大传统的神话观为其深远背景，并非有文字以后的文人凭空创作出来的虚拟物。

玉石神话的第四个案例是商代的末代帝王纣携美玉而自焚的叙事。《逸周书·世俘》云：

　　商王纣于商郊。时甲子夕，商王纣取天智玉琰缝身厚以自焚，凡厥有庶告焚玉四千。五日，武王乃俾于千人求之，四千庶（玉）则销，天智玉五在火中不销。①

对于接替殷商王权而受天命统治中原的周朝王者来说，前朝统治者遗留下来的所有宝玉，皆可作为天命转移和权力转移的有效物证，所以有必要照单全收，藏之王室，而不必像处置异族的神像、图腾、牌位那样加以取缔或销毁。《逸周书·世俘》篇讲完商王自焚一事，接着叙述的就是周王继承宝玉一事："凡天智玉，武王则宝与同。凡武王俘商旧玉亿有百万。"这里上亿件的玉器数量让后人百思不得其解，有各种不同的解释。黄怀信依照各类书的引文校注说：这一句话在"俘商旧"后面脱落了"宝玉万四千佩"六字。"百万"当作"八万"。翻译成现代汉语应是："凡属天智玉，武王就与宝玉同等看待。武王一共缴获商朝的旧宝玉一万四千枚、佩玉十八万枚。"②

---

① 黄怀信：《逸周书校补注释》，三秦出版社2006年版，第203页。
② 黄怀信：《逸周书校补注释》，三秦出版社2006年版，第204页。

这是历史还是神话,可以不论。《逸周书》的叙述至少表明殷周革命之际有一笔巨大数量的宝玉更易主人。即使不采用有夸张之嫌的上亿之说,也还有近二十万枚玉器①被纳入周王室宝藏。在其财富和奢侈品的后起意义之前,宝玉在文明初始期的更高价值是代表神圣和天命。值得我们从跨文明比较的视角思考的是,为什么史籍上要特别强调商周革命时惊人数量的宝玉继承情况,却对金银器、青铜器等其他贵重物品不置一词呢?对于记述三代史实的著作者而言,是怎样一种独特的、来源于大传统的文化价值观发挥作用,在暗中支配着史官叙事的取舍和关注焦点呢?

商纣王自焚之际烧掉了除天智玉之外的宝玉。玉石可以熔炼的观念也见于女娲炼石补天神话。这一意义上的"炼石"又称"炼丹",成为后世道教信仰和实践中的重要法术。其基本操作是将朱砂放在鼎炉中炼制。后来派生出内丹与外丹之分:以气功修炼人体称为内丹,以火炼药石称为外丹。比较宗教学家伊利亚德提示人们,需要关注炼金或炼丹的神话观念如何在物质和精神两个方面相互作用的。"这种神秘技术使得矿物'成熟',金属'净化',这种神秘技术的延续是炼金术,因为它加速了金属的'完满'。"②对应伊利亚德的重要提示,台湾学者杨儒宾试图解析五行之"金"的原型意义,同样提示冶炼与不朽信仰之间的神话关联。③

来自"二重证据"的甲骨卜辞表明,殷商人心目中的玉石神话不是虚幻的文学幻想,而是体现为确凿无疑的信仰和仪式叙事。王宇信《卜辞所见殷人宝玉、用玉及几点启示》一文对此做出有益的探索。他指出,甲骨文中有"玉"字,也有双玉并列的"珏"字。甲骨文"弄"字写作以手持玉之形,对应的实物证据是殷墟出土的不少玉鱼、玉鸟、

---

① 数字依据杨升南《商代经济史》,贵州人民出版社1992年版,第538页。
② [罗马尼亚]以利亚德(即"伊利亚德"):《不死与自由》,武锡申译,中国致公出版社2001年版,第323页。
③ 参见杨儒宾《刑—法、冶炼与不朽:金的原型象征》,台湾《清华学报》第38卷第4期(2008年12月)。

玉龟、玉蝉等动物形象和装饰品，即为当年的"弄玉"。甲骨文"宝"字从玉从贝，反映着商代奴隶主贵族以玉为宝的明确意识。"在商代，由于人们宝玉、爱玉，形成了对玉的拜物教和神秘化。贵族们连做梦都想着玉。"① 商代的王室贵族们还用玉作礼献神明的祭祀。这种玉礼上承史前玉文化礼俗，下启西周至汉代的玉礼制度传统，② 奠定华夏礼乐文化的核心内容。

第五个案例是西周姜太公的玉璜神话。《尚书大传》卷一："周文王至磻溪，见吕尚钓。之王拜。尚云：'望钓得玉璜，剜曰：姬受命，吕佐检。德合于今昌来提。'"后即用"玉璜"一词为典故，指吕尚佐文王一事。庾信《周大将军赵公墓志铭》云："地属先登，时逢下武；玉璜拨乱，金縢光辅。"刘禹锡《浙西李大夫述梦四十韵斐然继声》诗云："门承金铉鼎，家有玉璜韬。"清孙枝蔚《渔家傲·题徐电发枫江渔父图》词中写道："钓得玉璜心自喜。时至矣，掷竿早为苍生起。"这些古诗文用典，足以说明与姜太公相关的这则玉璜神话在后世文学中的被喜好和再造情况。不过，如要真实地了解西周玉器的实际功能，还需要诉诸史书的记述。《尚书·金縢》一篇讲到周公用玉礼器祭告祖神的情形，可作为当时的仪礼素描图看：

> 既克商二年，王有疾，弗豫。二公曰："我其为王穆卜。"周公曰："未可以戚我先王。"公乃自以为功，为三坛同墠。为坛于南方，北面，周公立焉。执璧秉圭，乃告太王、王季、文王。史乃册，祝曰："惟尔元孙某，遘厉虐疾。若尔三王，是有丕子责于天，以旦代某之身。予仁若考，能多材多艺，能事鬼神。乃元孙不若旦多材多艺，不能事鬼神。乃命于帝庭，敷佑四方，用能定尔子孙于下地，四方之民罔不祗畏。呜呼！无坠天之降宝命，我先王亦

---

① 香港中文大学中国考古艺术研究中心编：《东亚玉器》第1册，香港，1998年，第18—25页。

② 参见孙庆伟《周代用玉制度研究》，上海古籍出版社2008年版。

永有依归。今我即命于元龟。尔之许我,我其以璧与珪,归俟尔命;尔不许我,我乃屏璧与珪。"乃卜三龟,一习吉。启籥见书,乃并是吉。①

姜太公从天赐的玉璜中得知天意与天命,淡定而从容。周公以玉礼器为厚重贿赂品,和周朝的先祖之灵们讨价还价,祈求保佑。当时的那种人神(祖先)对话、沟通的场景,虽过了三千载,却依然历历在目。

第六个案例是周穆王访问黄帝之宫并获得玉枝玉叶的故事。《穆天子传》卷二云:"吉日辛酉,天子升于昆仑之丘,以观黄帝之宫。"② 这里描述的黄帝之宫,与第一个案例所举《山海经·西山经》所称黄帝食玉膏和播种玉荣的地点大体一致,可引发琼楼玉宇的神幻建筑想象。黄帝之宫或许就是以玉祭神之宫,所谓"天地鬼神,是食是飨"之地? 周穆王不远万里去昆仑山拜谒黄帝之宫,带有十足的史前玉文化回归的意蕴。如果把《穆天子传》中穆王用玉祭祀河神等情况和《尚书》周公用玉祭神事迹相比,大体可体谅出西周帝王们以玉礼神和问祖的毕恭毕敬心态。玉石神话体现在这些庄重的祭祀场合,是信仰和观念,不是纯文学和故事。

穆王是从哪儿得到最宝贵的所谓的玉英玉叶呢?《穆天子传》卷二曰:"春山之泽,清水出泉,温和无风,飞鸟百兽之所饮食,先王所谓县圃。"③ 天子于是得玉策枝斯之英。旧注:"英,玉之精华也。《尸子》曰'龙泉有玉英',《山海经》曰'黄帝乃取密山之玉荣,而投之于钟山之阳'是也。"桂馥曰:"《诗诂》云:'凡玉之始生,有荣、有英、有华。'荣谓玉之始生,如草木之荣也;英谓一玉之中最美者,如草木之英也;华谓玉之方成,如草木之华也。"④ 穆王于昆仑山取得的宝贝同样是得之于水。

---

① 阮元:《十三经注疏·尚书正义》,中华书局 1980 年版,第 196 页。
② 郭璞注、王贻樑、陈建敉校释:《穆天子传汇校集释》,中华书局 2019 年版,第 87 页。
③ 郭璞注、王贻樑、陈建敉校释:《穆天子传汇校集释》,中华书局 2019 年版,第 102—103 页。
④ (清)桂馥:《说文解字义证》卷二,齐鲁书社 1987 年版,第 29 页上。

产于水中，可以像农作物一样种植的玉荣、玉英、玉树，寄托了先民最为纯真的理想。所谓一岁一枯荣，所谓春风吹又生，在春山之上，玉树琼花，成为青春不老、生生不息的象征。玉之所以在古人心目中享有崇高地位，正因为它自石器时代起就已成为永恒生命的象征。那么，为什么玉能成为不死药呢？

玉的医疗保健功能早已为古人津津乐道。《淮南子》云："锺山之玉炊以炉炭，三日三夜而色泽不变，得天地之精也。"[1] 葛洪《抱朴子》曰："服金者寿如金，服玉者寿如玉。"称玉为"玄真"，服之令人身飞轻举，故曰服玄真者其命不极。[2] 宋唐慎微《证类本草》曰："玉屑味甘平，无毒，主除胃中热喘息烦满，止渴，屑如麻豆服之，久服轻身长年，生蓝田，采无时。"并引述《宝藏论》《青霞子》《天宝遗事》《叶天师枕中记》《马鸣先生金丹诀》《丹房镜源》等书中所载方剂。[3] 明代李时珍《本草纲目》记玉类十四种药效，玉气味甘平无毒，主治除胃中热、喘息、烦满、止渴，屑如麻豆服之，久服轻身长年。引别录：润心肺、助声喉、滋毛发。面身瘢痕：可用真玉日日磨之，久之则自灭。[4]

以上六个玉石神话案例分析，从传说中的华夏共祖黄帝，一直贯穿到夏商周三代圣王谱系中，其历史的时间跨度约有两千年。联系起来看，大体可以透视从史前大传统到文明小传统，玉石神话观的不断延续和演进过程。

三 玉宝：物神崇拜与文明发生的社会整合

倘若追问文学中的法宝观念是怎样产生的，其解答一定会超出文学知识范围，进入到宗教学领域：法宝之所以为宝，是由于它本身包含着

---

[1] 何宁：《淮南子集解》，中华书局1998年版，第110页。
[2] 王明校释：《抱朴子内篇校释》，中华书局1985年版，第204页。
[3] （宋）唐慎微：《证类本草》卷三，四部丛刊初编本。
[4] （明）李时珍：《本草纲目》卷八，"石之二·玉"，见《景印文渊阁四库全书》772册，台湾商务印书馆1986年版，第626—629页。

法力、魔力或神力。认为某种东西拥有超自然的神力，即可称之为"神物"或"物神"。神物是各种各样具体可感的对象物，它甚至比抽象的神的观念更早地发生。这就是一位 18 世纪法国思想家德·布罗塞斯（1709—1777）的《神之偶像崇拜，或埃及古代宗教与尼格罗人现存宗教的相似性》一书提出的观点。这部 1760 年出版的书使得"神物"和"拜物教"的宗教学术语从此流行于学界，甚至产生出覆水难收的广泛传播效果。布罗塞斯不满意当时流行的关于神话起源和宗教起源理论，希望借助于非西方的未开化民族的信仰材料，来解释神话产生的奥秘，揭示希腊神话背后的原理和法则。该书提出的人类宗教发展史普遍模式由三阶段模型来表示：

拜物教—多神教——神教

有关拜物教的崇拜对象，布罗塞斯写道：

异教神学的这两个组成部分，或者有赖于对天体的崇拜，称为星辰崇拜；或者有赖于一种同样古老的对某种世俗事务和物质对象的崇拜，它可称作"神物"，如在非洲黑人中间，因此我称之为"神物崇拜"。我想习惯地运用这个词，虽然在其本来意义上它专指非洲黑人的宗教，但我事先指出我在运用它时，还指其它崇拜动物或无生命事物的民族。这些事物被变化为神，甚至在这些物体就严格意义上说还不是神的时候，也已赋有某种神的品格，诸如神谕、护符、法宝之类。可以肯定，这些思想形式有共同的起源，它属于一种普遍性的宗教，早先曾遍及整个世界，它只能通过自身说明自己，在异教世界的各种宗教中它是一个独立的类别。①

---

① 转引自［英］麦克斯·缪勒《宗教的起源与发展》，金泽译，上海人民出版社 1989 年版，第 40—41 页。

就中国文化史前期情况而言,从《越绝书》中风胡子与楚王对话中关于"夫玉亦神物也"的判断,到许慎《说文解字》对汉字神灵的"靈"字之解说:"巫以玉事神。从玉霝声。靈,或从巫。"可知此类用途的玉,基本上符合物神崇拜的宗教学定义。对华夏史前玉礼俗背后的神话观做简明扼要的再命名,可用两个字称之为"玉教"。由此出发,或有助于理解华夏文明价值观为什么一开始就和西方文明的"金教"截然不同。简言之,对华夏而言,玉的神圣价值是本土原生性的、自发的,金的神圣价值是在玉石之后派生出来的,并且多少受到外来文化(包括冶金技术和金属神话观)传播的影响。

比较宗教学的创始人麦克斯·缪勒在撰写《宗教的起源与发展》时,不得不专门安排一章(第二章)来讨论拜物教是不是宗教的原始形式问题。缪勒考察了自布罗塞斯以来近一个世纪有关拜物教的研究著述,归纳出四个要点:

> 第一,神物一词的意义从它最初使用直到现在一直不明确,而且一直为大多数学者广泛应用,因而它包括了宗教崇拜对象的几乎所有的象征性或模仿性的形象。
>
> 第二,在有历史的民族中,我们发现归之于神物的范畴下的一切,都有其历史的和心理上的起因。因而我们没有理由认为哪个民族可以例外,不能认为只在我们不了解其宗教发展情况的民族中才有神物崇拜。
>
> 第三,没有一个宗教完全与拜物教无关。
>
> 第四,没有一个宗教完全只是拜物教。[①]

缪勒承认拜物教存在的跨文化普遍性,但是他不同意将拜物教看成宗教的起点或原始形式,提示人们寻找先于物而存在的神力观念。相对

---

① 转引自〔英〕麦克斯·缪勒《宗教的起源与发展》,金泽译,上海人民出版社1989年版,第82页。

于神力观念，神物只不过是派生的表现罢了。① 借鉴这一意见，需要进一步解释神灵或神力的观念是怎样渗透到玉石和黄金等物质之中的。关于玉的神话化过程，根据人类学家神话思维的类比原则，将天的色泽与玉的色泽相互认同，将天宇想象为玉质的。这就是天与天命等神圣意蕴"比德于玉"的基本道理。需要辨析的是，夏商周以来的"德"概念也是神话概念，与神圣天命密切相关，后来经过儒家的再造才成为伦理概念。如《诗·秦风·小戎》"言念君子，温其如玉"，郑玄笺，"玉有五德"。孔颖达疏引《聘义》："君子比德于玉焉；温润而泽，仁也；缜密以栗，知也；廉而不刿，义也；垂之如坠，礼也；孚尹旁达，信也。"《五经通义》中的"五德"说略有不同："玉有五德，温润而泽，有似于智；锐而不害，有似于仁；抑而不挠，有似于义；有瑕于内必显于外，有似于信；垂之如坠，有似于礼。"

从玉神说到玉德说，是大传统神话观进入小传统后被改造的结果。虽然其观念取向从宗教信仰方面演化为道德人品方面，但是玉德说的实质依然没有脱离神话观念。玉石神话作为华夏大传统固有的深层理念，对于构成华夏共同体起到的统合作用不容低估。在广大的地理范围内整合不同生态环境、不同语言和族群的广大人群，构成多元一体的国家认同，这是华夏文明发生和延续的关键要素。这样庞大的社会共同体是怎样形成的？日本学者栗本慎一郎从经济人类学视角看历史解释问题，推介波朗尼的"社会整合模式"（the patterns of integration）三范型说，即互酬（reciprocity）、再分配（redistribution）和市场交换（market exchange）。

在互酬与再分配的场合下，以"社会整合模式"为基础形成的社会制度，是同礼仪、宗教行为密不可分地嵌合在一起的。因此，这些社会制度在共同体内部就起到了协调和整合人们的社会交

---

① ［英］麦克斯·缪勒：《宗教的起源与发展》，金泽译，上海人民出版社1989年版，第84页。

往方式、稳固社会结构的作用。……进而,"社会整合模式"绝不是一组限于物质活动的经济领域中的范畴,而是决定一个共同体在其社会边界和地理边界以内的所有社会行为的东西。正因为这样,所以在前二者的场合下,只要能够确定互酬行为与再分配行为,就能够明确地区分共同体的内部与外部,即找到它们的社会临界线。①

在前青铜时代到来的前夜,玉器生产是当时华夏社会建构精神权威的主要生产对象。围绕各地的玉矿资源进入中原文化的贸易互动过程,展开着上述三种范型的社会整合。青铜时代的到来,在老资源的地域间再分配活动之上,增添新的金属资源(金、银、铜、锡、铅等)空间配置活动。人类学家张光直认为商代政权的八次迁都与寻找铜矿资源有关。在《穆天子传》中也可以看到,周穆王在漫长的西游旅途中与异邦社会领袖们发生的经济关系,基本上是赏赐玉器、金属器和求取玉材一类的互酬(reciprocity)或市场交换(market exchange)行为。由此看出中原王权与周边部落在经济社会整合方面,如何以神话信仰所支配的神圣宝物奢侈品生产需要为根本的驱动力。这样,参照波朗尼的所谓"社会整合的三种模式"理论,有助于打开华夏国家认同研究的一个新视域,探寻一种分析模型:即在踏进文明门槛之际的玉礼器生产,如何充当着将中原与周边广大地区联系起来的整合性纽带作用。这种纽带既是物质的(从玉矿资源探寻、开发、运输、交换到加工和分配),又是精神的(玉石神话观的跨地域传播与统合)。物质需要和精神需要的长期相互作用,终于铸就华夏文明发生前夜(即金属时代到来以前)的核心价值观:以玉为圣,以玉为宝,以玉礼器为天人沟通(即神人沟通)的符号。

---

① [日]栗本慎一郎:《经济人类学》,王名等译,商务印书馆1997年版,第49—50页。

四 中华认同的神话基因

以玉石神话观即物神崇拜的四面传播为特点的社会整合过程,既然铸塑出华夏文明发生根脉上的核心价值观,那么此种核心价值观对中华认同的形成起到怎样的作用呢?顺着比较宗教学的物神研究思路,可以找到上述问题的求解线索。麦克斯·缪勒提出:"如果我们不仅想知道,而且想理解未开化民族的古代风格,就一定要努力辨别清楚。有时,一根树干或一块石头受到崇拜,因为它是个废弃的祭坛,或是古代进行审判的地方;有时由于它代表着某一伟大决战或凶杀的地点;或者它是某个王的墓地;有时则因为它警卫着氏族或家族的神圣边界。有些石头可以用来制作武器;有些石头则可以用来磨砺武器;有些石头,如在斯威斯湖发现的玉石,从遥远的地方搞来,作为传世之宝;还有些石头是从天上落下来的陨石。由于形形色色言之有理的缘故,古人甚或现代人对它们全都持以尊敬的态度,我们能简单地称之为神物吗?"①缪勒希望研究者从物的表象中找到使物神成为物神的理念因素。这种探寻需要诉诸比较神话学的细致分析。《左传》讲到"夏后氏之璜",带着后代人对早已逝去的夏代及其圣王的文化记忆。玉石神话在建构核心价值观方面起到怎样的作用?此种作用又是怎样通过玉与人一体的圣王记忆,引向"华夏一家"式的历史认同和文化认同的?

通过上文分析的六个玉石神话的叙事个案,我们可以充分认识神话的意识形态作用。此处可借用宗教学家斯特伦的表述:"神话是什么?为何它有如此强大的魅力?神话,是关于超自然存在的故事。它以象征的创造力把人的存在秩序化,并成为一个意义的世界。神话,还有一种观念,对于生活于其规范作用中的人们来说,它具有终极的价值。"②

---

① [英]麦克斯·缪勒:《宗教的起源与发展》,金泽译,上海人民出版社1989年版,第69页。
② [美]斯特伦:《人与神——宗教生活的理解》,金泽、何其敏译,上海人民出版社1991年,第66页。

斯特伦所强调的是，神话的意识形态作用，通过特定文化群体创造出某种具有终极价值和意义的现实秩序，从而暗中支配着共同体中的每一成员的观念和行为选择。这正是人们通常所要探寻的"核心价值观"，也就是韦伯希望社会科学研究能够达到的——"把实在的事件——有意识的或无意识的——与普遍的'文化价值'联系起来"，从而辨识和确认该文化的独特意义编码程序。以上的比较研究说明：黄金神话对于西方文明价值世界建构的原型编码作用，大体上相当于玉石神话对于中华文明价值世界建构的原型编码作用。将寻找金枝和金羊毛的希腊罗马神话主题同寻找美玉的中国神话历史故事（如穆天子远游昆仑探访黄帝之宫、西王母瑶池，卞和的荆山之玉璞，秦昭王梦寐以求和氏璧，秦始皇创作传国玉玺）对照起来看，中西文明初始期在神话意识形态上不同的价值取向，可以获得清晰的比较式解读。借用当代知识社会学的代表人物彼得·伯格《现实的社会构建》之说法，这是不同神话体系所建构出的不同的社会现实。

> 知识社会学不仅必须处理人类社会中多种多样的经验"知识"，而且必须处理所有"知识"被社会地建构为一种"现实"的各种过程。①

关于神话能够建构现实并改造社会生活的原理，斯特伦有精辟的分析和论述。他提示研究者关注神话与仪式共同体作为符号象征，其文化意义的生产机制。借助神圣象征实现根本的精神转变，其表现形式可用五阶段图式来概括：（1）人类境遇的不完美：世俗世界的缺陷；（2）终极实体——神圣王国：秩序和永恒价值的本源；（3）意在根本转变：神圣力量借助神话的语言和行动在存在（创造）中展现，可由人为的（男女祭司或巫帅）神圣秩序复制出来，成为日常生活的模式；

---

① ［美］彼得·伯格、托马斯·卢克曼：《现实的社会构建》，汪涌译，北京大学出版社2009年版，第3页。

(4) 个人的表现方式：通过崇拜仪式等，从神圣王国获得生活的意义和行动的力量；(5) 社会的表现方式：个人生活与他人生活整合为一而构成社会共同体，展现共同体成员存在的真髓，其方式是有规则地重复庄严的神圣语言和姿态，按照神圣故事与道德说教中的理想与神圣秩序过日常的生活。①

玉石神话铸就的意识形态，包括以玉为神、以玉为天体象征、以玉为生命永生的象征等概念要素，以玉祭祀神明和祖灵的巫教仪式行为；崇玉礼玉的传说故事；由玉石引申出的人格理想（玉德说）和教育学习范式（切磋琢磨）；以佩玉为尚的社会规则（君子必佩玉）；围绕玉石的终极价值而形成的语言习俗：以玉（或者玉器）为名为号（从玉女、颛顼，到琼瑶、唐圭璋）；以玉为偏旁的大量汉字生产，以玉石神话为核心价值的各种成语、俗语等。以上方方面面通过文化传播和互动的作用，不仅建构成中原王权国家的生活现实，而且也成为中原以外诸多方国和族群的认同标的，② 从而形成整个中华文化认同的基本要素，先于秦始皇统一中国数千年，就已经在发挥着或隐或显的文化认同作用。这可以在东部的大汶口文化、西部的齐家文化、北方的红山文化、南方的凌家滩文化、良渚文化和石家河文化等玉器生产繁荣情况，以及玉璜、玉璧、玉琮等礼器系统的普遍存在中，得到求证。

商周以降，文明国家的意识形态之所以不同于史前部落社会的口传神话，其基本媒介形式的变化升格起到关键作用。借助于文字书写，讲述和表演中的神话被固定为经典，可以分发给广大的社会成员随时阅读，这就大大拓展了神话的社会传播范围与规模，在广大的地域（而不是部落领地的狭小范围）中通过文字书写的联系纽带，将原本不同的方国文化统合起来，形成总体性和概括性的认识。《说文解字》（以下简称《说文》）中124个从玉旁的汉字，其中有不少源于来自天南地

---

① ［美］斯特伦：《人与神——宗教生活的理解》，金泽、何其敏译，上海人民出版社1991年版，第67页。引者对原文的五阶段图式说明做了适当压缩提炼。
② 参见杨建芳《从玉器考察南中国史前文化传播和影响》，《东南文化》2008年第4期。

北的地方玉石种类专名,这种情况对应着《山海经》记录的140座产玉之山的广阔地理分布。受到《说文》一书极度突出从玉之字的启发,南朝梁顾野王等撰写的新字书三十卷干脆就直接题名为《玉篇》。① 后人也顺水推舟,或用"玉篇"一名泛指汉字的所有字书。唐罗隐《升平公主旧第》诗云:"乘凤仙人降此时,玉篇纔罢到文词",就是这样的例子。还有元杂剧之董解元《西厢记诸宫调》卷七:"文章全不会后,'玉篇'都记彻。"所有这些与玉相关的汉字和人文地理报告,都可以从中华认同的视角展开分析研究。这方面的尝试,目前尚未开始,有待于神话学界今后的努力,特别是神话学研究进入中国思想史领域的拓展性工作。如斯特伦所提示:"为此,我们要讨论神话、崇拜仪式、以及神圣语言的重要性,因为它们创造了共同体,并给予人们力量,使人摆脱持久而又徐缓变化的混乱,其表现是畏惧,找不到原本的和最深刻的源泉,看不到无价值与无意义等问题。"②

　　以上所论,是笔者通过本土特有的神话资源探寻中华文化大传统与核心价值观的尝试。这方面的研究之所以显得缺失和薄弱,主要因素是文物考古和收藏界受到新时期以来史前玉器的考古新发现的影响,对华夏玉文化的认识热情高涨,而主流学界(文史哲,特别是哲学史和思想史方面)却限于学科的隔膜和知识的壁垒,对这方面关注不足,甚至不屑一顾。另外一方面的因素在于,西学东渐以来西化的学科建制对本土文化现实造成的巨大遮蔽作用:那些学习过西方哲学理论,回过头来在本没有"哲学"一词的本土文化建构"中国哲学"学科的从业人员那里,玉石神话几乎被完全地忽略掉了。哲学即形而上学的纯抽象思维习惯,逼迫着从业者在古汉语典籍中寻找与西方哲学范畴相对应的概念,作为探寻中华思想遗产的不二法门,结果却被文字牢笼所拘困,无法逃出汉字书写的小传统的狭隘视角,难以洞悉文字小传统背后深藏着

---

① 《南史·齐豫章文献王嶷传》:"先是太学博士顾野王奉令撰《玉篇》,简文嫌其书详略未当,以恺(萧恺)博学……便使与学士删改。"
② [美]斯特伦:《人与神——宗教生活的理解》,金泽、何其敏译,上海人民出版社1991年,第66—67页。

的无文字的文化大传统，也就不能从时间跨度是小传统一倍以上的大传统中找到文化基因和原型编码的神话信仰。

一部多卷本《中国思想通史》，从西周官学讲起，对周代之前的文明脉络敬而远之。时至 21 世纪，一部新问世的集体大著《中国观念史》，给出"中国古代哲学范畴总表"（单一范畴），共列出概念范畴 78 个，[1] 涵盖从天道到人事的方方面面，可是其中居然找不到一个"玉"字。这可以说是自兴隆洼文化的先民创造出体现崇拜及审美精神的早期玉器，到曹雪芹写出玉石神话大寓言式的长篇小说《石头记》[2] 为止，八千年来一直没有中断和失落的神话历史传统，在西学东渐后的现代语境中终告失落的表现！中华文明的核心价值理念之所以被现代学院派人士失落掉，和其受到西学的学科范式宰制而迷失了本土文化自觉的思考方向有关。研究者不熟悉玉文化的"编码语言"，也不从汉字编码的价值体系本身去寻找，而是刻舟求剑一般依照外来的范畴体系去对号入座，什么"本体论""认识论""唯物主义""唯心主义"，等等。其结果类似于缘木求鱼，沉陷在一堆外来的"主义"之争中，遗失了洞见本土文化核心的可能性。

检讨华夏核心价值在现代失落的原因，需要我们在跨文化认识的理论方法方面有所反思，并达到充分自觉，避免再度陷入张冠李戴式的认识误区而不能自拔。像许慎《说文解字》这样充分体现华夏核心价值体系的字书，可以参照大传统遗留的文物——出土玉器实物——的丰富性和多样性，重新加以审视、权衡和评估，梳理出自夏商周至秦汉间的玉礼实践之完整脉络。许倬云先生提出，上古礼制有郊禘与祖宗两套祭祀模式，在性质上大有区别：

    郊禘祭祀神祇。在郊外的圜丘举行，有巫为媒介，礼器用玉。

---

[1] 张岱年等：《中国观念史》，中州古籍出版社 2005 年版，第 13 页。
[2] （清）曹雪芹《红楼梦》原名《石头记》，虽也有"金玉良缘"观念，并不排斥黄金，但从宝玉黛玉的命名看，还是以玉为至高价值的。原因就潜藏在与男主人公生命相通的"通灵宝玉"观念中。

祖宗祭祀祖灵,在宗庙举行,有子孙为媒介(公尸——引者注),礼器由日常器用转化。根据以上的差异,红山与良渚两个文化的礼仪中心,当为郊禘祭神传统,而仰韶文化的氏族组织及其相关的灵魂信仰,则是祖宗祭祀传统。两个传统的第一次结合,或可以襄汾陶寺为代表;商人的先王先妣祀典,是祖灵信仰的极致;周人则又一次兼采神祇与祖灵西亚,合并为郊禘与祖宗的大祭系统(直到明清,犹有太庙与天坛、地坛两类遗存)。①

这种将神祇与祖灵的祭祀方式截然划分开来的做法,妥当与否,似还有商榷的余地。因为前引《尚书·金縢》篇记述的周公以玉礼器为媒介与祖灵讨价还价的情形,生动而具体,堪称历历在目,似给许倬云的祭神用玉而祭祖不用玉之说提供出反证。不过,许先生能够将商周至明清的国家祭典系统与出土的史前文化礼仪中心联系起来考察,这无疑是超越小传统拘限而深入大传统的深刻洞察之表现。尤其是敏锐地捕捉到华夏礼制渊源中的玉魂之传承,远远早于汉字及青铜器的传承,实属难能可贵。

在解释史前时代玉石神话与玉器生产的因果关系方面,物质主义与观念主义两种立场相持不下。争论的焦点是孰先孰后,孰因孰果?争论的调解,寄希望于揭示观念与物质的互动过程。在没有黄金的地方,"金教"(或拜金主义)无从谈起。就此而言,是物质决定精神。反过来看,没有黄金为神圣的崇拜心理,本有金矿储备的地方也不会开始开采金矿的行为,就此而言,又是观念决定行为。"玉为神物"这一观念的产生不是文学性事件,而是社会集体信仰的事件,该类信仰所波及的范围几乎到了华夏以外的东亚地区。

---

① 许倬云:《神祇与祖灵》,载费孝通主编《玉魂国魄——中国古代玉器与传统文化学术讨论会文集》,北京燕山出版社2002年版,第18页。

五　结论

第一，文明起源研究不光是梳理年表，排列各种文化发明事项，更重要的是探寻伴随着这一文明的诞生而形成的核心价值观，特别是独此一家式的文化特色所在。玉石神话成为解开华夏文明发生特色的一道有效门径。

第二，玉石神话的存在之久，可以从出土的史前玉器生产实物得到求证。这就给限于文字文本的神话研究带来拓展性的变革契机，值得从考古学、宗教学、人类学等多学科视角的参与及互动研究。

第三，神话与文化认同的关键联系在于铸塑意识形态的特定文化元素。向文化的基因层面进行开掘，可在物质与观念互动过程中把握特定社会的核心价值观，由此探求将多元整合为一体的认同因子。

第四，地中海文明的认同基因方面，有从黄金崇拜引发的一系列神话观念，如黄金时代，金与神的认同，金质法宝等。文明起源研究新视野包括，将圣物神话与文化认同的形成联系起来，描述出核心价值观建构的过程。当代学者对出土的文物金器的研究，形成一个穿越民族国家界限的文化共同体——"地中海文明"；同样，通过华夏史前玉器研究，也已得出一个穿越民族国家界限的文化共同体，以华夏文明为主体并衍生到周边地区的"东亚文明"。

第五，华夏文明认同的文化基因分析，可归纳为五种神话观，依照发生时间的先后顺序排列：

（1）玉神话，文化，玉石为天为神的信仰，华夏认同的根本。核心价值理念形成。距今 8000——7000 年。以玉器生产开端为标志。

（2）以天人沟通为前提的天人合一神话观。借助玉或玉礼器实现天人沟通、神人沟通，礼乐文化起源。距今 7000—6000 年，以《周礼》六器之一的玉璜之出现为标志。河姆渡文化，仰韶文化，大溪文化，红山文化。

（3）以龙凤龟麟为首的神话动物——图腾崇拜，虹龙神话，距今

6000——5000 年。

（4）以"天下"观为特征的神话地理观，距今 5000—4000 年。

（5）以尧、舜、禹为代表的圣王—圣人神话：距今 5000—4000 年。其前身为玉雕神人像所代表的通神者。商周以后派生和重构出以黄帝为首的五帝神话——祖先神话。

在《山海经》《诗经》《楚辞》产生的时代，文字叙事小传统迅速崛起，其作为编码依据的大传统因素异常深厚而显著，玉石神话观的遗留现象比比皆是。上文举出的诸多文献实例，均可由此得到深度审视。

从大小传统划分，还可以对史前中国玉石神话的发生做出层次性的分析梳理，大致简化为三个依次叠加的史前文化层：

前仰韶时代（玉神崇拜期：玉玦、玉璜）——仰韶时代（玉礼神话孕育期：玉钺、玉璜、玉璧）——龙山时代（玉礼神话形成期：玉琮、玉璋、玉圭）。

马克斯·韦伯指出，社会科学的最终目的不是追逐新观点和新概念的建构，而是"致力于认识具体历史联系的文化意义"[1]。本文将中华认同的根基上溯于大传统玉石神话观，尝试寻觅的就是隐藏在华夏文明基础层次中的文化价值观之原型，希望有助于重新认识汉字书写小传统（包括字书、文学与历史叙事）的文化意义。

原载于《文学评论》2013 年第 2 期，收入本书时作者有修订

---

[1] ［德］马克斯·韦伯：《社会科学方法论》，韩水法等译，中央编译出版社 1999 年版，第 60 页。

英雄·孝子·准弃子
——虞舜被害故事的文化解读

尚永亮[*]

虞舜，又名重华，黄帝的八世孙，司马迁在《史记》中将其列为上古五帝之一，今人则多谓其为"传说中父系氏族社会后期部落联盟领袖"[①]。而征之文献，在舜身上，实兼具神性和人性、英雄和孝子两大特征；至于其被害故事的结构形态，他的准弃子身份，以及面对多次迫害所表现出的自我保护本能、怨慕心态等特点，均在弃逐文化中占有不可忽视的地位，值得重新考察。

一 英雄与孝子：虞舜故事的演变及其双重品性

所谓英雄，固然指舜由一位数世微贱的平民在经磨历劫后，最终成长为古之圣君，展现出其超人的雄才大略；但另一方面，在上古神话传说中，舜又是一位驯象能手，曾经驯服野象，使之耕耘。闻一多释《楚辞·天问》"舜服厥弟，终然为害"句广引古籍"舜封象曰有鼻""舜葬苍梧，象为之耕"等相关记载，认为："舜弟曰象，即长鼻兽之象，故其封国曰有鼻。""'舜服厥弟'，犹言舜服象耳。"[②] 袁珂注《山

---

[*] 尚永亮，武汉大学文学院教授，教育部高等学校中文学科教学指导委员会副主任委员，中国唐代文学学会副会长。

[①] 《辞海》（缩印本），上海辞书出版社1980年版，第1495页。
[②] 闻一多：《天问疏证》，《闻一多全集》5，湖北人民出版社1993版，第592页。

海经·海内经》"舜之所葬"句亦据象之封地、葬所、神祠等推论，谓其皆以"鼻"为名，"则此'鼻'者岂非最古神话中野生长鼻大耳象之鼻之残留乎？"并由此进一步指出："舜亦古神话中之神性英雄，如羿禹然。其一生之功业，厥为驯服野象。"① 闻氏、袁氏这一推论能否成立，还可再议，但在上古早期传说中，舜所具有的"神性英雄"的某些特点，却依稀可见，而且在此后舜三度逃避祸患的故事中，也一再展示出来。

所谓孝子，是古人将舜整合到历史框架之后所形成的共同认识。西周以还，各种史书如《尚书》《左传》《国语》《国策》及《论语》《墨子》等先秦子书涉及舜事者日趋增多，舜的家庭生活和政治举措等相关记载已颇为完备，而在《孟子》中，舜的孝道则得到了最突出的展现。如谓："舜尽事亲之道而瞽瞍厎豫，瞽瞍厎豫而天下化，瞽瞍厎豫而天下之为父子者定，此之谓大孝。"② "大孝终身慕父母。五十而慕者，予于大舜见之矣。"③ 与这些对舜之孝道的彰扬相同时，舜之父瞽瞍、弟象对舜的迫害也频繁出现在孟子与其弟子的对话中：

> 万章曰："父母使舜完廪，捐阶，瞽瞍焚廪。使浚井，出，从而掩之。象曰：'谟盖都君咸我绩。牛羊父母，仓廪父母，干戈朕，琴朕，弤朕，二嫂使治朕栖。'象往入舜宫，舜在床琴。象曰：'郁陶思君尔。'忸怩。舜曰：'惟兹臣庶，汝其于予治。'不识舜不知象之将杀己与？"曰："奚而不知也？象忧亦忧，象喜亦喜。"万章问曰："象日以杀舜为事，立为天子，则放之，何也？"

---

① 《山海经·海经新释》卷一三《海内经》，载袁珂《山海经校注》，上海古籍出版社1980年版，第461、459页。

② 《孟子·离娄章句上》，《孟子注疏》卷七上，载《十三经注疏》（下），中华书局1980年版，第2723页。

③ 《孟子·万章章句上》，《孟子注疏》卷九上，载《十三经注疏》（下），中华书局1980年版，第2734页。

孟子曰："封之也，或曰放焉。"①

这里，完廪捐阶、浚井掩土等后世盛传的故事情节均已出现，而象作为舜之弟，虽已脱去了神话中的形貌，但其"日以杀舜为事"的本质特征并未改变。至于舜对象的态度，则主要出之以友爱仁悌，借友爱仁悌以感化之、降服之，并在立为天子后以地"封之"。

《孟子》以后，记载舜事较周详的文献当推《史记》和《列女传》。在《史记·五帝本纪》中，司马迁综合上古传说和史料，首次为虞舜立传，一方面承接《尚书·尧典》中"父顽、母嚚、象傲"②的说法，将其置于复杂险恶的家庭关系之中，另一方面以生动的笔墨，详细描述了舜屡遭迫害的经历：

> 舜父瞽叟盲，而舜母死，瞽叟更娶妻而生象，象傲。瞽叟爱后妻子，常欲杀舜，舜避逃；及有小过，则受罪。顺事父及后母与弟，日以笃谨，匪有解。……舜年二十以孝闻。三十而帝尧问可用者，四岳咸荐虞舜，曰可。于是尧乃以二女妻舜以观其内……乃赐舜絺衣，与琴，为筑仓廪，予牛羊。瞽叟尚复欲杀之，使舜上涂廪，瞽叟从下纵火焚廪。舜乃以两笠自扞而下，去，得不死。后瞽叟又使舜穿井，舜穿井为匿空旁出。舜既入深，瞽叟与象共下土实井，舜从匿空出，去。瞽叟、象喜，以舜为已死。象曰："本谋者象。"象与其父母分，于是曰："舜妻尧二女，与琴，象取之。牛羊仓廪予父母。"象乃止舜宫居，鼓其琴。舜往见之，象鄂不怿，曰："我思舜正郁陶！"舜曰："然，尔其庶矣！"舜复事瞽叟爱弟弥谨。于是尧乃试舜五典百官，皆治。③

---

① 《孟子·万章章句上》，《孟子注疏》卷九上，载《十三经注疏》（下），中华书局1980年版，第2734—2735页。

② 《尚书正义》卷二，《十三经注疏》（上），中华书局1980年版，第123页。

③ （汉）司马迁：《史记》卷一《五帝本纪》，第1册，中华书局1982年版，第32—34页。

在《史记》的基础上,《列女传·有虞二妃》将舜被迫害的次数由两次延展到三次,并突出强调了二妃对舜的帮助:

> 有虞二妃者,帝尧之二女也。长娥皇,次女英。舜父顽母嚚。父号瞽叟,弟曰象,敖游于嫚,舜能谐柔之,承事瞽叟以孝。母憎舜而爱象,舜犹内治,靡有奸意。四岳荐之于尧,尧乃妻以二女以观厥内。二女承事舜于畎亩之中,不以天子之女故而骄盈怠慢,犹谦谦恭俭,思尽妇道。瞽叟与象谋杀舜,使涂廪,舜归告二女曰:"父母使我涂廪,我其往。"二女曰:"往哉!"舜既治廪,乃捐阶,瞽叟焚廪,舜往飞出。象复与父母谋,使舜浚井。舜乃告二女,二女曰:"俞,往哉!"舜往浚井,格其出入,从掩,舜潜出。时既不能杀舜,瞽叟又速舜饮酒,醉将杀之,舜告二女,二女乃与舜药浴汪,遂往,舜终日饮酒不醉。舜之女弟系怜之,与二嫂谐。父母欲杀舜,舜犹不怨,怒之不已。舜往于田号泣,日呼旻天,呼父母。惟害若兹,思慕不已。不怨其弟,笃厚不息。既纳于百揆,宾于四门,选于林木,入于大麓,尧试之百方,每事常谋于二女。舜既嗣位,升为天子,娥皇为后,女英为妃。封象于有庳,事瞽叟犹若(初)焉。[1]

从这两则记载,已可大致了解舜受迫害的来龙去脉。概而言之,舜父瞽叟双目失明而性情愚顽,继母阴险不仁,异母弟象狂傲狠毒,他们三人串通一气,一次次欲加害于舜。面对如此恶劣的生存环境,舜一如故往,尽孝道于双亲,施友爱于其弟,这种孝悌行为在他二十岁时便传播远近,并被帝尧了解。尧便将自己的两个女儿娥皇和女英嫁给了舜,并赏赐绛衣、琴、仓廪、牛羊等物,准备让他日后接掌帝位。然而,舜所处境遇的转换和得到的好处,对其父母和异母弟造成了强烈的刺激,

---

[1] (汉)刘向:《古列女传》卷,载《景印文渊阁四库全书》第448册,台湾商务印书馆1983年版,第8—9页。

他们遂加紧了谋害舜的步伐。先是在舜涂廪时把梯子抽掉，放火烧廪；接着通过密谋，让舜浚井，而后以土掩井；最后又让舜饮酒，欲趁其醉而杀之。可是，由于舜的机敏以及尧之二女的帮助，舜均一次次化险为夷，成功躲过来自父母兄弟的迫害，终于登上了天子之位。

如果对上述故事内涵稍予解析，不难发现，三次迫害中的涂廪、浚井、饮酒都是发生在家庭范围内的日常性事件，也是下层民众最为熟悉的劳作和生活情景，因而极具平民色彩；而舜的三次避患手段，或如《史记》所谓"以两笠自扞而下""匿空旁出"，或如《列女传》所谓"飞出""潜出""终日饮酒不醉"，均呈现出非常人所能及的神异特点。由此形成现实与传说、日常性与神异性的相互糅合，使得故事于平淡中见神奇，虽神奇而又不乏日常，一定程度地展示了由神话到历史、由传说到现实过渡的痕迹。

进一步看，舜的身上还呈现出双重品性。一方面，他经历重重磨难，均能化险为夷，成功避祸，终于成为古之圣君，在功业上堪称上古第一英雄；另一方面，他逆来顺受，在父母兄弟的一再迫害下既未改变孝悌心性，又避祸保身以免陷父母于不义，在伦理上成为古今第一孝子。简言之，他是孝子中的英雄，英雄中的孝子。这样一种孝子兼英雄的双重品性，在故事中通过贯穿首尾的两条主线得到强化：其一是不断加害所喻示的对人物的考验，其二是面对迫害仍不改初衷的孝行。考验是上古英雄型弃子得以成为英雄的必备环节，因为只有在其人生路途设置重重艰险，使之经磨历劫，才能具备英雄的心性和能力。这在后稷、徐偃王、朱蒙、昆莫以及亚、欧诸国大量英雄人物一再被害被弃的故事中广泛存在，[1] 几乎已形成一个不可或缺的要项。至于孝行，则被融入了更多家庭伦理的因子，它既适用于英雄，也适用于庶民，既具有属于个体的独特性，也具有属于公众的普泛性。更重要的是，它将人性由平面向深度掘进，由外在行为向内在心理拓展，并以孝而被害、虽害仍孝

---

[1] 尚永亮：《东西方早期弃逐故事的基本形态及其文化内涵》，《陕西师范大学学报》（哲学社会科学版）2011年第6期。

为主轴，极度凸显了在人物身上已完全内化了的伦理道德情操。将舜的英雄属性和孝子特点结合起来看，似乎可以认为，有关舜的上古传说，正处于由不乏神话色彩之英雄向极具平民特点之孝子转化的过程之中，而且相比之下，后者所占分量更重，所具有的伦理意味和实践意味更浓。换言之，与身为古之圣君而被后人崇仰的英雄虞舜相比，作为一个难以逾越的孝悌标杆而被后人效法的孝子虞舜，在中国文化史上发挥着更为深远的影响。

二　准弃子身份与虞舜故事的结构形态

在上述虞舜故事中，固然没有被弃的情节，舜也算不得严格意义上的弃子。然而，他不见容于父母和兄弟、屡屡受到迫害的遭遇，又与广泛意义上的弃子事件具有深刻的类同性。也就是说，"弃"只是一种手段和形式，而不见容于父母和受迫害才是其实质内容。舜与上古弃子的差别只表现在形式层面，而在内容层面二者则深相关合。因而，我们有理由将之视为一位与标准弃子貌异而实同的准弃子。

与通常弃逐故事相比，舜遭迫害的事件中也包含施动者、受动者和救助者三种角色。其中的施动者（迫害者以及进谗者）为父亲、后母和异母弟，受动者（被迫害者）为失去母爱的舜，救助者则为尧赐予舜的二妃，由此形成虽非弃逐但与弃逐故事如出一辙且更为明晰的结构形态。

作为施动者，舜父瞽叟之厌恶舜并欲致其于死地，主要受到来自后妻及后妻之子象的蛊惑。从故事交代的情节看，瞽叟身为盲人，前妻早死，舜又至孝，本应对舜更加慈爱才是，但问题就出在他又续娶了后妻，而在一般情况下，后妻是难以处理好与前妻之子的关系的，何况这位后妻又育有一子，即舜的异母弟象。就亲疏关系言，后妻亲近己子而疏远前妻之子是人之常情；就家庭利益言，后妻欲令己子获得利益最大值就必须排斥甚或除掉前妻所生、身为长子的舜。于是，后妻与象便结成一个利益共同体，既向瞽叟进谗以诋毁之，又千方百计以谋害之。当此之际，作为一家之主的瞽叟不仅不能明辨是非，反而偏听偏信，"爱后妻子，常欲杀舜"，这就大大纵容了后妻的阴谋和私欲，同时，也导致象益发贪婪悖狠、狂傲不端。象是家庭利益的主要争夺者和受益者，所以对舜的加害不遗余力。史书所载纵火焚廪、下土实井诸事虽都有瞽叟参与，但考虑到盲人行动上的诸多不便，故其主要实施者舍象莫属。前引《史记·五帝本纪》叙象"以舜为已死"之后所说"本谋者象"的话，已证明了这一点；而从深层次看，在象的身上，似还残留着来自远古神话中长鼻之象的若干狂野凶悍的特征。

作为受动者，舜的一次次被迫害固然缘于父顽、母嚚、弟傲等家庭成员的恶劣本性，但细究起来，与他以孝事亲、远近闻名并因此获得尧的赏赐也不无关联。孝，本是为人子者的美德，但当这种孝行过于突出以至于构成对同列竞争者的威胁时，美德便成为祸端，孝子便成了被小人攻击、迫害的对象。从史书所载看，自"舜母死，瞽叟更娶妻而生象"后，舜即为其亲所不容；而至"二十以孝闻，三十而帝尧问可用者，四岳咸荐虞舜"，并因此而获得尧之二女及缔衣、琴、仓廪、牛羊等赏赐后，其父与后母、异母弟对他的谋害行动便骤然升级，先使其涂廪而纵火，继令其浚井而掩土，复速其饮酒而欲醉杀之。这接二连三的谋害行动，说到底缘于谋害者特别是后母与象对舜"以孝闻"之善名的嫉妒，缘于对舜所获赏赐的觊觎，而在根本上，则缘于谋害者心理的龌龊和人性的险恶。反过来看，舜笃于孝亲，正道以行，却不仅得不到父母的肯定和表彰，反而落得个屡遭迫害的结局，这其中蕴含的，不正是后代无数弃子逐臣"信而见疑，忠而被谤"的悲剧因子么？

作为救助者，尧所赐二女对舜的一次次脱险发挥了大的功用。二女本是神话中的人物，《山海经》即有"洞庭之山……帝之二女居之"的记载。清人汪绂谓"二女"乃"尧之二女以妻舜者娥皇女英也"[1]，还只是从历史传说角度做出的解释；今人袁珂进一步指出："最古之神

---

[1] 《山海经·山经柬释》卷五《中山经·中次十二经》，载袁珂《山海经校注》，上海古籍出版社1980年版，第176页。

话，二女盖天女也，虞人之舜（虞舜）得天女之助而使凶悍狡谪之野象驯服。"①则已接近远古神话的本来面目。倘若将相关文献连缀起来，那么，从神话中居于洞庭之山的两位天女，到历史上因追寻舜而泪洒洞庭君山的娥皇女英，从两位天女协助舜驯服野象，到娥皇女英协助舜逃脱其父瞽叟和异母弟象的迫害，上古史脱胎于神话而渐次生成的若干印记是斑斑可见的。不过，在记录舜受迫害较早的《孟子》和《史记》中，二女嫁舜一事虽已出现，却还无救助舜的情节，只是到了汉人所撰的《列女传》中，救助情节才得以浓墨重彩，并以不同版本的文字展现出来。据前引《列女传》所载，舜的三次遇害都曾得到了二女的点拨或救助，只是除第三次外，前两次施救之举措均不详。而据洪兴祖《楚辞补注》引古本《列女传》，则有如下记载：

瞽叟与象谋杀舜，使涂廪，舜告二女。二女曰："时唯其戕汝，时唯其焚汝，鹊如汝裳衣，鸟工往。"舜既治廪，戕旋阶，瞽叟焚廪，舜往飞。复使浚井，舜告二女。二女曰："时亦唯其戕汝，时其掩汝。汝去裳衣，龙工往。"舜往浚井，格其入出，从掩，舜潜出。②

由此可知，当舜将涂廪、浚井之事告知二女时，都得到了二女的具体点拨，并借助于"鸟工""龙工"的直接帮助顺利脱险。需要注意的是，这里的"鸟工""龙工"虽具体内容不详，但已颇具可助人飞翔或潜游的神秘色彩；而二女可以指使此二神物或用其法，则其本身的神异品性也不言自明。联系到前引《山海经》"帝之二女"居于洞庭之山的神话记载，可见二女在古本《列女传》中的神性特征似尚未完全消隐，只是到了今本《列女传》，大概是为了使故事更为人间化，才除去了这

---

① （宋）《山海经·海经新释》卷十三《海内经》，载袁珂《山海经校注》，上海古籍出版社1980年版，第460页。
② 洪兴祖：《楚辞补注》卷三，中华书局1983年版，第104页。

类超现实的神异品性,而仅存留了舜第三次遇险时"二女乃与舜药浴汪"的记载。那么,什么是"药浴汪"呢?据《路史》引《列女传》,此句作"二女与药浴汪豕,往,终日不醉"①;陆龟蒙《杂说》引先儒之言作"二女教之以鸟工、龙工,药浴注豕,而后免矣"②。细审此数种异文不难发现,所谓"药浴汪"之"汪",当为"注"之误笔,"注"后又漏一"豕"字,遂致文意不可通晓。近人闻一多《天问疏证》对此详加考订,既改"汪"为"注",复谓"豕"为"矢"之声误,将原文还原为"二女乃与舜药浴注矢";并据《韩非子·内储说》下篇关于燕人妻"浴之以狗矢"以除"惑易"的记载,认为:"夫惑易者浴矢则解,则是先浴矢,亦足以御惑也。醉与惑易同,故二女教舜药(濯)注矢,则饮酒不醉。注者灌也,言濯浴之后灌之以矢也。"③ 这就是说,在舜第三次遇险之前,二女即授之以解醉避祸之法,那就是先用搀上狗之粪便的药水浴身,即可获"终日饮酒不醉"之效。倘若这种解说可以成立,那么就可发现,在二女身上确是存在某种神性的,她们既可以借助"鸟工""龙工",又善用解惑不醉之术,从而使得舜的三次脱险均呈现出一种超现实的特点,而来自他者的救助,在整个故事中也就占有了益发突出的地位。

在以上由施动者、受动者、救助者所组成的故事结构中,有三点需要特别注意,其一是由施动者与受动者的关系,深刻表现了舜作为孝子的无辜和在逆境中坚持孝行的难能可贵,其准弃子身份和孝子品性在饱含悲剧因子的被迫害事件中得到凸显。其二是由受动者与救助者的关系,艺术地展示了舜作为英雄的异禀和能力,其所进行的自我救助和与之相关的他者救助,则是形成这种能力并最终超越苦难的先决条件。其三是由施动、受动、救助三者的关联互动,构成了一个迫害—救助—回

---

① (宋)罗泌:《路史》卷三六,载《景印文渊阁四库全书》第383册,台湾商务印书馆1983年版,第530页。
② (唐)陆龟蒙:《杂说》,《甫里集》卷一九,载《景印文渊阁四库全书》第1083册,第407页。
③ 闻一多:《天问疏证》,《闻一多全集》5,湖水人民出版社1993年版,第593页。

归的逻辑链条，这一链条与我们多次论述过的抛弃—救助—回归的弃逐母题相比，其不同处在于一为虽遭到来自父母的一次次迫害，却未远离家门，一为被父母抛弃，置身荒远；其相同处在于二者在遭到迫害后，都经历过自我救助和他者救助的环节，最后以不同的方式实现了回归。前引《史记》所载舜历经磨难，终被父母认可，"复事瞽叟爱弟弥谨。于是尧乃试舜五典百官，皆治"，便是对舜之回归的一个具体说明。据此而言，虞舜故事之结构形态及其所展示的主题，在一定程度上已实现了与弃逐母题的成功对接。

三 虞舜故事的角色定位与"孝"之内涵

从现存文献看，虞舜故事的最后完型未必早于上古其他弃子故事，甚至有可能受到后者的某些影响。但作为"神性英雄"和中国文明史的开端人物之一，虞舜的相关传说无疑起源更早，在其故事流变过程中，既存有早期神话的痕迹，也不无散佚脱略或后人的改易增补。有鉴于此，我们不妨将其完型后的故事文本稍予前置，对其结构形态和人物孝亲之文化内涵再予解析，借以从中发现若干与其他弃逐故事相通的规律性现象。

首先，后母、异母弟在故事中的角色定位及其离间作用，是虞舜受害事件最为鲜明的一大特点。从早期英雄型弃逐故事看，无论是后稷，还是徐偃王、东明、若敖、昆莫等，其被弃的原因都相对简单，施动者也多为一人，由此导致弃逐事件缺乏家庭成员间的关联性和情节上的丰富性。而在虞舜故事中，施动者除了一家之主瞽叟之外，又添加了后母和异母弟两个角色，从而不仅使得被害事件展示出鲜明的家庭伦理特点，而且丰富、强化了施动者间的相互关联和迫害动因的内在理路。换言之，由于后母的介入，遂构成家庭成员间必然的亲疏之分和矛盾冲突；由于异母弟的出现，遂使得后妻之子与前妻之子基于利益争夺的一系列争斗得以展开。更为重要的是，后母与异母弟既与父权的代表瞽叟相结合，共同组成如前所述的施动者之阵营，又作为施动者与受动者之间的中间环节，发挥着大进谗言、挑拨离间的独特作用。这种情形，在早期孝子型弃逐故事中屡见不鲜，诸如孝己、伯奇、宜臼、申生、重耳之被弃被害，均有后母或异母弟从中作祟，由此形成上古弃逐事件的一个基本套路，即父、君昏昧，后母进谗，异母弟争夺利益或权位，最终导致前妻之子孤立无援，屡受迫害，直至被弃荒远。由此可见，后妻与异母弟是弃逐故事中不可或缺的重要角色，而随着历史的发展，此类角色已被成功地置换为君王身边的后妃、佞臣之流，其嫉贤妒能、善于进谗的特点也无一改易地得到了承袭，并发挥着较前者更为复杂和严重的破坏作用。

其次，舜的三次被害、三次脱逃，呈现出某种以考验为内核的仪式化特征，并凸显了受难主体对人生逆境的克服精神。从《孟子》《史记》的记载看，舜之被害只有两次，即完廪捐阶、浚井掩土；但到了《列女传》，便增添了速其饮酒以醉杀之的第三个环节。此一环节，可能是后人所加，也可能早就存在，但无论哪种情况，都说明对故事传说者、编写者而言，"三"是一个非常重要的数字。在中国文化中，"三"既表示多，又有数之极的意味，① 《老子》所谓"一生二，二生三，三生万物"，民间所谓"一而再，再而三"，所谓"事不过三"，都可从侧面印证此一认识的文化渊源。联系到《诗经·生民》中后稷被"三弃三收"的故事，可以发现虞舜的三次被害、三次脱逃并非孤立的现象。由此一现象向前后推导，是否可以认为在上古某些弃逐、迫害类故事中，已存在一种以"三"为多为极、将受难次数予以定格的仪式化倾向？倘若此点可以成立，那么，通过这种富于仪式化的被弃被害事件，既强调人生考验的必要性，又展示英雄对苦难的克服精神及其所具有的超凡能力，便是此类故事的题中应有之义了。在解释《生民》中后稷无父而生、又被三弃三收之事时，《毛序》认为是"尊祖也"，"故推以配天焉"②。清人马瑞辰进一步指出："盖周祖后稷以上更无可推，惟知

---

① 叶舒宪、田大宪：《中国古代神秘数字》，社会科学文献出版社1996年版，第38—41页。
② （唐）孔颖达：《毛诗正义》卷一七，载《十三经注疏》（上），中华书局1980年版，第528页。

后稷母为姜嫄,相传为无夫履大人迹而生;又因后稷名弃,遂作诗以神其事耳。"① 这里的"尊祖""配天""神其事",已准确地揭示了后人欲神化先祖的创作心理;由此来看虞舜的被害和脱险,又何尝不是如此?其三次被害,第一次的涂廪是高空作业,第二次的浚井是深水作业,迫害者或焚烧或填土,都被舜以"飞出"或"潜出"的方式躲过了,这就从上、下两个维度见出其"上天入地"的无所不能。接着,第三个迫害情节出现了,它通过饮酒不醉,由前两次更重外在空间之避患能力转向舜内在体魄之修持能力,从而内外上下兼顾,全方位地展现了舜的神赋异禀。虽然舜对这几次迫害的躲避均缘于二女的救助,但其之所以能得到二女的救助,不是益发显示出他本即具有超凡入圣的资质么?就此而言,这三次不同方式的迫害,从故事编写者的角度讲,又意在表现对将要成为圣君之舜所进行的考验,并赋予其人生以经受苦难、超越苦难的更为普遍的文化意义。用《孟子·告子》中论及虞舜等先贤的一段话说,便是"天将降大任于斯人也,必先苦其心志,劳其筋骨,饿其体肤,空乏其身,行拂乱其所为,所以动心忍性,曾益其所不能"②。

最后,需要我们特别关注的是,舜虽是一位英雄,但更是一位孝子。接二连三的迫害情节,固然一定程度地展示了其英雄特征,但通过其无辜被害和受害仍不改孝悌的行为,历代故事编写者所欲着力表现的,却是舜终始如一、笃厚不殆的孝子品性。仔细研读相关文献可以发现,舜之孝并不如前人理解的那样单一,它分别体现在实践层面和心理层面,并呈现出若干既相关又有别的意义内涵。

内涵之一,是顺事父母,使其欢心。孟子屡次以"得乎亲""顺乎亲""舜尽事亲之道而瞽瞍底豫"称誉舜为"大孝"③;司马迁说他

---

① (清)马瑞辰:《毛诗传笺通释》卷二五,中华书局1989年版,第872页。
② 《孟子·告子章句下》,《孟子注疏》卷一二下,《十三经注疏》(下),中华书局1980年版,第2762页。
③ 《孟子·离娄章句》,《孟子注疏》卷七下,载《十三经注疏》(下),中华书局1980年版,第2723页。

"顺事父及后母与弟,日以笃谨,匪有解"①,强调的都是其对父母的尽心顺事,恭谨不懈,由此见出这是舜之孝道的主要特点。

内涵之二,是在顺事父母的前提下,不乏权变。其典型例证是舜不告而娶二女之事。孟子弟子万章曾引《诗经》"娶妻如之何?必告父母"的话向老师质问舜不告而娶的原因,言外之意是舜不告而娶,有违孝道。孟子答曰:"告则不得娶。男女居室,人之大伦也。如告,则废人之大伦,以慰父母,是以不告也。"②并在别一处所更为显豁地说道:"不孝有三,无后为大。舜不告而娶,为无后也,君子以为犹告也。"③这就是说,屡受父母迫害的舜清楚地知道,如果将娶妻一事明确告知父母,肯定会被拒绝;但不娶妻就会无后,无后又是最大的不孝,所以宁可暂时违背父母意愿,不告而娶,也要保证"人之大伦"不废。在孟子看来,这是一种弃小孝而从大孝的行为;在我们看来,这实质上体现了舜既坚守孝道又不盲从父母的态度,其中似已含有某种现代意义上的自主因子。

内涵之三,表现在舜对来自父母残酷迫害的合理逃避。如前所言,舜的顺事父母,不仅没有得到应有的关爱,反而招致来自父母一次次的残酷迫害。当此之际,摆在舜面前的选择只有两种:或是不加躲避,接受迫害;或是躲开祸患,不做无谓牺牲。如果选择前者,表面看是依从了父母,但却要以丧失生命为代价,并增加了父母不慈的恶名;如果选择后者,则既可自我保护,又不致陷父母于不义。于是,不断躲避来自父母的迫害,"欲杀,不可得;即求,尝在侧"④,便成了舜之孝道的又一显著特点。这种逃避,使舜之孝出离了后儒所谓"君要臣死,臣不得不死;父要子亡,子不得不亡"的愚忠愚孝,而一定程度地展现出

---

① (汉)司马迁:《史记》卷一《五帝本纪》第1册,中华书局1973年版,第32页。
② 《孟子·万章章句上》,《孟子注疏》卷九上,载《十三经注疏》(下),中华书局1980年版,第2734页。
③ 《孟子·离娄章句上》,《孟子注疏》卷七上,载《十三经注疏》(下),中华书局1980年版,第2723页。
④ (汉)司马迁:《史记》卷一《五帝本纪》第1册,中华书局1980年版,第32页。

原始孝道的真实面目。对此一选择，孔子非常欣赏，在责备弟子曾参甘受其父杖责的愚蠢行为时，曾以舜为例指出："舜之事瞽瞍，欲使之，未尝不在于侧；索而杀之，未尝可得。小棰则待过，大杖则逃走，故瞽瞍不犯不父之罪，而舜不失烝烝之孝。今参事父，委身以待暴怒，殪而不避，既身死而陷父于不义，其不孝孰大焉？"① 由此可见，遇到来自父母超越常情的责罚或迫害，即使孝子也是可以逃避的，这既是一种人的自我保护本能，也是成全孝道的合理选择。而舜以其亲身经历证明了这一点，从而使得"大杖则逃"成为原始儒家倡扬孝道的一条准则，也为后世专制制度下大量不见容于父君的孽子孤臣开辟了一条求生的通道。

内涵之四，是躲避迫害后的怨慕心态。怨，指哀怨；慕，指恋慕。具体来说，舜顺事父母，却孝而被害，自不能无怨，于是就有了来到田野"号泣于旻天"的传说。这是合乎人之常情的一种反应，也是古来孽子孤臣遭受迫害后宣泄郁塞的必然结果。其中容或存有一些因血缘亲情而对父母的恋慕情感，但包含更多的无疑是孝而见害的哀怨，否则他就用不着跑到田野向天号泣了。联系到司马迁在《屈原列传》中由"人穷则反本，故劳苦倦极，未尝不呼天也；疾痛惨怛，未尝不呼父母也"的情形，论及屈原"信而见疑，忠而被谤，能无怨乎"②的心理，可以更深入地感知舜这种由孝至怨、怨而复慕的心路变化。然而，舜的这样一种于史无载、本为后人依据常理推测出的心态，在孟子这里首先发生了侧重点的变化：

> 万章问曰："舜往于田，号泣于旻天，何为其号泣也？"孟子曰："怨慕也。"万章曰："父母爱之，喜而不忘；父母恶之，劳而不怨。然则舜怨乎？"曰："长息问于公明高曰：'舜往于田，则吾

---

① 《孔子家语》卷四，载《景印文渊阁四库全书》第 695 册，台湾商务印书馆 1983 年版，第 38 页。

② （汉）司马迁：《史记》卷八四《屈原贾生列传》第 8 册，中华书局 1982 年版，第 2482 页。

既得闻命矣；号泣于旻天，于父母，则吾不知也。'公明高曰：'是非尔所知也。'夫公明高以孝子之心，为不若是恝，我竭力耕田，共为子职而已矣，父母之不我爱，于我何哉？……大孝终身慕父母。五十而慕者，予于大舜见之矣。"①

这里，孟子将舜之"号泣"的原因归于"怨慕"，大致是不错的。其所谓"怨"，重点指对父母的哀怨，这由《孟子·告子下》所谓"《小弁》，亲之过大者也。亲之过大而不怨，是愈疏也"的说法可以得到证实，而且万章也是这样理解的。但当他回答万章"然则舜怨乎"的进一步追问时，却引公明高之语，置"怨"于不顾，仅围绕"慕"字作文章了。细详孟子当时情态，本是肯定舜之"号泣"有"怨"的成分的，但因万章在问"怨"前所说"父母恶之，劳而不怨"乃曾参语，②而孟子自忖不宜与曾子的观点相悖，故改口作答，遂将"怨"之一义蒙混过去。后人未解此理，释"怨慕"或为"言舜自怨遭父母见恶之厄而思慕也"③，或为"怨己之不得其亲而思慕也"④，将舜外向的对父母之"怨"转为内向的对自我之"怨"，实在是欲粉饰舜之孝道却离题愈远的一种做法。由此而言，孟子最早揭示出舜的"怨慕"心态，一定程度地展示了这位亚圣的真性情，也大致符合舜遭迫害后的心理，是值得肯定的；但因其迫于万章依据曾子之语所发的诘问，在回答时舍"怨"而只言"慕"，遂造成后儒的曲解，以至于刘向《列女传》叙舜之父母欲杀舜时，谓"舜犹不怨"，且"往于田号泣，日呼旻天，呼父母。惟害若兹，思慕不已。不怨其弟，笃厚不息"。而《毛传》解释

---

① 《孟子·万章章句上》，《孟子注疏》卷九上，载《十三经注疏》（下），中华书局1980年版，第2733—2734页。
② 《礼记·祭义》引曾子曰："父母爱之，嘉而弗忘；父母恶之，惧而无怨。"参见《十三经注疏》（下），中华书局1980年版，第1598页。
③ （汉）赵岐注语：《孟子注疏》卷九上，载《十三经注疏》（下），中华书局1980年版，第2733页。
④ （宋）朱熹注语：《四书大全·孟子集注大全》卷九，载《景印文渊阁四库全书》第205册，台湾商务印书馆1983年版，第723页。

《诗经·小弁》首章"何辜于天,我罪伊何"句时,亦引"舜之怨慕,日号泣于旻天、于父母"以为说,其意盖"嫌子不当怨父以诉天,故引舜事以明之"。表面看来,这种只强调"慕"而忽视"怨"以及对"怨"的曲解是为了美化舜之孝,但实质上却抽取了人物内在的七情六欲,使舜成为一个风干了的只会"慕"不会"怨"的伪孝子标本。

综上所言,后母和异母弟的角色定位及其发挥的离间作用,由三次迫害定格的仪式化环节及其内含的考验性质、受害主体对人生逆境的克服精神,舜之孝行所兼具的顺事父母、善于权变、合理逃避、敢于哀怨等独特内涵,共同构成了虞舜被害故事的几个要项。这些要项,不仅在结构形态、创作动因、人物心性等方面大大丰富了其自身的特点,而且在弃逐文化层面展示出极具典范性的昭示作用。凡此,都需要我们站在历史发展的角度认真思考,而不宜轻易放过。

原载于《文学遗产》2014 年第 3 期

网络游戏角色扮演的艺术人类学思考

赵周宽*

引 言

古典学家和哲学家尼采将古希腊酒神祭祀仪式中的"羊人剧"确定为希腊悲剧艺术之源。尼采所谓的悲剧，除了指称希腊艺术巅峰期与希腊神话并列的一种特定艺术之外，还在哲学思辨意义上代表着超越悲喜的人生活剧。在尼采看来，生命本身就是一出活的戏剧，是追求规则、形式和定型化的日神精神与追求本能、破坏和生命力勃发的酒神精神两者之间的妥协和动态平衡过程。尼采借助悲剧艺术，阐发其超越悲喜的生命形而上学活剧，其生命本体论的阐释方式，发人深省。艺术与生命的平行互释，揭示出两者之间存在的本体性对应关系，并把关乎生命与艺术的重大问题挑到明处：生命戏剧是对艺术的模仿吗？抑或相反，是艺术模仿了生命戏剧？艺术与生命的互释，如果不是隐喻性修辞，而是具有思想的深层规定性，我们该如何准确勘定其思想性呢？

在酒神祭仪的"羊人剧"中，走在游行队伍前面的，是头戴羊头面具的歌队长。紧随其后的，是"纵情狂欢"的酒神信徒。[1] 这种狂欢

---

* 赵周宽，西安外国语大学副教授，文学人类学研究中心研究员。
[1] ［德］尼采：《悲剧的诞生》，周国平译，生活·读书·新知三联书店1986年版，第30页。

是全民性的，对于希腊人来说，后世艺术原理中所谓的"观众"，是不存在的。① 尼采并不是简单地以悲剧艺术和生命两者中的一方来阐释另一方。在他看来，这两者原本就是一体的。"艺术与生命"这一命题中的"与"，已经被酒神祭祀仪式中的狂欢气氛彻底消融了。

在酒神剧中，除了诸多界限的消融和《欢乐颂》般的和解气氛，② 引人注目的，是歌队长扮演长有山羊角的萨提尔的形象。"扮演"某一特定角色，这种独特的艺术原初形式，猛然提示我们，在当代文化产业中，似乎还有萨提尔狂欢的侧影。在当代文化工业的产品创新中，悄然兴起了一种可与羊人剧相比较的文化形式，即"角色扮演"。我们能从这里找到艺术发生学的秘密吗？

一 作为文化现象和思想现象的角色扮演

"角色扮演"是当代文化表述和展演中新潮而灵动的一个倩影。在当代文化工业中，"角色扮演"指涉两类本质相关却表现迥异的文化现象。

其一，"角色扮演"是指借助 IT 技术、依托网络环境、通过扮演某一虚拟角色而在电脑终端由一人或多人参与的一种网络游戏，其国际化的名称是 Role Playing Game，简称 RPG。这种游戏的最早研发和产业化推广，可追溯到 1972 年 Gary Gygax 制作的《龙与地下城》。随着全球化的日益深入，这种借助最先进的科技来满足最原始"游戏冲动"（席

---

① [德]尼采：《悲剧的诞生》，周国平译，生活·读书·新知三联书店 1986 年版，第 30 页。
② 艺术与生命界限消融的背景，是人与人、人与自然以及所有存在之间的和解。尼采说："在酒神的魔力之下，不但人与人重新团结了，而且疏远、敌对、被奴役的大自然也重新庆祝她同她的浪子人类和解的节日。大自然自动地奉献它的贡品，危岩荒漠中的猛兽也驯良地前来，酒神的车辇满载着百卉花环。虎豹驾驭着它驱行……贫困、专断或'无耻的时尚'在人与人之间树立的僵硬敌对的樊篱土崩瓦解了。此刻，在世界大同的福音中，每个人感到自己同邻人团结、和解、款恰，甚至融为一体了。"参见[德]尼采《悲剧的诞生》，周国平译，生活·读书·新知三联书店 1986 年，第 6 页。

勒）的网游，已经成为当代"赛博人"新的精神家园，尤其受青少年的青睐。当代 RPG 已经发展出欧美 RPG、中国武侠游戏、日本 RPG、韩国 RPG 等不同国家各有特色的种类，较流行的是大型多人在线角色扮演游戏，英语名是 MMORPG，是 Massive（或 Massively）Multiplayer Online Role-Playing Game 的缩写（图1）。

图1　网游《巫师》的宣传画①

其二，角色扮演是指在生活中穿着动漫人物的服装，摆 pose 照

---

① 民族舞蹈中的"扮演"形式和夸张服饰，在时下流行的网络游戏中获得了传神的回应。

相或模拟动漫情境进行表演。这种意义上的角色扮演,其国际化的名字叫 cosplay,这是 costumer play 的简写,字面意为穿着特定角色(多为动漫角色和网游角色)衣服的游戏。这种角色扮演的游戏者也称 coser。由于这类角色扮演在时尚青少年中的流行,扮演所需的服饰、道具类衍生商品蕴含的商机很快被嗅觉灵敏的商家所察觉,对这一商机的精准把握和对相关市场的有意培育便顺理成章了。①

从文化工业的角度来看,这两种"角色扮演"都是文化工业生产线上的新型产品,是当代资本借助最新科技之力,准确把握青少年消费心理,深层开挖欲望富矿,借助交互式网络平台,实现资本扩大再生产的最新形式,是"文化资本炼金术"的展示。从本质说来,其内在衍生逻辑逃不出马克思的资本增值逻辑、席勒的"游戏冲动"、德勒兹的"欲望机器"理论、鲍德里亚的"仿象"的真实以及杰姆逊的后现代文化工业逻辑。但这里所聚焦的问题,却与以上的关注点都不同。

当代"角色扮演"游戏的参与者们通过扮演具有神奇本领的游戏角色,象征性获得其异能和力量,确定自身的存在感。这一深层的观念说明,对"角色扮演"游戏,绝对不能仅仅以法兰克福学派式的批判理论将其视为导致异化的技术霸权。在提醒这一游戏对青少年的身心危害性时,也应深刻洞悉其中隐藏的存在论命题与文化表达蕴涵。在萨提尔羊人剧中,现代哲学中所谓的"存在问题"或"存在感",是以彻底打破疆界的世界性狂欢当下证成的。网游爱好者在赛博空间不知朝暮、忘却死生的酣畅激战,② 是不是萨提尔羊人剧的后现代"仿象版"复现

---

① 代表国内最高水平 cosplay 团队的终极 PK 大赛 Chinajoy 截至 2014 年已举办 12 届。第 12 届总决赛于 2014 年 7 月 31 日至 8 月 3 日在上海新国际博览中心举行。2014 年 7 月 10 日至 14 日,第十届中国国际动漫游戏博览会(CCGEXP2014)在上海举办,据主办方介绍,今年各项指标再创新高,主展馆现场人次逾 22.3 万,主会场总意向交易金额过 20 亿元人民币,动漫游戏展中的 Showgirl 和 Coser 数量比往届都要多,而且很养眼,有人指责展会上的妹子吸引力大过游戏和动漫,有人则认为漂亮的妹子更容易吸引游戏和动漫爱好者"入坑"。来源:凤凰网, https://www.ifeng.com/,2014 年 7 月 16 日。

② 见诸不同媒体对青少年沉迷网游而"娱乐至死"的报道,中外都不鲜见。

呢？在界限消泯、"物我混成"的网游世界中，网络英雄的"附体"证成了怎样的后现代性生存观呢？

"扮演"，是羊人剧和现代角色扮演游戏的共同形式，这种"基型"式的存在表达形式，或许能为我们提供探入艺术本源和存在秘境的一条通道。① 扮演现象，不仅是尼采所示的古希腊悲剧艺术的源头，还普遍存在于许多民族的早期宗教与巫术仪式中。弗雷泽说："在每个人都认为自己或多或少地具有我们应称之为超自然力量的社会里，神与人之间的区别显然相当模糊，或者毋宁说几乎没有什么区别……在原始人看来，超自然的力量，如果确实超越于人的力量的话，也超越的不多，因为人可以恐吓和迫使超自然力量按人的意志行事。"② 整个巫术都是人类操控超自然力量的活动，而扮演具有超常力量和能量的神，可以说是最便捷的操控方式。我们现在所谓的"扮演"，从字面意思就可以看出"扮演者"与"扮演对象"之间的区别。弗雷泽以"化身为人的神"来描述这种扮演现象，并指出其中的思想逻辑：有一种信念认为某些人在某一短暂时期内受到某种神灵的感召从而暂时具有那种神祇的知识和能力。因而，"附身""扮演"或者人"上升"到神灵这样的表述可能还是没有"命中"远古人的"直接现实"。对"人神同一"观念毋庸置疑的信奉，或许才是"扮演"的最真实的信念背景，这也才解释了巫师在早期文明中的崇高地位和世界范围内的普遍性。因为不论文明类型间的差异有多大，文明源起之初的几步幼稚而可爱的步伐总得迈出，凝聚社会思想观念的意识形态建构任务不能回避。掌控世界力量的仪式需要时时更新，以促成人类世界的永续。在这样不断仪式化的过程中，巫师的突出地位逐渐衰微了，但族类的力量不能衰竭，全民性的通神活动不能停息。人人都有通神的能力和义务，在模仿世界生成的仪式性竞赛

---

① 许多网游的名字和角色，挑明其神秘的宗教、巫术和神话背景，如《巫师》《创世纪》《女神转生》《神迹》《大话西游》《天龙八部》《永恒之塔》《御龙在天》《神武》《天堂》……这是对扮演游戏久远观念背景的强调式宣告。

② ［英］J. G. 弗雷泽：《金枝》，徐育新、汪培基、张泽石译，刘魁立审校，新世界出版社 2006 年版，第 93 页。

中，全民参与，展示世界力量的勃发，是建构社会机体的基本任务。① 通过角色扮演，充当神人之间的中介，掌控世界的物质力量和精神力量，同样也是现代巫师施法的基本任务。②

在巫术仪式中，扮演神灵的巫师，有扮成神灵动物的，有奇装异服的，有乘龙御风或配备快速移动装置的，有长有双翼的、有人身兽首、有兽首人身……但更多的，是其头部的夸张性装饰或异常特征：牛角、羊角、巫师帽、面具、翎饰、多首、长鼻等，这或许是由于神圣力量来自上天的缘故吧。

扮演超常形象，并没有随着巫术神话时代的过去而消失。"扮演"这一表达形式，在不同民族的文化艺术史上，一直有着充分而多样化的展示。在表达古代中国人的历史观念方面，傩仪中的角色扮演曾是神圣历史叙事的核心部分。③ 戏剧艺术的角色扮演特征非常明显，但只有将这种"形式化特征"的根源追溯到远古巫仪，我们才能对这一艺术的观念背景有本质的把握。就中国古代祭仪来说，在雩祭、蜡祭、尸祭以及傩仪等祭祀中，"扮演"是最基本的形式元素。④ 而天人互动、古今一瞬、物我混成的宇宙观，则是这一形式元素的观念背景。通过扮演特定角色而掌控神奇力量与能量，对世界之运行予以掌控，是远古巫仪的观念前提。

华夏各民族的舞蹈艺术，均可追溯到巫术仪式中巫师的角色扮演。下面列举的一些民族舞蹈图片（图2），只是华夏各族万舞翼翼的几个舞姿。

---

① "仪式性的竞赛"参见［美］米尔恰·伊利亚德《神圣的存在——比较宗教的范型》，晏可佳、姚蓓琴译，广西师范大学出版社2008年版，第301页。
② 曾澜在田野调查中发现，江西省南丰县石邮村村民普遍相信，在傩仪中，"戴上面具就是神，摘下面具成为人"。参见曾澜《空间的隐喻与人神中介身份的自我确认——民间傩仪人身份的人类学探析》，《理论界》2011年6月。
③ 《后汉书·礼仪志》记载，在宫廷典礼之一的傩仪中，有十二位宫廷侍者分别装扮成十二生肖，代表前后相续流转的历史性时间。
④ 参见刘振华《中国古代早期戏剧巫傩研究》，博士学位论文，华东师范大学，2013年。

图 2　羌姆舞姿①

图 3　博舞②

"安代"是流传在科尔沁草原上的蒙古族的古老集体舞。最早是萨满教巫师为不孕或患相思病的妇女治病的歌舞，后来发展成人数众多的集体歌舞表演。安代无观者与舞者之分，只要摆开安代场地，人们都可

---

① 资料来源：董锡玫、刘骧骧编：《中国舞蹈艺术史图鉴》，北京师范大学出版社2013年版。羌姆为藏传佛教宗教仪式舞蹈的一种。
② 资料来源：董锡玫、刘骧骧编：《中国舞蹈艺术史图鉴》，北京师范大学出版社2013年版。科尔沁博舞是蒙古族舞蹈，与原始萨满宗教有关。

握着手帕或提起蒙古袍下摆进入场内尽情歌舞。舞蹈以各种甩巾、顿足、踏足和圆圈队形为特点。安代多在夏末到秋收间举办，一般从傍晚跳到深夜，甚至通宵达旦。通常一次安代少则7天，多则21天，最长达40天。参加的人数30—50不等，有的多达数百人。安代的主持者是"博"（萨满巫师）（图3、图4）。

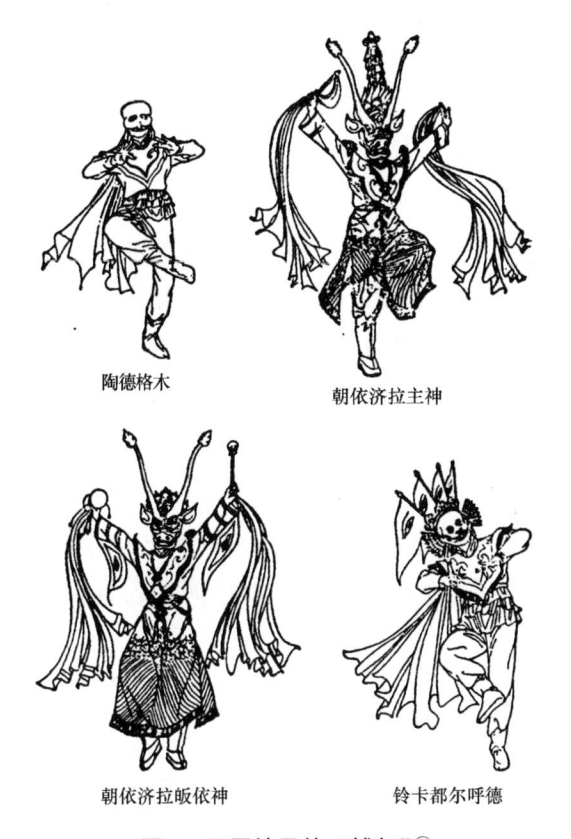

陶德格木　　朝依济拉主神

朝依济拉皈依神　　铃卡都尔呼德

图4　不同神灵的"博舞"①

在中国戏剧艺术起源问题上，主"巫觋说"者代不乏人。苏轼《东坡志林》（卷二）谓："八蜡，三代之戏礼也。岁终聚戏，此人情指

---

① 资料来源：古代少数民族图案比利网，www.beleeda.com。

所不免也。因附以礼仪。"① 这是把戏剧与蜡祭联系起来。他还认为在祭祀中由倡优扮演"尸",是"戏之道也"。明代杨慎提出"女乐之兴,本由巫觋"。(《升庵集》卷四十四)。王国维以为"后世戏剧,当自巫、优二者出。"② 王国维把巫、优并列,有淡化"巫"乃"优"之本源的可能,但二者的并列也凸显了其共有的"形式法则",即"扮演"。闻一多直接以现代戏剧语言对接巫术仪式性的《九歌》,将其解释为一出大型歌舞剧。③ 宣扬佛教观念的"目连戏"、宣扬基督教思想的《复活剧》④,是后世宗教观念表述中的角色扮演。另外,源于中国戏曲的日本能剧中,演员表演中佩戴的面具,正是巫师行头的重现。艺术本质上都是角色扮演或对扮演过程的记录。《伊利亚特》开头,诗人吁请女神从"阿基琉斯的忿怒"开始,歌唱神话英雄的故事。⑤ 而整理成为文本的《荷马史诗》暗示出,盲诗人荷马在吟唱中扮演的,就是他所吁请的"女神"。屈原听到湘夫人的召唤(《九歌·湘夫人》:"闻佳人兮召予,将腾驾兮偕逝。"),驱驾同行,亲身加入到扮演对象的行列。世界各个民族的史诗传唱,都是传唱者将民族文化记忆中的信息通过角色扮演而呈现出来的过程。在高度仪式化的史诗传唱过程中,传唱者本人就扮演着民族历史开创者的角色。文化人类学中的仪式展演理论,对"扮演逻辑"进行了最集中的研究。坦比阿(Tambiah, S.)认为,在

---

① (宋)苏轼:《东坡志林》,海峡文艺出版社2019年版,第28页。
② 王国维:《宋元戏剧考》,载《王国维戏剧论文集》,中国戏剧出版社1984年版,第6页。
③ 闻一多:《什么是九歌》,载《神话与诗》,生活·读书·新知三联书店,第139—140页。
④ 宗教剧的最早源头,可追溯到925年上演的《复活剧》,这是由男教士扮演天使和圣母玛丽亚,宣扬耶稣基督复活信仰的舞台艺术形式,是以角色扮演的形式对宗教理念的形象化演绎。宗教剧的历史,参见吴光耀《西方演剧史论稿》,中国戏剧出版社2002年版,第102—133页。
⑤ 女神啊,请歌唱佩琉斯之子阿基琉斯的
致命的忿怒,那一怒给阿开奥斯人带来
无数的苦难,把战士的许多健壮英魂
送往冥府,使他们的尸体成为野狗
和各种飞禽的肉食,从阿特柔斯之子、
人民的国王同神样的阿基琉斯最初在争吵中
分离时开始吧,就这样实现了宙斯的意愿。
参见《荷马史诗》,罗念生、王焕生译,人民文学出版社1994年版。

展演性的仪式中运作的，是一种与科学完全不同的思维模式。①

音乐艺术也借助乐器声或人声扮演着自然和世界中的声音。作为时间性的艺术，音乐以其时间中的流动把世界自身的时间轮廓刻画出来。康德把时间作为人类知性的先验形式。② 这种主体而先验的形式却能准确把握对象，形成知性判断。康德对此做了立足主体的阐明，但音乐艺术也充分说明了这种形式在世界中的客观存在。时间既不是纯客观的空的"容器"，也不是纯粹主体的魔术把戏。时间性的艺术音乐证明了，人类通过扮演自然界发出声响的万物，模仿其声音，把世界之时间性特征呈现出来。中外音乐中有不少以自然物象命名或拟声物象的名曲。③ 同样，造型艺术对世界之空间性的模仿和充实，也是通过艺术家的想象性扮演而实现的。西洋画中的"焦点透视"，把欣赏者也带进世界观察者的角色中去；而中国画的"散点透视"，则吁请欣赏者进入世界的运动过程中，充当某一动态角色。"时间"和"空间"在哲学家那里是一个繁难的理论问题，但音乐和绘画邀请欣赏者作为情境性角色，参与到世界声色活鲜的过程中去，以"艺术现象学"的方式将时空呈现出来。

文学中"抒情"与"叙事"的区分，实际上不过是"角色扮演"的不同方式。文学家自比于自然事物或现象，托物言志，借景抒情，是以象征性方式对事物与现象的"扮演"。日月星辰之壮阔、草木虫鱼之琐屑、梅兰竹菊之高洁、蝼蚁跳蚤之低微，都能成为艺术作品中的"扮演"对象。我们可以把文学中的"抒情"看作文学家同化到扮演对象之中去的过程。在叙事中，既有与角色同一化的扮演，即第一人称视角，也有通过情节来记录"角色"活动的第三人称视角，而第二人称视角，则把读者作为角色扮演过程的亲历者，带到扮演（即事件的发

---

① ［英］爱德蒙·R. 利奇：《从概念及社会的发展看人的仪式化》，载史宗主编《20世纪西方宗教人类学文选》，金泽等译，上海三联书店1995年版，第95页。
② 参见［德］康德《纯粹理性批判》第一部分《先验感性论》。
③ 中国的作品如二胡曲《赛马》，外国的作品如穆索尔斯基的《图画展览会》。

生）现场。① 文学中的"抒情"与"叙事"的区分，在更大范围内，即在艺术原理中，对应着"表现"与"再现"的区分。这两者的区分是以情感性的强弱和客观真实性的高低为标准的。在巫术仪式中，参与者不分物我的迷狂，表现了最炽热的情和最本源的真。在这里不存在"表现"与"再现"的学科化区分。不以严格学科意义作出区分，而是将这一区分转化为激活艺术之发生的张力，可以对文学的思想和观念本源有更深的理解。文学中的"扮演"不是身体直接投入，而是文学家戴着文学语言的"面具"进行的象征性扮演。参照科学中的仿生学，这种扮演可以说是"艺术仿生学"。这种扮演的另一个特点在于，作为"扮演者"的艺术家并不一定追求与"扮演"对象的一致性。艺术评价的褒贬体现了艺术家与扮演对象的一致或不一致的关系。

　　狂欢节、假面舞会、社火、舞狮、戴虎头帽等民俗、民间娱乐，说明角色扮演在日常生活和娱乐中无所不在。影视艺术的扮演特征无须赘述。但只有那些将思想、哲理融入剧情的影视作品，才能将这门新兴的"第七艺术"的意识和观念渊源展现出来。当代西方哲学电影，使电影角色以其行动代表某一哲学观念，以剧情的形式展开哲学论辩。电影演员，正是行动的人（actor, actress），这说明电影这门叙事性艺术具备将思想辩证法展现出来的基本条件。柏拉图（《对话录》）借助苏格拉底这个"角色"说出自己的哲学寓言和思想；庄子借孔子、老子以及形形色色的形残之人表达思想；基督教以剧情化的神迹表达宗教观；而卡梅隆则借助纳威人（《阿凡达》）表达了其后现代的生态观。想想如果让尼采来导演一部斯皮尔伯格式的生命大片，他会呈现出怎样激越而热情洋溢的生命辩证法呢？美国影视中的蜘蛛侠、绿箭侠、超人……无不是借本领超常的角色，活现某种思想、精神和观念。当儿童坐在屏幕前目不转睛地观看奥特曼时，他内心的那个"我"，即哲学家所谓的"主体"或"自我意识"、心理学家所谓的"人格"，早就披坚执锐，拯救宇宙去了。

---

① 胡亚敏认为，充当人物的叙述接收者，他们的态度往往更能引起读者的共鸣。参见胡亚敏《叙事学》，华东师范大学出版社2004年版，第62页。

角色扮演作为一种后现代文化表达的语言和策略，有赖于现代科技的支持和推动，但它却并非网络时代的赛博空间中才有的崭新词汇。在不同文化、不同民族的意义表达领域和学科中，角色扮演的普遍存在，强烈提示出一种文化表达的基本语法。我们可以不太精确地将其称作"扮演逻辑"或"扮演语法"。在对艺术生成、文化表达和存在感的确定这些极端繁难的现代性学科命题的解答中，这种"扮演逻辑"有什么重要价值吗？

二 指示和扮演：互异和/或互益？

要在广阔的问题域中阐明"扮演逻辑"的思想价值，需要对现代思想表达和文化表述中的基本语法做出"极简主义"的勾画。"简"可能意味着"简陋"，但也有其"简洁"的回报；"极"则意味着对思想和文化基本规定性的坚守。

现代知识和思想观念与古典信仰及观念的区别，是现代性研究的基本问题。大多数学者承认现代与古代之间的对立或断裂，[①] 并把"断裂"看作确立现代性特质并进而对现代性做出反思、批判或矫正的前提。就知识、思想和文化观念的表达而言，由于主客二元格局的深层支配，现代性的表述逻辑可以看作是一种"指示性逻辑"。对于知识人来说，文化表达当然是从表达者（人）指向客体性的文化事项；思想不能自己言说，当然要由作为"此在"的人来言说；[②] 历史叙事者可以站

[①] 施米特（A. Schmitt）对现代与古代之间的断裂提出质疑，尝试更多在两者之间发现连贯性。参见［德］施米特《现代与柏拉图》，郑辟瑞、朱清华译，上海书店出版社2009年版，第10页。另外，福柯关于知识范式之"断裂"的论述，也暗藏着对于连续性的探测。参见［法］米歇尔·福柯《知识考古学》，谢强、马月译，生活·读书·新知三联书店1998年版。

[②] 海德格尔关于"此在"与"思"关系的思考，达到了现代性知识特征的最高自我意识。"思"和"在"是完全一体化的，但"思"却还必须借助于"在"而言说。"思"与"在"的相互呼唤，是思的"天命"。参见［德］海德格尔《什么叫思想》，载《演讲与论文集》，孙周兴译，生活·读书·新知三联书店2005年版。如果在古代与现代的对峙中看待这一特质，这实际上也是现代知识和现代文化的"天命"。

在时间"下游",将有别于陈述者本人之"现在"站位的"过去"作为客体陈述出来。这些对象化知识在将知识表达者和知识区分开来的同时,也将表达工具即语言客体化了。这样,思想、观念、信仰等在知识体系中被表达出来时,自身便已经被分化为作为"能指"的语言和作为"所指"的文化本身。知识人借助于"能指",朝向"所指",实现"所指"的"客观化",这在现代性知识中,是天经地义的。在现代知识视野中,根本不可能对这种"客观化"提出质疑。按照尼采的极端观点,只要是知识,就必然包含着对于言说对象的压迫和破坏。如果接受这一观点,我们不免会问,不借助于语言,不以客位立场来表达思想与文化,我们能做到吗?

在现代性批判的不同路径中,思想家对有别于现代性"指示逻辑"的"他者"进行了展望。巴赫金在诗学理论范围内描述的狂欢场景,神似前现代的巫术式迷狂[①];德勒兹的"游牧思想"[②]着眼于"能指"的不断转换和游移;利奥塔指出,在后现代知识场中,理性知识的客观决定论出现了危机,他提示出一种有别于"指示性游戏"("知识游戏")的"规定性游戏"("行为游戏")[③]……

在现代思想文化的领域内对其提出反抗,总难避免悖谬性的处境。这种处境如同对那个著名禅宗公案的阐释。《楞严经》卷二载:

> 佛告阿难:"汝等尚以缘心听法,此法亦缘,非得法性。如人以手,指月示人,彼人因指,当应看月。若复观指,以为月体,此人岂唯亡失月轮,亦亡其指,何以故?以所标指,为明月故。岂唯亡指,亦复不识明之与暗。何以故?即以指体为月明性,明暗二性

[①] 对狂欢形象的分析,参见[苏]巴赫金《拉伯雷研究》,李兆林、夏忠宪译,河北教育出版社1998年版。

[②] [法]德勒兹:《伯格森的差异概念》,陈永国译,吉林人民出版社2003年版。

[③] [法]让-佛朗索瓦·利奥塔:《后现代知识——关于知识的报告》,车槿山译,生活·读书·新知三联书店1997年版,第136页。

无所了故。汝亦如是!"①

　　以手指月而使观者误将"指"认作"月"的危险，是随时存在的。这一典故中蕴含的东方智慧，似可对治现代性思想的"指示性逻辑"迷雾。但这一公案的启示意义不止于此。如同大多数禅宗公案一样，这是一个敞开阐释大门却又拒绝被阐释的公案。当我们对现代性的"指示逻辑"提出批判，指出现代人是误将知识的"指"当作文化和思想的"月"时，我们又把这一公案中的禅意当作"月"了，但它其实还是"指"。关于现代性"指示逻辑"的言说，不管是辩护、继承，还是反思、批判，永远都还处在这一逻辑的密闭空间内。这样，批判似乎也是维护式的批判了。

　　这种悖谬性是空前的。可以说，印刷术以来，甚至"结绳记事"以来的文化，都有陷入众"指"间不断"互指"中的风险。只要没有真正发现"指示逻辑"的"他者"，就不可能对现代性思想文化的表达做出"起底式"的批判。当人类学面对无文字记录的族群时，打开"指示逻辑"密闭之门的可能性出现了。在人类学兴起的19世纪末，现代性的反思与批判尚未成为知识界的普遍自觉。只有现代性发展到反思现代性阶段，西方思想家开始自觉寻找欧洲思想的"他者"时，人类学所提供的文化"他者"，作为思想"他者"之背景和条件的价值才逐渐呈现出来。原住民社群以非文字形式对各自独特文化的传承，真正展现了"人就是文化"与"文化就是人"的整体世界。在原住民与世界的融汇中，尼采所着力渲染的"狂欢"可能未必具有普遍性。但是，将自身融入世界，并参与神圣空间的建构和意义的创造，实现人与世界的和解，却是普遍的。而扮演某一神圣角色，借助其神力，是实现人与世界、圣与俗、生与死等对立面和解的不二法门。角色扮演这种文化表达形式，绝非权机性的偶然选择，这一文化形式与和解统一的一体性世界观念，是非欧洲现代文明一体两面的本质特征。原住民通过角色扮演

---

① 《楞严经》，载赖永海主编《佛教十三经》，刘鹿鸣译注，中华书局2012年版，第63页。

所呈现和切身性融入其中的艺术、思想、信仰和物质生活整体,将有别于"指示逻辑"的"扮演逻辑"完整展现出来。

在欧洲现代性反思深化过程中,作为西方思想之"他者"的非欧洲思想样态逐渐映现出来。当代海外汉学家对中国思想特质的探索,是这一欧洲思想的"异域发现之旅"逐渐展开过程中的必然环节。抛开各自研究兴趣点不谈,汉学家们在中国思维特质这一基本问题上达成空前的默契。安乐哲、郝大为、杜维明、李约瑟、于连……几乎没有汉学家不认可中国古代思维与现代性思维的差异性。他们将这种思想"他者"的特质概括为"关联思维""类比思维""整体思维""有机性思维"① 等。而站在相反的角度,立足中国文化本位的学者,则以中华文明"有机连续性"来解释中华文脉连绵不断的特质。如果不以人类学视域呈现天人和解、生死一如、圣俗无间的一体性世界的生动画面,这些探讨就依然会陷于指"月"的"指"中,而难免反思现代知识却运用现代性逻辑和语言的尴尬和悖谬。因为,"关联""类比""连续"云云,都还只是主客二分思维的想象性镜像,只要没有对一体融汇的世界观有切身体会,现代人永远只能站在"他者"之外,或者用梅洛－庞蒂的话说,"没有他人"。②

远古先民在巫术仪式中对"神灵"角色的扮演,是以"具身""亲在"的形式融入世界整体之中去的不二法门。巫师扮演心目中的超越性神灵,以身体为阶梯,连通圣与俗、生与死、物与人,克服了时间和空间的阻隔。现代思想中的"有限性"问题,被无声地消泯了。现代文化工业中的角色扮演者,无论其是否自觉,都以其全身心的倾情投入,在赛博空间和文化拟象的虚拟真实中重现并感受着一体世界的至乐和无我境界。

"扮演逻辑"与"指示逻辑"的对比,是古今思想殊异的深层背

---

① 参见[美]郝大维、安乐哲《期望——中西哲学文化比较》第三章"扩展圆圈",施忠连、何锡蓉、马迅、李琍等译,学林出版社2005年版。
② [法]梅洛－庞蒂:《知觉现象学》,姜志辉译,商务印书馆2005年版,第452页。

景。思维方式的对比，与世界景观的对比是本质关联的。更深层的追问是，"指示"与"扮演"，是完全隔绝的还是相互助益的？

对西方现代思想的深刻批判中，最猛烈的火力对准了主客二元对立思维。二元对立思维几乎是现代性思想的病根，因而对它的反思和批判，似乎具有思想批判"总决战"的意味。对二元对立的批判，可谓瞄准了现代思想的"病灶"。但从"同情性理解"和现实性的辩护的角度，我们反倒要问，如果没有对立二元，没有"思者"和"可思之物"两者形成的理论框架，会不会有思的可能呢？如同孤立的粒子在物理世界中只能是抽象一样，"一元"抽象不能启动和建构任何思想。文化的表述和思想的表达，都不能依赖于混沌不分的世界整体。在思想发生意义上，创世之初的混沌整一，具有思想引动力的作用。① 对历史性的"思者"来说，核心任务不在于对这一原初景象的复原，而在于如何阐释业已分裂的世界的和谐。宣扬酒神式狂欢与和解的尼采，同样设定了象征狂欢与迷醉的酒神与象征秩序与形式化的日神这样两个对立面，以形成思想的张力。

"指示"与"扮演"同是以二元为前提的，二者的区别在于其处理二元关系的方式不同。"指示逻辑"的基本信念是，A 代表（stand for）B，A 指向（toward）B；而"扮演逻辑"的基本目标则是，A = B，通过扮演神而成为（becoming）神，以角色扮演的方式分享神力与其特质，这就可能在与神合一的仪式中，在有限个体身上全息化实现世界的整一和融合。在"指示逻辑"中，知识个体通过非人格化的能指工具，在可交流的知识平台上实现朝向文化观念的间接通达；而在"扮演逻辑"中，每一个体都能在其具身化的参与中直接领悟整体世界的信息，并当下证成基于自身体验的"小宇宙"，这种证成既是对世界的完满表达，也是参与者人格的当下确认。在大型多人角色扮演网游（MMORPG）中，众多参与者突破了空间的阻隔，确认了其共在性的存在感。

---

① 佛教"真如""般若智"是超越言说的。只要是寻求沟通和传达，就不能抵达"真如"。与"真如""般若"相比，一切哲学思考都还只是"技术活"。

哲学家们所追求的"交往理性",在网络空间中虚拟而真切地实现了。

在西方二元对立思想明确化的笛卡尔时代,对这一方法论工具进行自觉抵制的,最著名的是笛卡尔的同代人维科。维科《新科学》以对"置于卷首的图像"的"说明"作为全书的"序论",以形象化的方式阐明了全书要论述的理论问题。在这幅作为全书之"形象化提纲"的图中,维科自比玄学女神,以头上长角身上带翼的形象处于整幅画的最醒目位置。这活脱脱是一出"思想扮演剧"的"剧照"。① 这是对形式化科学语言的有意识阻抗。以形象来论理,与现代知识的条理化、抽象化相背而行。以形象作为表达的工具,是艺术的突出特征,也唯有艺术踊跃承诺奉献一个感性而完满的世界。因而并不奇怪,在现代性批判中,担任急先锋的正是艺术,而以艺术为主要阵地的"审美现代性",正是现代性批判中最鲜艳的大旗。② 不仅先锋艺术充当着冲破抽象化思想僵局的先头部队,整个艺术,因其诉诸形象化语言,整体来说都是反对现代性思想和体制化知识的主力。因为艺术所遵循的,恰恰是与"指示逻辑"不同的"扮演逻辑"。

在后现代语境中,现代性所代表的"指示逻辑"受到检讨,科学的权威与知识的合法性不复存在。由"指示逻辑"逐层建构的"元叙事"被"规定性游戏"所取代。利奥塔分析后现代知识状况的核心结论就是,"指示性游戏"(知识游戏)必须接受诸多详细的规定,被迫调整其共识性的目标。③ 后现代知识并没有放弃共通性,而是以情景化、叙事性对非人称性的抽象理性做出修补。这是对马克斯·韦伯的理性化的调整,也显示了后现代知识向"指示逻辑"的"他者"打开了大门。可以说,"指示"与"扮演"的僵硬对立是不存在的。现代科技

---

① [意] 维柯:《新科学·本书的思想——置在卷首的图形的说明》,朱光潜译,人民文学出版社1986年版。图见第2页。
② "审美现代性"在现代性批判中的本质性意义和旗手地位,可详参党圣元主编,陈定家选编《审美现代性》,中国社会科学出版社2011年版。
③ [法] 让-佛朗索瓦·利奥塔:《后现代知识——关于知识的报告》,车槿山译,生活·读书·新知三联书店1997年版。

中的人工智能技术、计算机领域的人性化创新、[①] 科学与艺术的跨界、哲学电影还有统计学在艺术研究中的运用无不说明，在"指示逻辑"和"扮演逻辑"之间，无数的沟通渠道已经凿开。

三 角色扮演与世界的"透明度"

"指示"与"扮演"均以世界和关于世界的言说这两者的理论性并列为前提。"指示逻辑"把对世界进行清晰客观的描述作为目标，这些描述还应具有可操作性和可交流性。这一逻辑在近代以来的自然科学中得到了充分的展示。为操作性和交流性付出的代价，是表达工具即"能指"的抽象化、形式化和非人格化。出于对更高标准化和更大范围内可交流性的追求，这些能指符号也越来越暴露出其"人为性"的特质，而"能指"与"所指"即世界之间的"异质性"也越来越明显了。作为"指示逻辑"之发展顶峰的，是高度抽象的科学符号、概念和公式。这些人工符号与人们直观到的世界图景是完全不同的。科学是要对世界进行客观准确描述的，但科学知识的高度可交流性带来的却是这一知识与世界的分离。科学追求客观，但却存在着彻底人工化、人类中心化的风险。"扮演逻辑"与之形成对比。借助对世界力量和精神观念的形象化再现，扮演者把世界自身和推动世界的精神动力活现出来。世界在"扮演"过程中声色鲜活地展露着。"指示"的高度"人工性"（人为性）与"扮演"的本色性形成对比。对世界进行人类中心主义的改造和破坏，是科学技术受到反思和批判的根本原因，这种批判是现代性批判中最核心的任务。正是随着现代理性观念的兴起，对世界进行认识、改造和征服的文明史才真正进入"人类学时代"。[②] 海德格尔立足

---

① 通过扫描人脸表情或动作而编辑、创作音乐作品的电脑程序，语音、图像和二进制计算机元语言的互转。

② 这里的"人类学时代"，不同于人类学这门科学，其核心的价值取向恰与人类学以来的文化多元、非人类中心观念背道而驰，它是强烈人类中心主义的。"人类学"的这两种恰成对比的意义和观念指向所可能造成的理解上的混乱，需要警惕。

存在本体之"澄明"对现代科技进行的批判,代表了这一批判路径的观念精髓。① 这种哲学本体论层面的批判,与后现代语境下针对环境污染、核战威胁等现实病症而在生存论角度提出的批判形成呼应。

"指示"与"扮演"的对比,是深化现代性批判思路的一个可能性尝试。正是由于"指示逻辑"所蕴含的非人格化特征,才导致了现代性思想与世界的疏离以及对世界自身的遮蔽和破坏。而"扮演"则以惟妙惟肖"演出"世界的方式,进行着思想表达、文化表述并促成意义生成。总而言之,在世界言说的过程中,"扮演者"与世界共舞,并亲身确定其"世界内存在"的存在感。在"扮演"中,世界图景是未经篡改的,"能指"符号与世界的精神观念背景和现实性条件是同构的,言说者是世内现成存在者,关于世界的整个言说是透明的(即世界得到完满、真实的表达)。建立起"指示逻辑"和"扮演逻辑"之间的原则性对立,并以对前者的"纠偏"而"技术性"地深化现代性批判,看来是一条可行的探索之路。

但这只是故事的"A面"。

故事的"B面"是,虽然"指示逻辑"包含着人为化的缺陷,会导致世界言说的偏差,但是,也存在着另一种现象,即在客观精确性的自然科学中,形象化的表达方式也起着重要作用。科学家在殚精竭虑的研究中,会受到感性形象的激发而瞬间实现关键性的突破,② 自然科学的公式定律会以极端简洁而完美的形式对物质世界复杂运动规律做出概括,③ 当代仿生学不断从自然现象和动植物的习性中寻找发明的灵感。④

---

① "在现代技术中起支配作用的解蔽乃是一种促逼,此种促逼向自然提出蛮横要求,要求自然提供本身能够被开采和贮藏的能量。"参见[德]海德格尔《技术的追问》,载海德格尔《演讲与论文集》,孙周兴译,生活·读书·新知三联书店2005年版,第12—13页。
② DNA双螺旋结构的简洁形式。
③ 欧拉恒等式 $e^{i\pi}+1=0$,以极端简洁的形式,将数学里最重要的几个常量联系到了一起。两个超越数:自然对数的底 e,圆周率 π;两个单位:虚单位 i 和自然数的单位 1,以及抽象的 0。数学家们评价它是"上帝创造的公式",我们只能看它而不能理解它。
④ 雷达、电子蛙眼、水母耳、风暴预测仪、现代起重机、人工冷光都是从动物的特别习性中获得灵感的。

当代科学在依然以抽象性"指示逻辑"为工作程序时，还自觉将形象化的表达符号引入其表述中。

不管是传统的知识传达、思想表达、文化表述，还是在日常生活世界中，抑或是在号称严格客观的科学探索中，"指示"与"扮演"的混搭与相互结合是无所不在的。因而，在对世界进行描述的广阔的知识、文化和观念传达领域，一方面，"指示"与"扮演"各自形成鲜明的特征，并以其本质性区别而把世界区分为"现代性的"和"非现代性的"；另一方面，两者的互通无所不在。在复杂的表达体系中，以二者的原则对立为方法论前提展开的现代知识学批判，应该更多理解为对"指示逻辑"之深刻弊端的警示。这种"技术性"的现代性批判理论以"前现代"的整一的世界图景为参照，随时纠正由"指示逻辑"的理性化导致的对世界的遮蔽。

"指示逻辑"和"扮演逻辑"两者的本质对立，作为一项"工作原则"而非僵硬事实，其有效性应该参照世界表达的核心任务，即对世界的真实"复现"而确定下来。"扮演逻辑"对世界的"透明性"表达，其优长之处在于能指符号与世界本身的同质性和形式相似性。世界本身就是含混而感性的，因而在艺术"扮演"中，总有理性语言不能确指的"韵外之致""滋味""光晕"和"境界"；世界本身是多级多向力的聚合体，因而风流的萨提尔、狂放不羁的狄奥尼索斯，还有狂怒的奥赛罗就要以其大幅度的动作"活现"出世界本身；世界的节律（日出日落、斗转星移、草木荣枯、四时更替）和人的节律（呼吸、心率、作息、体能、情绪）是同步相应的，因而，以现成的人的身体来"言说"世界，"角色扮演"就成为最便捷的"身体语言"。在这里，世界之所以是"透明的"，是因为在"扮演"中，世界自身的混乱、具象、力的冲突得到了直接的表达。世界是怎样的，就在扮演中展露怎样的景观，这是扮演逻辑所能追求的最高目标。

在"指示逻辑"中，同样有对世界透明性的追求。这种透明性是以理性化的、条理清晰的能指符号，准确而无歧义地指向世界中的深层真理，即科学知识所要探明的规律性。这种"透明性"涤除掉含混与多义性，试图只以形式化的语言说出隐藏在混乱、歧义、感性和力的冲突背后的"基本公式"。"指示逻辑"的透明性，是对现代理性权威的最强辩护。在现代性的反思中，"指示逻辑"的合法性并未完全丧失。在世界表达这一永无穷尽的任务面前，至关重要的不是在两种逻辑之间严格划界，而是如何切实地将两者的优长之处结合起来，形成关于世界的"高清视频"。

出于思想清晰表达的需要，柏拉图要将擅长"扮演"的诗人驱逐出"理想国"。柏拉图说道：

> 假如有一位聪明人有本领摹仿任何事物，乔扮任何形状，如果他来到我们的城邦，提议向我们展览他的身子和他的诗，我们要把他当成一位神奇而愉快的人物看待，向他鞠躬敬礼；可是我们也要告诉他：我们的城邦之中没有像他这样的一个人，法律也不允许有像他这样的一个人，然后把他涂上香水，戴上毛冠，请他到旁的城邦去。①

这段话被认为是柏拉图对诗人表示不友好态度，要把他们逐出"理想国"的铁证。然而，细心的读者会发现，柏拉图对这些展现"身子和诗"的模仿者的驱逐令，是暧昧不明的。柏拉图原则上驱逐诗人，却在《对话录》中处处显示出，他是咂吧着嘴，以艺术"行家里手"的姿态谈论艺术的，他的身世也证明了他对艺术的谙熟。② 对柏拉图态度之暧昧性的阐释，引发后世不绝如缕的"诗哲之争"。这方面的理论言说，不胜枚举。如果认同"诗哲之争"这一问题的合法性，就首先得认同"诗"与"哲学"的思想异质性。但如果把视野放宽，跳出现代性学科的囿限，我们就会明白，"诗"与"哲学"作为两门并立的学

---

① [古希腊]柏拉图：《柏拉图文艺对话集》，朱光潜译，人民文学出版社2008年版，第45页。
② 柏拉图青年时期热衷于文艺创作，写过赞美酒神的颂诗和其他抒情诗，富有文学才能。在老师苏格拉底去世后，他进行了广泛的游历，考察了各地的政治、法律、宗教，对数学、天文、力学、音乐都有研究。参见《柏拉图全集》第1卷，王晓朝译，人民出版社2002年版，"中译者导言"第17页。

科，它们的僵硬对立，完全是现代学科体制分疆划界的结果。两者具有现代学科意义上的区别，但并不具有观念本源意义上的区别。这种区别具有"技术性"，而非观念性。从学科层面区分"哲学"与"诗"，既是太现代了，也是太粗略了。套用亚里士多德的"一切艺术都是模仿"句式，或许在更大范围内，可以说，一切的文化表述和思想表达都是扮演。这一判断能够比较准确地贴近前现代文化一体化的氛围，虽然它并不是要建构一个独断的"艺术元理论"。

以"扮演逻辑"与"指示逻辑"的区分来描述远古一体性文化世界表述危机，才能真正理解柏拉图对艺术的暧昧态度。柏拉图的暧昧不仅仅是关于艺术的，这种态度本质说来是关于文化表述方式的。那些能"摹仿任何的事物""乔扮任何的形状""展现他的身子"的戴着毛冠的诗人（艺术家的代表），正是尼采以及人类学家所描写的能在神秘仪式中通神的神的"扮演者"的后裔。而在柏拉图的时代，那种神话巫术的远古观念正朝向理性化方向转变。难怪柏拉图的"演员"苏格拉底会在对话中，时不时地从思想辩论语境中跳出，提醒他的对话者：这些思想或许有神秘仪式的远古背景和影子。柏拉图站在表达工具理性化的角度，借苏格拉底之口指出，模仿与灵魂的无理性和懒惰的部分有关，诗人的模仿与灵魂的优秀部分无关，是低下的。[①] 模仿者对自己模仿的对象并不具有有价值的知识，他不知道自己模仿的优劣。[②] 何为有价值的知识？柏拉图已经尝试着按照"指示逻辑"来判定了。他借苏格拉底之口做出了这些判断，但苏格拉底却并非"指示逻辑"的遵行者。按照法国当代著名哲学史家格里马尔迪（Nicolas Grimaldi）的看法，苏格拉底其实是一个精通魔法的巫师。[③] 也就是说，柏拉图借苏格

[①] 《国家篇》10.604D 以下，《智者篇》234B 以下、235B 以下，《蒂迈欧篇》19D 以下，《国家篇》10.605A 以下，参见《柏拉图全集》，王晓朝译，人民文学出版社 2002 年版。

[②] 《国家篇》10.602A、10.602B，参见《柏拉图全集》，王晓朝译，人民文学出版社 2002 年版。

[③] 格氏注意到这样一个细微而关键的细节，在苏格拉底就要喝下毒芹酒死去时，斐多遗憾的不是友人的消逝，而是魔法师的消失："在你离开我们之后，我们到哪去找一个如此完美的魔法师呢？"参见 [法] 格里马尔迪《巫师苏格拉底》，邓刚译，华东师范大学出版社 2007 年版。

拉底这个演员（角色）来尝试进行"指示"性的文化思想表达，但他本人在这当口运用的，却完全是"扮演逻辑"。这正是柏拉图"诗哲之争"问题的深层观念背景。（需要提示的是，把巫术视为"魔法"，这也是现代性思想的"合理的偏见"。立足现代理性思想理解巫术时，很多人突出其"魔法"的一面，这既是正确合理的，也是抱有理性思想之优越性"偏见"的，或至少是"视角主义"的。）

从"扮演逻辑"向"指示逻辑"的转变，是雅斯贝尔斯所谓的"轴心时代"文明大发展的主题。"轴心期"的文明大发展，可以简略看作是观念、文化和思想的表达从"扮演"向"指示"转变的时期。孔子对儒家传统的理性化提升，是文化表达朝向"指示逻辑"的标志。但他本人"述而不作"的传道风格和弟子记录的《论语》中的情境化思想观念表达方法，无不说明他在文化表达方面的"角色"融入。受神话巫术楚风熏染的庄子，把包括孔子在内的"名角"都请进自己导演的思想剧，这不正是向久远的"扮演逻辑"致意吗？

在后现代的文化工业语境中，由最新 IT 技术催生的角色扮演网游，重新把"扮演逻辑"的操作程序展示出来。这本身就是一个"扮演"与"指示"相互影响和促进的有力证明。非人格化的"指示逻辑"也能情景性地表达世界图景，生成参与者（coser）切身性的意义空间。

在言说世界和文化表达的诸多领域，对世界本身的真实性表达是最终的目标。所谓世界的"透明性"，或许永远只能是一个理想化的目标。但从文化表达的历史来看，"指示"与"扮演"的相互助益既是可行的，也是朝向世界之"透明化"表达的有效策略。轴心期的文明勃发，是在"扮演"受到"指示"挑战，世界表达遭遇表述危机的背景下，由哲人思想家转"危"为"机"而实现的。[①] 表述危机永远存在，转换世界表达的语法和逻辑，随时调整"指示"与"扮演"的关系，

[①] 周公制礼作乐，孔子删诗，这个所谓的"把原始文化纳入实用理性的统辖之下"（李泽厚：《美的历程》第三章"先秦理性精神"，天津社会科学出版社 2001 年版，第 80 页）的过程，正是表述逻辑的转变时期。

是通达透明化世界的永恒课题。当代思想从现代性向后现代性的转变，其核心在于"扮演"与"指示"之关系的微调，两者的对立与争执，更多地不是一种历时性的演变与更替，而是通达本真世界的策略的调整。着眼于世界透明化的理想性目标，二者的对话与互益，作为革新文化表述策略的深层动力，将本质地决定着未来文化、观念的"知识学"面貌。

余论：扮演自己

"以言行事"的可能性，说明作为"能指"的语言和符号会对世界产生现实的影响。现代性危机证明了，对世界的表达关乎世界之安危。语言符号是人类优越性的标志之一，是人类表达世界所必需的工具。人类所创造的语言繁复多样，从人类走出原始丛林的第一声发出信号的嚎叫，到高度形式化的、需要艰辛学习才能掌握的理论物理学公式，不同的语言是人类理解和把握世界的不同尝试。在语言符号创造之初，语言自身的双刃性质并没有被意识到。在语言符号的消极作用被认识到以后，后现代性思想从"逻各斯中心主义""语音中心主义""符号帝国""人类中心主义""符号暴力""能指的霸权""形而上学立足存在者对存在的遗忘"等角度对现代性以来的"指示性"符号逻辑提出批判。思想家以"异延""块茎""游牧""语言游戏""无尽的能指链条"等策略对"指示逻辑"的单值性、形式化和抽象性做出反思。

凭借普遍可交流性，"指示逻辑"把语言工具对世界自身的伤害也普遍化了。这种普遍性的伤害，是欧洲中心主义的理性精神造成现代性危机的深层根源所在。百年之前胡塞尔惊呼的欧洲科学的危机，已经随着全球化而成为世界性的危机了。但哲学家的危机意识有时还是陷于思想的范围内，他们可能更多关注"能指"范围内的危机。当现代生态危机、核威胁、全球化的自然灾害日渐成为不容回避的现实时，突破能指层面，观照世界自身的眼光逐渐形成了。

世界表达的问题既是一个使世界本身本真性呈现的问题，也是呵护世界不受能指符号破坏的问题。"指示逻辑"和"扮演逻辑"都把维护世界的本真性呈现作为其目标和任务，但真正透明化的世界表达或许永远只能是一种理念性的设定。对于现实性的"世内存在者"而言，如果正如《楞严经》所言，最高的"实相"是永远无法思考的，就应该在对"能指"的改进中维护世界自身的本真性。

当代文化工业中的角色扮演，似乎只是文化工业中的时兴产品。但深究"扮演"这一形式法则的观念背景，我们会发现这一形式在"世界表达"中的深层思想规定性。"世界表达"不仅关乎文化的表述，也关乎文明的健康发展。因而，"扮演逻辑"有望为文化的更新提供有益的启发。这一点，可以从"角色扮演教学法"的大范围推广使用中看出端倪。①

但"扮演逻辑"对现代工具理性的反抗，是不是依然会陷入"指示逻辑"的魔咒中去呢？艺术与审美曾以先锋的姿态对现代工具理性进行批判，但在艺术市场化的浪潮中，锐气不再。扮演逻辑对"指示逻辑"的纠偏作用，是否也会以其本身的"指示化"转变而收场呢？"扮演逻辑"背后的一体性世界，对于现代人来说，是陌生的，但这并不能防碍角色扮演网游和 cosplay 的全球性风靡。也许，只有破除古今对立之"障"，才能真正领略我们所处的这个古今并置的时代。当神灵不在时，人们可以不再扮神、扮神话英雄、扮才子佳人。扮演好自己，是等待神灵重新降临的漫长人间世中最复杂的任务。

原载于《艺术学界》2015 年第 1 期

---

① "角色扮演教学法"几乎已经在现代教学的所有学科领域中推广开来。其实效如何，当然不可一言断定，但其无所不包的涵括力，从教学法角度提示出"扮演逻辑"的广泛渗透性，则是毫无疑义的。"角色扮演教学法"的推广运用，当下医治的领域包括：中小学各科课程、大学文理科课程、学前教育、护理、维修等技能型课程。

中国古代"小说"概念的中西对接[*]

宋莉华[**]

"每一领域内的现代化进程都是用各该学科的术语加以界说的。"[①] 就中国古代小说研究而言,"小说"这一概念历史悠久,内涵复杂,对其进行知识考古式的概念考订极为必要。正如谭帆教授所说,通过钩稽小说术语的历史,可以考知中国小说之特性,进而揭示中国小说之独特"谱系",是小说史研究的一种特殊路径。[②] 有关"小说"术语的梳理,目前已取得丰硕成果,不过仍存在一较大缺憾,就是对"小说"是如何与西方文体概念对接的,始终语焉不详。目前最为普遍的看法是,"小说"在19世纪后期经由日本这一中介,开始与"novel"对译。甚至有一些学者误认为,这一对译是晚清时由林纾等人提出的,由其选择"小说"一词作为"fiction"和"novel"的对译语。"小说"是在何种语境中与西方文体概念建立对应关系的?如何对应?"小说"概念的中西对接,对中国古代小说研究本身又产生了何种影响?本文拟对18世纪以来中国古代"小说"在西方的翻译、界定及文体分类,考镜源流,抉发意旨,通过历史探微,更为全面地梳理中国古代小说的中、西知识

---

[*] 本文为国家社科基金重大项目"中国古典小说西传文献整理与研究"(17ZDA265)、上海地方高水平大学创新团队"比较文学与世界文学"成果。

[**] 宋莉华,上海师范大学文学院教授。

[①] [美]费正清:《剑桥中国晚清史》(下卷),中国社会科学出版社1985年,"前言"第5页。

[②] 谭帆:《术语的解读:小说史研究的特殊理路》,载《中国古代小说文体文法术语考释》,上海古籍出版社2013年,第1、13页。

谱系，揭示中国古代"小说"概念如何在中、西对接中完成向现代文学术语的转化。

一 "romance" 视阈中的 "小说"

（一）"小说" 与 "romance" 的对应

中国古代"小说"概念的中西对接，往往被简单化为"小说"与"novel"的相遇，实则经历了一个复杂的过程。

"小说"的中西对接，始于18世纪中国古代小说在西方的传播。1714年，法国学者弗雷莱（Nicolas Fréret，1688-1749）在法兰西文学院[①]发表学术论文《中国诗歌》（"De la poësie des Chinois"）。文章虽然主要讨论中国诗歌，但其中提到了最早旅法的华人黄嘉略翻译《玉娇梨》前三回之事，并引用了小说《玉娇梨》第六回中的《新柳诗》。弗雷莱将《玉娇梨》定义为"un Roman Chinois"，即一部中国的罗曼史。[②] 1761年这篇文章被译为英文"A Dissertation on the Poetry of the Chinese"，作为英译本《好逑传》的附录附于书后，译者将此处译为"a Chinese Romance"。[③] 1719年，法国学者傅尔蒙（Étienne Fourmont，1683-1745）任法国皇家图书馆副馆长期间，用拉丁文编纂馆藏书目，其中汉籍书目见于第一卷"东方手稿部"，在1739年正式出版。该目录将《好逑传》《第三才子书玉娇梨》《第四才子书平山冷燕》等小说归入"romanenses"[④]，将《拍案惊奇》归于"fabulæ"[⑤]。

[①] 法兰西文学院，全名法兰西铭文与美文学术院（Académie des inscriptions et belles-lettres），是法兰西学会（Institut de France）下属的五个学术院之一，侧重于历史、考古及文献研究。

[②] *Histoire de l'Académie Royale des Inscriptions Et Belles-Lettres*, 3, A Paris, L'imprimerie royale 1723, p. 290.

[③] *Hau Kiou Choaan or the Pleasing History*, London: R. and J. Dodsley, 1761, p. 209.

[④] *Catalogus codium manuscriptorum Bibliothecae Regiae*, Tomus Primus, Codices manuscriptos orientales, Parisiis: e typographia regia, 1739, pp. 384-385.

[⑤] *Catalogus codium manuscriptorum Bibliothecae Regiae*, Tomus Primus, Codices manuscriptos orientales, Parisiis: e typographia regia, 1739, p. 394.

从 18 世纪初中国古代小说开始在欧洲流传一直到 19 世纪中期，"romance" 始终是 "小说" 的主要对译语，在英语及其他欧洲语言中被广泛应用。① 从这一时期西人编纂的汉籍书目、汉语字典、汉语语法著作、小说翻译及研究著作来看，所谓 "romance" 主要指向中国白话小说。"romance" 源于拉丁语 "Romanice"，意思是用白话书写的作品，是相对于拉丁语的书面语而言的。古法语有 "romanz" 一词，本意为 "民众的讲话" 或 "粗俗的舌头"，之后这个词语的义项越来越集中指向以口头语言叙述的叙事作品。早期西人以 "romance" 指称中国古代小说时，强调的是小说的口语化特色，将 "小说" 范畴限定于白话小说。

1728 年，法国汉学家马若瑟（Joseph de Prémare）用拉丁文撰写的汉语语法著作《汉语札记》成书于广州，书中大量引用白话小说例句。在该书第一部分 "口语的风格" 开篇，他谈到了 "小说" 概念，在文中直接引用汉语 "小说" 一词：

> Omnes reducuutur ad comœdias et ad opuscula quae dicuntur 说小 siaò chouě. Emi poterunt 1ᵉ 种百人元 yuèn gin pě tchóng. Continet baec collectio centum comœdias quae sub dynastiá yùen 元 prodicrunt; earum quaelibet quatuor vel quinque scenis absolvitur. 2ᵉ 传浒水 chouì hoù tchouén. Sed ut secretns hujus lihri sapor melius sentiatur, emendus erit qualis nb ingenioso 叹圣金 kin chíng t'án fuit editus, cum notis, quibus mirum anthoris artificium primus detexit. IIuic bistoriae quae satis longa cst, libros euim (sinicè 卷 kuen) continet 75, aliqnot multo breviores addeutur; quales sunt 缘图画 hoá t'oû yuén, 流风醒 sìug fô ng lieòu, 传述好 haò k' ieoûtchouén, 梨娇玉 yǒ kiaō lì, &c. Quilibet porro horum siaò chouě quatuor vel quinque tomis, sexdesim vel ad summun vig-

---

① 英语 "romance"，法语作 "roman"，德语作 "roman（ze）"，意大利语作 "romanzo"，西班牙语作 "romance"。

inti capita (siaiec 回 hoei) continet non plures.①

马若瑟在这里提及的《水浒传》《画图缘》《好逑传》《玉娇梨》,全部为白话小说,它们是该书例句的来源。1822 年,德国汉学家柯恒儒(Heinrich Julius Klaproth)编纂出版《柏林皇家图书馆中文、满文藏书目录》,共著录 4 种小说,都是白话小说:《三国志演义》《水浒传》《列国志》《肉蒲团》,全部被归入"romane"这一类。② 1840 年,德国汉学家肖特(Wilhelm Schott,1802 - 1889)编纂《柏林皇家图书馆中文、满文藏书目录》的续编,题为《御书房满汉书广录》,其中中国古代小说和戏曲被收录于"Romanisirte Geschichte, Romane und Bühnenstücke"(传奇故事、小说和戏剧)一类,收录的也只有白话小说,包括《开辟传》《隋唐演义》《唐演传》《唐五代传》《飞龙全传》《西洋记》,第一才子书《三国志演义》《岭南史》(即《岭南逸史》)、《二度梅传》《鬼神之德》。③

(二) "小说"与"romance"内在的相通性

"romance"在西方文学传统中历史悠久,用以指现代以前和中世纪的以散文或韵文写作、以表现奇妙非凡事件为宗旨的虚构叙事作品。《不列颠百科全书》对"romance"的解释是:它是文学形式的一种,通常以骑士精神为特征,大约 12 世纪中期在法国诞生。"romance"作为叙事文学的一种类型,其特点是内容富于骑士精神和冒险色彩,也包含了奇异(marvelous)、奇幻(miraculous)、夸张(exaggerated)和理

---

① Joseph Henri Prémare, *Notitia Linguae Sinicae*, Academia anglo-sinensis, Malacca Acad. Anglo-Sinensis, 1831, p. 39.

② Heinrich Julius Klaproth, *Verzeichniss der Chinesischen und Mandshuischen Bücher und Handschriften der Königlichen Bibliothek zu Berlin*, Paris in der Königlichen Druckerei, 1822, pp. 149 - 152.

③ Wilhelm Schott, *Verzeichnis der chinesischen und mandschu-tschungusischen Bücher und Handschriften der Berliner Bibliothek*, Berlin, 1840, pp. 84 - 97. "御书房满汉书广录"为原书所加中文书名。

想化（ideal）的内容。① 而在中国文学传统中，对"小说"的界定同样突出了其内容之"奇"，所谓"作意好奇，假小说以寄笔端"②，并以"奇书"指称小说。明清时期蔚为大观的历史演义和英雄传奇，在强调内容奇特、思想超拔这一点上，③ 与"romance"尤其声气相投。李渔《古本三国志序》云：

> 昔弇州先生有宇宙四大奇书之目，曰《史记》也，《南华》也，《水浒》与《西厢》也。冯犹龙亦有四大奇书之目，曰《三国》也，《水浒》也，《西游》与《金瓶梅》也。两人之论各异。愚谓书之奇当从其类。《水浒》在小说家，与经史不类；《西厢》系词曲，与小说又不类。今将从其类以配其奇，则冯说为近是。④

李渔不仅从文体一致的角度，批评了王世贞将不同文体混为一谈的做法，对小说四大奇书进行了清晰的界定和说明，而且极力渲染第一奇书《三国志演义》内容之"奇"和笔法之"奇"，称"三国者乃古今争天下之一大奇局"，认为作者具有卓越的写作才能，堪称"奇手"，才能成就"奇书"：

> 若彼苍之造汉，以如是起，以如是止，蚤（早）有其成局于冥冥之中，遂致当世之人之事，才谋各别，境界独殊，以迥异于千古，此非天事之最奇者欤！作演义者，以文章之奇而传其事之奇，而且无所事于穿凿，第贯穿其事实，错综其始末，而已无不奇，此

---

① https://www.britannica.com/art/romance-literature-and performance#toc508347main.
② 鲁迅：《中国小说史略》，人民文学出版社1973年版，第54页。
③ 谭帆：《"奇书"与"才子书"考》，载《中国古代小说文体文法术语考释》，上海古籍出版社2013年版，第187页。
④ （明）李渔：《序》，醉畊堂本四大奇书第一种《三国志演义》卷首，刘世德、郑铭点校，中华书局1995年版，第3页。

又人事之未经见者也。①

李渔之后,"四大奇书"之名不胫而走,"四大奇书"的概念深入人心。其美学追求与"romance"可谓不谋而合,西人将二者对译,其实颇有见地。

以"romance"指称"小说",突出了小说的虚构性和情节内容的传奇性,将小说与史书相区别。柯恒儒在目录中,对《三国志演义》与《三国志》进行了严格的区分,指出前者是"historischen Romane"(历史小说):"这部名著为晋代陈寿所作,记载了公元 220 年汉亡于东汉献帝,中国分裂为蜀、魏、吴三国的历史,一直到 280 年晋武帝重新统一中国。元代罗贯中对陈寿的历史著作进行了加工,采用文学化的风格,增添小说情节,并冠以《三国志演义》的书名。他的改写本成为脍炙人口的历史小说而备受推崇。本馆所藏为李卓吾评本,重新刊刻于 1684 年,凡 20 卷。"② 1816 年法国汉学家雷慕沙(Jean Pierre Abel Rémusat)对傅尔蒙编订的法国皇家图书馆目录进行修订,纠正了其中的许多错误。傅尔蒙在目录中将《三国志演义》和《三国书》③ 混为一谈,把二者都视为史书。对此,雷慕沙指出:有必要提醒读者,《三国志演义》是一部小说,它的主题来自于"三国"的历史,书里包含了很多神奇的冒险故事,在中国人看来,这种风格正是其主要优点。雷慕沙认为,傅尔蒙所犯的错误不可理解,即使他没读过这部书,也应认识到此书不同于目录中收录的另一部史书《三国书》,如果他注意到了该书分回的特点——因为根据傅尔蒙自己的说法,分回是中国虚构小说所

---

① (明)李渔:《序》,醉畊堂本四大奇书第一种《三国志演义》卷首,刘世德、郑铭点校,中华书局 1995 年版,第 4 页。

② Heinrich Julius Klaproth, *Verzeichniss der Chinesischen und Mandshuischen Bücher und Handschriften der Königlichen Bibliothek zu Berlin*, Paris in der Königlichen Druckerei, 1822, p. 149. 本文有关《柏林皇家图书馆中文、满文藏书目录》条目的译文,参考了方维规《世界第一部中国文学史的"蓝本":两部中国书籍〈索引〉》,见于《世界汉学》2013 年第 12 卷,特此说明。

③ 指陈寿《三国志》。

特有的。① 对于《水浒传》，傅尔蒙由于未读原著，在目录中误将"第五才子书"（Ti u cai cu xu）当作书名，把它与古代经典（libri canonici et classici）与《书经》《易经》《礼记》《春秋》《性理大全书》《性理大全综要》等归为一类。② 雷慕沙指出，"第五才子书"就是《水浒传》，与《三国志演义》属于同样的文体，被赋予很高的评价。其作者与"第一才子书"（Ti I thsaï-tseu, le premier poëte ou le premier romancier）为同一人，都是"施耐庵"（Chi-naï-'an）。③ 雷慕沙直接把"才子"翻译成了"romancier"，即小说家。1826 年雷慕沙翻译出版《玉娇梨》，在法文本译序中，他谈到了中国小说（roman）的特性，结论是如果要深入考察中国文化，那么描写民风世情的中国小说，是必须参考的最好回忆录。④

从现有文献看，19 世纪中期以前，西人关注的中国古代小说以长篇历史演义和英雄传奇居多，另外包含了部分描写市井生活的小说，如《拍案惊奇》《岭南逸史》及《玉娇梨》《平山冷燕》《二度梅》等才子佳人小说。而在评判中国小说时，西人往往受到"romance"的影响，强调作品的虚构性和艺术加工，及其带来的奇幻效果。柯恒儒《柏林皇家图书馆中文、满文藏书目录》所收小说虽不多，但对中国小说的特性揭示得极为准确。如该目介绍《列国志》一书："讲述周朝分裂时期各诸侯国争霸的故事。各诸侯虽为黄帝所封，但是往往都很强盛，从而能够违背黄帝旨意。那些故事被用来进行小说加工，且始于商朝最后一位帝王纣统治的时期，即公元前 1148 年，结束于秦朝初年，即公元前 258 年。"⑤ 《肉蒲团》则被视为淫秽小说（schmutziger Roman）。肖

---

① Jean Pierre Abel Rémusat, *Mémoire sur Les Livres Chinois de La Bibliotheque Du Roi*, Paris: Le Normant, Imprimeur-Libraire, 1818, pp. 50 – 51.

② *Catalogus codium manuscriptorum Bibliothecae Regiae*, Tomus Primus, Codices manuscriptos orientales, Parisiis: e typographia regia, 1739, p. 396.

③ Jean Pierre Abel Rémusat, *Mémoire sur Les Livres Chinois de La Bibliotheque Du Roi*, p. 56.

④ Jean Pierre Abel Rémusat, *Mémoire sur Les Livres Chinois de La Bibliotheque Du Roi*, Paris: Le Normant, Imprimeur-Libraire, 1818, p. 14.

⑤ Wilhelm Schott, *Verzeichnis der chinesischen und mandschu-tschungusischen Bücher und Handschriften der Berliner Bibliothek*, Berlin, 1840, p. 151.

特《御书房满汉书广录》为《飞龙全传》做注:"中国小说,例如市井小说(Bürgerlicher Roman),语言往往很夸张,并配有小说年代的英雄人物画像,这些文学'肖像'会同书名放在一起。"① 论及《西洋记》时,肖特明确地指出该书具有神魔色彩,其中写到的许多国度实为乌托邦,书中夹杂了很多奇幻的传说。②

二 "novel"的兴起与"小说"概念的演变

19世纪上半叶,随着"novel"这一新的现代文类的兴起,西方汉学界也逐渐用"novel"代替"romance"作为"小说"的主要对译语。

(一)"novel"的兴起及其与"小说"的对应

西方文学从史诗(epic)到传奇(romance)再到长篇小说(novel),是一个长期的发展过程。在现代欧洲小说兴起之前,流行于世的主要散文叙事作品就是"romance",而"novel"是18世纪后期才正式确定名称的文类。1692年英国复辟时期的著名剧作家康格里夫(William Congreve)创作了中篇小说《匿名者》(Incongnita),在序言中他对传奇(romance)与小说(novel)进行了区分:前者一般是描写贵族或英雄人物坚贞的爱情和无比的勇气,运用高雅语言、奇怪故事和难以置信的行动予以表现;小说则描写与常人较接近的人物,向我们表现生活中的争斗算计,用新奇的故事取悦读者,但这些故事并不异常或罕见。18世纪理查逊(Samuel Richardson)、菲尔丁(Henry Fielding)、斯摩莱特(Tobias Smollett)、约翰逊(Samuel Johnson)等人继续对这两种文类进行梳理,直到19世纪初,司各特(Walter Scott)为《不列颠百科全书》撰写条目,有关"novel"的讨论才告一段落。司各特指出:

---

① Wilhelm Schott, *Verzeichnis der chinesischen und mandschu-tschungusischen Bücher und Handschriften der Berliner Bibliothek*, Berlin, 1840, p. 90.

② Wilhelm Schott, *Verzeichnis der chinesischen und mandschu-tschungusischen Bücher und Handschriften der Berliner Bibliothek*, Berlin, 1840, p. 91.

就总体特征而言，"novel"作为虚构叙事作品，以描写现代社会普通人的生活故事而与"romance"相区别。①

从19世纪上半叶开始，西人开始用"novel"来对应"小说"一词。1815—1823年，马礼逊（Robert Morrison）编纂出版第一部英汉字典，其中对汉语"小说"一词的释义是："small talk"，它通常是历史小说（historical novels）的总称，在汉语中指散文虚构作品（works of fiction）。中国人谈起"小说"时往往带着鄙夷的口吻。② 在英语"novel"这一条目下，马礼逊则是这样解释的："小说书 seaou shwǒ shoo. Hearing of a few romances and novels forthwith think that they are ture. 听些野史小说便信真了。"③ 1822年，英国汉学家德庇时（John Francis Davis）翻译李渔《十二楼》中的《三与楼》《夺锦楼》与《合影楼》，以 Chinese Novels（《中国小说集》）为题出版。1848年，卫三畏（Samuel Wells Williams）《中国总论》分经、史、子、集介绍了中国文献，他直接把子部"小说家"译为"novels"，称《三国志演义》是"historical novel"④，即历史小说。1860年法国汉学家儒莲（S. Julien）翻译《中国小说选》，收录《董卓之死》《滕大尹鬼断家私》《刘小官雌雄兄弟》三篇，题为"Nouvelles Chinoises"。⑤ 最为突出的是1876年艾约瑟编《博德林图书馆汉籍目录》，几乎用"novel"一词囊括了所有白话叙事文学作品，除章回小说、话本及拟话本小说之外，《琵琶记》《西厢记》等少量戏曲以及广东木鱼书《花笺记》也被归入"novel"。⑥ 1838年，英国第一任汉学教授基德（Samuel Kidd, 1799-1843）为伦敦皇家

---

① 申丹：《英美小说叙事理论研究》，北京大学出版社2005年版，第12—39页。
② Robert Morrison, *A Dictionary of the Chinese Language*, Part Ⅰ, Macao, China: East India Company's Press, 1822, p. 7.
③ R. Morrison, *A Dictionary of the Chinese Language*, Part Ⅲ, Macao, China: East India Company's Press, 1822, p. 295.
④ Samuel Wells Williams, *The Middle kingdom*, pp. 682, 677.
⑤ S. Julien, *Nouvelles Chinoises*, Paris: L. Hachette et Cie, Benjamin Duprat, 1860.
⑥ Joseph Edkins, *A Catalogue of Chinese Works in the Bodleian Library*, London: Macmillan and Co., 1876, pp. 12-19, 27.

亚洲文会编订《皇家亚洲文会中文图书馆书目》(Catalogue of the Chinese Library of the Royal Asiatic Society) 时，用"works of fiction"描述中国小说。但是到1889年，翟理斯（Herbert Allen Giles）对这一目录进行修订、增补时，"novel"则占据了主流，间或使用"romance""tale"等，如《三国志演义》为"romance"，《水浒传》为"historical novel"，《三宝太监西洋记通俗演义》为"novel"，《封神演义》《今古奇观》为"tale"。①

（二）"novel"与"romance"之争

尽管西人越来越趋于以"novel"对译"小说"，但它并没有完全取代"romance"成为唯一的对译语，大多数西方学者沿袭了马礼逊、麦都思的做法，将二者并列为"小说"的对译语。麦都思（W. H. Medhurst）在其所编《英华字典》（1842—1843）中的解释是："Novel, a romance, 小说 seaou shwǒ。稗说 paé shwǒ; romances and novels, 野史小说 yày shè seaòu shwǒ。"他在"romance"的条目后则直接注明"小说 seaou show"②。罗存德（Wilhelm Lobscheid）于1866—1869年编纂出版的《英华字典》中释义如下：Novel, 小说, 稗说; Fiction, 荒唐, 小说, 无稽之言, 无根之语; Romance, 怪诞, 小说, 荒唐; Story, a trifling tale, 小说, 小事迹。③ 1872卢公明（Justus Doolittle）编《英华萃林韵府》，对麦都思、罗存德的《英华字典》蹈袭良多，其中对"小说"释义如下：Fiction, 小说 hsiao shuo, 无根之语; Novels, 小说 hsiao shuo, 稗说 pai shuo; *Romances and Novels*, 野史小说 yeh shih Hsiao shuo; Romance *or novel*, 小说 hsiao shuo; Tales *or Romances*, 小说 hsiao shuo。④

---

① *A Catalogue of the Chinese Manuscripts in the Library of the Royal Asiatic Society*, Cambridge University Press, 1890, pp. 21, 42, 8.

② W. H. Medhurst, *English and Chinese Dictionary*, Vol. Ⅱ, Shanghae: Mission/Pree, pp. 885, 1101.

③ Wilhelm Lobscheid, *An English and Chinese Dictionary*, revised and enlarged by Tetsujiro Inouye, Tokio: J. Fujimoto, 1883, pp. 752, 916, 505, 1021.

④ Justus Doolittle, *Vocabulary and Handbook of the Chinese Language*, *Romanized in the Mandarin Dialect*, Vol. Ⅱ, Foochow: Rozario, Marcal, and Company, 1872, pp. 189, 328, 415, 480.

1867年梅辉立（William Frederick Mayers）在《中国经典书目提要》中别立名目，把"romance"和"novel"杂糅在一起，把中国小说分为两类：一类是"historical romances"，包括《三国志演义》《水浒传》《夏商传》《春秋列国志传》《东周列国传》《昭君传》《隋唐传》《说唐》《反唐演义》《残唐五代史演义》《五虎平西传》《五虎平南后传》《万花楼》《说岳全传》《洪武传》《英烈传》等历史演义和英雄传奇；另一类是"romantic novels"，梅辉立将之视为虚构文学的代表，包括《好逑传》《平山冷燕》《玉娇梨》《群英杰》《大红袍传》《二度梅》《金瓶梅》《品花宝鉴》《红楼梦》《续红楼》《演红楼》等。[①] 梅辉立的《中国经典书目提要》影响颇大，如1873年英国汉学家李思达（Alfred Lister）在香港圣安德鲁会堂发表演讲《用一小时读中国小说》，后发表于《中国评论》。对梅氏的分类表示赞同，在文中引用了梅氏的说法。[②] 不过在对具体作品的文类划分上，他与梅辉立并不一致，把文中重点讨论的小说《玉娇梨》定义为"romance"，而不是梅氏所认为的"romantic novel"。美国传教士丁义华（Edward Waite Thwing）1897年发表在《中国评论》上的文章《中国小说》也沿袭了梅辉立对于中国小说的基本分类。

以"novel"对译"小说"，其实是"novel"在西方兴起后对汉学研究的一种投射。由于二者在内涵和外延上存在较大差异，因而这种对译招致了长期的争议。当代汉学家浦安迪（Andrew H. Plaks）曾说，我们经常可以听到人们说"狄更斯的小说""巴尔扎克的小说"，殊不知严格地说，狄更斯和巴尔扎克只写过"novel"，而从未写过"小说"，他主张用"奇书文体"来代替"小说"，指称明清长篇小说。[③] 刘若愚（James J. Y. Liu）指出，"novel"是由一位作者独立创作的，而中国的

[①] William Frederick Mayers, "Bibliographical Notes on Chinese Books", *Notes and Queries on China and Japan*, Vol. 1, No. 10, 1867, pp. 86, 102, 119, 137, 154.

[②] Alfred Lister, "An Hour with a Chinese Romance", *China Review*, Hong Kong, Vol. 1, No. 5, 1873, p. 286.

[③] ［美］浦安迪：《中国叙事学》，北京大学出版社1996年版，第26页。

长篇小说大多为世代累积型,且文备众体,韵散相间,并不像"novel"那样完全以散文写作。此外,"novel"强调现实性,不涉及超自然题材,中国小说则经常引入超自然或荒诞的元素。在他看来,中国传统的长篇小说与其说与"novel"类似,不如说更接近中世纪的"romance"和"saga",后者源于古斯堪的那维亚语,是北欧的英雄传奇,多涉及神话传说、家族历史。① 毕晓普(J. L. Bishop)《论中国小说的若干局限》一文,则以"novel"的视角对中国小说提出了批评。他认为中国传统小说的局限之一在于滥用诗词。话本小说兴起之初,插入诗词或许有其特定功能,但到后来的"有诗为证",却只能拖延高潮的到来,徒然成为套语,打断读者的阅读兴趣,这种写法很难被西方读者接受。② 19世纪后期,日本学者借用汉语词汇翻译西方文体概念时,已经意识到二者的差异,试图用"小说"和"传奇"区分"novel"和"romance"。坪内逍遥《小说神髓》一书指出:

> 小说是虚构物语的一种,即所谓传奇的一个变种。所谓传奇又是什么呢?英国将它称为romance。Romance是将构思放在荒唐无稽的事物上,以奇想成篇,根本不顾是否与一般社会事理相矛盾。至于小说,即novel则不然,它是以写世间的人情与风俗为主旨的,以一般世间可能有的事实为素材,来进行构思的。③

事实上,无论是"novel"还是"romance",都有其特定内涵和文体特征,任何一词与"小说"对译,都不可避免地存在局限性。而"小说"又是中国文学史上最为复杂的术语之一,因而在它与西方文学概念建立对应关系的过程中,唯有对"小说"进行更细致的分类,以

---

① James J. Y. Liu, *Essentials of Chinese Literary Art*, North Scituate, Mass.: Duxbury Press, 1979, p. 49.
② J. L. Bishop, "Some Limitations of Chinese Fiction", *Far Eastern Quarterly*, Vol. 15, No. 2, Feb., 1956, pp. 240–241.
③ [日] 坪内逍遥:《小说神髓》,刘振瀛译,人民文学出版社1991年版,第30页。

确定相应的西方术语,使双方在内涵和外延上更相合,才有可能实现中国古代"小说"概念的中西对接。

三 "小说"作为现代文学术语的重建

尽管西方学者普遍以"romance"和"novel"指称"小说",但他们也意识到其中的种种不适应性,于是通过对小说进行逻辑分层,并运用多种术语对应小说的诸多亚文类,以此构成"小说"术语的重建。

(一) 对"小说"文体的逻辑分层

"小说"一词在中国延续久远,"子""史"二部乃中国小说之渊薮。"说部""稗史"等术语均与此一脉相承,是把握中国小说"谱系"的关键。①

"小说"在进入西方学术话语系统时,则根据西方知识谱系被重新定义。马礼逊、罗存德等人在字典中,按西方文学传统,将"小说"解释为用散文写作的虚构叙事文学(works of fiction),并在此基础上对"小说"进行分类。1823 年圣诞节前,马礼逊乘坐"滑铁卢号"返回英国时,将他收藏的近万册汉籍一同带回。途中他为这批藏书编纂目录,将其中的小说书分为"novel""story""tale""short story"等若干类。法国汉学家巴赞(Antoine Pierre Louis Bazin)对小说分类更细。1853 年,他在《当代中国》(Chine Moderne)中,介绍了以"才子书"为代表的当代中国小说,将"roman"(小说)进一步细分为历史小说(Roman historique)、性格小说(Roman de caractère)、风俗小说(Roman de mœurs)、对话体小说(Roman dialogué)、诗体小说(Roman en vers)、神话小说(Roman mythologique)。②

---

① 谭帆:《术语的解读:小说史研究的特殊理路》,载《中国古代小说文体文法术语考释》,上海古籍出版社 2013 年版,第 1—3 页。
② Antoine Bazin, *Chine Modern*, Paris: Firmin-Didot frères, 1853, p.474.

1867年，英国汉学家伟烈亚力（Alexander Wylie）在《汉籍解题》中对中国文人轻视小说的态度表示不解，提出小说是文学的重要组成部分。他打破中国传统书目摒弃白话小说的做法，在"子部·小说家"著录了《三国演义》《西游记》《金瓶梅》《水浒传》《红楼梦》《玉娇梨》等。伟烈亚力在这里所说的"小说"，对应的是"works of fiction"，具体又分为"novel"和"romance"。[1] 英语中的"fiction"与"novel"和"romance"存在逻辑上的层级关系。加拿大文学批评家弗莱（Northrop Frye）在《批评的解剖》一书中指出，"fiction"的外延要大得多，泛指一切散文虚构作品，除小说外，还包括自白体、解剖体、传奇体等文学类别。[2]

"小说"与"fiction"对应，意味着它的范围大致被划定为以散文写作的叙事文学，传统"小说"概念中的非文学、非文体因素被过滤，与现代"小说"概念相通。同时"小说"被分为若干亚文类，尽管分类并不十分严格，划分标准也不统一，但通过逻辑分层，"小说"演变为一个更具包容性的文体概念。

20世纪初，"小说"作为新的文体概念，逐渐取代"说部""稗史""讲史""演义"等传统术语而被广泛运用。1904年，黄人撰写《中国文学史》，专设"明人章回小说"一节，说"当时心之士，多著小说，又喜评小说，而文学家中通俗小说，与八股、传奇鼎峙"。他对小说按题材分类如下：历史小说、家庭小说、军事小说、神怪小说、宫廷小说、社会小说、时事小说。[3] 其《小说小话》则从语言角度对小说进行了分类："小说固有文、俗二种，然所谓俗者，另为一种语言，未必尽是方言。至《金瓶梅》始尽用鲁语，《石头记》仿之，而尽用京

---

[1] Alexander Wylie, *Notes on Chinese Literature*, Shanghai: American Presbyterian Mission Press; London: Trübner & Co. 60, Paternoster Row, 1867, p. 161.

[2] ［加］弗莱：《批评的解剖》，陈慧、袁宪军、吴伟仁译，百花文艺出版社2006年版，第527—528页。

[3] 黄人：《中国文学史》，杨旭辉点校，苏州大学出版社2015年版，第322页。

语。至近日则用京语者，已为通俗小说。"① 1908 年，耀公《小说发达足以增长人群学问之进步》将章回小说与短篇小说对举："及导以小说家之叙事曲折，用笔明畅，无论其为章回也，为短篇也，为传奇与南音班本也。"② 此处强调的是章回小说的长篇特点，这也是西方小说的分类视角之一，"novel"这一概念本身包含着对篇幅的要求，必须达到一定长度。吴日法《小说家言》也以"长篇小说"指称历史演义："长篇之小说，取法于《通鉴》之编年……长篇之体，探原竟委，则所谓演义是也。"③ 郑振铎把中国小说分为短篇（包括笔记小说、传奇小说、评话小说）、中篇、长篇，长篇小说"包括一切的长篇著作，如《西游记》《红楼梦》之类。这一类即是所谓'Novel'或'Romance'，篇页都是很长的，有长至一百回、一百二十回，亦有多至二十册、三四十册的。"④ 尽管中西分类方式不尽相同，但在语言、题材、篇幅等这些构成小说分类的标准和分类逻辑上则渐趋相同。

（二）中西"小说"概念融通与"小说"边界的延伸

在与西方文体概念对接之后，"小说"的边界发生了什么样的变化呢？西人以"romance"对应中国古代"小说"有其合理性，但由于"romance"在西方文学中有特定内涵和文体特征，其与"小说"的对译，也带来相应的问题。最为明显的就是，中国古代"小说"概念被窄化，外延有所收缩。早期西人以"romance"指称中国古代小说，强调小说语言的口语化色彩，因而将"小说"范畴限定于白话小说，而将文言小说排除在外。

马若瑟在《汉语札记》中，按字面意思把"小说"直译为拉丁文

---

① 黄人：《小说小话》，《小说林》1908 年第 9 期"评林"。
② 耀公：《小说发达足以增长人群学问之进步》，《中外小说林》1908 年第 1 期"外书"。
③ 吴日法：《小说家言》，《小说月报》1915 年第 6 卷第 6 号"杂俎"。
④ 郑振铎：《中国小说的分类及其演化的趋势》，《学生杂志》1930 年第 17 卷第 1 号。

"opuscula quae"（1847 年《汉语札记》英译本中译为 "small works"①），重在说明"小说"篇幅短小，乃"丛残小语"。当然，"opuscula"也包含了地位卑微之意，与中国"小说"不登大雅之堂的传统观念相呼应。但他在列举具体篇目时，提到的都是长篇白话小说。他不无困惑地指出，金圣叹评点的《水浒传》长达 15 卷，《画图缘》《醒风流》《好逑传》《玉娇梨》等小说虽然没有这么长，但每一种书也都有 4—5 卷，16—20 回不等，这与字面的"小"是矛盾的，显然马若瑟并未把文言小说视为小说。

在西人所编的早期汉籍目录中，文言小说往往不被归入小说类。如 1838 年基德《皇家亚洲文会中文图书馆书目》把志怪小说《搜神记》归入宗教类、《广博物志》归入自然历史类。② 1840 年肖特编纂的《御书房满汉书广录》，小说（romane）部分只收录白话小说，而将《古今事文类聚》《太平广记》《野获编》《熙朝新语》等文言小说收录在"百科全书及杂著"（Werke von encyclopädischem und ver mischtem Inhalt）类。1878 年考狄（Henri Cordier）《西人论中国书目》文学类下包含"Tsai-tseu chou 才子书"，"Romans, contes et nouvelles"（长篇小说、故事和短篇小说），"Théatre"（戏曲），"Poésie"（诗歌），基本只收录用白话写作的小说和戏曲，文言小说仅《聊斋志异》一种。③ 1889 年翟理斯《剑桥大学图书馆威妥玛所藏汉满书籍目录》把《广博物志》《说铃》《唐人说荟》《太平广记》等归入史志（History, Biography, Statutes）类。④

随着汉学的发展，西人在对中国小说的理解上，出现了会通中西的趋势，这首先表现为把文言小说重新纳入"小说"范畴。伟烈亚力虽

---

① James Granger Bridgman, *The Notitia Linguae Sinicae of Prémare translated into English by J. G. Bridgman*, Canton: Printed at the Office of the Chinese Repository, 1847, p. 26.
② Samuel Kidd, *Catalogue of the Chinese Library of the Royal Asiatic Society*, pp. 16, 48.
③ Henri Cordier, *Bibliotheca Sinica*, Paris: Ernest leroux, 1878, pp. 804 - 844.
④ Herbert Allen Giles, *Catalogue of the Wade Collection of Chinese and Manchu Books in the Library of the University of Cambridge*, Cambridge university press, 1898, pp. 38, 62 - 63.

然强调白话小说的文学地位，但他仍然遵循《四库全书总目》的四部分类体例，在《汉籍解题》"子部·小说家"收录了百余多种文言小说。这些文言小说的解题也是以《四库全书总目》为基础摘录而成的。1897年丁义华（Edward Waite Thwing）《中国小说》一文中，列举了"十才子""四大奇书"《聊斋志异》《东周列国》《今古奇观》《红楼梦》《列女传》《智囊》《子不语》《搜神记》等数十种小说。在这份驳杂的书单中，文言小说与白话小说兼收并蓄。美国学者费正清（John King Fairbank）曾说："外国思想的翻译常常接近于汉化。正像为了适应现代需要而把印欧语系加以现代化那样，中国也创造了新名词，许多是从日文吸收的，用以表达新的意义。可是古代汉字用于新的词组时，并不能完全摆脱它们积累起来的涵意。"[1]"小说"一词为中国原有的术语，虽然在中西对接过程中被旧词新用，但其原有含义经过甄别有所保留。

其次，翻译小说也被囊括到"小说"范畴。1880年，法国汉学家突尼烈（M. Jules Thonnelier）编纂出版的《东方藏书目录》呈现出融通中西的鲜明特征。该目录除收录《好逑传》《玉娇梨》《平山冷燕》《花笺记》等汉籍小说，还有马礼逊翻译的《中国春秋》（Horae Sinicae：Translations from the Popular Literature of the Chinese），德庇时（John Francis Davis）英译本《中国小说》（Chinese Novels）、《好逑传》，雷慕沙法译本《玉娇梨》，儒莲法译本《白蛇精传》《平山冷燕》。[2] 1876年艾约瑟为牛津大学编《博德林图书馆汉籍目录》，也把宾为霖（William C. Burns）译成汉语的西方小说《天路历程官话》《续天路历程官话》《正道启蒙》（The Peep of Day）等一并收录。[3]

---

[1] ［美］费正清编：《剑桥中华民国史》上卷，杨品泉等译，中国社会科学出版社1994年版，第5页。

[2] M. Jules Thonnelier, *Catalogue de la bibliothèque orientale*, Paris：Ernest leroux, 1880, pp. 256-259.

[3] Joseph Edkins, *A Catalogue of Chinese Works in the Bodleian Library*, London：Macmillan and Co., 1876, pp. 44-46.

由此，中国原有的术语"小说"经过中西融通，边界有所延伸，包含了白话小说、文言小说和翻译的西方小说，"小说"一词演变为用散文写作的叙事文类的通用性术语。康有为、梁启超等晚清士人从日本接受了西方的小说观，同时又受中国小说观熏染，其对"小说"的认知也带有中西交融的特点。1897年，康有为在《日本书目志》中倡导读小说，强调"泰西尤隆小说学哉"，同时又注意到"日人通好于唐时，故文学制度皆唐时风。小说之秾丽奇怪，盖亦唐人说部之余波"。① 《日本书目志》第十四"小说门"不仅著录了日本作家深受中国影响创作的小说，还包括他们翻译的西方小说，如"英和对译"的《开口笑话》《翻译丛书》《欧洲小说黄蔷薇》《欧洲小说西洋梅历》等。梁启超受《日本书目志》影响很大，1898年他在《译印政治小说序》中大段引用康有为关于小说社会功能的文字，称"政治小说之体，自泰西人始也"，"今特采外国名儒所撰述，而有关切于今日中国时局者，次第译之，附于报末"，② 并亲自操觚翻译了柴四郎《佳人奇遇》等政治小说。因而，在近代东西方文化交流的语境中，中、西关于"小说"概念的外延渐趋一致。

（三）赋予"小说"新的审美特征

自先秦两汉以来，"小道观"长期制约着中国的小说创作和理论发展。从《庄子·外物》所谓"饰小说以干县令，其于大达亦远矣"③，到《汉书·艺文志》"小说家者流，盖出于稗官。街谈巷语，道听途说者之所造也。孔子曰：'虽小道，必有可观者焉，致远恐泥，是以君子弗为也'"④，"小说"一直被视为无关政教弘旨的小道。后虽有洪迈、李卓吾、金圣叹等人为摆脱"小道观"进行了种种努力，但从《四库全书总目·子部小说家类叙》来看，这一小说观仍占据主流："迹其流

---

① 康有为：《日本书目志》，载蒋贵麟主编《康南海先生遗著汇刊》第11册，台北：宏业书局1987年，第735页。
② 任公：《译印政治小说序》，《清议报》1898年第1期。
③ 郭庆藩辑：《庄子集释》第4册，中华书局1978年版，第925页。
④ （汉）班固：《汉书·艺文志》，（唐）颜师古注，商务印书馆1955年版，第39页。

别,凡有三派:其一叙述杂事;其一记录异闻;其一缀辑琐语也。唐宋而后,作者弥繁,中间诬谩失真、妖妄荧听者固为不少,然寓劝戒、广见闻、资考证者亦错出其中。"① 小说之所以可观,主要在于其实录见闻,信而有徵,"小说既述见闻,即属叙事,不比戏场关目,随意装点"。② 可见,与小道观密切相关的是其实录的特征。

"小说"与西方文学术语对接后,小说的文学地位及其虚构性的现代文体特征得到确认和强化。梅辉立指出:中国人往往轻视虚构想象的文学,用艾约瑟的话说就是"君子弗为"。"小说"这一称谓本身,就是他们鄙视这类文学作品的有力证据。中国一般把小说分为"小说书"(Siao Shwo Shu),即由不成熟的小故事和轶闻琐事杂糅而成,以及"杂著"(Trivial Works)。直到20世纪,一些历史演义和英雄传奇才被称作"才子书"(Ts'ai-tz'Shu),从小说中分离出来。③ 他在此引用的正是《四库全书总目》中的说法。不过,梅辉立对此并不认可,在他看来,历史演义和英雄传奇能够从中分离出来,是文学观念的进步。

晚清小说界革命高扬小说的旗帜,提出"小说为文学之最上乘也"无疑是新的小说观念确立、摆脱"小道观"束缚的最为有力的明证。小说的虚构特性被堂而皇之地提出来:"小说则不然,吾有如何之理想,则造如何之人物以发明之,彻底自由,表里无碍,直无一人能稍掣我之肘者也。"④ 清末碧荷馆主人在小说《新纪元》中,批评从前的小说家拘泥于史书或实事:"我国从前的小说家,只晓得把三代秦汉以下史鉴上的故事,拣了一段作为编小说的蓝本,将他来描写一番,如《列国志》《三国志》之类。"⑤ 晚清科幻小说更是极尽幻想、虚构之能事,"以好奇之心,发为不规则之谬想,横溢无际,泛滥无归"⑥,是以

---

① 《钦定四库全书总目》,中华书局1997年版,第1870页。
② (清)纪昀:《阅微草堂笔记》(下),韩希明译注,中华书局2014年版,第1475页。
③ William Frederick Mayers, "Bibliographical Notes on Chinese Books", *Notes and Queries on China and Japan*, Vol. 1, No. 10, 1867, p. 137.
④ 侠人:《小说丛话》,《新小说》1905年第13号,广智书局发行,第167页。
⑤ 碧荷馆主人:《新纪元》,《中国近代小说大系》,江西人民出版社1989年版,第438页。
⑥ 《论科学之发达可以辟旧小说之荒谬思想》,《新世界小说社报》1906年第2期。

真实为追求的"科学"与以虚构为特征的"小说"相遇的产物。①

1895 年傅兰雅（John Fryer）在《申报》发表"求著时新小说启"，对小说文体的审美旨趣提出了新的预期和设想：要求征文者"撰著新趣小说"，内容要有现实性，针对当时三种社会弊端，即鸦片、时文和缠足；具有新的审美特征，"辞句以浅明为要，语意以趣雅为综，虽妇人幼子皆能得而明之"，能够感动人心；具有"变易风俗"、革除弊病的社会价值和功能。② 该征文启事 1895 年 5 月 25、28、30 日，6 月 4、8 日在《申报》多次刊登，1895 年 6 月又登于《万国公报》第 77 期，对晚清士人形成新的小说观不无启发，与梁启超所谓"新小说"及其探讨的小说与群治之关系，颇多相通之处。③ 虽然，梁启超开启了"小说时代"的到来，④ 但"新小说"过分强调小说的社会功能。1905 年王国维在《论哲学家与美术家之天职》一文中批评中国文学不以审美为目的："甚至戏曲小说之纯文学，亦往往以惩劝为恉。其有纯粹美术上之目的者，世非惟不知贵，且加贬焉。"⑤ 贯穿于清末民初文学研究的"纯文学""杂文学"之辨，使小说的纯文学特性得以凸显，"小说"转变为现代文学术语。明治三十九年（1906），太田善男著《文学概论》，将"纯文学""杂文学"对举，对王国维、鲁迅、黄人、周作人、吕思勉、谢无量、朱希祖等人的文学观和小说史研究产生深远影响。⑥ 1914 年吕思勉在《小说丛话》中把小说分为"纯文学的小说""杂文学的小说"："中国旧时之小说，大抵为纯文学的小说。如《镜花缘》之广搜异闻，如《西游记》之暗谈医理，似可谓之杂文学的小说

---

① 贾立元：《"晚清科幻小说"概念辨析》，《中国现代文学丛刊》2017 年第 8 期。
② ［英］傅兰雅：《求著时新小说启》，《申报》1895 年 5 月 25 日。
③ 夏晓虹在《晚清"新小说"辨义》一文中认为，梁启超所谓"新小说"与日本早期春阳堂的刊物《新小说》关联度更高，《文学评论》2017 年第 6 期。
④ 夏晓虹：《晚清"新小说"辨义》，《文学译论》2017 年第 6 期。
⑤ 王国维：《论哲学家与美术家之天职》，《教育世界》1905 年第 99 期。
⑥ 可参见关诗佩《吕思勉〈小说丛话〉对太田善男〈文学概论〉的吸入》，《复旦学报》2008 年第 2 期；张健《纯文学、杂文学观念与中国文学批评史》，《复旦学报》2018 年第 2 期。

矣。然其宗旨以供人娱乐为目的，则仍为纯文学的小说也。"①

可以说，"小说"作为现代文学术语，萌芽于清代初期西人的翻译，清末民初以日本为中介，经过移植重建、古今转换得以最终完成。

结　语

术语是学术发展的核心要素，是组成一门特定学科的理论体系的纽结。一种学术体系的新发展是通过术语来界定的，它是我们剖析学术史的一个重要切入口。② 当18世纪中国古代小说开始在西方传播时，"小说"一词或由西人翻译直接与西方文体概念对接，或被日本学者借用与西方术语对译后，回流至中国，被晚清学人吸纳和改造。通过中西对接，汉语旧词"小说"及其相应的西方术语经历了概念的相互重建。在汉学这一学术语境中，与"小说"对应的西方术语的内涵和外延较之其古典渊源，发生巨大改变，而"小说"则吐故纳新，生成为现代学术新语。从20世纪初开始，小说研究渐成中国古典文学研究之"显学"，其学术研究体系正是以作为现代文学术语的"小说"为核心，以其现代内涵为基础加以构筑的。

原载于《文学评论》2020年第1期，收入本书时作者有修订

---

① 吕思勉：《小说丛话》，《中华小说界》1914年第5期。
② 冯天瑜：《中国近代术语的生成》，载《中国元典文化十六讲》，郑州大学出版社2006年版，第11页。

人文科学内部深度问题汇合转换研究范式的原理与意义

——以文学经典、故事和方法论等深度问题的汇合转换为中心

刘俐俐[*]

一 综合研究立场与人文科学内部深度问题汇合转换研究范式的提出

1. 什么是综合研究立场？

让·皮亚杰（Jean Piaget）在《人文科学认识论》中描述了自然科学，"总有一个共同树干存在着。从数学到力学，然后到物理学，再到化学、生物学和生理学，[……]人们今天要在人文科学中寻求类似的顺序，那是徒劳的"[①]。由此他指出，人文科学跨学科研究，会出现一种综合立场，即选择某一专门学科为基点，综合了其他学科，"而综合的专门学科，如果能这么说的话（而单是这样一种说法就表明这样一种假设的脆弱性），不是别的就是哲学本身。[……]哲学当然带有综

---

[*] 刘俐俐，南开大学文学院教授，中国文艺理论学会常务理事，中国中外文艺理论研究会常务理事。

[①] ［瑞士］让·皮亚杰：《人文科学认识论》，郑文彬译，中央编译出版社1999年版，第155页。

合的立场"①。皮亚杰指出，哲学确实可以与人的一切价值相协调，也可以与知识体系相协调，但是，如果采用综合立场，就有可能忽略了其他学科的各自目标，从而面临将其他学科都并入哲学领域的危险。这种现象，在皮亚杰论述到社会科学时，采用了"还原主义"或者"兼并主义"来表述。他指出，"在一些社会科学里，确实存在着某些还原主义，或者更确切地说，兼并主义的倾向，因为所设想的还原一般都是按学者所代表的学科那个方向设想的。例如，我们看到一些社会学家企图把一切都归结为社会学等等"②。从皮亚杰的陈述和全书论述，可看出他对人文科学的综合立场与社会科学领域的"还原主义"倾向忽略了各人文学科具体的研究目标，从而消弭其特性的现象持批评倾向。可以推导出，具体到以文学为研究对象的文艺学研究，则消弭了具体的时间和意义维度。社会科学各学科的"还原主义"倾向，则遮蔽作为"正题法则科学"③的各具体学科对于具体"规律"的发现和概括。

2. 综合研究对人文科学研究的价值与意义何在？

虽然皮亚杰对人文科学研究的综合立场持批评态度。但如果从全域和宏观角度看综合研究立场，会有怎样的特点和意义？这值得思考。以个案为例来分析。我国近年出现的以赵毅衡教授为代表的基于符号学原理，以人类全域范围的叙述现象为对象，旨在探讨所有叙述体裁的共同规律的"广义叙述学"研究，成果集中体现于《广义叙述学》。笔者以为，符号学研究和借此诞生的广义叙述学，可视为人文科学综合研究立场的成果。广义叙述学如此综合人类虚构与纪实以及各种体裁叙述的研究立场，具有重要价值，笔者曾经总结为：其一，"全域叙述分类、特性及规律概括，成为与叙述相关学科与研究领域的参照系"。其二，

---

① ［瑞士］让·皮亚杰：《人文科学认识论》，郑文彬译，中央编译出版社1999年版，第159页。
② ［瑞士］让·皮亚杰：《人文科学认识论》，郑文彬译，中央编译出版社1999年版，第156页。
③ ［瑞士］让·皮亚杰：《人文科学认识论》，郑文彬译，中央编译出版社1999年版，第10页。

"全域叙述类别的共时性排列,提供了各种叙述体裁和样式相互比较的可能性"。其三,由于"系列性概念、术语的××提出与命名"。所以,"确实具有知识学品格:客观描述、概念界定、逻辑论证及其周延系统所支撑的学科普遍必然性。[……]以知识形态为外显的成果体现"①。可以概括地表述为:综合研究立场,为所有学科搭建了全域视野,看到从任何单一具体人文学科无法看到的全景图,具有提供方法和视角的价值。但需指出,笔者以为,符号学从其原理和研究对象来看,应属于力求囊括遍及以追求规律和真实为目标的"正题法则"科学,即社会科学。以追求规律和真实为目标的符号学为基本原理,研究广义叙述学这样既求真实亦追求意义与价值的人文科学,则具有诸多困难。缘于在皮亚杰批评前提下笔者自己对其困难的发现和概括,因此,尝试性地提出放弃综合研究立场,提出与之相逆的人文科学内部深度问题汇合转换的研究范式。

3. 人文科学内部深度问题汇合转换范式的涵义

皮亚杰虽然分析了综合研究立场可能的困难,但他坚信人文科学依然可以实行跨学科研究,那就是人文科学内部各问题的汇合。当然,主要是某些重大问题的汇合。这些问题在我们这个广阔领域的各个分支中都能找到。而且由于这些分属不同领域的问题都有共同机制,所以,又与生物科学的结构、平衡和交流的机制相吻合,从而与生命科学问题具有姻亲关系。② 这个看法极富启发性:第一,生物科学的最中心、最专门的三个问题是结构的形成、结构的平衡、机体与环境(自然或其他机体)之间的交流。即具有自身形成与维护平衡和相互之间交流的机制。皮亚杰之所以说人文科学与生物科学有姻亲关系,缘于通过研究他可以证实人文科学也具有结构的形成、结构的平衡以及机体与环境之间的交流这三个特征,所以,人文科学也具有生物科学的如此机制。探

---

① 刘俐俐:《小说艺术十二章》,上海教育出版社2014年版,第9—12页。
② [瑞士]让·皮亚杰:《人文科学认识论》,郑文彬译,中央编译出版社1999年版,第154—161页。

寻这样的机制就能够发现人文科学的某些特质。第二，生物科学具有生长发展的过程，那么，由于姻亲关系，人文科学领域各个分支与其范畴也具有生长发展的过程，这就与发生学观念与方法相吻合，自然符合对于人文科学研究对象的历时性考察与研究。第三，进而言之，人文科学的任何范畴或者问题，随着研究深入和时代环境改变而改变，范畴与问题亦随之深入，因此，当某问题或范畴走到当下的共时态平台时，特别值得关注与发现的问题便得以凸显。在此基础上深度转换汇合就有了可能。

汇合与转换是怎样的关系？首先看，为什么会出现汇合。汇合机制在于，任何一个问题发展到当下，下一步的走向如何？与现实需求有怎样内在的关系？涉及相关的哪个领域的哪个范畴或者问题？搞清楚这些问题，就出现了两个领域的两个范畴或者问题的汇合。因此，汇合是对现实与理论问题发展的判断与回应的结果，是一个问题与范畴转换到另一个问题与范畴的机制。汇合业已具有此问题与哪个对象衔接并转换为另一个问题或者范畴的方向与路径。由此，可以推导出，某领域的某范畴或者问题的汇合与转换，需要至少两个以上数量的范畴或者问题，如此，方可成为"人文科学内部各问题的汇合"，即两个问题汇合后转换为新的问题。汇合是转换的基础，转换成新问题是汇合的必然。

"为什么提出此范式"其实要求回答的是提出此范式的理由，此研究范式的意义或者价值。本论文最后一部分会予以回答。

为了更好地阐述这种研究范式，笔者下面将以文学经典、故事和方法论三个范畴及其问题的深度汇合转换为个案，予以论证。三者分别具有各自历时维度经验和共时维度问题的全部丰富性和复杂性，所以，每个领域都是内容涵盖非常广泛且极为复杂的，并有诸多问题要解决的重大课题。本论文目标不是探究各自领域分别性的问题，只是为了更清楚地阐发深度问题汇合转换研究范式，而将三者粗线条地逐一陈述与分析而已。

二 文学经典范畴与深度分析

1. 文学经典范畴业已成为问题域及新问题的提出

文学经典（literary canon）是舶来品。西方的文学经典观念有着从古希腊、罗马时期开始，经过中世纪、文艺复兴和现代的漫长发展过程。漫长的过程使之广泛涉及古典学、宗教等诸多学科。文学经典成为需要研究的问题，也不是始于今日，这可从卡尔巴斯（E. Dean Kolbas）的《批判理论与文学经典》[1]以及吉尔洛利（John Guillory）的《文化资本：文学经典生成问题》[2]等著作中看到。文学经典与当代文学现实及发展关系最直接的关联发生在20世纪六七十年代，当时西方文学经典遭受到自由多元文化的质疑，80年代出现了体制上的"经典之争"，90年代关于文学经典的争论及其思潮影响到我国。我国学界集中讨论的问题是：文学经典性质如何，是建构的还是本质主义的？文学经典被经典化需要哪些外部和内部因素？如果将文学经典认定为生成的，其生成、功能、流变、拓宽和被消解的因素及规律如何？由文学经典建构性质，是经典化的结果，自然引申出如何被接受和阅读，以及如何读的问题等。由于出现了如上相关联的问题，文学经典问题构成了一个问题域。[3]在文学经典问题研究域中有一个重要问题：文学经典是一个历史过程，既应放在共时系统考察它的现时处境和价值，也应放在历时系统考察其经典化过程和原因。即便是共时系统的当代阅读理解问题，也是历时发展至今的集成，是共时与历时交织的现象与问题。这就将思路引向了具体问题：什么样文体的文学经典？当代读者还喜欢吗？如果说还喜欢，那么，与该文体的历史影响与积淀、与该文体容纳的内涵，其历

---

[1] E. Dean Kolbas, *Critical Theory and Literary Cannon*, Colorado: Westview Press, 2001.
[2] John Guillory, *Cultural Capital: The Problem of Literary Canon Formation*, Chicago & London: The University of Chicago Press, 1993.
[3] 参见刘俐俐《后现代视野与文学经典问题域的新问题》，《南京社会科学》2013年第3期。

史传承等有怎样的关系？与当下社会环境和人们精神生活特点、需求有怎样的关系？如果是叙事性作品，读者读到的是什么？可见，这个提问显示出研究已经从文学经典本体性存在逐步转向了读者接受理路与逻辑。恰与近三十余年来接受主义美学思想被我国学界广泛接受相吻合，即从读者接受角度来重新理解文学经典。

2. 读者如何读叙事性文学经典？

从文学经典具体到读者阅读叙事性文学经典，如何读就成为一个新的具体的问题。作家叙事性文体最主要的为小说，小说存在不同流派风格和书写题材的区别，但散文性、叙事性、虚构性和形象性这四个特性则是小说的基本特性，对此学术界已有共识。① 其构成因素，韦勒克和沃伦在《文学理论》中已有表述："小说的分析批评通常把小说区分出三个构成部分，即情节、人物塑造和背景。最后一个因素即背景很容易具有象征性，在一些现代理论中，它变成了'气氛'或'情调'。不用说，这三个构成因素是互相影响互相决定的。"② 虽说，就人物来说，有"心理性"人物观和"功能性"人物观的分歧和区分，但人物作为小说构成因素之一业已具有共识。确定小说如此基本特性和构成因素，就知道了小说的阅读机制。即必定有作家讲述的特点，即都有叙述主体讲述的人物和事件组成的有着因果关系的过程，以此展开故事这个陈述句。③ 这就是叙述学"一次叙述"的概念。所谓"一次叙述"，叙述学界定为："一次叙述化，简称叙述化（narrativization），发生于文本构成过程中。叙述化在一个文本中加入叙述性（narrativity），从而把一个符号文本变成叙述文本。"④ 浅白地说，作家叙事文体的小说讲述，目标是展开可看作一个陈述句的有趣过程，这个过程因为一般均具有开端、

---

① 李剑国：《古稗斗筲录》，南开大学出版社 2002 年版，第 44—45 页。
② [美] 韦勒克、沃伦：《文学理论》，刘象愚、邢培明、陈圣生、李哲明译，江苏教育出版社 2005 年版，第 53 页。
③ "故事这个陈述句"是"叙事作品是一个大句子"的套用性说法。"叙事作品是一个大句子"出自罗兰·巴尔特的《叙事作品结构分析导论》，张德寅译，转引自张德寅编选《叙述学研究》，中国社会科学出版社 1989 年版，第 6—7 页。
④ 赵毅衡：《广义叙述学》，四川大学出版社 2013 年版，第 106 页。

发展、高潮和结局，有着因果关系的内在逻辑，所以，讲述的结果是一套话语，此话语显现为一个有趣的过程性的"故事"。因此，也可以说，"一次讲述"的结果，体现为可托载着一个故事的一套完整话语。比如，鲁迅的《故乡》就是鲁迅委托叙述者"我"讲述了一个故乡与返乡的故事。"一次讲述"的结果，形成了一个托载着"故乡与返乡"故事的完整话语系统。① 这就将阅读叙事性文学经典引向了故事问题。

将阅读叙事性文学经典引向了故事问题，其背后凝结了多方面文学观念及其相关学术思想的因素，分别为：接受美学的基本理念、文学经典建构性观念以及叙述学的诸多研究成果。同时，其必然性逻辑为，由于故事范畴本身的复杂和丰富，所以，叙事性文学经典阅读问题就被放置在一个开阔的更大问题系统当中。问题的结构，由于汇合了故事，随之发生了变化，结构得以不断被重建。机体与环境之间交流，以激发其活力，交流是为了使作为结构的问题具有活力和深度，更有价值，以实现自身形成与维护平衡和相互之间交流的机制的自然倾向。这就进入了故事范畴。

三 故事范畴与深度分析

1. 作为学科划分的故事

人类口头讲述故事的历史非常久远，书面文字讲述并述诸类文体的现象则更为纷繁复杂。可以说，作为活动的故事，始终与人类相伴随。那么，究竟是以话语、抑或以活动、抑或以被构筑的意义等诸多理解的哪种来界定故事？都有困难。所以，德里达说过，"'故事'太让人糊涂了"②。也许正缘于此，涉及故事的学科非常广泛。理论地说，不可能全域性列数。但可大致分为文学之内与文学之外。文学之内的有民间故事学、口头诗学、叙事学、中国叙事文化学等。文学之外涉及故事的

---

① 刘俐俐：《小说艺术十二章》，上海教育出版社2014年版，第240页。
② 赵毅衡：《广义叙述学》，四川大学出版社2013年版，第120页。

学科和领域有道德哲学、自由主义哲学、后现代理论、法律与文学、社会实用理论系统；作为质性研究之一种的叙事探究、叙事伦理学等。[①] 这些与故事关联的文学之外的学科和领域，研究目标注定不为文学，但表明故事与人类具有最普遍性联系则毋庸置疑。那么以故事命名的学科是什么呢？从文学内部来看，只有民俗学学科的民间故事学研究分支以故事命名。根本原因，还是缘于故事太难界定，故事问题太复杂。至于这些原因的具体讨论与表述，后面故事的深入分析部分将展开。

2. 一个理论假设：故事存在于听者与读者构筑的心像世界

笔者借鉴叙述学关于"一次讲述"的研究成果。即如前所说，故事可看作是作家委托的叙述者讲述出来的一个话语系统，即依托"一次讲述"而成的作为话语的故事。但是，在未被阅读之前，"一次讲述"不过就是一套话语放在那里。读者阅读时顺着"一次讲述"的引导，将这套话语所指涉的过程、情节与其因果关系搞清楚，在自己脑海中再将其完整化为故事，这套话语才算得到实现，故事在读者脑海里成型了，有着落了。究其实是读者把这个故事讲给自己。这个理论假设，依托的乃为与"一次讲述"相对应的"二次叙述"。叙述学对于小说读者的阅读并获得阅读效果的活动，称之为"二次叙述"。"二次叙述"是读者角度切入的概念，渗透了接受美学基本观念与思想方法，打破了文本中心主义文论的束缚，是叙述学的重要贡献。必须说明，这个贡献主要体现于赵毅衡的《广义叙述学》。[②] 从"二次叙述"概念出发，笔者进而称之为故事的"二次讲述"。即"一次讲述"的结果是构造好一个故事依托的话语系统，"二次讲述"是不断构造故事的过程。这就得出了一个初步看法：故事最终成型和实现于读者的心理世界。或者反向概括为文学经典就是读者"正在重读"[③] 的文学作品，既然有重读，那么，一定有初读。无论初读还是重读，读者总是在脑海中一遍一遍地给

[①] 参见刘俐俐《人类学大视野中的故事问题》，《中国社会科学文摘》2014年第2期。
[②] 参见赵毅衡《广义叙述学》，四川大学出版社2013年版，第106—119页。
[③] ［意］伊塔洛·卡尔维诺：《为什么读经典》，黄灿然、李桂蜜译，译林出版社2006年版，第1—10页。

自己讲述这个经典作品的故事。读者脑海中的故事就是文学经典最终实现的所在与依托。也可以说，作家委托叙述者"一次讲述"的故事对应于若干读者的若干次"二次讲述"的故事，由此，故事有了"一次讲述"与"二次讲述"的区分。故事存在于听者构筑的心像世界的原理即如上所述。

有一个最典型的证明故事存在于读者阅读心像世界的例子：日本学者藤井省三的专著《鲁迅〈故乡〉阅读史》。[1] 藤井省三通过大量事实和数据，得出了一个基本看法，即在七十余年间，不同历史时期的读者阅读这篇著名小说，总是将它首先读成一个故事，并总是有所不同的故事：知识阶级的故事；农民的故事；再次有所区别的知识分子的故事和小市民的故事等。[2]

故事存在于听者与读者构筑的心像世界的理论假设，与此前关于"一次讲述"得出的文本话语托载着的故事概念，并行而成为两个故事概念，即作为"话语的故事"和"作为接受者心理构筑的故事"两个故事概念。两者各自界定的原理以及相互之间的复杂关系，是涉及诸多方面的复杂问题，其论证和阐述是笔者其他论文的内容。此处为了叙述故事范畴的历史过程和问题，将继续粗线条前行。

3. "故事存在于听者与读者构筑的心像世界"与文体和媒介的内在关系

"故事存在于听者与读者构筑的心像世界"，给出了从读者与听者，即接受者心理界定故事的角度，那么，就可以说，只要接受者心里实现了故事的构筑，这个通过接受而心理构筑的故事，与哪种文体及媒介不具有必然性关系。换句话说，作为心理世界构筑的故事，具有超越媒介和文体的特性。所谓超越媒介，是指不受口头书面的区分与限制；所谓超越文体，是指不受小说、诗歌、散文等文学文体限制。由此，可以将其放在更大范围考虑。继而可以进一步推导出：故事不实存于文体，故

---

[1] [日] 藤井省三：《鲁迅〈故乡〉阅读史》，日本创文社1997年版；藤井省三：《鲁迅〈故乡〉阅读史》，董炳月译，新世界出版社2002年版。

[2] 参见 [日] 藤井省三《鲁迅〈故乡〉阅读史》，董炳月译，新世界出版社2002年版，第173页。

事超越口头与书面媒介。

（1）接受者构筑的故事与具体文学文体没有必然性联系。

接受者构筑的故事是不实存于具体文学文体的话语涵义的"故事"，即前述的"一次讲述"的那个层面的故事。此命题的涵义，是指接受者不与文体有必然性联系。换句话说，并不止和叙事性文体如小说有内在联系，也可以与其他文体有关系。这就涉及体裁问题。从苏联美学家莫·卡冈的《艺术形态学》理论体系来看，"艺术作为类别、门类、样式、品种、种类和体裁的系统"中的"体裁"，属于艺术系统最末位。[①] 叙述是伴随人类之始终的行为和现象，远在没有小说等文学文体之前就存在了。因此，书面文字媒介中，只要读者能将"一次讲述"理解并自己在脑海中给自己讲述一个有一定场面、情节和人物相互关系的过程性世界，那么，就说明他已经获得了故事。区别仅在于复杂故事或者简单故事甚至故事片段而已。小说自不必说，即便叙事散文甚至诗歌也可读出故事或者故事片段。如李商隐的《夜雨寄北》："君问归期未有期，巴山夜雨涨秋池。何当共剪西窗烛，却话巴山夜雨时。"读者显然可以读出诗人对未来某个时候老朋友相见情景的期待，包括想象中的情境、感情和思念等。当我们在一些小说阅读中没有产生明显故事感觉的时候，往往会怀疑这个作品是散文还是小说，这个感觉说明，散文和小说乃至诗歌，都具有在读者脑海中构筑故事的合理性与可能性。只是构筑怎样的故事的区别而已。或者说，作为"一次讲述"的故事话语，无论依存于何种文体，都是接受者把握故事的最直接介质。

（2）接受者构筑的故事与文字没有必然性联系。

既然故事可作为话语，那么，故事就既可作为口头话语，也可作为书面文字的话语。无论倾听还是阅读这样的话语，接受者都有可能构筑心理世界的故事。这不需要证明，所以提出这个不言自明的命题，源于

[①] 参见［苏］莫·卡冈《艺术形态学》《第九章"理论"》，凌继尧、金亚娜译，生活·读书·新知三联出版社1986年版。

由此可引申出一些重要看法：诉诸口头与文字的两种故事话语，故事话语编织逻辑和方式以及故事话语的含蕴，是否存在基本共同的特质？为了论证这个看法，有如下两方面论据。第一个论据是故事语法。西方以作家叙事文学为主要对象的经典叙事学三个研究理路之一，就是故事语法研究。而这个路径的研究资源就是来自民间故事理论。主要为俄国普洛普的《民间故事学》。该著作从各种各样的民间故事抽出它们共有的模式，以便对其进行有效的分析。他总结的基本故事语法是：故事千变万化，但有些故事的结构总由7个角色组成。换言之，7个角色组成的结构可以说明所有的故事。当然，叙事学除了汲取普洛普的资源之外，还汲取列维-斯特劳斯、格雷玛斯的结构语义学等资源，直至普林斯正式地规范地表述作家叙事文学的"故事语法"①。当然，说民间故事和作家叙事文学具有共同的基本故事语法，并不是说两者没有区别。罗兰·巴尔特的《叙事作品结构分析导论》等论著都涉及种种区别，可以说，全部叙事学的建设是在汲取民间故事语法和探究作家叙事文学故事语法的更复杂的诉诸形式的辩证中产生与发展的。基本故事语法，就是打通口头故事话语和书面作家文学故事话语的基本理论证明，也是接受者构筑的故事不与文字有必然性联系的一个证明。可以列出的另外一个证明是，我国宁稼雨教授倡导和组织的中国叙事文化学研究，就是基于"故事主题类型作为叙事文学作品的一种集结方式，具有单篇作品和文体研究所无法涵盖和包容的属性与特点"②。因此，他的中国叙事文化学，就是研究同一故事主题类型，在不同文本情节形态方面的异同等。比如王昭君故事，《明妃曲》等大量吟咏王昭君的诗文作品，与《汉宫秋》等叙事文学作品中的王昭君故事，在题材上属于同一故事类型。这就超越了文学文体和口头书面的媒介。对于这种"同一故事类型的母题，从口头移动、传递到书面文学。进入书面文学后，继续移

---

① ［美］杰拉德·普林斯：《叙述学词典》，乔国强、李孝弟译，上海译文出版社2011年版，第216—217页。

② 宁稼雨：《木斋〈古诗十九首〉研究与古代叙事文学研究的新思考》，《社会科学研究》2010年第2期。

动、变异、渗透到其他作品乃至其他文体中。基于如是现象之普遍，笔者取其游走、移动、变异以及其蘑菇似极强生命适应力，将故事喻之为'软传递载体'"①。不用多举例，仅以鲁迅《故事新编》来看，即可验证。②

4. 为什么仅仅民俗学中的民间故事分支以故事学命名？

现在可以回答前面提及过的为什么仅仅民俗学中的民间故事学分支以故事学命名的问题了。

作为一套话语的故事与读者听者心中构筑的故事的两种涵义，决定了以往只是在话语层面考量故事，所以，在文字媒介中，故事在文体、题材，或者主题等角度的研究中被替代了。而民间口头故事，没有具体作者，也没有固定文本。缺少可以依托的作家和文体维度，故事研究范畴自然无所附着，既无法附着在作家的某种文体上，也无法附着在某作家叙事性作品的所谓题材、主题等范畴上，且没有固定文本，始终处于流传变异之中，难说故事实体性存在，所以，只能以故事学称之。故事学名称本身的涵义，就含有没有固定文本而得以流传久远，不被历史淹没而消失的意义，凭借着听故事的耳朵，那些耳朵对此故事有兴趣，故事方可存在。这就与前面论述的故事并不必然地依赖叙事性文体存在，故事不是实体性存在的看法吻合了。

总括地看，文学经典问题域中的文学经典重读以及如何阅读的问题，进入故事范畴，与故事范畴的两种故事涵义以及接受者心理构筑的故事既依赖又超越特定文体和媒介的问题相汇合，汇合后可以合乎逻辑地转换为：如果把握了以心理世界构筑故事的叙事性文学经典阅读机制，对文学批评提出了怎样的挑战？或者问：文学批评方法论应该如何汲取此机制，形成批评方法论的创新和突破？这样就将问题自然引导到方法论领域了。

---

① 刘俐俐：《人类学大视野中的故事变异与永恒问题》，《文艺理论研究》2014年第1期。
② 参见刘俐俐《鲁迅〈故事新编〉故事与小说的人类学思考》，《文艺理论研究》2013年第2期。

四 方法论范畴与深度分析

1. 方法论的学科归属与具体化问题

一般方法论归属于哲学学科。方法是实现某种目的的工具，是主体与客体的中介，既然方法与目的相关联，所以，首先表现为仅仅是认识的样式。我国《辞海》的"方法论"词条说："方法论"是"关于认识世界和改造世界的根本方法。方法论同世界观是统一的。用世界观去指导认识世界和改造世界，就是方法论。[……] 各门具体科学还有自身的方法"①。方法论发展有着漫长的历史，亚里士多德《工具篇》所论为逻辑方法，培根《新工具》所论为古典归纳法，笛卡尔《方法论》所论为演绎法，黑格尔《逻辑学》所论为辩证思维的理性方法，马克思主义的方法论则为唯物辩证法。

作为哲学学科的一般方法论的基本原理为：方法的对应性和两极否定性原理，方法的层次性原理，方法的互补原理等。②

缘于方法论的对应性、层次性、互补性等基本原理，更缘于方法就是关于自己内容的内部自我运动的形式的意识，所以，方法论必定走向研究对象所属学科而具体化，如瑞士哲学家、心理学家让·皮亚杰认为，每一门自然科学或人文科学都趋向于制定自己的认识论。由此有了自然科学方法、社会科学方法以及人文科学方法，虽然三者方法具有互相渗透、影响和融合乃至借鉴的机制。让·皮亚杰的《人文科学认识论》还非常细致地叙述了三个大的科学领域认识论的关系。但是，具体化是分层次性的。以此，"人文科学还面临着多少是自身独有的认识论地位和方法论问题"③。具体到作为人文科学覆盖之下的文学研究和

---

① 辞海编辑委员会：《辞海》，上海辞书出版社1980年版，第1545页。
② 此三条方法论基本原理，笔者借鉴了陈鸣树著作《文艺学方法论》第2版的上篇"方法论：原理"的概括，复旦大学出版社2004年版，第27—57页。
③ [瑞士] 让·皮亚杰：《人文科学认识论》，郑文彬译，中央编译出版社1999年版，第21页。

文学理论研究，则需要进一步具体化。

2. 具体化取决于研究目标和问题

文学和文学理论研究的方法如何具体化？朝哪个方向或者趋势具体化？一般方法论的对应性原理告诉我们，应根据研究对象而具体化。回顾我国新时期以来的20世纪80年代曾经有过的方法论热，学术界也出现了一些非常重要的文学批评方法论的著作。代表性作品如陈鸣树的《文艺学方法论》，赵宪章的《文艺学美学方法论问题》，胡经之、王岳川的《文艺学美学方法论》等，① 这些著作系统地介绍和阐述了文艺学美学方法论。对此，可以理解为这是我国从传统的一般批评方法向西方美学文艺学新思想新思潮寻求借鉴，发展出的具有创新性拓展性的文学批评方法论。顺着如此文学批评方法论的走向，根据各种文学文体的自身特质，并与之对应，适合具体文学文体特质的文学批评与研究的方法论则有其合理性和必然性。

这就具体涉及叙事性文学作品研究及方法。三十年来对于西方叙述学、新批评、结构主义语义学、民间故事形态学、小说修辞学等关联程度不一的诸多理论的介绍，可以理解为遵循与叙事性文体的具体化特点对应的理论与方法。仅以小说批评理论与方法论来看，出现了既往我国在叙事性文体如小说方面所没有的理路与方法，如既汲取了我国古代话本等叙事性文体的资源，也汲取了西方关于艺术形态的概念和思路而产生"小说形态学"的研究范式，这就是研究创新与具体化的一种选择。如鲁德才的《古代白话小说形态发展史论》和《中国古代白话小说艺术形态学导论》，他的基本思想是，古人把具有说话艺术性质的文本当作小说，虽说到了明代，转化为书面阅读小说，但仍未改变说书体的性质，其形态依然基本为说与听的审美关系。由于说与听的审美关系，导致我国小说传统中始终含有表演艺术的"说"的特质，与之对应的接受者，

---

① 陈鸣树：《文艺学方法论》，复旦大学出版社2004年版；赵宪章：《文艺美学方法论问题》，暨南大学出版社2002年版；胡经之、王岳川：《文艺学美学方法论》，北京大学出版社1994年版。

则主要诉诸听觉。这截然不同于纯粹的书面文学。由此也决定了我国白话小说的叙事、话语、人物性格、情节结构的特殊性。这就从小说形态的角度重新理解和界定我国白话小说传统了。回顾我国白话小说研究范式的发展过程，大致经历了以鲁迅为代表的史学研究，郑振铎、孙楷第、谭正璧等为代表的考证、文献学研究，文体学、语言学研究以及21世纪以来的理论分析性质的研究等各个阶段。目前除了形态学研究之外，也已有学者从与形态学相似又相异的交流诗学研究路径进入我国肇始于说书体小说研究，并最终落脚在"交流叙述学"。"交流叙述学（Communicative Narratology）以经验视野的'梭式循环'为基础，以文本内、外'双循环交流'为研究内容搭建交流叙述的研究框架，其研究对象即为所有叙述类型中叙述交流的内在交流与运行机制，同时将这种研究置于广阔的文化、历史视野之中。"① 所谓的小说形态学研究和叙述交流学研究，虽然尚不能称为成熟的研究范式，但其从求文本之真，进而到文本形态，再到文本之外接受实现的机制即交流的特质的思考趋势，却具有特别的意义。我们会问，为什么近些年来出现了小说形态学研究范式和交流叙述学的理路？毋庸置疑，与汲取和借鉴西方接受美学的从读者阅读接受角度出发以实现文学价值的文学思潮及理论密不可分。

　　研究范式向读者接受方向倾斜，合乎文学研究的人文历史科学性质，也可理解为更趋向于人本身。用皮亚杰的话说："我们把那些以重现和理解在时间的长河中展开的社会生活的全部画卷为己任的学科称之为'人文历史学科'：它涉及其所作所为曾对社会生活发生过影响的个人，这一类人的著作，那些产生过某种长远影响的思想、技术与科学，文学与艺术，哲学与宗教，各种制度，经济及其他交流，以及整个文明。历史包罗一切与群体生活有关的东西，既涉及社会生活的可分离部门，也涉及它那些相互依存的方面。"② 从前面梳理的白话

---

① 王委艳：《交流叙述学的基本理论问题》，《河南师范大学学报》2004年第1期。
② ［瑞士］让·皮亚杰：《人文科学认识论》，郑文彬译，中央编译出版社1999年版，第4页。

小说研究范式的历史可以看出来，文学研究作为人文科学，其实也有"正题法则科学"探求"规律"的方面与任务，如搞清楚版本真实情况，文学文体的发展规律，文学总体发展的规律、文学创作的规律等。概而言之，这些都属于以事实认知为主要目标的一面。即便是这一面的任务，其成果也难以如自然科学那样可以量化地评价。另一面，文学研究作为人文科学，又具有"应该是"（sollen）的特质，即具有价值属性，所以，是规律与价值相互结合缠绕的研究范畴。因为文学对人类有用，是人类创造的产物，与有什么用、价值如何等问题相联系。

可否将叙事性文学研究在方法论领域的趋势概括为：从对文学文本版本等客观存在的真实状况研究范式逐步转向对文学文本的叙述方式、文体特性、文本特征等的研究范式，再到从文本之内转向文本内外相互联系的研究范式。这个不断走向具体的变化趋势自然地显示出，叙事性文学作品特性与读者接受特点相关联，同时也与动态变化的时代需求等环境性因素关联。因为，一个人文科学问题的结构，其机体与外在环境有着必然的交流，唯其如此，这个问题才是活动的而且有活力的。这是方法论领域为深度问题汇合准备好的平台。

叙事性文学经典阅读，与读者以在脑海中构筑一个故事为接受特质相结合的问题，走向了文学批评方法论，但又不是单纯的或者说传统的批评方法论，而是读法和批评方法论的融合。这显示出叙事性文学作品批评和研究的方法论应该融入读者阅读规律。那么，这是怎样的一种批评方法论呢？这是一个研究课题。

需要说明的是，如上文学经典、故事和方法论历时性发展和基本观点的陈述辨析，严格地说，分别是三个研究领域的研究，其背后都有若干需要深入研究的问题的细致论证，是笔者本人业已完成和正在完成的任务。此论文中只能粗线条呈现。目的是为了以此三范畴问题的深度汇合转换为个案，研究文学研究的范式问题。

五 文学经典、故事、方法论诸范畴深度问题汇合转换的合理性、可能性、基本原理与意义

1. 文学经典、故事、方法论诸范畴深度问题汇合转换的合理性与可能性

文学经典、故事、方法论三个范畴深度汇合有怎样的合理性与可能性？最后落脚于怎样的问题？或者问，可以在怎样的问题上有所突破？大致可概括如下：文学经典问题域形成与研究问题展示与走向，逻辑地显示了文学经典的建构性质，由建构性质必定推导出读者阅读文学经典，是文学经典建构因素之一与建构过程的一个侧面。因此，读者阅读及如何阅读，成为该问题域的突出问题。具体到阅读叙事性文学经典，则会引出哪些问题呢？这就将问题传递给了故事问题。

故事范畴在广泛的所涉学科相互关联性的梳理中，形成了开阔的学术视野。通过多学科的历时性梳理、分析与探究，得出了两个基本观点：其一，故事具有两种涵义，即话语涵义和接受者心理构筑结果的涵义。其二，沿着故事作为接受者心理构筑结果的涵义，可推导出故事超越于文学文体，也超越于口头与书面诉诸形式。由于故事具有基本的故事语法，故事本体与故事素方可传递于口头与书面文学之间，作家叙事方可在基本故事语法的把握中施展腾挪。当文学经典问题域将读者阅读及如何阅读作为问题提出时，自然与故事研究的历时与共时相结合产生的基本观点相汇合。由此，深入地提出的问题是，读者阅读叙事性文学经典，与其文本承载的故事话语有怎样的关系，或者文本承载的故事话语对于读者在自己脑海中构筑故事有怎样的内在联系和影响？这是顺着读者接受理路所提的问题，但此问题的另一侧面则是，文学鉴赏与文学批评互为联系，文学批评关联着作品，也关联着读者阅读规律与特性。所以，文学经典阅读向故事提出的问题，以及和故事问题汇合后，继而向文学研究范式与方法论提出了新的问题。

文学研究方法论的历时与共时研究显示出方法论一般原理与具体批

评对象的方法论的结合趋势。由此，面对叙事性文学经典这样具体对象的方法论问题得以提出。即文学研究方法论需要兼容读者的读法和批评方法两方面，使之成为一个过程的两个方面。也可以表述为，以读者阅读特点为基点的文学批评方法论是怎样的？这是文学批评方法论的最新问题。

如上陈述和辨析，显示出三者是不断递进、层层深入并最终落脚于文学批评方法论的。

2. 基本原理

以上以个案方式阐述了诸范畴深度问题汇合转换研究范式。那么，该具体个案所代表的范式，其原理如何？任何一个问题，都是一个结构性存在。关于结构，皮亚杰认为有产生、平衡与交流三个基本特征。第一，"结构的产生以两种形式出现即形成与变化，其中第二种只是第一种的结果"。第二，"就形成中的结构而言，结构的自动调节不再归结为标志着完成结构的那一整套规则或规范"。第三，"就正在构成或继续重新构成的结构（如生物结构）而言，交流不再限于内在的相互交流，如同在一个完成结构的各亚结构之间的交流那样，而是带有相当大一部分与外界的交流，作为结构运转不可缺少的供给"。质言之，"一个活的结构构成了一个'开放'系统，也就是说，它在与外界不断的交流中保存了自己"。[①] 任何一个文学研究具体领域的问题，作为一个结构，它一旦形成就要求不断地自动调节，其调节随着环境的变化而出现了与自身之外的诸领域的相互交流，所以，跨学科研究具有必然性。所谓"跨"，是指通过超越原有局限范围而实现交流。交流是目的，至于跨越哪些范围，根据交流以实现结构获得调节为目的。本论文所跨越的范围，没有超越文学之外，但实现了通过问题汇合转换，问题不断深入，问题的结构始终具有活力。这就体现了结构形成、结构平衡以及与环境的交流特质。

---

① ［瑞士］让·皮亚杰：《人文科学认识论》，郑文彬译，中央编译出版社 1999 年版，第 163—164 页。

深度问题汇合转换研究范式的基本原理，可以概括为：源于人文科学内部某领域或者范畴的深入问题需要继续提问，如果跟着问题走必然出现跨学科。转移到另一个领域或者范畴，这由问题作为一个机体的自身特质所界定。至于留在哪个领域与范畴，则由研究者主观所决定。这体现了科学研究跟着问题走的特点，也体现了问题始终在路上的规律。

那么，为什么说问题停留在哪个领域或者范畴，是研究者主观决定的呢？

一般科学方法研究论有一个基本定理：想要预先正确地判断一个问题的价值是困难的，并且常常是不可能的，因为最终的判断取决于科学从该问题得到的获益。[1] 所以，任何一个学者都有自己的研究领域和知识结构，对某些领域和范畴以及哪些问题有价值均具有研究经验、敏感和学术灵感。从这点看，判断确实为主观性的。但同时，一个问题向哪个方向前行，可否与另一个领域范畴汇合，也并不完全取决于主观，从问题发展的客观规律来看，问题汇合需要内在机制，机制自动地潜在地制约着问题的汇合。如果不具有某种机制，即便研究者主观选择，也无法前行。或者说，某领域的范畴，有其自动趋向于另一个领域或者范畴的内在特性。这个特性与研究者的主观准备相互激荡，汇合与转换就发生了。

3. 深度问题汇合转换研究范式的意义

其一，由于搭建了全新、具体、具有可施展问题的平台，在此平台上发现了以往未发现的问题，并提了出来。

所谓"以往未发现的问题"有三类，第一类是最终的作为学术目标的问题，比如本论文所阐述的个案，最终学术目标是兼容读者读法和批评方法两方面的批评方法论，或者表述为以读者阅读特点为基点的文学批评方法论。这是叙事性文学批评方法论的最新问题。第二类是每个领域或者范畴的问题与另一个领域或者范畴汇合转换的问题。第三类，前面论述中尚未涉及。现在依然以个案的内容为例说明：故事范畴研究

---

[1] 参见［英］贝弗里奇《科学研究的艺术》，陈捷译，科学出版社1979年版。

阶段，由于重读文学经典以如何读向故事范畴提出了问题，所以在问题汇合之后，即如果说读者接受叙事性文学经典，体现在读者通过"二次讲述"给自己一个故事来实现的话，那么，这个涵义的故事如何界定呢？当然由读者心理构筑的故事的涵义层面界定，但就读者心理构筑的故事进一步提问：是情节和人物命运等展开的客观过程呢，还是读者构筑后提炼出的故事寓意或者意义？这个提问的深层是文学观念、审美接受心理理论与文本理论共同合力方可解决的。其实，研究小说艺术的学者曾经以小说的指涉论角度提出过此问题，认为"语言和语言的意义之间所有的，只是似是而非的关系，寓言和寓意、小说和小说的指涉之间，也存在着流动不居的、似是而非的关系"①。该论者举了《伊索寓言》中的《燕儿和其他的鸟儿》的故事："槲寄生草发芽了，燕子担心这种草对鸟儿有害，就集合所有的鸟儿，要大家合力把槲寄生草从橡树山砍掉，如果没有能力这么做，就到人类那里去，请求他们不要用槲寄生草做粘胶来捕捉鸟儿。鸟儿都笑燕子胡说八道。于是燕子只好自己到人类那里去请愿。人类认为燕子很有智慧，就留下燕子和人类住在一起。从此以后，其他的鸟儿都遭到人类的捕捉，只有燕子受到保护，并且可以安心地在人类的屋檐下筑巢。"那么，这个故事的寓意果真只是"眼光看得远的人可以幸免于难"吗？还是"眼光看得远的人注定将背弃同类"？还是"眼光看得远的人注定将出卖同类间的秘密，依附较高的权力"？还是"人类欣赏能出卖同类间的秘密以依附较高权力的物种"？还是"神欣赏眼光看得远且能背弃同类、出卖同类间秘密以依附较高权力的人"？这些看来似乎既不更接近也不更远离真理的寓意还可以无限延伸、扩充；它们所带来的教训未必比伊索原先的高明或者逊色。②既然呈现出来的问题会很多，那么，选取哪个问题研究，则由研究者根据自己研究课题和走向所决定。

其二，深度汇合是在历时经验维度积累的共时平台上实施的。历时

---

① 张大春：《小说稗类》，广西师范大学出版社2010年版，第62页。
② 张大春：《小说稗类》，广西师范大学出版社2010年版，第59—60页。

维度携带发生的原因，由此用来汇合的范畴，既可看到原初的功能特质，也可看到共时态的功能特质，从而获得了通向价值判断和评价的逻辑通道。这与人文科学研究的性质相吻合。

  论文已经显示了此种不断向具体深入问题前行的研究范式。表面看，与综合研究立场恰好相逆。但是，笔者看到，持综合研究立场的人文学者，由于其人文情怀和研究目的，他们最终也自然地走向具体深入。笔者欣喜地发现，赵毅衡教授领衔的符号学研究，以《符号学》为代表，建立了一个可用于分析人类意义活动的符号学体系之后，已经正在发表和出版若干分属于人文科学和社会科学的分科性符号学著作。[①] 这个现象表明，虽然符号学这样的综合研究立场，似乎以符号学原理和方法囊括所有人类的符号现象及其规律，但毕竟符号所涉领域既有社会科学、也有人文科学，更有自然科学，所以，只有更具体到某一领域，才能使该领域发展出更恰切的符号学理论与方法。这就是我们从这些分属于人文科学和社会科学的分科性符号学著作中看到的，既有人文学科的符号诗学、音乐文化符号学、名墨符号学、艺术符号学、名流符号学等，也有社会科学的社会符号学等。这些著述所论述的则为一般符号原理基础上更深入一层的规律及其理论方法。笔者以为，这是综合研究立场之后的分层次分领域的符号学研究。此路向和趋势，从另一极证明了笔者此论文的理论设想及合理性。

原载于《文艺理论研究》2016年第3期

---

 ① 这些著作分别为：段炼《视觉文化与视觉艺术符号学》；孟华《汉字符号学简论》；唐小林《符号诗学》；陆正兰《音乐的文化符号学》；胡易容《图像符号学》；伏飞雄《艺术符号学》；祝东《名墨符号学》；饶广祥《广告符号学教程》；文一茗《主体符号学》；孙金燕《武侠文化符号学》；宗争《游戏叙述符号学》；冯季月《社会符号学》；魏伟《体育符号学》；闫文君《名流的社会符号学》；彭佳《生态环境符号学》等。

第二编　文学人类学的周边

边界的空隙：一个历史人类学的场域

彭兆荣[*]

一 历史民族志与历史人类学

当代学术反思的一个成果表现为自觉的学科整合，其景观之一便是历史学与人类学联袂出演，诚如萨林斯所说的那样："历史学的概念在人类学文化研究的经验作用下，出现了一种新变革。"[①] 虽然人类学家很早就重视历史研究，比如博厄斯（Boas）、埃文斯－普里查德（Evans-Pritchard）、克拉克洪（Kluckhohn）等都非常注重不同社会的历史关联，甚至以博厄斯为代表的人类学派还被冠以"历史学派"的称号。然而，真正使两个学科、两门学问获得整合并为学界普遍承认的历史人类学的诞生是以路易士于1968年创刊的《历史学与社会人类学》（History and Social Anthropology）为标志的。到了20世纪六七十年代，人类学与历史学的内部关系被作为逻辑依据在学理上提出来讨论，一个较为公认的看法是两者具有共同的边界。有学者主张："人类学应该更加'历史化'，而历史则要更加人类学化，以达到二者完美结合。"[②] 虽然，

---

[*] 彭兆荣，厦门大学人类学研究所教授。
[①] 参见 Sahlins, M., *Islands of History*, Chicago: The University of Chicago Press, 1985。
[②] 参见 Comaroff, John L. ed., *Ethnography and Historical Imagination*, Boulder: Westview Press, 1992。

学者们对两个学科内部共同品质的确认还存在差异，但是，他们总的来说还是欢迎二者走到一起来。自20世纪80年代以后，人类学和历史学更是达到"两个领域成功整合"的境界。① 类似"历史民族志"等用语也因此变得不再陌生；还常常带出"历史现场"等方法论的讨论和实验，仿佛两个学科进行双边谈判，连名词都一边一半。

目前，人们对"历史人类学"或许还处在一种粗浅的认识和狭义的指示中，这与人类学的学科性质有关，即人类学作为一个"无边界"的学科在经历了一个半世纪的发展后，这一过程自然成了一条"历史的边界"。换言之，历史人类学的一个基本指示是从人类学内部产生而来。自人类学诞生以来，就以所谓的"异文化"（other cultures）研究为标榜。古典人类学的历史维度主要表现出"线性的进化论"，类似于"异民族—野蛮人—他者/欧洲民族—文明人—我者"的二元关系早已被规定。随着人类学自身的历史发展以及学理依据、学科内容、学术规范的不断演变，其不仅具有知识的整合特点，而且兼有反思的特性。传统人类学研究的历史视野以及人类学学科的历史发展促使了当代人类学进行历史检讨。一直以来，人类学在与其他社会科学的比较中，其自身的边界一直成为一个问题。更有甚者，其存在的"合法性"曾经受到质疑。然而，在今天，这样的问题仿佛陡然不复存在了。② 人类学被看作是"知识的合作生产者"（co-producers of knowledge）。③ 换言之，传统被认为"无边界学科"的人类学历史本身就成为一条边界。而人类学的历史演变所提供的巨大的，从内涵到外延的变迁、变化与变革也为其他学科提供了一个不可多得的历史借镜。

在历史学家的眼里，历史学向历史人类学的发展具有三方面价

---

① ［丹麦］海斯翠普：《他者的历史：社会人类学与历史制作》，贾士蘅译，台北：麦田出版社1998出版，第21—22页。

② 参见 Stocking, G., "Delimiting Anthropology: Historical Reflectiononthe Boundariesofa Boundless Discipline", *Social Research*, Vol. 62, No. 4, 1995, pp. 933 – 961。

③ 参见 Mills, A., "First Nations Help Createa Viable Human Future", *Anthropology Newsletter*, No. 36, May, 1995, p. 7。

值：第一，获得一种认识和态度上的"疏远感"（estrangement）。人类学的"异文化"研究体现了地理和族群上的"疏远感"，历史学也需要在研究中获得这种感觉。它不独有助于进行参照比较，更有助于去除传统史学中的"中心"意志。特别是在当今的"后殖民"语境中，人类学的研究取向配合着两种新的价值理念——"去中心化"和强调族群历史的原生性自我依据。其中的一个学理逻辑是：历史学与人类学之间的良好关系可以很自然地拉开"我者距离"（the distancing of self），并作为两个学科共同的基本原则。[①] 第二，扩大传统历史学的研究领域。人类学的学科整合，特别是"田野作业"（fieldwork）方法的引入，使学者们在看待和确认事物的表象和意义时，有一个基本的"历史现场感"。它意味着要回过头去了解人们的饮食起居、姿态服饰、风俗习惯、技艺文化以及它们所建构的历史语境。第三，发掘没有记载的历史，即由没有发言权因而不能成为官方史学模特儿的人所创造的历史。[②] 那些无文字的、小规模的、封闭的、少数民族等"弱势群体"，包括地方的、乡土的、民间的、"草根的"（grass-roots）社会与历史叙事，比如口述的、巫术的、身体的、表演的等表述和传承内容、方式都进入到学术视野里。这不能不说是在传统学科的内部产生的一场知识革命。

与此同时，一些历史的关键性要件也都被附上了同样的意味，比如相对于"历史"，时间无疑是一个必不可少的要件。而在西方中心主义之"我者/他者"的叙事结构里面，潜伏着时间的社会进化论的基本分类："我者—现在（文明）/他者—过去（野蛮）。"这样，物理时间被社会时间所取代，导致人们在进行历史分类时必须面对诸多问题，比如历史演变的周期性形态和线性叙事的双重困难：一方面，是具有独立叙

[①] 参见 Ohnuki-Tierney, E. ed., *Culture Through Time: Anthropological Approaches*, Stanford: Stanford University Press, 1990, p. 1。

[②] [法] 保罗·利科：《法国史学对史学理论的贡献》，王建华译，上海社会科学院出版社 1992 出版，第 86—87 页。

事单位的非西方历史传统。另一方面，是欧洲征服全球的历史进程。① 这里至少出现了三重历史叙事和历史关系：一是作为非西方的民族或族群的人群共同体"自我传统"的历史叙事。二是"欧洲中心"历史化过程和作为"我者"的历史叙事。三是殖民政治下的历史结构，即"我者/他者"关系结构。而再细致地划分，任何一个国家的历史中还有多重历史关系：官方的、精英的、民间的等。这样的分类又决定着社会价值体系对于诸如"经典"的建造并进入到"民族—国家"的历史事实。

  对历史要件的审视可以为历史研究带入一个崭新的视野。历史"年鉴派"便为一范。布罗代尔曾在他的著述《地中海与腓力二世时代的地中海世界》《历史与社会科学：长时段》中将历史时间、事件的节奏、多元性关系等因素附于"时段"（即短时段、中时段和长时段）来考察。诸如以政治事件为中心的，包括了外交、传媒"喧哗一时的新闻"属于短时段历史。历史学家在运用计量方法研究价格升降、人口消长、生产增减、利率波动、工资变化时揭示的一种更开阔的时间度量为中时段历史。而对人类社会发展起长期决定作用的则属于长时段历史，即结构。② 事实上，以布罗代尔为代表的法国历史年鉴派的另一个贡献，也是更为重要的贡献在于开拓和发展了西方史学中的历史人类学范式。他主张将以往的历史研究转变成为研究"无名无姓的、深刻的、沉默的历史"和"种类繁多的、千变万化的社会时间"。③ 区域、地理时间、人群、习俗、精神状态、文化变迁等成了构造长段结构不可或缺的因素，而这样的研究与人类学研究取向非常相似。年鉴学派对于历史时间的看法和态度表现出与传统史学不尽相同，把人类学家在民族志中所面对的特殊

---

  ① 参见 Rappaport J. , *The Politics of Memory*: *Native Historical in the Colombian Andes*, Cambridge: Cambridge University Press, 1990, p. 12。
  ② 张广智：《史学文化中的文化》，浙江人民出版社1990年版，第406—408页。
  ③ [法]保罗·利科：《法国史学对史学理论的贡献》，王建华译，上海社会科学院出版社1992年版，第40—41页。

时间制度接纳进去。

总体上说,"任何从事历史研究的努力,至少在视野上必须考虑以下三个方面:历史进程(historical processes)、历史性(historicity)和历史志(historiography)。虽然对于历史的重建者而言,纯客观的历史并不存在;但是,历史性——或许更准确地说,历史的多元表现应该特别引起关注,它们虽然只是部分的,却促使我们认识历史的多样性。历史、结构和意义不仅是多样的,而且它们无不被历史的行动者所确定"。①

其实,历史进程、历史性与历史志构成了三个相互说明的叙事构造。历史进程包含着演变和变迁的客观性和自在性,促使历史变化的因素可以很多样、很复杂且充满了人为性,然而,就其变化而言,却呈现出客观品质的一面。我们所言说的历史从来就包含着两种"历史"指喻:其一,无论人们如何看待和评价某一段历史,它都是一个不能改变的客观事实。其二,人们在看待、评价、解释同一段历史事件时附加上的主观性,使之变得人言言殊。一方面,任何历史都有自身的特性和具体的表现方式,它们的结构和意义都与促使其成为历史的行为者有关。从这个意义上说,任何历史都是"特例"。另一方面,不同的历史个性包含着可以上升为"共性"的品质。再者,如何看待和叙述历史则关系到将什么样个性化、风格化的历史面貌陈列出来。所以,我们所看到的历史志其实都是经过个人选择后的"作品"。

历史人类学包含着不同的指示,有些学者将"历史民族志"(Historical Ethnography)和"历史人类学"(Anthropology of History)区分开来,表现出一种看待"过去"的视角差异,请看下表:②

---

① 参见 Ohnuki-Tierney, E. ed., *Culture Through Time: Anthropological Approaches*, Stanford: Stanford University Press, 1990, p. 23。
② 参见 Silverman, M. & Gulliver, P. H., "Historical Anthropology and Ethnographic Tradition: A Personal, Historical and Intellectual Account", *Approaching the Past: Historical Anthropology through Irish Case Studies*, New York: Columbia University Press, 1992, p. 16。

学科对比表

历史民族志	历史人类学
1. 过去如何引导和创造现在	1. 过去的建构如何用来解释现在（历史作为观念形态）
2. 某一个过去时段的历时和共时研究	2. 现在如何创造过去（传统的发明）
	3. 过去如何创造和再创造过去

从此可以得出,"历史人类学既是作为对过去的一种策略,同时也是人类学研究在方法上扩大的一种机会——从过去的视野里产生出的新问题中获得刺激。这些观念可以带给我们对研究的不同理解,并鼓励我们在对过去的造访中获得另一种规则"[①]。

二 制造的历史与历史的制造

20世纪80年代初,人类学家埃里克·沃尔夫曾发表一篇题为《欧洲与没有历史的民族》的文章,引起学术界不小震动。沃尔夫认为,虽然人类社会(即实际上是作为田野调查和论著研究专题的微观人群)可以作为自给自足、自我延续和理想的自我稳定体系来看待,但任何部落或社区现在或从来都不是一个孤岛。作为发展进程和整个体系相互联系的整体,世界现在不是,也从来就不是自我封闭的人类群体和文化的总和。19世纪人种学对"原始部落"的调查和研究表明,"不存在没有历史或不了解其历史就能加以理解的民族"[②]。

最后的结论是:"所有的民族都有历史。"理性地说,当代才得出

[①] 参见 Silverman, M. & Gulliver, P. H., "Historical Anthropology and Ethnographic Tradition: A Personal, Historical and Intellectual Account", *Approaching the Past: Historical Anthropology through Irish Case Studies*, New York: Columbia University Press, 1992, p. 56.

[②] [英]埃里克·霍布斯鲍姆:《史学家:历史神话的终结者》,马俊亚等译,上海人民出版社2002出版,第198—205页。

这样简单的结论未免荒唐。然而，荒唐的事情经常构成历史的真实。长期以来，在"欧洲中心"操控话语权力的社会知识结构里，在"文明民族""我者"的眼里，"野蛮民族"的"他者"确实不具备，也无法成为有历史的种群。换言之，只有像欧洲一样才具有"历史的资格"。

这涉及"历史制造"与"制造历史"的话题，而历史人类学不得不面对这样的话题。马克思有一段非常著名的话："人们自己创造自己的历史，但是他们并不是随心所欲地创造，并不是在他们自己选定的条件下创造，而是在直接碰到的、既定的、从过去承继下来的条件下创造。一切已死的先辈的传统，像梦魇一样纠缠着活人的头脑。当人们好象只是在忙于改造自己和周围的事物并创造前所未有的事物时，恰好在这种革命危机时代，他们战战兢兢地请出亡灵来给他们以帮助，借用它们的名字、战斗口号和衣服，以便穿着这种久受崇敬的服装，用这种借来的语言，演出世界历史的新场面。"① 这是马克思主义看待历史的一个重要标尺。它包含了两个基本意思：首先，历史是经由人们"创造"的；是带有主观意愿的"人为性实践"。其次，在承继的条件下根据某一社会阶级和人群的目的、意愿、利益进行"创造"，它必须符合相应的社会语境和"现实策略"。显然，马克思所说的"创造历史"与当代历史人类学讨论的"历史的制造"（the making of history）、"制造的历史"（making history）有着很清晰的差异：前者侧重于强调人类主观选择之于客观事实之间的辩证历史唯物主义关系；后者则更强调人们对待历史过程的"话语操控"和社会价值的"权力支配"等特性，强调"历史的制造"为现代社会提供了一个时空性、知识性和策略性的场域。很显然，对于马克思这一段话的误解和误读者不少，但它经常成为历史人类学在讨论同类话题的引言。② 不过有一点很明确：即过去发生的事情与对过去所发生事情的看法、选择和记录不是一回事，后者带有

---

① ［德］马克思：《路易·波拿巴的雾月十八日》，载《马克思恩格斯选集》第1卷，人民出版社1976年版，第603页。
② ［法］布洛克：《"制作历史"的反思》，载［丹麦］海斯翠普《他者的历史：社会人类学与历史制作》，贾士蘅译，台北：麦田出版社1998年版，第202页。

"制造"和"想象"的成分。

历史除了在历时性上做自我说明外,还在不断地"制造"其言说对象;甚至,连"民族"也是造就出来的。"历史学家们担负起筛选往昔事实的责任,要找出足以造成社会发展路线的潜在逻辑。在这个过程中,他们发现新的政治实体——民族(nation)——能够体现新的目标。"这样,民族就成了历史和科学以外的"第三个现代力量"。[①] 以欧洲为例,19 世纪的法国大革命以及所引进的代表新的时代精神和力量,使得欧洲君主王朝大都被推翻,"民族"遂成为新的历史发展阶段中的重要角色。随着王朝的历史性更替,以前"王国"隶属下的领土、版图式的"国家"(country)——强调人与土地的"捆绑"关系(earth-bounded)和生产方式——为现代的政治实体"民族—国家"(nation-state)所取代。换言之,在现代社会的发展过程中,"民族—国家"不期而遇,二者被假定为重叠性边界,致使其成为一个现代社会形态的"想象共同体"(imagined communities),[②] 以应对超越传统家族式的村落性单位和村落联盟的现代需求。传统社会在这个"想象共同体"的作用下被抛到了一边。"民族—国家"上升为具有领土范围内的主权性质和暴力行为。这也是由所谓的"传统国家""绝对国家"到"民族—国家"的替换模式。[③]

在我国,历史上"封建王朝"最具表现力的并非民族,而是所谓"王土"。"普天之下莫非王土"。人群划分所遵照的原则为"一点四方",它构成"家国天下"的原型。这便是中国的"正统"历史。到了近代,西方列强在带来"船坚炮利"的同时,还带来了一个更为重要的东西,就是西方现代产物——"民族"。这使得近代中国的有识之士

---

① [美] 乔伊斯·阿普比尔:《历史的真相》,刘北成等译,中央编译出版社 1999 年版,第 77—78 页。

② Benedict, A., *Imagined Communities: Reflections on the Origin and Spread of Nationalism*, London: Verso Press, 1991.

③ [英] 安东尼·吉登斯:《民族—国家与暴力》,胡宗泽等译,生活·读书·新知三联书店 1998 年版。

有机会认识到西方列强在强悍的炮舰之后更有一个强大的"民族"。于是，我们在孙中山先生的理想蓝图里看到了满清封建王朝被替换成了汉、满、蒙、回、藏的"五族共和"国家。徐新建教授认为："对历史延续的中国而论，所谓'多元一体'的说法，用来指称'王朝'、'国家'或'帝国'要比指称'民族'更为确切。"① 毕竟我们今天所语用的"民族"语汇是晚清以后由西方"转借"而来的。从某种程度上说，是外力作为的结果，具有历史被动性和仓促感。因此，它怎么与中国传统农业伦理建制下的"地方族群"相弥合，怎么处理主体民族（汉族）与少数民族的关系仍属中国"现代性"认识和研究需要补充的重要内容。毕竟"历史"与"民族"从概念到实践都面临着一个从"舶来品"到"本土化"的过程。这也是一种历史的"制造"。

不言而喻，"制造的历史"与"历史的制造"不仅带有明显的政治性喻义，在实际表述中也带有重新建构边界的意义。霍布斯鲍姆对"发明传统"（invented tradition）有一个大致的界说，认为这个词的语用宽泛，不够精确：它既包含着"传统"被发明、建构等具有正式的组织形式；同时，这些因素又融化于简明扼要的表述方式，或者要以数字的形式——比如一些年代中的一些事情——以极快的速度确定它们，显然非常不容易。② 历史和传统既可以指具有行为、事件、时间、地点、人物等这些可量化的指标，也可以指带有社会价值观念、政治话语、习惯势力、文化交流与变迁等不容易量化的因素。同时，历史和传统还要面对不同族群、背景、语境（context）的人们根据自己、集团、阶段的利益和兴趣对同一个历史事件或传统行为所进行的不同判断、分析和评价。因此，同一个"事件性历史"可以演变和延伸出"多样的历史"。我们相信，历史首先表现为人群或族群在不同地点所反映出来的关系和过程的记录；它既表现为事件的长度 course（过

---

① 徐新建：《从边疆到腹地：中国多元民族的不同类型》，《广西民族学院学报》2001年6月。

② 参见 Hobsrawm, E. & Ranger, T., eds., *The Invention of Tradition*, Cambridge：Cambridge University Press, 1983, p. 1。

程）——可以理解为自然发展的本来面貌，又表现为一种主观性言说 discourse（话语）——可以理解为带有民族、阶级、团体或个人的主观描述和记录。二者既相互关联又有着明显区别。难怪《大英百科全书》在定义历史时作如是说：历史一词在使用中有两种完全不同的含义：第一，指构成人类往事的事件和行动；第二，指对此种往事的记录及其研究模式。前者是实际发生的事情，后者是对发生事件进行的研究和描述。

历史变迁本身也具有发明与创造的性质，但"单位性"成了一个重要的品质。查特吉（Chatterjee）曾以印度历史的变迁为例，精巧地以同一主体民族"我们"在不同历史时期所经历和遭遇中的代词变化为例，说明权力之于历史叙事的作为："印度古代的光荣和现代的痛苦，整个故事的主体是'我们'（us）。伟大的古印度英雄们是'我们的'（our）过去的祖先，而今天脆弱的印度民众所表现出的则是'我们自己'（ourselves）。古代印度曾经征服其他国家，也曾从事跨海贸易，也曾以傲视的态度对待其他民族，这一切都体现在'我们'（us）身上，而'我们的'（our）今天的所谓'亚利安后裔'（the descendants of Aryans）则成为其他民族眼中不屑或者傲然对待的屈辱对象。显然，在世界不同的民族之中存在着类似于某种权力的天平；古代印度民族占据着这一天平的高位，而现在则近乎跌到了它的底部。"[①] 如果说，"制造历史"带有明显的人为性政治用意和主观意图，而"历史的制造"则成了这一行为和过程"无言的结局"。

三　田野作业中的历史现场

毫无疑问，历史人类学在对过去提供了一种"策略"的同时，也

[①] Chatterjee, P., *The Nation and Its Fragments: Colonical and Post Colonical Histories*, New Dehi; New York: Oxford University Press, 1999, p. 97。

是一种机会——即对过去所生长出来的新问题进行扩大研究的方式。①我们毋宁将田野中的"历史现场"当作一个"扩大研究的方法"来看待。这里首先有一个角度问题，它涉及方法论。解释人类学和历史人类学研究都强调研究的视角问题，它与所谓的"emic/etic"有关，亦即"内部观（insider）/外部观（outsider）"的问题。一般而言，在具体的田野调查中可引申为土著人和外来者。传统的人类学田野调查所强调的主要以人类学家的参与观察作为"主视视野"（master-perspective），更接近于所谓的"外部研究"（eticoutsider）——外来者研究。然而，这样的研究结果则可能，也容易被贴上"臆想的民族志"（romanticized ethnography）标签。20世纪60年代，语言人类学家派克根据语音语言学的术语"phonemic/phonetic"与"insider/outsider"匹配的概念，创造了emic/etic的描写理论。② 在这样的背景之下，对传统人类学视野的一个改造方法就是尽可能地让土著人讲话（native speaker），即以"内部眼光"看待问题。这样，"地方性"与"地方人群"的重要性也就显现出来；连带性地，"地方性知识"也受到了空前的重视。③

人类学的历史研究，或曰"人类学的历史化"（the Historicization of Anthropology）不仅在传统的研究对象上获得了族群单位和背景的距离感，而且获得平等拥有的历时关系。同样的，历史的人类学，或曰"历史的人类学研究"（the Anthropological History Studies）一方面稳固了所特有的"缘生纽带"（primordial ties）在学科传统上的关联性；另一方面使得历史研究因此获得了来自"田野"的滋养，获得了不同族群的背景知识以及多重考据的资料补充，如器具中的历史说明、谱系学考据、非文字记载的民间技术、口述史等，也因此获得了更丰富的

---

① 参见 Silverman, M. & Gulliver, P. H., "Historical Anthropology and Ethnographic Tradition: A Personal, Historical and Intellectual Account", *Approaching the Past: Historical Anthropology through Irish Case Studies*, New York: Columbia University Press, 1992, p. 56。

② 王海龙：《对阐释人类学的阐释》，载［美］克利福德·吉尔兹《地方性知识——阐释人类学论文集》导读，王海龙译，北京中央编译出版社2000年版，第16—17页。

③ ［美］克利福德·吉尔兹：《地方性知识——阐释人类学论文集》，王海龙译，北京中央编译出版社2000年版。

"过去的现场性"(the presence of pass)。而这一切都必须建立在人类学研究视野的转变和扩大之基础上,使传统意义上的学科规范和规则产生相应的改变。如果我们把传统的民族志看成是由人类学家作为历史的"主持人"和"主讲者"的话,现代历史人类学则更像是由人类学家、土著和"现场"等共同组成和上演的历史剧。

在历史学与人类学的学科整合和研究实践中,三个关键词决定着"历史现场":第一,相对"田野"而言。确定一个具体"单位"(具体的研究、认知、分析和阐释对象)。它需要一个人群共同体和生态环境以便于"田野调查"。第二,相对"历史"而言。对特定的社会文化和历史事件的发生、进程和变迁作历时性追踪。第三,相对现场而言。提供一个参与观察的、可计量的、具备展演的关系场所。换言之,没有一个具体的"边界"单位,人类学的田野调查便成为空中楼阁。没有对某一个社会历史的时间谱系式的历时认定,历史便无从谈起。同样,没有一个具体的族群关系、社会关系的建构,现场便是一句空话。然而,在传统的历史学视野里基本上不出现那些无文字社会、小规模群落、封闭民族的历史,所以历史人类学研究在这些方面并非仅仅是从诸如传统的文本研究到"文本—口传—器物"的方法转变,还有一个田野体验、经历和经验。如果历史人类学家没有这一个基本的"临场"要求,口传和器物的材料便不易获得。这样的"历史民族志"也就缺乏具体的"地缘感"。

"在当代人类学的分析中,地缘性(locality)无疑成为一个关键性视角。"[1] 早期的人类学研究主要集中于讨论诸如"某个民族""某种文化"或"一个社会"。因为古典的人类学(可以称为"进化论者")首先要在"西方/非西方"这样一个带有进化意味的分类价值中确立研究对象,将"异文化"的生活方式、居住模式和政治领地等并置起来进

---

[1] 参见 Silverman, M. & Gulliver, P. H., "Historical Anthropology and Ethnographic Tradition: A Personal, Historical and Intellectual Account", *Approaching the Past: Historical Anthropology through Irish Case Studies*, New York: Columbia University Press, 1992, pp. 21。

行研究。今天，大多数的人类学家都把视野集中于"一个地方"；这种转变的一个学术依据与20世纪五六十年代的"农民"研究有关。在当代人类学视野中，与"大传统"（great tradition）相对的"小传统"（little tradition）的属性根据也就变成为"小地方"（little locality）。人类学的这种分析单位的转变虽然引来不少学者批评的声音，但并未影响它成为当代人类学研究的主要概念和范式。它的价值主要体现在以下几个方面：首先，把目光集中投射在一个小规模的地方，有助于通过一个目标性明确的研究达到深度理解。其次，人类学家确立一个具体的地方，并以此为基点向更加广泛的领域延伸，或以一个特定的地方与外界形成紧密的关系。再次，人类学家对小地方的研究更便于对现象做诠释。① 总而言之，人类学的地方性研究的拓展已经包含了某种整合性意义，所谓"麻雀虽小，五脏俱全"。同时，在"小地方"与"大历史"之间建立起必要的逻辑关联。

勿庸置疑，"区域存在着深刻的差别。这是因为每一个区域都有它自身的情感价值。在各种不同情感的影响下，每一个区域都与一种特定的宗教本原联系起来，因而也就赋有了区别于其他区域的独具一格的品性。正是这种观念的情感价值，发挥着至关重要的作用，决定了观念联系或分离的方式。它是分类中的支配角色"②。事实上，当今的历史民族志首先要面对的问题之一就是所谓的"地方中的全球"（global in the local）和"全球中的地方"（local in the global），这是实现小型人群与民族志学者互动关系的重要部分。③ 可是，关键的问题在于：总体历史（total history）和地方历史（local history）并非简单地构成"一般/具体"的关系。在政治经济和世界体系的主流表述中，传统人类学的

---

① 参见 Silverman, M. & Gulliver, P. H., "Historical Anthropology and Ethnographic Tradition: A Personal, Historical and Intellectual Account", *Approaching the Past: Historical Anthropology through Irish Case Studies*, New York: Columbia University Press, 1992, pp. 23–24.
② [法]爱弥尔·涂尔干、[法]马塞尔·莫斯：《原始分类》，汲喆译，上海人民出版社2000年版，第93页。
③ 参见 Stocking, G., "Delimiting Anthropology: Historical Reflection on the Boundaries of a Boundless Discipline", *Social Research* 62, 1995。

"文化分析",即地方性单位(local unit)成为事实上自治的、自我组织的实体,从而成为从属性的关系。① 所以,理论上说,人类学的"地方性研究"在满足其自身成果的同时,还需要拿出足以与其他社会、人群,甚至是全人类共同分享的某种价值。

我们知道,任何文化的传承都可以被视为在同一个地缘性人群共同体的经验积累和经验分享过程。在汤普森看来,文化生成和变迁的关键词是"经验"(experience)②。作为一种"分类",经验可以分为两类:生活的经验和理解的经验。在一个知识体制范畴内,二者与"社会存在"(social being)和"社会意识"(social consciousness)相通融。"生活的经验"包括诸如战争、死亡、抵御/战斗、经济危机等,它促使人们在新的情况下重新思考,寻找新的生存方式,比如权力的平衡、法律、经济甚至亲属制度。换言之,不同的生活环境和生活条件的变化导致人们新的思考以改变"经验"——不同的生活和新的理解。③ 勿庸置疑,不同的历史能够累积不同的经验,就地方性知识体制而言,这种经验具有明显的"特色",因而并非具有完整意义上的普世性,不见得适用于不同的民族和族群。但另一方面,任何人类的生存、生活经历和经验必然有可以拿出来共同分享的价值,否则连"人类"都丧失了起码的认同。

当然,历史民族志不能缺乏基本的时间和空间的支持。其实我们所说的"历史现场"就包含着基本的时空强调:前者更多地强调其历时性,后者则倾向于指示空间格局。人类学家们所关注的,或者说在民族志中所要展示的、需要强调的资料性分析因素自然都有时间和空间的边界关系。因此,时间和空间的资料与分析构成了连带关系。反过来,数

---

① 参见 Biersack, A., *Introduction: History and Theory in Anthropology*, Washington and London: Smithsonian Institute Press, 1991, pp. 11。
② 参见 Thompson, E. P., *The Poverty of Theory*, London: Merlin Press, 1978。
③ 参见 Collard, A., "Investigating Social Memory in Greek Context", in Tonkin, E., McDonald. M. & Chapman. M., eds., *History and Ethnicity*, London and New York: Routledge, 1989, p. 91。

据的类型和数量也对分析的模式产生着影响。[①] 然而，当我们把眼光投到某一个在传统意义上不具备经典性或学术价值的部落、村落等"地方"时，我们陡然发现，民族志资料的缺乏加剧了人类学对地方性研究的困难；也使得在地方性建立或恢复历时性对话产生了困难。但是"由于一个相对较小的地方性资料与其不远的过去具有语境性关系，社会和文化结构与其更远的过去看上去反而具有更多的同质性（homogeneous）和标准性，而那些更近的过去或者现在却可能更加具有异质性（heterogeneous）和变异性。"[②] 这不啻表现为一种历史的规律。

历史人类学作为当代知识整合和学科交流的一个范例，或许主要还不是学科之间策略性互动的需要，而是更多地表现为二者在知识与叙事上的互补。

原载于《思想战线》2004 年第 1 期

[①] 参见 Silverman, M. & Gulliver, P. H., "Historical Anthropology and Ethnographic Tradition: A Personal, Historical and Intellectual Account", *Approaching the Past: Historical Anthropolgy through Irish Case Studies*, New York: Columbia University Press, 1992, p. 40。

[②] 参见 Silverman, M. & Gulliver, P. H., "Historical Anthropology and Ethnographic Tradition: A Personal, Historical and Intellectual Account", *Approaching the Past: Historical Anthropology through Irish Case Studies*, New York: Columbia University Press, 1992, p. 38。

历史事实、历史记忆与历史心性

王明珂[*]

一 历史事实

广汉三星堆文化的新发掘，又掀起一波对古蜀人的寻根热潮。有些学者以三星堆文化最早阶段可推至夏代以前为据，认为华阳国志之记载——"黄帝为其子昌意娶蜀山氏之女，生子高阳，是为帝喾，封其支庶于蜀，世为侯伯"——可被证明为历史事实。[①]

我们且将"蜀王世胄为黄帝后裔"是否为历史事实这一问题搁下。对一位严谨的史学家来说，由一篇史料中推论"过去曾发生的事实"不是一件简单的事。除了传统上对史料的内外考据与"孤证不立"等治史原则外，近代以来学者引用自然与社会科学，以"二重证据"或多重证据来探索历史事实。基本上，这种在20世纪30年代以后逐渐流行于中国的"新史学"，是将文献视为过去客观事实的承载物，因此一

---

[*] 王明珂，台湾"中研院"历史语言研究所研究员。

[①] 20世纪及以前的史学家曾相当关注史学究竟是一门艺术还是科学，史学是否应该和能够做到"客观"，史学方法应是计量的、分析的，还是描述的，等等。在文化批判理论或后现代主义的冲击下，史学的定义、目的、范围、研究方法、表述形式等史家考虑的基本问题已不得不有所改变。为适应21世纪史学发展的需要，四川大学历史文化学院自2000年秋季学期起推出"新世纪史学论坛"，邀请海内外活跃于史学第一线的学者结合自己的具体研究，以前瞻的眼光探讨21世纪史学的可能走向，特别侧重从研究方法和取向的视角考察学术传统的传承与创新。本文即是作者2000年12月28日在四川大学"新世纪史学论坛"的演说稿。

篇历史文献的价值便在于它叙述了多少"真实的过去";考古资料被视为比文献史料更客观、更值得信赖的"过去"遗存,客观反映过去的人类行为与其社会结构。若这些文献与考古资料尚不足以完全呈现"过去",学者则认为人类社会与文化有其基本结构与演化模式,我们可以用近代初民之民族志资料(如图腾制、母系社会等)来考察"类似的"古代社会与文化现象。如此的史学研究,使我们的历史知识在20世纪后半叶有丰厚的成长累积。

然而也就在20世纪之末,许多学者对于近代以来建构的历史知识产生怀疑;"解构"此历史知识成为一时风尚。究竟近代以来累积的历史知识有何问题?关键问题之一,在于结合各种史料、各种学科,以归纳发掘"历史事实"的"类比法"(analogy)。虽然"类比法"是人类知识产生的重要法则,然而在寻找"相似性"的类比活动中,我们常陷于自身所处之社会文化迷障里。也就是说,我们的知识理性深受社会文化影响;在此知识理性中我们定义、寻找何者是"相似的""相关的"与"合理的",而忽略身边一些不寻常的、特异的现象。同样,若我们将对历史的探求当作是一种"回忆过去"的理性活动,此种"回忆"常常难以脱离社会文化的影响。譬如,在男性中心主义社会文化中,历史记载经常都是男性的活动;但在读这些史料时,沉浸在此社会文化中的人们习以为常,并不会太注意这样记载过去有何不寻常之处。因此在"后现代主义"的学术觉醒中,学者开始注意一些多元的、边缘的、异常的现象,并从中分析意义。譬如,文献史料被当作一种"文本"(text)或"述事"(narratives),以强调其背后的社会情景(context)与个人感情。如此,学者不再以"史实"为取舍标准对一篇史料去芜存菁;对于"芜",学者或更感兴趣——若一段史料叙述不是事实,或两种叙述中有矛盾,为何它们会如此?这一类的研究,多少都涉及一些社会记忆(social memory)与身份认同(identity)理论。

总之,无论是在新的、旧的、现代的、后现代的研究取向之下,历史事实是一位历史学者永恒的追求。我在许多过去的著作中都强调"历史记忆"研究,这并不表示我不追求历史事实。我只是认为,以

"记忆"观点来看待史料,我们或能发掘一些隐藏在文字与口述之后的"史实"。

二 社会记忆、集体记忆与历史记忆

我先简单介绍社会学与心理学的记忆理论,及其与史学和人类学之关系。在社会学的研究中,Maurice Halbwachs 被认为是集体记忆(collective memory)理论的开创者。他指出,一向被我们认为是相当"个人的"记忆,事实上是一种集体的社会行为。一个社会组织或群体,如家庭、家族、国家、民族等,都有其对应的集体记忆以凝聚此人群。我们的许多社会活动,都可视为一种强化此记忆的集体回忆活动。如国庆日的庆祝活动与演说,为了强化作为"共同起源"的开国记忆,以凝聚国民此一人群的国家认同。[①] 记忆的另一面则是"失忆"。譬如小学生活回忆凝聚小学同学会成员;当小学同学不再聚会,从此缺乏共同的回忆活动,小学生活片断也逐渐被失忆。

另一位学者,英国心理学家 Frederick Bartlett,其对于记忆研究的主要贡献在于他对人类"心理构图"(schema)的实验与诠释。"心理构图"是指个人过去经验与印象集结所形成的一种文化心理倾向。每个社会群体中的个人,都有一些特别的心理倾向。这种心理倾向影响个人对外界情景的观察,以及他如何由过去记忆来印证或诠释从外在世界所得的印象。这些个人的经验与印象,又强化或修正个人的心理构图。Bartlett 指出,当我们在回忆或重述一个故事时,事实上我们是在自身之社会文化"心理构图"上重新建构这个故事。[②] 由个人心理学出发,Bartlett 所强调的仍是社会文化对个人记忆的影响。

[①] Lewis A. Coser, "Introduction: Maurice Halbwachs", in Maurice Halbwachs, ed., *On Collective Memory*, trans. Lewis A. Cosered, Chicago: The University of Chicago Press, 1992; Maurice Halbwachs, *Les cadres sociaux de la memoire*, Paris: Presses Universitaires de France, 1952.

[②] Frederick Bartlett, *Remembering: A Study in Experimental and Social Psychology*, London: Cambridge University Press, 1932, pp. 199 – 202, 296.

20世纪80年代以来,集体记忆或社会记忆这些概念,常与族群认同、国族主义等研究联系在一起,也与历史人类学的发展关系密切。在人类学的族群本质(ethnicity)研究中,基于对"集体记忆"与"群体认同"关系的了解,学者探讨族群认同如何借由其成员对"群体起源"(历史记忆与述事)的共同信念(the common belief of origins)来凝聚,以及认同变迁如何借由"历史失忆"来达成。在近代国族主义研究中,历史学者也分析近代国族主义或殖民主义下"历史"的建构过程(解构国族历史),及相关的民族英雄与其事迹如何被集体想象与建构。如此的研究取向及对"历史"的宽广定义,使得人类学者眼中的"土著"不只是现时社会结构与各种制度功能运作下的个人,更是特定时间概念、历史经验与历史记忆塑造下的个人。如此也开启对于不同文化中"历史"与"神话"分野,与相关权力关系(politics)的研究与探讨。

在此,笔者想对一些词汇做一些说明。James Fentres 与 Chris Wickham 在他们的著作中以社会记忆(social memory)来取代集体记忆一词,以强调他们着重于个人记忆的社会性特质——此社会记忆如何产生、如何传递。[①] 在这方面的研究逐渐丰富之时,笔者认为至少应分别三种范畴不同之具社会意义的"记忆"。

第一种,我们且称为"社会记忆",指所有在一个社会中借各种媒介保存、流传的"记忆"。如图书馆中所有的典藏,一座山所蕴含的神话,一尊伟人塑像所保存与唤起的历史记忆,以及民间口传歌谣、故事与一般言谈间的现在与过去。

第二种,范围较小,我们且称为"集体记忆"。这是指在前者中有一部分的"记忆"经常在此社会中被集体回忆,而成为社会成员间或某次群体成员间分享之共同记忆。如一个著名的社会刑案,一个球赛记录,过去重要的政治事件,等等。如此,尘封在阁楼中的一本书之文字记载,是该社会之"社会记忆"的一部分,但不能算是此社会"集体

[①] James Fentress and Chris Wickham, *Social Memory*, Oxford: Blackwell Publishers, 1992, p. IX.

记忆"的一部分。

第三种，范围更小，且称为"历史记忆"。在一社会的"集体记忆"中，有一部分以该社会所认定的"历史"形态呈现与流传。人们借此追溯社会群体的共同起源（起源记忆）及其历史流变，以诠释当前该社会人群各层次的认同与区分——如诠释"我们"是什么样的一个民族；"我们"中哪些人是被征服者的后裔，哪些人是征服者的后裔；"我们"中哪些人是老居民，是正统、核心人群，哪些人是外来者或新移民。在"历史记忆"的结构中，通常有两个因素——血缘关系与地缘关系——在"时间"中延续与变迁。因此，"历史记忆"可诠释或合理化当前的族群认同与相对应的资源分配、分享关系。如此，前述社会"集体记忆"中的一项重大社会刑案或一个球赛记录，固然也可作为社会群体的"集体记忆"，但它们不是支持或合理化当前族群认同与区分的"历史记忆"。此种历史记忆常以"历史"的形式出现在一社会中。与一般历史学者所研究的"历史"有别之处为，此种历史常强调一民族、族群或社会群体的根基性情感联系（primordial attachments），因此我也曾称之为"根基历史"。

"历史记忆"或"根基历史"中最重要的一部分，便是此"历史"的起始部分，也就是群体的共同"起源历史"。"起源"的历史记忆，模仿或强化成员同出于一母体的同胞手足之情；这是一个民族或族群根基性情感产生的基础。它们以神话、传说或被视为学术的"历史"与"考古"论述等形式流传。

以下我将脱离这些理论介绍，以实际的例子说明历史记忆在史学研究中的应用。我认为，历史记忆研究不是要解构我们既有的历史知识，而是以一种新的态度来对待史料——将史料作为一种社会记忆遗存。然后由史料分析中，我们重新建构对"史实"的了解。我们由此所获知的史实，不只是那些史料表面所陈述的人物与事件；更重要的是由史料文本的选择、描述与建构中，探索其背后所隐藏的社会与个人情境（context），特别是当时社会人群的认同与区分体系。

三 文献中的社会历史记忆

"过去的事实"包含自然界的消长变化，个人与各种生物的社会生活细节，以及环境与生物间大大小小的互动关系。我们不得不承认，我们以文字记录保存的"史料"，只是这些"过去的事实"中很小的一部分。它们是一些被选择、组织，甚至被改变与虚构的"过去"。因此，一篇文字史料不能简单地被视为"客观史实"的载体；正确地说，它们是在人们各种主观情感、偏见以及社会权力关系下的社会记忆产物。

笔者曾在一篇文章中以新考古学家如何看待"器物遗存"为比喻，并以西周史料为例证，来说明这种对待史料的态度。以下笔者简述这个看法。当代考古学者，并不把一个考古遗存简单当作是"过去事实"的遗存，而将之视为一连串社会与自然活动下产生的古代垃圾。考古器物遗存的形成，首先便涉及一个选材、制造、使用、废弃（或保存）的过程。[①] 同样，我们可以将历史文献当作一种社会记忆遗存，它们也经历了选材、制造、使用、废弃或保存的过程，而成为古人与我们所见的文献资料。以此观点，一篇历史文献的形成过程大约如下。第一，选材：社会群体或个人选择或虚构一些当代或过去的重要人物与事件。第二，制造：人物、事件与其他因素经过刻意的文字组合、修饰，使之具有某种社会意义。第三，使用：这样的社会记忆被用来凝聚或强化此社会群体的认同，并与其他群体的社会记忆相抗衡，以争夺本群体的社会优势或核心地位。第四，废弃与保存：在各种社会记忆相辩驳抗衡的过程中，有些社会记忆被失忆，有些被刻意保存、推广。[②]

以"西周史"研究为例可说明此种看待史料的新态度，以及其历史知识的产生逻辑。中国西周史研究主要依赖两种文献史料：一是西周

[①] Robert J. Sharer & Wendy Ashmore, *Archaeology: Discovering Our Past*, Mountain View, CA: Mayfield Publishing Co., 1987, pp. 72 – 75.

[②] 王明珂：《历史文献的社会记忆残余本质与异例研究——考古学的隐喻》，《民国以来的史料与史学》，台北："国史馆"1998年版。

金文，一是成书于战国至汉初的先秦文献。传统的办法是"类比"——在此两种文献中找寻"相同的或可互证"资料，以建构我们对于西周的了解。然而，由历史记忆的观点看，这两种文献有不同的性质。西周铜器铭文主要反映的是在西周的政治社会环境中（一种认同与区分体系），一个贵族认为重要且值得保存的社会历史记忆；先秦文献则主要是战国汉初时人在当时社会情景下对西周的回忆。

从社会记忆角度分析历史文献，我们所得到的历史知识主要是产生这些社会记忆的社会情境（context）；特别是在当时的资源分配、分享与竞争体系下人们的社会认同与区分。以渭水流域出土的西周铜器之铭文为例来说，它们所展示的是当地贵族的家族、姻亲联盟、西土旧邦、周之邦国等一层层的由里而外的认同结构。这种认同结构，也是一种政治经济利益分享、垄断的社会分群结构。[①] 与此相同，战国汉初时人在新的认同体系下，从过去的社会历史记忆中选材，并混合其他元素以制造新的社会历史记忆。这便是先秦文献中所描述的西周。因此先秦文献与西周金文对于同一事物记载之"差异"，是我们了解由西周到汉初一个历史人群认同变迁的关键。这个历史人群的认同变迁，也就是"华

[①] 西周铜器铭文作为一种社会记忆，其产生过程及意义如下。首先是"选材"。铜器铭文中，通常有做器者之名、其祖先之名或族徽。在较长的铭文中，作器者常记载自己或祖先的功绩，以及自身因此受赏的荣耀。西周铜器中有许多是为妻、母及出嫁女儿所做之器。这些女子的母国姓氏也是被记忆的素材。其次是"制造"与"使用"。被选择的人、事、物，被组织起来以使之产生意义。家族姓氏或族徽成为强化家族认同的记忆。对于妻、女、母等姻亲之记忆被组织起来，以夸耀本家族与外界的政治联盟关系。在一些较繁杂的铭文中，当代与过去的人、事、物被组合成一种具特殊意义的述事（narratives）。如在许多铭文中，祖先辅佐文武王的功绩或做器者的当代功绩，受赏赐之物所象征的威权与尊贵地位，以及"子子孙孙永宝用"所隐含的对未来的期望，共同组构成一个述事文本，用以强调在周王为首的政治秩序中本家族延续性的尊贵地位。在此，"使用"的含义远超过人们对器物工具性的使用。在一个社会中常蕴含着许多互相矛盾的、竞争的多元社会记忆，它们透过不同的管道相互夸耀、辩驳与模仿、附和，各社会人群借此凝聚其群体认同，并与其他群体相区分、抗衡。作为一种社会记忆的铜器铭文，其所蕴含的时代与社会意义便在此"使用"过程中产生。最后，在社会权力运作与抗衡下某些优势社会人群的记忆得到强化、保存，另一些人群的记忆则被失忆或废弃。铜器材质珍贵、制作耗力耗时，只有掌握社会权力与资源的人才能借此将他们的集体记忆记录下来，并以此支持其优势之社会地位。最后，绝大多数带铭文的西周铜器都出于渭水流域，此也显示出当时的"东方"在政治权力上的边缘地位。

夏"认同的形成。在新的认同下,华夏想象北方戎狄为长久以来的敌人。① 相反,南方与东南蛮夷的"华夏化",也借由"失忆"与建构新历史记忆来达成。如,春秋时华夏化的吴国王室,曾假借一个华夏祖先"太伯"而成为"华夏";中原华夏也由于"找到失落的祖先后裔",而接纳此华夏新成员。②

将文献史料作为一种社会历史记忆,历史知识产生过程中的一个关键是发现"异例"(anomalies)——一些相异的、矛盾的或反常的现象。西周与战国时人记忆间产生的"异例",古人与今人之历史理性间的"异例",考古发现与历史文献间的"异例"。对于文本及其反映"异例"之分析诠释,是一种将其情境化(contexturalize)的活动。"情境化",主要是说明在何种的资源分配与竞争背景,及相应的人类社会认同与区分体系和权力关系之下,此文献被制作出来。将文献作为一种"社会记忆残余"不同于将文献作为"历史事实载体"之处是,研究者时时都在探索"这是谁的记忆","它们如何被制造与利用"以及"它们如何被保存或遗忘"。透过情境化,一方面文本及"异例"在特定历史情境之理解下得到合理诠释;另一方面,历史上特定社会之"情境"及其变迁成为新的历史知识。

四 口述中的社会历史记忆

当代口述历史学者常借由当事人的亲身经历记忆,来补充历史文献记载之不足。对于追求"历史事实"的历史学者而言,这不失为一种历史研究的新工具。然而根据历史记忆的观点,这样的口述历史只是为

---

① 譬如,征伐"蛮夷"有功而受赏之事,是金文中很普遍的一个记忆主题。征伐的对象主要是东国、东夷、南国、楚荆、淮夷、南淮夷等东方或南方族群。然而在先秦文献中,北方的戎狄却成了西周由始至终的敌人。这个"失忆"的意义在于:春秋战国时期长城之北与西北人群之牧业化、移动化与武力化,及其南向在华北地区争夺生存资源,是华夏认同形成的一个主要因素。参见王明珂《华夏边缘——历史记忆与族群认同》,台北:允晨文化公司1997年版。

② 王明珂:《华夏边缘——历史记忆与族群认同》,台北:允晨文化公司1997年版,第255—287页。

"典范历史"增些枝节之末的知识而已。甚至它更进一步强化了反映男性、统治者、优势族群观点与其偏见下的"典范历史",而使得"历史"成为阶级权力工具。与此对抗的另一种"口述历史"研究,则以采访编撰妇女、劳工、少数族群或过去之政治受害者之口述记忆为主轴。此类口述历史学者,经常将口述历史作为某种社会或政治运动的工具;这仍是一种有主体偏见的"历史建构",一种"认同史学",一种为了社会群体认同所建构的"历史"。

我认为,将口述历史中的"过去"限定为受访人亲身经历的"过去",或将口述历史视为补充或纠正由人物与事件组成的"真实历史"的工具,都忽略了口述历史的学术价值。由社会记忆观点来看,一个人对于"过去"的记忆反映他所处的社会认同体系,及相关的权力关系。"社会"告诉他哪些是重要的、真实的"过去"。一位羌族人记得祖先的过去,因为他是家庭与家族成员。他记得本国的开国历史,因为他是国家之成员。他记得自己是"炎帝""三苗"或"孟获"的后代,因为社会历史记忆告诉他,羌族是过去好作乱而被汉人打败的民族。因此当代人"口述历史"的价值,不只是告诉我们有关"过去"的知识;它们透露"当代"社会人群的认同体系与权力关系。更重要的是,透过人们的口述历史记忆,我们可以从各种边缘的、被忽略的"历史记忆"中,了解我们所相信的"历史"的本质及其形成过程。

我们可以做如下的比喻。在一个夏夜的荷塘里,无数的、不同品种的青蛙争鸣;争着诉说"我存在"。不久我们的注意力会被一个声音吸引,一个较洪亮的、较规律的蛙声。除此之外,似乎一切都归于宁静。这洪亮规律的蛙声,便是我们所相信的"典范历史"。其余被忽略的蛙声便是"边缘历史"。我认为真实的历史,不应只是"典范历史"的声音,也不只是某一种"边缘历史"的声音;真实的历史是荷塘里所有青蛙的合鸣。

相较于文字记忆来说,口述记忆的传递媒介是普遍的口语;因其普遍所以不易被社会权力掌控。即使在文字文明之中,我们许多的社会记忆仍赖口述在社会间流传。更不用说,在近代之前许多人类社会并无文字，其历史记忆主要赖口述传递。因此"口述历史"让我们脱离历史文献的束缚，得以接触多元的边缘历史记忆。这些边缘历史记忆及其述事的荒谬、不实，或其反映的典范历史述事的荒谬、不实，都形成一种"异例"。深入分析这些述事与"异例"并将之"情境化"，可以让我们对于"我们所相信的历史"与"他们所相信的历史"，以及历史记忆、述事和人类社会文化背景（情境）之关系，有更深入的了解。以下以川西羌族的口述历史为例说明。

对于当代羌族来说，文字记载的羌族史——典范历史——只在近50年来才成为当地历史记忆的一部分，也只有羌族知识分子知晓此种历史记忆。笔者曾在1995—2000年，利用数个寒暑期在川西山中探寻当地的认同体系与历史记忆。在许多深沟村寨中，都曾采集到一种社会记忆，一种"弟兄故事"。以下是在松潘附近一条沟（山谷）中搜集的口述例子。

（1）最早没有人的时候，三弟兄，大哥是一个跛子，兄弟到这来了，还一个么兄弟到一队去了。大哥说："我住这儿，这儿可以晒太阳。"所以三队太阳晒得早。么弟有些怕，二哥就说："那你死了就埋到我二队来。"所以一队的人死了都抬到这儿来埋。

（2）以前这没得人，三弟兄是从底下上来的。上来坐在月眉子那个墩墩上。又过了一两个月。那个就是——不是三弟兄喔，那是九弟兄——九弟兄占了那地方。三弟兄打伙在这条沟。还有两弟兄打伙在那条沟，大尔边。还有两弟兄打伙在大河正沟，热务区。九弟兄是黄巢，秦朝还是黄巢？秦朝杀人八百万？黄巢杀人八百万。他就躲不脱了，就走到这儿。一家九弟兄就到这儿来了。就是在秦始皇的时候。

（3）高头来的七弟兄。从那七弟兄，有些安在大尔边，有些朱尔边、纳期、郎该、尼巴，是这样分出来的。他们是在这个啥子朝代打散的？跑到这来。原来这儿没有人。没有人，这下子七弟兄到这儿；只来三弟兄，还有四弟兄是纳期安了一个，大尔边，还有尼巴那安了一块，是这样分出来的。

（4）七弟兄，黑水有一个，松坪沟一个，红土一个，小姓有一个，牦牛沟有一个，松潘有一个，镇江关有一个。五个在附近，迁出去两个；一个在黑水，一个在茂县。

这条沟（埃期沟）中有三个寨子。例（1）（2）之"三兄弟故事"，说明沟中三个寨的祖先来源。这是当前这沟中人人皆知的集体记忆。三个寨子的民众，共同分享沟中的资源，也彼此分享各寨所拥有的资源。三寨在阳山面（早晨晒得到太阳），一寨与二寨同坐落在阴山面。因此在这故事中，老二与老三关系格外亲密；不只住在同一边，死了也葬在一起。这个兄弟故事所显示的人群认同与区分体系，也表现于三个寨子敬菩萨的习俗上。三个寨都各有各的山神菩萨。二寨又与一寨共敬一个菩萨"忽布姑噜"。三个寨共同敬一个更大的山神菩萨"格日囊措"。

例（2）（3）中的九弟兄故事或七弟兄故事，说明沟中三个寨子与邻近的纳期、热务沟（红土）、大尔边沟（含朱尔边）等地村寨人群间的密切关系。这些小沟或村寨（包括埃期沟），共同坐落在"小姓沟中"。因此简单地说，这两则故事说明埃期村民与其他小姓沟邻人间的密切关系。在这人群范围中，埃期村民们的说法便有许多分歧。例（2）中的九弟兄故事，九弟兄的后代分布较广，除埃期外还包括热务与大尔边的人。例（3）故事中七弟兄的后代分布要略狭些；除了埃期三寨外，下游仍包括大尔边沟的人，往上游去只包括纳期、尼巴的人。有些老人说"埃期五弟兄故事"，范围更要狭些；三弟兄到埃期三个寨子，另两个分别到纳期与尼巴。

例（4）报告人叙述的是"七兄弟故事"；在埃期沟只有极少数见识广的人说这故事。这七兄弟故事涉及更广大的人群范围。这些地区人群，以目前的民族与语言分类知识来说，包括红土人（热务藏族）、小姓沟人（藏族、羌族）、松坪沟人（羌族）、镇江关人（汉化的羌族、藏族与回族、汉人）、松潘人（以汉族、藏族为主）、牦牛沟人（藏族）与黑水人（说羌语的藏族）。在这弟兄故事中，由于小姓沟所有村寨的人是其中一个兄弟的后代，因此"小姓沟人"认同得到强化。更重要的是，这"七兄弟故事"强调一个以小姓沟为核心，包含许多村寨与城镇藏、羌群众的人群认同。这些地区的村寨与城镇人群，也就是一个见识广的小姓沟人在松潘城中常能接触到的人群范围——在小姓沟人心目中，这也是共同祭松潘"雪宝顶"菩萨的人群。

一个认真探索"历史事实"的历史学者，不会认为埃期沟村民所说的这些"过去"是曾发生的"历史事实"。显然，在这些故事中"过去"随着一群人（或个人）的族群认同与区分范畴而改变。由社会记忆观点，笔者将之视为一种"历史记忆"——与许多我们所相信的"历史"有类似功能的"历史记忆"。"历史"，特别是说明一群人共同起源的"根基历史"，以共同的血缘传承关系凝聚一个人群（族群或民族）。《史记》中溯及夏的始祖为弃，商的始祖为契，周人始祖为后稷，以及我们尊奉黄帝为中华民族的始祖，都是此种追溯族群起源的历史述事。

19世纪一位英国律师 Henry S. Maine 写了一部名为《古代律法》（Ancient Law）的书，书中的主题是社会中的亲属血缘、领域主权与此二者的延续传承。[①] 律法维系社会的整合与延续，因此 Maine 透过律法对于人类社会做了最简洁有力的定义——凝聚在血缘、地缘与其延续关系下的人群。事实上人们也透过"历史记忆"来维系与延续这样的人类社会。在追溯群体起源的"根基历史"中，我们也可发现 Maine 所提及的三个基本因素：血缘、空间领域资源，以及二者在"时间"中的延续变迁。这便是"根基历史"述事的主轴。最终目的在于以"过去"说明"现在"——我们（或他们）为何是同一族群或民族的人，为何我们（或他们）共同拥有（或宣称拥有）这些空间领域及其资源，以及为何我们比他们更有权利拥有与使用这些资源。以此查看世界所有的国家历史或民族历史，我们可以发现它们大多不脱这些根基历史的述事模式。以此而言，"弟兄故事"之述事中有共同的起源与血缘联系（弟兄），有空间领域及其区分（弟兄到这儿来并分居各地），有血缘与领

[①] Henry S. Maine, *Ancient Law: Its Connection with the Early History of Society and Its Relation to Modern Ideas*, USA: Dorset Press, 1986.

域的延续与传承（他们的后代就是现在占居各地的人群）——为何我们不认为它是一种"历史"？事实上，"弟兄故事"与绝大多数文字文明中的"根基历史"不同之处在于："弟兄故事"中没有量化的时间，没有英雄与事件，以及"起源"是几个弟兄而非一个英雄圣王。可以说，它们是"根基历史"的一种原始形式。

在这些青藏高原边缘的深沟中，居于同一沟中或同一区域的各村寨，在资源关系上既合作分享又敌对竞争。"弟兄"关系便含有这些隐喻：一方面兄弟同出一源，他们合作以保护共同资源；另一方面，由于亲近的竞争关系，兄弟之间又是区分与敌对的。因此"弟兄故事"作为一种"历史"，以弟兄间的血缘关系记忆凝聚一些在对等基础上既合作且竞争的人群。这些资源共享与竞争背景，与相关的一层层由内向外的人群认同与区分体系，提供我们了解"弟兄故事"之口述文本的"情境"。同时，"弟兄故事"口述记忆在此之普遍存在及其"情境化"之理解，也证明我们对于本地人群社会"情境"——资源环境、族群认同与"历史记忆"间之关系——的了解基本上是正确的。

以上所提及的"弟兄故事"，目前较常见于各深沟村寨之中。当代羌族人认为这是"只有老年人在摆的"故事；因此这也就是我所称的"边缘历史"。城镇中的羌族知识分子，则在口述中常表达他们是"大禹"的后裔。有关大禹的社会历史记忆，在理县、汶川、北川等羌族地区借着口述、文字、纪念物等媒介广泛流传。

五　历史心性

西方历史学者常以 historical mentality 或 historicity 探讨某社会文化人群对于"历史"概念的理解，或人在历史时间中的定位观念。在此我所称的"历史心性"与之有些重叠，但不尽相同。我以"历史心性"指称人们由社会中得到的一种有关历史与时间的文化概念。此文化概念有如 Bartlett 所称的"心理构图"（schema）①；在此文化概念下，人们循一固定模式去回忆与建构"历史"。譬如，前面所引的"弟兄故事"都循着一定的建构模式，而此种建构模式与我们所熟悉的"英雄圣王历史"似乎出于不同的"历史心性"。以下笔者举更多的例子来说明。

首先，"弟兄故事"并不只是"过去的神话"，也并非只见于羌族村寨之中——当代城镇中的羌族知识分子仍在创造此种"历史"。在汶川、理县一带羌族之中，曾流传一则"羌戈大战"的故事；故事说羌人与戈人作战，因得天神祝福而战胜戈人的经过。这故事在20世纪80年代初由羌族知识分子重新译出，加上注释出版。在此"重述"的版本中，故事始于羌人"九弟兄"在岷山草原上牧羊；结尾则是羌人英雄"阿爸白勾"得胜后，他的9个儿子（九弟兄）分别到各地去建立自己的村寨。这9个地方分别是松潘、茂汶、汶川、北川、理县薛城、绵、黑水、娘子岭（映秀）与灌县。这是我所知道人群认同范围最大的羌族"弟兄故事"；其范围正好包括当今所有的羌族县，以及羌族知识分子想像中其居民过去应是羌族的地方。② 需要说明的是，沟中的村寨民众在50年前并不知道自己是"羌族"。每一条沟中的人都自称"尔玛"（发音多有变化），并将所有上游的人群都视为"蛮子"，将下游的人群视为"汉人"；因此，这"尔玛"也被下游的人群视为"蛮子"，被上游的人群视为"汉人"。这显示，出身沟中村寨的羌族知识分子，在扩大的"羌族"认同与新的历史知识下，仍以"弟兄故事"来建构或想像羌族的范围。

其次，"弟兄故事"也广泛分布在中国西南地区各族群间。以下的例子说明，这些西南各地方族群曾以"弟兄故事"来合理化他们与邻近民族的关系。20世纪30年代，华企云曾记录一则景颇族传说：

---

① Henry S. Maine, *Ancient Law*: *Its Connection with the Early History of Society and Its Relation to ModernIdeas*, USA: Dorset Press, 1986.
② 王明珂：《根基历史：羌族的弟兄故事》，载黄应贵主编《时间、历史与记忆》，台北："中研院"民族学研究1999年版，第283—341页。

（江心坡）土人种族甚多……或谓彼等为蚩尤之子孙……而年老土人则谓："我野人与摆夷、汉人同种，野人大哥，摆夷二哥，汉人老三。因父亲疼惜幼子，故将大哥逐居山野，二哥摆夷种田，供给老三。且惧大哥野人为乱，乃又令二哥摆夷住于边界，防野人而保卫老三……"①

20世纪40年代，庄学本也曾在彝族人中得到以下传说：

远古时代乔姆家有弟兄三人……（洪水后，老三乔姆石奇有三个儿子，原来不会说话。他们烤火时竹筒在火中爆裂，三个哑巴吓得惊呼……）大的叫 Atzige（罗语），二的喊 Magedu（番语），小的呼"热得很"。从此他们说三种不同的语言，成为夷（Nohsu）、番、汉三族的祖先。②

苗族中亦有苗、汉、彝为三弟兄之后裔的起源故事，或苗、汉两族为两弟兄后裔的说法。③ 虽然笔者没有在这些地区做过调查，但由在西南地区做研究的学界朋友口中及文献之中，显示在许多西南少数民族村寨里也常以"弟兄故事"来凝聚与区分各家族与族群。以上这些例子说明，在一种本土"历史心性"基础上，这些西南族群以"弟兄故事"来述说他们最大范畴的族群认同与区分。

将"弟兄故事"视为在某种历史心性下产生的历史记忆或历史述事，我们才可能省察我们自己的历史记忆与述事，及相关历史心性。我们中国人或绝大多数文字文明世界中的人，所熟悉的"历史"可说是

---

① 庄学本：《夷族调查报告》，载"国立北京大学中国民族学会民俗丛书"专号2民族篇26，西康省政府印行1941年版，第152—155页。
② 华企云：《中国边疆》，新亚细亚丛书边疆研究之二，新亚细亚月刊社1932年版，第332页。
③ 李海鹰等：《四川省苗族、傈僳族、傣族、白族、满族社会历史调查》，四川省社会科学院出版社1985年版，第179—181页。

"英雄圣王历史"之历史心性的产物。它与"弟兄故事"历史心性不同的主要是"起源"——前者追溯人群共同起源至一位英雄圣王，后者溯及几位弟兄。"英雄圣王历史"中的英雄、事件与量化时间所组成的述事，以"过去"来区分当前群体中的各族群，并将主流社会意识形态合理化。如在典范的美国历史述事中，只有在正确时间到来的人群才是社会主流；更早生存于此的是"土著"，而较晚来的则是"新移民"。当前典范的台湾史亦是如此。然而，在"弟兄故事"历史述事中，当前有区分的人群其祖先是同时到来，没有老居民与新移民之别；由于没有战争、英雄记忆，因此也没有征服者与被征服者后裔之别。当前许多历史学者虽然接受"历史记忆与述事"有多元面貌，但他们将一种量化时间中的线性历史当作唯一的历史形式，其余对"过去"的述事方式则被视为神话或传说。如此可能忽略了人类建构"过去"的本质与多元途径。

如果我们在一族群的历史记忆中，或外来者对一族群的历史述事中，找到"英雄圣王历史"与"弟兄故事"这两种历史心性，并将之置入特定社会情境中，便更能说明此两种历史心性的存在及其区分。事实上，前面所举的羌族"羌戈大战故事"便是类似的例子。羌族知识分子重述的故事版本，其中有战争、迁徙、英雄，也有弟兄分家故事，因此它是"英雄祖先历史"与"弟兄故事"两种历史心性的混合产物。羌族知识分子创造与接受这样的历史，其背后的"情境"便是，汉族历史文化教育使他们成为两种历史心性下的产物。无论如何，在对"羌戈大战故事"内容的关注上，汉族历史学者与羌族知识分子仍有不同。汉人历史学者倾向于注意故事中"羌人来自北方草原"，以此与中国历史记载中被打败而南迁的羌人历史联系在一起；羌族知识分子却喜欢谈故事后半段这"九弟兄"分居各地的事。

以下再举两个例子。对于青藏高原东缘的"羌"，《后汉书·西羌传》记载："西羌之本出自三苗……及舜流四凶徙之三危。"因此他们是被伟大的中国圣王舜驱逐到边缘去的"三苗"后裔；由其"起源"解释汉代羌人的凶恶难驯本质。在这述事中，汉晋时期中国人认为此

"异族"起源于该族的一位"英雄"。法籍学者石泰安（R. Stien）研究古西藏文书中记载的各部族起源传说。这些传说叙述各部族出于"四个或六个弟兄"，其中的"小弟或坏家族"被驱逐到东北边境地区，成为一些"原始部落"的先祖。[①] 值得我们注意的是，对于古藏人与汉人来说，青藏高原东北部的部落人群都是"边缘族群或异族"。然而，古吐蕃学者与中国学者却分别在不同的"历史心性"下，建构有关这群人来源的不同历史述事。

另一个例子，回到本文开始时提及的古"蜀人"起源问题上。汉代魏晋时蜀地之人，在整个华夏中是居于边缘的。晋常璩所著《华阳国志》是蜀人最早的本土历史著作；书名"华阳"即有居于华夏南方边缘之意。在这本书中，他述说蜀（与巴）的起源称："黄帝为其子昌意娶蜀山氏之女，生子高阳，是为帝喾，封其支庶于蜀，世为侯伯。"[②] 然而在此之前，常璩在本书中引述了另一个说法：

>   洛书曰：人皇始出，继地皇之后，兄弟九人分理九州为九囿，人皇居中州制八辅。华阳之壤，梁岷之域，是其一囿。囿中之国则巴蜀矣。

以上资料显示，蜀人常璩曾以两种历史心性来说明本地人的"起源"。一是在"弟兄故事"历史心性下，作者述说巴蜀、中州及其他地区的华夏都起源于几个"弟兄"；但承认"人皇居中州"，自己的祖先居于边缘（辅）之巴蜀。二是，在"英雄圣王历史"之历史心性下，他将本地古帝王的起源溯自黄帝；但承认黄帝为正宗，蜀的帝王为黄帝"支庶"。两种述事所显示的情境都是——当时的蜀居于"华夏边缘"或"中国边缘"。

---

① ［法］石泰安：《川甘青藏走廊古部落》，耿升译，四川民族出版社1992年版，第29页。
② 此说亦见于《史记·三代世表》引谱记："蜀之先，肇于人皇之际。黄帝与子昌意娶蜀山氏女，生帝喾，立，封其支庶于蜀。历虞、夏、商。周衰，先称王者蚕丛。"

当前研究蜀人起源的学者，可能将蜀人起源溯及黄帝，但没有人或将之溯及这人皇的弟兄——这也显示华夏化的过程也包括一种历史心性的形成过程，以至于"英雄祖先历史"成为唯一真实的历史述事。

六　结语

一篇历史文献，与一篇当代人的口述历史，都述说许多的"过去"。将之视为一种"社会记忆或历史记忆"，我们所要了解的主要是留下这记忆的"当代情境"——特别是当代人群的资源共享与竞争关系，与相关的族群或阶级认同和区分。由多元资料间产生的"异例"，我们可以了解一时代社会"情境"的复杂结构，以及一个"当代情境"与另一个"当代情境"间的延续与变迁。这样的研究取向，打破了"历史学者研究过去"而"人类学者研究当代"的观念。事实上，历史人类学的发展，以及历史学者有关认同与历史记忆的研究，也使得人类学与历史学之间有许多重叠空间。

近年来笔者一直在羌族村寨城镇与相关文献中，从事兼具历史学与人类学的研究尝试。人类学的民族志调查，目的在于了解当地的资源共享与竞争关系，以及相关的族群认同与区分体系。羌族村寨中"弟兄故事"口述历史的采集与分析（情境化），可以与人类学民族志知识（社会情境）相互印证。然而这并不是说，如此之口述历史其功用只在了解"当代"，真实的过去仍埋藏在许多的虚构之中。事实上在本文中笔者也说明，"弟兄故事"是一种诉说人群共同起源的"根基历史"。与我们所熟悉的始于英雄圣王的"根基历史"相比较，"弟兄故事"与"英雄圣王祖先"是两种不同历史心性下的祖先溯源述事。借此了解，我们可以到文献中做田野调查（do ethnography in archives）——对于"弟兄故事"与"英雄圣王祖先"两种历史心性的了解，可帮助我们解读《华阳国志》中有关蜀人起源的记载，《后汉书·西羌传》与古藏文文书中有关青藏高原东北边缘部落人群起源的历史述事，以及当代羌族知识分子的"羌戈大战故事"之意义。更值得注意的是，在这些古今文献之述事中，都透露着著述者的"华夏"边缘（或吐蕃边缘）概念及其变化漂移。

因此，由历史记忆与历史心性角度分析史料，我们的目的仍在于了解历史事实；由此所得之历史事实，可补充、深化或修正史料表面所呈现的"历史事实"。在广汉三星堆文化与相关的"起源"问题上，考古发现无疑带来新的历史事实知识——古蜀地在商周时期即有灿烂的文明；中国人与其文化的起源是多元的。但仍需进一步了解的历史事实是：我们如何诠释此灿烂文明与汉代巴蜀人之间的"断裂"，以及"多元"如何成为"一体"的华夏。根据"社会记忆"的观点，这两个问题有密切关联。广汉三星堆文化有一重要历史意义被大多数学者忽略了，那就是，由汉晋蜀人对本地的文献记忆看来，当时他们已遗忘了这文化所代表的本地古文明，并将本地之过去"蛮荒化"或"神话化"。[①] 考古学者曾从不同角度分析世界各古文明的衰败原因及其过程，三星堆文化与后世间的"断裂"及其衰亡之因也可以循此探索；此与三星堆文化后来被遗忘有关。

然而衰败并不表示它们必然被遗忘。曾在此中国西陲蜀地发生的遗忘与"蛮荒化过去"的过程，值得我们探究；这也与多元文化如何成为一体之中国相关。当代族群理论告诉我们，一个民族或族群的形成与延续，并非全然是生物性繁殖或文化传播的结果，而更赖于其成员之认同与"异族概念"（族群边缘）的延续与变迁。以此观点来说"华夏认同"首先出现于黄河流域邦国的上层贵族间，然后逐渐向下层、向四周扩散。在地理上华夏认同向四方的成长扩张，主要透过其边缘人群的认同变化；不断有华夏边缘人群对本地古文明"失忆"，寻得或接受一

---

① 西汉末蜀人扬雄所著《蜀王本纪》，表达了当地人对古蜀君王的"失忆"。该文称："蜀之先称王者有蚕丛、柏、鱼凫、开明，是时人萌，椎髻左衽，不晓文字，未有礼乐。从开明已上至蚕丛，积三万四千岁。蜀王之先名蚕丛，后代名曰柏，后者名鱼凫，此三代各数百岁，皆神化不死，其民亦颇随王化去。" 在这段文字中，"椎髻左衽，不晓文字，未有礼乐"是将本地的过去蛮荒化；"从开明已上至蚕丛，积三万四千岁"是将过去遥远化；"此三代各数百岁，皆神化不死"是将过去神话化。

位华夏圣王祖先作为"起源",并在历史想象中将此"起源"之前的本地过去"蛮荒化"。在如此的过程中,汉代江南吴地的华夏相信春秋时吴国王室之祖为"周太伯",本地在太伯来到之前是一片蛮荒,因此对于当地良渚文化以来的精致文明所代表的过去失忆。西方蜀地的华夏,也相信蜀之贵胄为黄帝后裔,遗忘了三星堆文明所代表的本地之过去,或将蜀的过去神话化与蛮荒化。黄帝、大禹或一位商周贵胄不断被攀附而成为一些华夏边缘族群的祖先,华夏边缘(华夏观念中的异族)便在如此的过程中向外迁移,边缘内的"多元"也因此成为"一体"。

记忆与认同的相关理论,在西方曾引发对近代国族认同与相关文化建构的讨论——学者指出,人们认为是相当"老的"国族与其传统文化,经常是近代的建构。① 受西方学界"想象的群体"与"传统的建构"等说之影响,近年来历史与人类学界也流行借着这些"近代建构论"来解释中国民族与相关历史的近代建构过程。② 譬如"黄帝为中华民族共同始祖"之说,在此种分析模式中被认为是近代中国国族主义下中国知识分子的集体想象与建构。③ 此种理论原来便有以"近代"割裂历史延续性的缺失。对于有长远历史文献传统的中国,此种理论更显其不足。中国深远的文献传统以其原有形式,或转化为口述、图像记忆,不断在汉人内部的阶层间、汉与非汉的边缘间传播,衍生新的社会记忆,并因此改变"中国人"的定义与内涵。厦门大学人类学博物馆收藏一清代畲人家族祖图,首页便将家族起源溯自"黄帝"。汉晋蜀人追溯祖源于黄帝,与一清代畲人家族自称为黄帝之裔,都可说是两千余

---

① Anderson, Benedict, *Imagined Communities*, Rev. Edition, London: Verso, 1991; Hobsbawm, Eric & Terence Rangered, The Invention of Tradition, Cambridge: Cambridge University Press, 1983.

② Litzinger, Ralph A., "Contending Conceptions of the Yao Past", in Stevan Harrell ed., *Cultural Encounters on China's Ethnic Frontiers*, Seattle: University of Washington Press, 1995; Diamond, N., "Defining the Miao", in Stevan Harrell ed., *Cultural Encounters on China's Ethnic Frontiers*, Washington: Vniversity of Washington Press, 1995.

③ 沈松侨:《我以我血荐轩辕:黄帝神话与晚清的国族建构》,《台湾社会研究季刊》1997 年第 28 期。

年来中国人直接或间接攀附共同祖先过程的一部分。

　　由历史记忆、历史心性分析来探索史实,可以开创许多新的历史研究内容,或延续、补充过去中断的研究传统——如过去古史辨派学者对于传说古史的研究。笔者工作职位所在的历史语言研究所,创立于1929年,由历史、语言、考古、人类学(含体质学)与古文字学等研究组构成。这个研究所的创立年代及其组别结构,说明"中国历史"(特别是起源部分)经历了晚清民国初期的摸索,与随后"古史辨派"带来的怀疑与骚动之后,终于找到了一条坦荡的大道——科学的史学。顾颉刚等人之研究从此成为异端。经过70年,"科学史学"的确创造了许多研究成绩,然而沉浸其中的研究者常受制于自身认同所带来的主观偏见。如今看来,顾颉刚等人的研究不应被忽视;但需放在新的研究理论框架下,这也是本文所强调之兼顾历史事实、历史记忆与历史心性的研究。或者,在关于中国人或中国民族的起源与形成此一问题上,我们更应期盼的是"客观史实背景"和"主观记忆与认同"两条研究路线的合流。

原载于《历史研究》2001年第5期

族群历史之文本与情境
——兼论历史心性、文类与范式化情节

王明珂

一 范式化叙事情节

在历史叙事中，各种人、物、时、空符号共同构成叙事中的"事件"。真实的事件在我们身边时时发生，然而人们注意并记录下来的"人物"与"事件"常蕴含某种叙事模式；它们或循叙事模式而被书写，或因其符合此叙事模式而被记录，或因需要而被人们循此模式建构。譬如，在中国"正史"之人物传记中，叙事经常以"姓名、郡县"为起始——"羊欣字敬元，泰山南城人也"①；"李将军广者，陇西成纪人也"②。人物事迹之叙事也经常循一定轨迹，如"方志"中常有关于地方仕女之记载。"玹何，郫何氏女，成都赵宪妻也。宪早亡，无子，父母欲改嫁。何恚愤自幽，乃不食，旬日而死"；"姚超二女，姚妣、饶，未许嫁，随父在官。值九种夷反，杀超，获二女。欲使牧羊，二女誓不辱，乃以衣连腰自沉水中……"③；又如《汶川县志·孝义》篇记，"苟罗氏，邑之处女也。年十五，无赖子欲玷污之，力拒得免，自缢而死"。

---

① 参见（南朝梁）沈约《宋书·列传第22》，中华书局1996年版。
② 参见（汉）司马迁《史记·李将军列传》，中华书局1999年版。
③ 参见（晋）常璩《华阳国志》卷10，商务印书馆1938年版。

中国文献中以"姓名、郡县"为起始的华夏人物传记书写，是在传记之始便将个人系于华夏的"血缘与空间"坐标上。而这个人所属之"血缘与空间"坐标，在华夏整体血源与空间中居一特定位置，使得个人成为华夏整体之一部分。以"死节"为主要叙事内容的妇女传记，在书写中其人常被定位为"某人之女"或"某人之妻"，此也显示妇女在华夏血缘想象中的边缘地位。这些妇女被方志记录，乃因其"死节"事迹；透过此书写及为其所立碑坊文字，强调妇女贞洁的社会价值。无论如何，这些男性历史名人皆有"姓"，也都属于某一"郡县"，这些"死节"女子也都有其父、其夫；历史书写者只是选择这些人物、事迹，选择特定人、事属性来进行描述。这些普遍性的叙事其中所蕴含的"规律"，反映作者在社会情境下之书写选择与偏好。这样的文本，除了部分"事实"可能被修饰以求符合"情节"外，其人其事大致是可信的。

然而另一些中国传统之历史叙事，其人、其事都相当不寻常，而它们间仍有模式化之情节。在此所举的例子，是一种笔者称之为"英雄徙边记"之叙事模式。此种历史叙事的主要情节是：一位华夏或非华夏英雄走入边远蛮荒，成为本地之王，并为本地带来文明教化。

例如，在东北方面，秦汉时期朝鲜半岛北部与辽东地区的古国，在汉代华夏眼中是一个礼仪之邦。华夏将此归功于一个从中国去的英雄祖先——箕子。《汉书》记载，箕子是殷王子，当殷王昏庸而殷商开始衰败时，箕子离开他的母国远游到了朝鲜。在当地，他教本地人种田、养蚕与礼仪教化。所以至今（汉代）当地没有盗贼，妇女也都能守贞节不淫秽。[①] 在东南方面，《史记》对于华夏东南边缘的吴国王室祖源有如下记载。吴太伯是周太王的长子，他的弟弟季历很贤能，又有很杰出的儿子姬昌。周太王想把帝位传给季历以及昌。太伯及他另一个弟弟仲雍了解父亲之意，便离国远奔到江南荆蛮的地方。本地蛮夷很佩服他的

[①] 参见（汉）班固《汉书·地理志》，中华书局1997年版。

义行,都归顺了他。太伯在此立国为吴,并"被发、纹身"以示留居的决心。① 在西南方面,《史记》与《汉书》中都提到,楚威王在位时(公元前339—329年),楚国的一位将领庄蹻,受命往南方征伐。一直打到滇池,正准备要回楚国时,他的母国却被秦国灭了,也因此截断他的退路。庄蹻便留下来,在此建立滇国,成了当地的王。他与属下们变更服饰,顺从土著习俗,以便治理当地人民。②

最后,在西北方面,《后汉书》记载,西羌原出于古代四凶之一的"三苗",是姜姓部族的一别支。原在靠近南岳的地方,后来被中国英雄圣王舜帝打败,三苗被迫流亡到黄河上游三危之地。③ 这说明所有羌人的族源。另外《后汉书》中还有一则关于羌人豪酋家族祖源的记载。此说称羌人祖先"无弋爰剑"原是一个戎人,在秦国为奴。有一天他乘机逃亡,躲在一岩穴中。秦兵放火烧他,但洞中出现虎影为他挡住火。出洞后他与一受割鼻之刑的女子成婚,继续流亡到黄河上游与湟水之间。这儿的羌人把他当作是神,奉他为王。爰剑教他们如何种田、养牲畜,他的后代便是诸羌部落的豪酋家族。

以上述几则"英雄徙边记"叙事为例,我们可以探索此范式化情节中的结构、内涵符号及其情境。这些文本的结构化情节为:一个英雄,一个失败者或失意的英雄,为了不同的理由而流落到边远的异国,然后他们成为本地土著的统治者及开化者。这些叙事所产生的主要"情境"是汉代华夏的"我族中心主义",也就是"中国"的观念。在此观念下,中国人认为"我群"是在四方野蛮人环绕下的文明核心。如果一方之人群社会不如此落后、野蛮,华夏便认为他们可能是一华夏祖先的后裔。"一个中国去的失败英雄"能够成为土著的王,并为他们带来文明;透过这样的叙事,汉代中国人强调自身的文化与文明核心地位,以及强调四方在空间、血缘与文明上的边缘地位。我们可以借用人

---

① 参见(汉)司马迁《史记·吴太伯世家》,中华书局1999年版。
② 参见(汉)司马迁《史记·西南夷列传》,中华书局1999年版。
③ 参见(汉)范晔《后汉书·西羌传》,中华书局1996年版。

类学者 Gananath Obeyesekere 的用词来说，这是一种"神话模式"①；一个文明世界来的人，成为边缘、远方土著的神或王。"神话模式"不断产生新的"神话"或"历史"。在同样的叙事情节下，不同的叙事符号则表现华夏对各方边缘人群不同的情感与意图。到东北方朝鲜去，以及到东南方吴国去的英雄祖先，分别是殷与周的王子——到滇国去的是楚国将军；这些"英雄"，在汉代中国人心目中都是华夏祖先。但楚国将军庄蹻的"华夏性"，自然远不如殷与周的王子，箕子与太伯。无论如何，到西北羌人地区去的是一位戎人逃奴，以及一位凶残异类（三苗）；这代表此方人群在华夏心目中的"异类性"最强。

透过这样的历史叙事，及其中的符号隐喻与情节，古代华夏描述不同性质的边缘；此种书写也造成不同性质的华夏边缘。东北方定居、从事农业，在汉晋中国人看来有礼仪法度的人群，这是当时中国人希望模糊化或消弭的华夏族群边界。中国史家希望以"箕子王朝鲜"记忆，将本地人纳入华夏之域内。东南方定居、从事农业的吴地之人，其社会上层自春秋时期以来与华夏往来密切，颇晓华夏礼乐，也是当时中国人希望模糊化的华夏族群边界。中国史家以"太伯奔吴"记忆，来将本地人纳入华夏之域。西南滇与夜郎之属民，从事定居农业，但也有行游猎、游耕者，其民间与统治上层之文化习俗与中国相去较远；汉晋中国史家以"庄蹻王滇"来说明此地统治者为华夏之裔。一个楚国将领相较于商、周王子（箕子、太伯）来说是较边缘的华夏。最后，西北方的游牧或半游牧人群，其部落组织在中国人看来便是"无君"，其生活习俗更与中国有较大的差异，因此在汉晋中国人看来其异类性最显著。这是一个截然有别的华夏边缘。汉晋中国史家强调其为古代四凶之一的"三苗"后裔，或说其始祖"无弋爰剑"为戎人、为逃奴，都是表述其在中国人心目中的极端异类性。

---

① Gananath Obeyesekere, *The Apotheosis of Captain Cook*, Princeton: Princeton University Press, 1992, pp. 8–11.

二　文类

上述"英雄徙边记"之文本，多出于"正史"。在中国"正史"书写传统中，边疆人群的"起源"与其风俗，以及其与中国之互动关系是书写的重点。因此，"正史"成为承载及产生这些"英雄徙边记"文本的另一种"结构"——"文类"（genre）。除正史外，地方志、族谱、异域游记、诗词、野史、地方传说、方志、戏曲、名人传记、自传，以至于当代民族志（ethnography）与学术论文等，皆为种种的中国文类。由此我们可以对"文类"作一简单的定义：文类是一种被沿用而产生许多文本之范式化书写、编辑与阅读模式。如一本中国"正史"，有其范式化的书写体例与用词，有其范式化的编修出版过程，有其范式化的读者群（他们有社会同构型，以及他们对所读有模式化的认知）。当一位作者在书写"地方志"时，他知道应如何循此"文类"书写；一位读者在阅读此文本时，也因此知道这是一部"正史"，一种比"野史""神话传说"可靠的对过去之记载。因而文类不但影响个人之文本创作，它也左右读者或听众的阅读认知，从而创造社会化的个人与群体。

各种的文类不只是一种表述范式而已，它们也有其"社会"所界定的功能与意义。如诗、词在于抒情写物，正史在于记录国之大事，族谱在于记录家族之起源、传承与分支，方志在于纪录一地之山川、历史与人事。在其社会意义上，读"正史"知政之治乱兴亡，人物之行迹功过，地之腴狭丰薄，及知四裔夷夏之大防；读"族谱"知祖先源流及子孙之分衍，而能慎终追远，亲爱族人；读"方志"知舆地分野，地方建置沿革及史事，及其物产、风俗、人物，等等。所谓"社会"自然指的是掌握社会主流意识的群体。因为文类各有其社会功能与意义，因此社会主流意识也赋予文类不同的社会价值。如在中国主流意识中，相对于"乡野传说"或"野史"而言，"正史"是其内容较可信的文类；相对于"俗曲"而言，"诗词"是较优雅的文类。以上皆为典范或主流观点下，中国人对于这些"文类"的看法；通常人们不称此为"文类"，而称之为各种"文体"。

将之视为各种"文类"，笔者所强调的并非是上述各"文类"的功能与意义，而是在什么样的社会情境下一个"文类"得以形成，并得到社会所赋予的功能与意义。简单地说，一种文类之形成，是在特定的时代与社会情境中，一种夸耀性的个人创作受到政治或社会权力持续的支持，因而造成后继者之屈从、攀附与模仿，如此形成一种书写"范例"。它之所以能得到政治或社会权力持续的支持，乃因其叙事与结构，相对于其他书写而言，最能合理化当时的社会情境——一种完美的仿真（mimesis）——各种社会群体之区分，及相关资源与权力的阶序分配。以下笔者就形式（form）、情境（context）、权谋关系（politics）与历史（history）等方面，来说明文类的形成、变迁及其意义。

第一，"形式"。每一种文类都由一开创性且有夸耀性之文本中得其基本"形式"。如"正史"是一种文类，自司马迁作《史记》书成之后，此文类被沿用至清代，产生许多的文本。"地方志"是另一种文类，自常璩作《华阳国志》以来，此文类也产生许多的文本叙事。

第二，"情境"。每一种文类及其"形式"被开创，以及随后被复制，皆因其反映并支持一些社会情境或社会本相。如《史记》之作，是汉帝国或帝制中国形成此一情境的反映。如《华阳国志》之作，所反映的情境则为帝制中国内部以"地"为单位元的边缘、分支向核心、整体的依附。各种"谱系书"之作，则为以"血缘"为单位元的边缘、分支向核心、整体的依附。《史记》之形式内涵，如"本纪"与"世家""列传"等的区分，也反映并强化当时各政治权力阶层（帝王、诸侯、将相）及其间区分此一情境。因此，一个文类内部的模式化章卷单元，可视为其内之次文类。"正史""方志""族谱"三种文类，共同构成传统帝制下中国人生存其间的最重要三种"情境"——帝国、郡县与家族。

第三，"权谋关系"。每一种文类及其"形式"被开创、复制，皆在各种社会权力关系下进行。一种文类被创作时，只能说是一种文本；

它之所以成为文类，乃是在社会权力阶序关系下，因其符合社会上层或主流之利益而被夸耀并赋予价值；因其被夸耀并得到典范价值，或更因其自我复制功能得到社会威权的庇护，而造成后来者之屈从、攀附与模仿。

第四，"历史"。文类在社会情境及其所蕴含的社会阶序权力关系中被复制、延续，但其结构与内容叙事常为顺应新的社会情境与权力关系变迁而有调整。也就是说，文类并非一种不变的"结构"；它在叙事中产生，也因叙事符号及其组合之改变而变化。也就是说，每一部"正史"书写都修饰"正史"文类之意义。文类形式与叙事之变迁，或文类之根本消亡，也反映或支持时代历史变迁。

以下笔者以《史记》与《华阳国志》为例，分别说明"正史"与"方志"文类之产生，及此二者所对应的社会情境本相，以及两者间的关系。

（一）《史记》与正史文类

《史记》毫无疑问是司马迁前无古人之作，一种夸耀性的个人创作。《史记》之形式，其章节体例由本纪、世家、列传、表、书等构成。"本纪"载帝王之事，"世家"记诸侯列国之事，"列传"纪各类人物之事功、事迹与四裔之事，"书"记国之祭仪典章与民生大计，"表"将所有重要的人与事系于线性时间之中。如"文本"与"情境"相互呼应，"文类"与"情境"也有相互呼应的关系。产生如《史记》这般规模宏大之夸耀性"文类"的，必然是一前古未有之巨大社会"情境"——此便为秦汉帝国所造成的"情境"，一种战国以来发展之"华夏认同"在政治、社会化之下的具体成形。《史记》便是塑造此帝国形体，及其内部区分之文本与文类。

"正史"文类被遵循，两千年来在中国产生许多的"正史"，及至清末民初，它才被"国史""民族史"及其他历史文类所取代。"正史"文类之消亡，显示帝制中国及其内部与边缘架构遭遇了翻天覆地的改变，以至于无法以修改"正史"文类来因应。新文类所反映的是新中国的新政治、新社会情境。所有这些也显示了"文类"与其"情境"相依存的关系。

（二）《华阳国志》与"方志"文类

《华阳国志》共有 12 卷，为晋常璩所著。常璩为蜀郡江原人，魏晋纷乱之时，他曾在蜀地的李氏政权下为官。后来在桓温伐蜀以复晋土时，他曾劝李氏降于晋。此或为其迫于形势之作为，但更应为他将"巴蜀之人"视为华夏一部分的认同反映——《华阳国志》便是建构此一意象的著作。在《华阳国志》中，他述说一些"巴蜀之人"的"血缘起源"：

> 其君上世未闻。五帝以来，黄帝、高阳之支庶世为侯伯……①
> 蜀之为国，肇于人皇，与巴同囿。至黄帝为其子昌意娶蜀山氏之女，生子高阳，是为帝喾，封其支庶于蜀，世为侯伯。②

这段叙事，指巴蜀的统治家族为皇帝之后裔，但为黄帝"支庶"之裔——这也是一种"英雄徙边记"叙事。借此叙事，巴蜀之人在"血缘"上成为华夏，但处于华夏的血缘边缘；在政治统治权力上亦属华夏的一部分，且为"华夏"政治权力架构的边缘，相对于"整体"的一个边缘"分支"。因而透过这有关"起源"的叙事，常璩所建构的"巴蜀"是一个空间的、血缘的与政治权力上的边缘华夏。

《华阳国志》所展现之表相与文本，一种地方、边缘向整体、核心的攀附，由于其能应和当时的社会情境与本相而受鼓励及模仿、复制，而形成一种"文类"——方志。"文类"产生有类似结构的文本，而这些文本又不断强化、延续或修饰相应的社会本相、情境。《华阳国志》之后，中国历代出现了许多的"地方志"书写，也因此兴起了"方志学"。

---

① 参见（晋）常璩《华阳国志·巴郡》，长沙商务印书馆1938年版。
② 参见（晋）常璩《华阳国志·蜀郡》，长沙商务印书馆1938年版。

由《史记》之正史文类衍生的另一种文类是"谱系书"。在《史记》的本纪、世家中，各帝王与诸侯家族之血缘都可以与黄帝或炎黄相联结，其后裔也因此得以宣告其优越的社会身份。此后，各世家大族亦仿效《史记》中此种血缘书写，而形成"谱系书"或"族谱"文类。此文类的发展，使得愈来愈多中国社会上层、中层之人群，可直接或间接与"黄帝"或"炎黄"血脉相通。晋人皇甫谧作《帝王世纪》，记载的是帝王家谱。《隋书·经籍志》记载，汉晋以来许多大大小小的"四海大姓、郡姓、州姓、县姓"家族，都以"氏姓之书"来记载其门阀血缘根源；氏姓之书，也便是"族谱"。在"族谱"文类中，英雄祖先历史心性更得到延续与发扬——最普遍的模式便是，一个中国家族起源于一个世系可考的"一世祖"，或再往上溯及一历史上的知名人物，更早则大多可在"姓氏源流"中直接或间接溯及黄帝及炎帝。由于"谱系书"的范围涵括广，历史上的变迁大，在本文中笔者不举个别例子来说明。

正史、方志、族谱，是"华夏认同"此一情境下三种最重要的文类。正史所对应的是整体的"中国"与"中国之人"；其内各部分如本纪、列传等，可视为其次级文类。透过这些文类或次文类，正史界定"中国"与"中国之人"的血缘、领域、政权、边缘及社会内部之区分。方志、族谱模仿正史之部分内容而生；它们代表地方与部分，向核心与整体的模仿攀附。透过"方志"文类，书写者或强调此地为华夏之域，其人为华夏之人，或强调本地华夏蛮夷的区分。透过"族谱"，书写者直接或间接宣称本家族、宗族为黄帝或炎黄之裔，以及透过人物传记说明本群体的华夏本质。由此可见，在特定社会与时代情境背景下，一种文类格式持续产生新的文本；此作为社会记忆之文本的流传，强化或修正此种社会情境。社会情境的巨大变迁，常使旧有文类之内涵形式发生改变，或让此种文类彻底消失，或产生新的文类。如"正史"此种文类，因与传统"华夏认同"、华夏内部社会区分有关，因此当近代"华夏认同"转变为"中华民族认同"，而民主共和取代帝国体制时，此种文类便逐渐消失了。

三 历史心性

以上所见,中国正史、方志中的"黄帝",或由中原转徙边疆的"箕子""太伯"等英雄,或族谱中的开创始祖,都是"英雄祖先"。不仅如此,在近代中国国族建构中,虽然"正史"已失去其作为主流文类之情境,但清末民初论述中国国族者仍以"黄帝"为此国族起源。[①] 不仅如此,在旧约《圣经》中许多古希伯来部族的始祖皆为"亚伯拉罕"(Abraham),当今许多蒙古部族也以"成吉思汗"为其祖源。这是我们所熟悉的历史。然而笔者认为,它们也是一种历史心性的产物。"历史心性",也就是本文中所称的第三种历史叙事之"结构"。

笔者以"历史心性"指称某一社会中人们理解、记忆与叙述历史的一种文化概念,表现在人们对历史"起源"的叙事上。此文化概念有如心理学者 Frederick Bartlett 所称的"心理构图"(schema)。[②] 在此文化概念或心理构图下,人们循一固定模式去回忆与建构"历史"起源(历史记忆与历史叙事);基于此心性,并透过各种文类而作的历史文本,成为一种流动的历史记忆,塑造人们的各层次、层面的社会认同,也因此影响人们个别与集体之行为。

由于历史心性也影响我们的历史理性——在一种历史心性中,我们分辨哪些"过去"是重要且值得记忆的"历史事件",哪些是"历史",或只是"神话传说"。因此尝试发掘、认识"他者"的历史心性,因而理解自身所信的"历史"只是另一种历史心性的产物,这件事本身便有矛盾——我们既然受历史心性所束缚,如何可能无偏见地看待另一种历史心性下的"历史"叙事?也就是说,在自身的"历史心性"下我们深信自己所认知的"历史",自然也无从探索自身所处社会之

---

① 沈松侨:《我以我血荐轩辕:黄帝神话与晚清的国族建构》,《台湾社会研究季刊》1997 年第 28 期。

② Frederick Bartlett, *Remembering: A Study in Experimental and Social Psychology*, London: Cambridge University Press, 1932, pp. 199 – 202.

"历史心性"了。因此只有在我们所熟知的"历史"外,察觉及证明另一种"历史"之存在,并对其有情境化了解,我们才可能反求诸己来了解自身的"历史心性"。这也就涉及笔者一向强调的"边缘研究"。在最近的一篇文章中,笔者曾说明"边缘研究"的意义:

> 探入并深究边缘,边缘的空间、时间、人物与书写之中,我们较容易脱离自己所熟知的文化与知识体系掌控,而将陌生、矛盾与荒谬现象化为熟悉。藉此新知,我们也可以再思考我们过去所"熟知的"世界;我们所熟知的知识与社会现象,也可能由于此反思性新知,而变为陌生。①

以下笔者便以一边缘的起源叙事为例,说明它是一种"历史"。分析这样的"历史"及其"情境"之关系,以及反思我们所熟悉的"历史",可让我们了解它是一种历史心性——弟兄祖先历史心性——产物;相对的,普遍见于世界各古老文字文明的"英雄圣王历史"则是另一种历史心性产物。

(一)"弟兄祖先"与"英雄祖先"历史心性

笔者曾在四川西北岷江上游羌族的田野研究中,搜集许多当地的"弟兄祖先故事"。在拙著《羌在汉藏之间》中笔者分析这些故事,而认为它们是一种"历史",一种凝聚与区分人群的"根基历史",一种与我们所深信的"英雄圣王历史"不同的历史心性产物。② 笔者曾提及以血缘、空间与时间为主要内涵的"根基历史"。显然,上述这些"弟兄祖先故事"便是此种凝聚族群的"根基历史"。它们以"共同起源信念"(common belief of origins),来强化人们的根基性情感(primordial

---

① 王明珂:《瓦寺土司的祖源:一个对历史、神话与乡野传说的边缘研究》,《历史人类学刊》2004 年第 2 期。
② 王明珂:《羌在汉藏之间——一个华夏边缘的历史人类学研究》,台北:联经出版公司 2003 年版。

attachments）。同时，我们可以看出"历史"皆循着一定的叙事模式——这模式，也就是我所称的"历史心性"。在此，也就是"弟兄祖先历史心性"。

与此相对的另一种历史心性，则是"英雄圣王祖先历史心性"，它所产生的"英雄圣王历史"，便是我们所熟悉的历史。在中国，"英雄祖先历史心性"在汉代以前应已有某种程度的发展，但汉初司马迁所著《史记》，可以说是此历史心性之完成及具体化。《史记》中夏王室的始祖为"契"，商王家族的始祖为"弃"，周王的祖源则为"后稷"。而夏商周之祖先，在《史记》中都是"黄帝"后裔。更重要的是，所有邦国、世家封君的血缘，在《史记》中几乎都可以溯及黄帝；同时黄帝也是本书首章《五帝本纪》的起始人物。如前所言，《史记》之作成为一种"文类"，一种典范叙事（master narrative），也就是后世所称的"正史"。"英雄祖先历史心性"便依托此种文类传布，并由此产生其他文类，如地方志、族谱、口述英雄故事，等等。此历史心性借着这些文类所产生的文本，流传到不同空间、不同社会阶层的人群之中。

此两种历史心性有多方面的差别。首先，两者产生之文本叙事中的"起源"不同。"弟兄祖先故事"中的血缘起源是几个兄弟，而"英雄祖先历史"中的血缘起源则是一位英雄圣王。其次，在"弟兄祖先故事"中，起始血缘延续为当今"所有本地人"的血缘；"英雄祖先历史"中，始祖血源之延续则有许多分歧，以至于当今之人或为"英雄嫡传"，或为"英雄庶出"，或为英雄及其后裔所征服而与此英雄血缘毫无关系的人群。最后，为了区分"英雄祖先"血缘传承、分枝的先后，以及记录英雄征历等"历史事件"，"英雄祖先历史"中必须有量化、线性的时间，且所有"历史"都系于同一线性时间上。在"弟兄祖先故事"中，"起源"的血缘与地缘关系结构，决定了当今人群社会的血缘与地缘关系结构，因此无须量化、线性的时间，也缺乏系于时间的复杂"历史事件"；也因此，多种的"历史"（弟兄祖先故事）可以并存，而它们之间不必有线性时序关系。

（二）近现代"弟兄祖先历史心性"之迹

虽然，如前所言，华夏倾向于在"英雄祖先历史心性"下建构"英雄历史"，但我们不应认为华夏便无"弟兄祖先历史心性"。即使到了近现代，汉族中仍常见有关"弟兄祖先"的祖源叙事，特别是在汉族乡村的口述"家族史"之中。以下两则，是笔者于1996年在四川省北川县小坝乡所采集的口述家族史：

> 小坝乡在我们的记忆里面，特别我们刘家在小坝乡，最早，听我祖祖说，就是湖广填四川的时候……。当时是刘、王、龙三姓人到小坝来。过来时是三弟兄。当时喊察詹的爷爷就说，你坐在那儿吧。当时三弟兄就不可能通婚，所以就改了姓。刘、王、龙，改成龙，就是三条沟。一个沟就是杉树林，那是刘家。另一个是内外沟，当时是龙家。其次一个就争议比较大，现在说是王家。

> 我们是湖广孝感过来的，五兄弟过来，五个都姓王。主要在漩坪、金凤、白泥、小坝。这五个兄弟，两个到小坝，一个在团结上寨，一个在这里。我们祖爷是行医的，我们家还保留个药王菩萨。过来五辈了，这是五辈以前的事了。他们都不是湖广过来的，因为只有我们一家在七月十四过七月半。他们也说是湖广过来的，但他们跟我们过七月半不一样。

虽然，上述这些来自"湖广"的家族民众目前都自称是"羌族"，但这大多是20世纪80年代羌族认同发展所造成的结果。我们仍可以将此视为"汉族"的例子。这些故事，或为口述资料，或见于族谱记载。但笔者认为，"弟兄祖先故事"在底层民间口述记忆中较盛行，而愈是中国上层家族或大家族，则载于文字的家族谱系记忆中"英雄祖先"较受到重视；也就是说，这些弟兄的父亲成为家族史叙事的起源。这多少是受宋代以来"族谱"书写中流行的"姓氏源流"叙事体例之影响；任何姓氏都很容易在"万姓通谱"一类的著作中找到其英雄祖先。

"弟兄祖先历史心性"最盛行之处,是在许多中国南方、西南与西部少数民族中,但他们常被视为"民族传说"而被忽略。笔者在从前的著作中,曾举出许多羌族的"弟兄祖先故事"①。以下,笔者由前人的民族调查资料中,另举一些例子。首先,凉山彝族有一传说。从前有弟兄三人,在大洪水中只有小弟"曲木乌乌"逃出来。后来他与天女成婚,生了三个儿子;这三弟兄,长子是汉族的始祖,次子是藏族的始祖,三子是彝族的始祖。②接着,这故事说:三兄弟要分居,共同商定在地上做记号为界。小弟结草为记,老二插木桩为界,老大则垒石为界。后来老大说要烧山开荒,于是一把火将小弟的结草记号都烧光了,老二的木桩也只剩得几个,而老大的石块都在。于是,汉族占的地又大又好,藏族也得了一点地,彝族却没有地。③这个故事,便是以过去祖先们的弟兄关系,来说明"当前"汉、藏、彝三族关系的"弟兄祖先故事"。

另有一种看似"英雄祖先故事"的西南民间传说,在叙事中也常有"弟兄祖先故事"的成分。在许多中国西南少数民族中,都流传着"伏羲兄妹成婚造人"的故事。这故事前面是说,一对兄妹如何逃过洪水的经历;后部则叙述兄妹如何经由天意而成婚,繁衍后代。大部分的例子都说,这兄妹生下一个不成人形的肉团;哥哥将肉团剁碎到处扔,于是成为各地、各姓的人。但有些情节是,婚后这对兄妹生了几个儿子,他们便分别是当今某些民族的祖先。如四川省盐边苗族的"历史传说"为,他们生了三个儿子;此三弟兄,大哥为苗族祖先,二哥为汉族祖先,老三是彝族祖先。该资料称,以上是青苗的说法。本地白苗

---

① 王明珂:《羌在汉藏之间——一个华夏边缘的历史人类学研究》,台北:联经出版公司2003年版。

② 故事称,此三弟兄原来不会说话,后来在一个偶然的场合,突然三兄弟说话了:长子说的是汉话,次子说的是藏话,三子说彝话,所以他们分别成为三族的始祖。据纳西学者何力民先生告诉我,纳西族有类似故事,说不同话的弟兄成为纳西族、藏族与白族之祖。

③ 云南省编辑组:《四川贵州彝族社会历史调查》,云南人民出版社1987年版,第21—22页。

说同样的故事,但最后是两兄弟,哥哥是苗族祖先,弟弟是汉族祖先。① 同样的,这些故事的后段是以"弟兄祖先故事",说明当前几个民族间同源、对等又有区分的关系。

在瑶族与畲族的民族调查资料中,常见有"盘瓠始祖"之说。如湖南江华瑶族中有一传说,解释十二姓瑶人的由来。根据民族调查资料,这故事首先说道,"宋景定元年,有两个皇帝,一个叫高王,一个叫平王"。接着故事描述,因高王侵略平王,平王无法抵抗,于是以许配宫女及封官爵,来征募可猎得高王头的勇士。后来是平王所养的"龙犬",名盘瓠,猎得高王首级。平王以宫女许配他。龙犬与宫女生下六男六女,十二个子女各受赐一姓,此即十二姓瑶人的祖先。② 在这故事中,各姓家族的"祖源"并非是"几个弟兄"而是"几个弟兄姊妹",这是与大多数"弟兄祖先故事"不同的地方。更不同的是,在这"弟兄姊妹祖先故事"之前,出现了一段"英雄祖先历史",虽然这英雄祖先是只狗。同时,在这故事中也出现了汉人的线性、量化时间概念——宋景定元年。

更值得我们注意的是,无论是"伏羲""盘瓠""蚩尤"还是"三苗",都是汉人历史记忆中的"英雄"。他们在汉历史文化中各有其符号意义;如"伏羲"代表远古或原始时代的帝王,"盘瓠"代表一个污蔑性的异类血缘起始,"蚩尤"代表为华夏打败的残暴好战人物。许多西南少数民族的"英雄祖先",皆为这些汉人历史记忆中的"英雄"——受污化的英雄,而在这些"历史"的下层又常有"弟兄祖先故事"。我们可以怀疑,"英雄祖先历史心性"恐非这些地区非汉族群原有的历史心性。他们很可能是在接触汉人与汉文化的历史过程中,逐渐接受自己边缘、劣势之族群身份,也因此接受一个受污化的"英雄祖先"。

另外,在一篇近作中我研究另一种"历史心性"。在受藏传佛教影

---

① 四川省编辑组:《盐边县红宝公社苗族调查》,载《四川省苗族傈僳族傣族白族满族社会历史调查》,四川省社会科学院出版社1985年版,第180页。

② 广西壮族自治区编辑组:《湖南瑶族社会历史调查》,广西民族出版社1986年版,第66页。

响的旧康藏地区,特别是大、小金川一带,有一种非以"英雄"或"弟兄"为起始的历史心性,一种倾向于以"琼鸟卵生之子"为祖先起源的历史心性。① 民族学学者马长寿曾记录几则关于川康之边诸土司祖源的"神话"。以下为其中三则:

(瓦寺土司之祖源) 汶川涂禹山瓦寺土司官廨,龙书喇嘛告余,以瓦寺土司之起源神话,与绰思甲所闻者略同。照录如下:"天上普贤菩萨化身为大鹏金翅鸟曰'琼',降于乌斯藏之琼部。首生二角,额上发光。额光与日光相映,人莫敢进之。迨琼鸟飞去,人至山上,见有遗卵三只:一白,一黄,一黑。僧巫取置庙内,诵经供养。三卵产生三子,育于山上。三子长大,黄卵之子至丹东、巴底为土司;黑卵之子至绰斯甲为土司;白卵之子至涂禹山为瓦寺土司。"

(绰斯甲土司之祖源) 远古之世,天下有人民而无土。天上降一虹,落于奥尔卯隆仁地方。虹内出一星,直射于火襄戎。其地有一仙女名喀木如荦,感星光而孕。后生三卵,飞至琼部山上,各生一子。一卵之子,腹上有文曰"k'rasiam"。此子年长,东行,依腹文觅地,遂至绰斯甲为王……绰斯甲王者,三卵中花卵所出之子也。其余二卵:一白一黄,各出一子,留琼部为上下土司。绰斯甲王出三子:长曰绰斯甲,为绰斯甲之土司;次曰旺甲,为沃日之土司;三曰葛许甲为革什咱之土司。

(巴底土司之祖源) 荒古之世,有巨鸟,曰"琼"者降生于琼部。琼部之得名由于此,译言则"琼鸟之族"也。生五卵:一红、一绿、一白、一黑、一花。花卵出一人,熊首人身,衍生子孙,迁与泰宁,旋又移迁巴底。后生兄弟二人,分辖巴底、巴旺二司。②

---

① 王明珂:《瓦寺土司的祖源:一个对历史、神话与乡野传说的边缘研究》,《历史人类学刊》2004 年第 2 期。
② 马长寿:《嘉戎民族社会史》,《民族学研究集刊》1944 年第 67 期。

以上三则祖先起源叙事，仍以"过去"来说明当前本地及邻近土司家族的血缘与空间关系。然而此"过去"或"起源"已非英雄祖先或弟兄祖先，乃琼部来此之鹏鸟。鹏鸟母题在有本教色彩之藏传佛教地区盛行，常与祖先或人类起源相关。此等叙事一方面强调几个土司间对等的关系，一方面强调他们都出于"琼"。值得注意的是，前述绰斯甲土司与巴底土司的家族史，其叙事虽由"琼鸟"或"琼地"为起始，以"琼鸟"卵生之子说明各土司祖源，然而叙事结尾还是"弟兄祖先故事"（绰斯甲、旺甲、葛许甲三弟兄；巴底、巴旺两弟兄）。

"神鸟产卵为祖先历史心性"与"英雄祖先历史心性"相同的是，它们都强调"始祖"的神圣性或英雄性，因此"历史"也强调统治者在血缘上的"非凡"。上述绰斯甲土司与巴底土司的家族史版本，也或多或少掺入了"英雄祖先历史"中的叙事因素，如英雄之子及其迁徙等。这样的历史心性与"弟兄祖先历史心性"相似的是，"历史"宣称各人群（各地土司家族）以对等关系存在与凝聚。

（三）历史心性与情境

"英雄祖先"与"弟兄祖先"两种历史心性的差别，究竟有何特殊社会意义？若"文本"有其对应的社会"情境"，而历史心性又是可以规范文本的一种内在"结构"，那么我们或许可以说，历史心性也有其对应的社会情境，一种具延续性的、不易改变的"结构性情境"。

在《羌在汉藏之间》一书中，笔者指出"弟兄祖先历史心性"与"英雄祖先历史心性"皆产生于特定的社会情境之中。"弟兄祖先故事"产生于对等竞争、结构简单，并内向解决资源问题的人群社会之中；"英雄圣王历史"则常见于以内在阶序化与外向扩张来解决资源问题的复杂社会之中。譬如，在松潘埃期沟，居于同一沟中或同一区域的各村寨，在资源关系上既合作分享，又有彼此之区分，同时又相互敌对竞争。"弟兄"便含有这些隐喻：在平等基础上的团结、区分与对抗。首先，兄弟同出一源，他们合作以保护共同资源。其次，亲兄弟，明算账；各寨各沟在资源划分上都泾渭分明。再次，由于紧密的资源共享与竞争关系，兄弟之间又是敌对的。① 邻近的三个村寨人群间的关系如此，邻近三条沟之人群关系也是如此——这便是笔者所谓的"结构性情境"。

同样的，在"英雄祖先历史心性"下的人类社会，亦有一种普遍的"结构性情境"：这是与前者截然不同的"结构性情境"。这一类的社会，通常内部有阶序化的、多重的认同与区分体系，而对外有扩张、征服倾向。在此心性下所产生的历史记忆，造成社会中的征服者与被征服者、老居民与新移民之分，并在"英雄后裔"中以祖先事功与血缘分支远近，来做进一步的社会人群区分，借此在意识形态上，或社会制度上，强调阶序性之资源分配原则——谁应享受较多的资源，而谁又不应得到较多的资源。譬如，以"黄帝"为祖源的"英雄祖先历史"，有大量的人物、事功记载在线性时间上，因而此"历史"在当代人群间区分谁为黄帝嫡传后裔，谁为黄帝支庶之后，谁又为黄帝及其后裔所征服者之遗裔，以及在黄帝之裔中依其祖先血缘远近、事功大小、职业高下、地理空间之核心边缘、来此之先后顺序等之别，来区分各家族与个人之优劣贵贱。在对外关系上，透过此历史心性，人们以"历史"来扩大祖先及其后裔人群之分布空间想象，并可能以"英雄式"征服行动来完成与实践这样的想象。

历史心性所对应的"情境"，是相当根深蒂固且源远流长的。它与一地域之自然环境生态及基本社会特质有关。譬如，在中国，远在"正史""方志""族谱"等文类出现的汉魏晋时期之前，"英雄祖先历史心性"便已出现在商、周等时代的统治阶层人群之中。而当时的社会，一种阶序性、扩张性的社会政治体系也已形成。它之根深蒂固，更深刻地表现在一历史表征上——当传统帝制中国之社会政治结构随近代国民革命而瓦解，传统的"正史""方志"等文类也随之消失或有重大改变时，新的"中华民族史"，一种"民族史"新文类，仍以"黄帝"或"炎黄"等英雄祖先为国族历史之起始。历史心性不因此而改变。

---

① 王明珂：《羌在汉藏之间——一个华夏边缘的历史人类学研究》，台北：联经出版公司2003年版。

四 历史心性、文类与文本

"结构性情境"告诉我们，无论是社会情境还是历史情境，都有许多层次之别。至少，文本、文类与历史心性分别对应三种不同层次的情境。文本所对应的情境，是在种种社会区分下，个人生活经验中的资源分配与竞争情境。文类所对应的情境，则为在经济与文化生态下，人群间结构性的政治与社会组织情境。而历史心性所对应的情境，则为人类生态性的结构情境，一种人类在特定自然环境中以其社会建构力所创造的情境。在人类生态性情境中，产生政治与社会组织情境；在政治与社会组织情境中，又产生人们的资源分配与竞争情境。

一种结构性社会情境，产生其特有的、可支持此社会情境的历史心性。然而历史心性本身只是一种"心性"，一种文化倾向；它只有寄托于文本，或某种文类中的文本，才能在流动的社会记忆中展露它自己。因而历史心性之下所产生的，主要是文本（或表征）。文本与文本间的复制，形成文类。文类结构中因此蕴含历史心性：如中国"族谱"与"正史"此两种文类中，都含有英雄祖先历史心性，表现在其文本叙事之中。如在中国"族谱"中，无论是"姓氏源流"中的远祖，还是"宗族源流"中较近的祖先，大都是溯自一个"英雄始祖"。相反的，在埃期沟羌族中，人们不只是说最早来此的是"几个弟兄"，当谈到"我们这一家人"的来源时，人们还是说，譬如，"我爸跟我幺爸他们两弟兄……"，而不是由这两弟兄的"父亲"说起。无论如何，文类对于历史心性而言，犹如一种保障与屏障。一方面它保障历史心性，使其得以藉文类结构而延续；另一方面，它屏障历史心性，使书写者与阅读者为文类结构所吸引，而无视于其后的历史心性。

愈深层的"结构"，愈不易为我们的理性所察觉，因而使其成为不易改变的"结构"。在现实生活里，人们在当代政治与社会组织所规范的情境中，进行各种的资源分配、分享与竞争活动；在这些日常活动中，人们的主张与争论表现为各种文本，或发为种种相抗颉的行为表征。这些文本与表征，大多强化政治与社会组织所规范的情境，并因此强化相关"文类"概念。但仍有一些文本与表征，逐渐侵蚀及改变当前社会，也同时改变相关"文类"。举例来说，传统中国社会中的祭祖、家族团聚及修谱等活动，由于各家支间有利益分配、分享与竞争，因而形成多元的或相抗衡的文本与表征。无论如何，这些文本与表征并未侵犯"族谱"此一文类所规范的家族认同情境。然而当社会变迁造成家庭形态改变，基于小家庭结构的文本与表征逐渐减损人们的"家族"认同时，"族谱"在许多小家庭构成的当代社会人群中，便逐渐成为一种不复存在的文类了。

原载于《陕西师范大学学报》（哲学社会科学版）2005年第6期

历史就是再表述
——兼论民族、历史与国家叙事

徐新建

历史与文学的关联源远流长。在汉语世界，自古便有司马迁"文史不分"式的书写传统，近代以后虽受到西学东渐引起的学科划分缠绕，学界对文史哲相通的强调始终未断。在笔者看来，促使文史关联的核心乃在叙事和表述。

作为人类文化的普遍现象，表述问题几乎关涉所有学科，意义和范围不仅限于通常认为的想象性领域，如文学和艺术；对于所谓纪实性的史学而言，也非例外。① 20世纪后期西方史学界在关注历史叙事性特征的同时，也将时间空间化（异域化、他者化），提出"历史就是外国"（The past is a foreign country）。② 在表述意义上，笔者想说："历史也是文学"，由此强调历史的性质是故事（stories）及通过讲述再现以往的事实；简言之：历史就是再表述。所以，就像人类学以民族志方式所作的地域性和族群性描写一样，历史（history）既然可视为对人类社会的历时性表述，其本身便已成了文学研究对象。这样的观点在西方当代文论的"新历史主义"思潮中已有论述。斯图尔特·霍尔（Stuart Hall）

---

① 参见徐新建《表述问题：文学人类学的起点和核心》，《西南民族大学学报》2011年第1期；安琪《史学、文学与人类学：跨学科的叙事与写作》，《文艺理论研究》2010年第1期。

② See David Lowenthal, *The Past is a Foreign Country*, Cambridge, New York: Cambridge University Press, 1985.

强调表述就是通过语言产生意义。① 海登·怀特（Hayden White）则指出：后人找不到历史本身，只能找到关于历史的叙述；这些叙述充满想象和加工，深层结构是诗性的，为此需要使文学文本和历史文本在元历史的理论构架中回归叙述。②

这就是说，我们阅读历史，关注的不仅是故事转述的人物和事件，更包括被讲述者（史学家）所做的舍弃和改编，也即关注过去的事实如何在"历史"中被凸显或被遗弃。结合中国的历史叙事领域，值得讨论的话题很多。目前最需要研究的，是被称为"中国历史"的故事如何在不同时代被不同学者表述出来，并通过不同渠道在社会传播和接受。因此，笔者所关心的话题，便是汉语书写的历史如何"表述中国"。本文结合王明珂先生几部有关华夏边缘的著作展开讨论。议题包括"历史""中国"和"表述"，合起来就是"被表述的历史中国"，或"表述的中国历史"。

一 "历史表述"的功用和类型

对于该如何表述"历史中国"，前人已说得不少。王明珂的著作再次提起，突出了史实、史学和心性的区分，从而在根本处引出对"史学学"和"史学史"的重新讨论。③ 在2001年发表的《历史事实、历史记忆与历史心性》一文里，王明珂强调在将文献与口述史视为"历史记忆"的前提下，人们所要了解的是留下这记忆的"社会情境"及

---

① 参见［英］斯图尔特·霍尔《表征：文化表象与意指实践》，徐亮等译，商务印书馆2003年版，第16—17页。在该书里，representation被译为"表征"，笔者认为从其包含了从语词、言说符号到实践等更为广泛的意指来看，译为"表述"更恰当。

② ［英］海登·怀特：《作为文学虚构的历史文本》，载张京媛编译《新历史主义与文学批评》，北京大学出版社1993年版，第160—179页。

③ 王明珂的著作最初多在台北出版，其中一些在2000年后陆续引进到大陆，主要有《华夏边缘：历史记忆与族群认同》，社会科学文献出版社2006年版；《羌在汉藏之间》，中华书局2008年版；《英雄祖先与弟兄民族：根基历史的文本与情景》，中华书局2009年版。

"历史心性"。后者是指该记忆"所循的选材与述事模式"①。以近代以来学界对羌族历史的多种表述为例,王明珂认为应解构其中的某些类型,如"羌族被打败、西迁,然后一部分变成汉族、一部分变成藏族、一部分变成西南民族"那样的历史;同时提出自己的另外建构,即羌人如何"作为中国人心目中的一个西方异族"而"随着华夏的扩张慢慢往西方飘移"。王明珂由此得出的结论是"在中国'国族建构'里,很明显地,历史学是走在前面的。先建立一个国族历史,然后再去找民族学、体质学、语言学等等证据来支持它"②。

这就是说,无论何种主张和类型,有关中国的历史都是因不同需要而被人为建构起来的。王明珂的目标是结合"历史民族志"和现实关怀的学术书写来对中国的历史表述重新建构。对此,沈松侨评价说,其作用是"对中文学界的历史学者跟人类学者,在共同思考怎么样突破双方的学科界线、怎么样彼此借镜这样的工作上,竖立了良好的典范"③。在笔者看来,此种跨界所涉及的学科,不仅限于史学和人类学,而已跨入了广义的文学。在对族群文化的表述上,三者以各自的标志性作品形成可相互解读的彼此关联,那就是:民族志、民族史和民族文学。举例来说,在同样表述西南地区藏、羌和汉民族相互关联的作品中,无论冉光荣和李绍明等著的《羌族史》、王明珂的《羌在汉藏之间》还是阿来的《尘埃落定》及汉藏文版的《墨尔多神山志》,都可视为不同文体和文类的历史叙事。在对过去事实的重新表述上,它们的性质一样,区别只在于作者自认或被认为分别选择了史学、民族志或小说的方式,以及各自偏重的问题和立场不同而已。

不过,若要深入讨论不同文类在重塑历史时的联系和区别的话,还需回到更为基本的问题起点,重新解答对"历史表述"及其不同类型

---

① 王明珂:《历史事实、历史记忆与历史心性》,《历史研究》2001年第5期。
② 转引自顾坤惠《"历史人类学工作坊"会议摘录:〈羌在汉藏之间〉发表与评论会》,《清华学报》2004年第2期。
③ 转引自顾坤惠《"历史人类学工作坊"会议摘录:〈羌在汉藏之间〉发表与评论会》,《清华学报》2004年第2期。

的认识和界定。让我们把目光返回到近代。有意思的是,晚清以来,类似的讨论在史学界同样热烈。

章学诚结合中国古代的情况,把史学分为两大宗门,一为"记注",一为"撰述",谓:"记注欲往事之不忘,撰述欲来者之兴起。故记注藏往似智,而撰述知来拟神也。"① 这话说得有道理,凸显了史学从业者的主体意义;而"藏往"与"知来"的二分梳理,明确道出了历史表述的两个基本面向。

李长之把司马迁同时看作是文学家和史学家,然后从孔子说起,指出《春秋》与《史记》为同类,均不是"实然"史实的记录,而是对"应然"理想的发挥。对于司马迁之难能可贵,李长之认为"尤在他的鉴定、抉择、判断、烛照到大处的眼光和能力",并又指出司马迁憧憬于以《史记》继《春秋》,"志在孔子"如其之"志在周公"。② 这后一种评价亦很重要。多年以后,刘小枫在对司马迁的论述中做了再度发挥。③

王明珂的著作以华夷关系为轴心,辨析不同的族群叙事,在由古而今的文本中分出"英雄祖先历史"与"弟兄祖先故事"类型,指出虽然二者代表的历史心性有别,却可合称为关于中国历史的"根基模式"。这样,王的重点同样置于历史写作,关注表述者的用意和立场,讨论特定的历史文本及其相应情景间的互动关联。此类讨论有一个突出意义,就是揭开"历史"的面纱,把读者的目光从史实引回文本,关心并思考历史如何和为何被表述。这样便同一个多世纪以来的史学重建连在了一起。

---

① 章学诚:《文史通义》,中华书局1985年版,第13页。
② 李长之:《司马迁之人格与风格》,生活·读书·新知三联书店1984年版,第176—177页。关于李长之对司马迁论述的评价,可参见张桂萍《一个文学批评家的史识——读李长之〈司马迁之人格与风格〉》,《古典文学知识》2008年第1期。作者指出,李长之认为司马迁是艺术家的理由,"更多意义上是就其表述上的成就而言"。因此才得出结论说"司马迁的历史意识佐之以诗人的慧眼,使《史记》表现出史诗性"。作者进而认为李长之的这种认识,"对我们今天研究历史文学这一分支学科是很有启发性的"。
③ 参见刘小枫《司马迁属什么"家"?》,《读书》2003年第8期。

清末民初，梁启超发动史学革命，鼓动创立"新史学"，理由是其能够激励中国国民的"爱国之心"、团结"合群之力"，继而"以应今日之时势而立于万国者"。① 作为后来的响应者之一，胡适以"国学"为中心，发表对中国历史的看法，曰：

中国的文明在北方征服了匈奴、鲜卑、拓跋、羌人、契丹、女真、蒙古、满洲，在南方征服了无数小民族，从江浙到湖广，从湖广直到云贵［……］在这两千年之中，中国民族拿来开化这些民族的材料，只是中国的古文明。②

与此不同，顾颉刚则提出"四个打破"，即：打破民族出于一元的观念；打破地域向来一统的观念；打破古史人化的观念；打破古代为黄金时代的观念。顾要反对的是大一统叙事。他指出：

在现在公认的古史上，一统的世系已经笼罩了百代帝王、四方种族，民族一元论可谓建设得十分巩固了。但我们一读古书，商出于玄鸟，周出于姜嫄［……］他们原是各有各的始祖，何尝要求统一！③

顾颉刚依照自己提出的古史"层累说"观点，强调了不同时代之学者对历史的持续制造，认为在此过程中不但有着显著的纵向影响，而且形成表述上的故事递进："时代愈后，传说的古史期愈长"。比如，

---

① 梁启超：《新史学》，载《饮冰室合集》第9卷，中华书局1989年版，第6页。
② 胡适：《白话文学史》，上海古籍出版社1999年版，第9页。
③ 类似的话顾颉刚还说过不少，如："自从春秋以来，大国攻灭小国多了，疆界日益大，民族日益并合，种族观念渐淡而一统观念渐强，于是许多民族的始祖传说亦渐渐归到一条线上，有了先后君臣的关系"；"（战国、秦汉时的人们）［……］他们为要消灭许多小种族，就利用了同种的话来打破各方面的民族主义。本来楚的祖是祝融，到这时改为帝高阳（后人说他就是颛顼了）"，参见顾颉刚《战国秦汉间人的造伪与辨伪》，载《古史辨》，上海古籍出版社1982年版，第105、119—182页。

"从战国到西汉,伪史充分的创造,在尧舜之前更加了许多古皇帝"①。

如今,这样的问题是否完结了呢?显然没有。历史的书写面临再次更新。转用王明珂的说法,今天的史学需要在新情境中重叙(续)文本。②

二 "中国历史"的关联与演变

康熙年间,湖南人曾静不满清廷统治,著《知新录》,谓"中原陆沉,夷狄乘虚,窃据神器,乾坤翻复",又说"华夷之分,大于君臣之伦;华之与夷,乃人与物之分界"。③ 到了雍正帝当朝,曾静遭查办,罪名是反清犯上,离间华夷。对此,雍正帝令将此案关涉的前后谕旨及曾静等人的口供汇编成书,取名《大义觉迷录》,广布天下,以戒臣民。雍正帝说:

> 我朝既仰承天命,为中外臣民之主,则所以蒙抚绥爱育者,何得以华夷而有更殊视?而中外臣民,既共奉我朝以为君,则所以归诚效顺,尽臣民之道者,尤不得以华夷而有异心。此揆之天道,验之人理,海隅日出之乡,普天率土之众,莫不知大一统之在我朝。④

曾静被捕后招供认罪,承认不该"以地之远近"而应"以人之善恶"分华夷、别人兽,最后在狱中写下悔过书,叩认了大清王朝的正统与合法,从而被免一死。其悔过书名为《归仁说》,曰:"圣人之出

---

① 顾颉刚《战国秦汉间人的造伪与辨伪》,载《古史辨》,上海古籍出版社 1982 年版,第 75、79 页。
② 参见徐杰舜、王明珂《在历史学与人类学之间》,《广西民族大学学报》2004 年第 4 期。
③ 湖南省地方志编纂委员会编:《湖南省志》第 30 卷《人物志》(上册),湖南教育出版社 1992 年版,第 179 页。
④ 转引自沈云龙主编:《近代中国史丛刊》第 36 辑,文海出版社 1966 年版,第 3 页。

也非常，故其生也无常地亦无常格"；"本朝得统之正，直迈商、周；当今皇帝之德，上参尧、舜者，以遍告焉"。①

后来乾隆帝即位，依然关注华夷问题，先是将曾静等人重新问罪（凌迟处死），再调集力量编纂《满洲源流考》与《大清一统志》等官书，以图"顺古今沿革"且"垂信千古"。《满洲源流考》以"部族"为首，分述了疆域、山川和国俗四个方面。编纂之初，皇上下谕，称其目的在于"昭传信而辟群惑"，故特就"建州之沿革，满洲之始基，与夫古今地名同异，并当详加稽考，勒为一书"，以"乘示天下万世"。后人有的认为该书是朝廷"为了要替皇家族号正名，所行的考证之作"②。有的则认为，其目的旨在"追溯满族从姓氏到种族之源流如何地与汉族不同"③，也就是强调"华夷之辨"。

这些案子、官书以及皇上旨意和士绅命运，均是记录存档的历史事件。它们同样与"华蛮之辨"和"族群交往"等有关，却不能等同于仅刻画在纸上的文本书写。对这样的史实进行讨论，有别于对演变为史学作品后的文类区分；相反，是把人物、事件及其相关过程看作整体的"社会文本"，继而揭示其中的依存关系或内在缘由。

例如，通过梳理《大义觉迷录》的产生、演变，史景迁发现在雍正帝与曾静这两个不共戴天的死敌身上，隐含着一条历史暗线，即"17世纪中叶明朝被清朝征服之际，军事和思想战线上的纠纷与斗争"；究其根源，则还可追溯到孔子时代的古老哲学和经典文献之中的"华夷之辨"源流。④而另一位史学家柯娇燕，在借助对包括《满洲源流考》等官书在内的清朝文献分析之后，看到的是"满洲人"的民族认同对清统治者十分重要，但却不是一蹴而就，而是经历了从"部落"

---

① 参见沈云龙主编《近代中国史丛刊》第36辑，文海出版社1966年版，第482、507页。相关讨论可参见笔者《帝国轮替中的认同演变》，《淮北师范大学学报》2011年第4期。
② 王俊中：《"满洲"与"文殊"的渊源及西藏政教思想中的领袖与佛菩萨》，《"中央研究院"近代史研究所集刊》1997年第28期。
③ 王汎森：《从曾静案看十八世纪前期的社会心态》，《大陆杂志》1992年第4期。
④ ［美］史景迁：《皇帝和秀才》，邱辛晔译，远东出版社2005年版，第3—7页。

到"国家"的变异过程,并在此过程中做出了特有的创建。柯娇燕指出:

> 他们从蒙古人那里获得了世界帝国继承者的资格,并取得了统治合法性的部分宗教支持;从满洲旗人那里获得了领导征服战争的军事力量和技术;从汉人那里获得了在中国进行合法统治的官僚统治的技能和儒家的道德规范,并取得了对朝鲜和越南进行统治的道德领导权;从藏人那里获得了作为普世的佛教领袖的超自然的权力。①

面对这样的状况,值得深究的问题出现了:何谓"中国"?"华夏"和"蛮夷"的意味是什么?每一次新的"改朝换代"之后,该如何表述多民族轮替的帝国演变?如果说曾静案表现出华夷关系的紧张与整合,《满洲源流考》与《大清一统志》则标志着入主中原的"外族"对"中国"的拓展和再造。这时,如若仍只将那影响千百万人命运的重大事件视为文字表述的"情景"是不够的。回到大清统治下的西南,就在"华夏边缘"的"弟兄族群"以文本方式对中原"英雄祖先"加以"攀附"的先后时期,赵尔丰、鄂尔泰等朝廷将领便已奉朝廷旨意,通过军事征剿、文化教化等手段在藏区和苗疆等处"改土归流",实质性地把《大清一统志》等所内含的帝国意识逐一落实到往昔的边疆蛮地了。

三 跨族群叙事:史实和史记

我们讨论"中国历史"及其诸种表述,不得不同时兼顾史实和史记(史学)两面。夏、商、周的纵横交替是历史,孔子编纂《春秋》

---

① 转引自孙静《满族民族认同的历史追寻:柯娇燕满族研究评介》,载《清史译丛》第3辑,中国人民大学出版社2005年版。

是史记；秦皇到汉武的改朝换代是历史，太史公奋笔撰书"五帝本纪""西南夷列传"是史记；曾静与雍正帝合演的"华夷之争"及"满汉融合"是历史，《大义觉迷录》是史记。再后来，由史景迁续写《皇帝与秀才》乃至二月河等创作《雍正王朝》之类的电视剧又属于哪一类呢？回答是：既是史实也是史记。其实说白了，所有后面的一类也都如此，即都具有史学和史实的双重性：在表述中国的意义上是史记，或广义文学；而从社会实践的层面看又无一不是史实。

不过如若细分起来，作为表述中国的历史类型，上述列举的事例中，前一类是事情的历程，堪称"史实史"；后一类是对事情的再叙，连接着"史述史"。而且这后一类型的诉说本身，又从另外的路径构成并融入到可同样被再叙的历史进程之中。诚如当年太史公父子生死交接时所言，太史之命，在国为忠，在己为孝。何也？"夫孝始于事亲，中于事君，终于立身；扬名于后世，以显父母，此孝道之大者！"[①] 在这意义上，"历史"是历史自身的延伸和对话。于个人可为事功，于政治是治国经验，于文化是族群传统，于学术则在思想呈现和发扬。

但是对于现代中国，历史的延续面临表述危机。这危机分别覆盖由"历史"关涉的个人事功、政治实践以及文化传统和学术呈现诸面向。从史学的学理上说，历史的存在需以空间的广延和时间的连续为前提。但作为事实的"历史中国"过去了，作为言说的"中国历史"尚在重建中。于是究竟该如何划定"中国"的空间广延与时间连接并由此说明其中的族群联系，却是仍处在争论中的悬念。这既是对过去的承继，又是现在的事件，同时还将是未来的论题。

与此关联，对"中国历史"的书写将面对一系列关键性追问，比如：有没有一个同质的"古代"？有没有一个一统的"国族"？对于多民族构成的历史互动，该选择什么样的标志和结构来表征？无论回答如何，笔者以为都有一个值得深入的话题，即如何处理与"中国"相关的前后两个"三代"，一是早期的夏、商、周，一是晚近的元、明、

[①] （汉）司马迁：《史记》，中华书局1959年版，第3295页。

清。二者共同指向多元视角，需要包容不同的族群、地域和文化主体——有夏，有商，也有周，还有与此同时的四方之民；从元、从明，也从清，乃至延伸到华夏和四夷。它们的关系是既互为中心，又互为边缘。

小　结

　　本文的讨论从史实、史记到史学和文学，由四方到中原，再对比东北与西南并连接古代帝国与现代国家，意在阐释多民族王朝与国家的历史表述。通过分析王明珂等的相关著作及关注历史文本与情景的关联，不仅使旧话重提而且欲将近代与古代打通，把问题又一次由"国族"反思引回"国史"再造。不过需要明白的是，我们的讨论面对两个既关联又不同的历史：一是国事的发生，另一是对国事的书写。二者相加才构成"国史"的整体。

　　乾隆年间，多族并存。一方面有政治利益冲突，一方面也有文化传统延续。在《满洲源流考》编纂之际，绍兴人章学诚撰写了至今流传的《文史通义》，强调"六经皆史""即器明道"，对史学要义做了三分，曰："史所贵者义也，而所具者事也，所凭者文也。"① 进入民国后，苗族学者杨汉先、梁聚五等打破"五族共和"的狭隘划分，呼吁在汉、满、蒙、回、藏的格局之外恢复苗夷民族的历史地位，② 从而引发了欲与"五帝本纪"相并列的"蚩尤叙事"等另类表述。③ 若我们重论"国史"，不仅要关注文学（虚构）与史学（记实）之间的"表述

---

①　（清）章学诚：《文史通义》，中华书局1985年版，第63页。
②　参见杨汉先《苗族述略》（1937），载张永国等编《民国年间苗族论文集》，贵州民族研究所1983年版。张兆和认为通过探讨民国年间西南少数族裔的自身表述，可了解"在与以汉族主导的现代国族建构中"，他们对族群身份和边界问题的立场。杨汉先的例子体现出"土著"精英对政府主导之国族建构计划的反应。参见张兆和《黔西苗族身份的汉文书写与近代中国的族群认同：杨汉先的个案研究》，《西南民族大学学报》2010年第3期。
③　参见徐新建《"蚩尤"和"黄帝"：族源故事再检讨》，《广西民族大学学报》2008年第5期。

循环",还应兼顾不同表述者的所凭、所具和所贵,并且再包容汉学与藏学、满学以及苗学、蒙古学等相关表述间的交融和对话。

进而论之,在中西古今的学理汇通上,如果说当代西方文论兴起的"新历史主义"以倡导"文化诗学"而将文学文本从形式主义批评的陷阱中提拔出来,重归历史语境的厚重诠释的话,那么本文强调的对历史文本的表述分析,则选择了另外一条对应路线,也就是把历史视为文学或文学式的另一种叙事,从而希望不仅扩展文学(literature)及历史(history)的分类意涵,而且还期待以此为工具,深入到对貌似客观自在的各种历史表述从文本到作者的深入剖析和解读之中,就像多年以来文学批评界对自屈原、李白到莎士比亚、狄更斯和鲁迅、马尔克斯及其各自作品早已做过的那样。在这个意义上,历史就是再表述。

原载于《文艺理论研究》2014年第4期

神话叙事中的"历史真实"

——人类学神话理论述评

彭兆荣

神话素来是人类学知识谱系中的一个重要内容,人类学与神话学在知识背景上也一直是相互渗透的。人类学的各种重要流派及其代表人物无不在"神话论坛"上竞相发表看法,有些人类学家还是从神话领域"起家"的。总之,神话是人类学的一个基础分支,人类学通过对神话的研究拓展了学科的历史维度。

从知识考古的角度看,神话虽然非常重要,但要为神话做一个共识性定义却相当困难。卡西尔曾说过:"在人类文化的所有现象中,神话和宗教是最难相容于逻辑分析了。"[1] 尽管学者们对神话的看法见仁见智,但对神话的一个性质,即叙事(narrative),则是有共识的。叙事包括对未知事件的叙述,也包括通过符号的形式与具有神秘性质的事物进行沟通,它具有戏剧性的转化能力。此外,叙事还可展示某一族群的宇宙观。从叙事形式看,神话经常混杂着传奇或者民间传说等类型,它对事物或者未知世界的描述与历史或者"伪历史"叙事不同,[2] 但却从未妨碍人类通过神话叙事了解和把握"历史的真实"。

---

[1] [德]恩斯特·卡西尔:《人论》,甘阳译,上海译文出版社1985年版,第92页。

[2] 参见 Cohen, Persy S., "The Ories of Myth", *Man*, Vol. 4, No. 3, 1969。

一 神话的人类学研究谱系

神话研究有七种代表性学派，它们是：历史学派（认为神话就是历史）、自然元素学派（认为神话是自然元素演变的结果）、心理缘动学派（认为神话是人类心理积郁的投影）、道德喻教学派（认为神话是社会喻教的示范）、语言游戏学派（认为神话表现为一种语言游戏）、仪式互疏学派（认为神话和仪式相互印证，缺一不可）以及结构主义学派（主张用结构主义眼光看待神话，以结构的方法处理神话）。①

以上七种学派都包含着明确的人类学意义。人类学的不少分支，像仪式互疏学派、结构主义学派等，都继承了神话叙事与范式的传统。举例来说，历史学派所讨论的主题在当代历史人类学的话题中再度复活；自然元素说则与生物种类、自然生态与人类文化的生成关系息息相关，讲述着最为基础的"自然（nature）/文化（culture）"的肇始与发生；心理缘动说引进了心理人类学中最为重要的一些内容；道德喻教说仿佛是社会人类学对社会秩序和功能予以强调的古时版本；语言游戏说则是语言人类学发展史上的一个里程碑。由于篇幅所限，这里不再对此一一赘述。

不同的神话理论除了对神话性质表达各自的主张外，对于神话的叙事原则也有各种看法，归纳起来也是七种（且与神话研究的主要七种流派有着内在的关联），即：第一，强调神话的解释作用，特别是神话对人类社会某一发展阶段所做的解释；第二，将神话看作具有功能的符号表达形式，其终极形式是表达，尤其表达历史所反映出的人类思想；第三，强调神话是人们无意识的心理陈述方式；第四，神话被认为具有创造和维持社会整体的一种功能；第五，强调神话叙事具有社会组织和社会实践的合法性；第六，强调神话作为社会结构的符号表述形式，与

---

① 参见 Ruthven, K. K., *Myth*, London: Methuen & Co. Ltd., 1979, pp. 5 – 43。

仪式发生互动作用;第七,结构主义理论对神话叙事的解释。①

无论从什么角度看待和诠释神话,都绕不过叙事。按照最为狭义的理解,叙事宛若"故事"的讲述过程。但是,"故事"可以有不同的讲法,它体现出每个人、每个人群、每个时代对事物的认同差异。"每一个不同观点的背后都是一部历史,以及一个对未来的希望。我们每个人也有一部个人的历史,有我们自己生活的叙事,这些故事使我们能够解释我们是什么,以及我们被引向何方。"②

在古典进化论学派里,人类学家倾向于将神话—仪式叙事作为原始社会的产物置于整个历史演进之中。比如,泰勒把神话当作一种以语言为隐喻的传媒,以求理解和控制自然力量,使原始人向"人化"(personalise)转变。③ 泰勒甚至把"神话"视为对原始文化"万物有灵"(Animism)的总体性叙述。弗雷泽在其名著《金枝》一书中,一开始便引出了古罗马神话森林女神以及尼米湖畔守林祭司的相关民俗。这部巨著搜集了几乎在当时可以找到的全部有关"原始巫术"的神话材料,并将其放在事先编排好的进化序列——"巫术—宗教—科学"——的第一阶段。④

古典进化论者在看待神话时,有这样两个弱点:其一是刻板地对所谓"异文化"(other culture)进行削足适履的分类,把神话叙事简单地当作原始社会的阶段性产物(进化论者顺理成章地把自己作为"文明人",在阶段上与"野蛮人"泾渭分明地分开)。其二是没有解释为什么神话具有特定的社会价值认同。事实上,"神话制造"(myth making)与"历史制造"(history making)无不具有社会群体和社会边界的规定性。神话的制造首先属于制造神话的社会群体,而非群体以外的什么

---

① 参见 Cohen, Persy S., "The Ories of Myth", *Man*, Vol. 4, No. 3, 1969。
② [美]华莱士·马丁:《当代叙事学》,伍晓明译,北京大学出版社1990年版,第1—2页。
③ 参见 Tylor, Sir Edward B., *The Origins of Culture*, New York: Harper & Row, 1958, pp. 368-416。
④ 参见 Frazer, Sir James G., *The Golden Bough: A Study in Magic and Religion*, New York: The Macmillan Company, 1947, pp. 1-59。

人。这是一个基本的前提。

在人类学的历史上,是涂尔干和马林诺夫斯基对神话的分析,奠定了现代人类学神话理论的基调。

在涂尔干看来,神话只是宗教系统的一部分,其主要功能是以语言进行表达,而仪式则是行为的表达,二者具有维护和传达的社会功能。首先,神话以象征意义来传达社会价值;其次,神话反映社会结构的某种特征。此外,涂尔干还开创性地将神话当作分类的一种表述类型,使神话有了叙事上的归属。

涂尔干对分类的解释是:"所谓分类,是指把事物、事件以及有关世界的事实划分成类和种,使之各有归属,并确定它们的包含关系和排斥关系的过程。"[①] 在分类原则的指导下,澳洲神话、祖尼神话、中国神话等因此都有了各自叙事的发生与发展,并因此有了"族"(family)、"属"(genre)等更细致的"分类"(category)链条。从此,在人类学的研究领域内,神话不再被看作古典进化学派所认为的那种粗糙的、简单的"阶段性版块",而有了族群和文化归属。同时,它又使神话得以作为文化的一种叙事类型而被嵌入到"社会结构"之中,使之成为哲学和科学的"基础形式"。[②]

马林诺夫斯基的神话理论与涂尔干的神话理论有着密切的关系,他受到涂尔干的影响,但二者之间却存在重要的差异:马林诺夫斯基的理论一方面缺乏认识论的深刻内涵,另一方面却有着明显的实用主义色彩,而这一点正好又是涂尔干所欠缺的。

马林诺夫斯基笔下的特罗布里安岛民都像是一些实用主义者,他们相信神话巫术的真正原因在于其现实生活的需要。为了使他们的需求合法化,他们有必要寻找一些超越事实、超越理由,同时又带有"凭照"性、权威性的东西。神话就具有这样的性质。它与巫术共同满足了人们

[①] [法]爱弥尔·涂尔干、[法]马塞尔·莫斯:《原始分类》,汲喆译,上海人民出版社 2000 年版,第 4 页。

[②] 参见 Durkheim, E., *The Elementary of Religious Life*, New York: Colier, 1961, pp. 419–420。

对基本需要（basic needs）的功能性诉求。

马林诺夫斯基曾这样描述神话的"功能"："神话总的来说也不是关于事物或制度起源的、毫无价值的一种臆测。神话决不是幻想自然，并对其法则做出狂妄解释的产物。神话的作用既非解释，亦非象征。它是对非凡事件的陈述，那些事件一劳永逸地建立起部落的社会秩序、部落的经济活动、艺术、技术、宗教的和巫术的信仰与仪式。我们不能简单地把神话视为文学作品里的、活生生的、很吸引人的虚构的故事。神话论述了寓于社会群体的制度与活动中的根本现实，它论证了现实制度的来龙去脉，提供了道德的价值、社会差别与社会责任，以及巫术信仰的可追寻的模式。这一点构成了神话的文化作用。"①

就叙事的完整体系而论，神话的表述经常与仪式的实践相互兼容。因此，在人类学理论当中，"神话—仪式"（myth-ritual）每每相提并论。这成为一个无法跨越的学术原点。早期人类学神话理论中最有代表性的一个流派也出自于此。泰勒（Tylor，E.）、史密斯（Smith，R.）、弗雷泽（Frazer，J.）、穆雷（Murry，G.）、克拉克洪（Kluckhohn，C.）、格里弗（Graves，R.）等都曾经围绕着这一学术原点进行讨论。最早引出这一话题的学者当属史密斯。他在继承泰勒的大概念——"神话"—"遗留"（survivals）——的基础上，将其一分为二，并对泰勒的观点做了进一步说明。他公开宣称："神话来源于仪式，而非仪式来自于神话。"在此后很长一段历史时间里，这一观点一直在人类学神话理论中居于主导地位。②

在神话与仪式的关系这一领域，较有代表性的现代学者就要数利奇了。利奇认为，神话和仪式都属于对同一种信息的不同的交流方式，二者都是关于社会结构的象征性、隐喻性表达。③一方面，神话/仪式互疏的学术原点以及有关争论的延续，使人类学研究在传统的神话学领域

---

① ［英］马林诺夫斯基：《巫术与宗教的作用》，载史宗主编《20世纪西方宗教人类学文选》，上海三联书店1995年版，第96页。
② 参见 Ruthven, K. K., *Myth*, London: Methuen & Co. Ltd., 1979, p. 35。
③ 参见 Douglas, M., "The Meaning of Myth", in Leach, E. ed., *The Structural Study of Myth and Totemism*, London: Tavistock Publication, 1968, pp. 49–50。

里"圈出一块领地"。另一方面,由于这一学术原点将二者同时放在"历史因果"的逻辑起点上,许多学者因而局限于二者的功能性关联。柯恩认为:"事实上,绝大多数神话理论的主要缺失是它们没有真正解释为什么神话的社会功能是以神话形式进行展演而不是其他。为了做到这一点,应该对诸如神秘信仰的性质进行解释,即要对神秘符号的自然和神话思维结构做进一步探究。而结构主义神话研究弥补了这一缺陷。"[1]

毫无疑问,结构主义方法受惠于语言学方面的成就。列维-斯特劳斯在神话学上的一个重要贡献即是将神话视为"交流",而他在神话研究方面的重要特征即是语言学的结构分析以及他对于控制交流的分析。列维-斯特劳斯认识到结构属于不同层面的思维活动,这些思维活动需要通过语言来完成。他试图使人相信,将神话和语言分离开来便丧失了它们本来的意义。[2]

于是,列维-斯特劳斯就建构出这样一种基本的结合关系,即:神话是"野蛮人"思维的产物,而语言承载着将二者沟通的使命。列维-斯特劳斯曾经以巫医神话以及巫医为妇女治疗为例做过一番说明。他说:"巫医的神话学和客观现实不相符合,但这并不要紧,患病的妇女相信神话,她属于神话的社会……巫医为患病的妇女治病是用一种语言。依靠这种语言,患者的心理状态便表达出来,而其他手段无法达到这个效果。正是这种语言表达的转换能力,并通过这种方式,使原来混乱的秩序在经过生理的释放之后达到了重新的组织。"[3]

在列维-斯特劳斯的结构神话学里,神话具备两个基本的命题。第一,神话的"意义"不可能存在于构成神话的各种孤立要素之中,而是存在于那些孤立要素的组合之中,必须考虑到这种综合所具有的

---

[1] 参见 Cohen, Persy S., "The Ories of Myth", *Man*, Vol. 4, No. 3, 1969。
[2] 参见 Douglas, M., "The Meaning of Myth", in Leach, E. ed., *The Structural Study of Myth and Totemism*, London: Tavistock Publication, 1968, pp. 49–50。
[3] [英]特伦斯·霍克斯:《结构主义和符号学》,瞿铁鹏译,上海译文出版社1987年版,第33—34页。

转换能力。第二，神话的语言显示出特殊的性质，它高于一般的语言水平。① 这也使得结构主义与功能主义在神话学研究中体现出截然不同的观点。列维－斯特劳斯指出："神话学不存在明显的实践功能，不像以往所研究的那些现象，神话与不同类型的现实不发生直接的关联。这使得它因此被赋予了比其本身更高程度的物质性，并使之看上去更为自由地将那些自发的创造性通过思维转化为具体的指令性表达。"② 比如，从经验上看，说一条鱼能够抵抗风浪，这显然是不可能的。"但从逻辑的观点来看，我们却能够理解，为何从经验之中移借过来的意象可以这样运用。这就是神话思维的原则，它实际扮演了概念思维的角色……即我称为的'二元转换器'（binary operator）。"③ 列维－斯特劳斯将神话在现实中的实际功能剔除，显然是为了满足他关于"人类心灵"的普世性主张。"尽管各个人类群落彼此之间有很多文化上的歧义，但是一切人类的心灵都是一模一样的，也是具有同等的能力，这可能是人类学研究的诸多定论之一，我想也已经是世人所普遍接受的命题。"④

二 "历史事实"与"神话真实"

神话叙述了什么？它与历史存在什么关系？这些问题很早就引起了学者们的关注。在亚里士多德眼里，神话是对"有情节的""叙事结构"的模仿，属于"寓言故事"。所谓对客观叙事的模仿，主要相对于

---

① 参见［英］特伦斯·霍克斯《结构主义和符号学》，瞿铁鹏译，上海译文出版社1987年版，第39页。
② Lévi-Strauss, C., *The Raw and the Cooked*, New York: Octagon Books, 1979, p. 10.
③ ［法］列维－斯特劳斯：《神话与意义》，杨德睿译，台北：麦田出版公司2001年版，第49页。
④ ［法］列维－斯特劳斯：《神话与意义》，杨德睿译，台北：麦田出版公司2001年版，第42页。

"理念"而言，使之成为埃斯库罗斯的悲剧与苏格拉底辩证法的对立参照。[1] 换言之，神话属于一种非理性、直觉式的故事叙述。亚里士多德对神话的界说使它与"历史事实"之间形成了一道沟壑。神话至多只是对"历史事实"的一种模仿性叙事，与对象存在着隔膜与距离。

亚里士多德对于神话的论述虽然具有经典性的权威，但却没有妨碍另一学派提出更为绝对的观点，这就是著名的"神话即历史"论。首先提出这一论点的是几乎与亚里士多德同时代的学者，即公元前4世纪的哲学家欧赫墨洛斯（Euhemerus）。这一口号从此成为"神话历史学派"的宣言，并以他的名字命名为欧赫墨洛斯学说（Euhemerism）。欧赫墨洛斯在他的《神的历史》（*Sacred History*）一书中，对诸神的历史演变做了精细的历时性考察，比如宙斯如何降生于克里特岛，如何离家到东方去游历并自称为神，以及他辗转回到故里并死在那里的历史线索，从而得出"神话即历史"的结论。他指出："神话不是秘传的哲学，而是一种经过筛选的历史（garbled history）。"[2] 此后，也不断有人沿用此说。特别是到了19世纪末、20世纪初，德国考古学家谢里曼和英国考古学家伊文斯对迈锡尼、克里特遗墟的成功发掘，使特洛伊战争遗址、米诺斯迷宫等重见天日，古希腊《荷马史诗》以及神话传说所叙述的内容得到了历史性的证实，致使神话历史学派成为神话学研究中的一个主要流派。"历史—神话""事实—虚构"也成为经久性的学术话题。

其实，我们不一定将历史事实与神话故事绝然对立开来。换个角度看，它们本来就具有整体性品质。列维-斯特劳斯曾以"当神话变成历史时"为题进行过讨论，他说："我绝非不相信，在我们自己的社会中，历史已经取代了神话，并发挥着同样的功能。对于没有文字、没有史料的社会而言，神话的目的在于使未来尽可能地保持与过去和现在相

---

[1] 参见［美］雷·韦勒克、奥·沃伦《文学理论》，刘象愚等译，生活·读书·新知三联书店1984年版，第206页。

[2] 转引自 Ruthven, K. K., *Myth*, London: Methuen & Co. Ltd., 1979, p. 5。

同的样态……如果我们在研究历史时，将它构想成为神话的一种延续而绝非与神话完全分离的历史，那么，在我们心灵之中萦回不去的'神话'与'历史'之间的鸿沟，还是有可能被冲破的。"① 事实上，西文"历史（history）"一词，从字面上看就是"他的故事"，正好强调人的叙事。只有附带着人的叙述才更接近于事实本身。至少"历史事实"是由人来判断和筛选，并由人来完成讲述的。也只有注入人类判断的"主观性"（即人文性），"历史"才有意义。同时，历史是时空进程和人文话语的双重叠加。文化的不可复制性在于它的历时性。对于逝去事件的了解，在很大程度上要依赖于历史的文献记录。文献是文人记录的，其中必然充满了人文话语。任何"记录都不能成为单一的历史部分，即真正发生的遗留物……历史的记录本身充斥着人的主观性——视野、视角和'事实'的文化漂移"。② 有些学者基于对历史进程中人文话语的认识，提出了所谓"虚构的存在"或曰"非事实的真实"（fictious entities）。③

对于当代人类学研究来说，有一个话题是无法回避的，即：人类学家到底要从什么层面来看待和认识神话这种"非事实的真实"叙事？在认知层面上，它决定着人类学家对原始社会和"异文化"的解释态度。神话无疑是丰富而重要的文化遗产和历史资源。"对于任何一位人类学家而言，通过对神话奥秘探索的职业性研究，可以在神话思维、原始社会和历史之间建立起关联。"④ 换言之，神话研究成为建立族群传统"历史档案"的一个环节，也是人类学家在进入另外一个文化体系和社会结构时必须做的所谓"梳理知识谱系"的工作。这正如利奇所

---

① [法]列维-斯特劳斯：《神话与意义》，杨德睿译，台北：麦田出版公司2001年版，第73—74页。

② Ohnuki-Tierney, E. ed., *Culture Through Time: Anthropological Approaches*, Stanford: Stanford University Press, 1990, p. 4.

③ 参见 Ohnuki-Tierney, E. ed., *Culture Through Time: Anthropological Approaches*, Stanford University Press, 1990, p. 279。

④ Godelier, M., *Myth and History: Reflections on the Foundations of the Primitive Mind*, Cambridge: Cambridge University Press, 1977, p. 204.

引述和证实的那样，是"以观察到的现象来反映无法观察到的真实"。①这样的知识沟通除了在历时性的知识谱系中获得一种传统的观照外，同时还在共时性社会结构中确立了"人/神"的关系模式。"这种模式嵌入到了一个神话系统当中，它首先将人与神区分开来，进而组建成为一种关系和关联，把人和神联系在一起。"②神话也因此包容了大量有关"神的话"（the Word of God）的信息。对人而言，丰富的神话无疑成了一种可确信的事实。

美国著名人类学家萨林斯在《历史的隐喻与神话的现实》一书中，以夏威夷土著的神话传说与库克船长的历史事件的结构关系为例，彻底打破了"想象/历史""神话/现实"之间貌离神合的价值界线，在神话与事实、主观与客观的内部关系的结构中再生产（reproduction）出超越简单"历史事实"的追求，从而寻找到另外一种真实——"诗性逻辑"（poetic logic）。③人们看到，库克船长的"历史事件"恰恰满足了印第安神话叙事的一个必备条件，二者共同完成一个历史范式的叙事。

为什么会出现这样的情形呢？原来，当地土著民众相信库克是夏威夷神话传说中罗诺神（Lono）的化身。按照当地的神话传说，海岛部落的生存、繁荣与发展与罗诺神的出现密切相关。根据神话叙述，这位与海岛民族生死攸关的罗诺神正是从大洋尽头出现并来到岛上的。库克船长的到来正好与神话叙事相吻合。于是，在1779年1月17日（星期日），当库克船长再一次返回时，被当地土著杀死。颇为耐人寻味的是，库克船长在死前"被当地首领们簇拥着，牧师们在当地的神庙（Heiau）举行庆祝仪式，把库克当做中心角色，确认他为罗诺神的化身。直到库克生命的最后一天，他一直受到当地土著的尊

---

① Leach, E., *Genesisas Myth*, London: Grossman, 1969, pp. 7, 23.
② Leach, E., Genesisas Myth, London: Grossman, 1969, pp. 9 – 10.
③ 参见 Sahlins, M., *Historical Metaphors and Mythical Realities*, Ann Arbor: The University of Michigan Press, 1981, pp. 10 – 11.

敬和崇拜"。①

为什么库克船长被当地民众尊为神却又被他们杀死呢？这涉及原始文化中一个具有"共相"的现象，最通常的解释是："死"是一种获得"永恒"转换的途径。"人—死—神"的仪式性表述几乎具有世界性价值。"杀'神—王'"（the killing of the Divine King）、"杀老"（killing the old）成为完成意义转换的必要环节。这也是原始文化中最有代表性的一种巫术行为和神话仪式。弗雷泽在《金枝》中大量记述了世界各地的"杀老""弑神"仪式。② 这大约便是所谓的"神话逻辑"。个中道理，诚如列维－斯特劳斯在《野性的思维》中所述："夏威夷人与自然现象中活的东西的合一，即与神灵和其他有灵性的人的合一，用联系（rapport）这个词来描述是不恰当的，当然用交感（sympathie）、移情（empathie）、反常或超常、神秘或神奇等词来描述也是不恰当的。它并不是'超感的'，因为它有一部分与感觉有关，而有一部分又与感觉无关。它正是自然意识的一部分。"③

萨林斯正是借助神话模式的"结构"，将表面上截然相反的两极——"历史/隐喻"与"神话/现实"，通过"结构"的沟通和逻辑的关联获得了有效的转换。在这里，历史事实与神话虚构的关系非但不被隔绝，相反，表现为一种叙事的通融。"夏威夷的历史经常重复叙述着自己，第一次它是神话，而第二次它却成了事件。"④ 其中的对应逻辑在于：第一，神话和传说的虚拟性正好构成历史不可或缺的元素；第二，对同一个虚拟故事的复述包含着人们对某种习惯性认同的传承；第三，叙事行为本身也是一种事件和事实，一种动态的实践；第四，真正的意义价值取决于整个社会知识体系。对某一种社会知识和行为的刻意

---

① Obeyesekers, G., *Captain Cook and the European Imagination*, Princeton: Princeton University Press, 1992, p. 3.

② 参见 Frazer, SirJames G., *The Golden Bough: A Study in Magic and Religion*, New York: The Macmillan Company.

③ ［法］列维－斯特劳斯:《野性的思维》，李幼蒸译，商务印书馆1987年版，第45页。

④ Sahlins, M., *Historical Metaphors and Mythical Realities*, Ann Arbor: The University of Michigan Press, 1981, p. 9.

强调或重复本身就成为了历史再生产的一部分。它既是历史的，也是真实的。

如果说在"神话叙事"与"历史真实"之间真正完成了逻辑"通缀"的话，接下来的问题就是：夏威夷罗诺神话是不是在欧洲殖民和移民过程中被"建构"出来的一个神话模式，以使当地土著相信欧洲人就是他们的"神"？这虽然属于另一个层面的问题，但同样值得我们深思。

"神话模式"本身带有明显的"制造"痕迹。它有两种指喻性功能：其中一个功能是，重要的、具有范式性的神话可以为其他类型的神话建构提供模具；另一个更为重要的功能是，神话模式在诸如"神话结构"和"神话意簇"（cluster of mythemes）中凝聚着观念意义，并体现在不同的叙事形态之中。[①] 在此，我们清楚地看到，库克船长（欧洲中心的隐喻符号）与夏威夷的罗诺神（异民族的神话代表）在欧洲航海冒险和殖民扩张的历史邂逅与遭遇中成为一种"历史真实"，其中存在着不同族群的相会和冲突、不同知识体系的借助和融合、"欧洲中心"的话语操控等复杂因素。就叙事而言，不同读者的关系，不同的知识类型，对"历史/神话"材料的不同检索和运用，讲述者的角度差异，都会构成视野上的不同。[②] 库克船长事件因此成为当代学术反思背景下重新检讨历史的一个经典案例。

三 叙事的功能与结构的叙事

神话和历史之所以被放置在一起，无论从知识范畴、学科分类还是文体形态来看，一个最为重要的原因就在于叙事。"神话就是叙事，这是一个最为基本的事实。叙事是对特别事件的秩序所做的一种安排。所

[①] 参见 Obeyesekers, G., *Captain Cook and the European Imagination*, Princeton: Princeton University Press, 1992, pp. 8 - 10。

[②] 参见 Borofsky, R., "Cook, Lono: Obeyeskere and Sahlins", *Current Anthropology*, Vol. 38, No. 2, 1996。

以，叙事活动要求具有基本的组织建构或对原生时态的创造，同时具有一种转换的能力。"① 毫无疑义，叙事要对一系列存在着因果关联的事件进行表述。神话和具有本土性、族群间关联（interethnic contact）的历史叙事都典型地表现在同一个历史事件中。道理很简单：神话和历史都属于原初性的叙事形式。它们都包含着对连续行为和编排性事件的陈述，并通过叙事在时间和社会结构上表现出各种不同的方式和意义。②

叙事经常被简单地等同于故事的讲述，而人总介入"故事"之中。理查德森认为，人类的本质有多种表现形式，除了人的"生物存在和经济存在"之外，还有一个基本的属性——"故事的讲述者"（story teller）。③ 它表明，"社会人"总脱离不了社会和历史的环境。从这个意义上说，人都在故事之中，同时故事又确认着人的讲述时态——历时性的过程。人是故事的制造者，故事又使人变得更为丰富；人是故事的主角，故事又使人更富有传奇色彩；人是故事讲述者，故事又使人变得充满了想象的虚构。在这里，叙事本身具有自身的功能—结构性质，"人的讲述"也具有历史语境里的功能—结构价值。

当然，人对神话的"讲述"，不可避免地带有这样或那样的"话语"烙印。这可以从两个主要层面加以认识。

首先，神话不独反映人类的基本生活和认知水平，也反映出人类与未知世界的交流与沟通。换言之，神话叙事的功能是多种多样的。对此，坎贝尔总结出以下几种：第一，神秘性功能，人们会在宇宙的奇迹当中看到人类自身的奇迹，并从中产生一种敬畏感；第二，宇宙观的功能，通过宇宙形体并借助它实现对宇宙奥秘的认识；第三，社会学功能，它是某种社会秩序的支撑和依据，也是不同神话之间存在重大差异

---

① 参见 Cohen, Persy S., "The Ories of Myth", *Man*, Vol. 4, No. 3, 1969。
② 参见 Turner, T., "Ethno-History: Myth and History in Native South American Representations of Contact with Western Society", in Jonathan D. Hill ed., *Rethinking History and Myth*, Urbana: University of Illinois Press, 1988, pp. 240, 274。
③ 参见 Richardson, M., "Point of View in Anthropological Discourse", in Brady, I. ed., *Anthropological Poetics*, Maryland: Rowman & Littlefield Publisher Inc., 1991, p. 207。

的原因所在;第四,教育功能,它对人们具有某种引导的作用,告诉人类如何在各种自然环境下生活。①

其次,既然神话反映了人类社会的"历史真实",那么,"我者"(myself)的主调叙事和对"他者"(others)的"区分与排斥"就演变成"权力化"的声音。特别是在社会阶级分化以后,或以"民族—国家"作为政治表述单位时,神话无论作为"人类童年"的历史遗产资源的狭义定义,还是作为诸如"现代神话"的广义评价,都携带着明显的话语权力的因素。比如,在"欧洲中心论"的政治叙事历史中,希腊—罗马神话便理所当然地成为"话语权力"的资源和表述。

神话叙事之所以能够使某些"无意义"的符号变得"有意义",根本原因在于神话有着自己的逻辑和结构。利奇认为:"神话逻辑的陈述与一般实在经验逻辑法则相冲突,但是,只要说话者和听话者,或者表演者和观众具有同样的有关超自然的时空和超自然存在属性的传统观念,他们就可在'大脑中'表现意义。这些属性在整个人类社会具有一种普遍的一致性。"② 按照列维-斯特劳斯的说法,神话系统和它所运用的表现方式有助于在自然条件和社会条件之间建立"同态关系",即在不同平面上的各种有意义的对比关系之间确立等价法则。③ 在神话结构中,真正的构成单元不是一些孤立的关系,而是这些关系的"集合"。这些关系只有借助于"集合"才能发挥其功能并产生意义。④ 因此,神话逻辑既是分析的,也是综合的;在神话"事实"上它体现出具体性,而在整体上却又有着普世价值;在时间上,它既无开始,也无

---

① 参见 Campbell, J., and Moyers, B., *The Power of Myth*, New York: Anchor Books, 1991, pp. 38 – 39。
② [英] 埃德蒙·利奇:《文化与交流》,郭凡等译,上海人民出版社 2000 年版,第 73 页。
③ 参见 [法] 列维-斯特劳斯《野性的思维》,李幼蒸译,商务印书馆 1987 年版,第 107 页。
④ 参见 [法] 列维-斯特劳斯《神话的结构分析》,倪为国译,载史宗主编《20 世纪西方宗教人类学文选》,上海三联书店 1995 年版,第 411 页。

结束。①

在人类学的神话研究中，亲属关系经常与神话结构放在一起讨论。"神话中的想象性角色间的相互关系与理想的社会关系联系在一起；作为亲属关系网络的一种形式，它结合着血亲和姻亲复线的社会关系。"②

通过俄狄浦斯神话的关系"集合"，我们可以发现其多维意义所在。一方面，神话都有着各自的本土叙事样本。就这一个层面而言，任何与俄狄浦斯神话有关的因素（包括它的叙事变体，不同族群认同下的文化原型，以及与同一个神话故事有着连带关系的其他神话故事）都可以被看作独立的版本。另一方面，在同一个原型结构里，"血亲关系"的隐喻和意义都会在"乱伦禁忌"的同一文化主题下折射出来。"在俄狄浦斯传说中，同伊俄卡斯忒（即俄狄浦斯的生母）的结婚并没有紧跟在战胜斯芬克斯之后。恋母情结型神话总是将乱伦的发现同被人格化为一个英雄的谜底之发现融合在一起。"③

面对类似的神话分析，道格拉斯虽然在学理上认可将同一种神话的不同版本进行比较研究的必要性，也认同神话结构研究的必要性，但她并不认为所有的神话版本都可以在同一种方法中获得相同的意义。④ 神话结构虽然为叙事提供了一个带有"普世性"的分析模型，却未必能够提供一个对同质性神话叙事的所有版本的解释模型。"语法"尽可共同遵守，"语义"却千姿百态。

叙事并非神话和历史的独有特征，政治、伦理、小说等也都可以叙事。在人类学神话研究的领域里，神话的历史性叙事并不只专注于一般的所谓"以文字记录的、经过作者创作"的作品，而是把更多注意力

---

① 参见 Godelier, M., *Myth and History: Reflections on the Foundations of the Primitive Mind*, Cambridge: Cambridge University Press, 1977, p. 213。

② Godelier, M., *Myth and History: Reflections on the Foundations of the Primitive Mind*, Cambridge: Cambridge University Press, 1977, p. 206。

③ [法] 列维-斯特劳斯：《乱伦与神话》，载叶舒宪选编《神话——原型批评》，陕西师范大学出版社1987年版，第241页。

④ 参见 Douglas, M., "The Meaning of Myth", in Leach, E. ed., *The Structural Study of Myth and Totemism*, p. 51。

投在"原生性的共同体叙事"(primordial community narrative)之上。由于人类学对"异文化"研究的专业化要求,那些无文字的小规模社会就自然而然地成为人类学家特别关注的对象。在那样的文化传承语境中,以文字记录和具有"版权"性独立个体的叙事几乎难有存活的土壤。"人类学家碰到的不是独创的、写实的、印刷成文的故事,而是一大堆口头故事,其中许多彼此之间仅有细微的差别。这些口头故事经常包含一些神魔事件,而这些事件与它们在其中被讲述的那些社会的'现实'没有任何明显的关系。几乎在所有的方面,人类学家必须回答的问题都与文学批评家提出的那些问题相反:不是'为什么这个故事是独特的',而是'它如何以及为什么与其他故事如此相似';不是'这个(可确认的)作者意味着什么',而是'当这一(匿名的)集体神话在某些场合被重复时,它发挥什么作用'。"[①] 总之,"共同体叙事"成为神话性历史表述的一个必然依据和主要角色。

同时,人类学的神话研究还必然要面对另外一个问题,即述说方式的问题。传统的经院学科在对待叙事方式上存在着一个认识上的误区,即把"文本叙事"偏狭地类同于"文字作品",致使"文字叙述"成为事实上的一种写作文化(writing culture),而印刷技术、现代社会的传媒手段更凸显和加剧了这种表述方式的权力。文字过程——隐喻、书写、叙事——成为影响文化的一种方式。这一过程从"观察"开始,继而到"撰写完成",再使之在阅读行为这一过程中"获得感觉"。文字本身具有无常的特性,"文本"(literary texts)表达在深深地嵌入了大量的隐喻和转喻的时候,事实上就赋予了作者"创造"的权力。在这种情况下,与其说文本叙事是对观察事实的描述,毋宁说是在进行某种"创作"。[②] 反思的人类学神话研究据此提出:就发生学而言,神话的共同体叙事的主要特征并非文字记述,口述无疑是神话叙事最重要、

---

① [美]华莱士·马丁:《当代叙事学》,伍晓明译,北京大学出版社1990年版,第12页。
② 参见 Clifford, J. and Marcus, G., eds., *Writing Culture*: *The Poetics and Politics of Ethnography*, Berkeley: University of California Press, 1986, pp. 4–5。

也更古老的方式，就像我们今天看待《荷马史诗》一样。"盲诗人"的意义远不止于个体作者的符号，它的原始"共同体叙事"指喻更具有文化发生学上的"历史真实"。同时，这也是对"写作文化"权力的一种"知识考古"和质疑。

原载于《民族研究》2003 年第 5 期，收入本书时作者有修订

民族志"书写":徘徊于科学与诗学间的叙事

彭兆荣

一 "书写之橼":一种民族志表述的反思

民族志（Ethnography）作为民族学重要的组成部分，完整地表现了人类学家田野调查的记录、描述、分析和解释。① 但是，民族志无论作为一种学科的原则，还是调查的方法，抑或是人类学家书写的"作品"，不同时代、不同学派的人类学家都有着不同的主张，这也构成了人类学重要的历史内容。

古典人类学家弗雷泽在他的代表作《金枝》中，为人们讲述了一个关于古罗马狄安娜的神话原型在意大利尼米湖地区的仪式叙事：在当地庙宇有一棵神圣树，便是传说中的"金枝"。它由获得"森林之王"称号的祭司守护着，任何觊觎者若能在与祭司的争斗中杀死他，便可得到祭司之位和"森林之王"的称号。所以，它便成了"决定命运的金枝"。这一神话叙事不仅经历了从克里特到意大利半岛的地理迁移，也经过了不同国家、族群长时间传承的变化；然而，其原始基型仍属神话的叙事范畴，即它并不是历史事实，而是以一种神话传说式的叙事类型

---

① 参见 T. Barfield ed., *The Dictionary of Anthropology*, UK Blackwell Publishing, 2003, p. 157。

来解释祭祀仪式的起源。① 弗雷泽以此神话仪式为原点，从世界各地同类型的口述和文献资料的比较中发现了巫术和宗教的规则与原则，即著名的"相似律"与"接触律"，它们同属于"交感巫术"范畴。② 毫无疑问，《金枝》是一部伟大的人类学作品，在很长的时间里，它在"民族志"的概念和叙事范式的讨论中既受推崇，也受质疑。这一切都与民族志在不同时代所遵循的原则有关。

民族志作品被视为人类学学科的产品和"商标"已属共识。从宽泛的意义上说，民族志研究包含着两个相互关联的部分：第一，人类学家对研究对象进行现场性"参与观察"，即所谓"田野调查"；第二，民族志者在调查的基础上进行描述性文本写作。一般意义上的民族志表述主要体现为"文字文本"，即"志"的书写记录。众所周知，传统的民族志素以"科学"为圭臬和标榜。早在19世纪的初、中叶，人类学就被置于"自然科学"的范畴，被称为"人的科学"。③ 马林诺夫斯基在《西太平洋的航海者》中除了确立"科学人类学的民族志"的原则外，更对民族志方法（诸如搜集和获取材料上"无可置疑的科学价值"）进行了规定，并区分了不同学科在"科学程度"上的差异。④ 美国"新进化论"代表人物怀特坚持人类学学科诞生时所秉承的"进化论"和"实验科学"学理依据，进一步地确认民族志为"文化的科学"。⑤ 由于人类学属于"整体研究"（whole），因此，总体上可归入"形态结构的科学"范畴。⑥ 然而，对人类学的"科学"的认定从一开始就存在着不言而喻的争议性，无论是就科学的性质抑或是叙事范式而

---

① 参见 J. G. Frazer, *The Golden Bough——A Study in Magic and Religion*, New York: The Macmillan Company, 1947, pp. 1-9。

② 参见 J. G. Frazer, *The Golden Bough——A Study in Magic and Religion*, New York: The Macmillan Company, 1947, 第11—12页。

③ 参见 [英] A. C. 哈登《人类学史》，廖泗友译，山东人民出版社1988年版，第2页。

④ 参见 [英] 马林诺夫斯基：《西太平洋的航海者》，梁永佳等译，华夏出版社2002年版，第2页。

⑤ 参见 [美] L. A. 怀特：《文化的科学》，沈原等译，山东人民出版1988年版。

⑥ 参见 F. E. Johnstorn & H. Selby, *Anthropology: The Biocultural View*, U. S. A. Wm. C. Brown Company, 1978, p. 11。

言都是如此。争论的焦点主要集中在：（1）在民族志中，原始的信息素材是以异文化、土著陈述、部落生活的纷繁形式呈现在民族志者面前的，这些与人类学家的描述之间往往存在着巨大的距离。民族志者从涉足土著社会并与他们接触的那一刻起，到他写出最后文本为止，不得不以长年的辛苦来穿越这个距离。① 但是，民族志者个体性的"异文化"田野调查在多大程度上能够填平"主观因素"与"科学原则"之间的距离？学界对这一问题的看法迄今为止仍见仁见智。（2）"文献文本"属于文学性表述，尤其是最近几十年，民族志的"文学性"（比如文学的隐喻法、形象表达、叙事等）影响了民族志的记录方式——从最初的观察，再到民族志"作品"的完成，到阅读活动中"获得意义"的方式。② 因此，"写文化"（writing culture）便成为民族志无法回避和省略的反思性问题。

对于第一个问题，即人类学家对民族志田野的"叙事范式"，在20世纪初、中叶，经过连续两三代社会科学家们的努力，已经形成并得到公认。田野调查基于较长时间（一年以上）的现场经历，这对于一般民族志研究而言已得到了普遍的认可。比如早期的民族志研究都以如下案例为典范：博厄斯在巴芬岛爱斯基摩人中为期两年（1880—1882年）的调查；③ 拉德克利夫-布朗在印度洋安达曼岛上两年（1906—1908年）的研究；④ 以及马林诺夫斯基在美拉尼西亚东部的特洛布里安岛上四年的研究（1914—1918年）等。⑤ 但对于人类学家在田野调查中"主体的对象化"问题存在不同的看法，比如过分"自我的他化"可能

---

① 参见［英］马林诺夫斯基：《西太平洋的航海者》，梁永佳等译，华夏出版社2002年版，第3页。

② 参见［美］詹姆斯·克利福德、乔治·E. 马库斯：《写文化——民族志的诗学与政治学》，高丙中等译，商务印书馆2006年版，第32页。

③ 参见 F. Boas, "The Central Eskimo", in (U.S.) *Bureau of American Ethnology*, Sixth *Annual Report*, Washington D. C. Smithsonian Institute, 1888, pp. 399–669。

④ 参见 A. R. Radcliffe-Brown, *The Andaman Islanders*, Cambridge: Cambridge University Press, 1922。

⑤ 参见 B. Malinowski, *Argonauts of the West Pacific: An Account of Native Enterprise and Adventure in the Archipelagoes of Melanesian New Guinea*, London: London School of Economics, 1922。

被认为是"植入其中"或"沦为研究对象",从而导致"不知庐山真面目,只缘身在此山中"的主体性迷失;另一方面,深陷其中的人类学家可能因此减弱对客观性把握的能力,甚至减退研究的热情。尽管如此,但长时间的田野调查毕竟可以保证民族志者与被调查对象朝夕相处,从而深入他们生活的内部。① 这些都属于民族志研究参与体认的原则范畴。因此,田野调查的"参与观察"作为社会人类学的基本原则并未受到根本的质疑和改变。按照帕克(Park)的说法,这种研究原则和方法有别于"图书馆式"的研究原则和方法,帕克将其形象地描述为"在实际的研究中把你的手弄得脏兮兮的"。② 据此,民族志者亦被戏称为"现实主义者"。

第二个问题,即"文献文本"属于文学性表述,较之第一个问题则完全不同:虽然在表面上它属于"表述"范畴,但由于它不仅关乎民族志者经过"辛劳"获得的资料在"真实性"上是否被认可,而且关乎人类学家在身份上属于"科学家"抑或"作家"的问题。从历史上看,文化人类学的先驱们曾热衷于将自己视为"文人"(men-of-letters),如弗雷泽、泰勒、哈里森、雷纳、穆勒、史密斯等;或者干脆把人类学当作研究语言和文学的科学。③ 这些打着"科学"旗帜的先驱们中的一些人,也因同样的原因被人讥讽,比如弗雷泽便被其晚辈戏称为"太师椅上的人类学家"。④ 然而时过境迁,当代一批有影响的人类学家,如克利夫·格尔兹、维克多·特纳、玛丽·道格拉斯、列维-斯特劳斯、爱德蒙·利奇等都对文学理论和实践感兴趣。至于早期的人类学

---

① 参见 N. H. H. Graburn, "The Ethnographic Tourist", in Graham M. S. Dann ed., *The Tourist as a Metaphor of the Social World Trowbridge*, London: The Cromwell Press, 2002, p. 21。

② 帕克(R. Park)于 20 世纪 20 年代在美国芝加哥大学任教时对他的学生所做的著名解说。

③ 参见 M. Freedman, *Main Trends in Social and Cultural Anthropology*, New York & London: Holmes & Meier Publishers, Inc., 1979, pp. 62 – 65。

④ 参见高丙中《民族志发展的三个时期(代译序)》,载 [美] 詹姆斯·克利福德、乔治·E. 马库斯:《写文化——民族志的诗学与政治学》,高丙中等译,商务印书馆 2006 年版,第 32 页。

家们，像玛格丽特·米德、爱德华·萨丕尔、露丝·本尼迪克特等，既是人类学家，同时他们也把自己视为文学艺术家。[①]"文学"在这里不只是对一个艺术门类的言说，也不只是指人类学家们的"田野作业"和民族志研究中所面对的"文本"（literary texts）类型，更为重要的，它涉及同样作为"作者"（author）在确定什么样的材料能够进入他们民族志中的"主观性"问题以及对所谓的"表达"范式的选择问题。这种被称为"实验民族志"的目的不是为了猎奇，而是为了实现文化的自我反省和增强文化的丰富性。[②] 说到底，民族志范式的变革与当代的知识革命密不可分。[③]

还有一个问题需要正视，即我们讨论的"文学的文本"，尤其是民族志的"文学性"，已经远远超出好的写作或独特风格的范围。当文字性的表述方式成为一种权力的时候，对文学表述形式的理解和解释必定是"过度性"的。就像一个人一俟处于"位高权重"时，对他的溢美之辞必定"过誉"。事实上，位置的权力构造远比位居其上的人更重要。同样，某一种表述方式的权力化与历史语境的"话语"有关。安德森认为，在民族国家建立的历史过程中，资本主义、印刷科技与人类语言的多样性三者结合，使这一"想象共同体"即现代新型国家的出现成为可能。[④] 可以这样说，文字书写构成了现代国家预先搭建舞台的一个基桩。在很大程度上，"写文化"是国家权力在叙事方式上的一种延伸。所以，我们今天对民族志"写文化"的讨论表面上针对的是一种叙事方式，本质上却是在反思建构这一叙事背景的政治语境和权力构造。

---

① 参见 [美] 詹姆斯·克利福德、乔治·E. 马库斯：《写文化——民族志的诗学与政治学》，高丙中等译，商务印书馆 2006 年版，第 32 页。
② 参见 [美] 乔治·E. 马尔库斯：《作为文化批评的人类学：一个人文学科的实验时代》，王铭铭、蓝达居译，生活·读书·新知三联书店 1998 年版，第 11 页。
③ 参见 [美] 乔治·E. 马尔库斯：《作为文化批评的人类学：一个人文学科的实验时代》，王铭铭、蓝达居译，生活·读书·新知三联书店 1998 年版，第 24 页。
④ [英] 班纳迪克·安德森：《想象的共同体：民族主义的起源与散布》，吴叡人译，台北时代文化出版企业股份有限公司 2000 年版，第 54—55 页。

二 "事实之后":一种民族志解释的思辨

格尔兹在《事实之后》(After The Fact)一书中,以民族志者面对不同的"异文化"场景和长时间"事实"变迁为题,以现代性的视野开宗明义:"让我们设想一下:当一个人类学家在四十年间卷入两个地方的事务,一个是东南亚的村镇,另一个则是北美边陲的村镇时,你会说它们已经发生了变化;你会对那些变化进行对比,描述当地人民过去的生活和现在的形貌。你会以一种叙事方式,即以故事来讲述事物之间的关联性:从一种形态变到第二种形态,再成为第三种……问题是,事物越是变化,距离它最初的形象和想象就越远。然而,描述所面对的各种事物、现象以及它们的变化却是人类学家的常规性工作。"[1] 人类学素以标榜"人的研究""关于人的科学"为原则,可是在具体的民族志研究中,民族志者的操作性常规却建立在对特例的、混杂的、陌生化、变化的事物或事件的观察之上,包括诸如青春期通过礼仪、礼物的交换、亲属制度的术语及范围等,使之介于观察对象与观察者之间混杂的形象塑造与形态描绘中。它既非方法论,亦非主观性可以准确地把握与界定。二者之间相互渗透与影响使分类和认知产生了借位。[2] 换言之,民族志者在"客观事实"的观察、认知以及表述中必定包含了对"事实"的选择和解释的"主观性"因素。

以传统的观点,一部合格的民族志,除了遵循"参与观察"这一田野作业的原则外,还要尽可能地表现出"当地人的观点"。这构成了现代民族志与古典民族志的一个分水岭,也构成了马林诺夫斯基与自己

---

[1] F. Gertz, *After the Fact: Two Countries, Four Decades, One Anthropologist*, Cambridge: Cambridge University Press, 1995, pp. 1-2.

[2] 参见 F. Geertz, After the Fact: Two Countries, Four Decades, One Anthropologist, Cambridge: Cambridge University Press, pp. 96-97。

的老师弗雷泽之间一个显著的区别。① 两代人类学家在秉持"科学"原则、搜集资料以及写作风格上都有迥异的差别。比如在使用以往那些行政官、传教士、商人或旅行者们的文献和口述材料时,弗雷泽是欣然接受的。《金枝》正是主要靠这些材料说话的。而马林诺夫斯基则认为,那些材料是不可靠的,因为那些提供材料的人"缺乏专业训练",存在着"先入为主的判断",过于"务实","与追求事物的客观性和科学性的观点不相容"。② 如果说弗雷泽与马林诺夫斯基都建立了属于他们那个时代的民族志里程碑,那么到了格尔兹那里,马林诺夫斯基的"科学民族志""功能主义"以及沉溺于"追求事物的客观性"的范式也成为一个被跨越的门槛。就像当年"跨越"他的"老师"那样,马林诺夫斯基同样被晚辈所"跨越"。

有意思的是,以格尔兹为代表的解释主义人类学在坚持"田野作业"的基础上,对各类文学文本、口述材料等持相对宽容的态度。原因是:在他们眼里,"田野"和"文本"都属于同性质的"事实",而重要的却是对事实的"解释"。换言之,"田野/文本"的关系显然形成了对现代人类学基本理念的又一次挑战,也就是说不认为它们构成绝对的二元对峙关系,甚至认为二者具有并置的同一性。在这里,"解释"才是终极性的。格尔兹在《文化的解释》一书中曾有过一段人类学者耳熟能详的精辟阐述。他认为人类学家撰写民族志,与其说理解民族志是什么,莫如说所做的是什么,即人类学家以语言为媒介,以知识的形式所进行的人类学分析。他借用赖尔(Ryle)的"深层描绘"展开讨论,以日常生活中的"眨眼"为例生动地说明解释与描述的多重性和意义的多重性,即"眨眼"的事实只有一个,意义却是多种多样的:

---

① 从某种意义上说,马林诺夫斯基与弗雷泽之间的关系——包括辈分关系和学理关系,都是继承与创新的师徒关系。马氏尚在大学读物理学的时候,就着迷于弗雷泽的《金枝》,甚至可以说,是弗雷泽和他的《金枝》将马林诺夫斯基引入人类学领域的。有意思的是,《西太平洋的航海者》出版时,马林诺夫斯基正是请弗雷泽为之作序。

② [英]马林诺夫斯基:《西太平洋的航海者》,梁永佳等译,华夏出版社2002年版,第4页。

可能是纯粹生理性的,可能是对某一个人的故意行为,也可能是在特殊语境中意义结构的表述。所以"眨眼"的事实与意义有着不同的解释。他的结论是,综观社会行为的象征王国——艺术、宗教、意识形态、科学、法律、道德,诸如此类,人类学家并不是以追求客观王国的形式置身其中,而是以自己独特的解释介于其中。①

在谈到人类学家作为主体解释的自由与搜集客观材料的使命时,格尔兹认为,人类学家在其完成的作为文本的民族志里,使人信服的并不是经过田野调查得来的东西,而是加入了民族志者的主体性意见,像作者一样"写"出来的东西。甚至直截了当地将同是"作者"的人类学家与文学家放在一起去强调"作者功能"(author function)。② 由于以格尔兹为代表的解释人类学对"作者解释"作用和意义的强调,对传统人类学研究一味只管最大限度地在"田野作业"中将人类学家自身当作简单的"照相机"这一做法无疑起到了矫正的作用;并将民族志范式与"写文化"同置一畴,同时也为古典民族志做了一个新的、带有"昭雪"意味的申辩与声援。

不言而喻,民族志研究可以归入"实践科学"的范畴;但是,民族志批评对于"实践科学"的辨识显然并不局限于单一性地对客观事实的搜集。如果那样的话,任何民族志对"异文化"的描述都不及原住民来得细致和完整,任何一位人类学家对某一个地方性民族的了解都不如被了解对象自身,人类学家所做的描述也不及"地方志"工作人员细致和全面。从计量学的角度看,一个只要掌握书写能力的"当地人",对于"当地事情"的记录肯定比短期生活在那里的人类学家的记录要清晰、详尽。我们之所以不认可简单地从计量学上进行判断,是因为民族志作为"实践科学",原则上要求人类学家保持与对象的"距离"。换言之,"客观记录"并非民族志叙事的全部,甚至未必是最根

---

① 参见 F. Geertz, *The Interpretation of Culture*, New York: Basic Books, 1973, p. 6。
② 参见 M. Manganaro, *Modernist Anthropology: From Field to Text*, Princeton: Princeton University Press, 1990, pp. 15–16。

本的一种途径。

基德尔（Kidder）曾经就实践科学在探索社会奥秘的方法与途径上的多种可能性提出了建设性的意见："实践科学属于许多探索社会领域方法中的一种。实践艺术和宗教则属于其他的方法。我们为什么要学习这些方法？它们何以成为实践科学？一个理由是这些方法有助于正确地判断人民和民族的表现形态，预测他们的未来。另一个理由是它们有助于理解社会生活中的事物，发现与这些事物相关联的脉络以及形成相互关系的原因。也就是说，这些方法不仅使人们了解到事物、预测事物演变的方向，而且对这些现象做出解释。第三个理由是有助于控制事件并使之产生人们期待的效果。"[①] 我们很清楚地看到：一方面，人类学家在田野作业中努力采用"实践科学"的方法和手段，以获得客观事实的科学性；另一方面，他们针对客观事实做出多样性、个性化的解释。

文本可以类同于一种叙事。叙事经常被比喻为故事的讲述。人总介入于"故事"之中。理查德森认为，人类的本质有多种表现形式，除了人的"生物存在和经济存在"之外，还有一个基本的属性，即"讲故事者"（storyteller）。它表明，"社会人"总脱离不了社会和历史的情境。从这个意义上说，人都在故事之中，同时故事又确认人的讲述时态与语境。人是故事的制造者，故事又使人变得更为丰富；人是故事的主角，故事又使得人更富有传奇色彩；人是故事的讲述者，故事又使人变得充满了想象。在这里，叙事本身具有自身的功能—结构性质。格尔兹试图通过"事实之后"的命题告诉人们，获得"事实"不是最重要的，"事实"包含着阐发的多种可能性，那才是至关重要的。另外，我们有必要强调，"叙事文本"也是一种客观性的物质存在。文本成为"文字类型的表述"也会产生类似于历史神话的成因和逻辑：在虚拟与事实、主观与客观的内部关系的结构中再生产出超越对简单真实的追求，而寻找到另外一种真实——"诗性逻辑"

[①] S. L. Kidder, *Wrightsman and Cook's Research Methods in Social Relations*, New York: Holt-Saunders, 1981, p. 13.

(poetic logic)。① 换言之，文本表述一旦脱离了作者就具有了经久性，从而成为"事实"（fact）之后的"真实"（reality）。

三 "装饰之美"：一种民族志范式的困惑

列维－斯特劳斯在《忧郁的热带》中曾对旅行中所观察现象的复杂性表示困惑："我所做的正是一个空间考古学家的本分工作，锲而不舍地要从残片遗物中去重现早已不存在的地方色彩，不过这种工作是徒劳无功的……有这种认识以后，幻想便开始一步一步地布下它的陷阱。我开始希望我能活在能够做真正的旅行的时代里，能够真正看到没有被破坏、没有被污染、没有被弄乱的奇观异景其本来面貌。"②

列维－斯特劳斯试图通过民族志研究对象的偶然性与变化性的事实存在，表达这样的观点：把客观事实的"表象"记录与描述当作这一学科的根本原则是一种对科学的误识。在他看来，不断变化的场域、时间的永恒变迁使人们对现象的描述变得苍白无力，人类学家所要做的是在变化的表象中洞悉隐蔽在其后具有普世价值的"结构"。他在《忧郁的热带》中所引入的"旅行文化"对民族志范式的反思在"后现代"的今天显得更为重要。利奥塔德用极简单的话说："我将后现代定义为对元叙事的怀疑态度。"③ 具体地说："后现代应当是这样一种情形：在现代的范围以内表象自身的形式使不可以表现之物实现出来；它本身也排斥优美形式的愉悦，排斥趣味的同一，因为那种同一有可能集体来分享对难以企及的往事的缅怀；它往往寻求新的表现，其目的并

---

① 参见 M. Sahlins, *Historical Metaphors and Mythical Realities*, Ann Arbor: The University of Michigan Press, 1981, pp. 10–11。
② [法] 列维－斯特劳斯：《忧郁的热带》，王志明译，生活·读书·新知三联书店 2000 年版，第 36—39 页。
③ [法] 让·费郎索瓦·利奥塔德：《后现代状态：关于知识的报告》，载王岳川、尚水编《后现代主义文化与美学》，北京大学出版社 1992 年版，第 26 页。

非是为了享有它们,倒是为了传达一种强烈的不可表现之感。"① 20世纪 60 年代以降,随着世界政治格局的改变,全球化经济与科技主义的发展,后现代主义演变为一种世界范围的文化思潮。它对人类社会生产与生活方式的改变起到了非常重要的作用。这个异彩纷呈的世界是由围绕在我们周围的发达资本主义企业和自由的政治制度所开创的,现在它被称为"后现代"。②

"后现代"展现出以下三个方面的明显特征,同时三者又具有互证性:(1) 移动性/多样性。"全球化"使得"现代性"叙事更加充分,不限于政治、经济领域,社会、文化的各个方面也出现空前的"移动—流动"景象。学者根据"全球化的文化潮流"的变化情形,归纳出了五种"移动—流动"的图景:族群图景(ethnoscape),技术图景(technoscape),财经图景(finanscape),观念图景(ideoscape)和媒体图景(mediascape)。③ 后现代社会的这种移动属性使文化呈现出与传统意义不同的多样性。(2) 扩容性/增值性。后现代主义的移动属性通过大规模的群众旅游活动使社会出现了前所未有的"扩容性",即"社会内存"空前扩大,它必然导致表述上的另一个特征:"形象和象征的增殖与扩大。"④ 民族志要在这一个特定的情境中去观察对象的变化,并把它看成一个由"符号"(signs)和"象征"(symbols)构造的系统。⑤ 民族志在当代旅游文化的情境中要面对所观察对象从内容到形式上的"扩大化"。(3) 遮蔽性/虚假性。伴随着社会化再生产和技术主义的作用,民族志已经从传统的对"孤岛社会"的观察和

---

① [法] 让·费郎索瓦·利奥塔德:《何谓后现代状态?》,载王岳川、尚水编《后现代主义文化与美学》,北京大学出版社 1992 年版,第 52 页。

② 参见 F. Jameson, "Postmodernism and Consumer Society", in Hal Foster ed., *Postmodern Culture*, London: Pluto, 1985, pp. 111 – 125。

③ 参见 A. Appadurai, "Disjuncture and Difference in the Global Cultural Economy", in Mike Featherstone ed., *Global Culture, Nationalism, Globalization and Modernity*, London: Sage, 1990, pp. 295 – 310。

④ S. Lash and J. Ury, *Economies of Signs and Space*, London: Sage, 1994, p. 256。

⑤ 参见 J. Urry, *The Tourism Gaze*, London: Sage Publications, 2002, p. 75。

了解进入了对复合性、互动性、多边界社会的考察和探究；技术主义又加剧和强化了对文化的"装饰"作用，致使民族者首先必须对对象的"真实性"进行甄别和确认。①

当传统的研究对象发生了变化，民族志的方法和范式势必也要产生变革。今天的民族志者要如何面对"旅游文化"？如何观察没有固定空间、没有确定的单位边界？以什么方式获取有效的资料？如何透过遮蔽性事物的表象去把握内在真实？这些都是民族志需要解决的难题。

当今的民族志挑战包括：（1）事件的短暂延续性和参与者的即时参与性。这使得哪怕是最勤勉的人类学家也只能进行有限的田野调查。考虑到研究瞬间性的局限，人类学者对大量有效数据进行采集的唯一方法就是无数次的重复观察和询问成百上千的移动者，但是这种方法必然会采集到大量的没有研究深度的定量数据。被调查对象在特殊情境中的特定心理状态：包括精神高度集中的、陷入沉思的、注意力分散的、严肃认真的、心理状态不稳定的等。这些状况必然会影响民族志者的工作，包括进行访谈、调查、填表甚至观察时的深度和效度。(2)被调查者在特定的情况下很难表现他们的真实心理状况，或表现心理上的多变，导致调查出现不真实和混乱的状况。（3）由于民族志者对事件的短暂参与，很难期待他们将参与者置于连续的生活背景下并对其做出深度的解释，致使民族志者无法贸然下结论。这意味着，传统的民族志方式在对移动人群进行研究时受到了极大的限制。为了探索新的方法，人类学家们正在进行多方面的试验。格拉伯恩（Graburn）教授曾经采用一套组合方法对游客进行调查（包括一些人类学家或其他学科的学者采用民族志方式对世界上一些代表性的旅游目的地、游客类型的归类），值得我们借鉴，具体情况见下表：

---

① 参见彭兆荣《民族志视野中的"真实性"的多种样态》，《中国社会科学》2006年第2期。

移动群体的民族志研究方法

	1	2	3	4	5	6	7	8	9
旅行中参与式观察	*	*	*	*	*	*			
旅行前、后的参与式观察	*	*	*	*					
随机访问	*	*	*		*		*		*
问卷		*	*						
日志			*						
访谈	*	*							
档案	*								*
电视、媒体					*	*		*	
群体认同		*	*			*	*		*

注：表中数字代表研究者及其研究的移动群体。"1"：N·弗雷（N. Frey）在西班牙和其他欧洲国家的游客。"2"：T. 塞兰尼米（T. Selanniemi），在地中海和芬兰的游客。"3"：D. A. 康斯和 D. R. 康斯，在美国和加拿大的游客。"4"：N. 格拉伯恩，在日本的日本游客和中国游客。"5"：J. 比尔（J. Beer），在东亚和东南亚的日本游客。"6"：J. 黑斯廷斯（J. Hastings），在跨太平洋游艇上的美国游客。"7"：P. 范登·伯格（P. Vanden Berghe）在墨西哥的北美游客和欧洲游客。"8"：J. 哈里森（J. Harrison），在加拿大的加拿大游客；M. 利特尔（M. Littrel）在美国的美国游客。"9"：山下（S. Yamashita），在巴里的日本游客。

资料来源：N. H. H. Graburn, "The Ethnographic Tourist", in Graham M. S. Dann ed., *The Tourist as a Metaphor of the Social World*, 2002。

20世纪下半叶以来，民族志研究带有明显的"空间的实践"（spatial practices）① 和"非地方性"（non-places）特征，② 因而被称为"构建田野"（constructing the field）。③ 那么，面对如此诡谲和充满变幻的社会情境，"非参与观察"的民族志研究是否成为可能？它是否预示着民族志实践进入一种"实验的时代"？这不仅意味着传统民族志原则将受到挑战，方法论上也面临着某种意义上的变革。有学者因此将这种转型与变革上升到"挽救式民族志"

---

① 参见 J. Cliford, *Routes: Travel and Translation in the Twentieth Century*, Cambridge Masachusets: Harvard University Press, 1997, pp. 52 – 91。

② 参见 M. Auge, *Non-Places: Introduction to an Anthropology of Supermodernity*, London: Vergo, 1995, p. 195。

③ 参见 V. Amit ed., *Constructing the Field: Ethnographic Field Work in the Contemporary World*, London: Routledge, 2000。

的层面来看待。特别是在"旅游文化"（traveling culture）[①] 成为重要的社会现象，而"旅行理论"（traveling theory）上升为当代批评的重要组成部分时，[②] 民族志研究的转型与变革也就显然势在必行。[③] 因此，很多旅游民族志的田野研究就在使用旅游民族志的方法，比如倾听个人对其近期经历的回忆，甚至在一些田野调查中研究者与报道人一起进行参与式观察，之后一起讨论各自的体验，揭示由回忆所表达的旅游体验的不断变化之本质。其他一些研究手段大多是在田野调查之后才运用的。[④]

简言之，对民族志叙事和"写文化"的反思在很大程度上已经超越了某一种表述方式，甚至超越了某一个学科的樊篱和学科所遵循的原则范畴，而成为对叙事范式的认知与厘清。

原载于《世界民族》2008 年第 4 期

[①] 参见 J. Cliford, *Routes: Travel and Translation in the Twentieth Century*, Cambridge Masachusets: Harvard University Press, 1997, p. 17。

[②] 参见 E. Said, "Traveling Theory", in M. Bayoumi & A. Rubin, eds., *The World, the Text, and the Critic: The Edward Said Reader*, New York: Vintage Books, 2000, p. 195。

[③] 参见 N. H. H. Graburn, "Tourism, Modernity and Nostalgi", in A. Ahmed & C. Shore, eds., *The Future of Anthropology: Its Relevance to the Contemporary World*, London: Athlone Press, 1995。

[④] 参见 N. H. H. Graburn, "The Ethnographic Tourist", in Graham M. S. Dann ed., *The Tourist as a Metaphor of the Social World*, London: The Cromwell Press, pp. 28 – 30。

民族志视野中"真实性"的多种样态

彭兆荣

在最近的二三十年时间里,对"真实性"的研究已成为人文社会科学关注的一个热点。作为对所谓"表述危机"的反思和回应,民族志表述范式的转换,对其他学科具有重要启示作用:从传统民族志对客观对象的忠实描述,转换为对客观对象的"解释"。诚如格尔兹所说,在"浅描"与"深描"之间,"存在着一个民族志研究的客体"问题——就像"眨眼"的行为(浅层)与"眨眼"的意义(深层)之间的关系。① 而"民族志就是深描"②。如果说传统民族志侧重于对"客观事实"(fact)的关注,历史民族志强调对文化结构"真实性"(reality)的解释,实验民族志强化"解释性"的"真实"(truth)认知的话,那么,人类学家通过田野作业对现实社会的体认,以及民族志"写文化"(writing culture)便演变为人类学家理解和反映文化的一种实践,从而使民族志研究成为一种"部分真实"的话语形式。③ 而在当代全球化的语境中,"真实性"(authenticity)出现了新的样态,引起民族志研究的关注。因此,我们认为有必要对民族志历史上几个重要"样本"的相关性和差异性等进行梳理。

就民族志研究而言,它必须首先回答以下一些相关性问题:人类学

---

① C. Geertz, *The Interpretation of Culture*, New York: Basic Books, 1973, p. 7.
② C. Geertz, The Interpretation of Culture, New York: Basic Books, 1973, pp. 9 – 10.
③ J. Clifford, G. E. Marcus, eds., *Writing Culture: The Poetics and Politics of Ethnography*, Berkeley: University of California Press, 1986, p. 1.

家根据"田野"经历所得到的民族志记录"真实"吗？或者说民族志能否反映出历史的"真实性"？这种质疑至少隐含着三个方面的批评意味：首先，民族志研究通常面对的都是一些小民族、小社群，其中多为无文字社会；它们在多大的程度上能够在文化哲学的高度上反映"真实性"？其次，任何民族都有自己的历史，而人类学家在实际的田野调查中所观察、了解到的只是整个社会历史中被记忆和记录下的"幸运者"（survivals）。① 这些历史经过了人类学家的"主观"选择和个性化写作风格的作用，能否反映历史意义上的"真实性"？再次，随着"全球化"进程的加速，人群的移动性和技术主义使"舞台真实"越来越成为文化表述的有机部分；人类学家观察和了解到的大量装饰性、遮蔽性、表演性事件和事像，在多大的程度上能够反映现实生活的"真实性"？而民族志作为一种方法论，如果能够反映，或部分反映，或有助于反映不同的"真实性"样态，它又是如何成为人类学知识谱系中的有机部分的？这些都是本文所关注的。

一　实践理性与文化理性：两种"真实性"样态

众所周知，传统的人类学家习惯将"真实性"表述视为一个社会的历史形态、文化模式或思维类型，认为某一种社会形态会产生相应的认知和表述方式。在传统的人类学研究视野里，那些"异文化"（other cultures），即所谓的"原始文化"或"野蛮文化"，是被当作以"欧洲中心"为主导的分类性存在。这样的分类带有殖民主义扩张时代的政治意味："所谓分类，是指人们把事物、事件以及有关世界的事实划分成类和种，使之各有归属，并确定它们的包含关系或排斥关系过程。"②

在这样的"区分/排斥"的分类原则中，凡属于"原始社会"的范

---

① E. Ohnuki-Tierney ed., *Culture Through Time: Anthropological Approaches*, Stanford: Stanford University Press, 1990, p. 4.

② ［法］涂尔干、［法］莫斯：《原始分类》，汲喆译，上海人民出版社2000年版，第4页。

畴，逻辑上都归属于同类的"真实性"样态：无论是澳洲人、祖尼人还是中国人。那些不同种类的"野蛮人"之间的差异和特性只属于"亚类"；仿佛亲属制度（kinship）中"族"（family）与"属"（genus）的关系。① 换言之，澳洲人、祖尼人和中国人在"族"的"真实性"上是一致的；而它们之间的差异仅仅表现为"属"的层面。这成为传统人类学认知分类上的一个圭臬。

在这一前提之下，人类学家对"原始社会"的"真实性"研究总体上遵循着"实践理性"和"文化理性"的不同"范式"。② "理性"作为西方社会两千多年来的一个思想价值的社会追求和核心性哲学命题，历来是思想家们使用的武器。③ 就方法论而言，"理由"与"理性"构成了一组基础性相关概念，前者强调对事实的"经验性理由"；后者则强调对同类事实的"普遍性原则"。④ 在"真实性"研究方面，"实践理性"主要追求经验性理由和事像之间的关系纽带；而"文化理性"更强调潜匿于同类事实及关系中的"普遍文法"。事实上，"经验性事实"与"普世性文法"之间并非泾渭分明，即使在传统的民族志研究中，二者亦只表现为理论上的各自侧重。

早期的民族志热衷于神话研究，主要基于以下原因：从文化谱系的历时关系看，正如恩格斯所说："荷马的史诗以及全部神话——这就是希腊人由野蛮时代带入文明时代的主要遗产。"⑤ 从社会结构的共时关系看，神话成为社会构造的原始依据。在"真实性"研究上，传统民族志把关注点集中在神话叙事中的两个"F"——即事实（fact）与虚

---

① ［法］涂尔干、［法］莫斯：《原始分类》，汲喆译，上海人民出版社2000年版，第100页。
② ［美］马歇尔·萨林斯：《文化与实践理性》，赵丙祥译，上海人民出版社2002年版，第70页。
③ 参见［英］G. 邓肯·米切尔主编《新社会学词典》，蔡振扬等译，上海译文出版社1987年版，第257页。
④ R. Williams, *Keywords: A Vocabulary of Culture and Society*, New York: Oxford University Press, 1976, pp. 252–253.
⑤ ［法］恩格斯：《家庭、私有制和国家的起源》，载《马克思恩格斯选集》第4卷，人民出版社1972年版，第22页。

构（fiction）的关系上。神话叙事带有不言而喻的"想象"成分，是杂乱无章的"事件存余物和碎屑：在法文中是'des bribes et des morceaux'，在英文中是'odds and ends'的组合"①。但正是这些充满想象和虚构的神话构成了人们了解和认识远古时代的重要途径；因为"各异教民族所有的历史全部从神话故事开始，而神话故事就是各异教民族的一些最古老的历史"②。

公元前 4 世纪的古希腊哲学家乌荷米勒斯（Euhemerus）提出了著名的"神话即历史"论断，并形成了著名的"神话历史学派"（Euhemerism）。乌氏在他的《神的历史》一书中对古希腊奥林匹亚诸神做了类似"神谱"的考索，他试图证明："神话不是秘传的哲学，而是一种经过筛选的历史。"③ 及至 19 世纪末 20 世纪初，考古人类学的伟大发现——尤其是德国考古学家谢里曼和英国考古学家伊文斯等人对特洛伊、迈锡尼、克里特遗墟的成功发掘，使《荷马史诗》以及古希腊神话传说得到了历史性的证实。然而，在虚构的神话中寻找历史的事实显然有将"真实性"简单化之嫌，毕竟历史的存在与想象性叙述并非完全一回事。再者，如果民族志研究只限于在"虚构/事实"之间替换或互证的话，甚至在我们业已习惯的叙述文类上都会产生混淆；诚如汤因比所说："历史同戏剧和小说一样是从神话中生长起来的，神话是一种原始的认识和表现形式——像儿童们听到的童话和已懂事的成年人所作的梦幻式的——在其中的事实和虚构之间并没有清晰的界限。"④

那么，神话叙事中的"真实性"属于什么样态？对于这个问题，现代民族志研究主要遵循"实践理性"和"文化理性"原则。作为两种理性原则的代表，马林诺夫斯基的"功能主义"和列维－斯特劳斯的"结构主义"分别对神话的"真实性"进行了样板性的分析示范。马林诺夫斯基认为："文化在其最初时以及伴随在整个进化过程中所起

---

① ［法］列维－斯特劳斯：《野性的思维》，李幼蒸译，商务印书馆 1987 年版，第 28 页。
② ［意］维柯：《新科学》，朱光潜译，人民文学出版社 1987 年版，第 43 页。
③ K. K. Ruthven, *Myth*, London: Methuen & Co. Ltd., 1979, p. 5.
④ ［英］汤因比：《历史研究》，曹未风等译，上海人民出版社 1986 年版，第 55 页。

的根本作用，首先在于满足人类最基本的需求。"① "文化是包括一套工具及一套风俗——人体的或心灵的习惯，它们都是直接的或间接的满足人类的需要。一切文化要素，若是我们的看法是对的，一定都是活动着，发生作用。而且是有效的。文化要素的动态性质指示了人类学的重要工作就在研究文化的功能。"② 马林诺夫斯基作为现代民族志的奠基者和倡导者，田野作业的"参与观察"成为他贯彻实践理性的一个途径。"在民族志中，原始的信息素材是以亲身观察、土著陈述、部落生活的纷繁形式呈现给学者的，它与最后权威性结论的提出往往存在着巨大的距离。民族志者从涉足土著人海滩并与他们接触的一刻起，到他写下结论的最后文本为止，不得不以长年的辛劳来穿越这个距离。"③ 实践理性强调民族志研究者长时间"参与观察"的经历和经验，强调对调查对象生活细节真实性的体察和描述，也强调人类学家在研究过程中的主体性存在。

"乱伦"是原始社会神话和巫术表述的基本主题，它与人类对自然万物起源的认知与理解，即所谓的"推原"（指解释万物起源）有关。同时，它又是一种巫术行为。让我们通过一个案例来看一看秉承实践理性的功能派代表是如何对乱伦神话叙事进行分析的。马林诺夫斯基在《野蛮人的性生活》一书中曾以"关于乱伦的原始神话"为样本进行悉心的探索。"我们在特罗布里恩德所发现的某种形式的放荡非常适合其社区、氏族、家庭及个人婚姻的方案，并且它如此充分地发挥了其特殊功用，以致我们几乎没有必要用某些假设的早期阶段去解释什么严肃和不可理解的现象。这些现象今天仍然存在是因为它们与婚姻、家庭各自分工合作得很融洽，但这当然不是为了婚姻及家庭。我们没有必要为了

---

① ［英］马林诺夫斯基：《在文化诞生和成长中的自由》，谭伯杰译，载庄锡昌等编《多维视野中的文化理论》，浙江人民出版社1987年版，第106页。
② ［英］马林诺夫斯基：《文化论》，费孝通等译，中国民间文艺出版社1987年版，第14页。
③ ［英］马林诺夫斯基：《西太平洋的航海者》，梁永佳等译，华夏出版社2002年版，第3页。

解释这些现象的过去而去寻找其他原因,目前所能找到的原因很可能始终支配着这些现象的过去和现在。尽管形式稍有不同,但基本类型是一样的。这些至少在理论上是我对这些事实的看法。"①

乱伦神话和巫术的梗概大致如此:

> 故事发生地在库米拉伯瓦格(Kumilabwaga)。一个女人生养了两个孩子:一个女孩,一个男孩。母亲走过来开始削她的纤维条裙子;男孩在煮魔草(为爱情巫术用)。他用椰子油煮芳香叶。把盛有煮好的液体容器挂起来(在靠近门的橼子上),然后去游泳。女孩砍柴回来,放下柴火,问母亲要哥哥放在屋里的水。母亲回答:"你自己去取,我的腿上有削裙子的砧板。"
>
> 女孩走进木房看见放在里面的水瓶,她的头蹭到了装有巫术液体的容器,椰子油滴下来渗进她的头发……爱情巫术的魔力触到了她,进入她的身体……她问母亲:"我哥哥呢?"母亲说:"到海边去了。"女孩快步朝海边跑去。她看见哥哥在游水。哥哥看见妹妹就往浅水边跑。在那里妹妹追上了他,他们就在那里发生关系。巫术的作用战胜了他们的羞耻。后来兄妹俩死于巫咒。②

马林诺夫斯基对这一则乱伦叙事的"功能性"作如下解释:"这一则神话确实包括了一种教诲:那两位乱伦情人的死是先例和榜样。但道德教诲并不是解释……这种库米拉伯瓦格神话的功能是提出爱情巫术的宪章,证明通过咒语和仪式的力量连强烈的乱伦感都能打破。"③ 在功能主义者的眼里,"功能"就是一个"宪章",任何虚构的、想象的、

---

① [英]马林诺夫斯基:《野蛮人的性生活》,刘文远等译,团结出版社1991年版,第387—388页。
② [英]马林诺夫斯基:《野蛮人的性生活》,刘文远等译,团结出版社1991年版,第390—393页。故事太长作者有删减。
③ [英]马林诺夫斯基:《野蛮人的性生活》,刘文远等译,团结出版社1991年版,第30页。

口传的、仪式的，以及动物、植物、器物等的神话叙述和巫术行为对人类而言都在同一个"宪章"中获得意义的实现。也就是说，功能主义人类学将现实生活的"事实性呈现"回归于人类"经验性真实"的层面。

人们在为实践理性的分析成就举手致敬的同时也发现，以功能为"宪章"的民族志范式有把文化的真实性样态过于简单化、表面化之嫌，忽略甚至失去了对超越事件性表象的文化内在真实性的透视和把握；而这恰好是文化理性的代表——结构主义所擅长的。在结构主义者的眼里，马氏对原始神话、巫术和图腾等"功能性真实"的分析过于肤浅，遂被讥为"原始人对图腾动植物的兴趣只是他们饥肠辘辘的结果"①。

功能主义的民族志研究有可能妨碍对深藏于表象背后的、另外一种更重要的真实，即"结构的真实"的把握。那么，作为文化理性的代表，结构主义又是如何在同类的乱伦神话叙述中把握真实性的呢？俄狄浦斯杀父娶母的神话成为结构人类学家列维－斯特劳斯用来分析的一个实验性案例。②

列维－斯特劳斯显然没有囿于这样一个神话的叙事表层，而是在单一神话的偶然、无序与同一神话原型的普世性、逻辑性之间找到了内在的"关系结构"。"一方面，似乎在神话的叙述中什么事情都可能发生。没有逻辑，没有连续性。人们可以把任何特征赋予任何主题；人们可以发现任何可以设想的关系。总之，在神话中，任何东西都成为可能。另一方面，从不同的地区搜集来的神话之间有着惊人的相似性，恰恰又把这种明显的任意性和偶然性否定了。"③ 在具体分析上，列维－斯特劳斯把神话叙述拆解为不同的"神话素"，就像"音符"与"乐谱"的关

---

① [法]列维－斯特劳斯：《野性的思维》，李幼蒸译，商务印书馆1987年版，第7页。
② P. Grimal, *The Penguin Dictionary of Classical Mythology*, Harmondsworth: Penguin Books Ltd, 1986, pp. 306–308.
③ C. Levi-Strauss, *Structural Anthropology*, Harmondsworth: Penguin Books Ltd., 1972, p. 208.

系一样:"神话素"是音符,神话的意义来自于"关系组合"。① 仿佛数字性音符之于结构性乐谱。② 他在谈到俄狄浦斯神话叙事的"真实性"时认为,俄狄浦斯神话提供了一种逻辑工具,将原始社会的血缘关系呈现出来;"尽管经验和理论可能相互矛盾,但社会所遵循的结构在认识论上是正确的,因而是真实的"③。

列维-斯特劳斯的结构主义成功地将杂乱无章的神话叙述与播散在世界各地的同一主题的"相似性"用"结构关系"打通,证明神话作为这种活动必不可少"逻辑工具",以及"创造出真实"的活动过程。④

表面上的"无理性"与内在结构的"逻辑性"一并交融。不过,接下来的问题便随之而出:为什么原始社会能够产生同一主题和类型的神话叙事(今天却不产生)呢?这也是结构主义论者无法回避的问题。神话思维(同类和同义表述者有"原始思维""野性思维""前逻辑思维"等)便是他们对这一问题的解答。列维-斯特劳斯《野性的思维》一书中说:"神话思想的特征是,它借助一套参差不齐的元素表列来表达自己,这套元素表列即使包罗广泛也是有机的;然而不管面对着什么任务,它都必须使用这套元素(或成分),因为它没有任何其它可供支配的东西。所以神话思想就是一种理智的'修补术'——它说明了人们可以在两个平面之间观察到那种关系。"⑤

换言之,神话思维在于"建立起有结构的组合"⑥。卡西尔的神话思维接受了列维-布留尔的"原逻辑思维"(prelogique,亦可译作"前

---

① C. Levi-Strauss, *Structural Anthropology*, Harmondsworth: Penguin Books Ltd., 1972, p. 211.

② C. Levi-Strauss, *Structural Anthropology*, Harmondsworth: Penguin Books Ltd., 1972, p. 212.

③ C. Levi-Strauss, *Structural Anthropology*, Harmondsworth: Penguin Books Ltd., 1972, p. 216.

④ C. Levi-Strauss, *Structural Anthropology*, Harmondsworth: Penguin Books Ltd., 1972, p. 224.

⑤ [法] 列维-斯特劳斯:《野性的思维》,李幼蒸译,商务印书馆1987年版,第22—23页。

⑥ [法] 列维-斯特劳斯:《野性的思维》,李幼蒸译,商务印书馆1987年版,第28页。

逻辑思维")的基本内涵,[①]认为神话思维的一个基本特征是"原始人并不认为自己处于自然等级中独一无二的地位,他们有一种生命的一体化"的认知倾向,"所有生命形式都有亲族关系似乎是神话思维的一个普遍预设","这种情感统一性是原始思维最强烈最深刻的推动力之一"。[②]

以两种"理性"为原则的民族志研究明显存在一些认知上的不足:第一,过于相信人类学家"参与观察"的经验性。不幸的是,两位奠定了现代民族志田野作业"宪章"的伟大人类学家马林诺夫斯基和博厄斯都"出了一点事"。[③] 第二,受到专业训练的人类学家遵照不同的原则进行调查和分析,其民族志叙述也可能出现与事实的差距或背离。不过,这也从方法论角度为人们展示了这样的情状:现实的"真实性"具有多种样态,民族志研究也必将是多种样态。

二 历史民族志：寻找超越"历史/想象"的真实性样态

有两个概念经常发生混淆："历史的记录"与"历史的存在"。不言而喻,人们大都通过历史的记录去了解和认识历史。历史因人而录也就因人而异,与所谓"真正的历史"(期待性假定)产生了距离。有的学者据此提出了"虚构的存在"或曰"非真实的实体"(fictious entities)的概念。[④] 历史的记录除去记录者个人的主观因素外,也受到历史语境的诸多限制,"人们自己创造自己的历史,但是他们并不是随心所欲地创造,并不是在他们自己选定的条件下创造,而是在直接碰到

[①] 恩斯特·卡西尔:《人论》,甘阳译,上海译文出版社1985年版,第102页。
[②] 恩斯特·卡西尔:《人论》,甘阳译,上海译文出版社1985年版,第104—105页。
[③] 马氏的民族志系列与其未经其授权发表的私人日记之间发生了巨大出入。博厄斯的女弟子米德秉承其师旨意,在萨摩亚岛上进行青春期研究,其研究成果被学者弗里曼所提供的证据所质疑。两个例子都说明在同一种田野原则指导下的民族志研究,其结果可能出现巨大的、甚至根本性的差异。
[④] E. Ohnuki-Tierney ed., *Culture Through Time: Anthropological Approaches*, Stanford: Stanford University Press, 1990, p. 279.

的、既定的、从过去承继下来的条件下创造"①。

正如历史的需要会产生历史的文本一样,历史的需求会创造历史的学问。当历史学与人类学在学科发展中出现一种整合的需要时,历史民族志便应运而生。历史民族志在于"探索特定社会的产生和转型过程"②。

福柯在"知识考古学"的名下从另一个角度阐述了历史学与人类学整合的必要:"历史正以此证明自己是一门人类学:历史是上千年的和集体的记忆的明证。这种记忆依赖于物质的文献以重新获得对自己的过去事情的新鲜感。"③ 然而,就学科而言,真正使两个学科获得整合并为学界普遍承认的历史人类学是以路易士于1968年创刊的《历史学与社会人类学》为标志的。自20世纪80年代以后,更达到"两个领域成功整合"的境界。④ "历史学的概念在人类学文化研究的经验作用下,出现了一种新变革。"⑤ 历史民族志把对"真实性"样态的分析和研究提升到一个新的历史高度。

对历史民族志研究来说,有一个话题同样无法回避——即人类学家到底要从什么层面来看待和认识"历史的真实性"? 它决定着职业人类学家在进行民族志研究时对"异文化"的解释态度。"对于任何一位人类学家而言,通过对神话奥秘探索的职业性研究,可以在神话思维、原始社会和历史之间建立起关联。"⑥ 这里包含着三个基本的意思。(一)从事实的表象中把握深层的意义;在想象和虚构的叙事中洞察被

---

① [德]马克思:《路易·波拿巴的雾月十八日》,载《马克思恩格斯选集》第1卷,人民出版社1976年版,第603页。

② Jean Comaroff and John Comaroff, *Ethnography and the Historical Imagination*, Boulder, Colo: Westvies Press, 1992, p. 31.

③ [法]米歇尔·福柯:《知识考古学》,谢强等译,生活·读书·新知三联书店2003年版,第6—7页。

④ [丹麦]克斯汀·海斯翠普:《他者的历史:社会人类学与历史制作》,贾士蘅译,台北:麦田出版社1998年版,第21—22页。

⑤ M. Sahlins, *Islands of History*, Chicago: University of Chicago Press, 1985, p. 72.

⑥ M. Godelier, *Myth and History*: *Reflections on the Foundations of the Primitive Mind*, Cambridge: Cambridge University Press, 1977, p. 204.

遮蔽的历史真实。"以观察到的现象来反映无法观察到的真实。"①
(二)打破刻板的"事实/虚构"二元分类。确认二者不仅可以转换和打通，而且确立了虚构和想象的叙事本身就是不争的历史真实这一理念。列维-斯特劳斯曾以"当神话变成历史时"为题进行讨论："我绝非不相信，在我们自己的社会中，历史已经取代了神话，并发挥着同样的功能。对于没有文字、没有史料的社会而言，神话的目的在于使未来尽可能地保持与过去和现在相同的样态……如果我们在研究历史时，将它构想成为神话的一种延续而绝非与神话完全分离的历史，那么，在我们心灵之中萦回不去的'神话'与'历史'之间的鸿沟，还是有可能被冲破的。"②（三）为研究方法提供了更为广阔的途径："可以采取三种不同的方法来观察和表现我们的研究对象，其中也包括人类生命的现象。第一种方法是考核和记录'事实'；第二种方法是通过已经确立了的事实的比较研究来阐明一些一般的'法则'；第三种方法是通过'虚构'的形式把那些事实来一次艺术的再创造。"③

就某一个具体民族而论，历史的"真实性"表现为一个民族或族群对特定历史事件的记忆和选择。人类学家萨林斯在《历史的隐喻与神话的现实》一书中，以夏威夷土著的神话传说与库克船长的历史事件的结构关系为例，打破了"想象/事实""神话/现实"之间貌离神合的认知界线，在神话与事实、主观与客观、分类与整合的内部关系结构中再生产出超越简单的对"历史事实"的追求，寻找到了他称之为"诗化逻辑"（poetic logic）的东西。④ 作为一个经典案例，一方面，库克船长在世界史上是一位重要的历史人物，有史可稽：1776 年 7 月，库克船长率领"决心"号和"发现"号等船队从英国的普利茅斯港启

---

① E. Leach, *Genesis as Myth*, London: Grossman, 1969, p. 7.
② [法]列维-斯特劳斯：《神话与意义》，杨德睿译，麦田出版社 2001 年版，第 73—74 页。
③ [英]汤因比：《历史研究》，曹未风等译，上海人民出版社 1986 年版，第 54 页。
④ M. Sahlins, *Historical Metaphors and Mythical Realities*, Ann Arbor: The University of Michigan Press, 1981, pp. 10 – 11.

航,"发现"了南太平洋诸岛。1777年船队再次考察访问了新西兰、汤加和社会群岛后,向北美洲航行,于1778年1月来到夏威夷群岛。库克船长惊奇地发现,岛上的居民是波利尼西亚人,与南太平洋的岛民极其相似,显然属于同一个人种。对于库克船长的到来,夏威夷当地土著表现得异常奇异:"他们显然从未见过白种人;他们之中的许多人好像认为库克是个神灵,不管是什么时候,只要他从旁经过,他们就会匍匐在地,额首掩面。"[1] 为什么会出现这样的情形呢?原来当地土著民众相信库克是夏威夷神话传说中罗诺神(Lono)的化身。按照当地的神话传说,罗诺神是从大洋尽头出现并来到岛上的。库克船长的到来恰好与神话叙事相吻合。在1779年1月17日(星期天),当库克船长再一次返回夏威夷时,被当地土著杀死。颇耐人寻味的是,库克船长在死前"被当地首领们簇拥着,牧师们在当地的神庙(Heiau)举行庆典仪式,把库克当作中心角色,确认他为罗诺神的化身。直到库克生命的最后一天,他一直受到当地土著的尊敬和崇拜。"[2] 于是,另一个更大的"神话"宣告产生:库克船长的"历史事件"满足了夏威夷"神话传说"的核心要件,二者共同完成了一个新的"真实性"叙事范式。

为什么库克船长被当地民众尊为神却又要杀死他呢?这涉及原始部落文化中一个具有原型(archetype)意义的叙事,通行的解释是:"死"是一种获得"永恒"和"神化"转换的途径。"人—神"转变通过仪式性的"弑杀"获得。"弑'神—王'"(the killing of the Divine King)、"杀老"(killing the old)成为意义转换所必须和必要的仪式程序。弗雷泽在《金枝》中搜集了大量原始部落"杀老""弑神"的神话、巫术和仪式,[3] 旨在说明这一原型的普遍价值。它符合所谓的"神

---

[1] [美]戴维·哈尼:《詹姆斯·库克和太平洋的探险家》,颜可维译,世界知识出版社1998年版,第127页。

[2] G. Obeyesekers, *Captain Cook and the European Imagination*, Princeton: Princeton University Press, 1992, p. 3.

[3] James G. Frazer, *The Golden Bough: A Study in Magic and Religion*, New York: The Macmillan Company, 1947.

话逻辑"。其中道理就像列维-斯特劳斯在《野性的思维》中所引述的：

> 夏威夷人与自然现象中活的东西的合一，即与神灵和其他有灵性的人的合一，用联系（rapport）这个词来描述是不恰当的，当然用交感（sympathie）、移情（empathie）、反常或超常、神秘或神奇等词来描述也是不恰当的。它并不是"超感的"，因为它有一部分与感觉有关，而有一部分又与感觉无关。它正是自然意识的一部分……①

萨林斯正是借助神话模式（myth model）中的"文化结构"，将表面上泾渭分明的两极"历史/隐喻""神话/现实"成功地沟通。"夏威夷的历史经常重复叙述着自己，第一次它是神话，而第二次它却成了事件。"② 其中的逻辑关系是：（一）神话和传说的虚拟性构成历史不可或缺的元素；（二）对同一个虚拟故事的复述表明了人们的文化认同和历史传承；（三）叙事行为本身也是一种事件和事实，一种动态的实践；（四）真正的意义和价值取决于整个社会知识体系。对某一种社会知识和行为的刻意强调或重复都属于社会再生产的有机部分。它是虚构的，同时又具有真实性。虚构本身就是一种事实的真实性。

在这个历史民族志的典型范例中，人们发现英国的历史和夏威夷土著的神话同构为一个"历史事件"；促使表面上风马牛不相及的文化事像紧密结合的肇因还是"结构"。列维-斯特劳斯曾为我们做了一个同类的示范分析：他在一个印第安部族图皮那巴斯（Tupinambas）的"双胞胎"神话里早就发现了类似的历史结构：来自完全相反的结构叙事

---

① [法]列维-斯特劳斯：《野性的思维》，李幼蒸译，商务印书馆1987年版，第45页。
② M. Sahlins, Historical Metaphors and Mythical Realities, Ann Arbor: University of Michigan Press, 1981, p. 9.

要素及意义，形成了"隐藏在表面上无秩序背后的秩序。"① 从涂尔干的社会结构论，列维-斯特劳斯结构主义的"普遍文法"，布罗代尔的"长时段历史"（结构）到萨林斯"神话模式"等，学者们无不在"结构"中寻找"真实性"答案。虽然他们各自在"结构"的指喻和使用上不尽相同，但都超越了对简单事实的纠缠，上升到了对"文化秩序"重构的高度。比如萨林斯所使用的"文化结构"一词，即指文化秩序的象征性关系的历史、表述与作用。② 在这一案例中，"对历史人类学的巨大挑战不仅仅是要知道事件是如何被文化所作用，而且要了解在过程中它是如何被重构的。"③ 与传统的结构主义所坚持的"文化理性"不同，萨林斯超越了"实践理性/文化理性"的简单分类，"发现"或"发明"了另外一种结构的真实性。

如果在"神话叙事"与"历史真实"之间可以实现"关系转换"，进一步的追问便接踵而至：为什么这种"历史真实"是由夏威夷神话和西方历史"结构"出来并成为一个范本？这样的质疑显然并非空穴来风；它把人们带到了制造历史的"另一种真实"的语境里，值得人们深思。

显而易见，"神话模式"本身带有明显的"制造"痕迹；它有两方面的指喻价值：一方面，重要的、具有范式性的神话可以为其他类型的神话建构提供模具作用。另一方面，神话模式在诸如"神话结构"和"神话意簇"（cluster of mythemes）中凝聚着观念意义，并体现在不同的叙事形态之中。④ 人们清楚地看到，库克船长（欧洲中心的隐喻符号）与夏威夷的罗诺（异民族的神话叙事）在欧洲航海冒险和殖民扩

---

① C. Levi-Strauss, *Myth and Meaning: Cracking the Code of Culture*, Toronto: University of Toronto Press, 1978, p. 11.

② R. Borofsky, "Cook, Lono, Obeyeskere, and Sahlins", *Current Anthropology*, Vol. 38, No. 2, 1996, p. 255.

③ M. Sahlins, *Historical Metaphors and Mythical Realities*, Ann Arbor: The University of Michigan Press, 1981, p. 8.

④ G. Obeyesekers, *Captain Cook and the European Imagination*, Princeton: Princeton University Press, 1992, pp. 8 – 10.

张的历史过程中遭遇,"再生产"出一种新的"历史真实"。二者可以成为一种被解释或被质疑的"共谋"(complicity)关系。这一新的神话"真实性"包含不同民族和族群的相会和冲突,不同知识体系的借助和融合,"欧洲中心"的话语操控等复杂因素。另外,就历史民族志的方法论而言,不同的研究者和读者,不同的知识类型,不同的时代背景对"历史/神话"材料的检索和使用,言说者的角度差异等也都会构成视野上的不同。[①] 当然,也会产生完全不同的叙事意义。

这样,问题被引到了另外一个层面,即民族志批评不再设法去证实"历史事实",或不以此为策略性目标,而是去设法弄清结构"真实性"的社会政治语义。也因为此,自萨林斯两部有关夏威夷土著及库克船长的历史人类学著作《历史的隐喻与神话的现实》(1981)和《历史之岛》(1985)出版之后,批评声便一直不断。

其中最为尖锐者当属奥贝赛克拉,这位斯里兰卡裔人类学家的尖锐质问集中地表现在他的《库克船长与欧洲的想象》一书中。奥氏认为,萨林斯所制造出来的"库克—罗诺"神话(myth making)迎合了欧洲殖民主义政治的另一个更大的"神话";就像奥氏在他著述开篇提出的质疑那样:"是否存在着这样一种可能性,即罗诺神话被欧洲人建构起来,并将土著信仰中的神当成一个欧洲的神?"[②] 显然,奥氏将萨氏的"文化结构"归结为受西方文化启示,并由基督教传教士以及基督教皈依者们炒作出来的"神话"。在此,与其说奥氏提出了一个质疑,毋宁说做了一个肯定的回答。

颇为有趣的是,奥氏的质问从几个最为简单的历史事实入手去破解萨林斯的文化结构:当伟大的航海家库克船长"发现"波利尼西亚人,并于1779年1月17日再次登岛时,岛上的土著正在举行马卡希其(the festival of Makahiki)庆典,库克恰在此时出现并被迎为"罗诺神的

---

① R. Borofsky, "Cook, Lono, Obeyeskere, and Sahlins", *Current Anthropology*, Vol. 38, No. 2, 1996, p. 255.

② G. Obeyesekere, *Captain Cook and the European Imagination*, Princeton: Princeton University Press, 1992, p. 8.

归来",这是事实。根据最著名的夏威夷历史研究学者库肯达尔（Kuykendall）的记录，在神庙主持罗诺神庆典仪式的是牧师（基督教传教士），这也是一个事实。奥氏在这些"事实"的基础上推出了他认定的"另一个事实"：欧洲人先在18世纪就创造了欧洲的神话，而后以这个"神话模式"为基础通过拓殖者（传教士）移植、复制给了夏威夷土著。① 这样，由萨林斯精心建构起来的结构秩序中的所谓"历史真实"便被指认为另一个"历史真实"。但是，奥氏的推证也陷入了同样的问题：以他选择的"事实"建构了其认定的"真实"。由于萨林斯将所有的成因归结于"文化结构"，所以，讨论它的"真实性"便成为根本所在。批评者们认为：首先，"文化结构"的构造层次以及含义值得商议。其次，选择历史资料以及对资料使用的准确性无疑会对结构意义产生不同的影响；比如弗雷德曼指出，在夏威夷，库克船长并不是被当地土著当作"神"，而是酋长。② 如果确系史料使用上的失误，这一"失误"所推证出的历史"真实性"就可能出现巨大的偏差。

面对批评，萨林斯也有话要说。他首先认为，奥贝赛克拉犯了一个简单的错误，即把真实之物归类为工具性的客观现实。而这样的"实践理性"不过是西方古典感性认识论的一种庸俗的或经过假装的变体：思想是自然的镜子。③ 其次，方法论上，"在运用普遍实践理性来否认夏威夷人文化独特性的时候，奥贝赛克拉颠覆了民族志关注的本质"④。最后，萨林斯非常机敏地提出一个反诘：如果刻意强调人类学这一门学科是从"殖民经验诞生的——与权力共谋"的话，⑤ 那么，任何一位民族志批评者都难逃其咎。其潜在的指喻非常明确：奥贝赛克拉本人亦在其中。在逃避了"西方殖民主义共谋"的责难后，萨林斯进而对他的

---

① G. Obeyesekere, *Captain Cook and the European Imagination*, Princeton. Princeton: Princeton University Press, 1992, p. 3.
② J. Friedman, "Captain Cook, Culture, and the World System", *Journal of Pacific History*, No. 20, 1985, pp. 191-201.
③ 萨林斯：《"土著"如何思考》，张宏民译，上海人民出版社2003年版，第8页。
④ 萨林斯：《"土著"如何思考》，张宏民译，上海人民出版社2003年版，第11页。
⑤ 萨林斯：《"土著"如何思考》，张宏民译，上海人民出版社2003年版，第13页。

文化结构做了阐释:"夏威夷人叙述了关于罗诺神、创始国王罗诺伊卡玛卡希基以及卡伊伊卡冒之间非常相近的传说:传说拥有结构上的相似,不仅表现在宇宙起源上神和人的斗争,也包括库克船长的命运。"① 从这个著名的案例中,人们可以清楚地看到历史民族志视野中所谓"真实性"的不同含义和多重样态。

三 移动的舞台:变幻多姿的"真实性"样态

长期以来,传统人类学,特别是在这一学科诞生时期的重要学理依据"进化论"的主导下,单线的社会进化论成为一个主旋律。② 早期的民族志研究秉持一个认知上的假定:相对于西方高速发展的、"进化"完全的、工业化程度高的"文明"社会,那些"异文化"社会是封闭的、落后的和静止的。今天,这种情形已经发生了根本变化,其主要推动力来自于"全球化"在世界范围内的出现。作为国际关系和"现代化"的延续,③"全球化"在吉登斯那里被描绘成这样一种景象:世界范围内广泛的社会关系得到了越来越明显的加强,它使得在某一个地方所发生的事情对其他地方产生越来越明显的影响。反之,在其他地方所发生的事情,对某一地方也造成比以往越来越明显的影响。④ 对民族志而言,"当代人类学的发展反映出一个中心问题,即关于在一个急剧变迁世界中的社会现实的表述"⑤。

全球化的一个基本特征是"移动性"(mobility)——政治、经济、军事、资本、人员、货物、文化等空前的移动与流动。据此有学者归纳出五种"移动—流动的图景"。其一,族群的图景。不同的民族、族群

---

① 萨林斯:《"土著"如何思考》,张宏民译,上海人民出版社2003年版,第29页。
② 参见彭兆荣等《人类学关键词》"进化"条,广西师范大学出版社2004年版。
③ P. M. Burns, *An Introduction to Tourism & Anthropology*, London & New York: Routledge, 2002, p. 124.
④ A. Giddens, *The Consequence of Modernity*, Cambridge: Polity Press, 1990, p. 64.
⑤ [美]乔治·E. 马尔库斯、米开尔·M. J. 费彻尔:《作为文化批评的人类学:一个人文学科的实验时代》,王铭铭等译,生活·读书·新知三联书店1998年版,第8页。

和人群，包括移民等在全球化背景下呈现大规模的移动现象，从而发生史无前例的生活方式上的改变。其二，技术的图景。科学技术作为技术性工具、概念等的交流和交换已经在全球化经济和文化活动中充当无以替代的重要角色。其三，财金的图景。当代社会是一个经济商品的社会，在这个社会当中，出现了全球资本的流通。资本的活动比历史上的任何一个时期都更加活跃和具有广泛性。其四，观念的图景。扩张性的政治理念和价值，特别是以西方为主控叙事（the master narrative）的社会价值。今天社会的价值体系和观念形态也会借助全球化的流动进行传播和互动。其五，传媒的图景。通过报纸、杂志、电视节目以及电影等广泛传播信息的方式展示其特殊的现代能力。[1]

"全球化"趋势一方面快速改变了人们的生产和生活方式，另一方面导致了对传统社会价值认同的变化。在以传统农业伦理为基础的社会里，一个最明显的变化为：过去人们从与土地的"捆绑"关系中所获得的安定感和稳定感，今天只能从快节奏的移动中才能得到。这种带有悖论性的价值完整地体现在"后现代主义"理念中。拉斯等人将"后现代主义"的特征归纳为"形象和象征的增殖与扩大"。[2] 当代社会的"移动性"首先表现为人的流动，旅行、旅游、迁移、离散（diaspora）等"移位现象"（displacement）作为一种重要的社会文化表述进入到了研究视野。无怪乎诸如"旅行文化""旅行理论""文化混合"（hybridity）等论题频频出现于吉登斯、萨义德、克里福德等重要理论家的著述中。然而，面对空前而广泛的移动现象，传统民族志的研究范式面临巨大的挑战——以往对"静止社会"的研究范式是否适用于当代"移动社会"？不同社会的"真实性"样态有何本质差异？作为应用人类学的一个重要分支，旅游民族志对"真实性"的讨论为我们提供了实验性案例。

---

[1] A. Appadurai, "Disjuncture and Difference in the Global Cultural Economy", in Mike Featherstone ed., *Global Culture: Nationalism, Globalization, and Modernity*, London: Sage, 1990, pp. 295 - 310.

[2] S. Lash and J. Urry, *Economies of Signs and Space*, London: Sage, 1994, p. 256.

值得一提的是，在旅游民族志的研究领域，麦克内尔在20世纪70年代就提出了著名的"舞台真实"（staged authenticity）问题。此后它一直成为相关研究中的一个核心论题。麦氏的"舞台真实"显然受到更早一些有关表演"真实性"理论，特别是戈夫曼"真实理论"的影响。戈夫曼在分析"表演"的社会机制时借用"商业大楼"为例，以说明在"同一个真实"面前不同人群在接触和认识上的限制和局限。戈夫曼把大楼分成两部分：前面是举行会议、主人会见客人或者从事商业服务的地方；后面是主人或者工作人员休息、进行表演前的准备和表演后放松的地方。据此，他提出了"真实性前后两分制"。[①]

麦克内尔将这一套理论移植于旅游研究，他把游客主要定位在"以现代人为核心"的模式之上。[②] 麦氏的基本观点是：游客旅游的目的是为了看到他们所预期的"真实"，即看到他们生活以外的真实场景而非旅游"标示物"（markers）。然而，事实上游客在旅游过程中所见到和体验到的只是旅游标示物"真实"的外在象征符号，却不是真实的"整体"（whole）。另一方面，游客又通过旅游活动反观自己，自己也成了"镜"中映像。换言之，游客只看到被装饰过的"舞台真实"，而非"本来真实"。

对于麦氏的"舞台真实"，学者们提出了各种各样的批评。格拉本从游客作为人类的角度出发，确立人类在"类"上的共同性。人类之所以可以被定位于"游客"，是因为他们遵循同一种道德，可以从旅游活动中获得一种再创造的共同性经验；这些都建立在人的自由意愿的基础上，不是建立在某些具体的事情或者"物"上。从这个意义上说，游客并不是"部分人"而是"完整的人"。[③] 柯恩从社会交换关系的角

---

① E. Goffman, *The Presentation of Self in Everyday Life*, Garden City, New York: Doubleday, 1959, pp. 144 – 145.

② D. MacCannell, *The Tourist: A New Theory of the Leisure Class*, Berkeley: University of California Press, 1999, p. 1.

③ N. H. Graburn, "Relocating the Tourist", *International Sociology*, Vol. 16, No. 2, 2001, p. 150.

度进行批评。由于现代旅游的"商品交易化"作用，所有的事物和活动都在商品交换中获得一种价值的转变。价格转变成了货物和服务，进而转化成为一种交换系统；事物和活动无不从价格市场上获得相应的存在标志。① 因此，任何物质和事物的内在固有品质已经丧失殆尽。由此推之，旅游过程中的"真实性呈现"也因此转变成了一种"图谋"和非真实的东西。② 厄里则认为，在旅游活动中的"日常生活的责任和义务将被暂时搁置起来"，③ 而以一种非常独特的心态、方式和眼光去看待旅游活动中的事物。"游客的眼光"因此显得非同寻常，是行为者对特殊事物所进行的观察和主动"投视"；任何其他人、方式和器械都无可替代，并带有明显的"主观"色彩。行为者不是简单"物质意义"上的行为，而是在寻求经验意义上的"真实"。这种"真实"建立在游客的"想象"之上。④ 仿佛"一百个观众就有一百个莎士比亚"，对象的"真实"与游客眼中的"真实"不可能重叠。

　　为了区分真实性之间不同的指称和差异，我们有必要对旅游民族志研究中的"真实性"（authenticity）概念做一个解释。从词源上考察，旅游民族志所讨论的"真实性"与"权威性"（authority）同源。为什么要强调"公认"性质呢？在当代社会中，"自我"与"社会"间的分裂与分离状况越来越明显，已经使得"真实性"与"虚假性"（falseness）并不处于一种"二元对立"的状态，而是相互交织在一起；⑤ 人们很难从中找到某种公认的真实属性。所以，旅游民族志所讨论的一个主要目标在于通过旅游活动寻求"自我/社会"整合和作用中的真实存

---

① E. Cohen, "Authenticity and Commoditization in Tourism", *Annals of Tourism Research*, Vol. 15, 1988, p. 380.
② E. Cohen, "Authenticity and Commoditization in Tourism", *Annals of Tourism Research*, Vol. 15, 1988, p. 379.
③ J. Urry, *Tourist Gaze: Leisure and Travel in Contemporary Societies*, London: Sage, 2002, p. 10.
④ J. Urry, *Tourist Gaze: Leisure and Travel in Contemporary Societies*, London: Sage, 2002, p. 13.
⑤ E. Cohen, "Authenticity and Commoditization in Tourism", *Annals of Tourism Research*, Vol. 15, 1988, pp. 371–386.

在。归纳起来,旅游的真实性大致可以从三个方面得到体现和认识。(1)"客观性真实"(objective authenticity),指客观方面的原始属性。(2)"建构性真实"(constructive authenticity),指在真实的建构中既包含了原始的客观属性,又浸透了一些其他因素,包括诸如想象、期待、偏爱、信仰、权力等,使之成为一个类似的"生产者"。(3)"存在性真实"(existential authenticity),指"存在"(being)作为一种存在方式的潜能由旅游者和旅游活动所引起、所获得。以此为出发点所得到的结论是:旅游本身就是一种"真实",与具体的旅游中的客观物质无关。[1]

在"客观性真实"的讨论中,有的学者认为,如果民族志研究者或游客把旅游目的建筑在获得客观真实之上的话,那么,实现这一目标很困难。原因是:现代社会以"移动"为标志的活动,如旅游、旅行、迁移、离散等渗透了大量现代社会"文化商品化"的意识,致使"客观性真实"包含着大量的"虚假事件",而在"虚假事件"基础上所积累的经验只能是一种对真实的"想象",而非真实本身。[2]

在"建构性真实"的讨论中,由于"建构性真实"与"客观性真实"并非同类所指,故而具有很大的诠释空间。布鲁纳认为,建构的真实性应包括以下三种截然不同的意义:(1)指一种历史性的"类真实"——即在原生性真实基础上"再生产"的结果,是按其原型再生产的"复制品"。(2)"真实性"意味着对历史进行的准确性模仿,具有不言而喻的目标性意图。(3)"真实性"在理论上和逻辑上原本应指原始事物之本体,而不是对原始事物本体的复制。但客观上,真实的"再生产"方式和程序却未必能够满足这种基本要求。[3] 此外,"建构性真实"缺乏延续上的一致性,它可以指真实性结构本体内部的"关系

---

[1] Ning Wang,"Rethinking Authenticity in Tourism Experience", *Annals of Tourism Research*, Vol. 26, No. 2, 1999, p. 352.

[2] D. Boorstin, *The Image: A Guide to Pseudo-Events in America*, New York: Harper and Row, 1964, pp. 106 – 107.

[3] E. Bruner, "Abraham Lincoln as Authentic Reproduction: A Critique of Postmodernism", *American Anthropologist*, No. 96, 1994, p. 400.

存在";也可以是社会现实中具体、客观知识的再现,只不过这种再现包含了主观因素和人为的选择。"我们把客观的知识和真理看作是某一种视野的结果。知识和真理是被创造的,而不是思想的发现。"①

在"存在性真实"的讨论中,人们可以看出其中的本体论传统的影子。从文化哲学——如现象学的角度理解,"存在性真实"指代一种特殊的"存在"状态。在这个"存在"状态中,一方面是"真实存在"的本身;另一方面这一"存在"又是"真实自我"的丧失,因为在实践真实性自我的过程中具有"反角色"的作用。旅游民族志在对旅游动机的研究中发现,游客试图通过旅游活动"找回自己",或寻求日常生活以外的"自我真实感"。可结果是,旅游活动(存在性真实)成了"找回自我"和"丧失自我"的双重实现。

在现代旅游民族志研究和批评中,究竟什么因素构成了"真实",如何分清游客在他们的旅游活动中所包含的那些复杂的、细微的、非连贯性的诸多因素并不是一件容易的事情。② 因为在"移动性"作为当代社会的一种基本属性的前提下,盘缠于"真实性"周围或相互关联的因素越来越复杂,新生成的"边界"(boundaries)关系也越来越多。人们对现代社会中的"真实性"之所以会出现不同看法,很大程度来自于对同一概念的不同边界的建筑与理解。不同社会角色间的关系差异,又把同一问题引导到不同的方向:比如游客习惯上会把"真实性"问题放到"现象"的范畴来看待;东道主则偏向于把"真实性"放在"情境"中来处理;而游客/东道主之间的互动关系则要放在"结构"中去解释。这或许有助于我们从多个"侧面"(亦可以说"片面")更单纯地去把握"真实性"的样态,却又只是认识到所谓的"部分真实"。在这里,"盲人摸象"似可为一个喻证:每一个"盲人"都摸到

---

① T. A. Schwandt, "Constructivist, Interpretivist Approaches to Human Inquiry", in Norman K. and Yvonna S. Lincoln, eds., *Handbook of Qualitative Research*, Thousand Oaks: Sage Publications, 1994, p. 125.

② P. M. Burns, *An Introduction to Tourism & Anthropology*, London & New York: Routledge, 2002, p. 33.

了"真实的大象",却都不是"大象的真实"。

毫无疑问,快速"移动"的现代社会,从观念、方法到范式都给旅游民族志带来了巨大的空间变化。这种"空间的实践"自然也给传统民族志带来了空前的困难。[①] 原因是它的两个前提条件已经发生了根本的变化:其一,用旅游活动和行为这样具有极大"游动性"的人群、阶层、活动来反映当代社会,反映不同文化体系之间的接触与交流。其二,由于调查对象在时间上的暂时性特征,旅游活动中的许多外在现象具有"万花筒"的特点,使得民族志写作面临着一个尴尬处境。杰姆逊在讨论后现代性时认为,一个具体可感的文化领域具有自己的确认逻辑,这个逻辑就是通过"客观世界"自我的转型成为一系列的文本或幻象。[②] 面对"真实性"的各种"幻象"样态,民族志研究将以何种方式去反映和记录呢?

多斯特在《记录的郊区:一个美国的景区,一个民族志的困境》一书中试图通过旅游案例,即美国宾夕法尼亚的一个叫"查斯福德"(Chadds Ford)的地方在成为旅游目的地之后所发生的变化,带出当代民族志研究范式上的困惑。查斯福德的"后现代性"在表面上反映在两个方面:一方面,它是一个旅游景区。自然风光成为吸引游客的主要资源。另一方面,查斯福德坐落在郊区,原本是一个传统的集镇。"自然"与"游客"成为"两种社会形式":一种是人们按照"自我"的意愿过着日常惯例性的生活;另一种则是服从作为现代和真实"自我"的要求以适应快速变化的社会。[③] 借此,旅游民族志涉及三种基本的"真实性样态":(1)自然风光属于地理学上亘古不变的"真实性样态";(2)查斯福德的"郊区化"具备传统的人与自然相濡以沫的

[①] J. Clifford, *Routes: Travel and Translation in the Late Twentieth Century*, Cambridge & London: Harvard University Press, 1997, p. 3.

[②] F. Jameson, "The Cultural Logic of Late Capitalism", *New Life Review*, No. 144, 1984, p. 60.

[③] J. D. Dorst, *The Written Suburb: An American Site, An Ethnographic Dilemma*, Philadelphia: University of Pennsylvania Press, 1989, pp. 3 – 4.

"真实性样态";(3) 由旅游所带动的大量游客与东道主社会生产出一种崭新的、后现代的"真实性样态"。为了反映新的社会"真实",民族志研究范式也需要更新;按照多斯特的说法,属于"自动(我)化写作"(auto-writing)的"自动(我)民族志"(auto-ethnography)范式。所谓"自动(我)民族志"是指文本的制作总体上没有事先的预设;因为游客通过旅游和对旅游目的地的选择,以及将某一个旅游目的地作为一个历史性"文本的产生和存在"之间具有其"自我"的内在逻辑,而民族志"文本"也就只能跟随着一个"自我"移动的目标。多斯特称之为"后现代民族志实践"。[1] 简言之,面对现代社会"移动性"和真实"多样性",传统民族志研究范式一方面受到"效力和信度"的考验;另一方面,民族志研究必然也将迎来另一次革命。

概而言之,人类学自诞生以来,民族志研究就一直把记录和反映"真实性"作为一项重要的历史使命和学科目标。社会历史的变迁,以及由此所引入的新的社会关系和结构因素,致使"真实性"呈现出复杂多变的样态。另一方面,人类学家在不同的历史语境中所关注的问题、采取的方法、形成的范式等,必然使他们在"真实性"样态的把握和反映上出现差异。既然"真实性"处于变化之中,那么,民族志对它的反映和解释亦在过程之中。同时,民族志研究的历史也构成了另一种"真实性"的学科样态——不仅包括认知理念的时代性样态,实践原则的差异性样态,而且反映在民族志写作的范式性样态等;这些不同的样态无疑丰富了我们对客观世界的认识和反映。因篇幅所限,本文所讨论的范围虽无法涵盖"真实性"的全部内涵,但通过民族志研究中三个历时性样本的展示,以及不同时代对"真实性"认识之间的关联性,希望能够管中窥豹,以期对人文社会科学具有借鉴作用。

原载于《中国社会科学》2006 年第 2 期

---

[1] J. D. Dorst, *The Written Suburb: An American Site*, *An Ethnographic Dilemma*, Philadelphia: University of Pennsylvania Press, 1989, pp. 4 - 5.

人类学仪式理论的知识谱系

彭兆荣

一 仪式理论的滥觞：原义表述

在过去的 100 多年时间里，人类学仪式理论（人类学宗教仪式研究）从发生到发展经历了一个明显的变化轨迹。早先的人类学仪式理论主要集中于神话和宗教范畴。它的研究取向大致沿着这样两种发展方向演变：

其一，对神话和仪式进行诠释。其学理依据主要来自于人类学古典进化论。像生物物种一样，首先将它放在文化的原初形态，以建立一个历时性文化时态的建构机制。在这样的学术背景的作用下，19 世纪中末叶到 20 世纪初的一段时间内，神话—仪式研究出现了空前的热潮并取得了丰硕的成果。由于人类学进化论学派与神话研究既交叉又重叠，这样的学术关系也就导致了一个学理规范：将仪式研究视为人类学学术传统和知识系统的一个重要部分。泰勒（Tylor, E.）、斯宾塞（Spencer, H.）、史密斯（Smith, W. R.）、弗雷泽（Frazer, J.）、奥托（Otto, R.）、兰（Lang）等都不乏神话仪式的重要著述，不少也就在此领域成名成家；形成了以"神话—仪式"研究为标志的、闻名于世的"剑桥学派"，亦即"人类学派"。

其二，仪式的宗教渊源和宗教行式。仪式（狭义的）一直被作为宗教的实践和行为来看待。"对于仪礼在原始社会内部的作用的这种关注，在人类学和比较宗教学里是比较新鲜的东西。在此，我们有了一座桥梁，可以通过后来的宗教社会学，通向后来的社会人类学。尤其是涂尔干从罗伯特森·史密斯那里得到了很多富于成果的推动力。"[1] 学者们沿着这一条路径，一方面审视神话仪式与宗教演变的历史纽带；另一方面探索宗教化仪式在社会总体结构和社会组织当中的指示和功能。它也成了人类学宗教研究的一个最有特色的研究范式，与纯粹的宗教学不同，社会文化人类学的仪式研究趋向于把带有明确的宗教意义和喻指的仪式作为具体的社会行为来分析，进而考察其在整个社会结构当中的位置、作用和地位。比如，涂尔干（Durkheim E.）、莫斯（Mauss M.）等人类学家就在仪式和社会结构之间凌空架起了一座桥梁。后来一些重要的人类学仪式研究主要承袭了这一学术传统，比如利奇、特纳、道格拉斯等。他们在以涂尔干等人为代表的法国社会学派和以马林诺夫斯基为代表的英国功能学派的传统和研究方法的基础上，将仪式的社会内部研究——"结构—功能"体系发挥到了极致，成了当代最富活力的人类学仪式研究的代表。

理论上说，人类学的仪式研究传统是一个从内涵到外延都不易框定的巨大的"话语"，以"神话—仪式"为代表的早期人类学研究可以归到一种比较文化视野下的"异文化"范畴（other culture studies）。但是，它却具有非常明确的文学化，或曰"诗学化"研究的传统：包括了对传统文本、神话的形象化、口传和文献的重新诠释、文字的训诂、历史资料的破解、"未开化野蛮人"的神话、巫术、方技等的搜集和分析。这一切构成了该学派最擅长和最有影响的部分。它对西方现代文学的影响甚至超过了人类学本身，成了文学批评和创作的一种必备知识和写作风尚。同时，后来的人类学仪式研究（特别是以马林诺夫斯基为代表的"功能学派"和以博厄斯为代表的"历史学派"对人类学田野作业的强调和规范）反而逐渐丧失了对这样一种范式的热情，他们并

---

[1] [英]埃里克·J. 夏普：《比较宗教史》，吕大吉等译，上海人民出版社1988年版，第105页。

不像作家和批评家那样对早期人类学仪式研究中的"文学的人类学"赞赏有加，却在仪式的"物质化""技术化""内部化""符号化""具体化""数据化"之中沉迷不拔。二者差别在于：古典的仪式研究更加恢宏，现代的仪式研究非常精致。这样的结果，也使得人们对它的原初性概念和意义区分有了"再次"认识的愿望和要求。对诸如究竟要将仪式当作一种广泛的现象还是仅仅作为一种操作性例子，仪式除了那些数据化的、工具性的、器物形态的个例以外是否还可以解读出具有"文化诗学"的价值，这些问题在当代学术反思的背景下都获得了重新诠释和认识。近五十年来人类学的仪式研究显然出现了将仪式研究置于更广阔背景下进行重新解释的倾向，方法上亦开辟了新的路径。早在三四十年前就有学者呼吁对仪式的"范式"（paradigms）进行重新审视和评估。[1] 特别是福柯"知识考古"的解读方法出现以后，人们已经不满足于对单一行为、器物——包括文字的"物态"认识，而是意识到在客观自然的本体之中就潜伏着历史的叙事范式和具备了进行重新破译的潜质。因此，不仅传统的仪式研究需要进行反思和重新评价，而且原先的那些被确认为物质化的、分析工具的概念都不容易在一个分类范畴里面进行讨论。[2]

"仪式"一词作为一个分析性专门术语出现在 19 世纪，它被确认为人类经验的一个分类范畴上的概念。所以，这个词的原初所指主要是将欧洲文化和宗教与其他的宗教和文化进行对比。随着仪式越来越广泛地进入社会的各个领域和学术研究的交叉视野，从各种各样的态度、角度、眼光、方法对仪式加以训诂和解释者层出不穷，使得仪式的意义呈现出越来越复杂的趋势。今天，若人们不加以基本的框限，单就仪式一词的语义就足以令人目眩，其边界也很难确认：它可以是一个普通的概念，一个学科领域的所指，一个涂染了艺术色彩的实践，一个特定的宗

---

[1] Kuhn, T., *The Structure of Scientific Revolutions*, Chicago: University of Chicago Press, 1970.
[2] Bell, C., *Ritual Theory*, *Ritual Practice*, New York & Oxford: Oxford University Press, 1992, p. 14.

教程序，一个被规定了的意识形态，一种人类心理上的诉求形式，一种生活经验的记事习惯，一种具有制度性功能的行为，一种政治场域内的策谋，一个族群的族性认同，一系列时节性的农事活动，一个人生礼仪的表演……大致看，仪式主要有以下几个方面的指示：其一，作为动物进化过程中的组成部分。其二，作为限定性的、有边界范围的社会关系组合形式的结构框架。其三，作为象征符号和社会价值的话语系统。其四，作为表演行为和过程的活动程式。其五，作为人类社会实践的经历和经验表述。概而言之，社会的"仪式化"（Ritualization）使得这种现象在社会的许多方面大量出现，分枝越加茂盛，指示越来越缜密，形成了一棵茂密的"仪式树"：

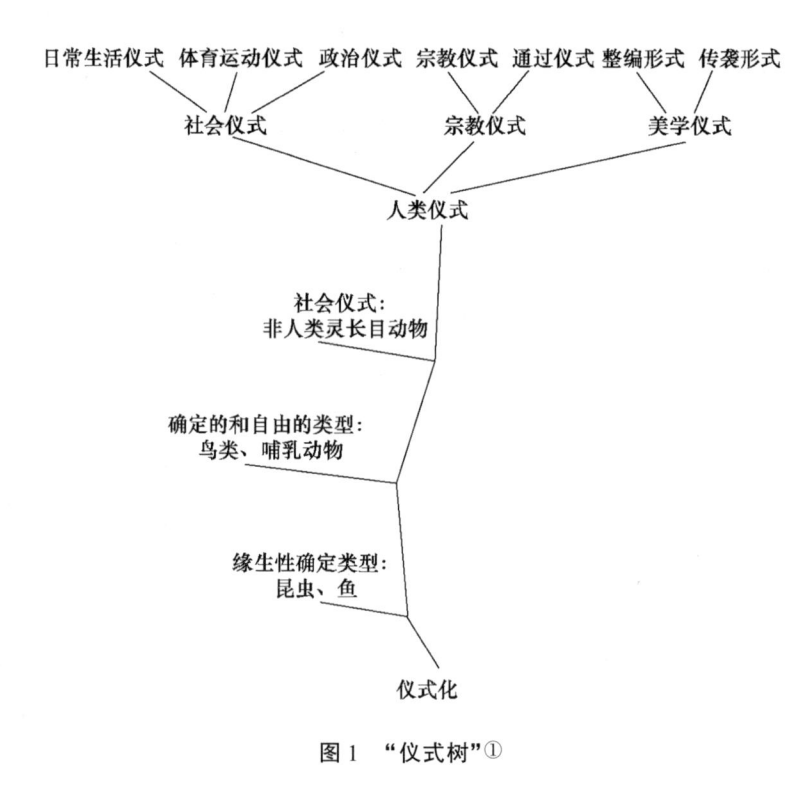

图1 "仪式树"①

---

① 资料来源：Schechner, R., *The Future of Ritual: Writingon Culture and Performance*, London & New York: Routledge, 1993, pp. 228–229。

在人类学研究的视野范围和意义范畴内，仪式首先被限定在人类的"社会行为"这一基本表述上。广义上说，仪式包括各种各样的行为：从"你好"等日常问候的礼节到天主教弥撒的隆重仪式。利奇（Leach）不失为广义使用"仪式"的代表人物，在他那里，言语（祷词、咒语、圣歌）如同手势和使用器物一样都具有仪式的价值。特纳（Turner）则相对地缩小了"仪式"的范围，认为仪式只属于概述类行为，专指那些随着社会变迁，具有典礼的形式并发生于确定特殊的社会分层。涂尔干则偏向于将仪式视为社会生活的实践过程，而"神圣/世俗"（the sacred and the profane）的关系和行为被看作完全对立的活动。范·根纳普（Van Gennep）的"通过仪式"（Lesrites de Passage）被分解为"分离、过渡、组合"的三个程序。他把仪式放置在伴随着地点、状态、社会地位之于年龄变化的过程中来处理，并着重于仪式过程不同阶段"阈限"（threshold）的各自品质、特征以及变化关系之上。正是由于仪式概念和性质具有非常大的伸张幅度和解释空间，因此，它给了人类学家们自主确定其边界的开放场域，即使在对它的基本定义上也是如此；造成了几乎所有对仪式做过研究的人类学家都各自开辟一个自己认为"合适"的领域。众所周知，许多人类学家都对仪式有过不同的论述。比如："那些包含着世俗的行为，其目的是为了国王和部落祈福的，人们称作为仪式。"① "我将仪式视为基本的社会行为。"② "仪式是纯净的行为，没有意义或目的。"③ "仪式是关于重大性事务，而不是人类社会劳动的平常的形态。"④ "仪式就像一场令人心旷神怡的游戏。"⑤

---

① Hooke. S. H., *The Myth and Ritual Pattern of The Ancient East*, London：Oxford University Press, 1933, pp. 1 – 2.

② Rappaport, R. A., *Ecology, Meaning and Religion Richmond*, Calif：North Atlantic Books, 1977, p. 174.

③ Staal, F., The Meaninglessness of Titual, Numen 26, Nu. 1, 1975, p. 9.

④ Smith, J. Z., "the Domestication of Sacrifice", in R. G. Hamerton-Kelly ed., *Violent Origins*, Stanford Calif.：Stanford University Press, 1987, p. 198.

⑤ Lévi-Strauss, C., *The Savage Mind*, George Weidenfeld & NicoIson Ltd, trans., Chicago：University of Chicago Press, 1966, p. 30.

"在仪式里面,世界是活生生的,同时世界又是想像的;……然而,它展演的却是同一个世界。"① 利奇看得很清楚:"在仪式的理解上,会出现最大程度上的差异。"② 这种状况所形成的巨大反差,以及将某一款定义搬运到另一个族群仪式行为上去解释,可能会产生重大的歧义,"越是对不同的宗教进行比较,也就越是显得困惑,因为人类的经历上的差异如此的巨大"。③ 然而,至为重要的是:"作为文化原动力的'窗户',人们通过仪式可以认识和创造世界。"④

二 仪式理论的特质:"原型"表述

我们对人类学仪式理论做一番简约的梳理,便能够从中发现一个很有意思的人类学发展线索。早期的人类学家、古典主义进化论者泰勒坚守"万物有灵"(Animism),相信各种对神灵的信仰构成人类原初性、低限度的宗教。由此推衍,人类会将自己的"灵魂"与"肉体"进行交通感应,甚至可以互动于动物、植物、健康、疾病、梦幻、未来行为等事物和现象上。在泰勒对仪式所进行的定义和分类里,同时伴随着一个基本的"进化论"线性发展的规定,即在万物有灵的基本表述中,"野蛮人"与"文明人","低级的"与"高级的"有本质的区别。在仪式的研究历史上,被称作"人类学派"、以弗雷泽为代表的一批人类学家所做的研究更有影响。弗雷泽在宗教、仪式、巫术的研究著述中,将各类母题性仪式进行系统的整理和专门的分析;诸如对阿都尼斯(Adonis)、阿提斯(Attis)、奥西里斯(Osiris)等重要的类型化的神祇和崇拜仪式进行过悉心的研究,对像"死/再生仪式""丰产与生殖仪

---

① Geertz, C., *The Interpretation of Culture*, New York: Basic Books, 1973, p. 112.
② Leach, E. R., *Ritual in the International Encyclopedia of the Social Science*, Vol. 13, Sills, D. L. ed., New York: Macmillan, 1968, p. 526.
③ Douglas, M., *1970 Purity and Danger*, Harmondsworth: Penguin Books, p. 28.
④ Bell. C., *Ritual Theory*, *Ritual Practice*, New York & Oxford: Oxford University Press, 1992, p. 3.

式""杀老仪式""替罪羊仪式"等有过大量的材料搜集和类型比较，并将这些原型性母题仪式纳入其"进化"的理念和"线形"发展的过程之中。比如在解释宗教起源的时候他用了"巫术时代"（Age of Magic）和"宗教时代"（Age of Religion）的演化进程。弗雷泽在人类学的仪式研究方面卓有成就——特别是他的代表作《金枝》，巨大地影响了整个人文社会科学研究领域。正如马林诺夫斯基所评价的那样："在许多方面是人类学所取得的最伟大的成就。……他表达了现代的人文精神，即整合了民俗和人类学方面的古典学术价值。"[1] 他对仪式中"原型"（archetype）的挖掘和示范为后来的学术研究起到了里程碑的作用。

仪式研究从一开始就与神话有着不解之缘，无论就其发生、推原（genetic，专事对宇宙万物作解释的叙事）抑或整理分析都是如此。对于神话和仪式的"鸡和蛋"问题，一直就是早期学者们讨论的焦点。在这个问题上，人类学家们的观点虽然有差别，但原则上则相当一致，即将二者当作一个相互交融的体系。比如泰勒就习惯地将仪式置于"神话"的范畴来看待，他将神话类分为"物态神话"（Material myth）和"语态神话"（Verbal myth）两种：物态神话是基本的、原始的；语态神话是从属的、其次的。语态神话事实上乃是基于对物态神话的存在所做的解释。在他那里，"物态神话"实指仪式。史密斯也主张神话主要就是对仪式进行描述。这方面，弗洛伊德的精神分析学说的几个范例，特别是"俄狄浦斯情结"不啻为神话仪式的联袂出演。以往人们通常只认为俄狄浦斯故事仅仅是一个神话传说，弗洛伊德的追随者们相信，那其实是某一个仪式的表述，[2] 是一个可供不断吸取滋养的"原型"和"贮存器"。美国"历史学派"代表人物博厄斯（Boas）也看重神话与仪式之间的协约关系，他认为一个仪式就是一个神话的表演，"人类学分析表明，仪式本身是作为神话原始性刺激产物。"[3] 伴着穆雷

---

[1] Malinowski, B., *Sex, Culture and Myth*, New York: Harcourt, Brace & World, 1962, p. 268.
[2] Crossman, R. H. S., *Plato Today*, New York: Oxford University Press, 1939, p. 88.
[3] Boas, F., *General Anthropology*, New York & Boston: D. C. Heath, 1938, p. 617.

(Murry, G.)、哈里生（Harrison, J.）等人的学术追随以及他们在神话仪式研究上将神话和仪式视作原生性共存体的相同主张，此后很长一段时间里它都成为学术的主潮之一。

与此同时，也有一些人类学家注意到了神话与仪式的关系似乎并不是那样的一致和密切。田野调查表明，有的民族的神话非常多，仪式却少得可怜；比如生活在南非卡拉哈里沙漠地区的游牧民族便是例子。相反，爱斯基摩人有着很丰富的仪式，相对应的神话却很少。就这一点而言，将二者完全视为同一单位性整体似也有失周延之嫌，克拉克洪的主张比较灵活且不拘一格。他不像一些学者那样将神话与仪式死捆在一起，而是认为二者趋向于在一起进行表述，却不妨碍它们可以独立存在。他也不同意当神话和仪式同时在一起的时候必须是对同一桩事由作表述，二者可能分别作各自的表述，但只是对同一件事情形成互动关系。① 克拉克洪对神话—仪式的主张可以说体现了现代人类学的"解释"成分，具有浓郁的现代气息。无论如何，神话和仪式作为人类学研究的原初性的"知识资源"在具有功能性、操作性、工具性意义的背景下被同置一畴，并在此基础上形成、成长起来的"神话—仪式学派"蔚为大观。

将二者放置于一畴除了其原生纽带关系以外，还有一个结构性原理：即倾向于把神话视为信仰的、理念的、理性的、理论的、观念的表现；而仪式则成了行为的、具体的、感性的、实践的配合。就广泛的意义而言，对原始的神话—仪式作这样的类归和划分并没有什么根本上的不妥。人们很容易地可以通过一个仪式回顾起一个相对应的神话传说；同理，神话传说也经常可以推衍出具有仪式性色彩的行为和实践，或者，成为某一个具体仪式的推原理由。然而，如果我们因此就把二者完全视为一物则又欠妥当。特别是作为仪式，毕竟它本身包含着完全具备了自我说明的能力和结构，而且，它会不断地在同一个叙事骨干之下随

---

① Kluckhohn, C., "Myths and Rituals: A General Theory", in Segal, R. A. ed. *The Myth and Ritual Theory*, Malden, Mass: Blackwell Publishers, 1998, p. 313.

着时间、空间的改变和变化进行调整。比如，中国的春节仪典活动（桃符、春联、爆竹、除夕等）随着时空的推移已经有了非常大的变化，可是相对于附丽其上的神话传说却并无什么变故。克拉克洪也看到了二者之间的辩证关系：一方面，仪式与神话虽有不解之缘，但表现起来却各有特质。从大的层面上说，它们都要受到文化传统和外界环境的影响。在同一个背景和环境变数中，作为"行为模式"的仪式与相对于"观念模式"的神话来说，更容易产生变化。相对的，作为"观念模式"的神话（广义的"神话"——笔者注）通常后续于"行为模式"的仪式，就像妇女行为的变化与妇女地位的社会观念变化的关系一样。他同时还以"纳粹德国"为例子反证：一旦某一种特别强力的"观念模式"（神话）同样具有能力通过诸如组织、机构、国家等手段产生出一整套"行为模式"（仪式）来，他便称之为"纳粹神话学"（the Nazi mythology）。[①]

"神话—仪式学派"的阐发点主要集中于神话和信仰的范畴。尽管该学派人物众多，共性特征却颇为明显，他们都偏爱在宗教和情感经历方面强化仪式的作用。而且这种对原初性的神话和仪式的理解直到今天仍然对宗教研究有着广泛影响。事实上，这个学派的仪式研究并不只限于关注神话和仪式中的原生形态，对相关形态的变化现象和意义也有深刻的阐发。较有代表性的人物胡克（Hook，S. H.），他于1933年出版了《神话与仪式》一书。这一部著作的主要特点在于：（1）把"神话—仪式"的研究传统向高级的宗教形态拓展。他在书中对基督教展开了以往"神话—仪式学派"的学者不甚涉及的领域；因为，以往的学者在学术上有一个"原始社会"（primitive society）的背景前提，关于此，早在泰勒、弗雷泽那里就已经定调和确认了。胡克则将高级宗教的研究往它的原生状态"推原"。（2）他引入了人类学的考古学方法，在传统的人类学对文本、民俗、口传等材料搜集的基础上增添了使之更具

[①] Kluckhohn, C., "Myths and Rituals, A General Theory", in Segal, R. A. ed. *The Myth and Ritual Theory*, Blackwell Publishers, 1998, p. 320.

有信服力的资料和手段。(3) 确认了"文化模式",也被称作"仪式模式"的表述范式。在文化模式中甚至还有了地缘的概念,如"近东"。地缘上的交流使文化模式具有了动态和变迁的性质。(4) 将研究视野从以往单一的、狭窄的搜集、透视原始社会"遗留"上扩大到不同种族、社会之间的关系,包括战争、贸易和殖民。①

三 仪式理论的操控:原点表述

"神话—仪式"的人类学派对仪式理论的发轫并非"横空出世",在传统上都有所本。它涉及一个基本的学理问题——从"原点"而伸张——体现于学术精神和学术发展之中。人类学仪式研究亦不例外。众所周知,在古希腊时期,学者们就已经对仪式有过不少的阐述。最为著名者当然得数亚里士多德关于酒神祭祀仪式与悲剧关系的论述。他认为:悲剧来源于对酒神祭祀仪式的摹仿,"借以引起怜悯与恐惧来使这种情感得到陶冶"。② 也就是迄今为止仍然沿说的所谓"仪式假定"(the ritual hypothesis);它成了后来学者们在讨论仪式命题,特别是仪式命题与原始戏剧关系的时候不能回避的一个学术原点。古典的人类学派在这个学科建立之初,无论学理关系还是学科定位,都自觉不自觉地回到这一个"原点"。由于这种学术传统与发展挺进之间互疏互动,决定了古典的人类学"神话—仪式学派"与诸如神话学、文学研究之间从一开始就交叉浸透,以至于直到今天人类学与神话研究都无法剥离。又由于所谓的"仪式假定"长期以来一直在哲学、美学与文学诸阈域搅和,因而相当地"文人"化。我们今天甚至无法将诸如威克利(Vickery)、坎培尔(Cambell)、利明(Leeming)等神话学家们的著作和早期人类学家像弗雷泽、哈里森、穆雷等的作品区分开来。这不仅仅因为

---

① Hooke, S. H., *The Myth and Ritual Pattern of The Ancient East*, London: Oxford University Press, 1933, pp. 1 - 2.

② [古希腊] 亚里士多德:《诗学》,罗念生译,人民文学出版社1982年版,第19页。

许多晚辈的神话学家、文学家对以弗雷泽为代表的"神话—仪式学派"推崇有加,[①] 更重要的还是在"新兴"的人类学学科面前横亘着一个学理性传统和不能简单跨越的学术态度。

亚里士多德著名的仪式论是从酒神狄奥尼索斯祭祷仪式与悲剧的原生关系切入的,所以,它成为"创新"理论的突破口。比如许门(Hyman)于1958年发表的论文即从这个亚氏的"仪式假定"开始。在他看来,虽然现代学者的"仪式视野几乎覆盖着希腊文化的全部",比如简单地将希腊悲剧仅仅视为狄奥尼索斯祭仪的原生,或者"古代近东神秘文学直接渊源于仪式"[②] 等陈说不以为然,但他却认为这一切都不能改变对仪式理论仍需将此作为一个起点。只不过,现代学者越来越多地把神话和仪式作"聚合体"的分别处理。换言之,二者虽不易泾渭分明,也没有必要;可是具体的分析完全可以分而置之。哈理森就相信,戏剧 drama 与 dromenon 相关,在仪式中它表示"做过的事情"(the thing done);渊源上它与神话 legomenon 相呼应,表示"说过的事情"(the thing spoken)。这样,他精巧地将以往仪式与神话相混淆的地方给分离开来。[③]

亚里士多德"仪式假定"直接的肇始者是狄奥尼索斯。而且,酒神祭祀仪式与戏剧之间的渊源关系无妨为一个极好的分析个案。如果要彻底否定亚里士多德的逻辑前提,必须要证明酒神仪式与悲剧没有历史的、直接的、必然的关系。我们不能不看到,尽管现代的学者已经相当腻味于两千年来的亚氏"仪式假定";但是,要彻底否定酒神祭祀仪式与悲剧的原生纽带,尚欠火候。于是,仪式理论也就出现了这样的局面:要么不谈;要么谈仪式的技术性、细节性(现代人类学仪式理论的成就之一

[①] Vickery, J. B., *The Literary Impact of the Golden Bough*, Princeton: Princeton University Press, 1973.

[②] Hyman, S. E., "The Ritual View of Myth and Mythic", 1958, in Vickery, J. B. ed., *Myth and Literature: Contemporary Theory and Practice*, Lincoln: University of Nebraska Press, 1966, pp. 56–57.

[③] Harclin, R. F., "Ritual in Recent Criticism: The Elusive Sense of Community", in Segal R. A. ed., *The Myth and Ritual Theory*, 1998, p. 171.

正好就是通过仪式内部的细节性技术问题的探讨获得的);涉及推原性的,尤其是美学戏剧发生学方面的,都必须回这个"原点"。

综观这一"原点"的讨论,艾尔斯(Else)的观点代表了对这一问题的全新思索和反叛。艾尔斯认为,在早期的希腊悲剧历史里面并没有包含什么"狄奥尼西亚克"(Dionysiac)因素。他提醒人们注意,亚里士多德在《诗学》当中并没有提到什么神或者狄奥尼索斯精神被确认作为戏剧的表现内容。[①] 相反,"大部分所知的悲剧内容与酒神仪式来源无关,从荷马到史诗时代,它们主要取材于英雄神话和传说。对于祭祀神话和祭祀仪式,特别是狄奥尼索斯祭祀仪式的接纳,无论其广泛性和重要性方面都是次要的。换言之,希腊悲剧通常所借鉴和汲取的资源是英雄史诗,而非宗教祭仪"。他进而认为,总体上的希腊悲剧英雄所表现的是"自我意识"(self-awareness),而绝不是像狄奥尼索斯所表现出的基本精神品质的"自我迷失"(self-abandonment)。[②] 再者,"仪式假定"的形式与目的关系也受到质疑。一般而言,仪式行为的实践者可以由单一的"演员"完成;而观众如果在"怜悯精神"指导下,在观看演员表演时是无法确认自己的角色的。[③] 二者的距离显然非常大。艾尔斯等人的观点代表着一批试图从沉重的"仪式假定"羁绊中解脱出来的现代学者们所做的努力。不用说,这种努力相当费劲,特别是面对狂热的希腊悲剧的观众表现出来的对仪式的那种态度。无怪乎对于希腊观众沉迷于悲剧精神的现象,艾氏甚至很尖刻地用了一个"仪式期许"的概念(ritual expectancy)。他认为,正是由于"仪式期许"现象的存在,"严重地伤害了我们对戏剧的解释,并通过我们的解释达到对

[①] Else, G. F., "Origins and Early Form of Greek Tragedy", *Martin Classical Lectures*, Vol. 20, Cambridge: Harvard University Press, 1967, p. 14.

[②] Else, G. F., "Origins and Early Form of Greek Tragedy", *Martin Classical Lectures*, Vol. 20, Cambridge: Harvard University Press, 1967, pp. 63 – 69.

[③] Harclin, R. F., "Ritual in Recent Criticism: The Elusive Sense of Community", in Segal R. A. ed., *The Myth and Ritual Theory*, Malden, Mass: Blackwell Publishers, 1998, p. 172.

悲剧的总体上的认识"。①

另外一种可能性同时存在着：现代学者的职业研究已经完全受制于"学科"的知识分类，如果戏剧理论家们决计要打破"亚氏假定"，一个通常的逻辑前提就是要试图证明戏剧与仪式在发生形态上并非构成互为关系。最明确的目标为：戏剧与仪式根本没有关系，至少二者的关系并非本质性。然而，如此这般破除"亚氏假定"的学术基础可能更为脆弱，因为现代学者的知识准备和知识贮备、学术认知和学术认同的前提是"画地为牢"的林立学科和知识分类的樊篱，即早已经将仪式与戏剧划到了不同的知识范畴来看待。我们想过没有，仪式和戏剧的原生形态或许根本就是一体的。艾里斯所犯的错误可能比亚里士多德更为严重，因为连"论理"的前提都失去了。人类学"神话—仪式学派"比较多地在古董堆里发掘属于人类学学科性质的独到表述，比如弗雷泽同样也花很多笔墨在古希腊神话之中，单是酒神狄奥尼索斯神话和祭祀就有大篇幅的描写，② 与一般的神话学家和戏剧学家不一样，他借用大量异民族的材料来进行参照比较。他的研究更接近于比较文化（神话）的研究范畴。人类学研究从一开始就体现出相当开放的趋向。特别是表现在不像其他学科的学者那样拘泥于对仪式和神话的发生形态作哲学美学上的提升和总结，而集中对仪式的形式上的操作性、技术性、细节性等进行研究。后来的一些人类学家，比如特纳（Turner）、米德（Mead）都强调仪式的最小单位"象征"的指示能力。

事实上，真正专事人类学仪式领域的象征符号研究还是晚近的事情；也可以说是现代人类学较为特色的一种范式。它与人类学仪式研究的"结构"与"功能"有着继承关系，代表人物主要是涂尔干和马林诺夫斯基。法国人类学家涂尔干的仪式研究具有非常重要的地位。一方面，他并没有完全背弃古典人类学仪式理论的学术基础，他继续在仪式

---

① Else, G. F., "Origins and Early Form of Greek Tragedy", *Martin Classical Lectures*, Vol. 20, Cambridge: Harvard University Press, 1967, p. 4.

② Frazer, J. G., *The Golden Bough*, London: Macmillan Publishing Company, 1922, XLIII.

与宗教的"原点"中进行他的研究工作。但与"神话—仪式学派"完全不同的是,他厘清了作为人类经验的分类系统中仪式与信仰之间的差异;继而看到了仪式作为信仰的基础以及它在宗教的社会范围内的整合性质。在《宗教生活的基础形式》一书中涂尔干认为,宗教可以分解为两个基本范畴:信仰和仪式。仪式属于信仰的物质形式和行为模式;信仰则属于主张和见解。这是把所有的现象区分为两大类(思想和行为)的根本区别。仪式是以其对象的独特性质来确定和辨别的,并由此与其他的人类实践(如道德实践)区别开来。……世界划分为两个领域,一个是神圣的事物,另一个则是世俗的。这种区分构成了宗教思想的特征。信仰、神话、教义和传奇,或是表象或是表象的体系,它们表达了神圣的本质,表现了它们所具有的美德和力量,表现出它们相互之间的联系以及同世俗事物的联系。但是,人们绝不能把神圣的事物理解为所谓神或精灵之类的人格化的存在。一块石头、一棵树木、一股喷泉、一块卵石、一片木头、一座房屋,总之无所不能是神圣的。而一种仪式也可以具有这种特征,事实上仪式若不是在某种程度上具有这种特性,就不成其为仪式。……由此我们得出下列定义:一个宗教是信仰与仪式活动之统一的体系,它们都同神圣的事物有关。神圣的事物是有所区别和禁忌的。……仪式活动在这一因素的定义中同信仰这一因素相比,并非缺乏本质性。①

涂尔干关于"神圣/世俗"(The Sacred/The Profane)的著名命题后来成了人类学家在讨论仪式的内涵时不能轻易跨越的另一个"原点"。换句话说,你可以不同意涂尔干将这样一组对立性概念当作仪式的圭臬,却经常不得不借用这一分析"工具"。不少新的见解也就是从对它的讨论和诠释开始,或直接将它与仪式意义联系在一起。比如拉德克利夫-布朗(Brown)针对性地说:

---

① [法]涂尔干:《宗教生活的基础形式》,载史宗主编《20世纪西方宗教人类学文选》,上海三联书店1995年版,第61—63页。

当涂尔干使用"神圣"（sacred）这个术语时，既包含了神圣也包含了不洁。法国人比英国人容易做到这一点，因为拉丁语sacer这个词既可以用于诸如神祇这类的神圣事物，亦可以用于诸如犯了罪的令人憎恶的人物。但在英语中，神圣（sacred）只能与神圣（holy）相等同。……在社会成员中间，我们发现，对于社会成员所赋予不同类型的对象的仪式价值存在着某种程度的公认尺度。我们还可以发现，大多数仪式价值是社会成员所公认的、既定的社会价值。……仪式的价值存在于每一个已知的社会之中，从这个社会到那个社会，仪式价值会呈现出极大的差异。……①

在布朗那里，仪式成了社会组织的一种描述和社会总体结构中的象征性表述。神话不仅可以解释仪式，也可以解释其他文化组织行为。

"神圣/世俗"与其说是一组人类学、宗教学的概念和工具，还不如说它旨在间隔出一个结构的空间范围。因为神圣与世俗如果没有产生足够的"间离空间"，仪式和宗教的崇高性便无从生成；"中心"与"边缘"也就无法成就"话语效果"。柯普曾经就"神圣/世俗"这一组概念的同名从语言学角度作了历史的考证，它的拉丁语来源 sacrum/profanum 一开始就具有丰富的意义。首先它指专属于神所操控的事物，所表示者为"神圣"，大致与 Holy 相当，具有"全知全能"的指喻。与 profanum、profanes，即神圣相对应，还有一个类似的词汇"fas"，指神域之外，不受神操控领域。显然，"神圣/世俗"在原始语言中将范围加以区分。我们也可以理解为：属于神所掌握的领域为"神圣"的；反之便是"世俗"的。事实上，最早的所谓神圣对于罗马人来说并非一定与神联系，而是直接与仪式性场域发生关系，即祭祀的宗教场所，诸如庙宇等具体祭祀的地方（fanum）。具体说就是将特定举行祭献的

---

① ［英］拉-布朗：《禁忌》，载史宗主编《20世纪西方宗教人类学文选》，上海三联书店1995年版，第107—109页。

地方作为一个神圣的位置确定下来,从而与非神圣的地方相隔开来。[1]依照语言上的训诂,"神圣/世俗"因此至少具有以下的指示范畴:

(A) 以"神祇"为核心的专属性——性质指喻
(B) 以仪式为表现形态的归属性——形式指喻
(C) 以场域为范围距离的空间性——空间指喻
(D) 以行为为规定范畴的连带性——行为指喻

叙事意义与语言意义每每具有特殊的互文性质。

马林诺夫斯基在神话和仪式的关系问题上基本与"神话—仪式学派"保持一致,认为神话是观念的,仪式则是实践的,二者并置。但马氏独辟蹊径,将文化现象,包括巫术、神话、仪式等与人类在与自然相互关系的生存关系这一"功能"直接勾连,确立了"功能主义"在仪式理论上的又一个"原点"。所有那些神秘的、不可见的、超自然的、经验的、制度性的文化现象的表述、表示、表演都显得更具有直接的、根本的和功利性的理由。他直截了当地宣称:所有的巫术和仪式等从根本上说都是为了满足人们的基本需求(basic needs)。[2] 巫术总在执行着这样一种原则:"帮助那些需要帮助的人们。"人们为了面对那些无法预知的、无法安排的来自于命运、机会和不幸等的各种情形和境地,不可避免地与巫术发生关系。二者之间变成互相你我。如果人类没有这些"基本需求",那些形形色色的文化表述形态便无从生产。巫术需要仪式行为的表演来帮助实现现实生活中人们所办不到的、无法取得的结果。逻辑性的仪式行为建立在一种信仰之上。这种信仰是人们经过对生活传统的细致观察,确信人类可以影响自然的过程、控制命运。这种信仰总可以在传统的神话中、在经验事务中发现巫术的力量。因此,

---

[1] Colpe, C., "the Sacred and the Profane", in Micea Eliade ed., *Encyclopedia of Religion*, Vol. 2, New York: Mac Millan Publishing Co., 1987, pp. 511 – 518.

[2] [英]马林诺夫斯基:《巫术与宗教的作用》,载史宗主编《20世纪西方宗教人类学文选》,上海三联书店1995年版,第91页。

巫术具有族群价值，它又促使人们为了公共利益加入到仪式活动中去。马林诺夫斯基非常清晰地演绎出了"功能主义"的示意图：人们相信，巫术可以帮助实现人们所不能达到的结果。这种"相信"绝非凭空，它建立在人类生活现实和经验之上。仪式成了实现这一逻辑关联的具体行为——一种族群的、社区的、具有地方价值的功能性表演。因此，它也是一种"地方知识"（the place of knowledge）系统。这种知识系统所呈现出来的诸如宗教、巫术、魔术和作为文化现象的各种分类都是为了保证满足人类的需要。[1]

今天，人类学的仪式研究已经越来越不同意传统仪式研究上的主导理念和范式：一是以涂尔干为代表的范式，即把仪式当作信仰的行为（"神圣的"或"社会的"）。另一种范式认为，仪式要么是行为的本身，要么只是行为的一个方面，总而言之，就是将仪式作为一个可以如零件一样从一部机器拆卸下来进行单独分析的、具有器具化操作的样品。当代西方学术界刮起了一股"后学"风，"后现代主义""后殖民主义"种种观念和方法自然而然也循入了仪式研究领域，并因此产生了一些新的思索点。比如贝尔就提出了一些新见解：首先，由于社会空前迅猛的发展，不同的社会形态和族群交流日益扩大和深入，使得传统的仪式在今天的背景之下增加了许多不同的"新质"。结果是——亦即最明显的一点是仪式中混杂了其他社会的行为和观念。其次，这样的社会进程不可避免地将个人带入了"仪式化"境地。个人的行为都成了"有目的、策略性的"行为。反之，仪式化新产品嵌入了大量属于独立个体的本能性的东西和知识，包括他们的身体、他们对待现实生活的态度以及他们不得不在维持和平衡权力关系的微妙境遇中做出符合自己理解的行为方式的选择。[2] 通过类似的观点，我们可以清晰地发现福柯、布厄迪等人观点的移植和变形。

---

[1] Malinowski, B., *Sex, Culture and Myth*, New York: Harcourt, Brace & World, 1962, pp. 190-191.

[2] Bell. C., *Ritual Theory, Ritual Practice*, New York & Oxford: Oxford University Press, 1992, p. 221.

人们注意到，随着社会的发展，现代的仪式行为发生在"地球村"和"全球经济一体化"的大语境之下，仪式的面目一改传统的有确定人群、时间地点、区域特色、文化圈价值等特质，有些仪式越来越呈现出在全球范围内共同遵守某一种"游戏规则"的情形。这样，仪式中的现代"超级权力"已经开始形成。有的学者以现代的奥林匹克运动项目为例，认为现代体育完全就是古代"仪式"和"戏剧"的一种延续。其中有一点就是表现出"对权力的迷恋"。[1] 奥林匹克运动的仪式化模式大致表现出以下两种文化"再生产"层面的意义：文化的自然的"惯习"（habitus，法国社会学家布迪厄"实践社会学"中的概念——笔者注）和"社会形象（social image），比如女性运动员在体育项目中的"表演"既是"生物的也是文化的"（biology/culture）；既是"生物之性也是社会之性"（sex/gender）。[2] 如人们有理由推断，今天体育竞赛的"仪式化"活动所遵循的规则已经相当程度的全球化，那么，它的权力也就达到了"全球化"。如果这样的"再生产"得以维持和继续，那么，"产品"也就在"一体化"中流通。仪式不论是手段还是目的，形式还是内容，原因还是结果，这一点必须引起格外注意。

原载于《民俗研究》2003 年第 2 期

---

[1] Rndie, I., "Making Person in a Global Ritual? Embodied Experience and Free-Floating Symbols in Olympic Sport", in Hughes-Freeland, F. & Crain, M. M. ed., *Recasting Ritual*, 1998, p. 117.

[2] Rndie, I., "Making Person in a Global Ritual? Embodied Experience and Free-floating Symbols in Olympic Sport", in Hughes-Freeland, F. & Crain, M. M. ed., *Recasting Ritual*, 1998, p. 119.

论叙事传统

傅修延*

叙事的本质是叙述事件,也就是通常所说的讲故事,当然现在的讲故事已不仅是诉诸语言或文字,传媒变革导致今人正以前所未有的多种方式接触到形形色色的叙事。传统为世代所传之统,可传之统包括血统、文统、道统、学统、法统和国统等。① 从最简单的意义上说,叙事传统指的是世代相传的故事讲述方式。在走向全面复兴的时代大潮推动之下,国内学界对本土叙事传统的研究热情也在不断提升,这种情况决定了对这一核心概念的理解应走向深化。本文拟从学理角度对其作正本清源的辨析,以期为相关研究及当前倡导的"讲好中国故事"提供学术助力。

一 传统

对传统的阐释可谓众说纷纭,把传统问题说清楚可能需要不止一本书的篇幅。为了避免繁冗,我们不妨反弹琵琶,通过纠正某些具有普遍性的误解来表明自己的认识。

传统在一般人印象中属于不再变化的过去,这是本文亟欲纠正的第

---

* 傅修延,江西师范大学教授。
① 《后汉书·东夷传·倭》:"自武帝灭朝鲜,使驿通于汉者三十许国,国皆称王,世世传统。"(南朝宋)范晔撰、(唐)李贤等注:《后汉书》第10册卷八十五,中华书局1965年版,第2820页。

一大误解。传统固然是世代所传,但在传递的过程中,传统本身也在发生微妙变化。上一代人传给下一代的,与下一代传给再下一代的不会完全一样,因为传递者会在传递对象上留下自己的痕迹甚至烙印。表面上看,传统是沿着时间箭头代复一代地向下延续,但是每一代人对传统的贡献却是一种反方向的向上回馈。欧文·白璧德看到,"杰出作品就像是一条绵绵不断的金链,把更永恒的作品连接为一个完整的传统"①,他的学生 T. S. 艾略特则不但看到"现存的不朽作品联合起来形成一个完美的体系",还认识到"新鲜事物的介入"导致作为体系存在的传统本身也在发生改变:

> 当一件新的艺术品被创作出来时,一切早于它的艺术品都同时受到了某种影响。现存的不朽作品联合起来形成一个完美的体系。由于新的(真正新的)艺术品加入到它们的行列中,这个完美体系就会发生一些修改。在新作品来临之前,现有的体系是完整的。但当新鲜事物介入之后,体系若还要存在下去,那么整个的现有体系必须有所修改,尽管修改是微乎其微的。于是每件艺术品和整个体系之间的关系、比例、价值便得到了重新的调整,这就意味着旧事物和新事物之间取得了一致。②

任何事物都有其"质的规定性"。传统作为世代所传之统,这一本质决定了它的使命是不断向下延续,然而如果只是一成不变的陈陈相因,这个封闭的体系必定会迅速走向衰亡,因此要想成为传统就必须开放体系的边界。艾略特此文指出了传统的动态性:传统就像一条由古及今的历史长河,如果途中不能获得八方来水的补给汇聚,这条长河不可能从过去一直流淌到现在。艾略特看到的还不止于此,引文还有另一层

---

① [美] 欧文·白璧德:《论创新》,载《文学与美国的大学》,张沛等译,北京大学出版社 2004 年版,第 155 页。
② [英] 托·斯·艾略特:《传统与个人才能》,载《艾略特文学论文集》,李赋宁译,百花洲文艺出版社 1994 年版,第 3 页。

更为重要的意思，这就是传统并不像许多人想象的那样只属于过去：传统看起来似乎永远位于每一代人的身后，但每一代人的前行同时也在创造历史并导致身后传统的改变，因此传统总是在跟随每一代人前行中不断调整自己的内部秩序。艾略特对此有精彩的归纳："过去决定现在，现在也会修改过去。"① 以《红楼梦》的问世为例，这棵参天大树甫一亮相便占据了古代小说林的中心位置，比它更早的各类小说——包括对其叙事范型有直接影响的"描摹世态，见其炎凉"的明代"人情小说"②，统统被迫起身给它腾出位置。受其冲击的还不只是小说传统。闻一多曾说"我们这大半部文学史，实质上只是一部诗史"③，《红楼梦》的出现在很大程度上改变了过去"诗重稗轻"的观念，所谓"开谈不说《红楼梦》，纵读诗书也枉然"，反映的就是一种"诗消稗长"的新局面。

传统一词的拉丁文为 traditum，英文为 tradition，从 trade（贸易）这个词根，可以看出这个词有被传递、移送之义。我们这边由于经常提及继承传统，导致人们印象中的传统也是一种代际间的传递之物，可以由人的主观意志来决定承传与否。这种认识是对传统的第二大误解，因为个人与传统之间并非简单的主客体关系，我们可以继承或不继承传统的某一方面，但从总体上说我们无法拒绝传统，因为我们本身就是传统的产物。如果将传统看作他者，等于说我们像孙悟空一样是从石头缝里蹦出来的。就一定意义而言，传统是一个把"小我"包裹在内的"大我"，作为"小我"的个人要与传统这个"大我"决裂，就像想拔着自己的头发离开地球一样不可能。《西游记》曾描写孙悟空在如来佛掌心中的百般无奈，爱德华·希尔斯（Edward Shils）在《论传统》一书中

---

① ［英］托·斯·艾略特：《传统与个人才能》，载《艾略特文学论文集》，李赋宁译，百花洲文艺出版社1994年版，第3页。
② 鲁迅：《中国小说史略》，载《鲁迅全集》第9卷，人民文学出版社1981年版，第179页。
③ 闻一多：《文学的历史动向》，载《闻一多选集》第1卷，四川文艺出版社1987年版，第365页。

也用"在过去的掌心中"来为第一章命名,该章主要强调传统对个人的决定性作用:

> 生活于任何特定时期的人们很少与同时生活的任何亲族成员相差三代以上。他们与过去所创造的事物、作品、语词和行为模式的直接接触,无论是物质的还是象征性的,其范围则广泛得多,在时间上可追溯到很远的过去。他们生活在来自过去的事物之中,他们的所作所为、所思所想,除去其个体特性差异之外,都是对他们出生前人们就一直在做、一直在想的事情的近似重复。①

希尔斯未对这一认识从理论阐发,我们不妨从现象学角度做点补充解释。对于人在时间中的存在,海德格尔在《存在与时间》中用"被抛""此在"和"沉沦"等术语做了许多讨论,借用这些词语的汉语字面意义,可以说个人来到世界上就是一种不由自主的"被抛"——上天像掷骰子一样,把个人抛到对他来说完全陌生的世界上,对于"沉沦"到"此在"的命运安排,个人除了服从之外没有任何其他选择。希尔斯说任何个人的所作所为、所思所想都是对前人的"近似重复",原因就在于"被抛"和"沉沦"使个人深陷于"过去的掌心"难以自拔,他的思想行为和表达方式不可能避免前人的影响,也不可能摆脱既有习惯的约束。传统事物中最难做出切割的是语言。东欧诗人保罗·策兰出生在一个说德语的犹太家庭,其父母后来均死于纳粹集中营,但他创作时不得不用自己的母语,这就给他带来了一个最大的痛苦——"妈妈呀,我在用敌人的语言写诗"!在以"破旧立新"为开端的十年浩劫时期,以孔子为代表的传统文化遭受到最为激烈的批判,但批判者似乎并不介意使用孔子留下的"是可忍,孰不可忍"(《论语·八佾》)等表达方式。这种"用敌人的语言批判敌人"的做法,正好说明了传统

---

① [美]爱德华·希尔斯:《论传统》,傅铿、吕乐译,上海人民出版社2014年版,第37页。

的影响比人们意识到的更为强大，即便是在批判和否定传统时，人们仍在延续或肯定传统某些方面的价值。

传统既然是一个将"小我"包裹在内的"大我"，作为"小我"的个人要想理性地对待传统便不那么容易——受自我意识和特定情感的影响，个人在涉及"我"或"我们"时很难做到完全客观公正。相对而言，许多人可能不那么在意自己的尊严，但绝大多数人都不能容忍别人委屈自己生身立命的"母体"——包括父母、故乡、家族、民族和祖国等，即便造成这种冒犯的责任在于"母体"自身。《论语·子路》中叶公以"其父攘羊，而子证之"为"直"，孔子则说"直"在"父为子隐，子为父隐"之中。传统当然也属个人的一种"母体"，非理性的"亲亲相隐"心理同样左右着个人对传统的态度。实事求是地说，传统这条历史长河从来都是鱼龙混杂泥沙俱下，虽然人们一直在说取其菁华去其糟粕，但真要分清二者谈何容易，更何况还有众多非理性因素妨碍人们做客观分辨。

对于个人来说，传统除了上面所说"母性"之外还有"神性"，后者是人们难以理性对待传统的最大原因。"神性"这里指传统所具有的神圣克里斯玛特质，克里斯玛（Charisma）原为西方基督教用语，指的是因蒙受神恩而被赐予的超凡禀赋。马克斯·韦伯把这个概念运用到普遍领域——"既用它来指具有神圣感召力的领袖人物的非凡体格特质或精神特质，如先知、巫师、立法者、军事首领和神话英雄等的超凡本领或神授能力，也用它来指一切与日常生活或世俗生活中的事物相对立的被认为是超自然的神圣特质，如皇家血统或贵族世系"。[①] 希尔斯进一步扩大了它的内涵："社会中的一系列行动模式、角色、制度、象征符号、思想观念和客观物质，由于人们相信它们与'终极的''决定秩序的'超凡力量相关联，同样具有令人敬畏、使人依从的神圣克里斯玛特质。"[②] 不难看出，所谓克里斯玛特质属于非理性思维的产物。超自

[①] 傅铿：《传统、克里斯玛和理性化——译序》，载［美］爱德华·希尔斯《论传统》，傅铿、吕乐译，上海人民出版社2009年版，"序言"第3页。

[②] 傅铿：《传统、克里斯玛和理性化——译序》，载［美］爱德华·希尔斯《论传统》，傅铿、吕乐译，上海人民出版社2009年版，"序言"第4页。

然的特质在世间事物中不可能真正存在,但由于上述对象在世间事物间显得过于出类拔萃,人们仍然像希尔斯所说的那样,相信这些对象与某种"决定秩序的"的终极力量存在关联,因而赋予其超凡脱俗的克里斯玛特质。被赋予克里斯玛特质的,既有创造过历史的人物与影响深远的事件,也有相关事件发生的地点和时间,甚至还包括一些带有纪念碑意义的有形无形创造物。这些重要的人物和事件等不可能不在历史上留下深刻印记,人们因而视其为传统的化身,近乎本能地对其持尊重态度。这种对传统的感情很难用理性来解释,因为对克里斯玛事物的敬畏和依从往往渗入人的血脉和骨髓之中。

当然,也不是没有人提出过要用理性的态度来对待传统。欧洲18世纪的启蒙学者极度崇尚理性,他们建立了一个想象中的理性法庭,声称要用这个法庭来审判包括传统在内的既有一切:"一切都受到了最无情的批判;一切都必须在理性的法庭面前为自己的存在作辩护或者放弃存在的权利。"① 然而任何存在都有其特定时空内的合理性,"最无情的批判"必然导致某些传统过早地"放弃存在的权利",因此这种态度本身就是有违理性精神的。在论及启蒙运动的弊端时,希尔斯不无感伤地说:"把人类从迷信和巫术信仰中解放出来已经走得如此之远,以致对许多人来说,一个道德上井然有序、人们对某些事物充满神圣感的世界之理想已经幻灭了。"② 不仅如此,启蒙学者有时候不是让理性而是让自己来充当理性法庭的法官,他们在审判一切时唯独忘记了批判他们自己。20世纪以来国人对传统的批判,也屡屡出现这种用力过猛和对人不对己的情况。似此理性对待传统不像高举理性旗帜那样容易,没有人能完全做到凭理性行事。像启蒙学者那样强行用理性来审判传统,则又会危及传统的克里斯玛特质——一个被"祛魅"的传统是不可能传之久远的。

---

① [德]恩格斯:《反杜林论》,《马克思恩格斯文集》第9卷,人民出版社2009年版,第19—20页。
② [美]爱德华·希尔斯:《论传统》,傅铿、吕乐译,上海人民出版社2014年版,第349页。

二 叙事传统

传统包罗万象，叙事传统只是其中之一，但叙事传统与传统的关系非同一般，要想对其有深刻认识，必须首先理清叙事与传统之间的关系。

传统不会自动地往下传递，叙事是其薪尽火传的主要原因。诚然，观察和模仿也能实现某种程度的代际承续，但是缺乏逻辑联系的零散印象很容易失落，只有把信息作为事件或故事嵌入特定的时空框架，对相关人物、行动与环境等进行有组织的讲述，才有可能形成系统性的集体记忆，便于口口相传和代代相传。人类走过的道路荆棘丛生，讲述前人筚路蓝缕的故事，有利于后人从中汲取智慧和经验，找到解决当代问题的最佳途径。历史的相似性告诉我们，前人的遭遇往往会以某种形式在后世重演，后人之所以珍若拱璧般地守护自己的集体记忆，就是因为传统可以帮助自己少走弯路。"前人"这一概念指的是已经退出历史舞台的无数代人，从数量上说前人要比今人多。也就是说他们遭遇的事情要比今人多，凭借千百年积累下来的集体记忆，今人可以绕开前人曾经落入的陷阱，沿着前人开辟的道路继续行进，这不失为一种安全和稳当的行事策略。

就漫长的人类历史而言，文字传播的盛行只是最近才发生的事情，此前的集体记忆主要诉诸口头叙事。视觉中心时代的今人很难想象前人的听觉记忆能力是如何强大，所幸在人类非物质文化遗产保存较好的地区，仍有活态的口头叙事传统不绝如缕。在我国藏族、蒙古族和克尔克孜族集聚地区，活跃着一批传唱《格萨尔》《江格尔》《玛纳斯》等史诗的艺人，以表演《玛纳斯》的艺人为例，他们可以从夜晚唱到天明，在比赛期间甚至能连续演唱几天几夜。米尔曼·帕里（Millman Parry）和艾伯特·洛德（Albert Bates Lord）曾对南斯拉夫地区的史诗演唱传统进行调查，共同创立了"帕里—洛德理论"或曰"口头程式理论"（Oral-Formulaic Theory），这一理论试图从学术角度解释艺人何以能记住成千上万的诗行。① 不过该理论还不能说完全揭开了这一现象的秘密，因为一些文盲艺人对史诗的把握很难用程序和训练来解释——就像人群中的音乐天才或数学天才一样，他们记诵历史的能力与别人相比可谓鹤立鸡群。美国黑人作家阿历克斯·哈利（Alex Haley）撰写的历史小说《根》中，身为黑奴后裔的"我"长大后回冈比亚寻根，他惊愕地听说这个地方所有人的历史都以口耳相传的形式保留了下来："一看到我震惊的神色，这些冈比亚人又向我说明每个人的历史都可追溯到远古没有文字的时代，当时人类的记忆、嘴巴和耳朵是唯一能储存和转播资讯消息的工具。他们说我们这些西方世界的人已习惯于'印刷的历史'，因此几乎没人能够体会人类的记忆力可被训练至如何登峰造极的地步。"②

传统不仅因叙事而传，与传统有关的叙事还经常创造传统或成为传统的替身。传统来自过去，过去的事物大多经受不住时光的磨蚀，今人更多是通过与传统有关的叙事获悉传统。这就导致能指有时取代了所指，用佛家的话来说就是，指月亮的指头被当成了月亮本身。欧美国家的圣诞习俗可谓虚构性叙事的产物。大多数人可能以为这一习俗在西方是"古已有之"，实际上圣诞节在很长时期内只被人们用于安静休息，直到 1843 年狄更斯出版小说《圣诞颂歌》，书中叙述的家人团聚、赠送礼物、相互祝福和共享盛宴等内容才为社会大众所效仿，并相沿成习变成近两百年来的西方传统。叙事从来都是有目的性的，狄更斯写《圣诞颂歌》是为了纠正缺乏人情的逐利时弊，所有的故事后面都可发现有某种动机存在。笔者对起源于江西的羽衣仙女传说作过一点考察，③ 这个传说能在全球广泛传播，关键在于其中仙女与凡人生育后代的情节，为后世附会者提供了一个神化其血统的自由"接口"，如琉球

---

① "这一理论将歌手们的诗歌语言理解为一种特殊的语言变体，它在功能上与日常语不同，与歌手们在平常交际和非正式的语言环境中所使用的语言不同。由于在每一个层次上都借助传统的结构，从简单的片语到大规模的情节设计，所以说口头诗人在讲述故事时，遵循的是简单然而威力无比的原则，即在限度之内变化的原则。"参见［美］约翰·迈尔斯·弗里《口头程式理论：口头传统研究概述》，朝戈金译，《民族文学研究》1997 年第 1 期。

② 参见［美］阿历克斯·哈利：《根》，郑惠丹译，译林出版社 1999 年版，第 638 页。

③ 傅修延：《中国叙事学》，北京大学出版社 2015 年版，第 281—296 页。

群岛和日本本土就有统治者是"仙女的后裔"的记载,① 当地人在传播这个美丽故事的同时,不知不觉接受了统治者属克里斯玛型人物这一认识。《诗经·商颂》中的"天命玄鸟,降而生商",也是用美丽的玄鸟羽毛来为商王的血统作装饰。如此看来,许多神话叙事都负有创造传统的使命,传统的克里斯玛特质与人们刻意添加的虚构成分不无关系。

三 叙事传统的提出

传统因叙事而传,而叙事本身在传的过程中又会逐渐形成一些相对固定的范式与套路,此即叙事传统的由来。叙事与传统的关系既是如此密切,那么为什么叙事传统这一概念直到最近才被学术界作为一个重要的研究对象呢?表面看来,这与近些年涌动的叙事学热潮有因果关联,研究叙事必然导致对叙事传统的追溯,这就像研究小说不可能不关心小说史一样,然而更深入地看,提出叙事传统这一名目并将其纳入议事日程,标志着学术界认为需要从叙事的角度,重新审视跨越多个学科门类的讲故事行为。学科划分的钟摆今天已从不断细化的顶端返回,现在正朝着相反的方向摆去。②

罗兰·巴特曾经指出硬性划分人文学科的荒谬:"我们将书法家置于这一边,画家置于那一边,小说家安于这一边,诗人安于那一边。而写却是一体无分的。"③ 叙事和这里所说的"写"一样也是"一体无分"的,无论是在文学、历史和新闻之间掘出鸿沟,还是更进一步在

---

① "中山王察度乃琉球三山的统一者,在位时期乃琉球历史最辉煌之页,他也是天仙的孩子。"参见[日]君岛久子《仙女的后裔——创世神话的始祖传说形态之一》(节译),刘刚译,《云南民族学院学报》1990年第3期。上田五月(Ueta Satsuki)的博士学位论文《中日羽衣仙女传说研究——兼与中国羽衣仙女传说的比较》(未出版,由笔者指导)对此有详论。

② "要想就叙事传统获取恰如其分的判断,就不得不首先解决一个具体问题,即我们必须设法避免将小说这一文学形式当作顶礼膜拜的对象。"参见[美]罗伯特·斯科尔斯、詹姆斯·费伦、[美]罗伯特·凯洛格《叙事的本质》,于雷译,南京大学出版社2015年版,第2页。该书第一章题目为"叙事传统"。

③ [法]罗兰·巴特:《字之灵》,载《文之悦》,屠友祥译,上海人民出版社2002年版,第112页。

文学阵营的小说、戏剧和诗歌之间筑起藩篱，都无法遮蔽它们都有讲故事成分这一共性。从媒介运用来看，人类最初主要依靠自己的器官与肢体来传递与事件相关的信息，如指事、画事、舞事、说事、咏事、演事和写事等，后来造纸和印刷技术的成熟使得写事在诸多涉事行为中蔚为大观，再往后的社会发展和传媒变革又给这些行为带来了各自的升级版，其中一些还"强强结合"走向互补综合。不管后起的笔头叙事、新兴的镜头叙事与最初的口头叙事之间存在多大差别，它们都属于用各种方式讲述故事，虽然后来的"讲述"已经不再是或不仅是诉诸听觉。万变不离其宗，只有紧紧抓住"讲故事"这条主线，才有可能穿透既有的学科门类壁垒，还原出叙事传统的谱系（genealogy）。

还须看到，现行的学科分类乃是西方思维的产物，这套分类系统不一定完全适合我们自己的传统。假如一味执着于文史之分，我们便很难理解为什么前人的一些评论经常会跳出窠臼，或者是以文论史，或者是以史评文。鲁迅称《史记》为"无韵之离骚"属于前者，戚蓼生说《红楼梦》"如《春秋》之有微词，史家之多曲笔"则属于后者。在我们这个史官文化先行的古老国度，杰出的文学家常被戴上"史迁""班马"之类的史家桂冠，人们喜欢用"史才""良史"之类来形容其叙事能力的卓越。这些都说明前人对文史之分并不那么在意，他们不仅意识到了叙事的跨学科属性，而且还真正是从叙事传统这一高度来观察那些有内在联系的讲故事行为。再来看文学阵营内更细的划分，小说、戏剧和诗歌在西方人看来属于不同的门类，但在国人眼中它们很难完全分开。以戏剧与诗歌为例：西方的戏剧只是戏剧，中国传统戏剧则因有戏有曲而称戏曲，散曲（配合流行曲调而撰写的合乐诗歌）在元代的兴盛，竟然使得"元曲"成为元杂剧的代名。又以小说与戏剧为例：西方人很难想象我们的前人曾将小说和戏曲归为一类，20世纪初年蒋瑞藻的《小说考证》和钱静芳的《小说丛考》均有戏曲内容，当时的《新小说》《小说林》等杂志也是刊登戏曲作品的重要园地。把戏曲和小说放在一起对国人来说并不奇怪，它们的雏形当年在勾栏瓦舍时就是挨在一起相互影响的邻居，这也是两者间许多相似之处的由来。

以上讨论是从叙事的跨学科性质出发，如果把出发点转到对人类本身进行全面研究的人类学，我们对提出叙事传统的意义会有更进一步的认识。人类为什么能在地球上所有的生灵中脱颖而出，成为莎士比亚所说的"宇宙的精华，万物的灵长"？现在有研究认为原因在于人类会讲故事。早期人类中不光有被认为是我们祖先的智人，也有体型和脑容量更大的尼安德特人，《人类简史》的作者尤瓦尔·赫拉利（Yuval Noah Harari）相信，智人就是因为更会讲故事而将尼安德特人淘汰出局：

> 如果一对一单挑，尼安德特人应该能把智人揍扁。但如果是上百人的对立，尼安德特人就绝无获胜的可能。尼安德特人虽然能够分享关于狮子在哪的信息，却大概没办法传颂（和改写）关于部落守护灵的故事。而一旦没有这种建构虚幻故事的能力，尼安德特人就无法有效大规模合作，也就无法因应快速改变的挑战，调整社会行为。①

会讲故事意味着能用故事纽带来维系人群，把分散的个体结合成愿意相互合作的共同体——"两名互不认识的塞尔维亚人，只要都相信塞尔维亚的国家主体、国土、国旗确实存在，就可能冒着生命危险拯救彼此"。② 与许多具备爪牙角翅之利的动物相比，个头偏小的人类祖先在身体条件上基本没有优势，但他们能组织大规模的有效合作来克敌制胜，凭借的就是讲故事建立起来的相互信赖。

作为一部面向广大读者的普及性读物，《人类简史》的行文不免夹杂某种戏谑成分，但赫拉利只是人类靠讲故事起家这一观点的传播者，人类学的相关研究早就得出了这样的结论。曾任牛津大学认知及演化人类学学院院长的罗宾·邓巴（Robin Dunber）在《人类的演化》中说：

---

① ［以色列］尤瓦尔·赫拉利：《人类简史：从动物到上帝》，林俊宏译，中信出版社2014年版，第29页。
② ［以色列］尤瓦尔·赫拉利：《人类简史：从动物到上帝》，林俊宏译，中信出版社2014年版，第35页。

"文化中有两个关键的特性,显然为人类所独有。这两个特性一个是宗教,另一个是讲故事。"① 宗教其实也有讲故事性质,单纯的教义宣讲容易陷于枯燥,只有将其糅入故事才能为信众喜闻乐见。在其另一著作《梳毛、八卦及语言的进化》中,邓巴指出灵长类动物的梳理毛发(grooming)是一种重要的情感沟通手段,互梳毛发与否不但宣示关系的亲疏,群体内的山头与小圈子亦由此呈现;不仅如此,过去认为灵长类动物彼此间的咕哝呼唤(grunt)并非语言,最近灵敏度更高的仪器探测出这些声音不像听上去那么简单,它们可以传递较"小心""救命"之类更为复杂的信息,因此声音沟通的内涵要比沉默的梳毛丰富得多,效率也要高得多。② 不难看出,人类学会说话之后的"八卦"(gossip)是对远古时代梳毛与咕哝的一种继承,"八卦"虽然在形式上已经演化为更高层次的口头叙事,但其表达爱憎、"拉帮结伙"的功能并未发生质的改变。

邓巴认为原始人的大脑发育与所属群体的大小呈正相关:群体大则人际关系复杂,人际关系复杂则分辨敌我友的难度增加,应对这种局面带来的压力自然会促进大脑皮层的生长。③ 从本文角度看,群体扩大与叙事能力的提高也是相辅相成之事。从沟通角度说,从梳毛、咕哝到"八卦"属于群体变大后的一种必然,因为梳毛属于"一对一"的肢体接触,人数多了这种接触不免顾此失彼,而"八卦"的飞短流长刺激着各个山头、小圈子和个人的敏感、禁忌与好奇,容易在群体内引发不胫而走的"一对多"扩散,这种传播就像燎原烈火一样事半功倍不可阻挡。反过来看,"八卦"或曰形形色色的讲故事又是群体形成、维系和扩大的必要条件,即以赫拉利所说的"部落守护灵"为例,最初这可能只是某人的一句戏言,但是随着更多人的认同和对该故事的"接

---

① [英]罗宾·邓巴:《人类的演化》,余彬译,上海文艺出版社2016年版,第20页。
② Dunber, Robin, *Grooming, Gossip, and the Evolution of Language*, Cambridge, Mass: Harvard University Press, 1998, pp. 21 – 22, 46 – 51.
③ Dunber, Robin, *Grooming, Gossip, and the Evolution of Language*, Cambridge, Mass: Harvard University Press, 1998, pp. 61 – 64.

着讲",一个有着共同信仰的群体就此诞生。如此我们可以进一步理解,为什么邓巴会把宗教和讲故事作为人类文化的两个关键性特性。希腊神话作为西方叙事传统的开端,至今仍被世界各地的西语族群视为自己的文化源头,而希腊语中"神话"的本义就是咕哝,① 英语、日耳曼语中的"上帝"追根溯源也是一种呼唤。② 大风起于青萍之末,咕哝离梳毛只有一步之遥,却是继之而起的"八卦"之先声,由此可以看出叙事传统在人类社会化进程中所起的重要作用,人猿揖别之后我们其实并没有向前走出多远。③

原载于《中国比较文学》2018 年第 2 期

---

① "'神话'源于希腊语的 mythos,其词根是 mu,意为'咕哝',即嘴发出声音之意。"参见 [美] 戴维·利明、[美] 埃德温·贝尔德《神话学》,李培茱、何其敏、金泽译,上海人民出版社 1990 年版,第 105 页。

② "印欧语词根的古老意义有时候扭曲甚至歪曲,真相难辨了,但它们还在那儿,从内里发着回响,作着提醒。古老词根 gheue,意思不过是呼叫,来到日耳曼语变成了 gudam,后来成了英语的 God(上帝)。"参见 [美] 刘易斯·托马斯《关于说话的说话》,载《聆乐夜思》,李绍明译,湖南科学技术出版社 2011 年版。

③ "即使到了今天,绝大多数的人际沟通(不论电子邮件、电话还是报纸专栏)讲的都还是八卦。这对我们来说真是再自然不过,就好像我们的语言天生就是为了这个目的而生的。你认为一群历史学教授碰面吃午餐的时候,聊的会是第一次世界大战的起因吗?……八卦通常聊的都是坏事。这些嚼舌根的人,所掌握的正是最早第四种权力,就像是记者总在向社会爆料,从而保护大众免遭欺诈和占便宜。"参见 [以色列] 尤瓦尔·赫拉利《人类简史:从动物到上帝》,林俊宏译,中信出版社 2014 年版,第 25 页。另见"Here, then, is a curious fact. Our much-vaunted capacity for language seems to be mainly used for exchanging information on social matters; we seem to be obsessed with gossiping about one another. Even the design of our minds seems to reinforce this." 参见 Dunber, Robin, *Grooming, Gossip, and the Evolution of Language*, Cambridge, Mass.: Harvard University Press, 1998, p. 6。

人类为什么要讲故事
——从群体维系角度看叙事的功能与本质

傅修延

叙事即讲故事，讲故事离不开"讲"——不管是真的用嘴讲，还是譬喻性的用笔或其他方式"讲"。一般认为语言是叙事的前提，但若考虑到人类祖先仅凭眼神、手势或轻微的咕哝声，便能传递"野牛过来了"这样的事件信息，我们或许可以把叙事交流的起点提到语言尚未正式形成之前。

经典叙事学蜕变为后经典叙事学以来，叙事的所指已经泛化，以较为宽泛的观念来考察早期人类的涉事行为，或许能使我们更为深刻地认识叙事的本源与本质，同时也能更进一步了解人类的本性。在这方面人类学已著先鞭，人类学家如罗宾·邓巴等已经指出讲故事活动与人类群居模式关系密切，以研究讲故事活动为主业的叙事学界需要对此做出自己的回应，本文愿成为这种回应的引玉之砖。

一 梳毛与结盟

与一切交流一样，讲故事活动中须有信息的发送者与接受者，也就是说，叙事行为只发生在有成员交往的社会性群体之中。要研究叙事因何发生，必须首先思考人类为何选择群居这一生存模式。对于这一问题，人类学与其他学科的相关研究给出了这样的回答：我们的远古祖先最早生活在树上，由于气候变化导致森林面积减少，700万年前一部分猿类被迫开始利用与森林相邻的广阔草原；较之于容易藏匿的树栖模式，地面生活使其更多暴露在猛禽猛兽的觊觎之下，为了降低被捕食的危险，体型偏小又无爪牙角翼之利的某些猿类很自然地选择了向彼此进一步靠拢；这是因为大型群体可以提供更多的预警乃至威慑机制，达尔文早就说过"在高等动物里，最普通的一种互助是通过大家的感官知觉的联合为彼此提供对危险的警告"①，不言而喻，集体狩猎和觅食也比单独行动更有效率；大型群体的另一个好处是有利于智力的提升：群体越大则人际关系越错综复杂，这一生存压力在很大程度上促进了大脑皮层的生长，没有一个能够识别敌我友的聪明大脑，包括叙事在内的诸多社会性行动均不可能发生。②

如此看来，人类的进化策略在于抱团取暖，依靠集体的力量实现种群的存续与繁衍。然而，相互靠拢既有可能获得温暖，也有可能被他人的"棱角"刺伤，群体之中的个人因此需要懂得如何与他人共处。他们既要学会用各种形式的沟通来发展友谊，以此润滑因近距离接触而发生的摩擦，同时也要承担这种合作造成的后果——与一些人结盟往往意味着对另外一些人的排斥。人类学家从这类沟通与排斥中解读出了某种意味深长的东西，参观过动物园的人都会注意到灵长类动物经常彼此整理毛发，人们一开始认为这是出于卫生的需要，罗宾·邓巴却发现长时间的相互梳毛（grooming）代表双方愿意结成稳固的联盟，他指出："维系联盟对灵长类动物来讲也就至关重要。我们所知道的梳毛就发挥着关键作用。虽然我们并不清楚为何梳毛会这么管用，但它的确增进了盟友间的信任。一方面，这是一种承诺：我愿意坐在这给你梳毛，而不是给阿方斯梳毛。毕竟，用 10% 的时间给同伴梳毛可是一笔巨大的时间投资。不管梳毛给你心理上带来多大的愉悦感，你愿意做出这样的承诺就表明了对同伴的忠诚。如果只是为了获得快感或保持皮毛干净，谁

---

① ［英］达尔文：《人类的由来》，潘光旦、胡寿文译，商务印书馆 1997 年版，第 152 页。
② 参见［英］达尔文《人类的由来》，第 151—153 页；罗宾·邓巴《梳毛、八卦及语言的进化》，张杰、区沛仪译，现代出版社 2017 年版，第 22—26 页；［英］罗宾·邓巴《人类的演化》，余彬译，上海文艺出版社 2016 年版，第 8—35 页。

都能当你的梳毛搭档。而长期固定的梳毛搭档则是表达忠诚最好的宣言。"① 罗宾·邓巴在另一部书中还指出,梳毛能激活身体内部安多芬的分泌,这种分泌"给人的感觉很像温和地过一次鸦片瘾,给人带来轻柔的镇静、愉悦和安宁。在类人猿中,当然也包括在我们人类中,这种感觉对形成亲密关系起到了直接的作用"②。不过一两次的相互梳毛并不能立即导致排他性的结盟,只有"长期固定的梳毛搭档"之间才可能建立牢不可破的忠诚与友谊关系。梳毛从表面看只是一种肢体接触,与叙事似乎是风马牛不相及,但罗宾·邓巴《梳毛、八卦及语言的进化》一书的标题设置,很明显是把梳毛当作八卦(gossip)的前身来对待。③ 当代流行语中八卦即嚼舌(汉语中可与 gossip 对应的还有闲言、咬耳朵等),这一行为中叙事成分居多,因为议论家长里短,免不了要讲述形形色色的故事,只有那些添加了想象成分的故事才能引发眉飞色舞的讲述与聚精会神的倾听。梳毛虽非直接叙事,但和人群中那些躲在一边窃窃私语的八卦伴侣一样,梳毛搭档也在向其他成员"秀"自己小团伙的友谊,而按照亲近张三便是疏远李四的社会学原理,这种姿态同时也在宣示它们与其他成员存在情感距离,群体内的山头与小圈子遂因此类宣示而变得界限分明。梳毛并非只是单纯地梳理毛发,就像我们在动物园中看到的那样,某些灵长类动物虽然不会说话,但其手势可以模仿特定动作,眼神可以瞟向群体中的具体成员,面部表情可以透露好恶爱憎,仅凭这些便能让对方心领神会地获悉某些事件信息(如"那家伙又在抢别人的东西了"之类)。诸如此类的交流自然会起到强化或离间某些关系的作用,后世八卦的功能亦不外乎拉帮结伙与党同伐异,两者的目标其实没有很大的差别。

还要看到的是,灵长类动物不会说话并不等于它们之间不能用声音相互沟通。以往的研究认为它们的咕哝(grunt)没有多大意义,灵长

---

① [英]罗宾·邓巴:《梳毛、八卦及语言的进化》,张杰、区沛仪译,现代出版社 2017 年版,第 58—59 页。
② [英]罗宾·邓巴:《人类的演化》,余彬译,上海文艺出版社 2016 年版,第 42 页。
③ gossip 在邓巴笔下并无特别的贬义,本文从之。

类动物学家多萝西·切尼等人通过分析声谱仪（一种可以区分不同频率声能分布的先进仪器）记录下的声音信号，发现不同情境下发出的叫声远比原先所想的要复杂，有的叫声不仅可以警告捕食者正在接近，还可以精细地通报来者为谁——地面上奔驰的豹子、天空中飞翔的老鹰和草丛间潜行的毒蛇均可用有细微差别的声音指代。这样的信息传递对群体的安全来说至关重要，因为一旦明确捕食者为何种动物，群体成员便可采取相应的防范措施——豹来则迅速爬上高枝，鹰来则一头扎入树丛，蛇来则密切注视草丛中的动静。[1] 梳毛活动中的咕哝也有丰富的信息内容，罗宾·邓巴对狮尾狒的活动有过长时期的观察，他注意到梳毛并不是一个沉默的过程：

> 当狮尾狒分散在不同地方进食时，它们会用各种声音与自己最喜爱的梳毛搭档进行交流，以保持联系。除了和朋友交谈，它们还会在梳毛的时候发出呻吟和咕哝声来提示对方。……有时候晒太阳晒太舒服了，暖洋洋的，同伴可能没有意识到梳毛结束了。这时，梳毛的狒狒就会发出轻轻的咕哝声，好像是在说："嗨，轮到你了。"雌狒狒生产的时候，幼崽会引起群体中其他雌狒狒的兴趣，特别是那些刚过青春期但还没有生育过的雌性。她在靠近刚生下宝宝的姐姐或母亲时，明显可以听到声音中的兴奋之情。就像个激动的孩子，说话声音忽高忽低，话一股脑儿地从嘴里全倒出来。[2]

罗宾·邓巴所描述的灵长类动物相互沟通情况，在许多人类学著作中都有反映，此类观察对"只有人类才拥有语言"的传统观点提出了严峻的挑战。我们之所以能听出别人说话的意思，在于语言传递意义

---

[1] D. L. Cheney, R. M. Seyfarth and J. B. Silk, "*The Rolef Grunts in Reconciling Opponents and Facilitating Interactions among Adult Facilitating Interactions among Adult Female Baboons*", *Animal Behaviour*, 1995, No. 50.

[2] ［英］罗宾·邓巴：《梳毛、八卦及语言的进化》，张杰、区沛仪译，现代出版社2017年版，第65页。

"纯粹是基于差异性的"："一个音素被听到并不是严格地因为它的声学属性，而是作为整个的对比与差异体系的一部分。"① 人类仅凭自己的肉耳无从分辨灵长类动物叫声之间的差异（所以灵长类动物学家会使用更为灵敏的声谱仪），但人类不能因为自己听不懂就断定灵长类动物不会用自己的语言传递信息。这种情况就像来到异国他乡一样，异乡人的发音在我们听来是如此怪异，但没有人会因为这种感觉而说人家的语言不是语言。据此可以更进一步认为，不是只有使用人类语言的叙事才是叙事。以上举述表明，灵长类动物之间的沟通带有明确无误的叙事成分，它们不仅能通报"猎豹（老鹰/毒蛇）来了"这类简单的事件，还能做出更为复杂的戏剧性表达——引文中那只激动的雌狒狒显然是在与别人分享自己的兴奋心情。

叙事学家在讨论什么是极简叙事时，最常举的一个例子是"国王死了"，杰拉德·普林斯的《叙述学词典》亦将 narration（叙述/叙事）界定为"表述一个或更多事件的话语"②，按照这样的标准，我们即便不能将灵长类动物的上述表现与人类的叙事等量齐观，至少也可以说此类沟通具有一种"前叙事"性质。对人类叙事起点的探寻，应当追根溯源到这里。

二 八卦：梳毛的升级

梳毛活动中的肢体接触属于一对一的行为，这种行为一旦升格为八卦，便可达到给多个群体成员"梳毛"的效果，这似乎是语言产生后群体扩大过程中的一种必然。前已提到八卦的内容主要为叙事，此处需要进一步指出，八卦固然可以无所不包，但最具"八卦"色彩的，其内容或为未经证实的他人糗事，或为不宜公开讨论的敏感事件。就功能

---

① ［法］米歇尔·希翁：《视听：幻觉的构建》，黄英侠译，北京联合出版公司 2014 年版，第 25 页。
② ［美］杰拉德·普林斯：《叙述学词典》，乔国强、李孝弟译，上海译文出版社 2011 年版，第 135 页。

而言，前者旨在造成对他人名誉的损害，后者则为炫耀自己在这类事情上的知情权，两者都需要用多数人未曾与闻的故事或事件来增加吸引力，所谓"爆料"，就是要"爆"出让听者觉得有滋有味的"料"。与效果不高而又顾此失彼的梳毛活动相比，八卦的飞短流长易于形成一对多的扩散，以及接踵而至的连续性再扩散，这种扩散经过多级放大后变成燎原烈火，在相关山头、小圈子间迅速蔓延扩大，其传播效果可谓事半而功倍。

八卦及其前身的发生，源于个人在群体内与他人的艰难共处。对于没有鳞毛甲羽护体的人类祖先来说，以易受伤害的血肉之躯跻身于弱肉强食的黑暗丛林，能够一路生存下来已是奇迹，更何况除了防范群体之外的狼虫虎豹，群体内部也存在着因利益冲突而不断涌现的对手与敌人。古往今来许多群体不是输给强敌而是败于内讧，所以鲁迅会说他对背后捅刀的憎恶"是在明显的敌人之上的"①。海德格尔从哲学高度阐述过人与人的"共处"窘境，"闲言"在他那里是在世之人首先需要面对的问题："在世的展开状态的这一存在方式却还把共处本身也收入统治之下。他人首先是从人们听说他、谈论他、知悉他的情况方面在'此'。首先插在源始的共处同在之间的就是闲言。每个人从一开头就窥测他人，窥测他人如何举止，窥测他人将应答些什么。在常人之中共处完完全全不是一种拿定了主意的、一无所谓的相互并列，而是一种紧张的、两可的相互窥测，一种互相对对方的偷听。在相互赞成的面具下唱的是相互反对的戏。"② 这番话说白了，便是人从出世起就是他人的八卦对象——个人不可避免地要在众人的悠悠之口下生存，因此也就不得不用同样的手段来应对，此即《增广贤文》中所说的"谁人背后无人说，哪个人前不说人"。换用海德格尔的相关表达，人的入世属于一种不由自主的"被抛"——每个人都像骰子一样被命运"抛"到对他

---

① 《鲁迅全集》第6卷，人民文学出版社1981年版，第116页。
② ［德］海德格尔：《存在与时间》，陈嘉映、王庆节译，商务印书馆2016年版，第256—247页。

来说完全陌生的环境之中,既然已经"沉沦"到了如此粗鄙丑陋的"此在",个人别无选择,只有以其人之道还治其人之身。

《红楼梦》中的相关叙述或许有助于我们理解这种"被抛"。故事中幼年丧母的林黛玉被带到外祖母家,来到贾府后她和别人的互动就是"相互窥测"——"窥测他人如何举止,窥测他人将应答些什么"。第三回中她发现"这些人个个皆敛声屏气,恭肃严整如此",唯独"放诞无礼"的王熙凤是人未到而笑语先闻,这让她明白了此人在贾府中的地位。用餐过程中她又注意到别人最后是以茶漱口,于是也依样画葫芦,以免"被人耻笑了他去"(按:即提防他人闲话)。第四十五回她与竞争对手薛宝钗"互剖金兰语",两人都掏心掏肺地说了不少自责和恭维对方的话,从故事后来的发展看,这些均属"在相互赞成的面具下唱的是相互反对的戏",竞争的胜利者最后没有对失败者表示一丝半点的同情。林黛玉的应对手段除"窥测"外还有"偷听"。对于林黛玉这样的贵族小姐来说,东张西望的"窥测"也会引起议论,还是不动声色的"偷听"更符合其身份——她后来就像是大观园中一只竖起耳朵侦察情况的兔子,小说多次写她在潇湘馆里屋监听丫鬟在外屋的闲言,以此作为把握形势的主要途径。不过这样的听觉侦察对自己也是有伤害的,第八十三回窗外老婆子骂别人"你是个什么东西,来这园子里头混搅",便把与此不相干的她气得"肝肠崩裂,哭晕去了"。如此看来,《葬花吟》中的"风刀霜剑严相逼",也有暗指流言蜚语的意味在内。

八卦在许多人眼中不登大雅之堂,正人君子对此多嗤之以鼻,然而八卦实际上无所不在,《诗经》"墙有茨"便是对一桩宫廷秽闻的含沙射影。[①] 尤瓦尔·赫拉利告诉我们:"即使到了今天,绝大多数的人际沟通(不论电子邮件、电话还是报纸专栏)讲的都还是八卦。这对我们来说真是再自然不过,就好像我们的语言天生就是为了这个目的而生

---

① 《诗经·鄘风·墙有茨》:"墙有茨,不可扫也。中冓之言,不可道也。所可道也,言之丑也。"按,该诗用欲说还休的手法,讥刺卫公子顽与父妻宣姜私通之事。

的。你认为一群历史学教授碰面吃午餐的时候，聊的会是第一次世界大战的起因吗？而核物理学家在研讨会中场茶叙的时候，难道讲的会是夸克？确实有时候是如此，但更多时候其实讲的都是哪个教授逮到老公偷吃，哪些人想当上系主任或院长，或者说又有哪个同事拿研究经费买了一台雷克萨斯之类。"① 不仅如此，对于这类看起来庸俗无聊的嚼舌根，赫拉利给出的却是一种积极的正面评价："这些嚼舌根的人，所掌握的正是最早的第四种权力，就像是记者总在向社会爆料，从而保护大众免遭欺诈和占便宜。"② 八卦能戴上"最早的第四种权力"的桂冠，主要是因为它能发挥某种程度上的舆论监督作用：即便是现代社会也有许多难以触及的角落处在媒体的监督之外，这就是我们永远需要有八卦的原因所在。不过需要对赫拉利的话作点补充：许多八卦看上去是在行使"第四种权力"，实际上还是为了嚼舌者自己内心的平衡，一旦这种权力被恣意行使甚至是滥用（往往无法避免），其作用便从监督变成了伤害。海德格尔在人与人的共处中首先看到闲言，可能会让总是看到事物美好一面的人感到难以接受，正是因为看到了这一点，亚当·斯密才写出影响巨大的《国富论》，由此而言，叙事学也应沿此方向去对讲故事行为的原始动机作深层剖析。八卦与梳毛一样确有将他人排除在小圈子之外的作用，但这里的排除比梳毛要来得隐蔽一些（八卦多发生于阴暗角落或夜晚），知晓这种排除的更多是八卦的参与者，他们意识到自己处在一个仅仅属于"自己人"的小圈子，并因彼此的亲近与信任而生出一种归属感。前面提到梳毛能促进体内安多芬的分泌，八卦自然也有类似功能，人们对与己无关的事情之所以津津乐道，关键在于他人酒杯可浇自己胸中块垒，贬低别人在很多情况下可起到抬高自己的作用。

当然，八卦之中也不尽是诋毁，通过赞扬张三来贬低李四，也是人们发泄不满时惯用的手段。还有一些八卦故事旨在宣示群体共识或曰价

---

① ［以色列］尤瓦尔·赫拉利：《人类简史：从动物到上帝》，林俊宏译，中信出版社2014年版，第25页。
② ［以色列］尤瓦尔·赫拉利：《人类简史：从动物到上帝》，林俊宏译，中信出版社2014年版，第25页。

值观，其作用在于维系群体内部的团结，并向认同这些观念的潜在结盟者打开欢迎之门。罗宾·邓巴认为讲述这类故事的目的，在于让人知道哪些人"属于自己人"，以及哪些人"可以和我们同属一个群体"，这就有利于"把有着共同世界观的人编织到了同一个社会网络之中"："讲述一个故事，无论这个故事是叙述历史上发生的事件，或者是关于我们的祖先，或者是关于我们是谁，我们从哪里来，或者是关于生活在遥远的地方的人们，甚至可能是关于一个没有人真正经历过的灵性世界，所有这些故事，都会创造出一种群体感，是这种感觉把有着共同世界观的人编织到了同一个社会网络之中。重要的是，故事还能使我们明白，生活在旁边那条峡谷里的人们是否属于自己人，是否可以和我们同属一个群体。这样一来，就具备了创造出 150 人以外的另一个社交层次的潜力，否则的话，我们的群体中的成员只能局限于那些我们真正认识的个体。"[1] "是否属于自己人"和"是否可以和我们同属一个群体"等表述，显示这里的讲故事是为了"创造出群体感"——从最初的八卦开始，叙事的一大作用便是梳理和编织人际关系，"把有着共同世界观的人编织到了同一个社会网络之中"。至于"创造出 150 人以外的另一个社交层次"，指的是越过"那些我们真正认识的个体"（人们直接互动的个体数一般不超过 150 人），在更广的范围内与更多的人结合成更大的群体。前面说到人类进化的策略在于抱团取暖，这里要补充的是，抱团还必须抱大团，因为只有足够大的群体才能给个人提供更多庇护。如果从一开始人们就不去与"生活在旁边那条峡谷里的人们"结合——当然前提是他们要有或愿意拥有与自己共同的世界观，那么更大的群体如部落、民族和国家这样的组织形式便无产生的可能。

群体在群体之林中与别的群体共处，与个人在群体之中与他人共处基本相似：个体之间的结盟始于相互靠拢、触碰和交头接耳，群体之间的结盟也需要用各种传言和"放话"去铺平道路。《水浒传》前半部分讲述的是各个小群向梁山泊这个大群归并的故事，而江湖上关于宋江的

---

[1] [英] 罗宾·邓巴：《人类的演化》，余彬译，上海文艺出版社 2016 年版，第 274 页。

大量传闻便是促成这种归并的黏合剂。小说第五十七回至第五十八回写鲁智深、李忠与孔明等人分别在二龙山、桃花山以及白虎山占山为王，由于各自势单力薄，他们最终都奔了梁山，在此过程中宋江的名头发挥了极为重要的作用。第五十八回鲁智深说："我只见今日也有人说宋三郎好，明日也有人说宋三郎好，可惜洒家不曾相会。众人说他的名字，聒的洒家耳朵也聋了，想必其人是个真男子，以致天下闻名。"① 不光是鲁智深，许多好汉在未曾与宋江谋面之前，也都风闻其为人行事的风格。为什么人人都在颂扬宋江？深层原因是江湖上的小兄弟需要像"及时雨"一样的大哥形象，这种形象反衬出"白衣秀士"王伦等人的刻薄寡恩。文学是现实的反映，中国历史上的农民起义除了用宗教、经济等方面的诉求来"创造出一种群体感"，还会编造"苍天已死，黄天当立"之类的谶语，以便人们通过八卦途径将其广泛传播。《史记·陈涉世家》中"大楚兴，陈胜王"通过头天晚上的"狐鸣呼"发出之后，第二天相关的八卦立即在兵营中传播开来，"卒中往往语，皆指目陈胜"，说的就是人们一边议论一边用异样的眼光看着陈胜。

"大楚兴，陈胜王"和"苍天已死，黄天当立"都未获得应验，这样的事实好像是在告诉我们八卦于事无补，然而对于八卦的作用还应作更为细致的考察。现实生活中一些事情尚在未定之时，各种传闻与风声便会纷至沓来，形成一种"山雨欲来风满楼"的氛围，等到各种相互矛盾的传闻平息之后，曾被反复"辟谣"过的某条八卦消息突然变成了事实，这种情况也许对许多人来说都不陌生。八卦当然不可能都成为事实，但一件事如果被人反复提起，说明其重要性或敏感性不容低估，人们在传播过程中表现出来的意愿、情绪和立场，确有可能影响到事件的进程乃至方向。但要说明的是，那些已然和行将成为现实之事不会引起太多议论。海德格尔认为，闲言的深层驱动力来自人们对"两可"之事的"好奇"，"一旦预料之事投入实施"，"闲言和好奇便失其大势"，"闲言甚至还气不过它所预料之事和不断要求之事现实地发生了。

---

① （明）施耐庵、罗贯中：《水浒传》（下），人民文学出版社1975年版，第765页。

因为这样一来,闲言就丧失了继续预料的机会"。① 以现实生活里人们最喜欢议论的男女之事为例,如果事实被坐实和公开,八卦爱好者们反而会感到失落,原因在于这剥夺了他们继续"爆料"的乐趣。《红楼梦》中贾宝玉的婚事是贾府政治的集中体现,因为是否继续维持四大家族(贾王史薛)之间的联姻,关系着贾氏家族的未来,所以贾府上下无人不对此事保持高度关注,就连不相干的外人也对此说三道四。小说围绕这件事情所作的叙述,让我们看到八卦天然倾向于传播模棱两可、不大靠谱的信息(如第八十九回、九十回中林黛玉听到的丫鬟议论均为空穴来风),而铁板钉钉、缺乏悬念的真实信息(如贾母拍板敲定的"金玉良缘")则只在非八卦的正式渠道中流通。海德格尔说"谁要是以真实的方式捕捉一事的踪迹,他是不会声张的"②,贾母、王夫人和王熙凤身边的仆妇就是如此,她们洞晓内情却个个守口如瓶,大观园里只有傻大姐这样的另类才可能口无遮拦。

三 夜话与抱团

人类的叙事能力得以发育,离不开夜幕的覆盖与夜间活动的助力。《天方夜谭》里的故事都是在夜间讲述,古今中外更有不少以"夜话""夜谭"为名的作品流行于世。唐传奇的出现标志着中国小说文体的独立,其创作在很大程度上得益于文人交流奇闻轶事的夜间八卦——沈既济《任氏传》中的"方舟沿流,昼宴夜话,各征其异说"③,以及李公佐《庐江冯媪传》《古岳渎经》中的"宵话征异,各尽见闻"④,"江空月浮,征异话奇"⑤ 等,均可为此作证。

---

① [德]海德格尔:《存在与时间》,陈嘉映、王庆节译,商务印书馆2016年版,第245—246页。
② [德]海德格尔:《存在与时间》,陈嘉映、王庆节译,商务印书馆2016年版,第245页。
③ (唐)沈既济:《任氏传》,载元稹等《唐宋传奇》,华夏出版社2015年版,第50页。
④ (唐)李公佐:《庐江冯媪传》,载元稹等《唐宋传奇》,华夏出版社2015年版,第76页。
⑤ (唐)李公佐:《古岳渎经》,载元稹等《唐宋传奇》,华夏出版社2015年版,第76页。

时间对人类来说分为运动的白天与静止的夜晚，虽然后者占了总数的一半，但迄今为止这一半仍未获得足够的关注。人的眼睛到了夜间会被黑暗蒙住，但在"看"无英雄用武之地时，"听"却可以大显身手主动出击："夜阑卧听风吹竹"（陆游《十一月四日风雨大作》）和"夜半钟声到客船"（张继《枫桥夜泊》）等诗句显示黑暗中的人们并非都在酣睡，许多警惕的耳朵到了深夜还在监听（monitoring）外面的动静。不仅如此，漫漫长夜不可能全部都用于睡眠，不管是成人还是儿童，听人讲故事是无可替代的最佳睡前活动。擅长于讲故事并对此有深入思考的爱·摩·福斯特，在其名作《小说面面观》中用栩栩如生的形象，描绘了一幅远古人类的夜话图：

> 故事在远古时代就已经出现，可以追溯到新石器时代，以至旧石器时代。从当时尼安得塔尔人的头骨形状，便可判断他已听讲故事了。当时的听众是一群围着篝火在听得入神、连打呵欠的原始人。这些被大毛象或犀牛弄得精疲力竭的人，只有故事的悬宕才能使他们不致入睡。因为讲故事者老在用深沉的声调提出：以后又发生了什么事呢？[1]

不过在人类学家看来，讲故事活动主要还不是为了消磨时间，而是为了建立前文一再讨论的群体感，更直截了当地说是为了强化人际间的抱团行为。罗宾·邓巴认为夜话中"被激发的情感会促使安多芬的分泌，有益于群体感的建立"："不管讲述是什么内容，围坐在火塘边，伴着跳跃的火光讲述着引人入胜的故事总能创造出温馨的氛围，在讲故事的人和听故事的人之间形成一种亲密的联接，也许，是因为被激发的情感会促使安多芬的分泌，有益于群体感的建立。……讲故事一般都在晚上进行，这应该不是偶然的安排。人们对黑夜有天然的恐惧，有经验的讲故事的人会利用这种情绪，从而加强刺激人们的情感反应。黑夜屏

---

[1] ［英］爱·摩·福斯特：《小说面面观》，苏炳文译，花城出版社1984年版，第23页。

蔽了外面的世界,却能使人们产生更加亲密的感觉。"① 需要解释的是,黑夜对外部世界的屏蔽为什么会让人们彼此紧密地团团"围坐"。笔者认为,白天之所以不是讲故事活动的最佳时间,除了这段时间更多属于劳作外,还因为阳光照耀下的外部世界时刻在显示自己的"在场",这种"在场"对听众进入故事中的虚构世界形成了严重的干扰。而当夜幕低垂时,周围的一切除了篝火外都已消隐远去,剩下的只有黑乎乎的影子与讲故事的声音,这时候人们会觉得自己所在的群体就是整个和唯一的世界,那个声音将自己和他人"联接"成一个整体,这个整体就是自己需要紧紧"抱"住的主要对象。此外,夜幕笼罩下的旷野危机四伏,植入基因的黑夜恐惧使人们更愿意从充满敌意的现实世界中暂时抽身,与别人一道遁入故事中充满魅力的可能世界。前引唐传奇的"江空月浮""方舟沿流"等语,告诉我们那时文人的侃大山往往是在船上进行,这种相对封闭的安全环境更容易增进参加者之间的亲密感。

不过早期人类的夜话只能以篝火为伴,大凡讨论初始叙事的文字,几乎无不涉及篝火,这种情况的出现并非偶然。一个人会不会讲故事,与其想象力是否丰富有关,邓巴认为火光跳跃可以激发故事讲述人的想象力:"篝火边的对话还有一个重要的功能,火光跳跃中,人们的想象力被激发出来,于是就有可能开始讲故事。"② 但火光跳跃何以能激发想象,仍须给出更为具体的理由和解释。今人已经习惯了灯火璀璨的夜晚,即便如此,人们在晚上看起来也会和白天有所不同,而在除了篝火之外没有其他光源的情况下,人的外貌和肢体会因火光的映照和跳跃发生更大幅度的变形,甚至连身边司空见惯的景物也会变得怪异和陌生。弗·迪伦马特的小说《法官和他的刽子手》中,病入膏肓的探长利用自己灯光下变形的形象来对犯罪嫌疑人施加心理压力,把后者吓得魂不附体:"墙上映出有他本人二倍大的他躯体的凶猛黑影的轮廓,胳臂的

---

① [英]罗宾·邓巴:《人类的演化》,余彬译,上海文艺出版社2016年版,第274—275页。

② [英]罗宾·邓巴:《人类的演化》,余彬译,上海文艺出版社2016年版,第235页。

有力动作,垂下的脑袋,恰似一个狂欢的黑人酋长在跳舞。钱茨(按即犯罪嫌疑人)惊愕万分地瞧着病入膏肓者这幕令人恐怖的表演。……钱茨发抖了。"[1] 环境改变思维,既然周遭事物都已偏离了常态,故事讲述人的想象自然也可以天马行空、不拘一格。火在燃烧时会产生火苗、火舌和火焰,其摇曳多姿、变幻莫测的形状使人浮想联翩,火光映照下的谈话亦仿佛有了温度,所以旧时会有《剪灯新话》《围炉夜话》这样的读物。安徒生的《卖火柴的小女孩》中,小女孩一连五次擦燃火柴,火光中呈现的幻象每次都有所不同,最后她把手中的火柴全都点着,由此产生了在奶奶怀中飞往天国的死前幻觉。

夜话往往还与夜间的饮食活动相伴,白天的时间既然要用于劳作,人们摄入营养和能量主要依靠晚餐,有些消耗大的人上床之前还要吃点宵夜。唐代文人聚谈大多设有酒食,陈鸿《长恨传》末尾记王质夫"举酒"于白居易之前,劝其以自己的"出世之才"书写唐明皇与杨贵妃之间的"希代之事":"暇日相携游仙游寺,话及此事,相与感叹。质夫举酒于乐天前曰:'夫希代之事,非遇出世之才润色,则与时消没,不闻于世。乐天深于诗,多于情者也。试为歌之,如何?'"可见催生《长恨歌》的仙游寺之聚并非"清谈"。[2] 那么岩洞中的早期人类是否也有这样的夜话条件呢?西方考古发现的新石器时期超大酒缸,以及野牛之类动物的成堆遗骨,显示欧洲的酒宴有非常古老的历史。[3] 无独有偶,我国仰韶和大汶口文化遗址中也有许多酒具出土,[4] 再往后还有《史记·殷本纪》记载的夏桀"长夜之饮"。罗宾·邓巴仍从安多芬分泌和群体维系角度看待晚餐的功能:"酒精能够极大地促进安多芬的

---

[1] [瑞士]弗·迪伦马特:《法官和他的刽子手》,载《迪伦马特小说集》,张佩芳译,上海译文出版社1985年版,第130页。

[2] 陈鸿:《长恨传》,载张友鹤选注《唐宋传奇选》,人民文学出版社1982年版,第97页。

[3] O. Dietrich, M. Heun, J. Notroff, K. Schmidt and M. Zarnkow, "The Role of Cult and Feasting in the Emergence of Neolithic Communities, New Evidence ferom Gobekli Tepe, South-estern Turkey", *Antiquity*, 2012, No. 86.

[4] 陈文华:《中国古代农业文明史》,江西科学技术出版社2005年版,第68页。

分泌。事实上，酗酒人不是对酒精上瘾，而是对安多芬上瘾……这就解释了为什么社交性的饭局和宴会在我们的生活占据如此重要的位置。很可能从新石器时代起，宴会就起到了既能维系群体团结融洽，又能欢迎远方客人（尤其是陌生人）的作用。邀请他人共进晚餐（不管是否喝酒）依然是现代社交生活的一个重要部分，但是没有人会对这种行为感到很奇怪，或者去探究一下它的缘由。"[1]

让我们沿着罗宾·邓巴的思路继续探究邀请他人共餐的"缘由"。就其本质而言，共餐不是为了吃喝，而是为了人际间的抱团，举杯邀饮在许多情况下只是一种交际手段，目的还是为了相互沟通发展友谊，酒精的功能主要在于帮助人们打开话匣子。进食本来就是享受时间，酒菜入口会让人进入放松状态，这时候无论主客都会不知不觉地解除原先的戒备与拘谨，因此筵席上的交谈永远要比平时来得热烈和欢快。英语中的 symposium（研讨会）一词源于古希腊，最初的意思为正餐之外的一道酒饮。[2] 柏拉图的《会饮篇》用转述的方式，生动翔实地再现了苏格拉底、斐德若和阿里斯托芬等人一边喝酒一边谈话的热闹情景，我们看到觥筹交错令谈话者变得兴奋异常、口若悬河，座中诸人唯有苏格拉底能从头至尾保持清醒。[3] 唐代文人的聚谈也有苏格拉底这样的主心骨，研究古代小说的专家注意到，李公佐本人不仅是四五部口传故事的记录整理者，他的名字还在记载这类"征异话奇"活动的文献中频繁出现，[4] 从中可以看出他不但是一个活跃的故事讲述人，更是一位善于倾听和鼓励他人讲故事的大师。在《李娃传》结尾处，白行简交代作文缘起："予伯祖尝牧晋州，转户部，为水陆运使，三任即与生为代，故

---

[1] ［英］罗宾·邓巴：《人类的演化》，余彬译，上海文艺出版社2016年版，第320页。
[2] ［英］罗伊·斯特朗：《欧洲宴会史》，陈法春、李晓霞译，百花文艺出版社2006年版，第10页。
[3] ［古希腊］柏拉图：《文艺对话录》，朱光潜译，人民文学出版社1983年版，第211—292页。按：《会饮篇》记载谈话者最后都昏昏睡去，唯有苏格拉底未受任何影响，长夜之饮的第二天仍作息如常。
[4] 石昌渝：《中国小说源流论》，生活·读书·新知三联书店1994年版，第146—150页。

谙详其事。贞元中，予与陇西李公佐话妇人操烈之品格，因遂述汧国之事。公佐拊掌竦听，命予为传。乃握管濡翰，疏而存之。时乙亥岁秋八月。"① 从白行简《李娃传》中的记载可见，如果不是遇到李公佐这样的"超级"聆听者，如果没有他的"拊掌竦听"和"命予为传"，白行简可能不会"握管濡翰"，将这个令无数人唏嘘的故事"疏而存之"②。

　　与世界上其他地方的人相比，国人在请客吃饭上表现出更高的积极性，自古以来我们这个民族就懂得用这种形式来发展友谊。与symposium一词相似，汉语中"餐叙""酒叙"之类的名目更为繁多，这类表述显示饭局主人希望以酒食来促进叙谈。如今饥饿的时代已经远去，人们乐于邀宴和赴宴不是为了大快朵颐，而是为了有机会与亲友畅谈，一道消费真假莫辨的各类故事，当代许多八卦就是这样在餐桌之间不胫而走的。在食物匮乏动乱频仍的年代，王公贵族的酒宴更加不可或缺。《周礼·天官冢宰》详细记载了为周天子提供饮食服务的人员数量与职责分工，据张光直统计："在负责帝王居住区域的约四千人中，有二千二百多人，或百分之六十以上，是管饮食的。这包括162个膳夫，70个庖人，128个内饔，128个外饔，62个亨人，335个甸师，62个兽人，344个渔人，24个鳖人，28个腊人，110个酒正，340个酒人，170个浆人，94个凌人，31个笾人，61个醢人，62个醯人，和62个盐人。"③ "管饮食的"队伍如此庞大，显示了当时的宫廷中经常举办规模惊人的宴会，这种所费不赀的活动肯定有维系周王朝内部关系的考虑。上层阶级之外，聚族而居的平民也可达到较大的用餐规模，唐宋时江西德安的"义门陈"曾历15代而未分家，用餐者按长幼次序坐于广席。④

---

① 白行简：《李娃传》，载张友鹤选注《唐宋传奇选》，人民文学出版社1982年版，第90页。
② 白行简：《李娃传》，载张友鹤选注《唐宋传奇选》，人民文学出版社1982年版，第90页。
③ 张光直：《中国青铜时代》，生活·读书·新知三联书店1983年版，第222—223页。
④ （元）脱脱等：《宋史·陈兢传》，载江西教育学院书院史研究室合编《江州陈氏东佳书堂研究》，1989年，第31页。

四 语音与排外

讲故事本来是指用人的语音来传播故事，但在当今这个读图时代，"叙事"一词已基本与口述脱钩，"讲故事"之"讲"更多地也不是指诉诸口舌的讲述，因此我们需要正本清源，重新认识语音在群体维系上的作用与影响。以上三节均着眼于结盟与抱团，然而群体感不只表现为对"自己人"（包括可能成为"自己人"的人）的认同与接纳，还包括对"外人"（群外之人）的排斥与抵制，本节要讨论的就是把人群分隔开来的不同语音。

人类社会为什么会分出不同的人群？虽然日常生活中我们经常会说"物以类聚，人以群分"，但具体到人群究竟因何而分，不同学科不同立场的学者各有各的见解。不过有一种提法应当多数人都会同意，这就是"群以音分"。

众所周知，民族之分首先是语言之分，而语言之分说到底是说话的声音之分，是故英语中各民族之名与其语音多为同一个词，如 Chinese、English 和 Russian 既指汉语、英语和俄语，也指用这种声音说话的中国人、英国人和俄国人。民族之下还可细分，在使用同一语种的情况下，每个因地缘、宗法和其他纽带联接在一起的更小群体，在发音上仍然不会完全相同。以笔者所在的江西省为例，南昌话出了省城便无用武之地，各市县乃至一些乡镇的方言只能在本地通行，有的地方甚至村头和村尾的口音也不尽相同。这就导致许多江西人相互之间必须说普通话——如果不是半个多世纪以来"推普"（推广普通话）工作开展得颇为成功，很难想象说江淮官话的九江人和说客家语的赣南人对话会是怎样一副尴尬情景。上世纪初有识之士对此有深怀忧虑的描述："看见各杂志、各教科书所用的口语文，没有一定的规则，往往你写的北京话，我写的南京话；你写的湖北官话，我写的山西官话，更有浙江官话，夹了许多土话的官话。我怀疑的，将来弄了这许多种的官话，怎样统一？……我家的说话，可算得国语标本了。然而家中公用的言语，没有经过标准的审订，故这一句是北方话，那一句是南方话，这一句是北京话，那一句是上海话。发音更不相同了。"①胡适由于主张先推广白话文学，被日本学者平田昌司认为其是只注重"眼睛的文学革命"，而赵元任由于提倡"国语"，在其眼中便代表着"耳朵的文学革命"。平田昌司还说中国这个"想象的共同体"的视听统一发生在20世纪六七十年代，是因为那时"官方动员报刊、书籍、音乐、戏剧等一切媒体，不论'眼睛'还是'耳朵'都灌输了规范性的语言"②。

那么"群以音分"的现象又是怎样发生的呢？《旧约》说这是因为上帝不希望人类联合起来兴建通往天堂的高塔，于是故意混乱其语言，使得人类各族群之间产生难以弥合的语音鸿沟。语言学家多从群体的迁徙、融合与隔离等角度思考语言的分化，然而这些只能说明后来的变异，人们更想知道的是，尽管许多语言正在以快得惊人的速度消失，为什么到现在还有6000多种不包括方言在内的语言存在？语言的记录方式或许可以提供一种解释。最初的象形文字后来绝大部分都转化成了表音文字，这方面闪米特人首开其端，他们创造了人类历史上第一套字母系统，这套系统经后人改进后可与语音的各种形态大致对应，甚至还能摹写方言、俚语乃至某些族群的特殊发音。以英语为例，美国小说中黑人与下层民众所说的词语往往用独特的拼写方式表现，如 going to、want to 和 out of 常常写成 gonna、wanna 和 outta，它们已经成了一种约定俗成的英文新景观。摹写上的优势带来的是语言和民族分化的严重后果，西欧英法德意等国各民族的语言本来同属一体，只不过各族群发音上的差别被各自使用的拼音文字固定下来，结果这些语言彼此之间渐行渐远，使用它们的群体也最终演变成不同的民族。与此形成鲜明对照，汉语作为表意文字在摹写声音上虽然不如拼音文字那样精细，但在阻止各方言区继续分化上却是一道牢不可破的"防火墙"，尽管如前所述东

---

① 陆费逵:《学校国语教授问题》，载《中国近代教育史史料汇编·普通教育》，上海教育出版社1995年版，第681—685页。

② ［日］平田昌司:《文化制度和汉语史》，北京大学出版社2016年版，第291页。

西南北的国人口音存在千差万别（与西欧语言的差别相比不遑多让），这些语音对应的却是同一套文字符号。不言而喻，假如其他民族使用的也是像我们这样的文字，世界上的现存语言一定不会有如此之多。

不过这还不是"群以音分"的根本原因。当语言学家向哥伦比亚的巴拉族人（Bara）询问为什么印第安人有这么多亚种时，得到的回答是"如果我们都说图坎诺语（Tukano），我们去哪找女人"[1]，这话其实说的是世界上不能只有说同一种语言的"我们"，必须还有说别的语言的"你们"与"他们"，这样男人才能在自己的亲族之外找到可以爱的对象。史迪芬·平克则说不同群体的语音差异提供了可以恨、可以鄙视和八卦的对象："人类相当善于嗅出些微差异，以发现他该鄙视什么人……当世界上不只一个语言后，民族优越感才开始肆虐。"[2] 巴别塔故事把人类语言分开的责任归于上帝，实际上人类从一开始就有用声音来区分群内人与群外人的内在冲动：使用不同的语言、方言和乡音犹如佩戴了表明身份的徽章，一开口便标示出此人是"自己人"还是"外人"。前面提到梳毛与八卦的拉帮结伙功能，用语音来统一群体同样是一种将他人排除在外的行为。罗宾·邓巴发现语言的多样化与群体密集的程度成正比，也就是说"邻居"越多的地方越需要通过语音来辨别敌我，这种情况下语言的分化会变得非常迅速，因为必须提防投机取巧的外人混入群内："语言起初发展成各种方言，最终变成互不理解的语言，是因为地方群体在面临其他群体的竞争时需要辨别群体成员身份。方言还有一个优势：它可以较快地变化，至少一代人可以演变出一种方言。如此一来，便可追踪一个群体在某一时间段里的迁移模式。迁徙的群体经过一代人以后，尽管用的还是原来的词，但会演变出自己的口音和言语风格。澳大利亚和英国口音如今截然不同，而大部分澳洲移民不过发生在过去 100 年间。显然，方言是为了应对有人搭便车投机取巧。

---

[1] D. Crystal, *The Cambridge Encyclopedia of Language*, New York: Cambridge University Press, 1987, p. 42.

[2] ［加］史迪芬·平克：《语言本能》，洪兰译，台北：商周出版/城邦文化事业股份有限公司 2015 年版，第 294 页。

通过不断发展新的话语形式，同一个事情换新的说法，群体可以轻松辨别成员身份。而这种身份徽章很难造假因为语言需要很小就开始学。除非在群体中长时期生活，不然很难学会其中口音和言语风格。"①

　　事实确是如此。笔者有一次远足去九江市管辖下的庐山，发现管理人员要求进山者说一句九江话方可放行，形成此陋规的原因是当地人一直有登庐山晨练的习惯，庐山管理者为此对"自己人"网开一面，"外人"想搭这趟便车则会因口音露馅。罗宾·邓巴引《旧约》中两则叙事证明搭便车容易被识破：一则是以法莲的逃亡者因为咬不准"示播列"这一字音而被把守约旦河渡口的基列人所杀，因此而死在河边的以法莲人竟达四万二千人之多；另一则是耶稣蒙难时彼得矢口否认自己的身份，围观者却指认说"你真是他们一党的！因为你是加利利人，你的话和他们一样"②。当然也有少数例外，《水浒传》中的燕青是一位擅用口舌的天才，第六十一回作者介绍他"吹的、弹的、唱的、舞的，拆白道字，顶真续麻，无有不能，无有不会。亦是说的诸路乡谈，省的诸行百艺的市语"，正因为有这种本领，第八十一回中他才能"打着乡谈"顺利进入东京城门。③城门把守者当时防范的主要对象是梁山好汉，后者在他们心目中都操外地口音，故而燕青的"乡谈"会令其放松警惕。

　　方言令人感到亲切，在于它是方言区人们的母语。国人对外交往时把汉语当作母语，但在国内甚至是在方言区内，人们又会把仅仅流行于自己家乡一带的乡语乡音视为母语。母语在英语中是 mother tongue，其字面意义为母亲的舌头，乡语乡音其实就是母亲发出的声音，人们从娘胎里听着这种声音长大，自然会对这种声音怀有天然的好感，进而会爱

---

①　[英]罗宾·邓巴：《梳毛、八卦及语言的进化》，张杰、区沛仪译，现代出版社2017年版，第217、219页。

②　[英]罗宾·邓巴：《梳毛、八卦及语言的进化》，张杰、区沛仪译，现代出版社2017年版，第218—219页。按，罗宾·邓巴书中说第二则记录出自《马可福音》，经查《马可福音》中未见此条，但《马太福音》"彼得三次不认主"中有类似文字："彼得又不承认，并且起誓说：'我不认得那个人。'过了不多的时候，旁边站着的人前来对彼得说：'你真是他们一党的，你的口音把你露出来了。'"

③　（明）施耐庵、罗贯中：《水浒传》（下），人民文学出版社1975年版，第1045页。

屋及乌地把所有发出这种声音者当作自己人。由于这份娘胎里带来的感情，乡音乡语成了人际间重要的黏合剂，它能够把陌生人黏合为朋友，把男女黏合为夫妻，把不同身份的人黏合为乡谊社团，客家人甚至有"宁卖祖宗田，不卖祖宗言"之说。赫尔曼·沃克《战争与回忆》一书最后一节中，纳粹屠刀下幸存的犹太男童路易斯因遭受严重刺激，获救后陷于不说不笑的自闭状态，其母娜塔丽找到他后用意第绪语在其耳边哼唱儿歌，不久孩子居然"笑嘻嘻地"跟着母亲的声音唱了起来。这个细节说明人对母语有一种本能的信赖之情。①

尽管中国历代都有雅言与官话，使用方言的各类叙事样式在方言区内还是更受欢迎，地戏在全国各地星罗棋布，便与地方上的人喜欢自己的 mother tongue 有很大关系——认真考究起来，各剧种之间除声音（包括声腔）之外并无多大差别。众所周知，对方言区内的人来说，用方言讲述故事，特别是讲述地方色彩较浓的故事，比用雅言或官话讲故事更觉有滋有味，因为方言中许多声音表达具有无法转换的个性魅力。韩少功在《马桥词典》后记中讲述自己在海南买鱼时询问鱼名，摊主只能说出"海鱼""大鱼"这样的名字，事后作者才知道这不是当地人语言贫乏，而是他们的表达"无法进入普通话"："我差一点嘲笑他们，差一点以为他们可怜地语言贫乏。我当然错了。对于我来说，他们并不是我见到的他们，并不是我在谈论的他们，他们嘲啾呕哑叽哩哇啦，很大程度上还隐藏在我无法进入的语言屏障之后深藏在中文普通话无法照亮的暗夜里。"②

由此回看前述平田昌司之论，我们会发现用"眼睛的文学革命"来概括胡适的主张并不公平，胡适确实说过统一"国音"不是他那个

---

① ［美］赫尔曼·沃克：《战争与回忆》（4），主万等译，人民文学出版社 1981 年版，第 1740—1741 页。

② "真正的渔民，对几百种鱼以及鱼的每个部位以及鱼的各种状态，都有特定的词语，都有细致、准确的表达和描述，足可以编出一本厚厚的词典。但这些绝大部分无法进入普通话。即使是收集词条最多的《康熙字典》，四万多汉字也离这个海岛太遥远，把这里大量深切而丰富的感受排除在视野之外，排除在学士们御制的笔砚之外。"参见韩少功《马桥词典》，作家出版社 1996 年版，"后记"第 398—399 页。

时期的当务之急，但他努力提倡的白话文学并不只是诉诸眼睛：

> 我们深信：若要把白话变成教育的工具，我们必须先把白话认作最有价值最有生命的文学工具。所以我们不管那班国语先生们的注音工作和字典工作，我们只努力提倡白话的文学，国语的文学。国语先生们到如今还不能决定究竟国语应该用"京音"（北平语）作标准，还是用"国音"（读音统一会公决的国音）作标准。他们争了许久，才决定用"北平曾受中等教育的人的口语"为国语标准。但是我们提倡国语文学的人，从来不发生这个争执。《红楼梦》、《儿女英雄传》的北京话固然是好白话，《儒林外史》和《老残游记》的中部官话也是好白话。甚至于《海上花列传》的用官话叙述，用苏州话对白，我们也承认是很好的白话文学。甚至于欧化的白话，只要有艺术的经营，我们也承认是正当的白话文学。这二十年的白话文学运动的进展，把"国语"变丰富了，变新鲜了，扩大了，加浓了，更深刻了。①

可以看出，白话在引文中更多指语言而非文字，胡适用"好白话"来形容写入叙事作品中的各地方言，显示他乐见笔头叙事中使用乡语乡音。不仅如此，胡适一方面以讽刺性的口吻说到"国语先生们"急于制订"国音"标准的行为，另一方面又称赞白话文学运动把"'国语'变丰富了，变新鲜了，扩大了，加浓了，更深刻了"，这表明他并不反对汉语的统一，而是寻求汉语在更具代表性、更有"五湖四海"意味上的统一。他还以口语中经常用到的"什么""这个"等为例，告诉人们这类表达过去没有固定的写法，"自从几部大小说出来之后，这些符号才渐渐统一了。文字符号写定之后，语言的教学才容易进行"②。用

---

① 胡适：《中国新文学大系·建设理论卷·导言》，载《胡适古典文学研究论集》（上册），上海古籍出版社2013年版，第230—231页。
② 胡适：《中国新文学大系·建设理论卷·导言》，载《胡适古典文学研究论集》（上册），上海古籍出版社2013年版，第231页。

本文的话来说，胡适是希望以叙事尤其是有影响的叙事（即《红楼梦》之类的"大小说"）为示范，达至我们这个民族在语言表达上的统一。欧洲文学史已经证明，叙事经典的作用不仅体现为讲述了精彩的故事，还体现为讲述这些故事的语言也成为人们模仿学习的典范。但丁摒弃中世纪文学惯用的拉丁语而用俗语写作《神曲》，此举促进了意大利民族语言的统一；普希金的小说、诗歌提供了现代俄语的标准样板，高尔基因此誉之为"一切开端的开端"。这两位伟大的故事讲述人，都为用声音统一自己的民族做出了永垂青史的贡献。

五 烙印与赋形

以上对初始叙事的讨论不无丑化之嫌，但就像哈哈镜能放大照镜者的外形特点一样，人类学这面镜子也有助于我们看清楚讲故事行为的本来面目。所有的生命都有与生俱来的生存与繁衍冲动，为此不惜与同类及其他物种展开不择手段的竞争，我们不能用后来的美学与伦理标准来要求自己的祖先。达尔文说，"人从一个半开化状态中崭露头角原是比较晚近的事"，尽管人类后来拥有了"上帝般的智慧"与"一切华贵的品质"，"在他的躯干上面仍然保留着他出身于寒微的永不磨灭的烙印"。[1] 笔者认为，"永不磨灭的烙印"不只见于人类的躯干，人类的讲故事行为上也留有这样的印痕：不管叙事媒介与形态如何与时俱进，其本质、功能与目的并未发生根本性的变化，这种情况就像人类的进食行为一样——今人的饮食不知要比前人丰富和精巧多少，但今人享用美食佳肴和前人茹毛饮血在本质上都是为了摄取能量。

仍须重申的是，前面讨论的结盟与排外实为一枚硬币的两面：结盟是冠冕堂皇的拉帮结伙，而拉帮结伙又势必把某些人排除在外，不过没有这些行为便不能形成群体，人类历史上令人遗憾地充满了这类无法用

---

[1] [英]达尔文：《人类的由来》，潘光旦、胡寿文译，商务印书馆1997年版，第188、936页。

美好词语来形容的行为。即便是在进入文明社会之后,一些叙事门类中仍然可见八卦之类行为的蛛丝马迹,它们既是"永不磨灭的烙印",同时又在一定程度上影响着相关叙事门类的形态,此即《文心雕龙·丽辞》中所说的"赋形"。让我们先从文艺领域的叙事门类谈起。前面对唐传奇的讨论已涉及口头讲述对笔头叙事的影响,这里要补充的是,唐传奇中一些作品当初就是形诸文字的八卦,带有明显的攻击诽谤意图,只不过这种意图随着时过境迁而被淡化悬置,后世读者更多是从艺术而非政治角度消费这些作品。其中最典型者当属《补江总白猿传》,明人胡应麟指出:"《白猿传》,唐人以谤欧阳询者。询状颇瘦削类猿猱,故当时无名子造言以谤之。"[1] 鲁迅《中国小说史略》为此发出感叹:"是知假小说以施诬蔑之风,其由来亦颇古矣。"[2] 唐朝朋党之争异常激烈,小说因此沦为政治集团相互诋毁的工具,《周秦行纪》《牛羊日历》与《上清传》等皆有构陷政敌的嫌疑。《周秦行纪》托名牛党之首牛僧孺,叙述者以亲历口吻讲述自己与当朝王妃冥遇的故事,世传李党之首李德裕就此撰《〈周秦行纪〉论》一文,批评牛僧孺"以身与帝王妃冥遇,欲证其身非人臣相也"。《牛羊日历》系《周秦行纪》姊妹篇,亦为攻击牛党而作,"牛"指牛僧孺,"羊"指杨虞卿、杨汉公兄弟。《上清传》叙述大臣窦参的婢女上清为其在皇帝面前申冤一事,窦参的对头陆贽在故事中被塑造为反派角色。后世小说中直接服务于党同伐异的已不多见,但许多作者在讲故事时仍不免掺杂自己的爱恨情仇,借题发挥的影射讽喻可以说俯拾皆是。《红楼梦》第十三回"秦可卿死封龙禁尉"似已作过重大修改(从存世的"秦可卿淫丧天香楼"回目可知),但现在的版本中仍有对家族中秽乱行为的种种讥刺;第七回焦大所骂的"爬灰的爬灰,养小叔子的养小叔子",以及第六十六回中柳湘莲所说

---

[1] (明)胡应麟:《少室山房笔丛》卷三二"四部正伪下"。
[2] 《鲁迅全集》第9卷,人民文学出版社1981年版,第71页。按,在该书附录《中国小说的历史的变迁》中,鲁迅重复了这一观点:"后来假小说以攻击人的风气,可见那时也就流行了。"

的"你们东府里除了那两个石头狮子干净,只怕连猫儿狗儿都不干净"①,都显示作者挥笔时耳畔不时响起少年时代与闻的一些闲言碎语。

《红楼梦》与八卦有关的不只上述内容,故事中许多人物的表现可以说都在为海德格尔的闲言理论作证。就叙事模式而言,熟读该书的读者也许已经注意到,每当讲述到错综复杂之处时,作者总会安排一个"多言"人物出来指点迷津,这种人物本身在故事世界中无足轻重,其功能主要在于用絮絮叨叨的话语来为渐入佳境的读者提供阅读导引。如果没有第二回冷子兴(周瑞家的女婿)那番提纲挈领的"演说荣国府",读者难以迅速进入这场令人眼花缭乱的大戏;如果没有第四回门子(葫芦庙小沙弥)就护官符一事所发的滔滔宏论,以贾史王薛四大家族为核心的金陵政治版图不会呈现得如此清晰;如果没有第六十五回兴儿(贾琏小厮)将"荣府之事备细告诉"尤氏母女,我们也无从全面把握主要人物的关系格局以及他们在下人眼中的地位与印象等。人物除了"多言"外也会"失言","失言"即不小心或假装不小心说了不该说的话,这种情况常被用来推动和触发事件。第三十三回贾环在盛怒的贾政面前说出金钏儿跳井一事,令自己的哥哥挨了结结实实一顿毒打;第六十六回贾宝玉在柳湘莲面前脱口说出自己曾在尤氏姐妹处"混了一个月",导致尤三姐在来退婚的柳湘莲面前挥剑自刎;第九十六回傻大姐没心没肺地说出"宝二爷娶宝姑娘"一事,这个"如同一个疾雷"般的消息让林黛玉遭受到致命的一击。

需要说明的是,同为八卦,"多言"与"失言"之间还是有本质差别的:冷子兴、小沙弥与兴儿属于原发性话痨,他们不能自控的多嘴多舌纯粹出于叙事的需要,这些提供情报的"信息员"在完成了作者赋予的任务之后,便已失去了在故事进程中继续存在的意义,所以作者让贾雨村"后来到底寻了个不是"将小沙弥"远远的充发了",冷子兴和兴儿在后来的故事中也是泯然众人。不仅如此,大大咧咧的"失言"与工于心计的"失言"之间的距离也不可以道里计:贾环为了创造出在严父面前

---

① (清)曹雪芹等:《红楼梦》,人民文学出版社1982年版,第114、922页。

进乃兄逸言的机会，故意带着几个小厮在贾政目光所及处"一阵乱跑"，由此引出贾政"你跑什么"的喝问，这样他才能貌似"失言"地说出金钏儿跳井是因为宝玉"强奸不遂"；相形之下，贾宝玉关于尤氏姐妹那番话真是有口无心，公子哥儿的天性使其喜欢在人前卖弄自己的风流经历，如果不是柳湘莲反应激烈，他根本不会意识到自己的话已然造成了严重伤害；而傻大姐则是因智商太低而察觉不到自己的"失言"，同样发现不了自己"失言"及其杀伤力的还有潇湘馆的丫鬟们，她们根本没有想到自己躲在外屋的议论竟然会被里屋的林黛玉听见。

　　《红楼梦》只是我们用来说明问题的一个例子，实际上许多中外叙事作品都是用闲言来架构全篇。就像冷子兴"演说荣国府"开启了《红楼梦》的故事之门一样，《西游记》第九回渔翁与樵夫之间的斗嘴也是故事演进中第一张倒下的多米诺骨牌，由这场斗嘴引发的冲突到后来越演越烈，卷入的人物越来越多，涉及的时空范围也越来越大。书中渔翁夸耀自己抛钩下网"百下百着"，因为每次卜卦先生都会为自己"袖传一课"确定方位。草丛中的巡水夜叉听到这番话后急忙向泾河龙王报告，龙王作为水族头领不得不亲自出面向卜卦先生挑战，挑战成功后却发现自己违旨行雨犯了天条，无奈之下只有向有可能搭救自己的李世民求援。李世民答应后召负责行刑的"人曹"魏徵陪自己下棋，不料魏徵竟在梦中将龙王斩首，这又引起龙王冤魂向李世民索命，李世民魂归地府后幸获还阳，还阳后须请僧人诵念真经重修善果，于是就有了唐僧师徒的西天取经。西方叙事经典中也有不少是以闲言碎语为开端：陀思妥耶夫斯基《罪与罚》顾名思义是以"罪"（杀人）与"罚"（杀人的道德代价）为主题，主人公拉斯柯尼科夫之所以萌发杀人的念头，缘于他在小酒馆中听见别人八卦这个话题。奥斯丁《傲慢与偏见》写的是"傲慢"与"偏见"之间的冲突，女主人公伊丽莎白之所以对"傲慢"的男主人公达西持有"偏见"，也是因为故事开始时她偷听到达西在人前嚼自己的舌根。以日常生活为题的小说常被人说成是写"茶杯里的风暴"，大风起于青萍之末，此类风暴十有八九与八卦有关，欧洲现代小说尤其是女性作家笔下多有这方面的内容。同样，《金瓶梅》通篇也是唾沫横飞，书中人物天生就懂得以流言蜚语为闺阁之中折冲樽俎的利器，但其性格也因此而发生扭曲和变形。

　　叙事与八卦的这种联系，解释了为什么许多后世故事的讲述会显得那么冗长。就像灵长类动物长时间的相互梳毛一样，八卦及其变形只有喋喋不休反复进行，才能刺激人体内安多芬的持续分泌。语言学界对这种现象用 redundancy 一词做出形容，该词在大陆通译为"冗余"，但"冗余"让人联想到"多余"，而中国港台地区的译法"备援"可谓得其精髓：信息发送一方之所以不断提供重复累赘的话语，为的是确保自己的意思不被对方误解。这种情况就像寄信时写上收信人的邮编、地址和姓名就已足够，但为了预防万一，人们还是要加上楼栋与电话号码等辅助信息，它们的功能皆为"以备驰援"。冗长不一定都招人厌烦，如果说梳毛动作非要反复进行才能让梳毛对象觉得舒服，那么文学艺术中的复沓（当然不是拖沓）也能产生类似效果，陶渊明的《闲情赋》一口气表达了自己对所爱者的多个愿望（"愿在衣而为领""愿在裳而为带"等），裴多菲的《我愿意是激流》亦用同样的句式作了反复述说（"我愿意是激流""我愿意是荒林"等），它们给人的感觉皆为浪漫而非累赘。为中国百姓喜闻乐见的传统戏目中，接二连三的比拟和不厌其烦的诉说也能有效地刺激安多芬分泌，民间至今流行的京剧《四郎探母·坐宫》和黄梅戏《小辞店·来来来》的唱词堪称这方面的代表。[①]

　　文艺之外，历史和新闻领域的叙事也与八卦脱不了干系。《汉书·艺文志》有"小说家者流，盖出于稗官"之说，实际上我们的史书也有许多内容出于"稗官"和"街谈巷语"。司马贞在《史记索隐后序》中说《史记》"虽博采古文及传记诸子，其残阙盖多，或旁搜异闻以成其说"，司马迁本人在《史记·太史公自序》中亦承认自己"网罗天下

[①] 京剧《四郎探母·坐宫》唱词："杨延辉坐宫院自思自叹，想起了当年事好不惨然。我好比笼中鸟有翅难展；我好比浅水龙被困沙滩；我好比弹霜雁失群飞散；我好比离山虎落在平川……"黄梅戏《小辞店·来来来》唱词："你好比那顺风的船扯蓬就走，我比那波浪中无舵之舟；你好比春三月发青的杨柳，我比那路旁的草我哪有日子出头；你好比那屋檐的水不得长久，天未晴路未干水就断流……"

放失旧闻"，《史记·魏公子列传》最后的"吾过大梁之墟，求问其所谓夷门"之语，正是太史公搜罗"异闻"与"旧闻"的具体写照。由此不难揣测，《史记·高祖本纪》开篇讲述的刘媪"梦与神遇""遂产高祖"的故事，其来源只能是君权神授者的梦呓。不过《史记》的记叙大体上还是可信的，虽然它被一些人看作"谤书"[1]，但真正的"谤书"应为先秦时代的《竹书纪年》，其中的"舜囚尧"和"伊尹放太甲"等记叙完全颠覆了舜和伊尹的正面形象——舜被说成是迫不及待的抢班夺权者，伊尹则是发动宫廷政变的阴谋家和伪君子。由此可见历史叙事也难以避免口水成分，再伟大的人物也免不了被别人说闲话。

史官文化发达为古代中国一大特色，新闻传播先行则是英国走向现代化的重要标志。彼得·阿克罗伊德说"新闻的本质是咬耳根或谣传所得的信息"，"这座城市（按：指伦敦）是丑闻、诽谤、捕风捉影的中心。市民爱散布谣言，背后说坏话。16世纪有传单、宣传册、大幅招贴，专门散播当时的煽动性事件。街头小贩则确保挨家挨户送去这些新闻"。[2] 16世纪到现在已经过去了四百多年，英国人对八卦新闻的热情仍未减退。罗宾·邓巴对目前"面向高端人群的《泰晤士报》和面向大众的英国通俗小报《太阳报》"的版面分布做了具体分析，前者"43%都是有趣的故事（包括采访、越发低俗的新故事等等）"，后者"78%的内容都是人们感兴趣的故事，其唯一目的就是让读者能够窥探他人的私生活"，"两份报纸用来刊登'八卦新闻'的实际版面几乎一致，分别是833和850栏英寸"。[3] 性格拘谨的英国人对八卦新闻情有独钟，或许是因为他们觉得"第四种权力"的舆论监督作用不可或缺，即便有些报道在抖搂丑闻时不免过火或失实，仍能让涉事官员、贵族及

---

[1] 《后汉书·蔡邕列传》："东汉王允言：'昔武帝不杀司马迁，使作谤书，流于后世。'"
[2] ［英］彼得·阿克罗伊德：《伦敦传》，翁海贞等译，译林出版社2016年版，第336、337页。
[3] ［英］罗宾·邓巴：《梳毛、八卦及语言的进化》，张杰、区沛仪译，现代出版社2017年版，第8页。

名人等有所忌惮。①《哈姆莱特》第二幕第二场的一段对话，对今天的英国政治来说仍有其现实针对性——剧中波洛涅斯问哈姆莱特"您在读些什么"，哈姆莱特回答说"都是些空话，空话，空话"，波洛涅斯接着追问"您读的书里讲到些什么事"，哈姆莱特回答说"一派诽谤"。②这一回答告诉我们，莎士比亚对叙事的本源和本质早有深刻的洞察。

最后要说的是，拜传媒变革之赐，人类讲故事的形式和手段较之过去已进步太多，但就维系群体的作用而言，一些用高科技武装的现代叙事不一定比得上过去篝火边的夜话。罗宾·邓巴说人类虽然发明了"最为神奇的"语言，拥有了"最了不起的计算机器，最能言善辩的交流系统"，但很多情况下"我们常感'无以言表'"，因为"语言本身不能维系群体。冰冷的言语逻辑需靠更深层次、更动情的东西来温暖。为此我们需要音乐与身体接触"：

> 一种关系形成之初，语言是极好的铺垫工具，可让人了解心仪的对象或合作伙伴。但随着关系深入发展，我们抛弃语言回归古老的仪式，互相接触和直接互动。在生命的关键时刻，从灵长类祖先遗传而来的梳毛，重新成为维系感情的方式。因为身体接触的触动和抚慰效果为语言所无法企及。简单的抚摸轻触刺激产生内源性鸦片物质，这是语言所不及之处。③

引文道出语言本身只是冰冷的工具，人类最基本的情感维系方式不可取代。抱团取暖需要真正的相互靠拢，我们今天虽已进入"地球村"时代，但网络上虚拟的接触终究还是镜花水月，没有能感觉到对方呼吸

---

① 20 世纪末英国退出欧洲汇率机制，时任首相梅杰在电话中问《太阳报》主编柯文·麦肯锡将如何报道此事，后者答曰："约翰，我已经准备好了一桶大便，我要一下子全倒在你的头上。"参见恺蒂《英国不可能没有小报》，《东方早报》2011 年 8 月 7 日。
② ［英］莎士比亚：《哈姆莱特》，朱生豪译，人民文学出版社 1977 年版，第 47 页。
③ ［英］罗宾·邓巴：《梳毛、八卦及语言的进化》，张杰、区沛仪译，现代出版社 2017 年版，第 190、191 页。

与体温的互动往来，产生不了填补情感空虚的"内源性鸦片物质"，我们中国人于此最有体会。罗宾·邓巴将音乐和身体接触相提并论，笔者理解是听觉与触觉最为接近，去过大型演唱会体验过热火朝天现场的人，可能都会有某种"听触一体"的震撼体验，类似效果也见于史诗演唱传统保留较好的民族地区。本文对梳毛、八卦、夜话和语音的讨论，旨在阐发叙事交流对人类群居生活的意义。国内叙事学在西方影响下偏于形式论，一些人甚至把研究对象当成解剖桌上冰冷的尸体，然而叙事本身是有温度的，为此我们需要回到人类祖先相互梳毛的现场，听取人类学家对早期讲故事行为的种种解释，从而深刻认识到叙事从本质上说是一种抱团取暖的行为。万变不离其宗，人类许多行为都和群体维系有复杂的内在关联，只有牢牢地把握住这种关联，我们今天的研究才不会迷失方向。

原载于《天津社会科学》2018年第4期

"神话历史"
——论一种新的神话观与历史观

赵菡[*]

一 神话与历史在现代视域中的分离

神话与历史的关系并不是一个新问题。在上古史研究中，神话与历史混杂是中西史学很早就面对的问题。在漫长的信仰时代，古史的真实性问题并不突出或者说并不成其为一个问题。真实与传说不分是各民族早期历史记忆的现象，古希腊人对神话与历史并不明确界定，奥林匹斯神祇被追认为人间氏族的祖先，两者互相交织、虚实难分。[①] 欧洲中世纪史学与神学、文学边界模糊不清，基督教神圣叙事包含大量神话。司马迁《史记》已有明显理性化的痕迹，但仍可从黄帝"生而神灵，弱而能言"（《史记·五帝本纪第一》）、高辛"生而神灵，自言其名"（《史记·五帝本纪第一》）的记载中看出上古神话的端倪。更不用说《山海经》《淮南子》《穆天子传》《庄子》《吕氏春秋》等典籍中保留的大量神话片段。

在相当长的时间内，神话作为历史叙事的方式，其合法性并未遭到

---

[*] 赵菡，上海交通大学比较文学与文化研究专业博士生，主要研究方向为文学人类学。
[①] 王以欣：《神话与历史：古希腊英雄故事的历史和文化内涵》，商务印书馆2006年版，第1页。

挑战和质疑。神话与历史的分离乃是现代化的产物，伴随着西方启蒙运动、科学革命的进程。

自17、18世纪以来，欧洲知识界就出现了把史学视为科学的观点，从笛卡尔、维柯等人的著作中不难找到相关论述。法国实证主义者孔德（Auguste Comte）把人类社会的演变看成一个有规律的过程，力主把关于社会的研究变成一门实证性的科学，通过观察、实验等科学方法来考察人类历史的全过程，为用科学方法治史提供了哲学支持。[①] 兰克（Leopold von Ranke）从观念和方法层面树立了科学主义史学的基本范式，历史学"本身需要、也能够按照自己的方式，将对特殊事件的研究和观察升华成对事件的普遍性观念，升华成一门客观实存的、相关的知识。"[②] 当理性战胜信仰成为新的权威，神话的合法性也就成了问题。一旦有了科学观念的支持，史学就急欲摆脱与神话的关系以确立自身独立的地位。

在中国，神话也面临同样的遭遇。五四运动以来西方科学主义、实证主义思维模式深入人心，古史辨派掀起了疑古思潮。顾颉刚说："古人对于神和人原没有界限，所谓历史差不多完全是神话"[③]，认为中国古史由层层累积的伪史构成，两千年来随口编造，全是一笔糊涂账。"疑古派以西方现代史学科学实证的标准来要求中国古史、从黄帝、炎帝、颛顼、帝尧、虞舜、夏禹、夏启及至夏桀的记述"都被当作后人想象虚构的神话传说，于是胡适说："东周以前无史。"[④]

科学史观强迫古史吐露真相，在理性的法庭上为自己辩护。神话无法提供自身真实性的证明，被逐出了信史的领地，移交到文学的势力范围。自1902年"神话"一词由留日学者梁启超、蒋观云等人引入中国

[①] 王晴佳：《西方的历史观念：从古希腊到现代》，北京师范大学出版社2013年版，第192—200页。

[②] ［德］兰克：《论十九世纪》，载何兆武主编《历史理论与史学理论》，柳卸林译，商务印书馆1999年版，第226页。

[③] 顾颉刚：《答刘胡两先生书》，《古史辨自序》，商务印书馆2011年版，第26页。

[④] 胡适：《中国古代哲学史》，上海古籍出版社2014年版，第14页。

学界之后，中国神话研究主要有两种研究取向，其中之一即文学家的神话研究，以鲁迅、周作人、茅盾、谢六逸等人为代表。文学家们提倡研究神话，将神话视为文学的源头。文学本位的神话观使神话学在学科建制上长期被安置在民间文学的辖区，未能取得独立地位。

特殊的历史语境决定了中国神话学自 20 世纪初创立以来就一直面临身份问题。古史辨派的疑古运动使中国上三代的古史成为悬案；同时，三代古史的神话性质又使是"神话的历史化"还是"历史的神话化"成为中国神话研究的一个基本问题。[①]

二 神话与历史在后现代视阈中的重逢

在史学以客观性、科学性和真实性自居，努力从人文传统向科学精神靠拢，走上专业化道路的进程中，历史学家一直没能摆脱对史学科学性的质疑，质疑的焦点集中在史学自身的解释性质上。

英国史家 E. H. 卡尔在《历史是什么？》一书中指出："历史意味着解释。"[②] 任何对历史的解释都是将过去拉入当下的现实经验，没有未经解释的历史事实："在发现证据是什么时，就已经在解释它。"[③] 历史学是"历史学家和历史事实之间的一个连续不断的互动过程，是一场现在与过去之间的永无休止的对话"。[④] 历史学家的任务不仅是发现和梳理过去的事实，还包括阐释其意义。史实和解释不可能分离："对客观而独立地存在于历史学家的解释之外的历史事实硬核保持信念，乃是一种荒唐的谬误。"[⑤] 卡尔·波普尔在《开放社会及其敌人》中也有类似见解："不可能有'事实如此'这样的历史，只能有对历史的各种解

[①] 常金仓：《中国神话学的基本问题：神话的历史化还是历史的神话化》，《陕西师范大学学报》（哲学社会科学版）2000 年第 3 期。

[②] ［英］卡尔：《历史是什么》，陈恒译，商务印书馆2016 年版，第 108 页。

[③] Collingwood, R. G., *The Principles of History and Other Writings in Philosophy of History*, Oxford: Oxford University Press, 1999, p. 140.

[④] ［英］卡尔：《历史是什么》，陈恒译，商务印书馆2016 年版，第 115 页。

[⑤] ［英］卡尔：《历史是什么》，陈恒译，商务印书馆2016 年版，第 93 页。

释，而且没有一种解释是最终的，每一代人都有权形成自己的解释。"①

过去的实况一旦发生就永远不可改变——这是历史实况的绝对性。历史实况的绝对性既是历史知识客观性的根据，也是其相对性的根源。历史实况不可重现、不可直接验证，后人对过去的认识因认识主体的见识、时代、民族、文化不同而不同。《韩非子·显学》云："孔子，墨子俱道尧舜而取舍不同，皆自谓真尧舜。尧舜不复生，将谁使定儒墨之诚乎？"② 这是"如其所是"的历史在存在论上的不可能。

后现代史学从认识论上抽掉了史学客观性的基石，给予兰克式现代史学以致命一击。海登·怀特（Hayden White）给历史著作下了一个定义："一种以叙事散文话语的形式出现的词语结构，意欲成为过去的各种结构和过程的一种模式或图像，以有助于通过表现它们来对它们是什么做出解释。"③ 后现代主义者揭示史学的客观性观念建立在一个未经证明的预设之上：史学家的描述与历史事实同一。实际上，历史事实与史学家重述的历史之间有一个并非透明且无法拆除的隔障——历史文本。正是历史文本的叙事性质使科学主义史学范式只是一个"高贵的梦想"④。

后现代史学的挑战促发了历史研究的一大转向：从客观地整理、描述史料到解释、阐发历史的意义，从史学史转向了观念史、文化史。新文化史的倡导者英国史家彼得·伯克（Peter Burke）在21世纪之初说："西方学界很少有人认为历史学是一门科学，我所认识的历史学家没有一个这样认为……没有任何人还相信历史学是一门科学。"⑤

后现代史学功过参半。它对现代史学的攻击建立在对"历史"这

---

① ［奥地利］卡尔·波普尔：《开放社会及其敌人》，陆衡等译，中国社会科学出版社1999年版，第404页。
② （清）王先慎：《韩非子集解·卷第十九》，中华书局2013年版，第454页。
③ ［美］海登·怀特：《元史学：十九世纪欧洲的历史想象》，陈新译，译林出版社2013年版，第7—8页。
④ Beard, Charles, "That Noble Dream", *The American Historical Review*, Vol. 41, No. 1, 1935, pp. 74-87.
⑤ 杨豫、李霞、舒小昀：《新文化史的兴起：与剑桥大学彼得·伯克教授座谈侧记》，《史学理论研究》2000年第1期。

一概念不加区分的运用之上。"历史"并非一个清晰明确的概念，包含含混暧昧的能指。美国史家查尔斯·比尔德（Charles Beard）将历史分为三种形态：第一种是"作为过去实况的历史"，即自人类在地球上存在以来"所做过、说过、感觉过和想过的一切"；二是"作为记录的历史"，即"能提供我们已经或能够找到的保存过去实况的知识"的"纪念物、文献和象征"；三是"作为思想的历史"，即当代人对过去的认识，只有这种历史才是通常所说的"历史"一词的"真正含义"。① 第一种"历史"是过去实际发生的一切，即"历史本体"；第二种"历史"是过去发生的一切留下的痕迹，如文字记载、物质遗存、口头传说等，属于史料范畴；第三种"历史"是史学家对过去的认识，通常以论著的形式出现，即"史学"。

后现代主义者用历史本体意义上的真实来要求史学家的认识符合过去的实况，这种真实性无法检验，不具备可操作性。"史学的真实"是以史料证据支持的可靠性，只是一种知识论意义上的真实，它指向的是历史知识在一定史学框架内的可信度。换言之，科学、客观、真实的历史其有效性是对史学规范而言。

一般情况下我们是在第三种形态，即"史学"的意义上来谈论历史，在实际运用中很少区分"历史"一词的不同含义。但是，这并不意味前两种历史无关紧要。恰恰相反，对史学家而言，前两种历史至关重要。史学家以第二种历史为中介来构建第三种历史，并以尽可能接近第一种历史为至高目标。虽然他只能接近而不可能掌握第一种历史的全貌，但第一种历史的存在是他研究的前提，并始终制约着他研究的边界。

"疑古派"与后现代史学异曲同工，都是对传统史学的反叛。不同的是，前者只是以第二种历史来质疑以往历史记述的真实性，并未动摇对第三种历史的信念；后者走得更远，彻底虚化了第三种历史，将洗澡

---

① Beard, Charles, "Written History as an Act of Faith", *The American Historical Review*, Vol. 39, No. 2, 1934, pp. 219–231.

水和婴儿一起倒掉。

在一个现代史学原则仍占据主导地位又面对后现代史学严重挑战的语境下来理解神话和历史的关系，呈现出丰富的复杂性，尤其对中国这样一个著史传统悠久的国家。

"疑古派"以科学客观为标准，将神话移出了古史的地盘。然而，没有可信的关于三代的历史文献并不等于华夏先民没有存在过。中国人自称"炎黄子孙"，如何解释三代历史事关民族身份认同，所系非小。20世纪随着考古学的兴盛，出土文物进入文史研究者的视野，越来越多非文字材料显示了在解决上古悬案方面的价值。

与此相应的是，经过后现代主义的解构，现代史学宏大叙事的模式已被瓦解，其理性与科学的绝对性已被动摇，其西方中心主义和殖民主义的立场已遭普遍批判。在面对无文字的原住族群时，现代史学由于所依赖的主要材料是文字，往往斥之为野蛮、未开化，这些族群成了"没有历史的人民"[1]。人类学家通过田野调研证明：在大量民族志叙事中，神话和口传体现出了充分的历史性。对于原始族群来说，他们生活在口口相传的历史中，这就是他们的存在方式。神话不是虚构荒诞的想象，而是弥漫浸润于他们周遭的思维方式，即以神话观物，物皆着神话之色彩。这种历史模式引申出一个新术语："神话历史"。

三 "神话历史"：一种基于循环时间的历史模式

"神话历史"一词源自新史学，1985年由美国史家威廉·H.麦克尼尔（William H. McNeill）首次提出。在为美国历史协会第100届年会所做题为《神话历史：真理、神话、历史和历史学家》的演讲中，麦克尼尔将"神话"与"历史"二词并置，意指由于历史叙述的描述性

---

[1] ［美］埃里克·沃尔夫：《欧洲与没有历史的人民》，赵丙祥等译，上海世纪出版集团2006年版，第32页。

而产生的历史知识的相对性。①

其后,新史学理论的另一倡导者唐纳德·R. 凯利(Donald R. Kelley)再次对"神话历史"做了阐释。凯利用"神话历史"指向历史诗学和阐释学的属性,这是对现代史学科学史观的反动。②

2003年,以色列学者约瑟夫·马里(Joseph Mali)出版了《神话历史:现代历史编撰学的制作》一书。在前言中,马里开宗明义,表明此书的主旨意在考察历史中神话的本质和延续性。③马里指出,记忆是神话和历史的共同任务。在文明早期,神话作为承载及传续族群记忆的方式其主语是复数的。个人书写出现之后,历史与神话开始分道扬镳:一个朝向了科学,另一个却一直没有改换形态。

马里考察了"神话"与"历史"这两个术语的起源,回顾了自西方史学奠基者开始在两者之间展开的论战。论战一方以修昔底德及其追随者为代表,认为"神话的"意味着任何不能够被检验或征询的故事:一则由于其年代过于久远,二则因为包含了太多幻想成分;另一方以吕比乌斯、狄奥多罗斯为代表,他们认识到古代神话传统在诗歌创作、修辞演说以及城邦政治制度中的持续作用,不得不改写对它的历史认识。

两大阵营的论战在不同时代一直延续。直到最近二三十年,由于新的社会科学如人类学、心理学和新文化史的介入,双方论战的焦点才由科学转向阐释问题。

马里显然支持后一派的立场。在此基础上,他提出将"神话历史"作为一种新的史观,即将神话视为已经进入和成为历史的一种叙事。"神话历史"的任务是将神话叙事作为无可回避、具有终极价值及个人与公共身份的历史重新评估:"这种对'神话的重视'定义了'神话历

---

① [美]麦克尼尔:《神话历史:真理、神话、历史和历史学家》,载中国美国史研究会编《现代史学的挑战:美国历史协会主席演说集》,王建华等译,上海人民出版社1990年版,第475—488页。

② [美]凯利:《多面的历史:从希罗多德到赫尔德的历史探询》,陈恒等译,生活·读书·新知三联书店2003年版,第1—35页。

③ Mali, Joseph, *The Making of a Modern Historiography*, Chicago & London: The University of Chicago Press, 2003, xiii.

史'的任务。尽管这个术语本身是一个新词，但它承载着更为古老的史学传统的确切内涵和功能。"①

对于"神话历史"所承载的功能，马里做了明确表述："在相当程度上，它们涉及一种实质的过去，像宗教和民族一样的历史共同体的事实，这些事实构成了其成员的信仰。正如温迪·多宁格·弗拉尔提所述：'一个神话就是一个故事，是相信由过去所写的关于过去的事件，是被一个人类团体在其中发现他们自己最重要意义并神圣化与共享的故事。'"②

马里通过"神话历史"概念将科学史观人为造成的神话与历史之间的分裂进行了缝合，缝合的方法是移花接木，将史料的真实性切换到观念的真实性上。这一思路并非马里独创，从希罗多德、李维到维科、米什莱、布克哈特、瓦尔堡、康托洛维茨和本雅明，可以看到一脉相承的回响。马里将它们串联起来，梳理出了它们之间清晰的连续性。

马里试图通过"神话历史"概念实现对神话的重新承认。然而，他对"神话历史"的解释是功能主义的，这种基于效果的解释还是外部的，并未涉及"神话"与"历史"的内在同构性。观念与实在、事实与解释、神话与历史的同构，如果只是通过片面否定事实的客观性、强调观念的真实性来取得，只不过应了海德格尔的一句话："形而上学的问题倒过来还是形而上学。"③ 马里采用了与他的对手相同的武器，他对神话的认同同样建立在一种分裂之上，即观念与实在的二分。不同在于，科学史观以实在的客观性来质疑观念的真实性，而马里则是用观念的真实性来替换实在的客观性。因此，马里对现代史学的批判仍是一

---

① Mali, Joseph, *The Making of a Modern Historiography*, Chicago & London: The University of Chicago Press, 2003, xi – xiii.

② Mali, Joseph, *The Making of a Modern Historiography*, Chicago & London: The University of Chicago Press, 2003, p. 4.

③ 原文："形而上学自柏拉图以来就说：本质先于实存。萨特把这个形而上学命题颠倒过来了。但是，这种对一个形而上学命题的颠倒依然是一个形而上学命题。"参见[德]海德格尔《关于人道主义的书信》，载[德]海德格尔《路标》，孙周兴译，商务印书馆2014年版，第389页。

种非此即彼的反对。神话与历史的对立是人为的,它们自有内在统一的根据,二者统一于循环再生的神话时间,为此提供论证的是罗马尼亚宗教学家米哈伊尔·耶律亚德(Mircea Eliade)。

在《宇宙与历史:永恒回归的神话》一书中,耶律亚德区分了两种时间:神话时间与世俗时间。神话时间基于初民对超越性的深层需求是不朽的。它体现在各民族共有的创世神话思维方式中,世俗时间属于有限的人类,与死亡并行。是有限的。建立在世俗时间之上的历史是偶然的;建立在神话时间之上的神话历史因泯除了时间,因而是循环的。与创世记相对应的是末世论而世俗时间中发生的历史事件是一次性的,是不可重复的偶然,不具有范例性,对初民来说没有意义。①

耶律亚德深刻洞察了人类的记忆结构:"人的记忆很难保存个别的事件与实际的人物,记忆的结构相当特殊:它以范畴代替事件,以原型取代历史人物。"② 历史事件本身不管如何重要,无法保存在民众的记忆里。如果历史事件不能趋近神话模型,其追忆也无法点燃诗的想象:"集体记忆除非将历史事件或个别人物转化为原型——也就是说,除非泯除他们所有的历史或个人特性——否则无法保存它们",因此,耶律亚德说:"集体记忆是非历史的。"③

这一看似与常识相悖的论断打破了建立在科学时间观上的科学史观。法国史家布洛赫(Marc Bloch)说历史学是"关于时间中的人"的科学,④ 历史总是首先与时间有关,时间是历史的基本前提。没有时间,根本无法说同时、相继或者先后。不同的时间观对应不同的历史观。科学时间即物理时间、钟表时间,这种时间是线性的,建立在这种

---

① [罗马尼亚] 耶律亚德:《宇宙与历史:永恒回归的神话》,杨儒宾译,台北:联经出版事业股份有限公司2000年版,第29页。
② [罗马尼亚] 耶律亚德:《宇宙与历史:永恒回归的神话》,杨儒宾译,台北:联经出版事业股份有限公司2000年版,第35页。
③ [罗马尼亚] 耶律亚德:《宇宙与历史:永恒回归的神话》,杨儒宾译,台北:联经出版事业股份有限公司2000年版,第36—38页。
④ [法] 马克·布洛赫:《历史学家的技艺》,黄艳红译,中国人民大学出版社2011年版,第47页。

时间观上的历史是单向、连续进行的事件序列。物理时间只是一种机械的、人为的设定。自从德国科学家海森堡1926年提出不确定性原理后，不确定性作为世界的一个基本的不可回避的性质已被证明，18世纪以来由法国科学家拉普莱斯所倡导的关于一个完全确定的宇宙模型的决定论思想已被终结。

人的时间意识并非单一。在《存在与时间》中海德格尔区分了三种时间。第一种是科学时间；第二种是流俗时间，即日常时间，是主观经验意义上的时间。科学时间是匀速的，流俗时间有主观的快或慢、有或没有之别；第三种是原始时间。原始时间是生命实践的时间，是此在本己的时间。原始时间是存在的意义得以展示的基本境域，是存在得以理解的条件。存在在时间中存在，只有在时间中才能理解存在。时间是理解存在的基本条件，存在通过时间而获得规定，存在者因其必死性而得以理解存在。[①] 原始时间意义上的历史是人类存在的基本条件，用《庄子·知北游》中孔子的话来说，"无古无今，无始无终"。

这种作为人类存在基本条件的原始时间是无限的时间，它内置于人对自身本源性问题的回答。不同的时间意识体现了古今之别：古代人不将自己视作历史的存有，拒绝对记忆及非常态的事件（不以原型为模范的事件）赋予任何价值。对"新"及"不可逆"感兴趣在人类生活史上是晚近的事；古代人与现代人恰好相反，他们殚精竭虑抵挡时间变迁带来的一切新颖性与不可逆性。

基于创世神话的时间观是循环的时间观。不过，需要注意的是，循环不等于简单的重复。重复是无差别的覆盖，循环则是非比寻常的特殊状态。耶律亚德以《可兰经》中的创世神话为例，揭示神话时间将世俗时间作废、将历史消除，世界重新再生的祭仪。生命不能复原，只能借重现宇宙开辟来重新创造。这种循环正如黑格尔在《逻辑学》中所用的一个比喻：一个起点预设了终点螺旋上升的圆圈。"前进就是回溯

[①] 参见［德］海德格尔《存在与时间》第二篇"此在与时间性"第45节，陈嘉映译，生活·读书·新知三联书店2012年版。

到根据，回溯到原始的和真正的东西……科学的整体本身是一个圆圈，在这个圆圈中，最初的也将是最后的东西，最后的也将是最初的东西……最初的东西又同样是根据……根据就是结果"。① 之所以起点能够设定终点并且能上升回到终点，乃是由于古代人对自身的理解与现代人不同。古代人追求一个超越的目的："传统社会的人排斥历史，而且永不歇止地效仿原型，这证明他们渴求实在，害怕自己被俗世存在之无意义所淹没而'丧失'自己"②；现代人则不同，现代社会以个人主义为圭臬，个人不仅为自我立法还是"万物的尺度"。

耶律亚德回答了神话时间作为一种时间模式的合法性。由此，奠基于神话时间之上的"神话历史"也就有了作为第三种历史的内在根据。

四 "神话历史"的中国版本

在反思疑古思潮、借鉴人类学民族志方法的基础上，当代中国神话研究者更新了纯文学本位的神话观念：将20世纪初以来文学家援西套中、在汉语古籍中寻找西式神话的研究模式称为"中国神话"；与之相对的是"神话中国"，指向一种将神话思维视为文化基因的源编码的符号学、一种将中国文化理解为按照"天人合一"的神话感知方式建构起来的连续统一体的新理念，倡导从"中国神话"到"神话中国"的研究范式转型。③

"天人合一"是一种古老的思维方式，在巴门尼德"思有同一"那里似乎有着某种遥相呼应。存在问题是巴门尼德哲学的核心，"思有同一"是对其存在论思想的简练概括。从现在留存的残篇可以看到相关

---

① [德]黑格尔：《逻辑学》，杨之一译，商务印书馆2014年版，第55—56页。
② [罗马尼亚]耶律亚德：《宇宙与历史：永恒回归的神话》，杨儒宾译，台北：联经出版事业股份有限公司2000年版，第39页。
③ 叶舒宪：《中国的神话历史———从"中国神话"到"神话中国"》，《百色学院学报》2009年第2期。

论述:"那对于言说和思想的存在者必定存在。因为存在存在,无不存在。"①

巴门尼德拒斥"不存在",他认为思想的任何对象都必须是一个真实的对象:"你既不可能认识非存在(因为这是不可行的),你也不可能言说"②,"不可说也不可想的就是不存在……必然是要么完全存在,要么不存在。任何时候信念的力量都不会允许从非存在中生成什么在它之外的东西。"③

一个关于某物的思想必定对应着某个存在者,因此,巴门尼德得出结论:"对于思想和思想所关涉的是同一回事。因为离开了存在,在说过的东西中,你将找不到思想,因为没有别的什么现在或将在存在之外。"④

"思有同一"为观念的实在性提供了论证。观念与实在同构,因此我们能够通过观念来认识世界,因此我们认识到的世界以观念呈现,也因此我们通过观念认识到的世界是实在的。

新史学在诗学或隐喻的意义上来使用"神话"一词,不啻将神话虚淡化了,神话由内容上的实指降为形式上的修辞。如果神话没有实在论意义上的根据,它就丧失了自身的同一性。

卡尔已在《历史是什么?》中表达过类似担忧。他说,强调历史编撰中主观性的作用将从根本上排除历史的客观性。历史因人而异、只是历史学家制造的这种观念将导致纯粹的怀疑主义:"柯林伍德反对'剪刀加糨糊的历史',反对把历史仅仅当做是编辑事实的观点所带来的后果是很

---

① [英]基尔克、[英]拉文、[英]斯科菲尔德:《前苏格拉底哲学家:原文精选的批评史》,聂敏里译,华东师范大学出版社2014年版,第380页。
② [英]基尔克、拉文、斯科菲尔德:《前苏格拉底哲学家:原文精选的批评史》,聂敏里译,华东师范大学出版社2014年版,第376页。
③ [英]基尔克、拉文、斯科菲尔德:《前苏格拉底哲学家:原文精选的批评史》,聂敏里译,华东师范大学出版社2014年版,第385页。
④ [英]基尔克、拉文、斯科菲尔德:《前苏格拉底哲学家:原文精选的批评史》,聂敏里译,华东师范大学出版社2014年版,第391页。

危险地走向另一个极端：把历史当做是人脑中编织出来的东西。"①

否定历史的客观性必将向历史虚无主义滑行："我们在这里得到的便是历史有无数意义的理论，而且其中的任何一种意义并不比另一种意义更正确——所有的意义在大体上都是相同的。"② 卡尔认为，历史学家的焦点由事实切换到解释还隐藏着一个更大的危险：对历史的实用主义态度。既然历史缺乏确定性，解释就被授予了莫大权重，历史成了任人打扮的小姑娘。

作为对神话同一性问题的回应，在 20 世纪初王国维提出"二重证据法"的基础上，中国神话研究者在 21 世纪初创造性地提出了"四重证据法"，用实证方法来回应科学史观对证据的要求。这一方法的必要性在于，它以实在性为神话观念的同一性提供了保证。③ 以昆仑玉山瑶池西王母为例：这既是华夏神话的建构对象，也是对中国大地上真实存在的和田玉产地的历史反映，也许没有比这更能体现"神话历史"的虚实相间特色的案例了。

如果说从"中国神话"到"神话中国"是一次神话观念的变革，那么从"二重证据"到"四重证据"则是一次方法论的变革。两者相辅相成，互相支持，完成了"倒掉洗澡水又保留婴儿"这一看似不可能的任务。这种研究理念和方法论的更新也意味着人文研究范式的一次转变："历史中的神话性"还是"神话中的历史性"这一困扰中国神话学的基本问题得以解决；神话与历史这两个看似不可沟通、彼此对立的两极，在"神话历史"概念下得到了统一。

五 小结

综上，"神话历史"既不是"历史的神话化"也不是"神话的历史

---

① ［英］卡尔：《历史是什么》，陈恒译，商务印书馆2016年版，第111页。
② ［英］卡尔：《历史是什么》，陈恒译，商务印书馆2016年版，第112页。
③ 叶舒宪：《从"中国神话"到"神话中国"——文学人类学对神话研究范式的变革》，《文化学刊》2017年第3期。

化",更不是它们之间模糊的混合,而是第三种历史。这种历史基于神话时间,是一种循环的历史。"神话历史"既是历史又是神话,神话与历史由于内在同构性而统一在"神话历史"这一新的历史模式之下。

原载于《中国比较文学》2018年第4期

文化遗产关键词：天命[*]

彭兆荣

一

"天命观"是中国典型的生命观，贯彻着"天人合一"的生命态度中多维度深刻道理。"道之大原出于天，天不变，道亦不变"（《汉书·董仲舒传》）在中国传统的文化遗续中，这样的观念价值一直伴行。世道、王道、人道，情势皆然。这便是所谓"天命"的圭旨。同时，"天命观"中也蕴含着宇宙观（时空观）中"变动"的一面。以体现"命运"的完整："命"是不变的，"运"却时刻都在变。就像"道"，原本就是在"道路"运行中获得于"永恒"的自然。这样的宇宙观一方面确定命的"定数"，通合自然规律"道"（原道、道理）之恒久；另一方面又坚持"道"的本义——变动：强调人与事物在变动、变化和变迁中可以通过努力到达目的地。人故可"修"。宇宙的依然如故与宇宙变化常新符合"命运之道"的真谛。因此，人们的认知性知识总在创新，就像历法一样，为了配合世道的变化，需要有新知识的更新和调整。[①] 因此"若谓在古代中国影响最大的思想观念，'天命'观念当名

---

[*] 国家社科基金重大项目"中国非物质文化遗产体系探索研究"（11&ZD123）阶段性成果。

[①] ［英］王斯福：《帝国的隐喻：中国民间宗教》，赵旭东译，凤凰出版传媒集团、江苏人民出版社2009年版，第36—37页。

列其中"①。概之,"知天命,循天道"②。

"天"的符号和意义在古代一直是至高无上的神祇。白川静释,"天"在甲骨文中的呈象为人头之形,即一个大大的头部,人体最上端为头部,借此喻示,用"天"字表示天空。天上为神之所在。上天神圣的观念在殷代已经出现。据甲骨文可知,殷(自称"商")将其都城称作"天邑都"(商的神圣之都)。公元前1088年殷亡,周取代之,认为此兴亡变故源于天命。"对于周人来说,天,而不是商朝的神帝,代表了至高无上的神权。在周人看来,天是一种更为普遍的力量,相当于西方概念中的宇宙。天的支持是国王统治所必须的先决条件,历史学家暗示,周王后来之所以改变主意而攻打商朝,是因为上天决定支持他成为国王。"③ 而且,这样的逻辑几乎成为中国历史变革的依据。④ 所以,学者们几乎有共识:"天命"思想形成于周代。⑤ 许倬云在《西周史》中转录傅斯年对《尚书》之"周诰"十二篇的统计,列举"命"字的出现共一百又四处,其中七十三处指天命,或上帝之命,而殷革夏命,周改殷命均是提到天命时最常用的语汇。⑥ 陈梦家也认为:"殷代的帝是上帝和上下之'上'不同。卜辞的'天'没有作'上天'之义的。'天'之观念是周人提出来的。"⑦ 如是,"天命"的概念应在周代才出现,而且在周代有了配天之说。

"天命"之于特定的王朝、帝王,甚至平民百姓,亦复同理。人的生命不是独立自主的,而是与"天"合一的所谓"天命"。人的生命具体无不在"天"的俯视和指引下运行。"天命"在表象上表现为生命不可违背和抗拒的符旨,其实却首先是思维,即宇宙观。生命的形式集中

---

① 晁福林:《〈山海经〉与上古时代的"天"观念》,《中原文化研究》2016年第1期。
② 泰祥洲:《仰观垂象》,中华书局2011年版,第15页。
③ [美]韩森:《开放的帝国:1600年前的中国历史》,梁侃等译,凤凰出版传媒集团、江苏人民出版社2009年版,第28页。
④ 比如汉朝替代秦朝也遵循同样的理由——笔者注。
⑤ [日]白川静:《常用字解》,苏冰译,九州出版社2010年版,第326页。
⑥ 许倬云:《西周史》增补二版,读书·生活·新知三联书店2012年版,第118页。
⑦ 陈梦家:《殷虚卜辞综述》,中华书局2008年版,第581页。

反映在时空制度之中,而"天命"其实就是特殊的时空制度所建构的。时间上,相信人的生命形态的不同,与祖先同构成为世代交通。空间上,与所谓的"天"构成交流互动。"天命"在周代就已有表现,并附带了"命运"的无可言说性和不可抗拒性。周以一个小邦,取代强大的殷的统治,实在使人感到"天难谌,命靡常"①"天命不于常"②。然而,上天、上帝从原来侧重于"自然之神"向"道德之神"转化,特别在周克商之后,上帝不再是无目的地降灾赐福,而是以"德"为依据,"天命"也逐渐注入了道德价值。③

"天命"在不同时代的名称和阐释不同,被赋予的含义也有所差异。据傅斯年考证,"命"之一字,作始于西周中叶,盛用于西周晚期,与"令"字仅一文之异形。④ 其"天命"一义虽肇端甚早,然天命之命与王命之命在字义上亦无分别。⑤ 此说与陈梦家的观点合:"商人称'帝命',无作天命都,天命乃周人之说法。"⑥ "天命"在商代还有"由天断命"的意思,《书经·盘庚》:"卜稽曰:'今不承于古,罔知天之断命'。"这说明,祭祀占卜对各询问事项做出反应为商王即将举行的活动提供根据和理由。⑦ 事实上,"天命"观念并非一蹴而就,从上古先民质朴的"天"观念发展到周代的"天命"观念,经历了漫长时段。

简言之,"天命"就是天对于社会与个人命运的安排。⑧ 但是,在不同的朝代,"天命"也相应出现语境化意义。比如,周人替代了商人

---

① (唐)孔颖达:《尚书·咸有一德》卷八,载《十三经注疏》(上册),中华书局1980年影印本,第165页。
② (汉)孔安国传,(唐)孔颖达正义:《尚书正义·康诰》,载《十三经注疏》,上海古籍出版社2007年版,第547页。
③ 蒲慕州:《追寻一己之福:中国古代的信仰世界》,上海古籍出版社2007年版,第36页。
④ "令"在甲骨文中多有出现,但"不出王令天令之二端",王令即天令;曰"大令",则天令也。参见傅斯年《性命古训辨证》,上海古籍出版社2012年版,第28页。
⑤ 傅斯年:《性命古训辨证》,上海古籍出版社2012年版,第9页。
⑥ 陈梦家:《尚书通论》,中华书局1985年版,第207页。
⑦ 张光直:《商文明》,读书·生活·新知三联书店2013年版,第219页。
⑧ 晁福林:《〈山海经〉与上古时代的"天"观念》,《中原文化研究》2016年第1期。

而改朝换代，周人不再视商人的祖先为至尊，所以，"天命"除了有"天授之命"的意义外，还附加上了"上帝仅授天命予有德者"。① 明代尹真人高弟在《性命圭旨》中说："性命原不可分。但以其在天，则谓之命；在人，则谓之性。性命实非有两，况性无命不立，命无性不存。而性命之理，又浑然合一者哉。故《易》曰：'乾道变化，各正性命。'《中庸》曰：'天命之谓性，此之谓也。'"② 集合诸学者的观点：一是"命（天命）"雏形于商，成形于周；二是"天命"与"王命"通；三是"天命"有"天意"的意思；四是"天命"在"变"与"不变"中辩证，"命"与"运"便是一种表示；五是"天命"是政治统治必须借用的绝对理由；六是"天命"经常由祭祀占卜"告知"；七是无论"帝命"还是"天命"，天地相通、天人互动构成了基本的实践圭臬。

无论对"天命"有多少种解释，都包含着将性命融入崇高性的文化表述，也符合"天地人"一体并重的道理。《帛书老子》："道大，天大，地大，王亦大，国中有四人，而王居一焉，人法地，地法天，天法道，道法自然。"③《周易·说卦传》讲得更清楚："昔者圣人之作《易》也，将以顺性命之理，是以立天之道，曰阴与阳，立地之道，曰柔与刚，立人之道，曰仁与义，兼三才而立之，故《易》六画而成卦，他阴分阳，迭用柔刚，故《易》六位而成章。"④"三才"即天、地、人，是三者鼎峙关系的一种观念，是肯定三者居于对等地位的关系。⑤如是说，对"天命"多了一种解释。"王"者，三才组合，符合"天命"，"天"者，大人头顶着"天"。皆强调"天、地、人"相通，不可拆解。这与西方的"二元对峙律"根本不同。"三合一"是整体，而且通融。顺便说，天人合一之"天命观"在全世界的儒家文化圈，或

---

① 张光直：《中国青铜时代》，读书·生活·新知三联书店2014年版，第429页。
② （明）尹真人高弟：《性命圭旨》，中央编译出版社2013年版，第9页。
③ 高明：《帛书老子校注》，中华书局1996年版，第352页。
④ （唐）孔颖达：《周易正义》卷九，北京大学出版社1999年版，第326页。
⑤ 王尔敏：《先民的智慧：中国古代天人合一的经验》，广西师范大学出版社2008年版，第110页。

历史上受儒家影响的国家与地区，大都持有同样的观念。（图1）

图1　韩国国家博物馆中的"天命图"，彭兆荣摄

这种"天地人"的通融表现为一种动态，在"回"（周转）字上表现突出。回，甲骨文 在圈状符号 上加一短横指事符号 ，表示循环反复、周而复始；金文 省去短横指事符号，强化了螺旋循环的形象；籀文 基本承续金文字形；篆文 误将籀文的螺旋 形写成内外两个圆圈。《说文》释："回，转也。""回"符合中国古代"天人合一"的思维形制；否则，"天人合一"便失去了"易"（日月）变化的永恒之道。同时，中国先民的生命律动与农业伦理相结合，即所谓"天时地利人和"，也与所谓"今世""今生"，"来世""来时"有关。[①]《吕氏春秋·诬徒篇》有"世，时也"。此不啻为中国农正（政）之农业伦理中最契合的"生命"（时）表达。

人的生命（性命）首先契合于"回形思维"。它既表现运动，也表

---

① 陈梦家：《殷虚卜辞综述》，中华书局2008年版，第228页。

现出"回旋"的特点，最形象的认知是"气"。甲骨文"气"作"三"，① 于省吾先生采用"以形为主"，对照其他的方法，特别是从西周到东周的古字形演变，确认"气"与"三"的关系。② 甲骨文字形三与"三"相似，代表天地之间的气流。金文𠄞为使之区别于数字"三"，将第一横写成折笔乚。金文也作𩳁，即𠂉（气，自由扩散、飘逸的第三态物质），米（米，代表食物），表示食物产生气体。飘逸、扩散的气流为"气"；短气为"乞"。"气"不仅包含着生命的形体，也包含了生命的无形，而生命——身体的有形与无形都被另一种形态——"天命"所包容和覆盖。比如袁天罡的"胎息论"，谓："夫元气者，大道之根，天地之母，一阴一阳，生育万物。在人为呼吸之气，在天为寒暑之气……故学道者，当取四时止气，纳入胎中，是为真种，积久自得心定神定息定，龙亲虎会，结就圣胎，谓之真人胎息。"③

二

不言而喻，"天命"之"命"与天象存在关系。"天象"作为一种自然和由自然所演化的现象，原本真实可感，作用于人类生活的方方面面；然而，由于远古时代人类尚未知其天文学之详，故附会于神话表述，成就于观念经验，落实于生活细节。以祥云为例，"云（雲）"，甲骨文字形为ʓ，表示气流在天上流动。造字本义为气团在天空飘浮。金文、篆文ʓ承续甲骨文字形。籀文ʓ写成舒卷的气流状，突出流动形象。"云""雨"之象常无从分，甲骨文中多以连用，合而为"雲"，强调其天象特征。篆文雲，即雨与云的组合，表示天象。《说文解字》释，雲为云的古文写法。"天人合一"的章法之一首先是根据人们观察自然的经验总结，直接将天象赋予社会价值伦理并诉诸生活。比如

---

① 于省吾：《甲骨文字释林》，商务印书馆2010年版，第79—82页。
② 于省吾：《甲骨文字释林》，商务印书馆2010年版，第501页。
③ （明）尹真人高弟：《性命圭旨》，中央编译出版社2013年版，第127页。

"云"也成为祭典的重要意符。《周礼·保章氏》有:"以五云之物,辨吉凶水旱降丰荒之祲象。"① 郑注:"物,色也,视日旁云气之色,降,下也,知水旱所下之国。郑司农云,以二至二分观云色,青为虫,白为丧,赤为兵荒,黑为水,黄为丰。"② 至于祥云,则赋予吉祥之意,被广泛地使用于礼仪庆典、造型艺术、墓葬雕刻、石窟绘画、建筑工艺等。再比如"虹",被赋予更为细致的含义,《释名·释天》:"虹,攻也,纯阳攻阴气也。"③《周书·时训》有这样的说法:"小雪之日,虹藏不见。虹不藏,妇不专一。"④

大体上看,中国传统的生命体性中包含了几个主要的观点。

一是"天命"附和的性命观。中国的生命观,生命、身体具有一体性特点,即"性命"。在古代哲学范畴里,它指万物的天赋和禀受。《易·乾》"乾道变化,各正性命。"孔颖达疏:"性者,天生之质,若刚柔迟速之别;命者,人所禀受,若贵贱夭寿之属也。"⑤ 在天命观之中,人的"命"是宇宙"易"(日月同构)的表现,即"自然天命"。宇宙之"易"的表象为阴阳消长、五气流行;人的命亦即某一特定的宇宙状态,表象为特定的阴阳五行,可通过干支之现象体现。人出生时的宇宙状态固结为命,但宇宙之"易"总在不断地运行,"命"在"运"中,故有"命运"之说。由此观之,二者虽常连用,意义和意思却不一样。如上所述,"命"表现为相对的固态,"运"则强调变化。⑥至于命运的具体变化之术,王充是第一个把人的命运的变化之术作为主要研究对象的人,有所谓的"知命之术"。他提出"正命"和"遵命"说,认为命是不可以抗拒的,其曰"在天"。王充的知命之术还与"星命学"联系在一起。到了东晋的道学家葛洪那里,与"仙道"联合,

---

① (清)孔治让:《周礼正义》卷五十一,中华书局1987年版,第2124页。
② 于省吾:《甲骨文字释林》,商务印书馆2010年版,第8页。
③ 谷风:《辞书集成》,团结出版社1993年版,第270页。
④ 于省吾:《甲骨文字释林》,商务印书馆2010年版,第4页。
⑤《周易正义·上经·乾》,载《十三经注疏》,中华书局1987年版,第2页。
⑥ 谢松龄:《天人象:阴阳五行学说史导论》,山东文艺出版社1989年版,第316页。

化为仙术。① "天命论"在中国历史中久盛不衰,根深叶茂,并可转喻自然之道。这是来自上古传统的宗教观念。它有两种意思:一种是天对王的任命,君王对下属的任命;第二种是指人的生命寿夭都是上天的命令和安排。②

二是身体命运的五行观。中国古人对生命的体验是天人合一,而天地世界由阴阳五行成其表象;人受于施地化,禀阴阳五气;人象天地,命亦象天地。人的命运圆融于天地之中,不可分离。天干地支便以呈象天地人一统三元:干是天干,为"天元",地是地支,为"地元","人元"则藏于"地元"之中,地支为体,人元为用。人元以天干为象,藏于地支之中,与天地参也。③ 依照阴阳五行的观念,阳属天,阴属地,天父/地母在世界许多民族的神话表述中似乎成为通则。但在中国阴阳五行的传统中,这样的认知和归类更为直接、具体,特别是与人的生命和身体挂钩。比如在与自然相协的关系中,"山(阳也)为积德,川(阴也)为积刑"④。身体与灵魂相互配合,亦可独立存在。在中国古代的文化语境中,生命常指身体和授命的复合体。在整个中华文化的历史语境中,如果说"天命"是一种观念价值的话,那么生命凭附于身体的"魂魄"复合体却是体性的具体。"气"被视为生命的表征,《太极图说》称阴阳为"二气",五行为"五气"。朱熹又做了进一步的发挥,即将"气"与"质"区分开来:"气之清者为气,浊者为质。"(《语类》卷三)"阴阳是气,五行是质。"(《语类》卷一)可知,阴阳之气是清者,五行之气是浊者,天地万物皆由阴阳清浊构成。⑤ 配合生命和身体的"形"与"理",其如《淮南子》所云:"天

---

① 谢松龄:《天人象:阴阳五行学说史导论》,山东文艺出版社1989年版,第291—293页。
② 李申:《道与气的哲学:中国哲学的内容提纯和逻辑进程》,中华书局2012年版,第88页。
③ 谢松龄:《天人象:阴阳五行学说史导论》,山东文艺出版社1989年版,第300页。
④ 《续修四库全书》编委会:《续修四库全书》六九五册,上海古籍出版社2003年版,第61页。
⑤ 谢松龄:《天人象:阴阳五行学说史导论》,山东文艺出版社1989年版,第115页。

气为魂,地气为魄"之说,高诱注:"魂,人阳神也;魄,人阴神也。"① 虽然,魂魄之说在历史变化中有不同的说法:有魂魄连用,皆指灵魂;也有魂指灵魂,魄指形体,但都与阴阳之说相合,② 也与"天命观"相合。

三是身体作为的政治史观。"天命"与"德治"自商周以来就一直相伴相随。周人在思想意识上许多方面都因袭了商人的观念,其中"天命观""德治"就是西周统治者政治史观的重要部分。这些观念在古籍和铜器铭文多有反映,大盂鼎铭:"丕显文王,受天有大命。"克盨铭:"丕显文武,膺受大(天)命,匍有四方。"都说周文王、周武王得于天命,使治四方。而"天命"与"德治"相为有关系,金文中的"德治"内容屡见不鲜。"德治"也构成了"礼治"的重要内容。③这与后来儒家主导的所谓"正心、诚意、修身"与"齐家、治国、平天下"一体化的生命经验相关,④ 转而特指政治使命追求。西汉以降,儒、道两家分道而行,儒家的生命—身体观朝着更加务实和社会化方向发展,关注于社会,致力于天下归仁,家国平治。其中身体政治也成了一个鲜明的特点,即把"修身、齐家、治国、平天下"作为"天经地义"的社会责任和历史使命,同时也将人世间的伦理道德视作宇宙律令。"仁"与"道"的向往随之发生了差异。宋、明以降,理学专事研究以成大观。董仲舒试图以"天命"融合儒道之学,他认为"仁心"即"天心":"察于天之意,无穷极之仁也。人之受命于天也,取仁于天而仁也。"⑤ 同时,天命论有效地将"天命"系于帝王一身,以至于帝王在诏示天下之时,总以"奉天承运"示表。身体—生命政治的核心必须遵从伦理和道德。事实上,自古将"生命"与"命令"同置一

---

① 刘文典:《淮南鸿集解》卷七,载《新编诸子集成》,中华书局1989年版,第228页。
② 汪小洋:《中国墓室壁画的重生信仰讨论》,《民族艺术》2004年第1期。
③ 杜迺松:《杜迺松说青铜器与铭文》,上海辞书出版社2012年版,第186—187页。
④ 中国民主同盟中央委员会、中华炎黄文化研究会编:《费孝通论文化与文化自觉》,群言出版社2005年版,第479页。
⑤ (汉)董仲舒:《春秋繁露》中册《王道通三》,中华书局1975年版,第402页。

畴者并不鲜见，即"命"通常与令相协使用，从《左传·宣公三年》中的"问鼎"一段，① 可知天命包括：(1)天命可知；(2)天命会改变；(3)天命归于"有德者"。②

四是"骨肉相传"的传承观。中国是一个宗法传统的社会。所谓"宗法"，即记认宗亲之法。③ "体"与"骨"同属，延伸出"骨肉相传"的亲属关系与继嗣制度。从"体"字的渊源与构词来看，在《说文》中"体"从"骨"，但在更早的《睡虎地秦墓竹简》和《老子》甲乙本中则均从"肉"。无论从"骨"还是从"肉"，均揭示出后世儒家文化以亲族血缘关系为核心，强调"骨肉至亲"的文化本源。④ 如《仪礼·丧服》有：

> 世父、叔父何以期也？与尊者一体也。然则昆弟之子何以亦期也？旁尊也。不足以加尊焉，故报之也。父子一体也，夫妻一体也，昆弟一体也。故父子，首足也；夫妻，胖合也；昆弟，四体也。⑤

以此观之，"天命"中的"骨肉相传"不仅上接"形上"之道理玄义，同时又将这些道理落实在了中国家族制度的传袭中，成为世系原则，特别是亲属继嗣制度中无可争议的依据。

---

① 《左传·宣公三年》："定王使王孙满劳楚子。楚子问鼎之大小、轻重焉。对曰：'在德不在鼎。昔夏之方有德也，远方图物，贡金九牧，铸鼎象物，百物而为之备，使民知神、奸。故民入川泽山林，不逢不若。螭魅罔两，莫能逢之，用能协于上下以承天休。桀有昏德，鼎迁于商，载祀六百。商纣暴虐，鼎迁于周。德之休明，虽小，重也。其奸回昏乱，虽大，轻也。天祚明德，有所厎止。成王定鼎于郏鄏，卜世三十，卜年七百，天所命也。周德虽衰，天命未改，鼎之轻重，未可问也。'"
② 泰祥洲：《仰观垂象》，中华书局2011年版，第27页。
③ 李安宅：《〈仪礼〉与〈礼记〉之社会学的研究》，上海世纪出版集团2005年版，第55—56页。
④ 彭兆荣：《文化遗产关键词系列》之"身体"条目（李菲撰写），贵州人民出版社2014年版，第198—313页。
⑤ （汉）郑玄注：《仪礼注疏·丧服第十一》，载《十三经注疏》，上海古籍出版社2008年版，第910—911页。

三

"天命论"关涉哲学中的分析法则。以中国文化语境回观西方文化哲学的分析法则,西式法只涉及"主位"(emic)、"客位"(etic)二位,可是以中文的体性法则,都是三位,即所谓"参"(叁)。"天人合一"形而上的价值观念就是在天、地、人之间存在着一个介体式的"参",所谓"人之观天察地"是也。换言之,在中国传统的价值体系里,人的性命(天命、命运等)都不过是"天地人"整体的一部分,古代的"王"(天地人之"三材"贯通),《说文》:"王,天下所归往也。""王—巫"实为"参—叁"典范。所以,中国的文化面貌当为"天文—地文—人文"的统一。体性的"参与"也只能是"主体—客体—介体"的三合一互动。① 简单的"主体—客体""主位—客位""主观—客观"之二分很难"参透"。

我们通常所言之"天人合一"主要表述形而上的价值观念,但实际上在天、地、人之间存在着一个介体式的"参"("叁")。参,金文 ✲✲(意指三颗星,即叁宿星座②),而 ✲(指星相师),表示用仪器观测天象叁宿星座,本义指长者仰观天星,以辨识方位。篆文 ✲承续金文字形 ✲。隶书 ✲将篆文的"星" 晶 写成"厽" ✲。《说文解字》释:"参,曑和商,都是星名。"字形采用"晶"作边旁,✲作声旁。✲即"参"的合体字。

中国古代天文学及民间对"参宿"一、二、三(即猎户座ζ、ε、δ)三颗星的称呼(图2)也称"三星"(特指),亦可指其他数组三颗相接近的星(泛指)。"三星"还有"天作之合"的意思。《诗·唐风·绸缪》:"绸缪束薪,三星在天。今夕何夕,见此良人。"孔传:

---

① 彭兆荣:《体性民族志:基于中国传统文化语法的探索》,《民族研究》2014年第4期。

② "参宿"属于古代星象学中西方白虎七宿之一。中国古代的星象图在描绘上存在差异。参见潘鼐编著《中国古天文图录》,上海科技教育出版社2009年版,第275、319、362等页。

"三星，参也。在天，谓始见东方也。男女待礼而成，若薪刍待人事而后束也。三星在天可以嫁娶矣。"郑玄笺："三星，谓心星也。心有尊卑、夫妇、父子之象，又为二月之合宿，故嫁娶者以为候焉。"民间也称之为"福、禄、寿"三星，① 暗合天命体性，也是完整的"性命"意象和生命表达。

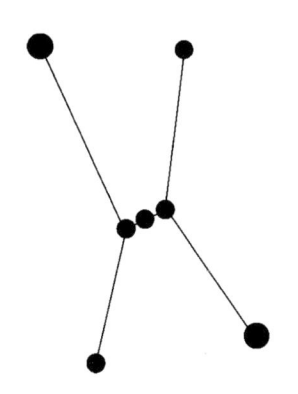

图2 中国古代二十八星宿之"参宿"简图

"天命"的观念一直盘亘在中国古代的文化脉理中，也一直是民间伦理中最为朴素的价值观。事实上，在天命论中，方家的表述差异甚大，但无论是"表"还是"理"，都围绕着人来讲述，也都是从人出发的。《礼记》中说，人是天地的灵魂。天地是一切事物的父母，在人之上，高于人的是天地。在儒家观念中，天或上帝是至高无上的，但却不是万能的，需要人的辅佐，所以需要"天子"，就像君主需要臣子一样。《礼记·经解》："天子者，与天地参，故德配天地，兼利万物。与日月并明，明照四海而不遗微小。"② "参"即"叁"，和天地并列为叁，故为"天子""大人""圣人""君王"；同时又是参与，参与对天地的作用，也就是辅佐天地。辅佐的方法，就是根据天地的意志，比如

---

① http://baike.baidu.com/2016-3-10."参宿三星"。
② （汉）郑玄注，（唐）孔颖达疏：《礼记正义》，北京大学出版社1999年版，第1599页。

天命、天道，加以合理地动用。① 普通百姓的"命运"也是能完全自主的。由此，"参"既表明天地人的"共体"关系（叁），也表明三者之间交通、感应、互动的"介体"关系。所以"命"首先是一个哲学概念，即"上天的命令"。具体包括：（1）上天对君主的任命；（2）人的生死寿夭也是上天的安排。②

人的生命—身体个体也难以独立自主。在道家观念中，理想的身体是整体的和谐，身体虽各司其职，却以备统一，否则，天下大乱。《庄子·天下篇》曾以"身体"四分五裂的隐喻来描述"天下大乱"：

> 圣贤不明，道德不一，天下多得一察焉以自好。譬如耳目口鼻，皆有所明，不能相通。犹百家众技也，皆有所长，时有所用。虽然，不该不偏，一曲之士也。判天地之美，析万物之理，察古人之全，寡能备于天地之美，称神明之容。是故内圣外王之道，暗而不明，郁而不发，天下之人各为其所欲焉以自为方。悲夫，百家往而不反，必不合矣！后世之学者，不幸不见天地之纯，古人之大体，道术将为天下裂。③

在儒家的观念中，上帝的统治需要"授命"，并与人间帝王协助、共同完成；是故，"巫—王"合一的工作少不了"参"。换言之，巫觋行占卜之术，必通天文地理，堪天舆地。宋代的大天文学家苏颂在《新仪象法要》之"进仪象状"中描述浑象仪时，就说到了"巫咸"④

---

① 李申：《道与气的哲学：中国哲学的内容提纯和逻辑进程》，中华书局2012年版，第54—55页。
② 李申：《道与气的哲学：中国哲学的内容提纯和逻辑进程》，中华书局2012年版，第88页。
③ 郭庆藩辑：《庄子集释》"天下"，华正书局1985年版，第1069页。
④ "巫咸"，一作"巫戊"非真名，真名已不可考。商王太戊的大臣，相传他发明了鼓，是用筮占卜的创始者，又是占星家，后世有假托他所测定的恒星图。参见（宋）苏颂《新仪象法要》，陆敬严等译注，上海古籍出版社2007年版，第10页，注（34）。

为古代天文学家，传说也是星象图的绘制者之一。① 张光直先生以"巫"解释人的身体感处于"存有连续"的一体感通之宇宙联络网。人的自我从来没有隔绝于存有整体之外，人比较突出的不在主体的客观认知，而在于身体的交感共振。② 作为上古神话时代的德智之巫，③ 甲骨文为𐙢，由𐙣（工，巧具）与𐙤（又抓、持）组合而成，表示祭祀时手持巧具，祝祷降神。有的甲骨文为𐙥，表示多重巧具组合使用，强调极为智巧，即巫的本义为远古部落中智慧灵巧的通神者，以神秘法器，祝祷降神。远古巫师是部落中最为智巧者，通常是直觉超常的女性，男巫出现的时代则在男权社会形成之后。《说文解字》释：巫，向神祝祷的人。女人能事奉无形奥秘的事物，能够用魅力歌舞使神灵降临现场。"巫"字像一个人挥动两袖起舞的样子，指接事鬼神之人。④ 其德智特质在于耳听、目见、口传一类的出神体验。⑤ 张光直先生认为巫"是当时最重要的知识分子，能知天知地，是智者也是圣者。"⑥ 世界民族志的远古资料在"巫—王"同构的特点上几为普世，⑦ 然，强调身体感官，假以"聪明"，为王、为圣、为君者，唯中国传统表述独鲜明。

除了三才"叁—参"的通缀，五行对于生命身体之构造亦非常重要。《汉书·艺文志》术数略五行叙云：

---

① 曰："梁朝浑象以木为之，其圆如丸，遍体而二十八星宿，三家星（谓巫咸、石申、甘德三家星图，以青、黄、赤三色别之）、黄赤道及天河等。"参见（宋）苏颂《新仪象法要》，陆敬严等译注，上海古籍出版社2007年版，第6页。

② 张光直在探讨商代神巫通天地鬼神的萨满仪式时，对比于西方神人二元的断裂性文明，特别强调中国的"存有连续"。参见张光直《考古学专题六讲》，台北：稻香出版社1993年版，第1—24页。

③ "古者民神不杂。民之精爽不携贰者，而又能齐肃衷正，其智能上下比义，其圣能光远宣朗，其明能光照之，其聪能听彻之，如是则明神降之，在男曰觋，在女曰巫。"参见《国语·楚语下》，台北：里仁书局1981年版，第559页。

④ 孟世凯：《甲骨文辞典》，上海人民出版社2009年版，第279页。

⑤ 赖锡三：《〈庄子〉身体观的三维辩证：符号解构、技艺融入、气化交换》，台湾《"清华"学报》新42卷第1期。

⑥ 张光直：《中国青铜时代》，台北：联经出版事业公司1994年版，第2集，第45页。

⑦ J. G. Frazer, *The Golden Bough*, London: Macmillan Publishing Company, 1947.

五行者，五常之形气也。《书》云："初一曰五行，次二曰羞用五事"，言进用五事以顺五行也。貌、言、视、听、思、心失而五行之序乱，五星之变作，皆出于律历之数而分为一者也。其法亦起五德终始，推其极则无不至。而小数家因此以为吉凶，而行于世，以相乱。①

据此，则五行之说本非纯为吉凶之言，而是将对五常（金、木、水、火、土）物质形态的观察把握与社会日常生活的各个方面相结合，大到国家运德，小到身之言行。②

附带加以分析，在中国传统意义上，"命运"之"命"也具有传世特性，它与贵族之胄（帝王或贵族后代）存在关系。故有"帝室之胄""王室之胄"之说；与之关联，亦泛指世系。在这层意义上，"崇高"也有高贵之胄的含义。中国古代的"贵族"名分与生活由此成为社会阶级和阶层"金字塔"的高端，一般人仰视之，并成为社会望族的生活方式。古代的"名门望族"是具有世袭的崇高的社会地位的豪族大姓，③并具有地方声望和特殊的生活方式。最好的描述是氏族（clans，早期的人类学译为"克郎"）。④氏族的特征之一便是特定族群内部的传承。值得一说的中国古代官制的"品"——金字塔的生动写照，作为科举的前身形制，地方荐举的重要方式是所谓"九品中正制"。从公元220年"九品中正制"创立开始，⑤官员被分为了九品，其中世系门第

---

① （汉）班固：《汉书》六册，中华书局点校本1962年版，第1769页。
② 潘晟：《中国古代地理学的目录学考察（一）——〈汉书·艺文志〉的个案分析》，《中国历史地理论丛》第21卷第1辑，2006年，第85页。
③ ［美］伊沛霞：《早期中华帝国的贵族家庭：博陵崔氏个案研究》，范兆飞译，上海古籍出版社2011年版，第9页。
④ ［美］伊沛霞：《早期中华帝国的贵族家庭：博陵崔氏个案研究》，范兆飞译，上海古籍出版社2011年版，第20页。
⑤ "九品中正制"是一种地方荐举制度，其方式是在每一个郡（领数县）各设置中正一名，数十年后，各州（最高地方行政单位）亦设中正。中正的职责是品人物，对参加政府的候选人依其品德和才能，确定一至九品的次第等级。220年创立一直延续到583年，世系门第不再作为官方确认的选官标准，699年，科举制度正式取代九品中正制度。参见［日］宫崎市定《九品官人法研究——科举前史》，韩升译，中华书局2008年版。另参见［美］伊沛霞《早期中华帝国的贵族家庭：博陵崔氏个案研究》，范兆飞译，上海古籍出版社2011年版，第22—36页。

成为重要的选官依据，虽然后来的科举制取而代之，但世系门第仍为潜规则，因为后室的世系仍然是世袭的。

而"命运"之"运"则随时空变化而转变。当代中国的社会政治结构中，传统的"贵族"已彻底地退出社会政治舞台，如果说西方现代国家制度"民族国家"于1911年正式登入中国国体政治的话，那么，迎接这一西方现代国体的正是"五四运动"这一新文化运动。其后果是国家力量真正进入乡土社会，"横暴权力"逐渐取代了"同意权力"，虽然二者相互关联，后者的权力是无法抗拒前者的。① 这样的结果是民众传统的家园（以家族世系为传承原则的村落政治）主人翁意识逐渐弱化，代之以国家的公民意识。而彻底根除贵族门第的社会崇高性，无疑是发生于20世纪中期的"文化大革命"，阶级斗争的后果是，近代以降，贵族的"厄运"连续不断，苟延残喘的贵族"鼻息"根断。及至今日，我们终于在具有"黑色幽默"的历史剧中看到丧失崇高感、缺乏高贵气度的"土豪"群体的崛起。鉴此，我们今天要做些恢复"高尚之德""高贵之气""高雅之事"的工作。

原载于《民族艺术》2016年第3期

---

① 费孝通：《乡土中国生育制度》，北京大学出版社1998年版，第59—60页。

第三编　文学人类学实践

远古部族文化融合创新与《九歌》的形成

江林昌[*]

一部五千多年绵延不断的中华文明史，实际上是众多氏族、部族、民族文化不断传承融合与转化创新的过程。先秦时期，由氏族、部落林立而逐渐形成以中原夏商周三族为盟主的多部族文化联合体。秦汉以后则由更大范围内的民族碰撞对话而最终形成以汉民族为主体的多民族统一国家。

至汉武帝时，中华文化进一步繁荣发展。司马迁在此基础上著成的《史记》"究天人之际，通古今之变，成一家之言"，对以汉族为主体的多民族融合的历史文化作了全面叙述梳理。《史记》成为中华文明史上上承先秦六经诸子，下启官修正史的不朽经典。事实上，在战国文明转型过程中，屈原整合编辑并加工润色的《九歌》，也在较大程度上反映了远古部族文化传承融合与转化创新的过程。《九歌》不仅有文学艺术上的认识价值，更有文化史上的认识价值。我们应该在文明起源、早期文明发展、文明转型以及成熟文明发展这样一个大空间、长时段的背景下去认识把握《九歌》这部不朽的民族经典。这样的讨论需要多学科的综合运用，并非易事。

---

[*] 江林昌，教育部人文社科重点研究基地山东师范大学齐鲁文化研究院教授。

一 文化地域特色与《九歌》各篇的族属形成

王逸《楚辞章句》认为,《九歌》是屈原在楚国民间祭祀乐曲基础上创作而成的。"屈原放逐",窜伏于"楚国南郢之邑,沅、湘之间","出见俗人祭祀之礼,歌舞之乐,其词鄙陋,因为作《九歌》之曲"。①洪兴祖《楚辞补注》、朱熹《楚辞集注》,以及新中国成立后的大学通用教材,大多采用此说。

其实,这只是注意到《九歌》的流。有鉴于此,一些有识之士试图从更广阔的文化史、民俗学角度探索《九歌》的源。如姜亮夫、周勋初、萧兵等学者的论著,均有专门讨论。② 但由于 20 世纪 80 年代以前考古发掘与研究尚不充分,学术界对远古历史文化未及作出全面科学的梳理,因此有关《九歌》源头的讨论很难深入到具体环节。

经过半个多世纪的努力,到 20 世纪 80 年代以后,考古工作者终于建立起完整的考古学文化年代序列,并先后开展了考古区系类型学的文化历史分析,与考古聚落形态学的社会历史分析。这样,有关中华文明起源、早期文明发展、文明转型,再到成熟文明形成发展的讨论,都有了具体、系统而科学的基础。其中,有关中华文明起源阶段的具体情况,考古学为我们展示了新石器时代的六大文化区:山东文化区、中原文化区、甘青文化区、长江中游区、江浙文化区和燕辽文化区。

严文明指出:"(这六个)区域文化各有鲜明特色,也就意味着在其背后创造它们的社会在文明化进程上各具特点,并对整个中国文明的形成作出过不同的历史贡献。"③ 这六个新石器时代文化区的年代大致为距今一万年至四千年之间。其中,新石器晚期的龙山时代则为距今五

---

① 洪兴祖:《楚辞补注》,中华书局 1983 年版,第 55 页。
② 姜亮夫:《楚辞学论文集》,上海古籍出版社 1984 年版,第 271—308 页;周勋初:《九歌新考》,上海古籍出版社 1986 年版;萧兵:《楚辞新探》,天津古籍出版社 1988 年版,第 129—502 页。
③ 严文明主编:《中华文明史》第 1 卷,北京大学出版社 2006 年版,第 55 页。

千年至四千年之间,相当于古史传说中的五帝时代。而在历史学界,徐旭生将五帝时代的众多氏族部落概括为华夏集团、东夷集团、苗蛮集团。① 这三大部族集团刚好对应上述考古学上的中原文化区、山东文化区和长江中游区。

到了夏商周青铜时代,上述六个文化区又有一些新的变化发展,如西南地区多了巴蜀文化区等。② 但中原文化区、山东文化区、长江中游区基本保持不变。1933 年,傅斯年将五帝时代至夏商周三代的文化概括为东方的夷族、商族与西边的夏族、周族之间的交流。这东西两端正好落在上述山东文化区与中原文化区之内。傅斯年指出:"现在以考察古地理为研究古史的一个道路,似足以证明三代及近于三代之前期,大体上有东西不同的两个系统。这两个系统,因对峙而生争斗,因争斗而起混合,因混合而文化进展。"③ 傅斯年作此文时,中国考古学才起步不久,其从历史文献学角度提出"夷夏东西说",极富洞见,在学界影响深广。然而,现在我们无论从考古学角度还是从历史学角度看,五帝至夏商周时期不仅存在傅斯年所说的东西交流,而且还有南北交流,即黄河流域的夷、夏两族与长江中游区的三苗族、荆楚族之间的交流。

本文讨论的《九歌》各篇的族属及其形成流变,空间上正好处于海岱东夷集团、河洛华夏集团、江汉苗蛮集团所对应分布的山东文化区、中原文化区和长江中游区范围内,而时间上又恰在五帝至夏商周三代之间。

(一) 海岱东夷族的祭歌颂诗:《东皇太一》《东君》

综合多种资料考察可知,《东皇太一》《东君》是《九歌》中保存最早的原始宗教祭歌,其最初内核属于海岱地区的东夷集团,且与《韶》乐有关。这个问题涉及时间较早,所幸考古学上已有同期对应的

---

① 徐旭生:《中国古史的传说时代》,广西师范大学出版社 2003 年版,第 42—75 页。
② 李伯谦:《中国青铜文化的发展阶段与分区系统》,《华夏考古》1990 年第 2 期。
③ 傅斯年:《民族与古代中国史》,河北教育出版社 2002 年版,第 4 页。

资料。至于文献学方面，虽然文字记录是周秦时期的，但其内容应该是从远古时代口耳相传下来的，所述当有一定依据。至于其中一些神话资料，我们也相信其背后必有一定的"史实为之素地"①。

首先，讨论《东皇太一》与《东君》的主题内容。题目《东皇太一》实际是"东皇"与"太一"的同义词叠用。在金文中，"皇"字作光芒四射的太阳出于土上之形（如函皇父匜、史兽鼎）。所谓"东皇"，即东升的太阳。"太一"一词在先秦两汉典籍中常见，本义为太阳神。《吕氏春秋·大乐》所谓"太一出两仪，两仪生阴阳"，所谓"万物所出，造于太一，化于阴阳"，都是指太阳东升，分开天地、昼夜、阴阳、化生万物。"东皇"与"太一"叠用，旨在表达族众对太阳神至高无上的神威之敬意。②《东皇太一》第一节："吉日兮辰良，穆将愉兮上皇。抚长剑兮玉珥，璆锵鸣兮琳琅。"所谓"上皇"即冉冉升起的太阳，也就是"东皇"。这是男巫所唱。开头两句意谓选择吉日良辰，恭恭敬敬祭祀东升的太阳。后两句写男巫手持象征太阳光芒的"长剑""玉珥"，在乐曲声中翩翩起舞。

《东君》接着写祭祀夜间太阳神："青云衣兮白霓裳，举长矢兮射天狼。操余弧兮反沦降，援北斗兮酌桂浆。撰余辔兮高驰翔，杳冥冥兮以东行。"这里的"天狼""北斗"均为星名。"矢""弧"是太阳光芒的象征，而诗中将它们与星星连在一起，说"射天狼""援北斗"，自然是指白天的太阳光芒转换成夜间的星星，暗示太阳的西下，所以说是"反沦降"。

"杳冥冥"之"杳"，从日在木下，指太阳"由莫而行地下，而至于榑桑之下也"。③ "冥冥"是地下黄泉幽暗之义。《庄子·逍遥游》"北冥有鱼"，"冥"指深黑色海水。在神话思维里，太阳神白天化为阳鸟、神龙在天空飞行，夜间又化为神马、鲲鱼在地泉运行。所以说

---

① 王国维：《古史新证》，清华大学出版社1994年版，第2页。
② 江林昌：《楚辞与上古历史文化研究》，齐鲁书社1998年版，第22—25页。
③ 段玉裁：《说文解字注》，上海古籍出版社1981年版，第252页。

"撰余辔""以东行"。蒋骥《山带阁注楚辞》说这段文字写"送日极西,而复持辔东行,长夜冥途,与之相逐",而"冥冥东行"之后"盖又以迎来日之出也"。① 这便是《东君》开头的场面:"暾将出兮东方,照吾槛兮扶桑。抚余马兮安驱,夜皎皎兮既明。"

总起来看,《东皇太一》是白天祭祀太阳神的歌舞仪式,《东君》是夜间祭祀太阳神的歌舞仪式。两者合在一起刚好成了组歌。就内容考察,其中包含如下几个要素:(1) 太阳是东升西落而昼夜循环运转的,既"愉上皇""出东方"又"反沧降""援北斗"。(2) 太阳东升的地点为东海汤谷之"扶桑"。(3) 太阳白天在空中飞行时,常常动物化为阳鸟("翾飞兮翠曾"),夜间在地泉潜行时又动物化为神马("夜皎皎""撰余辔""抚余马")。(4) 太阳光芒常常比作弓剑("抚长剑""举长矢""操余弧")。(5) 祭祀太阳时伴有歌舞("展诗兮会舞,应律兮合节"),又有许多乐器("扬枹兮拊鼓""缇瑟兮交鼓""箫钟兮瑶虡""鸣篪兮吹竽")。

其次,讨论《东皇太一》《东君》的太阳神话与海岱东夷集团的关系。太阳崇拜应是人类社会早期阶段共有的原始宗教习俗。但由于地理环境不同、种族不同、生产与生活方式不同,太阳神话在具体意象上往往表现出区域特色。《东皇太一》《东君》太阳神话的上述五个要素具有鲜明的特色,而这与东夷集团有关。

考古学上的海岱地区,是指今山东全部以及河南东部、安徽江苏北部、河北南部及辽东半岛。在这广大范围内,东夷先民先后创造了后李文化—北辛文化—大汶口文化—龙山文化—岳石文化及商周文化。在这些完整并富有特色的考古学文化序列遗址中,不断出现丰富的有关太阳崇拜的遗物。其中,最典型的便是大汶口文化遗址出土的大陶尊上的日月山刻纹和大汶口文化至龙山文化遗址出土的代表太阳鸟图腾的鸟型陶鬶和鸟足陶鼎。而在文献记载中,东夷集团的先祖太昊、少昊、帝舜、后羿、伯益等,都以太阳鸟为图腾。《左传》昭公十七年记郯子话:

---

① 蒋骥:《山带阁注楚辞》,中华书局1958年版,第62页。

"我高祖少昊挚之立也,凤鸟适至,故纪于鸟,为鸟师而鸟名。"而《山海经·大荒东经》则曰少昊之国有六座日月所出之山,如:"东海之外大壑,少昊之国。……东海之外。大荒之中,有山名曰大言,日月所出";"大荒之中,有山名曰合虚,日月所出";等等。这里的地理范围很明确,先讲大海之外,有少昊之国,再叙大海之外大荒之中的六座日月山,说明这日月所出之山均在少昊国范围之内。

海岱地区的地理环境有两大特点。第一是山陵多。大汶口文化大陶尊上的日月山刻纹与《大荒东经》所描述的六座日月山是相一致的。不仅如此,在《大荒东经》中,这日月又动物图腾化为阳鸟:"帝俊生中容……使四鸟。"郭璞注已指出:"俊亦舜字,假借音也。"[①] 又《大荒南经》:"大荒之中,有不庭之山……帝俊妻娥皇……使四鸟。……有渊四方……舜之所浴也。"上言"俊",下则言"舜",可见俊、舜实为一人。帝舜是东夷集团继太昊、少昊、蚩尤之后的著名部落酋长。说帝舜使四鸟,这四鸟自然是前述六座山上所出的"日月"之图腾动物化。

海岱地区地理环境的第二特点,是北、东、南三面环海。日月所出之地,除六座山之外,还有"汤谷""扶桑"。《海外东经》:"汤谷上有扶桑,十日所浴,在黑齿北。"《大荒东经》:"汤谷上有扶木,一日方至,一日方出,皆载于鸟。"《淮南子·天文训》:"日出于旸谷,浴于咸池,拂于扶桑。"这里说日出之处为"汤谷"、"咸池",自然是大海;还有"扶桑""扶木",自然是海上神树。值得注意的是,这些神话地名均与"黑齿"有关。《大荒东经》又言"有黑齿之国,帝俊(舜)生黑齿",则"黑齿"当在海岱地区。《山海经》还记有"凿齿国"。其《海外南经》:"羿与凿齿战于寿华之野,羿射杀之,在昆仑墟东。羿持弓矢,凿齿持盾。"又《大荒南经》:"大荒之中……有人曰凿齿,羿杀之。"《淮南子·本经训》也有记载:"逮至尧之时,十日并出……尧乃使羿诛凿齿于畴华之野……上射十日。"此外,《淮南子·

[①] 袁珂:《山海经校注》,上海古籍出版社1980年版,第344页。

坠形训》还有许多"凿齿民""黑齿民"的记载。

据考古资料可知，东夷集团在远古时代曾盛行拔牙习俗。考古工作者在山东泰安大汶口、曲阜西夏侯、兖州王因、邹县野店、胶县三里河、诸城呈子、江苏邳县大敦子等大汶口文化墓葬中发现，当时普遍存在拔去上颌两颗侧门齿的现象，其拔牙率达到埋葬人数的64.3%。据此，严文明1979年即著文指出大汶口时期的东夷民族，"无论男女，也无论贫富"，都追求拔牙，这与文献记载中的"凿齿国""黑齿国"应该是相一致的。[1] 羿杀凿齿的地点在"昆仑墟东"。何幼琦等指出，远古时期的"昆仑墟"是指泰山。[2] 而杀凿齿的羿又是东夷集团人。由此可知，"凿齿国""黑齿国"必在海岱地区。这就从地理上证明"汤谷""扶桑""十日"神话只能是东夷民族的。在中原地区，既没有关于"凿齿"的文献记载，也没有相关考古发现。尧与羿活动在五帝时代晚期，相当于海岱龙山时代晚期。考古所见海岱地区的拔牙习俗盛行于大汶口文化时期，而到龙山时代便消失了。这与神话中称尧使羿诛灭"凿齿国"，在历史年代上大致吻合。

羿不仅与凿齿国有关，还与太阳神话有关。前文指出，"日出扶桑"在"黑齿国北"。而后羿诛杀"凿齿"的同时还上射十日。《楚辞·天问》："羿焉彃日，乌焉解羽。"[3]《荀子·儒效》："羿者，天下之善射者也。无弓矢则无所见其巧。"[4] 在神话思维里，太阳光芒有时比作弓箭。而羿字又作"羿"，从羽从弓，见《正字通·弓部》。羿为东夷集团中的"有穷"部落，其居地在"穷石"。古文"穷"亦从弓，作"躬"。而东夷民族的总称"夷"字，在青铜铭文里正作大人侧身背弓箭的形象，所以"夷"字从大从弓。《说文》："夷，从大从弓，东方

---

[1] 严文明：《大汶口文化居民的拔牙风俗和族属问题》，载《史前考古论集》，科学出版社1998年版，第293—305页。
[2] 何幼琦：《〈山海经〉新探》，《历史研究》1985年第2期。
[3] （宋）朱熹：《朱熹集注》，上海：上海古籍出版社2001年版，第58页。
[4] 北京大学《荀子》注释组：《荀子新注》，中华书局1979年版，第103页。

之人也。"① 可见"羿""窮""夷"在太阳崇拜母题中原是相通的。东夷部族崇拜太阳光芒，并且将太阳光芒比作弓剑，而羿是东夷集团中的太阳神射。"羿"字从"羽"，射阳鸟，又是东夷族太阳鸟图腾崇拜的反映。

总之，从考古学上的日月山刻纹、鸟型陶鬶、鸟足陶鼎，以及拔牙习俗，到文献记载中的"日出汤谷""日出扶桑""日月所出"的六座神山，以及少昊氏"以鸟师而鸟名"，帝舜（俊）使"四鸟"，后羿"射十日""解鸟羽"，以及"日出扶桑"在"黑齿国北"，羿诛灭"凿齿国"在"昆仑墟东"等，均足以说明东夷集团崇拜太阳的地理环境特色。这些特色与前论《东皇太一》《东君》中有关太阳神的"东升西落""日出扶桑""太阳化阳鸟""太阳作弓剑"四个要素正相吻合。因此，我们有理由推测《东皇太一》《东君》的祭太阳颂歌与东夷习俗有内在联系。

其三，再讨论《东皇太一》《东君》与东夷族《韶》乐的关系。《韶》为舜乐名。《庄子·天下》记"舜有《大韶》"。《韶》乐的"韶"字，甲骨文作双手捧酒尊以祭神的形象，这与文献记载"东夷率皆土著，喜饮酒歌舞"② 相一致。前述大汶口文化刻有日月山图纹的大陶尊，原来也是用来盛酒的。这就进一步表明，这酒是用来祭祀太阳神的。正所谓"酒以成礼"③（《左传》庄公二十二年），"粢盛秬鬯，以事上帝"④（《礼记·表记》）。由此再看《东皇太一》祭太阳神时，"瑶席兮玉瑱，盍将把兮琼芳。蕙肴蒸兮兰藉，奠桂酒兮椒浆"；⑤《东君》祭太阳神，又"援北斗兮酌桂浆"。⑥ 这之间应该是有文化传承关系的。

---

① （汉）许慎：《说文解字》，中华书局1963年版，第213页。
② （南朝宋）范晔：《后汉书》卷85《东夷列传》，中华书局1965年版，第2810页。
③ （晋）杜预注，（唐）孔颖达疏：《春秋左传正义》卷9，北京大学出版社2000年版，第288页。
④ （汉）郑云注，（唐）陆德明音义：《礼记》卷17，上海商务印书馆缩印宋刊1876年版，第321页。
⑤ （明）陆时雍撰：《楚辞疏》卷4，上海古籍出版社2020年版，第52页。
⑥ （明）陆时雍撰：《楚辞疏》卷5，上海古籍出版社2020年版，第58页。

东夷集团中虞族首领帝舜（俊）是太阳神，又"使四鸟"，鸟为太阳图腾。《大荒东经》还载帝舜驱使"虎、豹、熊、罴""食兽"。这说明帝舜族的太阳崇拜不仅衍生出飞禽图腾，还衍生出走兽图腾。古文献所描写的《韶》乐，正与这两者有关。《尚书·舜典》："帝（舜）曰：夔，命汝典乐，教胄子……八音克谐，无相夺伦，神人以和。"①夔回答说："予击石拊石，百兽率舞。"②《尚书·益稷》："夔曰：戛击鸣球，搏拊、琴瑟，以咏。……鸟兽跄跄，《箫韶》九成，凤皇来仪。"③ 这里提到"鸟兽""百兽""凤皇"，实际上均为太阳神的动物图腾化。再看《东皇太一》祭太阳神时，"扬枹兮拊鼓，疏缓节兮安歌"，"陈竽瑟兮浩倡"，"五音纷兮繁会"；④《东君》祭太阳神时，"缦瑟兮交鼓，箫钟兮瑶簴"，"翾飞兮翠曾，展诗兮会舞"。⑤ 其乐舞、其乐器、其场景、其内容，均与《韶》乐相一致。

实际上，作为虞舜族的祭歌颂诗，原只称《韶》。《箫韶》之"箫"，《九韶》之"九"，《大韶》之"大"等修饰词，都是后来才加上的（详下）。《韶》乐亦并非舜时才有，而是渊源于有虞族的始祖颛顼、长琴、老童的"始作乐风"，形成于始祖虞幕的"协风成乐"，再经历代巫师酋长兼乐正"瞽""夔"的加工完善，至虞舜时才达到完整成熟，因此后人称《韶》乐为舜乐。虞舜《韶》乐实际上是整个有虞族的祭歌颂诗，其内容包括历代有虞族先民对天体神与祖先神的崇拜祭祀。

《韶》乐中的天体崇拜内容，可从相关资料得知。新出战国时代的郭店楚简《唐虞之道》称："《虞诗》曰：大明不出，万物皆暗。圣者不在上，天下必坏。"⑥ 这"大明"指的正是太阳。《周易·乾》彖辞：

---

① （宋）陆经撰：《尚书详解》卷2，四库馆1878年版，第23页。
② （宋）陆经撰：《尚书详解》卷2，四库馆1878年版，第23页。
③ （宋）陆经撰：《尚书详解》卷5，四库馆1868年版，第56页。
④ （明）陆时雍撰：《楚辞疏》卷5，上海古籍出版社2020年版，第52页。
⑤ （明）陆时雍撰：《楚辞疏》卷5，上海古籍出版社2020年版，第57页。
⑥ 荆门市博物馆：《郭店楚墓竹简》，文物出版社1998年版，第158页。

"大明终始,六位时成。"高亨注曰:"日为宇宙间最大之光明之物,故古人称之为'大明'。'终'谓日入,'始'谓日出。'大明终始',犹言日入日出也。"① 郭店简所引《虞诗》自然是指虞舜的《韶乐》,说"大明不出,万物皆暗",自然是指太阳的夜间运行。但此处所引《虞诗》不全,至少缺了太阳白天运行的内容。恰好,传世文献《左传》襄公二十九年吴公子季札在鲁国"见舞《韶箾》"②而评论说:"大矣,如天之无不帱也,如地之无不载也。"③这自然是指太阳神的白天行高空、夜间行地泉。将郭店简《虞诗》与左传《韶箾》合在一起,刚好是一个太阳循环。这应该是《韶》乐的主要内容,而恰好又与《东皇太一》《东君》完整的昼夜祭祀太阳循环相一致。因此,我们有理由推定,《东皇太一》《东君》应该是东夷有虞族《韶》乐中有关日月天体崇拜内容的遗存。虽然这已远远不是《韶》乐天体崇拜的原貌与全部,但至少也是部分原始内核的遗存。这是十分珍贵的原始文化资料,今因屈原《九歌》而得见。

《韶》乐中还应包括有虞族祖先崇拜的内容。《尚书·益稷》:"夔曰:戛击鸣球,搏拊、琴瑟,以咏。祖考来格,虞宾在位。……《箫韶》九成,凤皇来仪。"孙星衍认为,这一段话是虞史之言,总叙有虞族庙堂祭祀乐舞之盛。④"祖考来格,虞宾在位。"格,至也。全句意谓有虞族的历代祖先之神灵均来受享,虞舜所邀请的宾客也都到场。这也正说明《韶》乐是包括祖先崇拜内容在内的。

据《左传》《国语》《世本》《大戴礼记》以及上博简《容成氏》等资料,可以考索虞舜以前的有虞族世系有:颛顼、长琴、老童……虞幕—穷蝉—敬康—句芒(望)—蟜牛—虞迵—瞽瞍—虞舜。⑤这些应该

---

① 高亨:《周易大传今注》,清华大学出版社2004年版,第59页。
② (晋)杜预注,(唐)孔颖达疏:《春秋左传正》卷37,北京大学出版社2000年版,第866页。
③ (晋)杜预注,(唐)孔颖达疏:《春秋左传正》卷37,北京大学出版社2000年版,第866页。
④ 孙星衍:《尚书今古文注疏》,中华书局1986年版,第122—132页。
⑤ 江林昌:《论虞代文明》,《东岳论丛》2013年第1期。

是《韶》乐祭祖时的具体内容。《周礼·春官·瞽矇》："瞽矇掌播鼗……讽诵诗世、帝系。"《礼记·乐记》："圣人作为鞉鼓……此所以祭先王之庙也。"这"瞽矇"本是有虞族巫师乐正的专名，后来才发展为音乐官的通称。鼗、鞉，即"韶""䪞"的通假。因《韶》乐是伴随着鼓乐而舞的，鼓又是由兽皮制成，故"韶"或从"鼓"作"鼗"，或从"革"作"鞉"；而掌管《韶》乐的巫师乐正又作"瞽"或"矇"。《周礼》所谓瞽矇"掌播鼗"，实际上是"掌播《韶》"，也就是掌管播演《韶》乐。《礼记》所谓圣人"作为鞉鼓"，实际上是指"作为《韶》鼓"，也就是演奏《韶》乐。而其场地是在"先王之庙"，其内容是关于有虞族"诗世、帝系"的。总之，《韶》乐是虞舜族于祭祀场合在巫师酋长"瞽""矇"主持下，按顺序叙述、"讽诵"历代祖先率族奋斗发展历史的总括。因此，《韶》乐也就是有虞族世代相传的颂诗、史诗，是有虞族神权、族权、政权的象征。《韶》乐的内容是随着有虞族世系的增长而丰富发展的。至舜时达到最完整阶段，所以《韶》乐又称舜乐。

《东皇太一》《东君》中祭祀太阳循环所用"桂酒""桂浆"等祭物，"鼓""瑟""竽""钟"等祭器，"安歌""浩倡""会舞""应律"等祭仪，实际都是东夷有虞族《韶》乐中有关日月天体崇拜的部分内容遗存。按理说，《韶》乐中有关东夷有虞族的祖先崇拜的内容也应在《九歌》中有所保存，可惜没有。其原因可能与当时夷夏部落联盟政权的变易有关。其中还隐藏着一件重大的历史谜案，需要破解。

（二）中原夏族的祭歌颂诗：《河伯》《云中君》

1. 虞族《韶》乐演变为夏族《九（虬）歌》

考古资料表明，在整个龙山时代，海岱地区的经济社会发展达到前述六大文化区中最先进的水平。俞伟超曾就此作过概括："我们现在已经可以描绘我国考古学文化谱系的基本支干，并能看到在距今5000—4000年期间，从黄河中、下游到长江中、下游，乃至长城地带，都陆续由原始时代向文明时代过渡，而东方的龙山文化是其中生产技术最高

(如发达的轮制陶器技术及精致绝伦的蛋壳黑陶与玉器等),从而大概也是社会发展程度最接近于具有文明时代诸特征(如城子崖与寿光县边线王的城址等)的一支文化。"[1] "东方的龙山文化"自然指海岱地区,其先进性在文化上的表现,便是上述东夷集团太阳神话丰富、音乐艺术繁荣,并有自己的部族史诗、颂诗《韶》的流传。《韶》乐是到目前为止可以基本考实的我国最早的一部区域部族史诗。而《东皇太一》、《东君》则保存了《韶》乐中天体崇拜方面的部分内容。

到龙山时代晚期,中原地区的经济社会发展提升,达到与海岱地区基本相当的水平。其中先后形成两个中心。一个是晋南襄汾的陶寺遗址。这是一个占地有 200 万平方米的古城,城内有多处高等级建筑的残迹,有超过一万座墓葬的公共墓地。这说明城中聚集有相当数量的人口。学界倾向于认为,陶寺古城应该是传说中尧部族集团的活动中心所在。另一文化中心是在豫中豫西地区的嵩山周围。从禹县瓦店遗址、登封王城岗遗址,到新密新砦遗址,再到偃师二里头遗址,持续发展。学者们认为这些遗址应该是夏族禹、启、太康时期的中心都邑所在。

正是因为中原地区的文明化进程达到与海岱地区相当的水平,才出现历史学上的海岱东夷集团与中原华夏集团的联盟政权。这联盟政权具体表现为二头盟主共同执政的禅让制。如,东夷部族以有虞迵为代表成为夷夏联盟集团的共同盟主时,华夏部族则选出尧与之配合。尧与有虞迵同为联盟集团的盟主,称为二头盟主共政。只不过二头盟主中,迵为主,尧为辅。但当有虞迵死后,尧成为二头盟主中的主位,再选出东夷部族的舜与之配合。尧死,舜又上升为二头盟主中的主位,再选出华夏部族的禹与之配合。

然而,这种海岱东夷集团与中原华夏集团平衡发展的局面,进展到距今 4000 年左右时被打破了。海岱地区的山东龙山文化突变为水平更低的岳石文化,而中原地区的河南龙山文化则在晋南陶寺文化的基础上

---

[1] 俞伟超:《龙山文化与良渚文化衰变的奥秘——致"纪念发掘城子崖遗址六十周年学术讨论会"的贺信》,《文物天地》1992 年第 3 期。

继续向前发展，即由登封王城岗龙山文化经新密新砦的发展，而过渡到豫西二里头夏文化。这种变化便使得中原华夏文化超过海岱东夷文化。①造成这种变化的客观原因可能是当时气候转暖，洪水泛滥，海水上浸。处于黄河下游的海岱龙山文化与长江下游的江浙良渚文化最先遭到破坏。正如俞伟超所指出："如果4000多年前不发生那场连续若干年的大洪水，我国最初的王朝也许而且应该是由东夷建立的。"②

这种考古学上的变化，反映在历史文献上，便是中原华夏族的禹启父子，破坏夷族与夏族部落集团联盟二头盟主共政的"禅让制"，建立夏族一头盟主专政的"世袭制"。具体过程是，舜死后，夏族禹成为夷夏联盟二头盟主的主位，并推出东夷部族的皋陶、伯益相继为辅。这时，禹暗中培养儿子启发动政变，最终杀了东夷部族首领伯益。《韩非子·外储说右下》："禹爱益而任天下于益，已而以启人为吏。及老而以启为不足任天下，故传天下于益，而势重尽在启也。已而启与友党攻益而夺之天下，是禹名传天下于益，而实令启自取之也。此禹之不及尧、舜，明矣。"《战国策·燕策一》所载大致相同。《楚辞·天问》也说："启代益作后。"古本《竹书纪年》："益干启位，启杀之。"③上博简《容成氏》33、34、35简所载也大致相同，为佐证此事的真实性增添了新资料。

由夷夏二头盟主共政的禅让制，变为夏族一头盟主专政的世袭制，是中国历史上的重大变革。这场变革会反映在宗教、政治、文化、社会、军事等方方面面。以上文献，是战国时代的人对夷夏之变在政治军事方面的解释。其实，在夏代初年，实现夷夏之变更多的可能是宗教方面的措施。恰好，《左传》《墨子》《天问》《山海经》等文献所载禹启"铸鼎象物"与夏启"始歌《九招（韶）》"两则神话故事为我们提供

---

① 张驰：《龙山—二里头——中国史前文化格局的改变与青铜时代全球化的形成》，《文物》2017年第6期。
② 俞伟超：《龙山文化与良渚文化衰变的奥秘——致"纪念发掘城子崖遗址六十周年学术讨论会"的贺信》，《文物天地》1992年第3期。
③ 方诗铭、王修龄：《古本竹书纪年辑证》，上海古籍出版社2005年版，第2页。

了相关信息。

《左传》宣公三年："昔夏之方有德也，远方图物，贡金九牧，铸鼎象物，百物而为之备……用能协于上下，以承天休。"《墨子·耕柱》也有大致相同的记载："昔者夏后开，使蜚廉折金于山川，而陶铸之于昆吾。是使翁难雉乙卜于白若之龟。曰：'鼎成……以祭于昆吾之虚，上乡（饗）。'"此外，《史记·封禅书》《武帝本纪》《汉书·郊祀志》等也有相关叙述。这说明"铸鼎象物"在夏代初年是一件宗教大事，影响深远。

"贡金九牧"当为"九牧贡金"之倒，与"远方图物"互文见义，"物"指的是"神灵"。[①] 所谓"图物"，是指描绘出神灵的图像。如前所述，夏代初年禹、启父子通过与东夷族皋陶、伯益的斗争，终于实现了由夷夏二头盟主共同执政的禅让制到夏族一头盟主专政的世袭制的转变，夏族成了黄河流域部落联盟的共主，中华文明进入早期发展阶段。为了从根源上掌握参加联盟的各氏族部落的神权、族权、政权，禹启父子命令各氏族部落（即"九牧"），将他们所崇拜祭祀的天体神灵与祖先神灵图像，连同他们族内所生产的青铜材料，一并贡纳上来。夏族用这些青铜材料铸成"九鼎"，还将各族神灵的图像铸在"九鼎"上。这实际是通过宗教手段独占各族的生产资料及各族沟通神灵的权力。

从五帝文明起源至夏商周早期文明发展长达近三千年的历史长河中，社会结构一直实行氏族部落的血缘管理，而与西方文明产生后的地缘管理有明显区别。在血缘管理体制下，每个氏族部落的神权、族权、政权三位一体，所谓政教合一。具体表现是，凡氏族部落的宗教、政治、军事、经济、伦理等重大活动都通过宗庙中的集体祭祀活动来决定实施，而祭祀仪式中的鼎、簋等祭器与歌舞、典籍等祭仪，都是神权、族权、政权的象征。因此，当一个血缘氏族部落兼并另一个血缘氏族部落之后，便要"毁其宗庙，迁其重器"（《孟子·梁惠王下》），表示已

[①] 《汉书》卷25上《郊祀志上》："汉兴，高祖初起，杀蛇，有物曰……"颜师古注："物，谓鬼神也。"（中华书局1962年版，第1210页）

取得他族的神权、族权与政权。禹启"铸鼎象物",将他族的青铜材料铸成九鼎,又在九鼎上铸上他族的神灵图像,即是"毁其宗庙,迁其重器"的神话反映。

需要指出的是,禹启"铸鼎象物"的措施主要是针对东夷有虞族的。《耕柱》说夏启"使蜚廉折金于山川"。"蜚廉"即"费廉",是东夷族伯益的儿子,事见《史记·秦本纪》《耕柱》又说夏启"是使翁难雉乙卜于白若之龟"。据孙诒让考证,"翁"即伯益的"益"字之借。"难雉"即杀雉之意,而"乙"通"以"。① 全句意为:夏启又"使伯益杀雉以衅龟而卜也"。前引《韩非子》已指出,"启与友党攻益而夺之天下"是政治军事上的反映。而《耕柱》讲启使伯益及其子费廉"折金于山川",又使其"杀雉以衅龟而卜",这是夏族战胜夷族在宗教文化上的反映。这就是"铸鼎象物"的真正秘密。

《孟子·告子下》还指出,一个完整的血缘部族国家,必须"守(其)宗庙之典籍"。典籍即宗教祭祀活动中的歌舞文本,亦即颂诗、史诗之类。夏族对夷族"铸鼎象物",使其"折金""衅龟""卜筮"的同时,肯定还夺取夷族的"宗庙之典籍",其中应包括《韶》乐。这个事实就保存在"启始歌《九招(韶)》"的神话传说中。《山海经·大荒西经》:"有人珥两青蛇,乘两龙,名曰夏后开。开上三嫔于天,得《九辩》与《九歌》以下。此天穆之野,高二千仞,开焉得始歌《九招》。""夏后开"即前述"夏后启"。说夏后启从天神那里得到《九辩》《九歌》,实际上是夏族通过"铸鼎象物""祭于昆吾之虚""尚飨上帝鬼神""用能协于上下""以承天休"等巫术宗教手段,以神的名义宣布《九辩》《九歌》是夏族的祭歌颂诗,是夏族神权、族权、政权的象征。《大荒西经》又说:"开焉得始歌《九招》。"《九招》即有虞族的《韶》乐。袁珂认为:"经文及郭注《九招》,明《藏》本字均作'韶'。"② 《九歌》是夏启乐,《九韶》是虞舜乐。既然启从天

---

① 孙诒让:《墨子间诂》,中华书局1986年版,第387页。
② 袁珂:《山海经校注》,上海古籍出版社1980年版,第415页。

神那里所得的是《九辩》《九歌》,其下到人间天穆之野所歌舞的也应该是《九辩》《九歌》。《大荒西经》说:"开(启)焉得始歌《九招(韶)》。"这种前后不一,迷惑了千百年来的学者。

其实,《大荒西经》中《九歌》与《九韶》上下对文,正说明两者的同一关系。这正好揭示了夏启夺得虞族《韶》乐之后,又借神授的名义将其改造发展为夏族《九歌》的秘密。① 以往学者没有从宗教学角度思考这一问题,因而无法解开《韶》乐变《九歌》的秘密。

在古文献记载中,《九歌》与《韶》乐往往混而不分。古本《竹书纪年》记"夏后开舞《九招》也"②。《帝王世纪》作"启升后,十年,舞《九韶》"③。《离骚》"奏《九歌》而舞《韶》兮",王逸注:"《韶》,《九韶》,舜乐也。"④ 这些进一步说明夏启夺取虞族《韶》乐,又将其改造成《九歌》的事实。联系《墨子·耕柱》说夏启铸九鼎时使东夷族蜚廉"折金于山川",又使东夷族伯益"杀雉以衅龟而卜",其中正透露出夏族侵夺东夷集团的神权、族权、政权及《韶》乐,并将《韶》乐改造成《九歌》的背景线索。所以《大荒西经》说启"焉得始歌《九招》"。在此之前,夏族是不能歌舞东夷集团的《韶》乐的。

夏启夺取东夷有虞族《韶》乐而改造成《九歌》的直接证据,便是《韶》乐中所反映的东夷族祭祀日月天体的《东皇太一》《东君》,仍保留在《九歌》之中。因为日月天神是天下共神,夏族将夷族祭祀太阳天神的内容及仪式据为己有,不算违背血缘管理社会"神不歆非类,民不祀非族"(《左传》僖公十年)的原则。当然,这也要有个合法的手续,这便是《大荒西经》所谓"开上三嫔于天,得《九辩》与《九歌》以下"。原本侵夺虞族《韶》乐的强盗行为,却变成天帝神授的合法行为了。

---

① 付林鹏:《西周乐官的文化职能与文学活动》,中国社会科学出版社2016年版,第50—53页。
② 方诗铭、王修龄:《古本竹书纪年辑证》辑《山海经·大荒西经》郭璞注,第2页。
③ 皇甫谧撰:《帝王世纪》卷3,辽宁教育出版社1997年版,第18页。
④ 洪兴祖:《楚辞补注》,中华书局1983年版,第46页。

但《韶》乐中有关东夷有虞族历代祖先的"诗世帝系"内容，在改造后的夏族《九歌》中便全被删去。屈原编组《九歌》时，依据的是夏启改造版《韶》乐，而非虞舜原始版《韶》乐。这大概就是今存《九歌》中《东皇太一》《东君》只有《韶》乐中的天体崇拜内容，而不见《韶》乐中原有祖先崇拜内容的原因。

东夷有虞族以凤鸟为图腾，中原夏族则以虬龙为图腾。据姜亮夫师考证，《九歌》之"九"，本即虬龙的"虬"字："九者象龙属之纠绕，夏人以龙虬为宗神，置之以为主，故禹一生之绩，莫不与龙与九有关。""禹字从虫从九，即后虬字之本。"① 杨宽也指出："禹从九从虫，九虫实即句龙、虬龙也。句、虬、九，本音近义通。"② 可见《九歌》原始义为《虬歌》，即《夏歌》之意。后人不明此意，以为《九歌》之"九"是数字，而今存《九歌》有11篇，遂使争论不休。正因这样的背景，东夷集团虞舜的《韶》乐被夏人霸占后，也就称作《九韶》了。"九"是受夏人《九歌》之影响而增改。虞舜《韶》乐本没有"九"字。

2. 夏族《虬歌》的遗存：《河伯》《云中君》

既然《九（虬）歌》原是指《夏歌》，则其中除保留《韶》乐中《东皇太一》《东君》等天体崇拜内容外，也应有夏族自己原有的祭歌颂诗。我们认为，今存屈原《九歌》中《河伯》一篇当为夏族祭歌颂诗无疑。河伯即黄河之神，为夏族的图腾神。《山海经·海内北经》："冰夷人面，乘两龙。"郭璞注："冰夷，冯夷也……即河伯也。"河伯"乘两龙"，正说明其为夏族龙图腾神。因此，河伯可作为夏族的代表。《左传》襄公四年："后羿自鉏迁于穷石，因夏民以代夏政。"杨伯峻注："鉏且，今河南滑县东十五里。穷石，即穷谷，在洛阳市南。"③ 滑县地近鲁西，古属东夷境内。而洛阳市南，则在考古学上的二里头夏文

---

① 姜亮夫：《楚辞学论文集》，上海古籍出版社1984年版，第276页。
② 杨宽：《中国上古史导论》，载吕思勉、童书业编著《古史辨》第7册上编，上海古籍出版社1982年版，第358页。
③ 杨伯峻编：《春秋左传注》，中华书局1990年版，第936页。

化范围内。这说明，夏启变二头盟主共政的禅让制为一头盟主专政的世袭制后，东夷族并不甘心，于是出现羿、浞进军中原，代夏四十年的史事。这就是所谓"后羿代夏"。有关这一史事，考古学上已有明确反映。这就是前述新砦遗址与二里头遗址中并存有山东龙山文化与岳石文化的因素。① 屈原对这一史事也十分清楚，所以在《天问》中以神话的形式作了具体反映："帝降夷羿，革孽夏民。胡射夫河伯，而妻彼雒嫔。"王逸注："《传》曰：河伯化为白龙，游于水旁，羿见射之，眇其左目。"② "河伯"为黄河神，"雒嫔"为洛河神。说夷羿射白龙河伯，并"妻彼雒嫔"，实际是指东夷族在酋长羿的率领下进入中原黄河、洛河流域的夏族活动中心，夺取了夏政。因为夏族河伯以龙为图腾，故《河伯》曰："与女游兮九河，冲风起兮横波。乘水车兮荷盖，驾两龙兮骖螭。""九河"即黄河的别名，说河伯"乘水车""驾两龙"，正是其图腾形象。《河伯》又说："鱼鳞屋兮龙堂，紫贝阙兮珠宫，灵何为兮水中？乘白鼋兮逐文鱼，与女游兮河之渚，流澌纷兮将来下。"这里写鱼鳞做屋瓦，厅堂画神龙，河伯居然住在这样的水宫里。至于"乘白鼋""逐文鱼"，则是河伯出行的场景。以上全都围绕河龙的特点进行描写。从《河伯》内容可知，这是夏部族祭祀河伯龙图腾的颂诗。

屈原《九歌》有《云中君》。王逸《章句》："云神，丰隆也，一曰屏翳。"③ 屏翳还兼雨师的职能。《山海经·海外东经》记"雨师妾在其北"，郭璞注："雨师谓屏翳也。"④ 有云才有雨，夏族居于中原大地，农耕生产全靠阳光和雨露。因此，夏族既借用东夷族《韶》乐中的《东皇太一》《东君》太阳崇拜仪式，再配上自己的《云中君》，以求云雨。

---

① 李伯谦：《二里头类型的文化性质与族属问题》，《文物》1986年第6期；《新砦遗址发掘与夏文化三个发展阶段的提出》，载赵春青、顾万发主编《新砦遗址与新砦文化研究》，科学出版社2016年版。

② 洪兴祖：《楚辞补注》，中华书局1983年版，第98页。

③ 洪兴祖：《楚辞补注》，中华书局1983年版，第59页。

④ 袁珂：《山海经校注》，上海古籍出版社1980年版，第263页。

《云中君》又说："览冀州兮有余，横四海兮焉穷"。这里的"冀州"与"四海"对举，则"冀州"应指中央。《淮南子·览冥训》云"断鳌足以立四极，杀黑龙以济冀州"，亦以"四极"与"冀州"对举。"冀州，位于九州之中，即所谓中原地带。"[1] 又《淮南子·坠形训》"正中冀曰中土"。《山海经·大荒北经》："蚩尤作兵伐黄帝，黄帝乃令应龙攻之冀州之野。"郭璞注："冀州，中土也。"[2] 而《逸周书·尝麦解》则直接称"冀州"为"中冀"，说炎帝"乃说于黄帝，执蚩尤，杀之于中冀"。为什么夏族所居的中原之地称"冀"呢？这实际上与夏族图腾有关。姜亮夫师据古文字字形分析，"冀"字上部所从之"北"，与下部所从之"共"形成四足形，而与中间的"田"连在一起，刚好是一个龟甲形。"此具四足之物，在甲文金文中，亦惟有龟鼋一族之字为然"，"故冀字之为虫类，得因其族类比勘而得。""冀既为虫属，则以禹为宗神之夏氏族，取以命其居息之所，而曰冀州，与《孟子》所谓泛滥于中国，龙蛇居之者，义盖同。"[3]《云中君》言云神"览冀州兮有余，横四海兮焉穷"，显然是就夏族而言，其为夏族所祭祀的天体自然神，也可以肯定了。

（三）东周时期各侯国通用的生命祭歌颂诗：《大司命》《少司命》

屈原《九歌》中有《大司命》《少司命》二篇，这一对组诗到底属于哪个氏族侯国所崇拜祭祀的神灵？学界没有统一认识。今人林河认为"《九歌》中的大、少二司命应是当时进程缓慢的（楚）沅湘社会的土特产"。[4]

然而，据先秦秦汉文献可知，对司命神的祭祀，不限于楚国。《周

---

[1] 北京大学中国文学史教研室选注：《先秦文学史参考资料》，中华书局1962年版，第3页。
[2] 袁珂：《山海经校注》，上海古籍出版社1980年版，第431页。
[3] 姜亮夫：《古史学论文集》，上海古籍出版社1996年版，第249—253页。
[4] 林河：《〈九歌〉与沅湘民俗》，上海三联书店1990年版，第185页。

礼·春官·大宗伯》:"以槱燎祀司中、司命。"①《礼记·祭法》:"王为群姓立七祀,曰司命,曰中霤……诸侯为国立五祀,曰司命,曰中霤。"②以上是泛指。《管子·法法》:"有故为其杀生,急于司命也。"③这是齐国的司命神。《韩非子·喻老》扁鹊见蔡桓公,曰:"疾……在骨髓,司命之所属,无奈何也。"④这是蔡国的司命神。《史记·封禅书》:"晋巫,祠五帝……司命。"⑤这是晋国司命神。甘肃天水放马滩秦简《墓主记》:"丹所以得复生者……以丹未当死,因告司命……"这是秦国的司命神。《庄子·至乐》:"吾使司命复生子形,为子骨肉肌肤,反子父母、妻子、闾里、知识,子欲之乎?"⑥《史记·封禅书》:"荆巫……司命。"⑦以上是楚国的司命神。总之,司命神出现在春秋战国时期,所涉范围极广,并非楚国所专有。

春秋战国时期,王纲解纽,礼崩乐坏。这种局面产生两方面重大影响。一方面,人们从原有宗法礼制中解放出来,个性自由,理性觉醒,更加自觉珍爱生命。另一方面,当时诸侯征战,天下大乱,民不保身,寿夭不定,社会上于是出现探求生命、追求年寿的普遍思潮。比如,《庄子·应帝王》有郑国神巫季咸"知人之死生、存亡、祸福、寿夭"。《论语》中孔子也感叹"死生有命"(《颜渊》),在平常时节,"子之所慎,齐(斋)、战、疾"(《述而》),等等。

《九歌》之《大司命》《少司命》中所描写的也大多围绕生死、寿夭、祸福、子嗣主题而展开。如《大司命》:"纷总总兮九州,何寿夭兮在予。""老冉冉兮既极,不浸近兮愈疏。""固人命兮有当,孰离合兮可为?"⑧《少司命》:"夫人自有兮美子,荪何以兮愁苦。悲莫悲兮

---

① (清)朱彝尊:《纪羲考》卷133《仪礼》,四库馆1868年版,第1185页。
② (汉)郑齐注,(唐)贾公颜疏:《周礼疏》卷3,四库馆1868年版,第72页。
③ (春秋战国)管仲撰,(唐)房玄龄注:《管理》卷6,四库馆1868年版,第57页。
④ 陈耀文:《天中注》卷40,四库馆1868年版,第1565页。
⑤ (汉)司马迁:《史记》卷28《封禅书》,中华书局1959年版,第1378页。
⑥ (春秋战国)庄周撰,(晋)郭象注:《庄子》卷6,古籍出版社2018年版,第134页。
⑦ (汉)司马迁:《史记》卷28《封禅书》,中华书局1959年版,第1379页。
⑧ (明)陆时雍:《楚辞疏》卷5,上海古籍出版社2020年版,第56页。

生别离,乐莫乐兮新相知。""竦长剑兮拥幼艾,荪独宜兮为民正。"①所谓"寿夭""老冉冉""人命""离合""美子""愁苦""别离""悲乐""幼艾",都是春秋战国时期的社会主题,人们把解决这些问题的希望寄托在司命神身上,因而到处都有对"司命"的祭祀与祈祷。《大司命》《少司命》的原始内容应该是春秋战国时期各诸侯国司命神祭歌的综合。

(四) 楚国特有的山川祭歌颂诗:《湘君》《湘夫人》《山鬼》等

1. 《湘君》《湘夫人》

《湘君》《湘夫人》为祭祀湘江水神的颂歌,属于楚国地望神。至于"湘君""湘夫人"具体所指,则历来又有不同意见。综合各家意见,我们认为大致线索应该是先有湘水洞庭湖自然山川神。后来,北方东夷虞舜族一支南移至楚且影响巨大,于是又将泛指的湘水神具体化为"湘君"为舜,"湘夫人"为娥皇女英二妃。其事见于《史记·秦始皇本纪》、王逸《楚辞章句》等文献,大意是说帝舜南巡,死于苍梧,葬于九嶷。娥皇、女英二妃追寻至洞庭,闻讯悲伤,死于沅湘之间。

《湘君》谓"驾飞龙兮北征,遭吾道兮洞庭","朝骋骛兮江皋,夕弭节兮北渚"。《湘夫人》又谓"帝子降兮北渚,目眇眇兮愁予。袅袅兮秋风,洞庭波兮木叶下","沅有茝兮澧有兰,思公子兮未敢言","九嶷缤兮并迎,灵之来兮如云"。九嶷山是湘江源头,地处湖南省最南端的永州市宁远县境内。湘江北流,至洞庭湖而与沅水、澧水汇合,已是湖南省的最北端了。这"九嶷""洞庭"均为帝舜、二妃传说中的关键地点,而"驾飞龙兮北征"也符合湘江北去的实情。《离骚》中的屈原则是"济沅湘以南征兮,就重华而陈辞",由沅水入洞庭湖,再由洞庭湖沿湘江逆水南行至九嶷山,所以有"百神翳其备降兮,九疑缤其并迎"。其地点与《湘君》《湘夫人》相同,而行程起讫刚好相反,两者正可资对照。又《湘君》有"望夫君兮未来,吹参差兮谁思"。参

---

① (明)陆时雍:《楚辞疏》卷5,上海古籍出版社2020年版,第57页。

差，即箫的别名。而虞舜《韶》乐正与箫有关。《尚书·益稷》："《箫韶》九成，凤皇来仪。"这进一步说明《湘君》《湘夫人》与虞舜的关系。虽然虞舜是东夷族，但在《湘君》《湘夫人》中，楚人已把虞舜与二妃楚化为湘水神。因此，此篇可以肯定是楚国的祭歌颂诗。

2.《山鬼》

王逸、洪兴祖、朱熹、林云铭、王夫之等均认为"山鬼"是泛指。但我们考察古人所祭祀的对象，除日月天体神为天下共神之外，山川地理神当有具体所属。如《河伯》为夏人祭河神，《湘君》《湘夫人》为楚人祭湘水神。则《山鬼》亦当有具体所指。清人顾成天《九歌解》提出《山鬼》所祀当与巫山女神有关："楚襄王游云梦，梦一妇人，名曰瑶姬。通篇辞意似指此事。"① 郭沫若则从《山鬼》的句法入手，确证了顾成天的推测。《山鬼》："采三秀兮于山间，石磊磊兮葛蔓蔓。"句中"于山间"，按通常语法是介宾结构，作"在山中"解。"于"是介词，"山间"是宾词，表方位地点。但按照《九歌》的句法特点，"采三秀兮于山间"的"兮"字应作介词"于"解。相同句法颇多，如《东君》："暾将出兮东方"，即"暾将出于东方"；《湘君》："采薜荔兮水中"，即"采薜荔于水中"。据此，则"采三秀兮于山间"当读为"采三秀于于山间"。前面既有介词"于"，则后面的"于山"应作名词解。郭沫若认为，这"于山"即"巫山"。② 再从训诂角度看，"于""巫"古音相通，例得通假。如，《庄子·天地》"於于以"，《楚辞·远游》作"於微间"，而《淮南子·俶真训》作"翳无间"。以"於"通"翳"，而"翳"从"巫"，可见"于山"即"巫山"，于古文献有证。

据宋玉《高唐赋》载：巫山女神，原名瑶姬，未嫁而亡，封于巫山之台。因不甘高山寂寞而自荐于楚王，表现了其追求爱情的大胆与热情。而《九歌·山鬼》中的女主人公形象也是如此："既含睇兮又宜

---

① 马茂元主编：《楚辞注释》引，湖北人民出版社1985年版，第177页。
② 郭沫若：《屈原赋今译》，人民文学出版社1953年版，第32页。

笑，子慕予兮善窈窕。""风飒飒兮木萧萧，思公子兮徒离忧。"这是一个孤独寂寞，思念情人，大胆追求而又失恋痛苦的少女形象。又《山鬼》曰："表独立兮山之上，云容容兮而在下。杳冥冥兮羌昼晦，东风飘兮神灵雨。"这些描写也与《高唐赋》"旦为朝云，暮为行雨；朝朝暮暮，阳台之下"相吻合。总之，《山鬼》所谓"采三秀兮巫山间"，实乃"折芳馨兮遗所思"，也就是《高唐赋》的"愿荐枕席"。巫山神女对爱情的追求，可谓真挚感人。

3. 《国殇》与《礼魂》

《九歌》中的《国殇》一篇，歌颂一批勇赴国难、战死疆场的英雄形象，是楚国的爱国祀典，自然是楚国所专有。《礼魂》一篇只有五句，没有具体的祭祀对象，只是对歌舞场面的描写。明汪瑗《楚辞集解》认为是前十篇共用的一个"乱辞"："前十篇祭神之时，歌以侑觞，而每篇歌后，当续以此歌也。后世不知此篇为《九歌》之乱辞，故释题义者多不明也。"[①] 我们认为，这样的理解是合理的。

综上所述，我们可将屈原《九歌》诸篇原始底本的大致族属与时代概括如下：

《东皇太一》《东君》：源于五帝晚期海岱地区东夷集团虞舜族的《韶》乐；

《河伯》《云中君》：源于夏代中原地区夏族禹启以来的《虹歌》；

《大司命》《少司命》：春秋战国时期各诸侯国的生命生育祭歌颂诗；

《湘君》《湘夫人》《山鬼》：长江中游楚地楚族流传久远的山川祭歌颂诗；

《国殇》：流传于楚国的爱国战魂祭歌；

《礼魂》：以上各篇共用的"乱辞"。

---

① 汪瑗：《楚辞集解》，北京古籍出版社1994年版，第144页。

二 文化传承融合与《九歌》各篇的整合编组

就以上讨论可知,《九歌》所收录各篇的族属很复杂,其年代跨度很长。为什么这些不同氏族、不同时期、不同地域的祭歌颂诗,最终会在战国时期的楚国,经屈原之手配套成组合编在一起?总结分析其中相关问题,具有深刻认识价值。

(一)《九歌》整合编组的历史条件
1. 楚族渊源

商代中后期,楚氏族由中原地区沿丹水东南而下,进入湖北汉水流域;到西周,再逐步向东南发展,进入江汉洞庭流域;及春秋战国时期,楚国已是长江中游很强大的侯国了。但在商代早中期以前,楚族的起源及早期发展阶段则在黄河中下游,且与夷夏两集团有密切关系。[①]

在神话传说中,楚人的远祖有两个:颛顼氏与祝融氏。而这两个远祖的早期活动范围主要在海岱与中原地区。《山海经·大荒东经》:"东海之外大壑,少昊之国。少昊孺帝颛顼于此,弃其琴瑟。"少昊是东夷集团的远祖,活动中心在穷桑,即今曲阜一带。《帝王世纪》卷二:"少昊邑于穷桑,都曲阜,故或谓之穷桑帝。"[②] 说颛顼受少昊孺养,说明颛顼氏族初始阶段得到少昊氏族的帮助,其发源地自然是在东夷地区。颛顼氏"绝地天通"的故事也应该是以东夷集团率先进入文明初始阶段为背景的。《国语·楚语下》说"及少昊之衰"之时,由于"九黎乱德","于是颛顼受之,乃命南正重……火正黎……绝地天通"。据《左传》昭公二十九年可知,"重"是少昊氏的"四叔"之一。可见颛顼氏与东夷集团关系密切。

后来,东夷集团强大,势力范围又向中原发展。颛顼氏族也随之由

[①] 张正明:《楚史》,湖北教育出版社1995年版,第1、2、3章。
[②] 皇甫谧撰:《帝王世纪》卷2,辽宁教育出版社1997年版,第8页。

海岱地区西迁到中原地区的商丘、濮阳一带。《左传》昭公十七年："卫，颛顼之虚也，故为帝丘"。杨伯峻注："帝丘，即今河南濮阳县西南之颛顼城。"①《国语·郑语》所记载的颛顼之后，有祝融八姓，大概就在这个历史阶段在中原地区衍生发展。李学勤曾据新出资料如长沙子弹库楚帛书等与传世文献互证，得出结论说："推本溯源，（祝融）八姓的原始分布都是中原及其周围。"而楚族芈姓正是祝融族八姓之一，所以李学勤说："我们提出（祝融八姓在中原）这个值得注意的问题，供探索'楚文化'问题的同志参考。"②

由楚族的先祖颛顼与祝融的活动范围在东夷、中原，及其与东夷少昊、重、黎、中原各族的密切关系可知，东夷集团《韶》乐、华夏集团《虬歌》，为楚族所熟悉，并为屈原整理《九歌》时有所保存，是完全合乎史实的。

2. 屈原身份

据《离骚》《史记》及清华简《楚居》等可知，屈原的远祖与楚王的先祖属同姓共祖。而屈原的任职又与楚国历史文化有关。《史记·屈原列传》："屈原者，名平，楚之同姓也，为楚怀王左徒。"③左徒一职，与原始宗教有关。据《楚世家》可知，楚国的春申君曾以左徒升为令尹，可见左徒与令尹职位相近。《左传》庄公四年："令尹斗祁、莫敖屈重除道。"顾栋高《春秋大事表》："令尹与莫敖并存。"《左传》襄公二十五年"屈建为令尹，屈荡为莫敖"，杜预注：这是屈荡"代屈建"。④可见令尹与莫敖的职位大致同级别，而左徒又与之相近。据此，姜亮夫师指出："史称屈原入则禁御左右，出则应对诸侯，主为盟会，亦与莫敖职任全合，则左徒当即楚在春秋时的莫敖。莫敖这一称谓，用于楚早期，当是楚族在较原始时的方言。""楚自春秋之末，与齐鲁三晋接触益多，习于中原文化，而职官名称仍用楚古习，在国际事务中很

---

① 杨伯峻编著：《春秋左传注》，中华书局1990年版，第1391页。
② 李学勤：《论祝融八姓》，《江汉论坛》1980年第2期。
③ （汉）司马迁：《史记》卷84《屈原列传》，中华书局1959年版，第2481页。
④ 杨伯峻编：《春秋左传注》，中华书局1990年版，第164、1103页。

不方便，所以改用左徒（令尹）一词。"莫敖一职，"可能与楚之宗教术语有关，而又是世职，似乎有点与社会史上所谓的祭司长之类相似。"所以屈原"总起来看是巫与史合流的人"，"屈子行事，也颇与巫史有关"。①

屈原的另一职位是三闾大夫，事见《渔父》"子非三闾大夫与？"王逸《章句》："屈原与楚同姓，仕于怀王，为三闾大夫。三闾之职，掌王族三姓，曰昭、屈、景。屈原序其谱属，率其贤良，以厉国士。"②屈原是王室贵族子弟的师傅。在先秦宗族血缘管理体制下，只有熟悉本族历史文化的巫史之类的人，才有资格担任此职。

屈原的"左徒（莫敖）"之职与"三闾大夫"之职也是有关联的。其关联点就在于楚国的历史典章、宗教习俗，楚国历史文化源远流长，并有重视文化教育的传统。《国语·楚语上》载士亹论贵族子弟培养，《楚语下》载观射父论颛顼绝地天通，《左传》昭公十二年载左史倚相能读"三坟""五典""八索""九丘"。这些人都是巫史，"能上下悦于鬼神"，又"能通训典，以叙万物"，都是屈原的先辈。屈原正是继承楚国的这些巫史传统，而整理编组《九歌》。

总之，楚氏族在历史发展早期与北方夷、夏各族有密切联系，而屈原又是深知历史文化传统的巫史类人物。因此，包含虞族《韶》乐、夏族《九（虬）歌》、中原各族大小《司命》，以及楚族《山鬼》《湘君》《湘夫人》《国殇》在内的时代不同、地域不同、内容不同的祭祀颂诗，经屈原之手综合起来，编组成《九歌》，出现在楚国，便成为可能。

（二）《九歌》整合编组的时代背景

西方古文明起源的一个重要标志，是地缘管理代替血缘管理。而中

---

① 姜亮夫：《屈原》，载山东大学文史哲研究所主编《中国历代著名文学家评传》第1卷，山东教育出版社1983年版，第32—33页。
② 洪兴祖：《楚辞补注》，中华书局1983年版，第2页。

国古文明从五帝时代起源直到虞、夏、商、周早期文明发展，共达三千多年的时期内，一直延续着原始氏族社会的血缘管理模式。侯外庐称这种血缘管理的连续性是中华文明起源过程中表现为新陈纠葛的"维新模式"，而西方文明起源过程中变血缘为地缘是新陈代谢的"革新模式"。①

由于血缘管理，所以"国之大事，在祀与戎"（《左传》成公十三年）。各血缘氏族部落只祭祀本族范围内的天体神、山川神和祖先神，相关的祭器、礼仪、乐舞歌辞也只限在本族内流传。此即所谓"神不歆非类，民不祀非族"（《左传》僖公十年），"鬼神非其族类，不歆其祀"（《左传》僖公三十一年），"诸侯祭名山大川之在其地者"（《礼记·王制》）。这种传统，至春秋晚期楚昭王时犹存。《左传》哀公六年记载，楚昭王有疾，巫师占卜认为这是黄河神灵作怪，建议昭王祭祀黄河之神。楚昭王不同意，认为"三代命祀，祭不越望。江、汉、睢、漳，楚之望也。祸福之至，不是过也。不穀虽不德，河非所获罪也"。孔子因此称赞说："楚昭王知大道矣。"

按照这一传统，屈原只能对《九歌》中的《湘君》《湘夫人》《山鬼》《国殇》《礼魂》五篇可确认为楚国的祭歌颂诗进行编辑、加工和润色。其他诸篇，因不在楚国地望神与祖先神的范围内，屈原是无权将其编入《九歌》中的。

然而，屈原还是将《东皇太一》《东君》《河伯》《云中君》《大司命》《少司命》那些不同区域、不同族属、不同时代、不同内容的祭歌颂诗与楚国的《湘君》《湘夫人》诸篇合编在一起了。这不是屈原冒天下之大不韪，而是因为屈原所处的时代，血缘管理纽带已解扣，地缘管理的新格局已逐渐形成。屈原编组《九歌》已不受传统体制的束缚。

西周时期盛行的体现血缘管理的井田制、宗法等级制、家族世袭制等，到春秋时代开始动摇，至战国时代则几乎瓦解。各诸侯不统于周王，相互征战，土地疆界不断变更，人员不断流动，从而出现地缘管理

---

① 侯外庐：《中国古代社会史论·自序》，河北教育出版社2000年版，第4页。

的新局面。对此，郭沫若作过概括："春秋时代……氏族社会以来的血统关系基本上还是维持着的。战国时代便不同了。……殷周以来的血肉联带的传统，绝大部分被斩断了。这一现实，不能不认为是时代性的一个显著的特征。"① 既然屈原的时代，血缘纽带已被解构，因此血缘基础上的"民不祀非族""祀不越望"的规矩也就不复存在。因此，屈原将不同族属的祭歌颂诗合编在一起，完成综合性的《九歌》，也就成为可能。

（三）《九歌》整合编组的社会依据

战国时代虽已出现地缘管理的新格局，但传统仍有强大的惯性力量。各诸侯国还要借助血缘管理这一传统观念，来实现其扩张地域管理的目的。当时的周王朝虽已不能掌控各诸侯国，但各诸侯国的征战扩张活动仍要借助周天子的名义，所谓"挟天子以令诸侯"。

在西周严格的宗法血缘管理体制下，天子、诸侯、卿大夫的祭祀礼仪是有严格等级规范的。随着夏商成为天下盟主，尤其是西周分封诸侯而周王成为天子，原来各氏族部落都可以独立祭拜的日月云雨天体神灵，就成为至上神而为人间的最高统治者周天子所专有，各诸侯国只能祭其地望范围内的自然神灵和祖先神。《礼记·王制》："天子祭天下名山大川……诸侯祭名山大川之在其地者。"《礼记·祭法》："有天下者祭百神，诸侯在其地则祭之，亡其地则不祭。"按照这样的规定，楚国是没有权力祭《东皇太一》《东君》等日月天体神灵的。然而，屈原《九歌》已突破天子与诸侯之间的等级界限，突破诸侯国之间的血缘界限，以楚国一统天下的理想角度，将各篇配套成组地编在一起了：《东皇太一》《东君》《云中君》《大司命》《少司命》，祭祀日月云雨等天体神；《河伯》《山鬼》《湘君》《湘夫人》，祭祀山陵河川等地祇；《国殇》，祭祀为国捐躯之人鬼。这俨然是周礼规定的原本只有周王才能使用的国家祀典，然而却在楚国上演了。姜亮夫师据此指出："《九歌》

---

① 郭沫若：《郭沫若全集·历史编》卷3，人民出版社1984年版，第52页。

诸神，无一不在《周礼》祀典矣。且其整然胪列之次，以等而差，不相杂厕。""此必为一整个祀典之套数，不可或缺或增者，则其为国家典祀之乐章，盖已可决。""则《九歌》者，盖楚之僭礼，所以郊祀上帝之乐也。"①

楚国发展到楚威王时，国力达到鼎盛。楚怀王即位，承父盛业，在苏秦游说之下，联合韩、魏、赵、齐、燕各侯国，共同对抗秦国，是为合纵。《史记·楚世家》"十一年，楚怀王为纵长"，并"约纵山东六国共攻秦"，"至函谷关"。②当时的楚怀王意气风发，有一统天下之雄心。另据《汉书·郊祀志》："楚怀王隆祭祀，事鬼神，欲以获福助，却秦军。"③楚怀王既为合纵之长，心怀天下，又"隆祭祀，事鬼神"，因此希望通过新编《九歌》国家祀典，"以获福助"，也在情理之中。

再据《史记·屈原列传》，屈原既为"楚之同姓"，又"为楚怀王左徒，博闻强志，明于治乱，娴于辞令。入则与王图议国事，以出号令；出则接遇宾客，应对诸侯。王甚任之"，④可谓君臣相得。因此，屈原配套成组地合编《九歌》，应在此时。其中《国殇》一篇也许是为"却秦军"而作。姜亮夫师指出：屈原"世典祝史之职，为怀王所信任，出对诸侯，入议国事。国之大事，为祭与戎。则受命君上，为国订乐章……吾故曰，《九歌》者……屈子为国君修饰润色之者也，或即（楚）怀王欲以却秦师者邪"。⑤游国恩亦持同论，并提供了一个重要内证，即屈原作于楚襄王时期的《九章》之《惜往日》：⑥"惜往日之曾信兮，受命诏以昭诗。奉先功以照下兮，明法度之嫌疑。国富强而法立兮，属贞臣而日娭。秘密事之载心兮，虽过失犹弗治。"王逸《章句》释"受命诏"一句："君告屈原，明典文也。"是以"明"释"昭"，

---

① 姜亮夫：《楚辞学论文集》，上海古籍出版社1984年版，第293—299页。
② （汉）司马迁：《史记》卷40《楚世家》，中华书局1959年版，第1722页。
③ （汉）班固：《汉书》卷25下《郊祀志下》，中华书局1959年版，第1260页。
④ （汉）司马迁：《史记》卷84《屈原列传》，中华书局1959年版，第2481页。
⑤ 姜亮夫：《楚辞学论文集》，上海古籍出版社1984年版，第296—298页。
⑥ 游国恩：《屈原》，中华书局1980年版，第53页。

以"典文"释"诗"。联系下句"奉先功以照下兮"(王逸注:承宣祖业,以示民也),也正顺适。而"受命诏以昭诗"之时,也正是屈原得怀王信任("惜往日之曾信兮""属贞臣而日娭"),楚国又正富强昌盛之时("国富强而法立兮")。屈原受命"昭诗",与楚怀王共同"秘密事之载心"。这"秘密事"应该就是为怀王编国家祀典《九歌》,并"造为宪令"之类。陈子展《楚辞直解》:"'受命诏以昭诗',古本'诗''时'两作,皆通。愚见以作'诗'为善。《章句》云'君告屈原,明典文也',是王逸所据本作诗。盖原造为宪令之时,明定《九歌》亦其一事欤?古者国之大事,惟祀与戎。《九歌》,楚祭祀之典文也。"① 以上分析既定,则王逸《章句》、朱熹《集注》所谓《九歌》乃屈原于楚顷襄王放逐沅湘之间所作的观点,自然是不可取了。

三 文化转化创新与《九歌》润色的经典意义

春秋战国时期的变革,是根本性的社会大转型。由五帝文明起源,至虞夏商西周早期文明发展,延续三千多年的血缘管理社会结构,于此时终于瓦解;而影响秦汉以后两千多年成熟文明的地缘管理,又于此时迅速崛起。中华文明史上的其他种种变革,都是此前血缘管理、此后地缘管理模式内的变革,其影响远不能与春秋战国时期的变革相比拟。这种大变革、大转型,引起了思想文化的大发展、大繁荣。从全人类范围看,相似的情况还出现在古希腊、古印度和希伯来,而且他们的时代大致相同,即在公元前800年至前200年之间。德国哲学家雅斯贝斯称这四个地区同时出现的思想高峰为人类文明的轴心时期,而此后再出现的文化思潮,都是从轴心期获取资源后的再发展。②

屈原不仅整合编组《九歌》,而且还加工改造《九歌》,意义重大。

---

① 陈子展:《楚辞直解》,江苏古籍出版社1988年版,第218页。
② [德]卡尔·雅斯贝斯:《历史的起源与目标》,魏楚雄、俞新天译,华夏出版社1989年版,第8页。

这应该放在春秋战国轴心文明这个大背景下总结估量。春秋末期孔子在黄河流域删编《诗经》，战国后期屈原在长江流域编组《九歌》，分别继承总结中原与南楚不同的文化传统，体现了大致相同的时代精神，最后又在独有的思想深度、人格魅力、文化涵养基础上进行融合加工、转化创新，终于使《诗经》与《九歌》成为中华文明史上的两座风景不同的艺术高峰，开创了此后两千多年以来现实主义和浪漫主义文学艺术的先河，并在思想上塑造了历代中华儿女的民族文化心理结构。有关屈原编组《九歌》的重大意义与深远影响，需要在与孔子删编《诗经》的比较中获得深刻认识。

（一）《九歌》保存的图腾神话是认识远古部族文化的重要窗口

五帝至虞夏商周时期，部族众多。《左传》哀公七年："禹合诸侯于涂山，执玉帛者万国。"《吕氏春秋·用民》："当禹之时，天下万国。至于汤而三千余国。"这些万国、千国，实际都是各个氏族血缘集团。他们都有自己的远古历史与原始宗教。在氏族发展初期，其宗教历史往往在集体祭祀活动中，以诗、乐、舞三位一体的形式，由本族巫师兼酋长口耳相传。当文字发明后，将这些祭祀歌舞记录下来，便是本族的史诗、颂诗。

西周末期，王纲解纽，礼崩乐坏。至春秋战国时期，各大小文化传统相互渗透，各血缘族团相互融合。孔子删编《诗经》，正是这时代的反映。首先，孔子将原本界限森严的"颂""雅""风"合编在一起，以体现其融合的趋势。其次，孔子以维护周礼为目的，以西周王官礼乐作为删编《诗经》的标准。《论语·述而》："子所雅言，《诗》、《书》、执礼，皆雅言也。"《史记·孔子世家》："古者诗三千余篇，及至孔子，去其重，取可施于礼义……三百五篇，孔子皆弦歌之，以求合《韶》、《武》、《雅》、《颂》之音。礼乐自此可得而述，以备王道，成六艺。"[①] 其结果是，不仅十五个诸侯血缘族团的颂诗、史诗被删除，十五国之外

---

① （汉）司马迁：《史记》卷47《孔子世家》，中华书局1959年版，第1936页。

的民歌也被删去,甚至曾作为最早部落联盟盟主的东夷虞族之颂诗《韶》乐、中原夏族之颂诗《九(虬)歌》,也都被删去。今存《诗经》中的颂诗,只有"商颂""周颂""鲁颂"。最后,孔子在周公基础上,进一步引领时代的理性自觉,"不语怪力乱神",将原本丰富的巫术神灵、图腾神话作了历史化改造。颂诗、史诗中本应是天体崇拜与祖先崇拜并重的,而今存《诗经》,除《商颂》中还稍存简化了的"玄鸟生商"图腾神话、《大雅·生民》稍存简化了的"履迹生子"图腾神话外,其余"雅""颂"各篇,均删去了天体神灵的内容,即使保留下来的祖先崇拜部分,也大多理性化、人间化,而失去其天国神灵的浪漫气息。

相比之下,屈原编组的《九歌》,不仅保存了东夷虞舜族的颂诗《韶》乐、中原夏族的颂诗《虬歌》,以及其他各侯国的《大命》《少司命》,楚族的《湘君》《湘夫人》《山鬼》;而且在这些颂诗、史诗里,还保存了许多有关天体崇拜与图腾崇拜的神人形象。除前述《东皇太一》《东君》外,《大司命》"广开兮天门,纷吾乘兮玄云",《少司命》"夕宿兮帝郊,君谁须兮云之际",《云中君》"謇将憺兮寿宫,与日月兮齐光"等,都是关于天体神灵的天国活动描写。

《九歌》中的图腾神话,还有许多男女神人相恋的浪漫情节。如《湘夫人》"闻佳人兮召余,将腾驾兮偕逝",《湘君》"望夫君兮未来,吹参差兮谁思",《大司命》"结桂枝兮延伫,羌愈思兮愁人",《少司命》"望美人兮未来,临风恍兮浩歌",《河伯》"与子交手兮东行,送美人兮南浦",《山鬼》"既含睇兮又宜笑,子慕予兮善窈窕"。过去,学界对《九歌》中男女神人相恋产生的原因不太清楚。其实,原因就在于图腾神灵是氏族的最早祖先,事关生殖崇拜。这样,整个《九歌》都笼罩在原始巫术、原始宗教的神秘氛围之中,展现的是一幅幅恍惚离奇的神话图境。这些与《诗经》的神话历史化倾向形成鲜明的对比。

屈原生活的战国后期,晚于孔子生活的春秋末期二百多年,其实践理性精神应该已更进一步。然而屈原编组的《九歌》却仍然保存了那么多原始文化的内容,这是很奇特的现象。究其原因,即在于前述楚国特殊的历史文化渊源与屈原特殊的巫史身份。在黄河流域，经西周而春秋而战国，理性精神不断推进。但楚氏族带着北方夷夏原始巫术宗教文化，于商代晚期到长江流域后，不仅没有受到北方理性文化的影响，反倒与当地固有的苗民巫风习俗相融合，而得以持续发扬。屈原既"博闻强志"，深知楚族及夷夏古族的远古历史文化，又担任"左徒（莫敖）"与"三闾大夫"这两个与巫术宗教活动有关的职位。这些多方面因素，造就了屈原编组的《九歌》成为理性时代绽放出原始文化花朵的奇特现象，是我们认识远古部族文化的重要窗口。

正是对传统文化采取不同的继承方式，造就了《诗经》以理性现实主义为特点，《九歌》以激情浪漫主义为特点。两种不同的风格，影响了其后两千多年来中国文学艺术的创作，在塑造中华民族文化心理结构方面，发挥了不同的奠基作用。

（二）《九歌》对部族文化的转化创新影响了中华民族精神的形成

屈原所处的战国后期，毕竟已是理性高扬的时代，南北文化交流已很频繁。屈原编组润色《九歌》时，在继承保存远古巫术图腾、宗教神话的同时，又自觉注入鲜明的个体人格精神和积极向上、改革图强的时代精神。这些精神又以屈原卓越的语言才华与离奇的巫术图腾神话有机地结合起来，从而使《九歌》成为有思想灵魂、有血肉情感、有鲜明语言特色的浪漫主义杰作。在屈原加工润色后的《九歌》里，原始集体"意象"转化创新成了表达屈原个体精神的"寄象"。[①]

首先，在艺术上，《九歌》对原始夷族《韶》乐、夏族《虹歌》及楚族流传的《山鬼》《湘君》《湘夫人》做了情节结构上的规整统一。这点可以通过将《九歌》与《离骚》进行比较而获得认知。前述《九歌》所展现的天国神奇图景以及驾龙乘凤、飞升天国、神人相恋的情节，同样在《离骚》中出现，而且更系统具体。《离骚》中的主人翁亦

---

① 江林昌：《从原始"意象"到人文"兴象"、"寄象"——中国文学史中的花草书写》，《文艺研究》2017年第12期。

驾龙乘凤,朝发苍梧,夕至悬圃,叩帝阍,游春宫,又三求神女,恍惚离奇。这些浪漫的情节即源于原始宗教史诗、颂诗中巫术通神的图腾神话,与《九歌》是同源的。屈原在《九歌》和《离骚》中既继承保存了原始图腾神话,将其转化创新,做了艺术性、合理化的润色改造。即朱熹《楚辞集注》所说楚沅湘之间原来流传的《九歌》"词既鄙俚,而其阴阳人鬼之间,又不能无亵慢荒淫之杂"。屈原编组《九歌》时,"见而感之,故颇为更定其词,去其泰甚"①。"更定其词"后的《九歌》,情节结构便与《离骚》相一致了。甚至可以认为,《离骚》中的神游天国、人神相恋的情节,正是其润色《九歌》之后才完成的,所以两者有许多相似性。

其次,从用词造句看,《九歌》与《离骚》相同相似处更多。如《湘君》"遭吾道兮洞庭",与《离骚》"遭吾道夫昆仑";《湘夫人》"九嶷缤兮并迎",与《离骚》"九疑缤其并迎";《大司命》"老冉冉兮既极",与《离骚》"老冉冉其将至兮";《东皇太一》"芳菲菲兮满堂",与《离骚》"芳菲菲兮弥彰";《东君》"长太息兮将上",与《离骚》"长太息以掩涕兮"。从这些语言句子的一致性,可以判断《九歌》和《离骚》出于一人之手。

最后,屈原在整理加工润色《九歌》的过程中,倾注了自己的思想感情和审美判断。这点又与孔子删编《诗经》形成对照。孔子"述而不作",以西周礼乐为标准删编《诗经》,目的是移风易俗、教育族民,所谓"温柔敦厚,《诗》教也"(《礼记·经解》)。孔子自己也明确指出:"诗可以兴,可以观,可以群,可以怨。迩之事父,远之事君。"(《论语·阳货》)因此之故,孔子删编的《诗经》,体现的是群体意识。

屈原据以编组的原始《九歌》,本为远古部族的集体歌唱。但它们经过屈原统一编辑、加工润色之后,不仅语言上体现了屈原的特点,而且还在原始图腾神话形象上注入了屈原的思想,融入了战国时代的精神

---

① (宋)朱熹:《楚辞集注》,上海古籍出版社1979年版,第29—31页。

风貌，因而发生本质变化。这就是由原始《九歌》的反映集体意识，变成屈原《九歌》的反映个体意识。屈原《九歌》中的诸神灵，虽仍有原始巫术图腾的胚胎内核，但整体形象已发生转化性再创造，成为屈原抒发思想情感的艺术形象。

体现在《九歌》中的个体思想感情，不是单一的，而是多层面的。第一层是忠君爱国思想的表白。这一点朱熹《楚辞集注》已注意到了，他认为《九歌》中的种种巫术神话形象，实际都是屈原"更定其词"之后，"因彼事神之心，以寄吾忠君爱国眷恋不忘之意"。又如《东皇太一》，朱熹以为"此篇言其竭诚尽礼以事神，而愿神之欣悦安宁，以寄人臣尽忠竭力、爱君无已之意。所谓全篇之比也"。[①]

第二层是君臣遇合的美政追求。《河伯》原是夏族祭黄河男神，《山鬼》原是楚族祭巫山女神，《大司命》《少司命》是各侯国曾有过的祭祀寿命神和生育神。各篇神灵不同，因而彼此之间本来不应有联系。但经屈原加工润色后，这些篇中的神灵都统一具有男女悲欢离合的情节。这之间可能是屈原以男女比兴手法，寄托了与《离骚》一样的君臣遇合方面的政治悲叹。"也许，这是屈原'徒离忧''心不同兮媒劳，恩不甚兮轻绝'等等抒写慕恋怨悱之心的佳句，原有诗人政治遭际上的背景，与屈原确实经历了的政途的险难和感受到的'灵修之数化'本身有关联？"[②]

第三层是纯洁高尚的道德修炼。《云中君》"浴兰汤兮沐芳，华采衣兮若英"，《湘夫人》"荪壁兮紫坛，播芳椒兮成堂"，《少司命》"绿叶兮素华，芳菲菲兮袭予"，《山鬼》"山中人兮芳杜若，饮石泉兮荫松柏"，这些都与《离骚》"朝饮木兰之坠露兮，夕餐秋菊之落英"，"制芰荷以为衣兮，集芙蓉以为裳"相一致，以表达"苟余情其信芳"的高洁人格。

上述《九歌》中三个层面的个体思想情感中，第一层忠君爱国情

[①] （宋）朱熹：《楚辞集注》，上海古籍出版社1979年版，第29—31页。
[②] 赵明主编：《先秦大文学史》，吉林人民出版社1993年版，第440页。

怀，来源于其宗族血缘传统；第二层君臣遇合，借助于巫术图腾的人神相恋；第三层独立精神、高洁人格，则是春秋战国时代理性精神的集中体现。屈原的伟大之处即在于使这些丰富内涵通过融合转化而获得艺术上的和谐统一，从而使《九歌》成为中华文化史上的经典高峰，屈原自己也成为中国文学史上第一位伟大诗人。正因为如此，《九歌》与《离骚》一起，"开创了中国抒情诗的真正光辉的起点和无可比拟的典范"，① 对其后两千多年来的中国文学艺术创作及民族精神的形成，产生了极为深远的影响。诚如刘勰所说，其"惊采绝艳，难与并能"，"衣被词人，非一代也"！②

原载于《中国社会科学》2018 年第 5 期

---

① 李泽厚：《美的历程》，中国社会科学出版社 1989 年版，第 65—66 页。
② （南朝梁）刘勰：《文心雕龙》，范文澜注，人民文学出版社 1958 年版，第 47 页。

一则中国古代神话与仪式的结构学研究

李亦园[*]

一

著名的结构人类学家列维-斯特劳斯（Claude Lévi-Strauss）在他的《神话科学导论·卷二：从蜂蜜到火灰》（*From Honey to Ashes*: *Introduction to a Science of Mythology*, Volume 2）一书中，曾提到中国古代寒食节之事，并以之与欧洲中古复活节及四旬斋（Lent），以及南美洲若干印第安人的神话与习俗作比较。但是很有趣而且令人觉得遗憾的是这一位现代神话学大师在他的神话研究大著中提到寒食节时，仅涉及寒食的仪式部分，却未谈及寒食的神话传说。列维-斯特劳斯自己并未能阅读有关寒食的中文记载，他所根据的是 Frazer 与 Granet 的材料，[①] 他们二人都只说到寒食节的禁火及重生新火仪式，完全未提及有关寒食的神话传说，所以列维-斯特劳斯就无从得知与他书中研究主题更有关的材料。假如列维-斯特劳斯知道寒食节背后的神话，或者他自己能阅读有关中文的原始资料，他一定会将寒食节的问题做进一步的发挥。本文的目的即是将有关我国古代寒食节的仪式、风俗以及神话做一较完备的整

---

[*] 李亦园，曾任台湾大学教授，台湾"中研院"民族学研究所所长。

[①] Frazer J. G., *The Golden Bough*, Vol. X, London, p. 137; Granet, *Danses et légendes de la Chine Ancienne*, Paris, 1926, pp. 283, 514.

理，并拟利用列维-斯特劳斯的结构观念，以及宗教人类学有关仪式与神话相互关系的理论，再做进一步的综合分析。

二

列维-斯特劳斯引 Frazer 寒食的资料首出于《周礼·秋官·司烜氏》：

> 司烜氏掌以夫遂取明火于日……中春以木铎修火禁于国中。
> 疏曰：夫遂阳遂也者，以其日者太阳之精，取火于日，故名阳遂；取火于木，为木遂者也。
> 又注曰：为季春将出火也。

这一段话的意思是说周代有一官职称为司烜氏，掌理有关取火与禁火的职务。在仲（中）春之时，司烜氏执木铎通知国中的人开始禁火，然后到春末（季春）再生火，生火的方法是采日光之火，称为明火。

但是上面这一段记载并未真正与寒食连上关系，把禁火以及重新生火的事与寒食连起来，实是较晚的事，根据《古今图书集成·岁功典·清明部》所云：

> 按《周书》司烜氏、仲春以木铎修火禁于国中，注云：为季春将出火也。今寒食准节气是仲春之末，清明是三月之初，然则禁火盖周之旧制。陆翙《邺中记》曰：以冬至后一百三日为介之推断火冷食三日，作干粥食之，中国以为寒食。

也就是从这些记载中列维-斯特劳斯所理出的用以与欧洲及南美洲做比较的结构成分有：木铎、禁火、冷食、再取天火等项。

在欧洲的天主教国家，自中古时代开始在举行四旬斋及复活日节仪式时，也有很类似中国古代寒食的习俗。复活日虽无确定日子，但总是在"仲春"之期（按，复活节 Easter 依月圆而定，通常计算为三月二十一日后月圆的第一个礼拜天）。四旬斋则是在复活节前的四十天，起于所谓圣灰日（Ash Wednesday），而止于复活日前夕。四旬斋顾名思义是在这四十天斋戒，仅食用少量食物。而在四旬斋的最后一周，通常起于星期四（Maundy Thursday），教堂的铜铃暂时禁止敲响至复活节为止，而代之以木制的打击乐器，通称为"黑具"。所谓"黑具"在西欧各国中各有不同，包括木铎、木鼓、拍板（clapper）、嘎响器（rattle）、哗啷棒（sistrum）以及其他有共振器的打击乐器，等等。在用这些"黑具"（instruments of darkness）以代铃声的期间内，各教堂熄去旧火，而等到复活日前夕才重新以玻璃或水晶聚日起新火。那些代替铃声的木制打击器之所以称为"黑具"，就是一方面象征这一期间熄火的黑暗，另一方面也象征复活日前耶稣受难时的天昏地暗。[1] 在上述欧洲的习俗中，我们同样也可以找到（列维－斯特劳斯所感兴趣的）对应结构成分：木制打击器（类似木铎）、熄火、斋戒（更长期的禁食）与重新聚日生火。

在南美洲的情况，因列维－斯特劳斯本身是研究南美的专家，而《蜂蜜与火灰》一书亦以南美洲印第安人的材料为主，所以较为复杂。首先应该说到居于亚马逊河流域南方的 Sherente 族。Sherente 族人每年在干季时要举行一个盛大的仪式，以祈求旱期的早日结束。在仪式开始时，族中各家内的火都要全部熄灭，然后全族的男子集中在一起，不眠不休地吟诵，并且实行斋戒，吃极少的食物，也不能用水洗濯身体，如此持续三周之久。在仪式将结束时，Sherente 人相信此时会有一种传说的黄蜂飞来，发出 ken-ken-ken 的声音，并会射出小箭让做仪式的 Sherente 男子捡到。这时斋戒和不用水洗濯的禁忌就该结束了，于是全体在广场上竖立一支很高的柱子，参加仪式的男子轮流爬上柱子的顶端，用植物纤维作引火之绒，向天求火，然后点燃火种，重新使三周前已熄的

---

[1] Lévi-Strauss, C., *From Honey to Ashes*, New York, 1973, pp. 404–410.

火引燃起来。①

在 Sherente 人的仪式中，我们所能看到与前述中国及欧洲相同的结构成分包括斋戒禁食（三星期）、熄去旧火、重燃天火等，但唯一欠缺的是木铎或其他木制打击乐器的信号。在 Sherente 人仪式中仅有的音响信号是传说中黄蜂飞来时所发出的 ken-ken-ken 之声，因此列维－斯特劳斯费了很长的篇幅来解释黄蜂声音所代表的意义。根据列氏的资料，在法国南方 Pyrenees 山区一带，作为"黑具"的打击器是一种称为 toulouhou 的摇鼓，而 toulouhou 的原义却是黄蜂或大黄蜂，在这里列维－斯特劳斯认为 toulouhou 所代表黄蜂的意思与 Sherente 人仪式中黄蜂的声音并非偶然的相同，而有其相同的结构意义。但是要了解列维－斯特劳斯所说的这一相同的结构意义，却要先说明他对上述中国、欧洲及南美的仪式与习俗所赋予的整体结构模式。

三

列维－斯特劳斯对中国、欧洲与南美相似的仪式及习俗的兴趣重点自然不是在文化史或传播接触的意义上，而是在于这些相似仪式的内在结构对应。换而言之，他所感兴趣的是在差距这么大的时空里，这些几乎完全相同的仪式、习俗与神话所代表的是否为人类思维深处的相同结构模式。

列维－斯特劳斯的分析首先应从熄去旧火（地火）与重新点火（天火）说起，因为这是整个事件最要紧的部分。对列维－斯特劳斯而言，熄火与再生火则代表很多层次的思维结构对比。最先，熄火与重新生火所透露的是季节交替的讯息，旧火的熄灭代表不适于生产的冷季或干季（因环境不同而异）的结束；而重新生火则代表有希望的、适于生产的湿季或温暖季节的开始，新火的重燃，象征着新季节、新循环的

---

① Lévi-Strauss, C., *The Raw and the Cooked*, New York, 1969, pp. 289–291; *From Honey to Ashes*, New York, 1973, pp. 407–410.

轨始。在中国，新火的燃点开启春耕的工作；在天主教的欧洲，点燃新火不但象征春天的来临，而且有重要的宗教意义：耶稣受难后的复活（在这里到底是耶稣的复活或是季节的复活已难以分辨，否则耶稣的复活应有一定日子才对，而不应与天象的月圆扯上关系）；在南美洲则代表Sherente人苦旱的干季节即将过去，有许多可供采集植物生长的季节即可来临。

熄灭旧火与重燃新火并不只代表冷：暖、干：湿的季节对比，同时也象征天与地的对比。在中国，寒食之后重新生火时一定要聚日光点燃，称之为天火或明火，而钻木或其他方法所生的火，则称为地火。在欧洲，复活节前夕以水晶或玻璃聚日光重新生火，其过程与中国极为相似，这样生的火是来自天上太阳的神圣之火，一直到现在很多象征神圣之火的取得，都是聚日而得的。在南美，Sherente人燃点新火更要爬到很高的柱上，以便更靠近天上而取得天火，从这里我们可以看出在点燃新火的仪式中，天：地的对比观念是很明显的。

再进一步说，熄火与点火又代表用火煮与不用火煮，也就是生：熟（raw：cooked）的对比，这是列维-斯特劳斯最常运用的一对观念，也成为他神话研究的第一卷的书名[①]。生与熟的对比不仅是引申之义而已，在中国的例子中，确实出现了不用火煮食物的生食，也就是"寒食"一名的由来，难怪列维-斯特劳斯要把寒食的例子特别引用说明，因为这是他把用火与煮熟、不用火与生食勾连在一起的最难得的实例。然而列维-斯特劳斯对生与熟的分辨并不停止于此，他且更进一步发挥认为，生：熟的对比其真正的含意却是要指出文化（人为）与自然（非人工）的对比。火的发明是人工改变自然状态的最早、最明显步骤，所以用火煮熟代表人为的加工，也就是文化；而禁止用火采生食，则是没有人工而返归自然。列维-斯特劳斯认为文化：自然的对比是许多神话、仪式所要透露的最根本讯息，在这里，也只有借这一文化：自然的对比，才能较易于了解其他结构成分的象征意义。

---

① Lévi-Strauss, C., *The Raw and The Cooked*, New York, 1969.

在整个仪式丛中，冷食、禁食或斋戒是熄火之外另一重要的成分。前面我们已略论中国的生食意义，中国的寒食只延续三天而已，欧洲复活节前的四旬斋（Lent），顾名思义斋戒长达四十天之久，较中国的寒食长了十倍有余。而南美洲 Sherente 印第安人的禁食、禁水也有三周之长，实际上 Sherente 人在三周斋戒之前有持续整个季节的干旱期，没有多少食物可采集，所以他们的三周斋戒应是实际经验的象征性延长。对列维-斯特劳斯而言，不论短仅三天的中国寒食，或长达四十天的欧洲四旬斋无不是经验生活的象征表现，它们所要透露的讯息则是另一组对比观念，那就是稀少：丰盛（scarcity：plenty），禁食斋戒象征稀少缺乏，禁食斋戒的结束则象征丰盛的开始，这一组对比与前述所透露的季节改变的讯息是相互对应的。

然而稀少与丰盛的对比又与自然与文化的对比有密切的关系。丰盛是人工的成果，那是在文化的一面；稀少则代表人工的失败，文化的不存在，那就是返归自然的一面。返归自然可以有两种形式，一种是禁食、饥饿，另一种则是依赖自然，采摘野果、蜂蜜等自然产物而生食之。在这里蜂蜜、野果这一类自然的产物就出现在列维-斯特劳斯的结构范式中成为透露讯息的表征物之一了。

最后要讨论的是整个仪式丛中音响及其道具所代表的讯息。在欧洲与中国，禁火与禁食之前都要敲打木制的打击乐器，在欧洲且称之为"黑具"。在这里这些乐器象征的是黑暗，没有火光的黑暗，以木制的密封或半密封的胴体（如木铎、木鼓等）来象征黑暗，一直等到重新点燃新火，黑暗才过去，而铃声才又重响，所以这些乐器所要透露的对比讯息——黑暗（禁火）：光明（点火）甚为明显，但是乐器发出的音响代表的是什么呢？根据列维-斯特劳斯的分析，在 Pyrenees 山区所用的 toulouhou 打击乐器其原义是黄蜂，象征黄蜂发出的声音，而很巧的，在 Sherente 人的仪式中虽没有相似的乐器出现，却有神话中的黄蜂出现，而且他们认定黄蜂出现时会有类似打击乐器的 ken-ken-ken 声。在这里列维-斯特劳斯认为黄蜂的出现不是偶然的事，而是象征在黑暗、禁火甚至食物稀少的季节里，人类采用蜂蜜等自然产物以生食，来代替用火煮熟的食物，所以黄蜂的出现所要透露的是自然的讯息，用以跟点燃新火后熟食的"文化"对比，换而言之，仪式中特殊乐器的应用实是要加强前述几组对比的讯息如黑暗：光明，禁火：点火，自然：文化等的表达。

总括而言，从列维-斯特劳斯的立场出发，在中国、欧洲与南美等不同地区与时间里表现相同的仪式、神话与习俗，其相同的因素是在借此表达共通的思维结构，也就是借共同的仪式行为表达共通的内在讯息，这些讯息假如用列维-斯特劳斯的范式来说明，那就是：

> 干季：湿季，稀少：丰盛，禁火：用火，生产：熟食，自然：文化。

四

列维-斯特劳斯所企图解释的中国、欧洲与南美"寒食"仪式的相似性是基于共通的思维结构之理论，其陈义不能不说有其特殊的说服力。但是，关于中国的部分，假如能把有关寒食的神话传说部分放在一起分析，则可增强其讯息表达的说服力无疑。本节即是要对寒食的神话传说做一分析。

在我国民间一向把寒食节禁火一事与介之推（绥）传说连在一起。有关介之推的传说最早见于汉蔡邕的《琴操》：

> 龙蚴歌者，介之绥所作也。晋文公重耳与介之绥俱亡，子绥割其腕股以救重耳。重耳复国，舅犯赵衰俱蒙厚赏，子绥独无所得，甚怨恨，乃作龙蚴之歌以感之，遂遁入山。其章曰……。文公惊悟，即遣求得于绵山之下，使者奉节迎之，终不肯出，文公令燔山求之，火荧自出，子绥遂抱木而烧死，文公哀之，流涕归，令民五月五日不得举发火。

这是记载介之推与晋文公之间的关系最详细的一段，但是禁火的时间，并非仲春的清明寒食，而是五月五日。把介之推与寒食连起来的记录则见晋陆翙《邺中记》及《后汉书·周举传》等。《邺中记》云：

> 邺俗冬至一百五日为介之推断火，冷食三日，作干粥，是今之糗。
>
> 并州俗以介之推五月五日烧死，世人为其忌，故不举饷食，非也。北方五月五日自作饮食祀神，及作五色新盘相问遗，不为介之推也。
>
> 寒食三日作醴酪，又煮粳米及麦为酪，捣杏仁煮作粥。按《玉烛宝典》，今人悉为大麦粥，研杏仁为酪，别以饧沃之。

《后汉书·周举传》曰：

> 举稍迁并州刺史，太原一郡旧俗以介之推焚骸有龙忌之禁（新序曰：晋文公返国，介之推无爵，遂去而之介山之上。文公求之不得，乃焚其山，推遂不出而焚死。……传云：子推以此日被焚而禁火。）至其亡月咸言神灵不乐举火，由是士民每冬中辄一月寒食，莫敢烟爨，老少不堪，岁多死者。举既到州，乃作吊书以置子推之庙，言盛冬去火残损民命，非贤者之意，以宣示愚民，使还温食。于是众惑稍解，风俗颇革。

又《魏武帝集·禁火罚令》云：

> 闻太原、上党、西河、雁门冬至后百五日皆绝火寒食，云为介之推。

梁宗懔《荆楚岁时记》云：

去冬节一百五日即有疾风甚雨,谓之寒食,禁火三日,造锡大麦粥。

……寒食挑菜。斗鸡镂鸡子斗鸡子。

明项琳之编注《荆楚岁时记》寒食一条,在注文中可以说是把所有有关寒食传说及习俗并集为大成者,而清代《古今图书集成》所载,即根据项琳之的注而来。项注曰:

按历合在清明前二日,亦有去冬至一百六日者,介之推三月五日为火所焚,国人哀之,每岁春暮为不举火,谓之禁烟,犯之则雨雹伤田。陆翙《邺中记》曰:寒食三日为醴酪,又煮糯米及麦为酪,捣杏仁煮作粥。《玉烛宝典》曰:今人悉为大麦粥,研杏仁为酪,引饧沃之。孙楚《祭子推》文云:黍饭一盘,醴酪一盂,清泉甘水,充君之厨。今寒食有杏酪麦粥,即其事也。旧俗以介之推焚骸有龙忌之禁,至其月咸言神灵不乐举火。后汉周举为并州刺史,移书于介推庙云:春中食寒一月,老少不堪,今则三日而已,谓冬至后一百四日,一百五日,一百六日也。《琴操》曰:晋文公与介子绥俱亡,子绥割股以啖文公,文公复国,子绥独无所得,子绥作龙蚹之歌而隐,文公求之不肯出,乃燔左右木,子绥抱木而死,文公哀之,令人五月五日不得举火。又周举移书及魏武《明罚令》、陆翙《邺中记》并云寒食断火起于子推,《琴操》所云,子绥即介推也。又云五月五日与今有异,皆因流俗所传。据《左传》及《史记》并无介推被焚之事。《周礼》司烜氏,仲春以木铎修火禁于国中,注云:季春将出火也,今寒食准节气,是仲春之末,清明是三月之初,然则禁火盖周之旧制也。

五

从上节所引各种记载我们可以看出介之推（或介子推、介子绥）的传说与寒食仪式的关系，现在暂且不论这一关系是怎样建立的，先让我们考察介之推传说内容的演变。介之推与晋文公之事，见于《左传》僖公廿四年的记载，但传文中只说晋文公对介之推的追随出亡无所赏赐，所以之推退隐而亡，并未说到有割股、烧山、禁火等事。《左传》僖公廿四年传文曰：

> 晋侯（即文公）赏从亡者，介之推不言禄，禄亦弗及。推曰：献公之子九人，惟君在矣，惠怀无亲外内弃之，天未绝晋，必将有主，主晋祀者，非君而谁？天实置之，而二三子以为己力，不亦诬乎，窃人之财，犹谓之盗，况贪天之功，以为己力乎，下义其罪，上赏其奸，上下相蒙，难以处矣。其母曰：盍亦求之，以死谁怼？对曰：尤而效之，罪又甚焉，且出怨言，不食其食。其母曰：亦使知之，若何？对曰：言，身之文也，身将隐，焉用文之，是求显也。其母曰：能如是乎，与汝偕隐，遂隐而死。晋侯求之不获，以绵上为之田，曰：以志吾过，且旌善人。

这段传文说得很清楚，晋文公对介之推的隐退很后悔，为了表示自己的过失，便以绵上为之田，也就是将介之推隐亡的地方绵上赐给他。这一段故事，《史记·晋世家》有较详细的记载：

> 文公出，见其书，曰：此介之推也，吾方忧王室未图其功，使人召之则亡，遂求其所在，闻其入绵上山中，于是文公环绵上山中而封之，以为介推田，号曰介山，以记吾过，且旌善人。

由此可见正史所载，文公仅以绵上之地封赐介之推，称之为介山以纪念，并未有焚山之事，更未延伸为寒食之禁火。如上节所述，最早把介之推与文公的故事说成焚山禁火形式的是蔡邕的《琴操》。《琴操》可以说是一篇文学作品，所以他把《左传》与《史记》的记载文学化了，因此产生文公焚山，介之推抱木而死，文公后悔，下令日禁火以纪念之推的情节。不过《琴操》所说介之推被焚不得举火的日子是五月五日，而非清明节前二日或冬至后百五日，亦无冷食三日的说法。

真正把介之推的传说与断火、冷食三日连在一起，而形成仲春的寒食节者，也许是晋陆翙的《邺中记》。他记载邺中的风俗是冬至后一百零五日为纪念介之推断火冷食之日，而否定并州的风俗说是五月五日为介之推被焚之期。然而，一个人被焚死事应有一定日子，为何要与节气的冬至连上关系，还定在冬至后的一百零五日，且有些记载又说是清明前二日。姑不论冬至后一百零五日是否即为清明（按冬至为阳历十二月二十二日或二十三日，清明则为四月五日或六日，其间相距为一○五日），以冬至或清明等天文节气来定死事的日子，似不甚合理，不禁使人联想到耶稣受难的日子与复活节竟亦无定日，而是推算三月廿一日后月圆之第一个周日，这两者的相似性实有异曲同工之妙，使人怀疑到底这两个节日是天文气象的节气还是死难的纪念日！

《后汉书·周举传》把焚山禁火之事更为神化了，周举任并州刺史时，发现太原郡有寒食的习俗，该郡人认为介之推焚骸死难之时"有龙忌之禁"，故其月神灵不乐举火，并不认为是晋文公下令禁火。太原风俗中最值得注意的一点是该地禁火寒食竟达一月之久，所以周举在并州发现一月不能举火，对老人小孩很不好，就祭告介之推庙请将一月寒食之期缩短为三日。太原郡这种一月冷食的仪式，很容易使我们联想到前述欧洲人的四旬斋，以及 Sherente 人的三周斋戒期，而改一月寒食为三日期一事，也很容易使人想到列维－斯特劳斯所说的较短的斋戒期实是经验生活的象征表达。[①] 这种看法，证之并州风俗，确有其独到的见地。

---

① Lévi-Strauss, *From Horey to Ashes*, New York, 1973, p. 413.

把寒食仪式与神话各细节完整地并合在一起的，可以说是明代项琳之编注《荆楚岁时记》的注文。但是如前节所引，我们也可以看出项琳之的注解里也是有若干破绽存在的，例如他一开始就说："按历合在清明前二日，亦有去冬至百六日者，介之推三月五日为火所焚。"他所说的这三个日期都互相矛盾，特别是三月五日这一日子，不知道是怎样来的，很可能是作者怀疑蔡伯喈所说的五月五日无法与春间的季节相配合，所以改"正"它为三月五日，以符合清明前二日或冬至后百六日的说法。但是项琳之自己对历法似欠缺最基础的知识，不了解清明、冬至等节气是按太阳历推算的，在太阳历上并无一定日期，而他把介之推死难日期改订为三月五日，亦无法与清明的日期取得吻合。不过，项琳之的注解中也有一项特别之处，那就是"每岁春暮不为举火，谓之禁烟，犯之则雨雹伤田"一句，这种惩罚性禁忌的说法，是别的记载中所不见的。

从上文的分析，我们可以看出今日民间所流传的寒食仪式与神话的关联是经过若干阶段的发展而形成的。传说神话的出现应属较晚的事，而很明显的传说神话的出现是用来支持仪式的执行的，因为像寒食这样的仪式，借熄火、冷食、再生火来象征季节的交替，实是一种非常抽象的仪式，对于一般百姓而言，恐无法了解其意义，而又要切实执行，就必须要用一种他们可以懂的说法来作为支撑。介之推传说的出现，就是要负起这任务，而这样的做法，在儒家的言行中很是常见，就如《荀子》所说的：

> 圣人明知之，士君子安行之，官人以为守，百姓以成俗。其在君子，以为人道也，其在百姓，以为鬼事也。

这也就是说，仪式对知识分子（君子）可以知道是人之道而安行之，然而对老百姓而言，则要以崇拜鬼神的方法使之成俗。寒食的仪式不易以崇拜鬼神的方法来支持使之成俗，但至少要以崇德报功的办法来作为说辞，这是介之推传说存在的外在意义。而在若干地方性的传说中，鬼神崇奉的形式似已出现雏形，例如在并州风俗中，即有"神灵不乐举火"的说法。同时在《荆楚岁时记》的注中，也有"犯之则雨雹伤田"的说法。这种惩罚性的禁忌，虽不一定含有神灵存在的意义，但对一般老百姓而言，其力量已与神灵的存在相近了。

在上述各种介之推传说的"版本"中另有一点值得注意的是《琴操》记载介之推死难的日期是五月五日，这一日子后来虽经《邺中记》的否定与《岁时记》的"改订"，但是五月五日端午节的仪式，在我国民间习俗中，却又被另一传说神话——屈原投江死难所取代，而作为支持、肯定仪式的说法。端午与屈原的传说虽非本文分析的范围，但从这一改变与取代的过程中，我们仍可看出我国古代季节性仪式施行时，特别是对一般非知识分子的老百姓而言，传说神话的支持与肯定是具有重要意义的。

然而，为什么要"选"这一神话来支持这一仪式呢？换而言之，神话与仪式内涵间的关系是一种任选性的，或是必然的？或者更进一步问，把仪式与神话连上关系的人，他们用某些神话传说来支持仪式，是任意采择的吗？或者是根据某些原则？假如是根据一些原则，那么他们根据的是内容的相同性或是若干思维逻辑的对应性？这是问题的关键所在。

六

从寒食仪式与介之推神话的内容上，我们唯一可以找出其连带关系的是"火"的因素，但是，单就"火"这一共同因素而言，并不一定要把两者勾连在一起，因为可以选择的火的传说仍有不少，所以作者怀疑其间另有其思维逻辑的对应性存在。

仔细思考介之推的传说，再从列维-斯特劳斯的结构分析出发，我们不难发现介之推的传说中仍有若干组对比的结构成分存在：首先当然是熄火与点火的对比，在传说中的表现先是焚山烧死介之推，然后是为纪念他而禁火，这一事件不但透露出点火：禁火的对比，而且更深地透露出煮熟与生冷的对比，因此也已包含文化：自然的对比了，否则即使真的烧死介之推（按照正史并无焚山之事），也不一定要用禁火来为之作纪念，因此在这里结构对比的思维过程已隐约可见。

再进一步说，传说中人物之间的关系，若依照列维－斯特劳斯分析"伊底帕斯故事"（Oedipus myth）的方式，我们可以发现其间也有所谓"高估的人际关系"（overrating of human relations）与"低估的人际关系"（underrating of human relations）一组对比存在。列维－斯特劳斯在他的《神话结构分析》（"Structural Study of Myth"）一文中，以伊底帕斯全本故事为例，说明 Cadmos 的寻妹、伊底帕斯的娶母、Antigone 的埋弟等情节都属"高估的关系"；而武士的互相残杀、伊底帕斯的弑父、Eteocles 的杀兄，都属"低估的关系"。① 在介之推与晋文公的传说里，我们可以很明显地看出介之推割股以啖文公，实是一种超乎常情的行为，故属"高估的关系"。而晋文公在复国之后，不但未酬报介之推，反而把他烧死了，这也是出乎常情的举动，是"低估的关系"。其实对人际关系的高低估对比，并不仅见于介之推与晋文公之间，晋文公一族就不断地有这一对比关系的出现，例如根据《史记·晋世家》的记载，晋文公重耳的父亲献公及他的宠姬骊姬一直要杀死文公的长兄申生，申生不但不怨而且自杀于新城以保持关系，这是最著名的一个高低估关系的对比。其后晋大夫里克弑杀献公二位可能继承王位的幼子奚与悼子，而另一位晋大夫荀息却为这两位幼主而殉节，又是一组对比。晋文公重耳逃亡齐国时，恒公以女妻之，晋文公耽于安乐不愿回国，其妻与赵衰、狐偃等人设法骗文公返晋，置女儿之情于不顾，但文公却怨狐偃，以矛刺之，并要吃他的肉，这也是一组对比。又后，秦缪公送文公回晋国，并妻以其女，这位女儿原是文公侄儿子圉质秦时的太太，晋文公仍与她结婚，但回国又把自己的侄儿圉杀了，这更是明显的高低估关系的对比。由此可见在整个发展过程中，高估的人际关系与低估的人

---

① Lévi-Strauss, C., "The Stncctural Study of Myth", in *Structural Anthropology*, New York, 1963, pp. 214–217.

际关系这一组对比所占的重要性，而这一组对比的内在意义却又回到自然与文化的对比上去：低估的人际关系显露本能的一面，那是自然的表现；高估的人际关系则显示伦理道德的修养，那就明显地显于文化的一面了。

总结而言，用以支持寒食仪式的介之推传说，其所要透露的结构讯息是：

点火：禁火，煮熟：生冷，人际关系的高估：人际关系的低估，文化：自然。

从这一结构范式来看，我们可以清楚地了解介之推传说中所要表达的讯息，正与寒食仪式所要透露的十分相近，也许就由于这种思维结构的相似性，所以介之推的传说才被选择用来支持寒食的仪式。对于选择将神话与仪式关联在一起的君子儒者而言，这种结构的相似性，也许很能满足他们的思维历程，但对一般百姓而言，传说的崇德报功也许对他们才产生意义，甚而要借神灵的威严或惩罚才会真正使他们遵守仪式的习俗。

原载于台湾"中央研究院"编《第一届汉学会议论文集》，1981年

引魂之舟：战国楚《帛画》与《楚辞》神话

萧 兵[*]

《江汉论坛》1981 年第 1 期刊布了楚人物龙凤帛画的新摹本（李正光摹）和熊传新先生的论文。[①] 这几乎是仅次于发现帛画本身的一件大事，它推翻并纠正了国内外考古学、艺术学、神话学界的种种误解和论断，同时也提出了新问题，值得深入探讨。

以往对楚帛画的研究主要有如下几种意见：

一种是龙凤图腾斗争遗迹说。[②]

一种是以郭沫若先生为代表的凤夔善恶斗争说[③]——以后他又补充说拱手祝祷的女巫应是女娲。[④]

一种是以孙作云、熊传新先生为代表的龙凤升仙说（详后）。

一种是饶宗颐先生提出来的"山鬼说"。他认为图上的夔只有一

---

[*] 萧兵，原名邵宜健，淮阴师范学院文学院教授，东南大学东方文化研究所、华中师大中文系兼职教授，中国社会调查所人类学中心特约研究员，中国比较文学会文学人类分会会长。

[①] 熊传新：《对照新旧摹本谈楚国人物龙凤帛画》，《江汉论坛》1981 年第 1 期。

[②] 参见郭沫若《关于晚周帛画的考察》，《人民文学》1953 年第 1 期（《补充说明》见第 12 期）；《文史论集》，人民出版社 1961 年版，第 293 页；《全集·历史编》，科学出版社 1982 年版。

[③] 参见郭沫若《关于晚周帛画的考察》，《人民文学》1953 年第 1 期（《补充说明》见第 12 期）；《文史论集》，人民出版社 1961 年版，第 293 页；《全集·历史编》，科学出版社 1982 年版。

[④] 郭沫若：《桃都·女娲·加陵》，《文物》1973 年第 1 期，载《出土文物二三事》，文物出版社 1974 年版。

足，乃指山精。《甘泉赋》："捎夔魖而抶獝狂。"描摹山精，用以驱逐邪魅；而图绘凤鸟，则以迎福祉。一面祈福，一面禳灾。① 那位女性则系《九歌》山鬼，由女巫扮演。因为"《九歌》中的山鬼是一个窈窕善笑的女神"②。

杨宗荣先生认为这是一种用在"墓中镇邪的东西"③。

王伯敏先生认为："这是一幅带有迷信色彩的风俗画，描写一个巫女为墓中死者祝福。……这幅帛画所描绘的妇女，有可能是当时'巫祝'的形象。"④

日本学者曾布川宽曾根据日本平凡社1963版《世界美术全集·中国美术》（一）的照片图版和藤森氏摹本⑤以及沈从文《中国古代服饰研究》的大幅图版⑥，用放大镜仔细观察，敏锐地觉察到画上的龙可能不只一脚，⑦ 但不能确切地证明。新摹本最重要的一点是发现了这条龙"躯体两侧各有一奋爪的足"，根本不是一足的夔。这下子，所谓凤代表善、夔代表恶之类的推断全部失去了依据。熊传新先生认为孙作云"龙凤引魂升天"之说⑧是大致正确的。这幅画表现的是女性墓主人"合掌祈求、希望飞腾的神龙、神风引导或驾御她的幽灵早日登天升仙"。杨宽先生也曾说过："从后来楚墓出土男子御龙舟图看来，当以孙说为是。"⑨

不过孙作云还进一步认为，帛画左方龙蛇状动物是"丰隆"，右为"鸾鸟"，合掌妇人是"宓妃"，也可以视为一幅《丰隆迎宓妃图》，这

---

① 饶宗颐：《长沙楚墓帛画山鬼图跋》，载《金匮论古综合刊》（台北）第1辑。
② 饶宗颐：《荆楚文化》，载台湾历史语言研究所《集刊》1969年第41本第2分册，第51页。
③ 杨宗荣：《战国绘画资料》，中国古典艺术出版社1957年版，第5页。
④ 王伯敏：《中国绘画史》，上海人民美术出版社1982年版，第30页。
⑤ 参见《世界美术大系·中国美术》(1)，日本平凡社1963年版，第116页，图二。
⑥ 参见沈从文《中国古代服饰研究》，香港商务印书馆1981年版，图一五。
⑦ ［日］曾布川宽：《昆仑升仙》，日本中央公论社1981年版，第74页。
⑧ 参见孙作云《长沙战国时代楚墓出土帛画考》，载《开封师范学院学报》1960年5月；又载《人文杂志》1960年第4期。
⑨ 杨宽：《战国史》，上海人民出版社1981年版，第508页。

却是根据不足的。

在新摹本和熊先生的论文发表以后,刘敦愿先生仍然认为它属于"鸟蛇相斗"的题材,那"凤的形体巨大,毛羽翕张,奋发搏击,显然居于优势,而'龙'则形体细小,局促于一侧,居于劣势"①。他认为这类题材到了战国已经"定型"化,"表现的是正反两方面的事物及其斗争,如吉与凶、福与祸、善与恶、生与死之类对立统一的自然现象与社会现象,而鸟类代表前者,蛇类代表后者"②。这是一个值得重视的见解,结合着图腾动物斗争、混合的遗制,对理解鸟蛇相斗题材的艺术,是极有意义的。但落实到这幅《龙凤人物帛画》,则必须做更具体、更准确的分析。特别是所谓"月状物"的含义和作用,对于《帛画》整体的解释,是举足轻重的。

众所公认,新摹本的另一重要发现是画中的女子原来是站在"半弯月状物"之上。但这是什么东西呢?熊文说它"应为大地,从画的整个布局来看,意味着妇人站在大地之上,这是画的下层,即地上"。然而"月亮"明明高悬于夜空,怎么能意味或象征着"大地"呢?——其实那极可能代表灵魂所乘坐的舟船,应该称为"魂舟"才是。而且,即令那是月亮,也可能是一种月形的舟船。苏雪林先生说,月神的符号,"有时以舟表之。舟之首尾弯弯上翘,俨似新月,故月神又有徽号曰'天空光明之舟'。人民想象新月穿过云层,有如小舟之穿过波浪"③。

另一幅是由湖南博物馆于1973年5月从出有《十二月神帛书》的长沙子弹库楚墓里发掘清理出来的《人物御龙帛画》,那"墓主人"也站立在一艘龙形的"魂舟"之上。两幅帛画都出土于楚国腹地,时代相去不远,跟《楚辞》文化均有千丝万缕的联系,两个墓主人都站立

---

① 刘敦愿:《试论战国艺术品中的鸟蛇相斗题材》,载《湖南考古辑刊》第1集,1982年,第74页。
② 刘敦愿:《试论战国艺术品中的鸟蛇相斗题材》,载《湖南考古辑刊》第1集,1982年,第78页。
③ 苏雪林:《屈原与九歌》,广东书局1973年版,第357—358页。

在舟船之上由龙和鸟呵护、导引"升天",这难道没有共同的神话背景、民俗观念、宗教象征,而只是纯粹的画饰、偶然的巧合?

《人物御龙帛画》的龙舟比较古怪,腹下似有一脚,这是许多论文都没有注意到的重要细节。其形略似云朵,然则它表示龙舟在云海里遨游。可是它跟舟腹契合紧密,不可能是云气。《史记·南越尉佗列传》有"戈船"将军,集解引张晏曰:"越人于水中负人船,又有蛟龙之害,故置戈于船下,因以为名也。"① 这独脚龙舟倒有点像"戈船"。但是张晏之说诸家都不置信。臣瓒说,《伍子胥书》有戈船,以载干戈。《史记会注考证》引徐德森曰,《三辅黄图》云昆明池中有戈船,船上立戈矛。凌纯声先生用刘攽的话批评船下置戈,"既难措置,又不可行";而"水战两船必有距离,不用长兵,反用戈戟短兵相接,亦不近理",所以"戈船"以载干戈之说亦不可通。他认为:"中国古代所谓戈船,即今之边架艇(outrigger canoe)。"② 所谓"戈"或指腰舵,即"中间舵"(the peculiarity of the median rudder)。此说亦不甚准确。而古代民间确有在船腹下装利刃,以御水中凶物的做法;后世甚至有以船底利器来防御"蛙人"(古称"水鬼")来凿船的。兹事牵涉过多,《帛画》船腹下似有刃器倒提供了一条重要线索。而从民俗神话学角度看,龙而有独足,这倒真应该称为"夔龙"或"夔龙舟"。《山海经·大荒东经》说:

> 东海中有流波山,入海七千里。其上有兽,状如牛,苍身而无角,一足,出入水则必风雨,其光如日月,其声如雷,其名曰夔。③

《说文解字》卷五说它就是"神夔",如龙一足。《文选》左思《吴都

---

① (汉)司马迁:《史记》第 3 册,中华书局 1983 年版,第 2975 页。
② 凌纯声:《中国远古与太平印度两洋的帆筏戈船方舟和楼船的研究》,台湾"中央研究院"民族学研究所,1970 年,第 148 页。
③ 袁珂:《山海经校注》,上海古籍出版社 1982 年版,第 361 页。

赋》还称它"灵夔"。都未见得其怎样凶毒。只是《文选·东京赋》薛综注说它是"木石之怪,如龙有角,鳞甲光如日月,见则其邑大旱"。可能是雷雨兼水旱之神,后来才转化为怪。《尚书》夔龙连称。安阳侯家庄殷商大墓出土有一双白石立体"夔龙",钝角,刻成一足。① 商周铜器多见夔龙,可知它并不都是恶物。《国语·鲁语》则说"木石之怪,曰夔、罔两;水之怪,曰龙、罔象",《文选》张衡《南都赋》"惮夔龙兮怖蛟螭",李注引《鲁语》释之,但它们仍然都是水族。所以可以借它渡海升仙。

夔和龙都是雷雨、江海之神,夔正处于东海中流波之山。神仙——或将要成为神仙的灵魂——据说是升天跨海,乘雷驾龙,无所不能的②,所以能用夔龙为舟。《庄子·逍遥游》:"乘云气,御飞龙。"《楚辞·九歌·东君》:"驾龙辀兮乘雷,载云旗之委蛇。"《淮南子·览冥训》:"[女娲氏]乘雷车,服驾应龙,骖青虬。"(7·95)③ 以上,等等,都有些像《人物御夔龙舟帛画》描绘的情形。

夔龙舟上的华盖可能象征圜天。郭沫若《西江月·题长沙楚墓帛画》云"上罩天球华盖"④ 是对的。马王堆《西汉帛画》"天门"之下、"人间"之上的"华盖"也代表圆圆的苍穹,"人间"之下的十六格方块则可能表示方地。⑤《天问》"圜则九重","地方九则"都是战国时代"天圆地方"盖天说的形象反映和保留,不过《楚辞》是既描绘又怀疑,《帛画》则随俗从古、兼收并蓄罢了。⑥

夔龙舟前有同向前进的鲤鱼一尾。发现者揣测其用意:鲤鱼是水中生物,用以表示龙是在江河湖海中翔游。⑦ 其实这应该是神圣的文鱼、

---

① 梁思永 1953 年 8 月 22 日给郭沫若的信。参见郭沫若《关于晚周帛画的考察》,《人民文学》1953 年第 11 期。
② 参见闻一多《神话与诗·神仙考》,古籍出版社 1954 年版,第 162 页。
③ 《诸子集成》第 7 册,中华书局 1954 年版,第 95 页。
④ 郭沫若:《西江月·题长沙楚墓帛画》,《文物》1973 年第 7 期。
⑤ 参见拙作《马王堆帛画与楚辞·圜天方地》,《淮阴师专学报》1980 年第 1 期。
⑥ 参见拙作《天问里的宇宙模式》,载《中国哲学史文集》,吉林人民出版社 1979 年版。
⑦ 参见湖南省博物馆《新发现的长沙战国楚墓帛画》,《文物》1973 年第 7 期;《长沙楚墓帛画·说明》,文物出版社 1973 年版。

龙鲤。《九歌》的河伯"乘白鼋兮逐文鱼"。洪氏补注引陶隐居云:"鲤鱼形既可爱,又能神变;乃至飞越江海,所以琴高乘之。"《山海经·中山经》有"文鱼"。郭注:"有斑采也。"《海外西经》龙鱼,"有神圣乘此以行九野","其为鱼也如鲤"①。《艺文类聚》卷九十六引郭氏《图赞》:

龙鱼一角,似鲤居陵;候时而出,神圣攸乘;飞鹜九域,乘云上升。

清郝懿行《山海经笺疏》说郭璞《江赋》作龙鲤,《文选·思玄赋》作龙鱼,《淮南子·地形训》亦有此,高注云"如鲤鱼也,有神圣者乘行九野"。这不正是导引灵魂升仙过海的神鱼吗?

山东苍山"元嘉元年"画像石墓图像题铭有云:
室上砳,五子举(舆),使女使后驾鲤鱼,前有白虎青龙车,后即
(?)轮雷公君。从者推车,乎桿冤厨。②

这分明也是在描写"升仙",车乘之外也要"驾鲤鱼"。

两幅《帛画》启示我们,战国时代的楚人是有灵魂可能乘驾舟船越海升也之迷信的。遗憾的是此后不久的屈原作品里却没有明确的描写而只有间接的透露(当然也可能因为我们的研究解释得还不透彻)。《九歌》里有些神灵是乘驾龙舟或龙车的,如《东君》:"驾龙辀兮乘雷。"凌纯声先生据清陈本礼《屈辞精义》的暗示,说:"照陈氏之意,雷为水声,龙辀则龙船。这一句是描写神降龙船,鼓声大作。"③ 又说:

---

① 袁珂:《山海经校注》,上海古籍出版社1982年版,第224页。
② 参见《山东苍山元嘉元年画像石墓》,《考古》1975年第2期。
③ 凌纯声:《中国边疆民族与环太平洋文化·铜鼓图文与楚辞九歌》(上册),台北:联经书局1979年版,第583页。

"《东君》歌中,车马似作舟楫解。'抚马'轻划楫,'安驱'使船徐进。"① 他认为《九歌》所写就是南方古代铜鼓图文上用龙舟迎神、送神歌舞的情景,实在有些牵强附会。文崇一先生则说龙辀"该是把龙当作舟或车,是一种象征性的假借的用字。……相当于湘君驾飞龙兮北征的飞龙和《大司命》'乘龙兮辚辚'的龙。"② 案《方言》:"辕,楚韩之间谓之辀。"汉王逸《楚辞章句》:"言日以龙为车辕,乘雷而行。"宋朱熹《楚辞集注》:"雷气转似轮,故以为车轮。"古人以雷霆有如车声,就认为雷神在天空乘车而行。金文的"雷"字还像四轮或二轮。直到唐代,诗人们还用"轻雷"等比拟车声。③ 为东君驾车的马是龙马,绝不会是船,所以上下文说"撰余辔""抚余马"。但以辀名辕却耐人寻味,可能日神的龙车制成舟船的样子,反映"南人乘舟"的风习。太阳或太阳神是可以乘船的。瑞典西南部青铜时代的波哈斯兰(Bohuslan)崖画里就有中绘黑点的圆日乘船的场面,"船头或刻为鸟形"也至可注意。④ 古埃及的太阳神赖(Ra)也是乘船巡行太空的。因为太阳通常被认为从海里升起,当然它要乘船。"当大地是一片黑暗的时候,赖神的太阳船通过地府中的十二个依小时分的地段。"⑤ 埃及纸草画卷里就有有翼的太阳神站在"蛇舟"上巡行的形象表现。⑥ 这一点跟灵魂乘船的观念紧相黏附(详后)。

其实《九歌》中真正乘龙舟的是湘水兼九嶷山大神湘君。

驾飞龙兮北征,邅吾道兮洞庭。

---

① 凌纯声:《中国边疆民族与环太平洋文化·铜鼓图文与楚辞九歌》(上册),台北:联经书局1979年版,第583页。
② 文崇一:《九歌中的水神与华南的龙舟赛神》,载台湾民族学研究所《集刊》1961年第11期。
③ 参见拙作《楚辞·九歌·东君新解》,《南京师范学院学报》1979年第1期。
④ 参见岑家梧《史前艺术史》,商务印书馆1938年版,第129页。
⑤ D. A. Mackenzie, *Egyptian Myth and Legend*, 参见《世界神话传说选》,丰华瞻译,外国文学出版社1982年版,第19页。
⑥ 参见 R. A. Jairazbhoy, *Ancient Egyptian and Chinese in America*(《古代埃及人和中国人在美洲》),London: Georeprior, 1974, p. 60, f. 6。

薜荔柏兮蕙绸，荪桡兮兰旌。

这分明指制作装饰成飞龙样子的舟船，不然用"桡"（桨）干什么呢？此与上文"沛吾乘兮桂舟"相应，这龙舟是用桂木制成的。下面说"望涔阳兮极浦，横大江兮扬灵"，也是舟船渡水之貌。王夫之《楚辞通释》甚至说："［灵］与舲同，扬灵鼓楫而行如飞也。""桂櫂兮兰枻，斲冰兮积雪"，当然还是破冰行船之意。

与女游兮九河，冲风起兮横波。
乘水车兮荷盖，驾两龙兮骖螭。

——《河伯》

以上两句描写以龙螭驱舟前进的场景，"水车"者船也。"两龙"云云可能暗示那是见于铜鼓的"双体船"（double canoes），即"舫"或"方舟"，① 甚至可能是带轮的船，所以称"车"。朱季海先生则认为这是以车马喻舟船，"盖洞庭、云梦，大泽之乡，其民狃习波涛，弄潮如驱车，故发为想象，形诸名言，曼妙如此，诗人有取焉尔"②。他引用沈复《浮生六记·浪游记快》，吴语呼双艣两桨之小快船为"出水嚳头"，以证《河伯》"水车"之称尚遗存于吴楚民俗。③ 这也可供参照。《河伯篇》既称其"乘丞至二复"，谓其"驾两龙兮骖螭"，则似以龙螭为骖驾拖引之神兽，而舟船则如"车"而破浪前进，非如王逸所谓"以水为车"也。

而龙舟之制则为此神话之"还原"，骖驾龙螭之"水车"本质上就是一种特殊形式的"龙船"。《河伯篇》间接描写南方祭水神的风俗，神驾龙舟能够"显圣"，灵魂乘驾龙船也可能"超凡入圣"而"升仙"。

---

① 参见梁钊韬《西瓯族源初探》，《学术研究》1978年第1期；石钟健《铜鼓船纹中有没有过海船》，载《古代铜鼓学术讨论会论文集》，文物出版社1982年版，第178页。
② 朱季海：《楚辞长语》，载《活页文史丛刊》1981年第36号，第5页。
③ 朱季海：《楚辞长语》，载《活页文史丛刊》1981年第36号，第5页。

《招魂》里的灵魂是否乘船,看不出来。《大招》里的"靥辅奇(畸)牙"反映"拔齿"之俗,"曾(层)颊倚(刳)耳"描写劗面离耳之习,保存南方民族文化色彩较多。① 它说:"冥凌浃行,魂无逃只。"冥是玄冥幽暗,凌是冰凌冻洌,似乎是在写灵魂乘船在"黄泉"里穿行的情形。它铺陈四方之害,全涉及江河湖海。

东有大海,溺水攸攸只;螭龙并流,上下悠悠只。

像是描写灵魂乘驾螭龙之舟在惊涛骇浪之中上下飘荡的样子。南方主要是炎火山森,但也有鲖鳙短狐、王虺毒蜮之类水怪威胁灵魂。"西方流沙,漭洋洋只。"不仅是沙流、沙崩、沙暴,而且是浩荡汪洋的流沙河。《离骚》说行流沙、遵赤水,必须"麾蛟龙以梁津兮,诏西皇使涉予",就是指要驱遣蛟龙或龙舟才能越此险水(详后)。北方更是"代水不可涉,深不可测只"。虽然还不能说《大招》肯定摹写魂舟翔水之状,但是它所陈的四方之害都涉及危川恶水,却透露了《楚辞》时代南方民族确实存在灵魂往往乘舟遨游的民俗观念,从而在文学作品里留下了影迹。

"魂舟"观念起源甚古,遍及亚非近海各地,现代所谓"环太平洋文化区"犹存此俗。古埃及人认为"地府之内,川流交错,故太阳神经行是间,用舟而非起旱;死者的灵魂,要是能够附搭太阳的大舟,便可以避免妖魔的侵害,神明的盘阻,而得安抵乐土了"②。赖神的太阳船在玄冥幽暗的地下世界行驶要经过许多危难,死亡的神和人的灵魂都竭力要登上这太阳之舟,驱除魔怪,战胜艰险,穿破黑暗,飞向光明。埃及的"黄泉"地府跟《招魂》描写的"幽都""雷渊""深渊"颇为相似。

---

① 参见拙作《靥辅奇(畸)牙……》和《曾(层)颊倚(刳)耳……》,载《中国古典文学研究论丛》第1辑,吉林人民出版社1980年版。

② 黄石:《神话研究》,开明书店1926年版,第97页。

中国也有在水底的冥府即黄泉自无疑义，却没有用舟船在冥河或黄泉为阴魂摆渡的古老记载（佛教东传以后的文献不足为据）。不过中国和东南亚竞渡龙舟的功能之一却是招魂、引魂、救魂。这和楚《帛画》以龙、以舟、以夔龙舟引魂可以互为发明，互为参证。

龙舟竞渡从图腾祭祀仪式[1]发展为多功能性的南方或太平洋文化区的特征性风俗。它跟祭祀水神、祈雨求丰、厌胜水怪、招魂拯灵以及"送瘟神""替罪羊"之礼等都有血肉关系。其中"招魂"一点不为某些专家所重，其实铜鼓图纹、神秘绘画上的众多舟纹都不但与"竞渡"有关，而且同时也可以是一种包含招魂、引魂的丧葬仪式或"表现性巫术"。

文献里有说龙舟竞渡是为了祭祀、迎赛成为水神的伍子胥的，如《荆楚岁时记》引邯郸淳《曹娥碑》："五月五日，时迎伍相，逆涛而上。"但更多是说救屈原。

《太平御览》卷三十一引《荆楚岁时记》："五月五日，竞渡，俗为屈原投汨罗日，伤其死所，并命舟楫以拯之。"

《续齐谐记》："屈原五月五日投汨罗而死，楚人哀之，每至此日，以竹筒贮米祭之。"

但所拯、所祭的绝不会是屈原的肉体，而只能是他的灵魂。《全唐文》卷719引唐蒋防《汨罗庙记》就说："俗以三闾投汨水而死……失其遗骸……所葬者招魂也。"可见对屈原可能实行过招魂葬。招魂的手段之一便是以龙舟寻找、招祭、导引魂灵。

唐刘禹锡《竞渡曲》小引云："竞渡始于武陵，及今举楫而相和之，其音咸呼云'何在'，斯招屈之义。事见《图经》。""何在"犹"荷咳"，乃同力划桨、齐呼邪许之声。但"招屈"自是龙舟招魂遗意。"灵均何年歌已矣，哀谣振楫从此起"，还可能有船歌之类配合。

---

[1] 参见闻一多《神话与诗·端午考·龙舟》，古籍出版社1954年版，第237页。

《隋书·地理志》也说：

  屈原以五月望日赴汨罗，土人追至洞庭不见，湖大船小，莫得济者，乃歌曰："何由得渡湖？"因而鼓櫂争归，竞会亭上。习以相传，为竞渡之戏。其迅楫齐驰，櫂歌乱响，喧振水陆，观者如云。诸郡率然，而南郡、襄阳尤甚。①

划船要用号子、短歌之类配合，最初即可能含有哀叫招魂之声。而"招魂"与"迎神"是一致的。《中华全国风俗志》引《宜昌县志》所载雷需需诗即有"天下无舟不竞渡，峡中有鸟只争飞；市儿各唱迎神曲，游女多穿送节衣"之句。

姜亮夫先生曾引古人《屈原塔》诗云：

  楚人悲屈子，千载意未歇。精魂飘何在，父老空哽咽。
  至今沧江上，投饭救饥渴。遗风成竞渡，哀叫楚州裂。……②

此诗或说苏轼作（"屈子"一作"屈原"，"楚州"一作"楚山"）。从此可见后世竞渡尚有哀叫屈子精魂的遗俗。《续齐谐记》《太平寰宇记》等都说楚人祭屈原之物多为蛟龙所窃，乃以楝树叶、五彩丝为粽投之。其实蛟龙是异化了的图腾，可能危害亡魂，代表正统图腾的龙舟则可以厌胜水怪，保护亡灵。《淮南子·本经训》所谓"画其象著船首，以御水患"正是此意，可与《说苑·奉使篇》所说越人"翦发文身，烂然成章，以象龙子，将以避水神"遥为呼应。梁萧子显《南征曲》"櫂歌来扬女，操舟惊越人，图蛟怯水伯，照鹢竦江神"亦为此意。

凌纯声先生说："龙船，以民族学眼光视之，即越人祭水神时所驾

---

① 参见（唐）魏征《隋书·地理志》。
② 姜亮夫：《屈原事迹续考》，载《活页文史丛刊》1980 年第 51 号。

之舟。"① 又说："[铜鼓]鼓盆上的行船与游鱼，是赛水神。又濮僚民族滨水而居，虽祭天神亦用舟迎神和送神。"② 龙舟既可迎送神祇，当然也可以迎送、招引魂灵。文崇一先生也认为华南龙舟赛神跟《九歌》里的水神祭祀有关系。③

越南的龙舟竞渡也包含祭祀水神的功能。

> 水上活动的另一形式是祭祀水神的献祭形式。在大船上搭船台，载铜鼓（呼唤下雨）、铜瓶（盛装圣水），还有手持神弓的人和狗守卫，并持矛刺向被捆绑的水（怪），击鼓和划船者化装和武装起来的图像。④

祭水神、辟水怪和招引灵魂是一个仪式的两面。越南学者曾经认为"达亚克（Dayak）人和雒越人之间可能有亲属的关系，可能是雒越人和达亚克人的祖先同时从华南沿海一带的故乡越海来到他们新的故乡"，他们一般不反对戈鹭波铜鼓船纹反映用"黄金船"招引魂灵的说法。⑤ 容观琼先生也说越人的龙舟"像柬埔寨一年一度'蒙奥姆水祭'举行独木舟竞赛一样，也是古代越族人民举行水祭（祭水神）的重要组成部分"⑥。以龙舟赛祭水神的重要目的正是使生人和亡魂都得到庇佑、安宁和幸福。

我国学者如闻宥⑦、冯汉骥⑧、汪宁生⑨等都用龙舟竞渡之俗来解释

---

① 凌纯声：《南洋土著与中国古代百越民族》，台湾《学术季刊》1954年第2卷第3期。
② 凌纯声：《中国边疆民族与环太平洋文化·铜鼓图文与楚辞九歌》（上册），台北：联经书局1979年版，第582页。
③ 参见文崇一《九歌中的水神与华南的龙舟赛神》，载台湾《民族学集刊》，1961年；又见《楚文化研究》，台湾《民族学研究所专刊》之12，1967年，第142页。
④ [越]文新等：《雄王时代》，越南科学出版社1976年版。
⑤ 参见[越]陶维英《越南古代史》，科学出版社1959年版
⑥ 容观琼：《竞渡传风俗——古代越族文化史片断》，《中央民族学院学报》1981年第1期。
⑦ 参见闻宥《古铜鼓图录》，上海出版公司1954年版。
⑧ 参见冯汉骥《云南晋宁出土铜鼓研究》，《文物》1974年第1期。
⑨ 参见汪宁生《试论中国古铜鼓》，《考古学报》1978年第2期；又见《云南青铜器论丛》，文物出版社1981年版，第132页。

铜鼓船纹,但龙舟本身就有其民俗宗俗背景,祭神厌怪、禳灾卜岁跟招魂引灵毫无矛盾。

凌纯声先生更认为铜鼓船纹描写的是一种过海用的航船、神船,它"与我国各地在五月五日竞赛的龙船相似。如船头有桡(或扫),船尾有舵,可说这种神船是能航海的"①。

案:我国云南开化和晋宁石寨山铜鼓、越南东山文化铜鼓主晕图纹上都有一种头尾高翘、或饰以鸟形的"竞渡船",有的船上还有大鸟在飞翔,其含义或象征学术界颇有争论。科拉尼(Colani,1940)认为它很像古埃及搭载灵魂的"太阳船"②。凌纯声、张光直等先生也有类似看法,却把这种图案的策源地定在长江中游,因为百越人也崇拜太阳。③

婆罗洲(今加里曼丹)的海洋达雅克人(Dayaks)有一种宗教用的黄金船,"船由称为 Tempohy Telon 的神通广大的人来指挥,船头船尾用伟大的犀鸟的头和尾来装饰",这也是一种"死者之舟"(Barque des Morts),灵魂可以乘坐它抵达位于"云海"之中的"天国"。法国学者戈露波(V. Goloubew)曾用它解释铜鼓船纹的含义,并且把铜鼓及其主晕船纹、鸟鼓、屋纹跟当地的招魂仪式"替瓦"(Tiwah)联系起来。④ 塞斯蒂文也说:

---

① 凌纯声:《中国远古与太平印度两洋的帆筏戈船方舟和楼船的研究》,台湾"中央研究院"民族学研究所,1970年,第182页。

② 参见[法]索兰等《印度支那半岛的史前文化》,任友谅译,原载《古代东方》1974年;又见《考古学参考资料》第2辑,文物出版社1979年版,第29页。

③ 凌纯声:《中国远古与太平印度两洋的帆筏戈船方舟和楼船的研究》,台湾"中央研究院"民族学研究所,1970年,第182页。

④ V. Goloubew:《东山人及其他》,见 Bulletin de L'ecole Francaise de L'Extreme Orient(《法国远东博物馆集刊》);参见 I. 鲍克兰《读〈东南亚铜鼓考〉》,华西协和大学《中国文化研究所集刊》第4卷;汪宁生中译:《黑格尔〈东南亚古代金属鼓〉的解说》,载《民族考古译丛》第1辑(铜鼓问题),云南省历史研究所1979年版,第58页。

[那加族] 富人用船棺葬，即用独木砍成舟形，棺的两端的舟首与舟尾，分别刻成翠鸟的头部和尾部，这习俗使人联想到石寨山和 [越南] 东山文化所出铜鼓上的舟首与舟尾的形象。①

这些意见正确与否还有待深入批评讨论，但是无论如何飞鸟"魂舟"之说对于揭开铜鼓图纹、沧源崖画和佤族"大房子"（祭房）绘画以及楚《帛画》的某些秘密是很有参考借鉴意义的。②

尤其是《龙凤人物帛画》有凤凰，《人物御龙帛画》舟尾有"仙鹤"，马王堆《帛画》竟也不但有七鹤，而且有一对"观风鸟"，三幅跟引魂升天有关、地域集中、时代接近的随葬帛画，竟然全都出现了鸟，这就更加引人注目、发人深思了。

亚非各地，尤其太平洋文化区初民多以为人的灵魂会离开肉体像鸟儿一般飞翔。埃及人以生魂为 ka，亡魂为 Ba，据说埃及古墓碑、室上刻画着鸽子之类的飞鸟，就表示死者的魂灵。前揭太阳神"赖"（Ra）的精灵也展着翼翅，很像中国南北方的"羽人"。波希米亚人（the Bohemians）也以为灵魂是一只鸟。传说楚怀王死后"化而为鸟，名楚魂"（见崔豹《古今注》），所以《招魂》要预备"秦篝齐缕"供它栖息。③灵魂既可化为鸟，鸟也可以引导或伴随灵魂飞行。

从前傣族富人要用纸扎的大神鸟（Rug Kat Chi Ying）引丧，用其头尾装饰棺头、棺尾，④ 跟前述那加船棺头尾刻成翠鸟形状非常相似。这多么像《人物御龙帛画》舟尾的"仙鹤"！《三国志·魏书·东夷传》说弁辰人"以大鸟羽送死，其意欲使魂气飞扬"，也是为了引魂登天。西汉卜千秋墓壁画上有人头大鸟，本意也是导魂。马王堆《西汉帛画》中段栖息着一对女首鸟身的勾芒鸟（或称羽人），当是一种比较

---

① [法] M. P. 塞斯蒂文：《石寨山铜鼓在社会生活和宗教礼仪中的意义》，蔡葵译，《云南文物》1982 年第 11 期。
② 《中国古代铜鼓问题讨论会论文集》第 2 集，文物出版社 1985 年版。
③ 参见拙作《楚魂鸟》，《活页文史丛刊》1980 年第 1 辑。
④ 参见陶云逵《车里摆夷之生命环》，《边疆研究论丛》1949 年第 3 期。

古老的导魂鸟、观风鸟。① 不但如此,《西汉帛画》上段还有七只引颈长鸣的仙鹤（它们也可能同时象征北斗七星,另详）,出现的目的当与楚《帛画》一致:预备引魂（前者两种鸟、两条龙都可以引魂,"月宫"和"太阳神树"都可以让亡魂"升仙",可谓布置严密,准备充足,条条道路通天堂,这可能是后者魂舟或有龙有凤协同导引,或前有龙首、尾有头向相反的"仙鹤"以备双向导引的缘故）。这只仙鹤,曾布川宽先生用长沙砂子塘汉墓外棺侧板图像等与之比较,认为它长颈、高足而有冠羽,可能也是天帝的使者凤凰。② 凤凰确实可以引魂、报信。殷墟卜辞有"帝史凤"之文。《离骚》:"凤凰既受诒兮,恐高辛之先我。"屈原三次"神游"也要"凤凰翼其承祐兮,高翱翔之翼翼"③。《楚龙凤人物帛画》绝非无故描绘凤凰,《楚辞·大招》在临近结章之时提到"魂乎归徕,凤凰翔只"也并非无因。但是长颈、高足、冠羽而有短尾的这只神鸟却更像"仙鹤",跟马王堆《帛画》的七鹤,开化、晋宁、东山等铜鼓上的"翔鹭"都有些相似,而鹤鹭之类是颇常见于丧礼、葬仪和招魂、导魂仪式以及升仙幻术之中的。

林河等先生认为马王堆《帛画》上的七只鸟不是仙鹤,而是鸿雁之类的水鸟,亦即所谓"雒鸟",或"罗平鸟",与南方铜鼓所见鸟纹一致。他们引用以下资料——

《吴越备史》:"罗平鸟主越人祸福:敬则福,慢则祸。于是民间悉图其形以祷之。"

《交州外域记》:"交趾昔未有郡县之时,土地有雒田,其田从潮水上下,民垦食其田,因名曰雒民。设雒王、雒侯主诸郡县,县多为雒将。"

---

① 参见拙作《马王堆帛画与楚辞:羽人·相鸟·观风鸟》,《兰州大学学报》1980 年第 2 期。
② 参见[日]曾布川宽:《昆仑升仙》,日本中央公论社 1981 年版,第 53、68 页。
③ 参见拙作《楚辞和长恨歌"神游"的微观分析》。

他们企图证明马王堆《帛画》表现的是一个祭祀场面："这些鸟是天神的神鸟，天神差它下凡，帮助人民农事丰收，农民丰收后，又以嘉禾祀神，感谢天神的恩典。"① 他们还说：

> 与交趾（越南）相邻的广西，住有许多越人的后代，即今日的壮、侗、黎、傣等民族，在他们的语言中，壮族至今还把田称为雒（na²），而侗族则把旱土、鸟和人称之为雒（常写作罗、娜、傩……）。②

这个看法可备一解。但《帛画》所绘确为某种神鸟。百越、百濮等东南方、西南方兄弟民族与东夷鸟图腾文化有千丝万缕的联系，这些地方确实盛行神鸟崇拜。河姆渡新石器文化遗址就出土过双头神鸟。浙江绍兴306号战国墓出土的铜质房屋，屋上就有类似"鬼杆""神杆"的图腾柱，柱上蹲着鸠形的神鸟。③ 牟永抗先生指出：

> 我国东北地区的赫哲人及萨满家从前在住屋外竖立的托罗神杆，上面都有神鸟的形象。当萨满跳太平神为全村人祈福禳灾时，也要有童子手执顶端有鸟的神杆作为神队的前导，恰赫喇族的神杆上也有祖鸟的形象。中国历史博物馆所收藏的一幅皮画中，在"干栏式"房屋的正面屋脊上也有鸟形装饰。……
>
> 河姆渡遗址出土的精美象牙制品中常见鸟形图案，有同志也认为是以鸟为图腾的表现。云南石寨山M：12贮贝器的屋顶上立有三鸟，开化铜鼓图案中也有大鸟位于屋上，沧源崖画的房屋图形上也有类似图象，现代佤族头人住宅顶角也有简化木鸟作饰物。这些

---

① 林河、杨进飞：《南方民族神话、楚辞与马王堆汉墓飞衣帛画比较研究》，载《中国少数民族神话讨论会论文集》（中册），第180页。

② 林河、杨进飞：《南方民族神话、楚辞与马王堆汉墓飞衣帛画比较研究》，载《中国少数民族神话讨论会论文集》（中册），第181页。

③ 参见《绍兴306号战国墓发掘简报》，《文物》1984年第4期，彩色图版。

材料都可与这座模型柱顶立鸟互作印证。①

同样的,这些神鸟的图像也可与楚汉《帛画》上的神鸟形象参较。《博物志》卷三:"越地深山有鸟如鸠,青色,名曰冶鸟。……越人谓此鸟是越祝之祖也。"② 此亦见于《搜神记》《酉阳杂俎》等书。鸠形"冶鸟"为"越祝之祖",雒鸟(或罗平鸟)越人悉图其形以祷福,都与"鸠柱"房屋、楚汉《帛画》、铜鼓花纹、沧源崖画等所见鸟形一脉相通,性质接近。

而铜鼓鸟纹崖画鸟图都与以鸟招魂(或祭祖)之习相关,楚汉《帛画》更是发现于墓葬之中,学者多以为其或用以招魂或用以引魂,那么,同样是发现于墓葬的"冥器"——越人鸠柱房屋模型也极可能与"祭死"、招魂、引灵有关。因为鸟既然是图腾祖先或圣物,则亦可能引导与鸟有关的亡灵"升天""见祖"仪式,或竟能代表亡灵(特别是在死者为酋长、祭司或"贵族"之时)。

牟永抗先生说:"图腾之所以常常见于屋脊或专门建立的图腾柱上,不仅仅是为了表现人们对它的崇敬,在古代东方,还与那种认为图腾来自天上的天命观念有关。铜屋图腾柱上雕饰的云纹,显然是象征柱身高入云端和图腾(鸠鸟)居住上苍之意。"③ 图腾神鸟既"住居上苍",当然也可以引导图腾族裔的亡魂"升天"。牟先生认为,这个铜房屋模型应是越族专门用作祭祀的庙堂建筑的模型良有可能;但既作为冥器而陪葬,便也可能如沧源崖画、铜鼓花纹所见"鸟屋"那样作为"魂屋"或"灵房",那神鸠也可能兼为"导魂鸟",那图腾柱有如"相风(鸟)竿"。

《楚辞·招魂》描写宫廷乐舞场面,具有引诱亡魂归来享乐的企图:

---

① 牟永抗:《绍兴306号越墓刍议》,《文物》1984年第1期。
② 张华:《博物志》卷3,中华书局2019年版,第88页。
③ 牟永抗:《绍兴306号越墓刍议》,《文物》1984年第1期。

肴羞未通，女乐罗些。
陈钟按鼓，造新歌些。
《涉江》《采菱》，发《扬阿》些。
竽瑟狂会，搷鸣鼓些。
宫廷震惊，发《激楚》些。
吴歈蔡讴，奏大吕些。

这不是有些像"鸠屋"里鼓笙杂陈、琴瑟齐奏的情形吗？这些歌乐不很可能也有娱鬼、诱魂的功能吗？总之，南方文化结构和制品里出现的神鸟形象，多与祖先崇拜、图腾机制、灵魂观念有关，而且大多涉及丧葬、祭祀、娱鬼、迎魂，而不论其为鹤、为雒、为鸠、为鹭。不过楚汉《帛画》所见神鸟长颈高足，更像仙鹤一些。何况无论南北，仙鹤多与丧葬制度、灵魂观念相连。

《吴越春秋·阖闾内传》写吴王小女下葬，陵墓之前"舞白鹤"。高本汉曾用此推测铜鼓图纹里的飞鸟或"鸟人"（hormmes-oiseu-aux, bird-men）可能表示葬仪上的"神鸟舞"[①]。闻宥先生却以为铜鼓"羽人"头部装饰的是《尔雅·释鸟·鹭春钳》郭注所谓"虬睫機"即"白鹭壤"，是一种"丧服"[②]，可见鹤鹭之类涉禽可与葬仪、导魂相关。李约瑟先生曾引用阿姆斯特朗之说曰："鹤舞本身是祭祀和丧葬仪式中艺术表演的一部分……后来和道家的神秘主义相结合。"[③] 葛朗特甚至认为"这种仪式是从爱琴海经过肥沃的新月地带传到中国和东南亚的"[④]。近人吊丧犹云"鹤驾西归"之类。它跟神仙思想的联系更加

[①] [瑞典] Bernard Karlgren（高本汉）：《早期东山文化的时代》，载《远东博物馆集刊》（BMFEA）1942 年第 14 卷；收入《民族考古译丛》第 1 辑，赵嘉文译，云南省历史研究所 1979 年版，第 34 页。

[②] 参见闻宥《铜鼓上几种花纹的试释》，《思想战线》1978 年第 6 期。

[③] Armstrong, "The Crane Dance in East and West"（《东西方的鹤舞》），Antiquity, 1943, pp. 17, 71. 参见 [英] 李约瑟《中国科学技术史》第 1 卷，科学出版社 1975 年版，第 352 页。

[④] 参见 [法] M. Granet, Danse et L'egendes de la Chine Ancienne（《古中国的神谭与跳舞》），李璜译述，商务印书馆 1929 年版。

紧密。《淮南子·说林训》:"鹤寿千岁,以极其游。"更明显的是《楚辞·九叹·远游》:

> 驾鸾凤以上游兮,从玄鹤与焦明;
> 孔鸟飞而送迎兮,腾群鹤于瑶光。

这是很符合战国秦汉之际统治阶级生时妄图不死、死后又幻想升仙的胃口的。所以马王堆汉墓漆棺上有仙人乘鹤,山西平陆枣园壁画汉墓在"日月星辰中又有九只长颈短尾白鹤"在飞舞。①《楚帛画说明》强调了鹤与升仙的联系,可是对它与招魂引魂的关系注意得不够。

董天士《武夷山志》记旧志所载船形架壑悬棺葬云,有一楠木长三丈,径尺余,"上置仙脱十三函,每函或颅骨数片,或胫骨一二茎,手足一二节,皆裹以锦帕",自是"二次葬";又云"一函乃鹤,骨惟头及一足",似指木函内有鹤首鹤足,以鹤陪葬,或内有人头骨及足骨,语焉不详,却至值注意。

南方民族"魂舟"观念也可以从船棺葬风习里得到证明和解释。东南亚各地都有这种葬俗,例如:

> 今婆罗门洲多船形棺,如 Skapan 族的棺形似船,并有雕刻和彩画。在 Solomon 岛的重要人物葬用船形或刀鱼形棺。又 New Hebrides 群岛中的 Am-brym 岛的要人亦用船或木鼓作棺;又 Tonga 和 Samoa 群岛的酋长葬用船或控空的木干代船,此船形棺与崖葬之起源地有关。②

四川巴县冬笋坝和昭化宝轮院出土约当汉初的楠木葬具,两端"上

---

① 《山西平陆枣园村壁画汉墓》,《考古》1959年第9期。
② 凌纯声:《中国边疆民族与环太平洋文化·中国与东南亚之崖葬文化》(下册),台北:联经书局1979年版,第732页。

翘而成舟形"，是我国著名的船棺葬。① 发掘报告认为"此种葬具或者就是墓主人生前实用的水上交通工具"②。冯汉骥先生认为是当地原住人民的文化。③

石钟健先生说："用独木舟，即船棺，如古代的越人、僚人和巴人。"又说："四川古代的巴人原行埋葬（土葬），到了战国以至公元初期，在葬具上，一度改用船棺船椁，仍行埋葬。"④ 四川发现悬棺葬较多，但悬棺采船形者较少。《荆州府志》一说东澳溪两岸"有敝船卷石罅间"，或亦架壑船棺葬。光绪《巴东县志》（卷十四）也说："西岩壁立千寻，有敝艇在石罅间，去水约半里许，望之舷艄皆可辨。"而土葬的船棺也多发现在沿江两岸，⑤"表明他们在全部生活中与水有重要关系"⑥。

石钟健先生对四川巴人船棺葬起因、意义和背景的解释如下：

> 巴人是一个长于驾舟，航行江河的民族，所以在她们的生活中，舟船是离不开的。……到了战国晚期，千里归宗，回归故乡的思想发展了，表现在人死之后，把尸体设法送回故乡中去。纵然事实上已不可能，但也想法把人的灵魂送回想像中的老家。⑦

至于巴人的老家，还要继续考定。

> 但是巴人用船作为葬具，很可能不是巴人自己创始的，是从她

---

① 参见《四川巴县冬笋坝战国和汉墓清理简报》，《考古通讯》1958年第1期。
② 《四川船棺葬发掘报告》，文物出版社1960年版，第88页。
③ 参见冯汉骥《四川古代的船棺葬》，《考古学报》1958年第2期。
④ 石钟健：《悬棺葬研究》，初稿载四川省民族研究所等编《民族论丛》1981年第1辑（悬棺葬研究专集），第29页。
⑤ 参见四川省博物馆《四川古代墓葬清理简况》，《考古》1959年第8期。
⑥ [苏] P. 伊茨：《东亚南部民族史》，冯思刚译，四川民族出版社1981年版，第197页。
⑦ 石钟健：《悬棺葬研究》，《民族论丛》1981年第1辑，第65页。

的南邻百越诸部僰濮和夔越人,即越、濮人那里学来的。①

但是巴人又学习并保留了中原的土葬法,所以在一个时期里就把船棺埋在地下。

用舟船做葬具一方面是对自我生产和生活工具技术的纪念,另一方面也含着由这种最亲密最常用的交通工具把死者运送到"彼岸世界"或"极乐世界"的愿望。冥府黄泉,当然要魂舟摆渡泛行;云天似海,也必须灵船运载飞升。武夷山等地的架壑船棺绝不是无缘无故被称为"仙人葬"的。

《太平广记》卷十四引《十二真君传》记许逊曾命二龙驾舟自庐江口经庐江飞向钟陵:

> 于是腾舟离水,凌空入云。真君谈论端坐,顷刻之间,已抵庐山金阙洞之西北紫霄峰顶。真君意欲暂过洞中,龙行既低,其船拽拨林木,戛剌响骇,其声异常,舟师不免偷目潜窥。二龙知人见之,峰顶委舟而去。……由是舟师之船底,遗迹尚存。

这个显然与"架壑船棺葬"有关的传说暗示了以舟(尤其是饰龙之舟)为棺的目的之一是为了登遐,飞升,成仙,对于"龙舟"的功用、《帛画》和铜鼓图纹的含义、船形悬棺葬的民俗背景等的阐发都极有启发。

《荆州府志》也载有一则极其相似的传说,可资互相发明:

> [峡江支流]西(东?)·瀼溪两岸,壁立千仞,有敝船在石罅间,去水约半里许,望之舷艄皆可辨。昔人于江上斗龙船,忽飞起置今处,名龙船河云。②

---

① 石钟健:《悬棺葬研究》,载《民族论丛》1981年第1辑,第65页。
② 参见《荆州府志》,台北:成文出版社1970年版。

可见这种架壑船棺一定会制成龙形，而龙舟也确实与丧葬、升天有关。任何传说故事都不会没有背景。这个传说经民间流播变得"现实"一些了："在很早以前涨大水划龙舟于此，不知怎样船就停在陡壁石罅中，现在看见的船尾和梯片，就是当年涨大水插上去的。"① 据观察和采访，那里确实有船棺的遗迹。②

几乎所有有关船形悬棺葬（或称"架壑船棺葬"）的记载和传说都与"仙"有关（另详）。《说文解字》卷八人部："仙，人在山上，从人从山。"初民以山高而近天，便以为神或仙都住在山上。例如希腊的宙斯们都住在奥林普斯山，印度教和佛教大神都与须弥山有关，摩西也要在西奈山受十诫，我国的黄帝、西王母等都处于昆仑玉山。要成神升仙或追随仙圣就要登山，那是上天的终南捷径。《楚辞·离骚》"朝发轫于苍梧兮，夕余至于悬圃"云云，就是借助于"想象飞行"，寻访昆仑悬圃，以求升天，而被"帝阍"格阻于天门"阊阖"之外，象征着诗人追求"美政"的理想的渐次破灭。在《九章·涉江》里，诗人也想象他和重华游于瑶圃，"登昆仑兮食玉英"，以求得"与天地兮同寿，与日月兮齐光"。所以，登山是为了便于升天。正如《释名·释言语》所说："仙，迁也，迁入山也。故其制字，人旁作山也。"

以武夷山架壑船棺葬而言，则其不但与"仙迹""仙山"血肉相连，而且据《武夷山志》所说有个骨函乃鹤首（首或作骨）的暗示，可能也有以鹤导魂升天的民俗观念做背景。《山志·杂录》又说金鸡洞（藏有"仙艇"，即船棺），"传说是金鸡栖息的地方。其实很可能是锦鸡长期栖息的洞穴中，不断营巢积聚的结果"③；《志》云被人盗发之时，"满洞香灰，数人鼾睡其内，傍覆一铜磬，磬下一鸡奋起翼展，灰飞不能展视"，或是锦鸡飞出，或是对导魂用的鸡形明器的幻觉和附

---

① 参见陈丽琼《长江三峡悬棺葬调查记》，载1981年《民族论丛》第1辑，第128页。
② 参见陈丽琼《长江三峡悬棺葬调查记》，载1981年《民族论丛》第1辑，第128页。
③ 曾凡等：《关于武夷山船棺葬的调查和初步研究》，《文物》1980年第6期。

会。"仙"是特定的民俗学概念,我国的神仙思想溯源于神话,大约萌芽于春秋战国,兴盛于秦汉魏晋。但升仙不同于升天,"升天"的观念原始社会后期就已经存在,可以用来说明部分悬棺葬的宗教心理基础或民俗背景,更不用说楚汉《帛画》了。曾凡等先生的看法是可取的:"由于古代人们对山峰的崇拜,又认为'山'是'升天'的必由之路,因此,死后把尸骨葬在巍立云端的山峰上,也就是'升天'的意思。"①

在一些地方,舟任棺用来寄托生者和死者乘船回到故乡的愿望。南太平洋的萨摩亚人等"将他们的死者葬在近海的勲板上",或"埋葬他们的首领在一只船中";斐济人则认为"只能以一只舰板才能达到"他死后的"福地"②。石钟健先生曾参照这些民族志材料说:"用船作为葬具还同人们的社会历史以及宗教信仰有关系,只有善于水上生活的人们,才有条件以舟船作为葬具,因为这样不仅可以满足死者一如生前照样行船驾舟的愿望,而且还可满足死者在信仰上的需要,即相信这只船将把他的灵魂送归故乡。"③

"归返故乡"乃至"越海望乡"也许能够解释部分船棺葬或铜鼓船纹的含义或背景,④ 但是要用来解释楚《帛画》"魂舟"的去向就会遇到许多难题。

战国中后期,楚《帛画》和《楚辞》时代的楚人已有四海观念。《离骚》有"四荒""四极",还有"西海"。《九歌·云中君》也说:"览四海兮焉穷。"《楚辞·大招》称颂楚祖高阳氏颛项曰:

  名声若日,照四海只。
  德誉配天,万民理只。

---

① 曾凡等:《关于武夷山船棺葬的调查和初步研究》,《文物》1980年第6期。
② 参见[英]柯克士(Cox);《民俗学浅说》,郑振铎译,商务印书馆1933年版,第183页。
③ 石钟健:《悬棺葬研究》,载《民族论丛》1981年第1辑,第36页。
④ 石钟健:《铜鼓船纹中有没有过海船》,载《古代铜鼓学术讨论会论文集》,文物出版社1982年版,第175—176页。

北至幽陵，南交耻只。
西薄羊肠，东穷海只。

"东有大海"，当然指东海（有时涉及今黄海、渤海）。北海，一般认为指贝加尔湖。南，既然文化远被交阯，南海当然指南中国海。西海较复杂，或说指青海湖，但更可能是罗布泊，甚至巴尔喀什湖。

《龙凤人物帛画》上的舟船画得不大清楚，《人物夔龙舟帛画》的船却分明在有"神仙鱼"的水里。虽说魂灵要登的可能是"云海"，是天堂，但"升天"的观念也可能复叠着"越海"的想望，至少楚人是把海外当作一个神秘或快乐的去处的，尽管他们的故乡不大可能在海外（所以仅用"渡海船""望乡船"说无法解通《帛画》或铜鼓船纹及船棺之谜）。《长沙楚墓帛画说明》是用登天必须过海来解决这个矛盾的：

帛画中龙不作腾云驾雾、高扬在天之状；而画作舟形，似是在冲风扬波，这应与古代人想像的神仙世界有一定的关系。古代传说中的神山多在海中，因此求仙登天必须经过沧海。何以为渡？一般的船不能胜此重任，只得以龙为舟。这很容易使人联想到南方吴楚一带流行了数千年的端午龙舟竞渡的习俗。①

渡海远航，渡向何方呢？问题相当复杂。战国秦汉南方的地图很可能跟现代相反，上南下北，左西右东。所以《楚辞·九章·哀郢》沿江东下之时，却说："将运舟而下浮兮，上洞庭而下江。"把长江和洞庭湖"倒"过来了（不知道这是不是以南方为本位、为上方的缘故）。《离骚》"神游"飞向西极之时必须"路不周以左转"，即经不周而向左，才能"指西海以为期"。长沙马王堆三号汉墓出土的《古地图》正是上南下北，左西右东。所以很有必要首先考察一下，"鬼魂东行"的目的地可能在哪里，意义又是什么。

---

① 参见《长沙楚墓帛画》，文物出版社1973年版。

有的学者如胡厚宣先生等认为楚民族来自东方。[①] 很多学者（如岑仲勉、顾颉刚、姜亮夫、徐嘉瑞等先生）不同意这个意见，而认为楚文化跟西北方的羌戎文化关系较大。[②]

但是《楚辞》里没有明确描写西北方夏人和狄人集群所盛传的西王母、黄帝故事和炎黄之争、蚩黄之战，似乎跟西北方的文化联系比较疏远（只是接受了昆仑神话，详后）。楚文化里的东方色彩却是非常浓重，颛顼、祝融、帝舜（帝俊、帝喾、高祖夔）都是东方（或东夷、东北夷）的大祖先神，却被楚人视为先祖和地方神（如湘君）；《九歌》里二湘无待言矣，东皇太一的原型是老太阳神，东君是小日神，大少司命是颛顼之佐玄冥和句芒，河伯原来是九河之神，近于殷墟卜辞里的高祖河，只有山鬼（巫山神女前身）是西南方的神，云中君轩辕星神跟西北的黄帝有关系而已。[③]《战国策·楚策》中楚威王曰："楚国僻陋，托东海之上。"这是自承蛮夷而纳于偏东的淮夷之列的。至少楚人和楚文化的一部分是来源于东方文化系统的。[④]

楚人是可能暗怀着对东方的忆念和向往的。东方近海。发祥于渤海湾两岸的殷人非常关心并曾经营海域。《诗·商颂·长发》："相土烈烈，海外有截。"《鲁颂·閟宫》："奄有龟蒙，遂荒大东；至于海邦，淮夷来同。"而楚人曾是商人所征服的侯国，卜辞"楚侯""楚子来告"等可证。《商颂·殷武》："挞彼殷武，奋伐荆楚，深入其阻，裒荆之旅。有截其所，汤孙之绪。维女荆楚，居国南乡。昔有成汤，自彼氐

---

① 参见胡厚宣《楚民族源于东方考》，载北京大学潜社《史学论丛》第 1 册，1934 年；又见郭沫若《殷周青铜器铭文研究》，科学出版社 1963 年版；郭沫若《殷契粹编·序》，科学出版社 1965 年版；郭沫若《历史人物·屈原研究》，人民文学出版社 1979 年版。

② 参见岑仲勉《两周文史论丛·楚民族源东方辨》，商务印书馆 1958 年版；顾颉刚《史林杂识》，中华书局 1978 年版；姜亮夫《屈原赋校注》，人民文学出版社 1957 年版；《三楚所传古史与齐鲁三晋异同辨》，《历史学》1979 年第 4 期；徐嘉瑞《大理古代文化史稿》，中华书局 1978 年版。

③ 参见拙作《九歌新解》《九歌十论》诸篇，散见于国内各学术杂志；《论九歌诸神的原型和二重性》，《安徽大学学报》1979 年第 3 期。

④ 参见拙作《颛顼考——兼论楚辞文化里的东方因子》，载《活页文史丛刊》1982 年第 173 号。

羌，莫敢不来享，莫敢不来王，曰商是常。"商楚之间的冲突、交往、混血相当频繁。"奋伐荆楚，深入其阻"的某支殷人留居楚地与楚人通婚混血，交流文化，甚至逐渐融化入楚的土著也并非不可能。所以楚人才如此热烈真诚地"移植"、膜拜、纪念东方的自然神兼祖先神，而东方的图腾神鸟（如凤凰、鹤鹭等）也得以与南方土著的龙图腾并列，一起成为楚的神祇和导魂向天的灵物。

苍茫幽溟、广袤无边的大海容易引起壮丽的幻想和征服的愿望。海上的岛屿、风涛、物候，尤其是海市蜃楼，是培育神话和浪漫文学的温床。"忽闻海上有仙山，山在虚无飘渺间。"有关东海及其神山的神话兴起于战国，极盛于秦汉。《孟子·梁惠王篇》：

> 昔者齐景公问于晏子曰："吾欲观于转附、朝儛，遵海而南，放于琅邪，吾何修，而可以比于先王观也？"①

其中就已经包含着远航、游览、征服海洋的愿望。《庄子·秋水篇》"河伯顺流而东行，至于北海，望洋向若而叹"云云就表达了江河流域人民对海洋的赞叹和向往。《九歌·河伯》"波滔滔兮来迎"等写的就是"黄河之水天上来，奔流到海不复回"，百川汇向大海的奇观。燕齐方士的妙想神思、纵横驰骋、渲染揄扬是以海洋为背景的，所以《山经》之外还有《海经》之作。而《庄子·逍遥游》所据的志怪《齐谐》必有大宗的海上神话。《列子·汤问篇》：

> 渤海之东，不知几亿万里，有大壑焉。实维无底之谷，其下无底，名曰归墟。八弦九号之水，天汉之流，莫不注之，而无增无减焉。其中有五山焉：一曰岱舆，二曰员峤，三曰方壶，四曰瀛洲，五曰蓬莱。其山高下周旋三万里，其顶平处九千里。山之间相去七万里，以为邻居焉。其上台观皆金玉，其上禽兽皆纯缟，珠玕之树

---

① 《孟子·梁惠王章句下》，《孟子注疏》卷二上，中华书局1980年版，第2675页。

皆丛生，华实皆有滋味，食之皆不老不死。所居之人皆仙圣之种，一日一夕飞相往来者，不可数焉。而五山之根无所连箸，常随潮波上下往还，不得暂峙焉。诉之于帝。帝恐流于西（四？）极，失群仙圣之居，乃命禺彊使巨鳌十五举首而戴之。迭为三番，六万岁一交焉。五山始峙而不动。①

这是多么令人神往、令人陶醉、令人产生幻觉和玄想的神秘而又美妙的地方。它的诞生决不会晚于战国。《楚辞·天问》"东流不溢，孰知其故"，问的就是这个海东大壑。"昆仑县圃，其尻（凥）安在？"这里也就是昆仑的尾闾，百川所汇的"沃燋"，天地的尽头，神圣的极境。②"鳌戴山抃，何以安之？"巨鳌所戴的就是那些仙山。马王堆汉墓《帛画》下段海神禺彊所托、巨鳌所曳、象征大地的板块其实也就是那种仙山；那上面的酒宴已经备就，专等墓主人那东飘西转的游魂来享用了。③ 金雀山汉墓《帛画》上段更直接出现了三仙山的形相。④ 东海及其仙山是如此玄妙、神秘、幻美，游魂怎能不想如河伯冯夷那样"乘水车兮荷盖，驾两龙兮骖螭"，跨海东行，以待"波滔滔兮来迎，鱼邻邻兮媵予"呢？

《史记·封禅书》更说：

自［齐］威、宣、燕昭使人入海求蓬莱、方丈、瀛州。此三神山者其传在渤海中，去人不远；患且至，则船风引而去。盖尝有至者，诸仙人及不死之药皆在焉。其物禽兽尽白，而黄金银为宫阙。未至，望之如云；及到，三神山反居水下。临之，风辄引去，

---

① 杨伯峻：《列子集释》，中华书局 1979 年版，第 151—153 页。
② 参见拙作《天问里的宇宙模式》，载《中国哲学史文集》，吉林人民出版社 1980 版。
③ 参见拙作《马王堆帛画与楚辞·鹘立鳌背与禺彊托地》，《考古》1979 年第 2 期。
④ 参见《山东临沂金雀山九号汉墓发掘简报》；刘蒙骥、刘炳森《金雀山西汉帛画临摹后感》，《文物》1977 年第 11 期。

终莫能至云。世主莫不甘心焉。①

这分明是海市蜃楼的神话映象，证明战国中后期已有仙山迷信，燕齐方士可能进行过海外探险。而齐楚关系密切，屈原就曾使齐，燕齐方士和稷下学士的早期仙话可能早已入楚。《天问》就是明证。《史记·秦始皇本纪》："[二十八年]齐人徐市等上书，言海中有三神山，名曰蓬莱、方丈、瀛洲，仙人居之。请得斋戒，与童男女求之。"② 不过其西传之一端耳。所以两幅楚《帛画》中人、舟如确是东向的话，那就极可能是想去找这海上仙山。但是游魂在古人想象里总是东奔西闯，要为它多准备一些道路或结局才好。《离骚》神游要"观乎四荒"，相于四极。《二招》是上下东南西北都不让游魂乱跑，目的在于要它老老实实地回家，由此也可见游魂总是要四面八方地乱闯的。《远游》的"仙游"就是先东过句芒，而西遇蓐收，又南指祝融，再北历玄冥。此即所谓"经营四荒兮，周流六漠；上至列缺兮，降望大壑"。所以把东西两方的"仙境福地"都讨论一下不会过分多余。况且两幅楚《帛画》也有可能不照马王堆《古地图》的画法，而如常见的那样是面西而背东。正如东方及东海之外是令人向往、召人征服的远方而不必是故乡一样，西方也不一定非是楚人的旧国不可。楚文化的西羌、北夏起源说也不能解决"西极"是否是楚人旧土的问题。这里只要举出《离骚》第三次"指西海以为期"的神魂飞行就可以明白为什么它不是楚人故土而楚人却想要"西游"的原因了。

> 道吾道夫昆仑兮，路修远以周流。……
> 朝发轫于天津兮，夕余至乎西极。
> 凤皇翼其承旂兮，高翱翔之翼翼。
> 忽吾行此流沙兮，遭赤水而容与。

---

① （汉）司马迁：《史记·封禅书》第4册，中华书局1983年版，第1369—1370页。
② （汉）司马迁：《史记·秦始皇本纪》第1册，中华书局1983年版，第247页。

麾蛟龙以梁津兮，诏西皇使涉予。
路修远以多艰兮，腾众车使径待。
路不周以左转兮，指西海以为期。

其结束却是因为"忽临睨夫旧乡"而"蜷局顾而不行"的。所以"西海"虽欲达却不是楚人的旧乡。

这次飞行是从昆仑、天津出发的。昆仑本来是西北夏人集群某一氏族的发祥地，它的形象基础是我国西北的某一高山，最可能的原型是所谓"酒泉南山"的祁连。① "祁连"与"昆仑"有对音关系，又都有"天山"之称，是初民的"袖珍宇宙"和天地的象征。祁连、昆仑合音为"环"（圜），意即环形山，象征着"盖天说"的"圆天"。② 祁连或昆仑山上有天池景观，即所谓"悬圃""玄薮""灵琐"，清凉无风，草木茂盛，鸟兽蕃庶，冷暖适中，"小气候"比起干旱严酷的大西北是优越多了，所以逐渐成为先秦神话传说里的神山、仙居和极乐世界。昆仑（祁连）传说黄帝、西王母故事更多更早地渗入三楚，但是屈原对它的地望、范围、景观还不十分清楚，所以《天问》里有"昆仑悬圃，其尻（凥）安在"，"黑水玄趾，三危安在"之问，可见楚族并不起源于甘青高原。然而昆仑作为"天"的象征，作为"登天"或"升天"的必经之路，在战国中期业已深入荆楚，为楚人所了解了。根据徐中舒、顾颉刚等先生的研究，"是由于这时的楚国疆域，已发展到古代盛产黄金的四川丽水地区，和羌、戎的接触也很频繁……昆仑的神话也随着黄金的不断运往郢都而在楚国广泛传播"③。

所以鬼魂如果要西行的话，那就是希望进入昆仑区，从而升

---

① 参见闻一多《神话与诗·神仙考》，古籍出版社1954年版，第174页；又见拙作《昆仑祁连说补证》，《西北史地》1985年第2期。

② 参见拙作《屈赋英华·屈原诗歌里昆仑形象的分析》，载《文艺论丛》第9辑，上海文艺出版社1980年版。

③ 参见徐中舒《试论岷山庄王与滇王庄蹻的关系》，《思想战线》1977年第4期；顾颉刚《庄子和楚辞中昆仑和蓬莱两个神话系统的融合》，载《中华文史论丛》1979年第2辑，第32页。

天。《离骚》王逸注说："昆仑……元气所出也。其颠曰县圃，乃上通于天也。"《淮南子·地形训》也说，昆仑之上邱"是谓悬圃，或上倍之，乃维上天"。《穆天子传》也说悬圃"清水出泉，温和无风，飞鸟百兽之所饮食"，俨若人间天堂。所以屈原在《九章·涉江》里说：

> 驾青虬兮骖白螭，吾与重华游兮瑶之圃，
> 登昆仑兮食玉英，
> 与天地兮同寿，与日月兮齐光！

原来登上昆仑瑶圃，吃了玉石精华之后，就可以"与天地兮同寿，与日月兮齐光"。那游魂为什么不能也驾夔龙兮从玄鹤，西上昆仑一试玉英呢？

《山海经·海内西经》（又参见《西山经》）里的昆仑已经初具这种极乐仙境的规模了：

> 海内昆仑之虚，在西北，帝之下都。昆仑之虚，方八百里，高万仞。上有木禾，长五寻，大五围。面有九井，以玉为槛。面有九门，门有开明兽守之，百神之所在。在八隅之岩，赤水之际，非仁羿莫能上岗之岩。……开明北有视肉、珠树、文玉树、玗琪树、不死树。①

看来，鬼魂西行最可能是寻找这个上有仙圣的昆仑。

但是昆仑没有海，西上昆仑也不一定非经过白水、赤水之类不可（《离骚》等可证），那么为什么要动用夔龙舟呢？这就要考虑前引《离骚》的"指西海以为期"了。西海本来是"大昆仑"的内涵，逐渐又变成它的外延。西海是西甚国，西皇是西王母的前身或别称，为西方落

---

① 袁珂：《山河经校注》，上海古籍出版社1982年版，第294，299页。

月之神、暮日之神。① 西海的原型或说青海湖，或说巴里坤湖（汉称"蒲类海"）、罗布泊或博斯腾湖，甚至有说是巴尔喀什湖或咸海的。② 那一带本来是我国西北方羌狄集团的发祥地或文化区，又是传说里的西王母之国或仙境。③ 所以战国秦汉时人也像喜好东海仙山一样心向往之（但是不能说那里是楚人的旧乡）。屈原《离骚》的第三次飞行目的地在此，楚《帛画》向西舟行的极境也可能在此。

这个西皇之国或西王母之山，据《山海经·大荒西经》的描绘，已经具有极乐世界的雏形：

> 西有王母之山、壑山、海山。有沃之国，沃民是处；沃之野，凤鸟之卵是食，甘露是饮。凡其所欲，其味尽存。爰有甘华、甘柤、白柳、视肉、三骓、璇瑰、瑶碧、白木、琅玕、白丹、青丹。多银、铁。鸾鸟自歌，凤鸟自舞。爰有百兽，相群是处，是谓沃之野。有三青鸟，赤首、黑目，一名曰大鵹、一名少鵹，一名曰青鸟。④

用不着再引汉魏那些更加仙气氤氲的记载了。但是要到这西方乐园去可不大容易。《史记·大宛列传》："安息长老传闻条枝有弱水西王母，而未尝见。"索隐引《括地图》说：

> 昆仑弱水，非乘龙不至。有三足神鸟，为王母取食也。

原来到昆仑弱水访问茜王每之国非乘龙不可。所以屈原要"行流

---

① 参见拙作《西皇·西海·西极——〈楚辞·离骚〉新解》，《甘肃师范大学学报》1981年第1期。
② 参见拙作《西皇·西海·西极——〈楚辞·离骚〉新解》，《甘肃师范大学学报》1981年第1期。
③ 参见拙作《西王母以猿猴为图腾考》，载《活页文史丛刊》1981年第125号。
④ 袁珂：《山海经校注》，上海古籍出版社1982年版，第397、399页。

沙""遵赤水""指西海"之时也要——

麾蛟龙以梁津兮，诏西皇使涉予。

甚至连"东王公"去访问西王母的时候也要骑一条龙，[1] 这在西汉卜千秋墓壁画"东王公会西王母图"里表现得很清楚。[2] 如果按照孙作云先生的"升仙图"说，是墓主人乘蛇登天飞向西王母之邦，[3] 则更证明了灵魂西行非以龙蛇为乘不能至。然则楚《帛画》一为男墓主乘夔龙舟而导以文鱼、从有玄鹤，一则为女墓主乘仙舟而有龙凤导引，面向又相同，就可能得到一种合乎神话逻辑的解释了。

原载于《湖南考古辑刊》第 2 辑，1983 年

---

[1] 参见《关于西汉卜千秋墓壁画一些问题》引用拙说，《文物》1979 年第 11 期。
[2] 参见《洛阳西汉卜千秋壁画墓发掘简报》，《文物》1977 年第 6 期。
[3] 参见孙作云《洛阳西汉卜千秋墓壁画考释》，《文物》1977 年第 6 期。

伊甸园生命树、印度如意树与"琉璃"原型通考

——苏美尔青金石神话的文明起源意义[*]

叶舒宪

一 玉石神话与文明起源期的财富观

  财富,是当代全球社会的重要主题词。自有文明以来,正是在追逐财富的痴迷欲望和狂热努力之下,人类社会走过财富不断积累和欲望不断膨胀的五千年历程,发展出文明人赖以炫耀的一切物质成就,同时也使得地球人口大爆炸,在五十个世纪内从数千万变成六十五亿。和大自然所能提供的有限生存空间和有限资源相比,如今的世界已经变为一个拥挤不堪的"地球村"。人类个体的数量增长和个体欲望的不断膨胀,充分暴露出其贪得无厌和永无止境的性质,极大地威胁着地球村全体村民的可持续生存。19—20世纪以来的几代思想家对资本主义罪恶的批判尚未终止,目前正在升格为对文明本身的反思和批判。在这样的学术环境之下,人类的财富观念之起源,成为和文明起源同样重要的理论子课题。本文从早期文明的神话文学之文本分析入手,揭示玉石神话信仰

---

[*] 本文为中国社会科学院重大课题A类(2009—2011)"中华文明探源的神话学研究(YZDA)成果";国家社科基金重大招标项目(2010)"中国文学人类学理论与方法研究"(10&ZD100)成果。

在催生财富观念方面的奠基性作用，并由此探讨人类在财富意识萌生之下被动地落入文明化"不归路"的观念因素。

在《"玉器时代"的国际视野与文明起源——唯中国人爱玉说献疑》[①]一文中，笔者提示文明起源研究的一种比较神话学角度：从玉石神话与信仰出发，分析从史前到文明的转化期人类社会中财富观念的产生，并以神圣化的玉石为中介物和符号物，探寻早期文明的财富积累、财富集中现象背后的支配性宗教动因，强调指出与孕育文明国家的过程大致同步的从玉石到贵金属矿石的神话化发生程序。所谓"玉器时代"，如果指的是介于石器时代和青铜时代之间的崇拜某种玉石或宝石的历史过渡时期，那它就不仅构成中华文明发生期的独有特色，而且理应还原到世界各大文明古国发生期的全球背景下，给予整体性的通盘考虑。本文继续这样的整体研究思路，将玉石崇拜及其神话的由来放在欧亚大陆古文明发生的全局之中，着重分析与人类最古老的文明——苏美尔文明相伴生的玉石种类即青金石，揭示它所承载的神话观念如何传播并辗转影响到欧亚大陆其他文明古国，并举例说明希伯来文明、埃及文明、印度文明等分别接受苏美尔玉石神话观的情况。

本文关注的问题是：处在文明门槛之前的人类群体，如何从对各类宝石矿石的认识、崇拜和开发使用的过程中，催生出对金属矿石可熔铸性的认识，从而孕育出最早的人类财富观和经济价值观，并由此驱动史前先民逐步开启自石器时代向青铜时代过渡的大门。本文通过苏美尔文明的青金石神话案例，说明玉石崇拜及相关的神话观念，如何支配着早期文明人的信仰、思想和行为，驱动着跨国跨地区的远距离贸易和文化交流，从而对各大古文明的起源带来助推作用。参照贡德·弗兰克以"白银资本"为关键词的世界体系理论，可根据玉石神话出现的普遍性，归纳出文明起源期的世界体系论新关键词——玉石资本，进而找出人类在青铜、白银和黄金等贵金属资本化之前的文明化过程之潜在驱

[①] 叶舒宪：《"玉器时代"的国际视野与文明起源——唯中国人爱玉说献疑》，《民族艺术》2011年第2期。

动力。

二 青金石：伊甸园生命树原型考

世界上的每一种文明都是由漫长的石器时代孕育出来的。由于大多数古老文明的覆灭和消失，其传统完全地或部分地中断于后世。后人也就无法弄清其当初的玉石神话信仰是怎样催生出其财富观念的。世界上唯一未曾中断其传统的文明古国只有中国。所以唯有中国人有爱玉和崇玉的说法，也就成为人云亦云的常识，很少有好事者去考辨其是非曲直。着眼于全球文明史的大视野，应该说，人类在走出漫长的石器时代，迎接文明时代来临之际，大都经历过一个崇拜和酷爱某些美丽玉石的历史阶段。由这种玉石信仰直接催生出一批神话故事或神话情节，表现在各大文明古国的早期文学和宗教经典之中。犹太教《圣经旧约·创世记》描述耶和华创造的不死仙境伊甸园，就特意用宝玉石作为标记。《创世记》第2章9—12节云：

> 耶和华神在东方的伊甸立了一个园子，把所造的人安置在那里。耶和华神使各样的树从地里长出来，可以悦人的眼目，其上的果子好作食物。园子当中又有生命树和分别善恶的树。有河从伊甸流出来，滋润那园子，从那里分为四道。第一道名叫比逊，就是环绕哈腓拉全地的。在那里有金子，并且那地的金子是好的。在那里又有珍珠和红玛瑙。①

由于《创世记》叙事简略，标志伊甸园神性特点的圣物在此只列出两类：神树和宝物。后者分为三种，即伴随伊甸第一条河流比逊河而出现的哈腓拉地方：那里有黄金、珍珠和玛瑙。对照《旧约》英文版，黄金之后的宝物叫"aromatic resin"，或为"bdellium"；二者意为"芳

---

① 中国基督教协会印行：《新旧约全书》，1982年版，第2页。

香的树脂"，中文译为"珍珠"，显然有误。第二、三、四条河流带出的宝石是哪些，经文虽没有讲述，却在《旧约》其他篇章中有详细的补述。《创世记》在描述伊甸园神话景观之后，叙述的是关于禁果的母题：耶和华吩咐亚当不可以吃分别善恶树的果子，否则会有死亡随之而来。伊甸园神话中的两棵特殊之树——生命树和智慧树，究竟是怎样的关系呢？它们和点缀伊甸园圣地的宝石之间，有没有特殊的关联呢？仅从经文本身，难以找到解答的线索。运用原型批评和比较神话学方法，或借助于人类学的物质文化分析，都有可能带来重新认识的契机。

《旧约·以西结书》第28章第13节云：

> 你曾在伊甸上帝的园中，佩戴各样宝石，就是红宝石、红璧玺、金钢石、水苍玉、红玛瑙、碧玉、蓝宝石、绿宝石、红玉，和黄金。又有精美的鼓笛在你那里，都是在你受造之日预备齐全的。①

从引文看，在《旧约》透露的希伯来人的宝玉石观念中，有两点值得关注：其一是将各种宝玉石、美石和黄金并列一起的做法。这似乎表明后代人分类为金属一类的黄金，在初始时期（史前期）也曾被归入美石一类。古人对金矿石的特殊认识，当然离不开对各种美丽石头的认识基础。广义的玉石神话可包括黄金神话在内。其二，如果算上金矿石在内，《以西结书》所述伊甸园拥有的宝石种类多达十种，是《创世记》所言三种的三倍多。希伯来人之所以要列举出如此多的珍贵玉石名目，当然不只是为炫富，而是为了表明属于神的空间伊甸园与属于人的凡俗世界之间的差异。表明具体方位的一句"你曾在伊甸上帝的园中"，将这一层意思说得十分明确。简言之，《旧约》所体现的希伯来宝玉石观念与一般的玉石神话观相吻合：玉石是神圣和永生不死的象征。就此而言，十种宝玉石对应着伊甸园中央的生命树。其三，伊甸园

---

① 中国基督教协会印行：《新旧约全书》，1982年版，第945页。

中十种宝石的宗教象征价值具有一定的跨文化普遍性，不只是希伯来人独有的价值观。

如金和金刚石两种矿石，就都是佛教中用来比喻佛之身体的圣物——"金身""金刚身"或"金刚体"。① 佛教神话还凭借金刚石的永生不灭价值联想，命名一种能够生长出"金刚子"的植物，称为"金刚树"。印度神话及佛教信仰中还有"如意宝"和"如意树"意象（图1），二者均属于神界圣物。"在本质上，如意宝是佛陀及其教法的表现形式。前缀 Chintamani 用于观音和度母这样的菩萨身上。"② 如意树是搅拌宇宙大海时露出水面的神树，它开在因陀罗五大天堂花园最中央的须弥山山顶上。这一特殊位置表明印度想象中的如意树和希伯来想象中的伊甸园中央生命树恰好形成神话母题的对应。从图像表现的如意树造型可知，其构成成分又和伊甸园的十种宝玉形成基本的对应。"该树被画成长有黄金根、白银树干、杂青金石枝条、珊瑚叶、珍珠花、宝石花蕾和钻石果的样子。"③ 印度神话还有九珠宝为九曜的传说，包括红宝石和蓝宝石等各种美玉在内，和伊甸园十种宝玉石大体相当。众多的佛教神灵都手持珠宝。其中最有名的故事是摩尼宝珠。敦煌莫高窟154窟唐代壁画中有表现善友太子入龙宫取摩尼宝珠，供奉于柱台之上加以拜祈，使得摩尼宝珠"雨宝"，普施众生的故事。画面描绘的摩尼珠为深青色（图2）。④ 这和佛教艺术表现佛陀发色所用青色颜料一致。佛祖形象以金身和青发的色彩组合而流行于世，这其间的色彩符号奥秘，对应的是各大文明中金玉组合之普遍原理，留待下文再加阐释。

---

① 《法华经·安乐品》："诸佛身金色，百福相庄严。"《涅盘经·三金刚身品》："如来身者，是常住身，不可坏身，金刚之身。"《维摩经·方便品》："如来身者金刚之体，诸恶已断，众喜普会。"注云："如来身无可损，若金刚也。"
② [英]罗伯特·比尔：《藏传佛教象征符号与器物图解》，向红笳译，中国藏学出版社2007年版，第200页。
③ [英]罗伯特·比尔：《藏传佛教象征符号与器物图解》，向红笳译，中国藏学出版社2007年版，第201页。
④ 敦煌研究院主编：《敦煌石窟全集》9"报恩经画卷"，上海人民出版社2001年版，第131页。

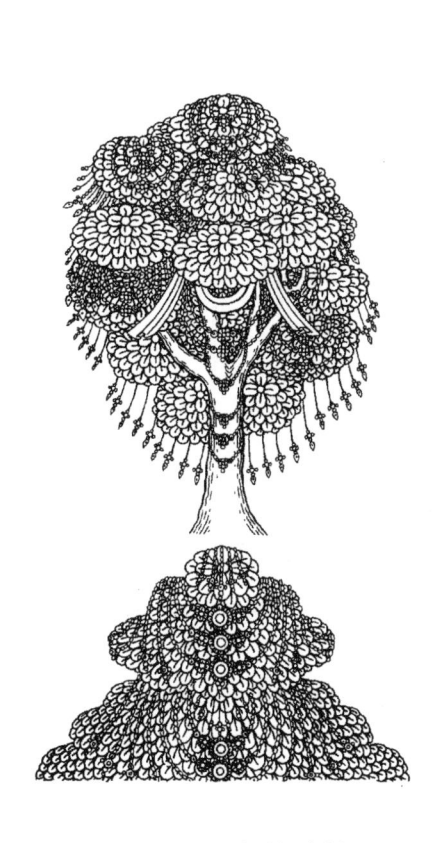

图1　印度神话如意树　　　图2　敦煌莫高窟154窟唐代壁画，内容为善友太子入龙宫取摩尼宝后供奉于柱台

伊甸园珍宝中位列第八位的"绿宝石"，英文为turquoise，确切的汉译名应为"绿松石"，这是中国、南亚、西亚、北非和欧洲等地史前文化中就普遍推崇的玉石种类。五六千年前的辽宁红山文化出土玉器中就有精美的绿松石鸮。① 可见这种美石被神圣化和神话化的历史甚至要

---

① 郭大顺、张克举：《辽宁省喀左县东山嘴红山文化建筑群址发掘简报》，《文物》1984年第11期。

大大早于文明史。永生不死,是包括绿松石在内的各种宝玉石被先民赋予的最重要的价值观念。古埃及女神伊西斯被称作"绿松石女神"①(图3);而在藏传佛教法器上镶嵌绿松石的工艺传统同样暗示着此种玉石用来划分圣俗界限的符号意蕴。

图3 古埃及伊西斯女神金像,身体为绿松石,羽翼和头发为青金石

弗雷泽《旧约民俗》对伊甸园中央两棵树做出比较神话学分析,参照原始民族死亡起源神话。他还据此推测原本《创世记》素材及其被改编的情况:

> 作为至高无上的慈悲,神为我们最初的父母准备好了伟大的礼物——永生。但是神决定让人成为他们自己命运的仲裁人,留给他们选择接受或者拒绝神赐恩惠的余地。为了这个目的,他在园地中央种植了两棵奇妙的树,而所结的果实却截然不同。其中一棵树的果子使吃的人死亡;另一棵树的果子给吃的人以永久的生命。做完这些,神派出蛇作为使者去男人和女人那里,传达他的意思:"不要吃死亡树的果子,因为你吃它的日子你就要死去;要吃生命树的

---

① Harold Bayley, *The Lost Language of Symbolism*, New York: A Citadel Press Book, 1990, p. 171.

果子，永生不死。"可是那条蛇却比大地上的任何动物都更加精明。它在路上想到要改变所传达的信息，于是，当它来到地上乐园发现只有那女人独自在那里时，就对她说："神说了，不要吃生命树的果子，因为你吃它的日子必定要死亡；要吃死亡树上的果子，则永生不死。"那愚蠢的女人相信了蛇的话，吃了那致命的果子，还把它给了丈夫，丈夫也吃了。而狡猾的蛇却自己吃了生命树的果子。这就是为什么从那时起，人是必死的而蛇是不死的原因，蛇每年一度蜕皮从而恢复青春。①

要证明伊甸园中的宝玉石在象征意义上和生命树一样，具有永生不死的寓意，最好的方式莫过于探索希伯来文学的天国乐园想象之发生原型。笔者曾对比分析巴比伦史诗《吉尔伽美什》和中国羿神话，指出两位神话英雄寻求不死草的情节具有一致性，并尝试解读《天问》所述昆仑仙界"石林"意象的奥秘。在列举古今解说石林神话的十几种观点后，笔者提示比较视野的意义：巴比伦史诗叙述主人公走完黑暗通道之后又重新见到了光明的人间仙境：他面前看到了石的树木，他就健步向前。

　　红宝石是结成的熟果，累累的葡萄，惹人喜爱，
　　翠宝石是镶上的青叶，
　　那儿也结着果，望去令人心胸舒展。

西方学者在这里找到伊甸乐园的原型，我们不是也看到了昆仑悬圃的真实写照吗？以宝石为果、以翠玉为叶的石树林乃是冬暖夏凉、四季常青的不死仙境的象征，而《山海经》《淮南子》在描述昆仑仙境时所罗列的"珠树、文玉树、琪树、不死树"，和"珠树、玉树、璇树"

---

① Frazer, James G., *Folklore in the Old Testament*, London: The Macmillan Company, 1923, pp. 19-20.

等，从名字上就知道它们属于同类的玉石树林。而玉之所以在古人心目中享有崇高地位，正因为它自石器时代起就已成为永恒生命的象征。古人在埋葬死者时往往在口中含放玉珠之类的玉器，正是希望生命能够永续。由此可见，"石林"实质上是"玉林"。同不死药一样，是现实中并不存在的永生想象之圣物。① 如今还可进一步分析的细节是《吉尔伽美什》所描绘的生命树的构成材料。由于史诗中文译本依据的是早年的日译本，其内容缺失较多，一些重要词语的译名也多有商讨的必要。核对该史诗英文译本（伦敦大学的苏美尔学家经过多年研究和校勘后的新版本），乐园中讲到的生命树是两棵而非一棵。第九块泥板讲述主人公穿越马什山和黑暗通道后，来到一处神话乐园，具体描绘出两种玉石树木，不仅果实累累，而且熠熠生辉：

> A carnelian tree was in fruit,
> hung with bunches of grapes, lovely to look on.
> A lapis lazuli tree bore foliage,
> in full fruit and gorgeous to gaze on. ②

两棵树中，前一棵树的质料是 carnelian，指"红玉髓"，译为红宝石也基本可行，而汉学家谢弗认为英文 carnelia 在现代汉语中通常译作玛瑙。③ 后一棵树的质料是 lapis lazuli，其汉语标准学名是"青金石"，也常译为"天青石"。④ 史诗中译本译为"翠宝石"，就已失真了。对于

---

① 拙著《英雄与太阳》，上海社会科学院出版社 1991 年版，第 132—133 页。引文有压缩。
② George, Andrew translated, *The Epic of Gilgamesh*, London: Penguin Books, 1999, p. 75.
③ ［美］谢弗：《唐代的外来文明》，吴玉贵译，中国社会科学出版社 1995 年版，第 496 页。
④ 从矿物学角度看，青金石（lazurite 或 lapis lazuli）和天青石（celestite）是不同的。但二者在现代汉语中已经被混为一谈，一般作为外来宝石而言的天青石，大都是指青金石而言的。二者颜色相似，明显区别是青金石在深青底色中点缀着金色斑点。据［美］乔纳森·马克·基诺耶《走近古印度城》（张春旭译，浙江人民出版社 2000 年版，第 160—161 页）一书，青金石的主产地是中亚的阿富汗北部的巴达克山（又译"巴达赫珊"等）及其南部的俾路支斯坦的查加伊山。

一般的文学欣赏而言，这样的翻译无伤大雅。然而对于研究者而言，这样的错译会造成莫须有的误导，有必要在此深究。首先需要指出，《吉尔伽美什》描述的玉石树木和《旧约》伊甸园生命树一样，是出于特定的玉石信仰，因而具有比较神话学上的原型意义，不宜简单地视为随意想象的产物。因为同一部史诗中多处叙述青金石的细节，潜含着十分重要的历史信息。试列举其中五例解析如下。

例一，史诗第六块泥板第160行，叙述主人公杀死天牛之后，

> 吉尔佳美什召集匠人们，
> 匠人们称赞那牛角的厚度，
> 每一只牛角都能装满三十米纳的青金石（Thirty minas lapis lazuli，中文本译为"碧玉"，有误）；
> 每一只牛角都能装满两米纳的黄金……①

天牛在苏美尔神话中本来叫作"天堂之牛"（the Bull of Heaven），显然是属于天神世界的，其唯一性决定了其牛角的珍惜性。牛角的巨大空间只用来填装两种圣物：青金石足以和黄金相提并论，同样表明其稀有和珍贵的性质。在残存的苏美尔文关于天牛的叙事中，主人公明确表示要用天牛的两只牛角制成角杯，装满圣油祭献给印南娜（Inanna）和埃阿纳（Eanna）二位神灵。②

例二，史诗第七块泥板第157行讲到太阳神对主人公的话：

> 他将给你黑曜石、青金石（中文本译为"蓝宝石"）和黄金！③

---

① *The Epic of Gilgamesh*, London：Penguin Books, 1999, p. 53.
② 《苏美尔的吉尔伽美什之诗歌》，参看 *The Epic of Gilgamesh* 一书第 5 部分，pp. 173 – 174.
③ *The Epic of Gilgamesh*, London：Penguin Books, 1999, p. 59.

考古证据表明，黑曜石、青金石和黄金都是人类在新石器时代相继发现和推崇的特殊矿石。黑、蓝（青）、黄是三者的本色。前者多用于制作高级工具；后二者则同时被神话化，分别演化为"疯狂的石头"，驱动着苏美尔国王恩美尔卡、中国皇帝周穆王、西班牙航海家哥伦布的一次次越境探宝远游。如今，三者中的黑曜石和青金石，大都伴随着文明古国的灭亡而辗转进入世界各大博物馆的展柜中（图4）；唯有黄金色的这一种矿石，居然成为五千年之后全球金融市场上最抢手的货币等价物，其价格每天伴随着六十亿人类的关注而不断波动。这究竟是一种石头的"疯狂"，还是自诩为理性动物的人类之"疯狂"？借用人类学家的一个比方：非洲狩猎的布须曼人面对地上的一块黄金，也许根本不屑于弯腰去捡！由苏美尔、巴比伦和埃及等人类最早的文明古国所建构出的黄金神话及黄金崇拜，如何像流行病一样传遍世界，其传染路线又是怎样的呢？值得探讨。马克思当年对拜金主义的批判，如果引入比较神话学的跨文明视角，对人类因为一种神话化的石头而"被疯狂"的历史及现状，会有认识上的拓展效果。中国大陆同胞到台湾宝岛旅游，可注意当地少数民族人记忆中如何描述红毛荷夷（荷兰殖民者）在岛上每条河道中疯狂淘金的景象。可知苏美尔和巴比伦的文明古国虽早已化为历史废墟，但哥伦布以来的西方殖民者却可以算是苏美尔文明的拜金神话的变本加厉的继承者。

例三，第八块泥板"恩启都的葬礼"，多次讲到吉尔伽美什为了让诸神允许冥府接受死去的恩启都，向他们献上玉石宝物和玉器。其中有雪花石膏、红宝石，而献神最多的圣物就是青金石，包括一把青金石椅子和一只青金石杖（第152行）。[①] 由此引出的问题是：人类文明初始期的两河流域城邦，为什么对一种玉石情有独钟？一般的文学分析对此类问题无太多兴趣，或许就不当作需要探讨的问题。可是重要的历史信息即潜藏于此（图5）。

---

① *The Epic of Gilgamesh*, London: Penguin Books, 1999, pp. 67-68. 中译本中缺少这部分内容。

伊甸园生命树、印度如意树与"琉璃"原型通考 | 517

图 4 埃及法老图坦卡蒙墓出土法老黄金像,眼珠为黑曜石

图 5 苏美尔神话动物狮头鹰,青金石与黄金材质

例四,第八块泥板末尾的第 216—218 行,讲到主人公在黎明之光里向他的守护神太阳神舍马什献祭的场景:

在红宝石的盘子(a dish of carnelian)里盛满了蜜,

在青金石的盘子（a dish of lapis lazuli）（中译本译为"蓝宝石的容器"）里盛满了奶油，

他将这些加以装饰，献给舍马什神。①

青金石再度和红玉髓并列，正如它和黄金相提并论一样。这两种玉石用作祭神之用的礼器，又一次透露其神圣性。中文译为"蓝宝石""碧玉"和"翠玉"，都不符合作品原意，还会混淆青金石与其他玉石的色彩差异。

例五，第十一块泥板第 165 行讲到女神 Beletili 降临：

她举起天神安努为求爱而给她制作的青金石项链，（发誓）说：
"哦，诸神们，让我这项链上的伟大珠子
使我记住这些日子，永不忘记！"②

神或人凭借某个圣物发誓，是神话和故事中的常见母题。女神指着项链上的宝石珠子发誓，可对应于拉丁语中的习语"朱庇特的宝石"，专指罗马神话中的天神朱庇特持手中宝石宣誓（Jovern lapiden jurare）的情节。

以上五例说明，青金石对于苏美尔和巴比伦的作者而言，绝非一般宝物，而是具有宗教内涵的神圣符号物。青金石常和红宝石、黄金等珍贵宝物并列（古埃及文明中有类似情况），但是它在作品中出现的频率却最高。其用途总是和天神或祭神行为相关。尤其是天神安努亲自用青金石制作礼物项链的细节，透露出这种美石对于两河流域古文明有着不同寻常的来历，否则女神不会指着青金石项链来发誓（图6）。

---

① *The Epic of Gilgamesh*, London：Penguin Books, 1999, p. 69.
② *The Epic of Gilgamesh*, London：Penguin Books, 1999, p. 94.

图6 埃及图坦卡蒙墓出土"荷鲁斯神之眼",黄金镶嵌青金石、绿松石等

三 印度神话的天堂宝树——如意树和摩尼珠

从比较神话学角度看,西亚上古史诗中的青金石树和红宝石树,属于神话想象母题——"天堂中的宝石树"(the jeweled tree of Paradise)。为此,在给弗雷泽《旧约民俗》一书做出丰富的补充性笺释的巨著《旧约中的神话、传说和风俗》中,作者贾斯特(Gaster, Theodor H.)共引证了五个出自 Stith Thompson 著作的不同文化实例,[①] 限于篇幅就不再列举。下面仅就与中国文学关系密切的印度史诗的例子,说明此神话母题中潜含的物质文化内涵。所引用版本为季羡林先生翻译本《罗摩衍那》,关键语词(用括号加原文者)参考英文本和梵文本,[②] 加以重新讨论。

《罗摩衍那》第四篇《猴国篇》第四十二章39节诗,讲到北俱卢

---

① Gaster, Theodor H., *Myth, Legend, and Custom in the Old Testament*, New York: Harper & Row, 1969, p. 335.

② 梵文本《罗摩衍那》,参考2003 Cosmic Software and Vedic Engineering 版。

洲的景象，出现所谓"金花玉叶"的神话植物：

> 再过去是一些荷塘，
> 真金荷花长满塘里；
> 还有成千条的河流，
> 里面的荷叶是绿色琉璃（vaidūrya）。(4.42.39)①

荷花的黄金花朵和"琉璃"枝叶，表明印度版的金玉组合神话想象如何同印度文明乃至华夏文明极度推崇的神圣莲花意象相结缘。汉译本"绿色"似非原文之意。"琉璃"（vaidūrya）一名的梵文意思首先是特指青金石。据莫涅尔·威廉斯编的《英梵大辞典》给出的青金石（lapis lazuli）之梵语译名，一共十个，排在第一位的词就是 vaidūrya。② 排在第二的词 vidūrajam，是 vaidūrya 的同义词。排在第三的词 nīlopala，意为"青玉"。这个词的变体 nīlotpala，意为"青莲"。从这些词素的语义系统看，青金石色为深青（或深蓝），毋庸置疑。故作品下文说"蓝荷花丛"，与青莲之色吻合。汉译"绿色琉璃"，似不准确。《罗摩衍那》第四十二章第 41 节至第 45 节诗云：

> 这地方到处遮满了
> 五彩缤纷（prabha，发光的）的蓝荷花（kāñcana）丛；
> 叶子是极珍贵的摩尼（mani），
> 花丝都是真金长成。(4.42.41)

> 那里有许多条小河，
> 小河的岸边高高，

---

① ［印］蚁垤：《罗摩衍那》（四）猴国篇，季羡林译，人民文学出版社 1982 年版，第 306 页。

② Williams, Monier, *A Dictionary English and Sanskrit*, Delhi: Motilal Banarsidass Publishers, 1976, p.437.

上面有滚圆的珍珠、
黄金和极珍贵的摩尼宝（mani）。（4.42.42）

长满了绝妙的大树，
五彩缤纷，众宝装成；
有一些树全是黄金，
可以同火焰比比光明。（4.42.43）

这些树永恒地开花结果，
各种的小鸟在树上面落，
能够满足人们的一切愿望。
天上的香味、汁水和触摸。（4.42.44）

有一些绝妙的宝树（nagottamāh），
绽出各式各样的衣服；
还绽出珍宝（muktā，珍珠）和吠琉璃（vaidūrya），
绽出各种首饰无数。（4.42.45）[1]

统计此处的各种宝玉石，约为四种：珍珠、黄金、摩尼、琉璃。除了前两种为白色和黄色，后两者的色泽为何呢？根据梵文中 vaidūrya（琉璃）一词与青金石的对应，其色泽已经表明在"青"之名称里了。后来作为人工制造的琉璃釉或玻璃的琉璃，则有多种颜色。至于摩尼宝的颜色，有前引唐代敦煌壁画所表现的深蓝色摩尼宝珠为证，也同于青金石色。这似乎印证了第 41 节诗讲到的"蓝荷花"，其"叶子是极珍贵的摩尼"。可谓"金华玉叶"。汉语成语"金碧辉煌"或"金璧辉煌"，皆表示中国版金玉组合的视觉效果。转到印度版的金玉组合语境

---

[1] ［印］蚁垤：《罗摩衍那》（四）猴国篇，季羡林译，人民文学出版社 1982 年版，第 306—307 页。

中，似应调整为"金青辉煌"或"金黛辉煌"才更妥当（图5），因为青金石的深青色特征，引出一个汉语别名叫"点黛"。唐代诗人钱起《赋得池上双丁香树》有句云："黛叶轻筠绿，金花笑菊秋。"其视觉上的对比效果与此类似。特殊色彩搭配所造成的神圣化联想，是寺院建筑和神佛造像的不成文创作规则。如高明《琵琶记·寺中遗像》所形容的那样："佛殿嵯峨耀金璧，回廊缭绕画丹青。"金色与深青色相互配合，成为宗教建筑和佛像的常见表现模式。

一旦琉璃和摩尼宝珠的材料与颜色得到确认，即深青或深蓝色，从文学文本到佛像、建筑、绘画作品等的图像叙事，可以起到相互参照和印证的作用。《贤愚经》卷九《善事太子入海品》①讲述的是入海求宝故事，虽然属于文学性极强的神幻叙事，却也非常精当地描绘出摩尼如意宝珠与琉璃（山）的相同颜色——"绀"即深青色。从西宝东传的过程看，在西亚和南亚分别拥有五千多年和四千多年历史的圣物青金石，进入中土以来仅有两千多年，与本土八千年玉文化史相比，可谓姗姗来迟的新宝玉。②它虽然没有像和田玉那样称霸华夏文明的玉石神话世界，但是其特有的类似蓝天和大海之色，以及蓝中点缀金色的稀有外观品相，却同样在汉语界留下高尚美妙的极佳声誉：一方面获得"金精""金膏"③等各种神话美名，被同化到本土已有的不死仙药联想中；

---

① 见《大正藏》，第4卷。
② 青金石传入中国的时代，一说战国，一说汉代。中国境内考古发现最早的青金石文物之一是徐州土山东汉墓出土鎏金神兽形铜砚盒，上面镶嵌红珊瑚、绿松石和青金石。参见南京博物院《徐州土山东汉墓清理简报》，《文博通讯》第15期，1977年；栾秉璈《古玉鉴别》，文物出版社2008年版，第65页。徐苹芳认为此文物是从海路进口中国的。可备一说。参见徐苹芳《考古学上所见中国境内的丝绸之路》，《燕京学报》第1期，北京大学出版社1989年版，第330页。
③ "金精"在汉代五行说中指西方之气。《后汉书·郎顗传》："凡金气为变，发在秋节……金精之变，责归上司。"《文选·祢衡〈鹦鹉赋〉》："体金精之妙质兮，合火德之明辉。"李善注："西方为金，毛有白者，故曰金精。"引申指西方之神及其领地内的秦国。汉班固《高祖泗水亭碑铭》："扬威斩蛇，金精摧伤。"《文选·陆机〈汉高祖功臣颂〉》："金精仍颏"句李善注引《汉书·郊祀志》："秦襄公自以居西，主少昊之神。"汉以后又指太白星和水晶，并和道教传说的不死仙药相认同。自唐玄奘《大唐西域记·屈浪拏国》记述该国山岩中"多出金精"，就和阿富汗特产青金石的现象吻合对应。《新唐书·西域传下·俱兰》："出金精，琢石取之。"文字来自《大唐西域记》，"俱兰"为"屈浪拏"的急读音转。谢弗《唐代的外来文明》认为天青石和金精为二物，值得商榷。笔者以为谢弗所说的天青石和金精皆为青金石。

另一方面又因为标志佛祖释迦牟尼发髻之色而获得"帝青色"的高贵名分，在中古以后的文学中流传渐广。晋人郭璞《江赋》将金精与玉英相提并论："金精玉英瑱其里，瑶珠怪石琈其表。"李善注引《穆天子传》"河伯曰：示汝黄金之膏"句郭璞注："金膏，其精汋也。"① 今核对《穆天子传》卷一郭璞注文，其词曰："金膏，亦犹玉膏，皆其精汋也。"② 郭璞的解说体现了用已知解释未知的注释策略。其特点是化陌生为熟悉，即用本土人熟知的玉膏神话来诠释外来的奇异宝物"金膏"。"其精汋"三字似乎点明了金膏与金精的同义词关系，以及二者同《山海经》昆仑神话中的玉膏之类似性质。郭璞说的"精汋"又是什么意思呢？《庄子·田子方》："夫水之于汋也，无为而才自然矣。"王先谦集解："汋乃水之自然涌出。"③ 准此，则"玉膏"为玉之精的自然涌出，"金膏"或"金精"则指黄金之精的自然涌出。这又可以作为青金石外观特色的写照：深青的底色中"涌出"金色斑点。

作为神话想象的仙药，外来的"金膏"或"金精"与本土的玉膏、水碧相提并论，成为文人写作的惯用对仗之例。《文选·江淹〈杂体诗·效王微"养疾"〉》："水碧验未黩，金膏灵诓缁。"李周翰注："水碧，水玉也。与金膏并仙药。"虽然诗文中并不少见，但直到唐代李白诗中，金精依然被视为神秘莫测的宝石，莫辨其详。其《入彭蠡经松门观石镜缅怀谢康乐》诗云："水碧或可采，金精秘莫论。"《山海经·东山经》："耿山无草木，多水碧。"郭璞注："亦水玉类。"《山海经》提到的叫作"水碧"的罕见宝玉石，因得到李贺的名诗《老夫采玉歌》之宣扬而名声大振。其诗云："采玉采玉须水碧，琢作步摇徒好色。"青金石因为其同样的稀见性，会显得比本土想象的不死仙药更加神秘。其较早的露面是在小说《汉武故事》中："太上之药……上握蓝园之金精，下摘圆丘之紫柰。"汉代以后的王室贵族

---

① （南朝梁）萧统：《文选》，中华书局1977年版，第188页。
② 《穆天子传汇校集释》，郭璞注，中华书局2019年版，第55页。
③ （清）王先谦：《庄子集解》，中华书局2012年版，第218页。

虽然有缘接触到青金石宝物,但与大量使用和司空见惯的玉石相比,毕竟仍属凤毛麟角。此种情况一直延续到唐宋元明各代,没有根本的改变。明代宋濂《送方生还宁海》诗有句云:"昔在词垣时,英材常骏奔。水碧与金膏,价重骇见闻。"这是以罕见的珍稀宝物之贵重,比喻出类拔萃之人。可知被视为金膏或金精的青金石在当时国内市场上的稀有和昂贵,是骇人听闻的。这恰恰印证了物以稀为贵的古话。无独有偶,有一种从波斯或康国传来的绿色宝玉石,史书中音译为"瑟瑟",有些人认为就是青金石①,也因为稀有而造成洛阳纸贵的市场效应。藏学家张云《上古西藏与波斯文明》引用劳费尔的观点,认为"《唐书》卷221说,瑟瑟矿在康国药杀河东南,路径和阗输入中国,景教教友常以瑟瑟输入中国,用作寺院的装饰。又古时西藏以瑟瑟为官员的服饰,臂上佩戴瑟瑟串,表示最高官职。其次是金,再次是金镀银,再次是银,最下是铜。这显然说明古时西藏视瑟瑟为珍贵宝石,价在黄金之上。西藏妇女发髻上常带着瑟瑟珠,据说一粒珠子的价格和一匹良马相等。因此有了'马价珠'之称"②。不过从史料记载的颜色看,瑟瑟为碧绿色,似与青金石之蓝色不同。瑟瑟是否即青金石的别名,还有待考证。清代的《事物异名录》宝石条目下引《本草纲目》:"宝石红者名刺子,碧者名靛子,翠者名马价珠,黄者名木难珠,紫者名蜡子。……碧者,唐人谓之瑟瑟。"③ 此云马价珠是翠色的,也不同于瑟瑟之碧色。至于中国史书中所称康国、康居国等,窃以为是"荒国"的音转,即《山海经》所讲大荒之国的意思,"荒"对应周代五服制度最外的荒服,形容其辽远和蛮荒。杨树达《积微居小学述林·诅楚文》云:"按康当读为荒,古康、荒二字音近相通。"这一见解给思考"康国"得名原因提供了参考。《清会典图考》中称:"皇帝朝带,其饰天坛用青金石。"可知青金石的用途

---

① [美]谢弗:《唐代的外来文明》,吴玉贵译,中国社会科学出版社1995年版,第500页。
② 张云:《上古西藏与波斯文明》,中国藏学出版社2005年版,第300页。
③ 厉荃:《事物异名录》,岳麓书社1991年版,第343页。

从寺庙和佛像，转向用于清代皇室祭天的建筑装饰。

与苏美尔、巴比伦文学相比，《罗摩衍那》描绘的印度的天堂宝树，同样隐喻着生命树的意蕴。这一层联想从"永恒开花"的描写中透露出来，表明玉石类树木与自然植物的根本差别：前者花开永不凋谢，隐喻永生不死，后者则花开花落，一岁一枯荣。青金石叶子作为金莲花的对应物，二者皆喻永生。其颜色可确认为深青或深蓝。《罗摩衍那》第四篇第四十九章和第五十章讲到两处神话仙境景致，分别为黄金树加青金石（吠琉璃）镶嵌的树坛；以及黄金宫白银宅，其黄金窗由摩尼网覆盖。如此的颜色组合几乎构成一种宗教象征的色彩语言①。有许多佛像造型为金身青发，可作为"金黛辉煌"图像叙事的旁证。由此青金石原型派生出的摩尼或摩尼宝，作为一种青色佛珠（图7），更是印度想象对世界性玉石神话的生动再造之例。它通过佛教传入华夏后，给中国文学想象带来的刺激非同小可。兹引述丁福保编《佛学大辞典》相关释义如下：

图7 佛教神话的摩尼宝或九珠宝

---

① 在《摩诃婆罗多》中同样有大量的金与青金石组合。如第二篇大会篇（2.3.30）讲述摩耶建造一神幻水池，池水为水晶，池中莲花和百合长着青金石叶子，池中游鱼则为黄金鱼。

摩尼（物名）mani

又作末尼，译为珠、宝、离垢、如意。珠之总名。玄应《音义》一曰："摩尼，珠之总名也。"慧苑《音义》上曰："摩尼，正云末尼。末谓末罗，此云垢也。尼谓离也，谓此宝光净不为垢秽所染也。又云，末尼此曰增长，谓有此宝处，必增其威德。旧翻为如意、随意等。逐义译也。"……《涅盘经》九曰："摩尼珠，投之浊水，水即为清。"[①]

图8 山南昌珠寺护法神巴姆面具，其天眼描绘模拟黄金和青金石二色

佛教的此等神幻想象，已经将宝玉宝珠完全神秘化，使得摩尼宝成为体现超自然力量的神奇法宝。既承载着宗教洁净的法力，还兼具随心所欲的如意变化功能。这些神幻内容都可视为玉石神话的基本象征意蕴——永生性即不死不灭——的转化和衍生。至于"能够满足人们的一切愿望"之功能，则是两河流域文学中没有表达的。中国的昆仑仙境之各种琳琅满目的玉树，也没有突出这方面的联想。可见这是印度文明想象力大发挥之结果，更是印度想象对世界性玉石神话的生动再造之典型（图8）。

四 青金石之路与中国"琉璃"及"金精"

青金石主要出产于阿富汗，其传播西亚、南亚和北非、欧洲的路径

[①] 丁福保编：《佛学大辞典》，上海书店出版社1991年版，第2562页。

伊甸园生命树、印度如意树与"琉璃"原型通考 | 527

构成所谓的青金石之路。如果要问：为什么阿富汗的青金石没有在华夏文明发生期传入东亚？简单的答案是：东亚本土早已有自己的玉石神话信仰之深厚传统，这显然不利于外来的青金石在华夏文明中的传播，其影响也自然大打折扣，不像在埃及和地中海文明中那样显赫（图9）。

图9　埃及图坦卡蒙墓出土法老像，黄金镶嵌青金石、绿松石

对照中国古书《山海经》，类似生命树那样象征"不死"的玉石神话母题随处可见。细加分辨，可有天生的不死和人为的不死之差别。《海外南经》中的不死民；《大荒南经》所中的不死国；《大荒西经》中"颛顼之子，三面一臂，三面之人不死"；等等，都显示出与生俱来

的不死性。人为的不死主要表现为长生不老药的应用，它一方面可以使人永不衰老，另一方面又可使死者复生。《海内经》中谈到"不死之山"，似乎这山上生长着能令人长生不老的神秘植物。郭璞注说这个"不死之山"就是"圆丘山"。晋张华《博物志·物产》："员丘山上，有不死树，食之乃寿；有赤泉，饮之不老。多大蛇为人害，不得居也。"这里的不死树同蛇联系在一起，显然有神话类比之基础。葛洪《抱朴子·登涉》云："昔圆丘多大蛇，又生好药。"可见"好药"便是"食之乃寿"的不死树，它又同蛇这种神秘动物联系在一起了。陶渊明《读山海经》诗云："自古皆有没（殁），何人得灵长？不死复不老，万岁如平常。赤泉给我饮，员丘足我粮。方与三辰游，寿考岂渠央。"诗中所用典故便出自《山海经》中的不死之山。《大荒南经》有"帝药"记载。经文说巫山有"帝药，八斋"，郭璞注，"天帝神仙药在此也"。同经又说云雨山，"有赤石焉生栾，黄本，赤枝，青叶，群帝焉取药"。这种体现黄本红枝青叶的三色草药，同昆仑仙境中那些四季常青的玉树、不死树，同样表明中国版的不死药原型之出处。比起苏美尔、巴比伦神话中独一无二的生命草，印度和中国神话想象的不死药一类的天堂珠宝树，可谓丰富多彩。"从齐威王、齐宣王、燕昭王到秦始皇和汉武帝，寻求不死药的努力一浪高过一浪，传为历史笑谈。这并不影响人们对它的梦想与执着追求。这种追求的对象后来从自然生长的植物转变为人工炼制的丹药。"[①] 从"琉璃"二字的造字偏旁采用玉旁的事实判断，这是从西域进口的新鲜物质被中国传统玉石神话观重新编码的结果。如此看，佛教想象的"东方净琉璃世界"，也无非是本土昆仑瑶池仙境想象的一种原型性对应。药师佛的尊名"药师瑠璃光佛"或"药师瑠璃光如来"，可以和"瑶池金母"西王母、"玉皇"大帝等点明玉体金身的命名法相对照，从而得到贯通性的理解。药师佛的身体为青金石色，其神话功能也类似摩尼宝珠的有求必应。如唐代义净翻译的《药师琉璃光如来本愿功德经》所述："彼佛世尊药师瑠璃光如来，本

[①] 拙著《英雄与太阳》，上海社会科学院出版社1991年版，第144页。

行菩萨道时，发十二大愿，令诸有情所求皆得。"

印度史诗中指青金石的梵文词 vaidūrya，辗转通过佛经而译为古汉语的"琉璃"或"瑠璃""吠琉璃"等语词①，为季羡林先生翻译《罗摩衍那》时所效法。由于琉璃在汉语中的词义兼指三种彼此相近或相似的物质，有必要做出明确辨析，才不至于迷失在古书的各种似是而非的记述之中（图9）。

其一指从西域传来的一种有色宝玉石。从语音上判断，似与青金石的拉丁语专名 lapis lazuli 的音译有关。合成词 lapis lazuli 由二词组合而成。lapis 意为宝石，lazuli 意为青色。lazuli 这个三音节词急读为二音节，便成"琉璃"。梵文词 vaidūrya 的第一音节 vai，对应拉丁词的第一音节 la 和汉译名"吠琉璃"的"吠"；梵文词的第二、三音节 dūrya 对应拉丁词的第二、三音节 zuli 和汉译名的"琉璃"。若加上形容颜色的修饰词，则汉语别名又称"璧流离"（《汉语大辞典》释为"即青色宝、猫儿眼"，似不确）。华夏古礼用玉璧礼天，即看中玉璧之苍青色与天色相似。需要注意的是，玉璧的颜色虽然多为青玉，但毕竟与青金石的深青色有明显差异。《汉书·西域传上·罽宾国》记述罽宾国为塞种人活跃的地区，其物产除了金银铜锡以外，还有"珠玑、珊瑚、虎魄、璧流离。"孟康注："流离青色如玉。"这是最早的解释，言简意明。但是后来颜师古注引《魏略》的说法，以为大秦国出产十种颜色的流离。并据此反驳孟康的解释："孟言青色不博通也。此盖自然之物，采泽光润，踰于众玉，其色不恒。"②按照孟康的解说，流离只有青色，当专指青金石。这本是合适的说法。而《魏略》和颜师古的十色流离说，显然是泛指各种宝玉石的，非专指青金石。《后汉书·西域传·大秦》所列举的金银加珠宝也是十种："土多金银奇宝、有夜光

---

① 刘正琰等编撰的《汉语外来语辞典》（上海辞书出版社1984年版，第212页）给出的译名共有20个，其中的四音节译名"吠琉璃耶""卫孥璃耶"等更加吻合梵文词的发音。"琉璃""楼黎"等双音节词则为去头去尾后的省略称谓。

② 王先谦：《汉书补注》，中华书局1983年版，第1615页。

璧、明月珠、骇鸡犀、珊瑚、虎魄、琉璃、琅玕、朱丹、青碧。"① 据此可知，《魏略》以来的十色流离说，包括大秦国的多种玉石和珍宝。这样就将流离与其他宝玉石的差别混淆了。于是，琉璃（流离）从原来特指青金石的古汉语专名，有讹变成泛指各色外来宝石和人工模拟宝石材料之通名的倾向。这是后人需要仔细明辨之处。不过，无论是《后汉书》所称"琉璃"还是《汉书》所称"璧流离"，皆非中国本土原有之物，而是汉代或汉以前经西域传入的。二者似为同一物的不同译名。

其二指用铝和钠的硅酸化合物烧制成的釉料，通常有绿色、黄色两种，多加在黏土的外层，烧制成器或砖瓦等建筑材料。《隋书·何稠传》："时中国久绝瑠璃之作，匠人无敢厝意，稠以绿瓷为之，与真不异。"清人唐孙华《东岳庙》诗云："我来瞻庙貌，碧瓦琉璃光。"此言琉璃和作为宝玉的琉璃，已经完全不是一回事。

其三指玻璃，俗称"料器"或"料货"。《魏书·西域传·大月氏》："其国人商贩京师，自云能铸石为五色琉璃。于是采矿山中，于京师铸之。既成，光泽乃美于西来者……自此中国琉璃遂贱。"赵翼《陔馀丛考·琉璃》："俗所用琉璃，皆消融石汁及铅锡和以药而成，其来自西洋者较厚而白，中国所制，则脆薄而色微青。"可知作为玻璃、料器的人造物琉璃，其工艺还是自西方传入中土的（图10）。

以上琉璃一词的三种词义中，前一种指天然宝玉矿石青金石；后二者指人工的产物。由此可知，三者同名异实，此琉璃非彼琉璃，很容易导致混淆。因为三者皆系外来文化的输入，在古代就已经存在区分上的困难。按照少见多怪的认知心理学原理，越是本土没有的东西，往往越容易激发神话想象。甚至连官修正史也会记录此类有关青金石的本土神话叙事。《宋书·符瑞志下》："璧流离，王者不隐过则至。"这是将儒

---

① 王先谦：《后汉书集解》，中华书局1984年版，第1025页。关于大秦国传来的"青碧"，或是本土已有的一种青玉。《山海经·西山经》："又西北百五十里高山，其上多银，其下多青碧、雄黄。"郭璞注："碧亦玉类也。"郝懿行疏引《说文》："碧，石之青美者。"或是《后汉书》借用《山海经》提到的"青碧"一词来指代外来的玉石。

图10 鎏金与琉璃：泰国佛教寺院中的金璧色彩组合

家瑞玉神话的成分添加到对西域传入的青金石想象中，在圣王与圣物、明君与宝玉之间建构出莫须有的祥瑞因果关系。

琉璃一名所指代的三种物质，其间关系如何呢？作为天然宝玉石的琉璃，主产地为阿富汗东北山区，其神圣化和神话化的文化建构发明权却属于人类最早的文明——苏美尔文明。琉璃作为人工制作的釉彩和玻璃，其在世界历史上的首创之发明权，还要归于美索不达米亚和埃及。由于青金石的稀有性，当时的苏美尔人正是为了替代性地生产模拟青金石的物质，才发明出这两种工艺的。具体情况是，"最初的尝试早在公元前4000年就开始了，具体制作法是将滑石粉塑造成需要的现状，外面蒙上一层用蓝铜矿（azurite，即石青）或孔雀石（malachite）研磨成的粉末，然后放入封闭的容器中火烧，使之朝高温加热。其结果是给物体罩上一层蓝色玻璃状表皮"①。在蓝釉的发明之后，又附带产生出绿釉和白釉等新工艺，并从美索不达米亚传入古王朝时期的埃及。制釉工艺发展约两千年之后，即公元前2000年左右，还是在美索不达米亚和埃及，又催生出纯粹的玻璃生产。再经过约一千年的文化传播过程，才在西周时期进入我国新疆地区，② 再经河西走廊逐步输入中原。

英国考古学家贾科塔·郝克斯（Hawkes, Jacquetta）在陈述釉色与玻璃的发明过程时，特意加评语说，马克思主义讲物质决定意识，玻璃生产的出现却提示另一种情况："一种纯美学的动机导致重要的经济进步。"③ 郝克斯忽略的是，马克思主义创始人也讲过意识对物质、上层建筑对经济基础的反作用。所谓"纯美学的动机"说也值得商讨，因为当初苏美尔人青睐青金石的原因，除了有美感方面，更重要的是信仰和神话观方面的。对此，笔者拟在另文中引入更多的苏美尔文学案例分析内容，做出更为系统性的阐明。

五 结语：从玉石神话到财富观与文明起源

财富是文明起源的必要前提条件。如张光直先生所说："文明的基础是财富在绝对程度上的积累。很贫乏的文化，很难产生我们在历史学和考古学上所说的那种文明。"他又说"根据我自己学习世界文明史（包括中国文明史）的很不成熟的经验，我认为：没有一个文明的产生

---

① Hawkes, Jacquetta, *The First Great Civilizations*, London: Hutchinson & Co., 1973, p. 365.

② 关于玻璃、彩釉工艺传播中国的时间，参见干福熹主编《丝绸之路上的古代玻璃研究》，复旦大学出版社2007年版。这部文集汇集了中外专家对北方（沙漠）丝绸之路，特别是新疆和中亚地区（古统称"西域"）古代玻璃的出土历史和背景、技术成分的分析报告，并包括了南方和海上丝绸之路上古代玻璃研究的新资料，系统介绍了丝绸之路的文化传播作用对中国古代玻璃技术和艺术发展的影响。

③ 干福熹主编：《丝绸之路上的古代玻璃研究》，复旦大学出版社2007年版。

不是经过这样一个程序而来的，即财富的积累与财富的集中。"① 至于解释财富是怎样伴随着文明国家的出现而得到高度集中的问题，需要具体考察财富观构成的不同情况（图11）。当代世界体系理论的重要代表人物贡德·弗兰克在《白银资本——重视经济全球化中的东方》一书中，将财富观导致近代欧洲资本积累过程的视角集中在一种具有国际货币作用的符号物——白银的生产与全球流通上，对西方资本主义和现代化世界的兴起提出跨文明的新解释模型：白银和黄金资本的洲际流动。按照此一理论，是哥伦布"发现"美洲之后的欧洲殖民者在美洲和亚洲掠夺到的大量黄金白银，成为西方社会资本积累的起点，最终驱动着世界踏上资本主义和"现代化"的不归路。

　　本文希望将考察全球资本形成的视野从五百年真正拓展到五千年（弗兰克本人就有这样的表态，但是实际上没能做到）。通过各大文明古国发生期的玉石资本化过程，寻找出在黄金、白银、青铜等贵金属成为资本和财富象征以前的更早的资本符号物——玉石。从两河流域的玉石神话发生程序，可以大致看出其财富观的形成轨迹。青金石的崇拜先于黄金和铜而出现。从青金石被神圣化到贵金属的神圣化之间，显然存在一个神话想象演变的逻辑过程。最初的金属矿石也是作为某种神圣石头而受到先民青睐的。由于青金石、绿松石等玉石的颜色被初民设想为天空之色和神灵的象征，② 在青蓝主色中闪出的星星点点金色，也顺理成章地被神话思维赋予天神或神赐的文化意义。于是，对黄金与铜的崇拜继青金石崇拜之后应运而生。理由十分直观：金与铜的亮丽光色完全类似青金石上的金色。从两河流域史前高等级墓葬中随葬青金石饰品的现象，到苏美尔城邦遗址出土文物中黄金与青金石并重的现象，可以清

---

① 张光直：《中国青铜时代》二集，生活·读书·新知三联书店1990年版，第119—120页。

② 这种神话思维的颜色类比模式也清楚地体现在藏族民间信仰的象征体系中。"民间艺人以对色彩的传统等级地位的理解，为藏戏中的各种角色人物选择了具有象征性的面具颜色。如……蓝色为天的颜色，也象征天神。蓝面具为温巴所戴，温巴在藏戏中为勇敢、正义的偶像，据说温巴也是佛的一种化身。他的面具选用蓝色，具有'替天行道'之意。"参见张鹰主编《面具艺术》，重庆出版社2001年版，第6页。

图11　清代空行母合金像，镶嵌绿松石等宝石，西藏拉萨罗布林卡藏品

楚地看到随着文明城邦的政治权力发展而成熟起来的早期财富观，是怎样将旧有的玉石神话和新兴的金属神话融合为一体的。

如果再将考察的范围从两河流域拓展到古埃及乃至整个地中海文化区，通过文化源流与文化传播的具体实证分析，就有可能分别透视欧亚大陆各文明古国在初始期的财富观建构方面之异同（图12）。相形之下，东亚的中华文明发生期的财富观为什么偏重美玉而缺少贵金属的现象，就会变得更加耐人寻味。其主要原因不在于唯独华夏先民喜好美玉，而在于不同的玉矿资源条件导致了不同种类的玉石神话。

不同神话观念支配下的不同行为选择，是理解文明古国分道扬镳之路的关键。这也是在今天知识条件下，重审马克思主义创始人的"亚细亚生

图12 阿富汗出土御龙者神话形象，黄金镶嵌青金石、绿松石，
阿富汗国家博物馆藏

产方式"假说，将其细化和落实到各大文明古国发生期的一种研究路径。

原载于《民族艺术》2011年第3期

乞桥·乞巧·鹊桥
——从文化编码论看七夕神话的天桥仪式原型

叶舒宪

一 七夕神话的多级编码辨析

如今每年农历七月初七，我们都要面临一个当代文化难题：是和大众媒体一起庆祝所谓的"中国爱情节"或"情人节"，还是坚持本土文化的原有理念，过一个以乞巧为主的女儿节？

民俗专家们的意见大多倾向于后者。七夕节是怎样在华夏文明史中产生的？能否相对地复原出这一节庆的仪式原貌，并解释相关的神话传说以及演变历程呢？本文运用以多级编码为内容的文化符号学和大小传统再划分视角，[①] 对流行于甘肃陇南的乞巧仪式活动做深度的历史性审视，尝试提出对中国七夕神话礼仪的系统性新认识，即史前文化的一级编码——祭神的乞桥（启桥）仪式；父权制文明的二级编码——人向神乞巧；和三级编码——引渡织女与牛郎相会的鹊桥神话母题。兹分述如下。

七夕神话一级编码在如今社会中的主要遗留形态，表现为在陇南地

[①] 关于文化的多级编码理论，参见叶舒宪《文化文本的N级编码论——从大传统到小传统的整体解读方略》，《百色学院学报》2013年第1期；夏陆然《一以贯之的神话——N级编码系统理论的评述与思考》，《百色学院学报》2013年第1期。关于大小传统再划分，参见叶舒宪《中国文化的大传统与小传统》，《光明日报》2012年8月30日，"光明讲坛"版。

区的民间习俗中，织女独在而无牛郎的乞巧节民俗仪式活动。甘肃乞巧仪式活动还以化石的形式直接显现出其原型结构——天神降临型的请神仪式。

西和县民俗学者杨克栋收集的乞巧歌中的"祈神祭祀类歌词"，第一首题为《搭桥歌》，全文如下：

> 三张黄表一刀纸，
> 我给巧娘娘搭桥子。
> 三刀黄表一对蜡，
> 手襻的红绳把桥搭。
> 巧娘娘穿的绣花鞋，
> 天桥那边走着来。
> 巧娘娘穿的高跟鞋，
> 天桥那边遊着来。
> 巧娘娘穿的缎子鞋，
> 仙女把你送着来。
> 巧娘娘穿的云子（云形图案）鞋，
> 登云驾雾虚空（天空）来。
> 巧娘娘，香叶的，
> 我把巧娘娘请下凡。①

本歌词的题目与主旨都围绕着搭天桥这一神话想象的内容，同时也代表着七天八夜的节日活动始于以临时性天桥的出现为标志的人神的沟通。歌词中虽然也掺入一点现代生活的内容，如"高跟鞋"，但是其所呈现的核心象征也是乞巧节礼俗活动的核心象征——"手襻的红绳"。这种红绳能够把虚构想象中的织女从天界接引到人间，构成乞巧节全部仪式行为的神话想象基础（图1）。

---

① 杨克栋整理：《仇池乞巧民俗录》（内部资料），西和县文联印制，第55—56页。

538 | 第三编 文学人类学实践

图1 甘肃西和剪纸：乞巧节开端的"手襻搭桥"

当地的仪式礼俗行为从六月三十日晚开始至七月初七晚结束，共历时七天八夜，世所罕见。仪式全程分为十二项程式，分别是：手襻搭桥、迎巧、祭巧、唱巧、跳麻姐姐、相互拜巧、祈神迎水、针线卜巧、巧饭会餐、供馔、照瓣卜巧、送巧。① 在这十二项程式的名目中，以"巧"字命名的有迎巧、祭巧、唱巧、拜巧、针线卜巧、巧饭、照瓣卜巧、送巧，一共八种，占了十二项中的大多数，好像整个风俗仪式活动的主旨就在于一个"巧"字。更深入的分析则表明，以"巧"为主题

---

① 杨克栋整理：《仇池乞巧民俗录》（内部资料），西和县文联印制，第15页。

的名目虽多，却都被包装在以"桥"主题为核心的仪式框架结构中：如位列十二项程序之首的一项，名叫"手襻搭桥"，最后一项名叫"送巧"，实际上还是重复七天之前的手襻搭桥，让织女能够上天桥回到天界。换言之，乞巧仪式以营造天桥接引巧娘娘（织女）下凡为开端，又以天桥送巧娘娘（织女）上天为结束。其间的七天八夜活动全部以女性参与为特征，没有男性神灵或神话人物出现。这确实是中国文化中保留的远古大传统之遗音绝响。

把西和县乞巧节仪礼和屈原的《九歌》以及我国南方傩祭仪式相比，其先请神下凡最后再送神回归天界的仪式结构几乎如出一辙，由此不难看出七夕牛女鹊桥相会神话的根源还是祭神礼仪活动。天桥的神话母题源于祭神礼仪的结构要素。以杨嘉铭所调研的贵州铜仁地区傩堂戏演出为例，演出之前的傩祭仪式共有16个程式：（1）开坛。（2）发文敬灶。（3）搭桥。（4）立楼。（5）安营扎寨。（6）造席。（7）差发五猖。（8）铺傩下网。（9）判牲。（10）膛白。（11）和会交际。（12）上熟。（13）造船清火。（14）大遊傩。（15）送神上马。（16）安香火。16个程式中的"搭桥"旨在请神下凡，"送神上马"旨在送神归天。有关"搭桥"的细节是：

> 搭桥仪式是法师用白布一匹，从大门外牵到傩堂中师坛位前，白布上铺画案（画案上绘有各种傩神）搭成桥状，名曰天仙桥，目的是请各路神祇从桥上来到傩堂为愿主赐福驱邪。表演时法师……围绕"桥"上下左右穿花跳唱。主要内容有：上坛；启口语；发锣（迎神下马、观师、参神、采木、架桥、扫桥、亮桥、坐桥、讳桥、锁桥，以上用歌舞动作表示伐木造桥、用桥的象征性过程），遊傩（托傩母像表示在桥上观景过程）；拆桥（拆去"桥"，祭祀各位神祇）；卸装。①

---

① 杨嘉铭：《贵州省德江县傩堂戏及其面具文化调查报告》，载赵心愚等《西南民族地区面具文化与保护利用研究》，民族出版社2013年版，"附录"第312页。

对照之下，南方傩堂戏演出开始于祭祀请神的"天仙桥"母题，和甘肃西和乞巧节活动始于"手襻搭桥"，其信仰上的原理完全一致。乞巧这种源于祭神礼仪活动的民俗节庆，给沟通天地与人神的祭祀需求披上歌舞表演的外观，在大多数地方已经脱离出宗教信仰的环境土壤，好像只是纯粹世俗的初秋民间节日了。西和县乞巧节的搭天桥、制巧（制作纸质的巧娘娘偶像）、迎神、祭拜、供奉、神灵附体的跳麻姐姐（图2）、反复占卜等礼仪活动内核，① 让今人通过活化石的方式看到七夕礼俗背后的大传统要素，就在于女性社会群体对独立存在的女神祭拜活动全过程，其中既没有男神的陪衬或陪祭，一般也不需要男性成员的参加，这完全是男性中心主义的父权制宗教意识形态出现之前，史前女神文明②时代的神话礼仪风俗的遗留形态。据此可知，西和乞巧节礼俗属于残存在父权制社会中的前父权制宗教和礼俗的罕见遗迹，其以女神为中心的神话想象和仪式活动，大体上见证着来自史前期的大传统文化余脉。在其中，直接来自大传统的天桥神话观与女神神话观的相互交织，构成七夕信仰实践活动的原型编码，即一级编码。

采用国内文学人类学派提出的知识考古学的分层次透视分析法，即"四重证据法"，可以大体认识到甘肃陇南地区七夕乞巧神话仪式综合体的发生和演变过程，分别找出其原生意蕴（底层）、次生意蕴（中层）和派生意蕴（表层），重建各种文化意蕴的历史生成程序。简单概括地讲，七夕乞巧的原生意蕴在于乞桥，即人间女子祈求与天界女神相沟通的桥梁，亦即女神从天下凡的天桥；而和青年女子们祈求智慧与生活技巧并没有太大关系。后一方面的内容是次生的或派生而来的。

从七夕节原生性的意蕴"乞桥"祭神，到次生性的"乞巧"给人，后者是史前祭祀女神的文化大传统在进入文字小传统之后，根据汉字的谐音原理派生出来的再联想内容，从文化编码程序上看属于大传统要素

---

① 参见雷海峰主编《乞巧风俗志》（内部资料本），2007年，第38—67页。
② 关于史前女神文明的研究，参见叶舒宪《千面女神》，上海社会科学院出版社2004年版，导论部分。

图2 甘肃西和剪纸：乞巧节中的"跳麻姐姐"

在汉字小传统中的再编码即二级编码。在"桥"与"巧"之间发生的这种目标转换，相当于从神到人的转换，即从人请神下凡，到神赐福于人的转换。二者的逻辑联系就出自于祭神仪式的结构和功能的对应本身。

至于在中国各地突出表达的七夕节为织女牛郎相配对的恋爱主题，与陇南乞巧节的神人同庆的女儿节模式相比，显然属于更晚些的文化发明，尤其为古代文人们所津津乐道，可视为父权制社会一夫一妻家庭观念的第三级编码。由于后人大都生活在父权制一夫一妻社会环境中，第三级编码的七夕爱情神话后来居上，成为流传最广也影响最大的风俗观念。各地区的民间人士在早已无从分辨古今的情况下，就将最流行的默认为七夕神话的正宗原版主题了。唐代大诗人白居易《长恨歌》中的名句："七月七日长生殿,夜半无人私语时。在天愿做比翼鸟,在地愿为连理枝。"其足以将牛郎织女故事对表现人间爱情题材的非常魅力体现无遗。生活在后《长恨歌》时代的知识人,确实很难分辨七夕的情爱色调渲染背后之乞桥和乞巧的真相,伟大文学作品发明传统的力量,于此可以得到生动的体认。

有关七夕节日仪式的想象发端,建立在具有双关意义的天桥神话上。天桥,既是跨越阻隔在织女与牛郎间的天河之桥,也是跨越天地之间的界限,实现人神沟通的天桥。七夕节的宗教礼仪背景和原型基础,就此和盘托出:仪式为什么要选择在七月初七呢?原因在于此时天上的星象变化能够给出明确的搭桥神话想象之信号:横跨在天汉之上的鹊桥,给隔河相望的织女星牵牛星提供了年度交通的机会。天汉上的鹊桥虽然纯属神话想象的意象,但是根据天人合一的神话逻辑,地上的人间方面也由此得到搭建重新沟通天地之天桥的时间信号:天上的鹊桥一旦要出现,那当然也是人间搭天桥请神下凡的大好机会吧。至于为什么这一次的人神沟通节庆良机没有让陇南社会中男性唱主角,反倒让女性唱主角,成为名副其实的"女儿节",其中的深层原因还是照例来自先民的神话宇宙观,属于天人合一对应思维的选择产物,留待下文继续探讨(图3)。

观察礼县、西和县两地的乞巧节仪式,一个十分明显的事实是,仪式的开始和结束都紧紧围绕着搭天桥这个核心象征。众多的乞巧歌,内容虽然五花八门,但是结尾处的副歌歌词却万变不离其宗,只有两种。

> 或曰:
> 巧娘娘,下云端,我把巧娘娘请下凡。
> 或曰:
> 巧娘娘,上云端,我把我巧娘娘送上天。

下凡和上天,一下一上,均指织女神降临人间的神话旅行。这完全

图3 甘肃西和剪纸：乞巧节中的"祈神迎水"

地符合拜神仪式上的先迎神与后送神之程序。问题是巧娘娘的一下一上神话情节，都要借助神话的交通工具——天桥。这里的天桥意象也有双关语义，一是指织女在天上先要渡过天河的桥，二是指织女从天上降下人间的桥。《西和乞巧歌》"颂"部分的"坐神迎巧篇"第四首云：

> 三刀表纸一对蜡，
> 我用手襻把桥搭。
> 巧娘娘穿的绣花鞋，

天河那边走着来。
一对鸭子一对鹅，
我把巧娘娘接过河。
一根香，两根香，
我把巧娘娘接进庄。①

如前所述，织女的祭拜者用手襻搭天桥，是乞巧节礼俗的开端和收尾的双重功能意象，成为该祭祀礼仪的框架结构要素。从注解中得知："手襻：西和一带五月端阳节除小孩子带荷包之外，男女孩子还要在手腕上带五色丝线搓成的花手襻，带到七夕节脱去。女孩子的手襻在送巧时一起脱去，挽结起来，拉在河两岸，象征性地搭桥。有的地方在迎巧时也用来搭桥。"② 前后两次用手襻搭天桥的仪式象征，就此成为考察七夕乞巧仪礼整体的关键点。

二 天桥神话的史前大传统深度求证

只要能够在史前时代找到类似的天桥神话的证明，则乞巧节之前身为乞桥（启桥）礼仪的推测就可得到实际的验证。具体的求证步骤是：

第一步，从当代看到的手襻象征天桥，上推到汉字起源的商代甲骨文形态，从中找出"彩虹象征天桥"的"虹"字，看其双头龙下凡喝水的神话叙事形象特征，以此来理解初民的神话想象逻辑：彩虹出现在天下雨之后，意味着天上的水大量流失后，天神口渴了，化作双头龙从天上降到地上来喝水。甲骨文"虹"字写作双头龙一身，张开大口向下喝水的"虹桥"形状（图4），绝非偶然。再将西和县乞巧节上手襻所用的五彩丝线，照例追溯其古老的原型象征为模仿性的五彩彩虹，这样就从彩虹神话母题与仪式象征的意义上，把握住神话思维类比逻辑的

---

① 赵子贤编：《西和乞巧歌》，香港银河出版社2010年版，第94页。
② 赵子贤编：《西和乞巧歌》，香港银河出版社2010年版，第96页注一。

统一性。

徵　珠　前　菁
11　四　七　四
·　五　·　·

图4　甲骨文中的"虹"字，写作双头龙从天上下凡喝水形状

第二步，从写成双头龙形象的甲骨文"虹"字，再度向前文字时代的神话想象世界上溯，找出先于甲骨文时代而出现的双头龙形象原型——玉璜，再通过各地大量史前文化遗址出土的玉璜形制及造型特征，说明玉璜象征天桥是目前可知最古老的天桥神话之表象，能够落实其发端到兴隆洼文化的玉璜（当代又称"玉弯条形器"）生产，距今足足有八千年之久。而南方的玉璜以浙江余姚河姆渡文化为早，距今约七千二百年左右。明确雕刻为双龙首形象的玉璜，则以辽宁建平东山嘴红山文化祭坛出土的一件（图5）为最早，距今约五千多年。[①]考古出土的红山文化文物中还有双人首或双熊首的三孔桥形玉器（图6），其对应的神话观念是：大雨之后天上的水都流到地下，天神口渴就化作双头人或双头龙、双头熊的形象下凡喝水。此类神话旨在解释彩虹现象的起因，而玉璜的发明则是人工制作的彩虹桥，象征天地沟通和人神的沟通。总之，以表现为玉礼器的天桥观念为标志看，它们出现在中国版图的时间要比汉字早一倍以上。史前先民对天桥的神话构想，通过先于文字的玉器符号传播数千年之后，在距今约2700年的西周时期晋侯墓地，派生出动用二百多件玉器组合而成的联璜玉组佩，外加两只玉雕大雁（图7）。其仿效飞禽而祈祝佩戴者魂灵升天的意图，通过玉璜天桥加大雁的形象加以表达。这和西和《乞巧歌》中歌唱的天桥与一对鸭子一

---

① 关于彩虹比喻天桥及龙的神话类比模式，参见叶舒宪《四重证据法重建中国非物质文化遗产体系》，《贵州社会科学》2012年第4期；《龙—虹—璜：玉石神话与中华认同之根》，《中华读书报》2012年3月21日。

对鹅同在的情况,神话幻想的升天方向与辅助飞禽意象如出一辙。

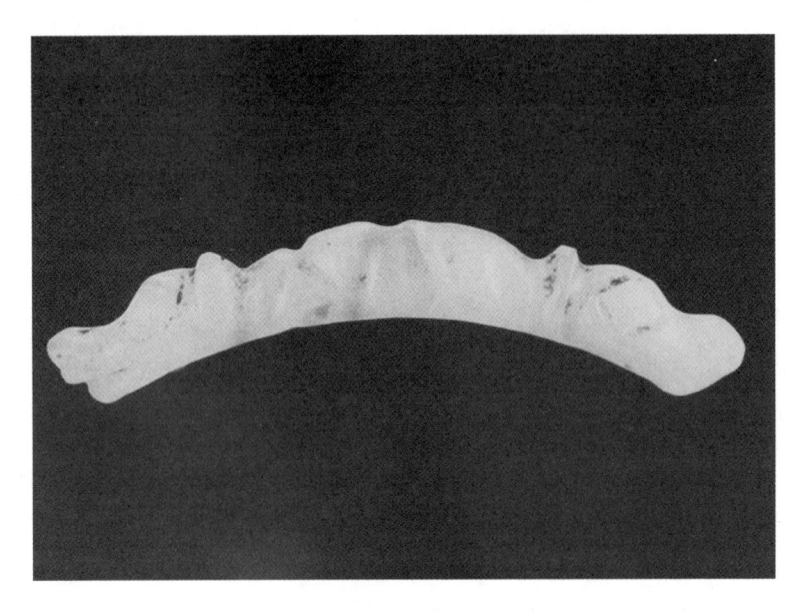

图 5　象征虹桥的双龙首玉璜,红山文化,
距今约 5500 年,现存辽宁省博物馆

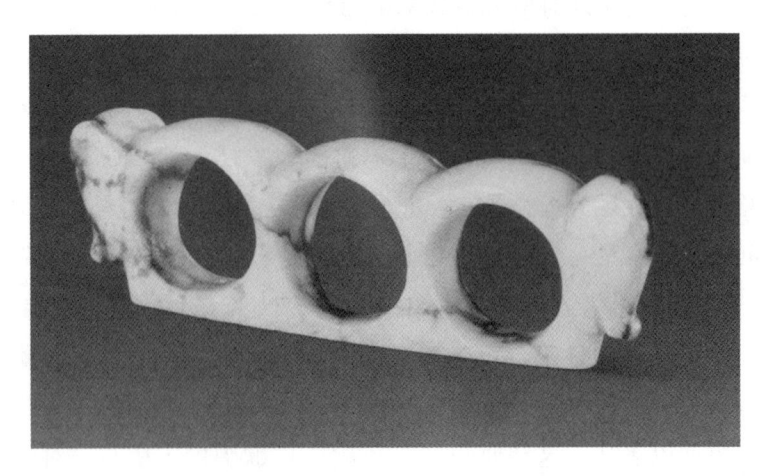

图 6　象征虹桥的双熊首三孔玉器,红山文化,
距今约 5500 年,现存辽宁省博物馆

图7 晋侯墓地出土西周多玉璜组佩，距今约3000年，现存山西省博物馆

据赵逵夫教授的研究，织女的原型或出自秦人祖先神话中的女祖先女修，乞巧祭礼的祖型当为秦人的祭祖仪式。[①] 我们从女修吞玄鸟卵而生大业的秦人鸟图腾祖先神话叙事，看出秦人先民的女祖先崇拜，同样表现为知母不知父的史前母系社会神话观念；同时也隐约透露着史前女神文明独尊时代的鸟女神崇拜的影子。至于织女牛郎组合型叙事，反映的是七夕神话的后起之再编码，已如上文所论。从先后程序看，织女牛郎型叙事的文本案例，是父权制社会性别文化的二元对立模式对史前母神独尊时代的意识形态加以再造的结果。

等到男尊女卑的观念占据绝对统治地位以后，女性为先为尊的织女

---

① 赵逵夫：《汉水、天汉、天水——论织女传说的形成》，《天水师范学院学报》2006年第6期。

牛郎型叙事，又要再度置换变形，即出现所谓牛郎织女型爱情叙事，实为七夕神话的三级编码，对应于鹊桥母题的形成。这可视为父权制社会男性为尊女性为卑的价值模式对古老神话礼俗观念再度改制后的表现。

三 鹊桥与神女：女神文明的回光

春花秋月，是世界的诗性文学最常见的歌咏主题。伤春悲秋，则是我们中华文学的一个原型表现传统。就古代文学而言，牵牛与织女的凄婉爱情神话，给中华文学的悲秋主题带来年复一年而历久弥新的动力和生机。下文首先探析鹊桥意象发生与神女的关系，从另一角度审视女神文明在父权社会中的遗留。

众所周知，织女是以善于纺织为特征的女子形象；牛郎是以牛耕为基础的农夫形象；华夏农业文明自古就把男耕女织作为和谐社会的理想。不过，当代考古学发现却揭示出：在标准的男耕女织的社会分工模式出现以前很久，史前先民曾经经历过一个"女耕女织"的阶段。也就是说，当社会团体中的男性成员们还在忙着外出打猎时，是留守家园的妇女率先发现了农业种植方面的知识，并且率先掌握了农作物的培育技术。女性发明农业之后相当一段时期，她们都是农业生产的主角。后来男人们才逐渐放弃狩猎生活，加入到农业生产中来。与史前的女耕女织时代相对应，在意识形态上流行的是先于男神的女神宗教和神话。考古学家在整个欧亚大陆各地的发掘表明：一种只供奉和崇拜女神的文明，自2万年前到5千年前曾经普遍存在（图8）。这些新的文化发现对于考察古代神话提供了前所未有的视角。下面就试着解析鹊桥这个母题的由来。

关于鹊桥的记述最早见于汉代文献。《岁时广记》卷二十六引《淮南子》："乌鹊填河成桥而渡织女。"汉代末年的《风俗通义》也说："织女七夕当渡河，使鹊为桥。"

汉代的这两种说法不同：一个说乌鹊，另一个说鹊；一个说乌鹊自愿填河成桥，另一个说是织女让鹊搭桥给自己渡河用。两种说法的共同

图8　女神文明说的中国物证：距今6000年的女神石像，模拟蹲踞临产孕妇形象。河北承德滦平县金沟屯镇出土，现存滦平县博物馆

点是：鹊只与爱情离合故事中的女主人公织女相关，而不与男主人公牛郎发生直接的关联，甚至没有提到牛郎的名字。这一点看似无足轻重，其实却是意味深长的。因为这一点清楚地表明：国人习惯称为"牛郎织女"的故事，本来的真正主角是女性一方，不是牛郎一方。这和上文中讨论的七夕神话在史前大传统的一级编码为女神对应女儿节的情况相关。

更有甚者，如果以传承活态的乞巧民俗而著称的甘肃西和县乞巧节为参照，则在当地女性参与的乞巧节祭拜礼俗中，只能看到织女的替身巧娘娘受到隆重祭祀，根本见不到男方即牛郎的一点踪影。从现实中依然一年一度上演的乞巧节活态神话剧看，汉代文献记载中的七夕神话内容是比较接近原生态的叙事：使鹊搭桥填平银河的是织女，亲自走过鹊桥去会情人的还是织女。在这里，男方牛郎似乎只是一位无足轻重的角色，至多也是一个相对被动的陪衬角色。如果不是织女一方的单方面努力，借助超自然力，所谓七夕相会也就没有可能了。所以我们需要本着追溯本源的原则，用"织女牛郎"的说法替代父权制社会中改变了性别顺序的"牛郎织女"说。以这种女性主动的认识为前提，可以进一步从有限的资料背后去探索失落的女神文明之信息。

从古诗所言"乌鹊南飞"就可以知道，鸟雀的规则性出没，其实也是一种季节变换的征兆。什么"布谷鸣春"，"春江水暖鸭先知"，就是古人从布谷鸟和鸭子的叫声中听出春季到来的信号。大雁乃至其他禽鸟飞向南方，则是秋天来临的物候。在七夕的天象中出场的银河与填河的乌鹊，其实都是秋季来临的征兆。这就是神话背后的隐情，值得今天的学人去发掘。

《古今注》卷中说："鹊，一名神女。"《说郛》卷三十一《奚囊橘柚》云："袁伯文七月六日过高唐，遇雨宿于山家，夜梦女子甚都，自称神女。伯文欲留之，神女曰：'明日当为织女造桥，违命之辱。'伯文惊觉，天已辨色，启窗视之，有群鹊东飞。有一稍小者从窗中飞去，是以名鹊为神女也。"[①]

高唐是著名的古代艳情故事发生地。楚怀王梦遇神女的事件经过宋玉写的《高唐赋》而在文学史上传为尽人皆知的佳话。如果按照以上记载，为牛郎织女搭桥的喜鹊是来自高唐的神女所化成的，那么就可以说高唐神女就是性爱女神的置换化身。正如古希腊神话让一位阿佛罗狄忒女神（维纳斯）来主管人间性爱事物；中国的高唐神女显然也是为人间的旷男怨女之结合牵线搭桥的神秘中介角色。[②] 她所化身为鹊这个神话情节其实也不是哪一位作者偶然发明出来的，而是遵循着近万年以

---

① 袁珂、周明合编：《中国神话资料萃编》，四川社会科学院出版社 1985 年版，第 117 页。

② 叶舒宪：《高唐神女与维纳斯——中西文化中的爱与美主题》，中国社会科学出版社 1997 年版。

来的女神宗教信仰的传统——鸟女神的观念。①

希腊的阿佛罗狄忒女神的标志是一只鸽子，而在西亚、印度和地中海史前文化和早期文明的考古文物中，鸽头或者鸟头人身的女神形象屡见不鲜。当代女神研究家已经将此类形象上溯到新石器时代的女神宗教。

在古代中国的礼教笼罩下，性爱方面的事情，被认为是不登大雅之堂的肮脏污秽之事，像高唐神女这样主管性爱的女神也只能以隐形的、隐喻的、半遮半掩的形式在幻梦中出现。所谓高唐梦、阳台梦或者巫山云雨（《红楼梦》写贾宝玉初次性爱经历，用的章回标题叫"贾宝玉初试云雨情"），都是用神女故事所发生的地点及其气象变化来隐喻表达性爱结合的。这在中国汉族文学史上形成了一种因袭不变的表现传统。隐蔽和隐藏的最终结果是把真实身份隐掉了，也就逐渐被后人所遗忘。"鹊桥"这个神话意象，在牛郎织女神话中发挥着沟通银河两岸，使天堑变通途的关键功能，关系到男女主人公是否能够相会，所以是非同小可的。这样的神秘职能又不是所有的人间力量和智慧所可企及的，必然需要借助于超自然力。在史前女神信仰的时代，这类超自然力的代表就是女神，所以由高唐神女来化作喜鹊，让大批喜鹊的自我牺牲为织女牛郎相会创造条件，这透露出女神时代特有的神话想象是如何在父权制社会中经过变化改造而遗留后世的。其结果是女神的身份逐渐被隐去而遭遗忘，剩下的只是女神的化身动物——鹊。女神以自己的超自然神力，如何能够独自填平天空上的银河，我们在至今流传于河南民间的口传神话中还可以找到实例：

乌龟变作老人，预告伏羲女娲兄妹如何藏进他的龟甲之中躲过天塌地陷、洪水滔天的宇宙浩劫。灾难过后，女娲站在伏羲的肩膀上，用兽皮筋缝好了天上的大裂缝（银河），又用五色石子填补上天空中的无数小洞（即星星）。他们兄妹二人居住在玄鼋山的玄鼋洞（又名轩辕洞）

---

① 关于鸟女神观念，参见［美］金芭塔丝《活着的女神》第一章，叶舒宪等译，广西师范大学出版社2008年版。

内,繁衍后代人类。上帝因为乌龟老人对人类有救命和再造之恩,特封他当了玄武星座,也就是后人供奉的玄武真君或玄武大帝。

陕西长安城太极宫(隋朝大兴宫)北面的正门叫玄武门,可见古人在地上的建筑是如何尊奉天人合一逻辑而规划的(绝不像今人胡乱开发和随意建筑)。唐高祖次子李世民于此发动"玄武门之变"(杀死太子李建成),自己先被立为太子,随后登上皇位。唐代长安大明宫北门也叫玄武门。这个玄武门比唐太宗兵变的那个还要有名,因为唐代政治兴废的一些重要事变皆与此门有关。如唐玄宗李隆基除韦后;唐代宗李豫除张后,皆发难于此玄武门。北京复兴门外原来有真武庙,供奉玄武大帝。陕西合阳县还有玄武殿。南京的玄武湖闻名海内外,恐怕如今很少有人去追究这些名目背后的天人合一的星象学知识底蕴吧。

邻邦缅甸有情人星的传说:很久以前,一对要好的青年男女,因为出身贵贱不同,在人间不能结成夫妻,死后变成天上的两颗星星,一个住在日出前的东方天空,一个住在日落后的西方天空。每过三年他们都飞到天空的正中来相会。

缅甸情人星的例子表明,用人间男女之间的爱情离合来解说天上的星移斗换的变化现象,是各民族神话思维的一种通则。

四 星宿神话的奥秘——仪式历法

20世纪初出现过一个人文研究的"剑桥学派",又称"仪式学派"。其基本主张是神话以及以神话为源头的文学,实际上产生于仪式。文化人类学对众多的无文字社会的仪式研究,打开了西方知识界重新认识古希腊文学与文化的仪式根源的眼界,拓展出一种从仪式活动来考察宗教、信仰宇宙观的新思考空间。仪式历法,也就是在这样的背景中凸显出其贯通古人的知识、神话宇宙观与生活实践的强大铸塑作用。

在人们还没有现成的历书和年历可以翻阅参考的情况下,按照固定的时间周期举行的社会群体的仪式活动,就起到了历法规则的作用。对于任何一个农业社会来说,最重要的大事就是及时把握耕种和收获的农时节奏。所以自大约一万年前，人类开始学习农耕生产方式，也就同时开始了所谓"观象授时"的节气历法实践。年复一年地观天象以获得时间和时节的信息，使得人们对星象及其规则变化有了非常精细的认识。神话想象的作用又使星象具有了拟人化、人格化或者动物化的表象。不论是中国的织女星、牛郎星，还是西方的什么大熊星座、猎户座、人马座、射手座之类的名目，都是星象在这种神话类比联想作用下的生动表现。

中国文献最早提及牛郎织女的一篇是《诗经·小雅·大东》。

> 维天有汉，监亦有光。跂彼织女，终日七襄。虽则七襄，不成报章。……宛彼牵牛，不以服箱。

从此诗的表现看，二者之间的爱情离合的情节还不清楚，我们只知道他们是银河边的两个拟人化的星座名称。

在六朝殷芸的《小说》中，出现了相对完整的牛女故事：

> 天河之东有织女，天帝之子也。年年机杼劳役，织成云锦天衣。帝怜其独处，许嫁河西牵牛郎；嫁后遂废织纴。天帝怒，责令归河东，但使一年一度相会。

天河东西各方的女主人公和男主人公，本来究竟承载着什么样的天文历法意蕴呢？

要回答这个疑问，需要理解上古天文知识中的二十八宿信仰：

"宿"与"舍"同义，就是停宿、住宿的意思。二十八宿，指的是古人心目中日月五星在天上运行的临时住所。按照东南西北四方来划分，每一方有七个住所，分别叫作东方七宿，南方七宿，西方七宿和北方七宿。与四象和四季相配合，则有东宫苍龙七宿：角、亢、氐、房、心、尾、箕；西宫白虎七宿；南宫朱雀七宿；北宫玄武七宿是：斗、牛、女、虚、危、室、壁。虽然这里出现了"牛"和"女"的名称，但是不能将二者等同于牛郎星和织女星。

和牛郎（河鼓）织女二星的位置关系最近的是牛宿。牛宿有六星，六星连起来形状如同牛头上长着牛角。女宿四星，形象象箕，附近有十二国星、离珠五星、败瓜五星、瓠瓜五星等。《诗经·七月》有"七月食瓜，八月断瓠"一说，可知秋季的到来与采摘瓜果葫芦一类物候植物密切相关，也是"败瓜""瓠瓜"一类星名的农事意蕴所在。虚宿周围有哭星、泣星，听起来就给人不祥之感。因为虚星主秋，包含着万物肃杀的意味。随后的危宿，就更不用说了。有学者认为"危"的名称表明古人在深秋临冬时节内心的不安。"危"宿之后的"室"和"壁"，似乎都在暗示为了度过寒冬，人们要如何小心关注给自己挡风避寒的居住之所。

对"七"与"七日"的神秘性体认，关键在于由实践仪式历法的远古时代所遗留下来的神秘数字传统。一年之中有两个月的第七天最为重要，而且这两个第七天又是巧妙地呈现为规则性的对应特征的，那就是"正月七日为人日"的礼俗①和"七月七日为七夕乞巧节"的礼俗。

人日与七夕的对应处：二者的时间间隔恰好是半年。一年之中最重要的日子，莫过于春节和秋节。因为远古时期并没有四季观念，只有两季观念。换言之，初民最初不知道夏和冬的概念，夏包含在春之中；冬包含在秋之中。农耕社会春种秋收的生活节奏完全对应吻合着草木一岁一枯荣的大自然的生命循环节奏。

《诗经·豳风》里还有一首著名的农事诗，题目就是《七月》。为什么反反复复地唱"七月"如何，"八月"或者"九月"又如何？为什么不从其他月份开始唱呢？因为农历七月是一年之中最重要的季节转换时节，也就是说：古人只知道两个季节的转换，即从春季到秋季。按照初民的阴阳消长互动的宇宙哲学，两大季节的变换也就是自然的阴阳两大元素此消彼长的结果。秋季转到春季是由于阳气生长壮大，压倒了阴

---

① 关于人日神话与礼俗的研究，参见叶舒宪《中国神话哲学》，中国社会科学出版社1992年版，第七章三节。

气；而春季转到秋季则是由于阴气生长壮大，逐渐盖过了阳气。所以古人有一种季节性的性别情绪变动观念，所谓"春女悲，秋士哀"的信念，就是如此。在阳气兴盛并压倒阴气的春季，属阳的男性是得其天时的，属阴的女性则是不得天时的；而到了阴盛阳衰的秋季，情况恰好反过来：是该轮到男性感到悲哀的时候了。古人习惯说的"伤春悲秋"，如果仔细辨析的话，显然会看到其中微妙的性别差异。

"春日迟迟，采蘩祁祁，女心伤悲，殆及公子同归。"《七月》里所唱的歌词，分明体现出"春女悲"的季节性情绪波动。

为什么七夕乞巧这样真正属于女性自己的节日，恰好被确定在一年内阴气抬头阳气衰减的初秋时节，我们从仪式历法和阴阳宇宙观的角度去理解，就顺理成章了。

在《诗经》的《氓》一首中，女主人公拒绝了前来求婚的男子，提出"秋以为期"的要求，看来不是出于偶然吧。在《匏有苦叶》一首中，女子也明确提出："士如归妻，迨冰未泮"的期限，也就是秋季还没有冰冻的时候。可见，秋季为什么成为女性真正的节日。

对于保留古代的仪式历法习俗最重要的一部书《荆楚岁时记》，是同时重视人日和七夕的古代见证。新春之际人日的礼俗活动，为的是按照仪式历法精神，来追忆和庆祝开天辟地时的第七日，因为那是创世神话造人的纪念日。初秋之际的七月七则是女性的节日，少女的节日。这一天的规定礼俗是乞巧，而乞巧的实质在于婚礼上对女方的仪式考验节目。

春女悲；秋士哀。其中隐含着性别情感周期的季节差异现象。原因是宇宙之间的阴阳两大力量的消长发生了实质性的变化，所以任凭牛郎多么的虔诚与忠心，都无法在七夕的阴盛阳衰时节追上在前面飘然而去的织女吧！

汉字"婚"的造字表象就是一天之中的特殊时刻——黄昏，也就是太阳落下阴间之时。由于这标志着宇宙的阳性力量与阴性力量的结合，所以也是人间的男女两性缔结良缘的时刻。"婚"这个从"女"和

"昏"的组合字形，已经把先民的天人合一思想体现得淋漓尽致。① 而作为仪式的婚礼，则将仪式历法的实践特色和盘托出了（图9）。

图9 乞巧节的女神祭祀因素，甘肃西和剪纸"祭巧"

宇宙大自然的节律，两个季节的循环时间观，决定了一年之中最重要的事情安排。所谓天人合一，说的也就是如何调整人的社会活动，使之对应吻合大自然的生命时间节律。

---

① 参见叶舒宪《中国神话哲学》，中国社会科学出版社1992年版，第二章二节。

无论是七夕女性乞巧风俗，还是织女勇敢渡过天河的举动，抑或神女化作鹊桥的现象，这些都充分表明这是一个源自女神文明时代的异常古老的节日，也表明秋季何以对女方来讲是婚配结合的最佳期。

原载于《民族艺术》2013年第6期

石家河新出土双人首玉玦的神话学辨识
——《山海经》"珥蛇"说的考古新证*

叶舒宪

文学人类学研究所倡导的方法论被称为四重证据法，即将出土的或传世的文物及图像作为考证历史文化现象的第四重证据，尤其重视汉字产生以前的此类文物和图像，将其作为先于文字符号的文化大传统之视觉符号，从而建构出一种从无文字大传统到文字书写小传统的完整的文化文本生成演化脉络。再从文化文本的整体脉络出发去解读文字文本留下的未解难题，形成文物图像叙事研究与文本叙事研究的对接、大传统研究与小传统研究的贯通。就华夏文明而言，比甲骨文更早而且能够充分体现史前期宗教神话意识形态特色的视觉符号是玉礼器。传世文献中的玉器名称虽然已经十分繁复，但是还不足以涵盖史前玉器的多样和变化。一些重要的新出土文物形象前所未见，文献中也没有记录，需要多学科协作来解释其形制和用途。2012年辽宁考古工作者发掘和公布距今五千年的红山文化玉雕蛇形耳坠之后，笔者先后撰写《龙—虹—璜：玉石神话与中华认同之根》①《蛇—玦—珥：再论玉石神话与中华认同之根》②和《红山文化玉蛇耳坠与〈山海经〉珥蛇神话》③等文章，以

---

* 国家社科基金重大招标项目"中国文学人类学理论与方法研究"（10&ZD100）阶段性成果。

① 叶舒宪：《龙—虹—璜：玉石神话与中华认同之根》，《中华读书报》2012年3月21日。
② 叶舒宪：《蛇—玦—珥：再论玉石神话与中华认同之根》，《中华读书报》2012年4月18日。
③ 叶舒宪：《红山文化玉蛇耳坠与〈山海经〉珥蛇神话》，《西南民族大学学报》2012年第12期。

考古出土文物提供的神话图像为新参照物，解读《山海经》中九处写到却古今无解的"珥蛇"之谜，为四重证据法研究如何注重新发现的出土文物图像，寻求跨学科知识整合的文化整体方略，做出尝试。2015年底，湖北省考古工作者又在天门市石家河文化古城中心区的谭家岭遗址发现高等级墓葬区，其中五个瓮棺中发掘出距今四千多年的众多玉器文物。本文即针对这批史前玉器中的三件特殊造型者（图1，图7，图10），做出神话学辨识，在图像学解析的基础上对其命名提出意见。

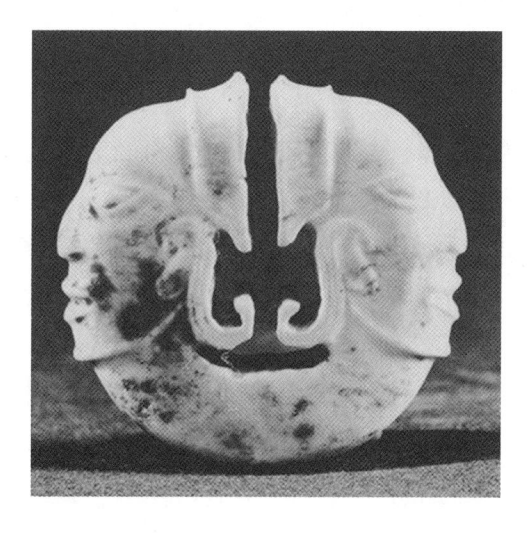

图1　2015年湖北天门石家河文化出土玉玦：双人首连体蛇身并珥蛇的意象①

一　出土文物的命名问题

2015年12月19日，湖北省文物考古研究所在湖北天门市召开的"纪念石家河遗址考古60年学术研讨会"上首次正式披露，在天门石家河遗址最近新发掘出土240余件距今4000多年的精美玉器，专家认

---

① 资料来源：海冰《专家云集天门　石家河遗址出土240余件史前玉器》，新华网湖北频道新闻中心，http://www.hb.xinhuanet.com/2015-12/20/c_1117517280.htm，2015年12月20日。

为此批玉器代表了当时中国乃至东亚琢玉技艺最高水平,并且改写了对中国玉文化的认识。此次对外披露的石家河文化玉器中,在艺术造型方面最有特色的有三四件,其中包括媒体所称的"大耳环玉人头像""连体双人头像""鬼脸座双头鹰"等。不过由于发掘者撰写的正式的考古报告还未发表,这次率先对外披露的玉器名称,是以官方媒体人士的命名为主。不同的媒体对同一器物的称谓有所不同,如《湖北日报》称"鬼脸座双头鹰",新华社记者的报道则称为"虎脸座双鹰玉玦"。针对这样容易产生误导的轻易命名现象,本文从神话学视角切入,对其中的三件玉器的艺术意象做出尝试性的解析,并根据辨识结果提出这三件玉器的命名建议。

  20世纪80年代以来,中国史前玉器不断有新的考古发现,丰富多彩的玉雕形象,有很多是以往闻所未闻、见所未见的,如何命名的问题十分突出。语言符号的使用具有约定俗成的特点,一旦传播开来,就会一发而不可收。明明是错误的叫法,但是也难以再去纠正,只能以讹传讹,这毕竟是非常可惜的一件事。试想,华夏的先民们在数千年以前的时代创造出来的精美艺术品,本来就数量稀少,由于深藏地下的缘故,不能为后世人所知。一旦有机会借助于当代的考古大发现,获得千载难逢的重见天日的契机,却因为文化传统的断裂和我们当代人的无知,被扣上一个误读的名目,堂而皇之地出现在专业出版物中,或写在博物馆的文物解说标签上,这确实是不应发生的。举例而言,在北方的红山文化玉器中有一种形似桶状而中空无底的器物,一般出土时位于墓主人头顶上方,于是有的专业人士直接命名为"玉发箍",也有的专业人士命名为"玉马蹄形器"。红山文化时代,整个东亚地区还没有见过家马,野马也不常见,在这种情况下,红山文化先民怎么会想到要用珍贵的玉石原料加工出一种所谓的"马蹄形器"呢?这实在是以今度古的典型叫法,也是令人哭笑不得的称谓,反映出考古文物命名的随意性,以及由这种随意性而造成的荒诞性。"玉发箍"之名的得名依据是今人推测的玉器功能;"玉马蹄形器"的得名依据只是该器物的一个平面的几何形状,似乎没有人愿意去考虑5000年前批量地生产此类器物的红山文化先民抱有一种怎样的设计理念?如今比红山文化玉器大约晚一千年的石家河文化玉器，又一次批量地出土了，从其造型特征看，其所承载或表达神话信仰的想象、观念的情况，十分明显，这就再度启迪今人，史前玉器的命名工作需要具备一种必需的知识维度，那就是宗教学和神话学的知识维度。若不能有效理解史前先民的神话想象和信仰特点，仅靠忘形生义式的命名策略，得出一个想当然的名称，会产生长期误导后人认识的负面效果。

在这方面，看以往的惯例，通常是由主持考古发掘的专业工作者自行命名，一旦写入发掘简报或考古报告，就成为专业领域引用和流传的依据，难以改变了。但是在撰写报告时，一般不会像火车票涨价那样召开社会各方面专业人士的听证会，也没有一个公示和听取学界意见的机会。这就给定名方面的主观性和随意性留下了可乘之机。例如2004年12月21日新华网浙江频道报道在桐乡姚家山良渚文化遗址出土的一件4500年前的文物，发掘主持人称其为"玉耘田器"，而且称这是世界上第一次发现的此类器物——玉质的农具。耘田器这个称谓指专用于在稻田中除草的农具。此前，已经发现有类似的石质或玉质农具，相关的文章发表在《农业考古》杂志上，也就不足为奇[①]。后来，这件形状奇特而神秘的带刃玉器，又被改称"玉石刀""玉弧刃刀"。也有文博专家撰文改称"介字形冠"[②]。从工具到冠饰，出现文物名称叫法上莫衷一是的混乱局面。不同的叫法，对该器物的形状和功能的理解相差甚远。对此，笔者的一个建议是，需要在考古文博学界有意识地培养具有跨学科知识结构的人才，形成一个专家团队，参照医学方面给疑难病症采取专家会诊的集体磋商研讨的范式，来给新发掘出的文物慎重命名。为了更好地集思广益，甚至可以用招标的方式，让专业工作者先发表各自的见解，最后择善而从。采纳的原则是，最好能够让新的命名在某种程度上体现或反映出该文物被生产和使用的时代人们的观念，尽量减少当代人的臆测和偏见成分。

[①] 刘斌：《良渚文化的冠状饰与耘田器》，《文物》1997年第7期；蒋卫东《也说玉耘田器》，《农业考古》1999年第1期。

[②] 邓淑萍：《远古的通神密码介字形冠——写在姚家山玉耘田器出土后》，载《古玉新诠：史前玉器小品文集》，台北："故宫博物院"2011年版，第189—202页。

二 双人首连体蛇身并珥蛇形玉玦

对2015年石家河文化新出土的这件造型奇特的玉玦，希望能够在定名时慎重考虑各方意见，再做出慎重的抉择。笔者建议的命名方案是，简称用"双人首玉玦"，全称用更加全面而精准地体现玉器特征的"双人首连体蛇身玉玦"或"双人首连体蛇身并珥蛇形玉玦"。后者虽用字稍多一些，却能够让观者大致把握住该文物的基本外形特征，揭示玉玦形象的潜在神话蕴含。以下通过对器物的造型特征的具体解析，说明如此命名的理由。所遵循的分析原则是，首先针对具体的神话意象做出细部辨识，然后将此意象放回到中国新石器时代以来的神话意象系统的语境中，从其渊源与影响的关联上，做整体透视的把握。最后再根据古代文献中的相关名目，提出重新给予命名的理由。

这件因为造型奇特而罕见的玉玦，至少包含着如下四个层次的图像母题意蕴，即：人首蛇身意象、人耳上的S形小蛇意象、蛇形玉玦的本义对应文献中的"珥蛇"说、龙蛇形玉玦产生于史前的虹蛇或虹龙信仰。试依次解析和辨识如下：

（一）人首蛇身意象

石家河新出土玉玦最明显的造型特点就是其梦幻想象一般的双人首共一身形象。目前的媒体把这个形象称作"连体双人头像"，显然不够妥当。因为玉玦上所刻划的头是人头，形象鲜明，无可置疑，但是二头下的那个身体，却根本不是什么人体，充其量可以视为蛇的躯体，呈现为滚圆的条状弯曲形。这就吻合华夏先民想象的"人首蛇身"的一般特征。而双人首共一蛇身，虽属于较为罕见的想象，但也不是没有考古先例和旁证的。

例如，1975年在江苏扬州市郊蔡庄的五代时期寻阳公主墓发掘出土的"木雕双人首蛇身俑"（图2），被称为国内仅见的一件双人首蛇身形象。据博物馆的解说词："该俑通高23.8厘米。该俑蛇身，两端均为人首，两颈相交使蛇体呈圈状坚立，两首相背，配有长方形片状底座，人首头戴风帽，双目垂闭，表情安详，技法上深、浅刻并用，运刀凝练，造型饱满，呈现了唐代艺术的遗风。"现在，石家河文化的双人首玉玦重见天日，给仅见于扬州五代时期墓葬中的木雕双人首蛇身像的解读，找到史前大传统的实物原型，其对神话图像认识的解码作用，于此可知矣。木雕双人首蛇身俑是距今一千余年的神话形象，不可谓不古老。但是在距今四千年前的玉雕双人首蛇身玉器面前，其神话想象的一脉相承性，却更加令人惊叹。可以为笔者在2009年提出的"神话中国"概念，做出民间想象传承不衰的生动诠释。

图2　1975年扬州市郊蔡庄五代寻阳公主墓出土
"木雕双人首蛇身俑"，现藏扬州博物馆①

无独有偶，2013年3月，也是在扬州，位于西湖镇司徒村曹庄的房地产建设工地上发现两座砖室墓，扬州市文物考古研究所申报考古发掘执照，开展抢救性发掘。4月中旬在一号墓出土的墓志中发现有"隨故煬帝墓誌"等文字，受到各方重视。11月16日，国家文物局和中国

---

① 资料来源：《〈国宝档案〉之扬博藏木雕双人首蛇身俑》，视频扬州网站，shipin.yzwb.com/system/2010/09/02/01，2010年9月2日。

考古学会在扬州组织召开扬州曹庄隋唐墓葬考古发掘成果论证会，专家一致确认，扬州曹庄隋唐墓葬为隋炀帝墓，是隋炀帝杨广与萧皇后最后的下葬处。当日下午，中国考古学会召开新闻发布会宣布此项成果：一号墓和二号墓分别考证为隋炀帝杨广的墓和萧皇后墓。在萧后墓中出土一件奇特的陶器，也被命名为"双人首蛇身俑"（图3）。2014年4月16日至7月16日，扬州博物馆举办以"流星王朝的遗辉"为主题的隋炀帝墓出土文物特展，精选新出土的百余件文物展出。在萧皇后墓中清理出的双人首蛇身俑，居然在同一个博物馆中和1975年发现的五代寻阳公主墓双人首蛇身俑，构成两相对应的奇观。

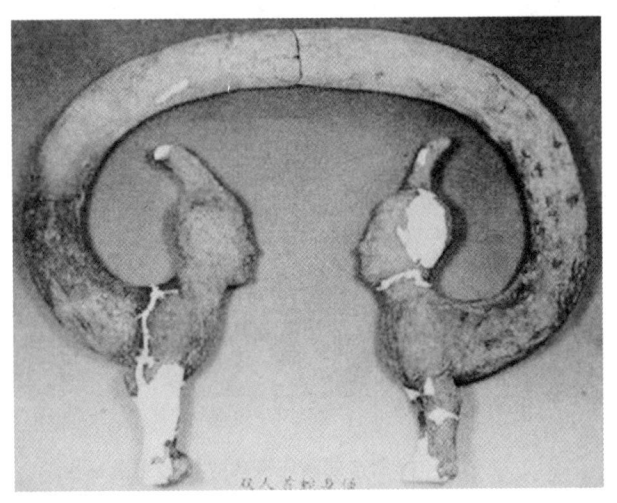

图3 2013年扬州曹庄隋代萧皇后墓出土"陶质双人首蛇身俑"现藏扬州博物馆①

所不同的是，首先，隋代的双人首蛇身俑不是木俑，而是陶俑。其选材和制作工艺截然不同。其次，是造型上的差别：隋代陶俑表现的双人并不仅仅是人头，而且有上半身。其姿势也不是交缠向上的，而是两个造型相似的人头顶高高的发髻，两人面面相对，双手撑在地上，胸部

---

① 资料来源：申琳：《考古界专家：扬州曹庄出土的隋炀帝墓是真的》，网易新闻，http://news.163.com/13/1118/10/9DV4A73A0 0014JB6.html，2013年11月18日。

以下的身体是长长的蛇身形状，向后卷上去，并在头顶上方形成一个环形，让同一个蛇身将两个人形连接在一个有缺口的椭圆环形中，犹如一个变形的玦。文物虽然在沉睡地下一千多年后重新和世人见面，但是其名称和意义却处在扑朔迷离之中。当地的考古专家表示，这件隋代双人首蛇身俑，"作为陪葬品，表明死者在另一个世界，仍然可拥有在人间一样的权力和富贵。"这样的解说虽然不能说完全不靠谱，至少也是未经深入研究和讨论的想当然之词，显得空泛和不着边际。

如今，面对湖北新出土的史前双人首共一蛇身形象的玉玦，此类神话化造型器物在大、小传统中的源流关系，终于可以获得一目了然的系统认识。对应的文献证据是《山海经·海内经》记述的苗民守护神延维，其特征也是人首蛇身，而且是双头的。其描述如下：

> 南方有赣巨人……有人曰苗民。有神焉，人首蛇身，长如辕，左右有首，衣紫衣，冠旃冠，名曰延维，人主得而飨之，伯（霸）天下。①

郭璞注"苗民"为"三苗民也"；注"延维"一名时说："委蛇"；注"左右有首"为"岐头"；注"人主得而飨之"一句时则引出一个典故说："齐桓公出田于大泽，见之，遂霸诸侯。亦见庄周，作朱冠。"袁珂校注加按语云：

> 《庄子·达生》篇云："桓公田于泽，管仲御，见鬼焉。公抚管仲之手曰：'仲父何见？'对曰：'臣无所见。'公反，诶诒为病，数日不出。齐有皇子告敖者，曰：'公则自伤，鬼恶能伤公？'桓公曰：'然则有鬼乎？'曰：'有。山有夔，野有彷徨，泽有委蛇。'公曰：'请问委蛇之状何如？'皇子曰：'委蛇其大如毂，其长如辕，紫衣而朱冠，其为物也，恶闻雷车之声，见则捧其首而立，见之者殆乎霸。'桓公

---

① 袁珂：《山海经校注》，上海古籍出版社1980年版，第456页。

觍然而笑曰：'此寡人之所见者也。'于是正衣与之坐，不终日而不知病之去也。"是郭注之所本也。闻一多《伏羲考》谓延维、委蛇，即汉画像中交尾之伏羲、女娲，乃南方苗族之祖神，疑当是也。①

以上材料表明，双人首一身的蛇形象即是先秦文献中记录的著名鬼怪——委蛇或延维。其左右各有一头的形象，被视为"岐头"，是该鬼怪外表上的突出特征。不过由于《山海经》文字叙事所依据的《山海图》在晋代以后失传了，后人就弄不明白委蛇究竟是什么样子的。以至于到明清时期给《山海经》重新绘图的出版物，一般只能按照后人的推测和想象来刻划延维神怪的形象，流传至今。如给《山海经》重新绘制图片的明代蒋应镐绘图本《山海经》，按照郭璞注的提示，将延维形象塑造成一条蛇分歧出两个人头的样子（图4）：

图4 明代蒋应镐绘图本《山海经》的延维形象②

---

① 袁珂：《山海经校注》，上海古籍出版社1980年版，第457页。
② 资料来源：马昌仪：《古本山海经图说》，山东画报出版社2001年版，第629页。

今日学界一般认为《山海经》的写作时间是战国时期，其中所描述的延维神的形象，在约一千年后出现在隋代和五代时期的统治者墓葬中的陶俑和木俑上。可见此类神话意象不是空穴来风，它上有原始的出处，下有同类造型艺术的因袭传承。比《山海经》早约两千年的石家河文化双人首蛇身玉玦，目前虽然仅能看到一件出土的实物，但毕竟给延维形象的辨识找到真切的史前期神话意象之原型表现，所以其学术意义非同一般。

（二）人耳上的S形小蛇意象

如果把审视的目光聚焦到玉玦两端对称表现的那一双人首上，那么其头像的形状、面部五官的刻划等都比较中规中矩，并没有出人意外的特殊点，唯有头顶上所戴的巨冠和耳朵上的S形饰物，是史前玉匠人最留心加以强调的"点睛之处"。纵观石家河文化已经出土的玉人头像数十件，其基本的共同特征之一就是皆戴头冠。[1] 有专家将此类人头形象区分为"玉神人头"和"玉人头"，并推测前者为祖先神。[2] 2015年新出土这件双人首玉玦，其人首所戴冠的特色在于，没有戴在人头的正上方头顶，而是偏倾于脑后的位置。至于在两个人头上耳部装饰着完全一模一样的S形的饰物，发掘者和媒体人士都尚未给予足够的注意。笔者的发问是：这装饰在耳轮上的S形，其体积要比人耳大一倍，显然不可能是随意刻划的，那么它究竟代表什么含义？其原型又是什么？

如同辨识其连体为蛇体一样，人头之耳上的S形也是蛇的简化形象。从造型艺术史的情况看，盘蛇形象通常便可呈现为螺旋纹，或为S形纹、Z形纹。专门研究世界新石器时代象征符号的学者艾丽尔·高兰在其《史前宗教：神话与象征》一书中，论述S形符号的起源时指出，根据原始人所表现的象征符号解释，有一类叫作"S形蛇"的符号。如图5-2中那刻划为波浪形的蛇身人首形象，在古人心目中被想象为地

---

[1] 荆州博物馆编：《石家河文化玉器》，文物出版社2008年版，图版1至图版15。
[2] 杨建芳：《长江流域玉文化》，湖北教育出版社2006年版，第179页。

下世界之神的化身。"这就是这个象征符号的起源。这是大神的化身，即全能的和可怕的神，那正是可怜的人类所依赖的神圣存在，也是人类所害怕和试图谋求其好感的对象。"① 蛇因为能够冬眠和蜕皮的生理特性，被史前人类视为生命能量的代表，认同为"生命—死亡—再生"的最常见象征物，获得广泛的神圣化理解。

图5 西方艺术表现中的"S形蛇"符号：1和2为公元前三千纪的伊兰图像，3和4为瑞典青铜时代的符号，5为瑞典19世纪的符号，6为新石器时代的希腊符号②

据女神文明理论家金芭塔丝的观点，蛇女神崇拜起始于旧石器时代晚期，一直持续到中石器时代和新石器时代，是人类宗教史上最早和最

---

① Golan, Ariel, *Prehistoric Religion: Mythology · Symbolism*, Jerusalem, 2003, p. 168.
② 资料来源：Golan, Ariel, *Prehistoric Religion: Mythology · Symbolism*, Jerusalem, 2003, p. 168.

持久崇拜的动物之一。① 在我国，神话学家萧兵较早论述过龙蛇意象产生的宗教崇拜原理，他写道："上古的龙蛇意象或造型，包括所谓'交尾蛇'，往往跟祈求蕃育、祈求甘雨等相关，意在控驭不羁的自然力和无定的命运，并且诉求着财富、寿命或霸权话语。齐桓公遭逢'委蛇：延维：庆忌'就是铁证。红山文化的所谓'三孔器'，无论竖置或横摆，都应该看做上述'延维'即交缠着的二蛇之造型，代表墓主人的权位。认知或吞食它们，特别是叫出它们的名字，就能驱遣它们，支配权力。这些在太平洋东西两岸都有许多参照物。就连常见的羲娲人首蛇身交尾像，都有标识'圣俗'二重权威性之意味。"② 萧兵先生对龙蛇形象发生原理的解说，主要还是依据文献记载的内容。晚近出土的大量新图像材料表明，《山海经》记录的延维，不是个人性的文学创作，而是来自大传统的神话信仰，属于国族性的集体意识，其根源异常深远。

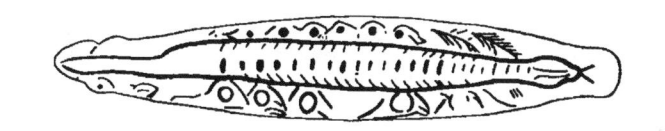

图6 欧洲旧石器时代的鹿角图像：蛇与鸟，距今14000年③

既然石家河玉玦形象明显刻划出两个人耳部的对称S形，那就是在表达耳玦总体的一只大蛇形象的同时，套有两只小蛇的形象。这在数量关系上或许还暗喻着道生一、一生二、二生三的宇宙论蕴意。同类的隐喻着神话生物数量衍生关系的形象还出现在石家河文化新出土的另一件罕见玉器（图7）上，媒体暂且称之为"鬼脸座双头鹰"或"虎脸座双鹰玉玦"。双鹰下方的立座形象究竟代表什么？以上面的三尖冠和两

---

① ［美］金芭塔丝：《女神的语言》，苏永前、吴亚娟译，社会科学文献出版社2016年版，第133页。
② 萧兵：《委维或交蛇：圣俗"合法性"的凭证》，《民族艺术》2002年第4期。
③ 资料来源：［美］金芭塔丝：《女神的语言》，苏永前、吴亚娟译，社会科学文献出版社2016年版，第134页。

侧的大圆眼为标志。三尖冠是良渚玉器上常见的通神符号，圆形车轮眼和漩涡眼一样，是猫头鹰即鸱鸮的标志符号。所以这件玉器的造型应该称为"鸮首立双鹰"形象，与此相关的史前信仰包括猫头鹰女神兼掌生与死、阴与阳的宇宙论观念，以及鸮与鹰之间的变形互换、蛇与鸟之间变形互换等观念。这件"鸮首立双鹰"玉饰形象与"双人首连体蛇身并珥蛇形玉玦"所隐含的数量生成关系是一致的，值得对照起来加以深入探讨。以上管见仅为抛砖引玉之用。

图7 2015年石家河出土对立双鹰形玉饰[1]

（三）龙蛇形玉玦的本义与"珥蛇"

石家河文化双人首玉玦的蛇身特征与珥蛇特征一旦得到神话学的系统诠释，则玉玦这种中国乃至东亚玉器发展史上最古老的器形所蕴含的

---

[1] 资料来源：海冰：《专家云集天门 石家河遗址出土240余件史前玉器》，新华网湖北频道新闻中心，http://www.hb.xinhuanet.com/2015-12/20/c_1117517280.htm，2015年12月20日。

本义，也就可以再度彰显出来。那就是玉玦代表人工制作的神圣龙蛇，耳上戴玉玦的行为暗示着某种通天通神的特殊身份和特殊能量，对应的是先秦古籍《山海经》所记录的"珥蛇"现象。换言之，最早产生的玉玦和随后产生的玉璜一样，均为天地之间和神人之间沟通者形象——龙蛇的人工模拟产品。而神话想象中的龙蛇除了能够升天入地和潜渊之外，还会幻化为彩虹、雷电、云彩等自然现象。这就是为什么远古的玉器生产自始至终都要突出刻划龙、蛇、鸟（包括鸮和鹰）等动物形象，以及彩虹桥（玉璜）、天门（玉璧）、卷云纹等天体神话象征的意义所在。

综上所述，研究玉玦的神话功能之关键，在于合理解释为什么要在人耳上装饰象征龙蛇的环状玉器。从人体外观看，作为两足动物的人，其站立姿势是标准的"顶天立地"形象。人体顶端位置的人头，是指向天空的。人头上凸显出来的双耳，就犹如发挥通天作用的"天线"。早在八千年前最初的玉器生产便集中在玉耳饰的制作上（以赤峰地区的兴隆洼文化玉玦为代表），神话的人体观或许能够充当玦之起源奥秘的解答线索。

从汉字"天"的取象原型看，其字形就写作一个突出头顶部位的人形。"天"字的造字原理在于，这是以两足动物人为基准，用"近取诸身"的方式来表示人头上方即天空的指示性符号。笔者一直感到好奇的一个现象是：甲骨文"天"字上方的人头形象，一般都写成平顶的方形，① 而不是按照象形原则写成真实人头的圆形。这又是为什么呢？

系统考察石家河文化玉人头像后，得出的一种推测是：所有的玉人头像都突出刻划其头顶的冠饰，而大多数冠形都是平顶的。《石家河文化玉器》一书著录的15件玉人头像中，除了一件头戴尖顶冠，两件头戴弧形顶冠，一件是高冠以外，其余11件都是头戴平顶冠（图8，图9）。这和甲骨文中"天"字的最常见写法如出一辙。

---

① 中国科学院考古研究所编：《甲骨文编》，中华书局1965年版，第2—3页。

图 8 罗家柏岭 T20 出土玉人头像①

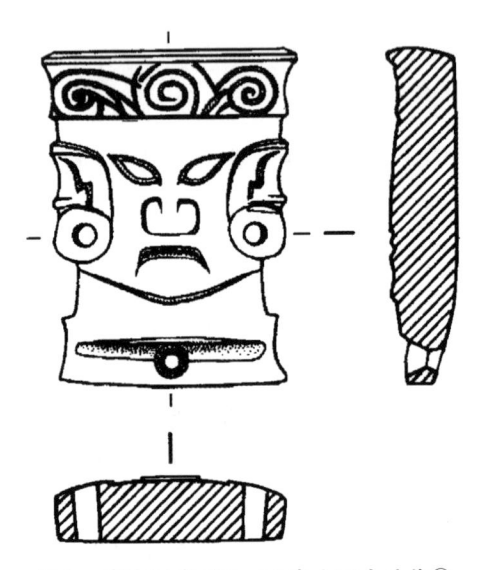

图 9 肖家屋脊 W6：14 出土玉人头像②

甲骨文中的"天"还有一种异写形式，那就是在人头形象的上方再增加一横线。若是以甲骨文产生之前的史前玉器人头像为参照，可推知甲骨文中"天"字异体写法的人头上多一横线，就是所谓的"通天冠"之素描简化形。这样写的"天"字也是有其观念依据的，其蕴意

---

① 资料来源：荆州博物馆编：《石家河文化玉器》，文物出版社 2008 年版，第 36 页。
② 资料来源：荆州博物馆编：《石家河文化玉器》，文物出版社 2008 年版，第 27 页。

或在于强调：天即神，那不是一般俗人所能企及的，需要社会中有特殊禀赋的专业通天者。此类通天者与常人之间的区分标志就在于头顶上的特殊法器——"通天冠"。是早于石家河文化的长江下游地区的良渚文化，率先塑造出通天冠符号的标准玉器形式——三尖冠或介字形冠，并由此而形成一种造型艺术传统。上面引述的石家河文化新出土对立双鹰形玉饰（图7），下部是生出双鹰的鸮首（面），其正上方刻划的就是来自良渚文化的玉三尖冠的变体。而2015年新出土的石家河文化玉人头像（图10），也是突出刻划出头上所戴的平顶型的通天冠。在头冠下方和耳朵上方，还突出刻划了对称的龙蛇形符号。而本文图9所示肖家屋脊W6：14出土的玉人头像的平顶冠饰正面，清楚地刻划出三个勾连在一起的螺旋纹。根据前引史前神话符号研究专家高兰和金芭塔丝等人的意见，螺旋纹也和S纹一样，属于蛇神崇拜的标志性符号。据此，则该件玉人头像所戴之冠，可推测为象征灵蛇的螺旋纹平顶冠。

图10 2015年石家河文化新出土玉人头像①

这样看来，蛇纹冠和龙蛇形玉玦（图11）的宗教功能是一致的，那就是给社会成员中的少数通神者配备专属的符号标记。二者的由来都

---

① 资料来源：海冰：《专家云集天门 石家河遗址出土240余件史前玉器》，新华网湖北频道新闻中心，http://www.hb.xinhuanet.com/2015-12/20/c_1117517280.htm，2015年12月20日。

不仅限于距今四千年的江汉平原之石家河文化。尤其是玉玦，其自公元前 6000 年出现时，就有可能是模拟性表现龙蛇神话的。

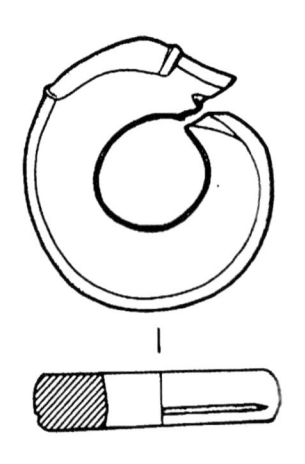

图 11　肖家屋脊 W6：26 出土龙蛇形玉玦①

对于频繁出现在史前文化大传统的龙蛇意象和相关抽象符号，其象征意义的解读已经在国际学界基本达成共识。下文拟用希腊神话中著名的神使之蛇杖的符号解读，作为神话思维取象原理的参照系。

蛇杖是赫耳墨斯（墨丘利）的标志，那是反向缠绕着两条蛇的一根神杖。它使蛇象征的两个方面得到平衡：左和右，白昼和黑夜。蛇具有双重的象征意义：一方面代表吉祥，另一方面预兆凶险。可以这样认为，赫耳墨斯神杖显示了它们之间的对抗和平衡；而这种平衡和极性，主要指通常是由两条螺旋线表示的宇宙流的平衡和极性。赫耳墨斯神杖的传说与创世之初的混沌状态（双蛇相争）和分化（赫耳墨斯将两蛇分开）有关，两条蛇最后缠绕在神杖上，实现了各种对立动向围绕着世界轴心的平衡。因而，人们有时也说赫耳墨斯是神的使者，也是人们生老病死的引路者。盖依指出，后者同蛇所显示的"上升和下降"的

---

① 资料来源：荆州博物馆编：《石家河文化玉器》，文物出版社 2008 年版，第 96 页。

两个趋向相吻合。

上述象征意义还表现在下列形象中：婆罗门教中双蛇缠绕的神杖；围绕宇宙支柱，最终结合之前的伊邪那岐和伊邪那美；特别是蛇尾相交，互相交换标志物量规和角规的伏羲和女娲。[①]

在分析双蛇或对蛇意象时，有一点值得区分，那就是双蛇交尾型和双蛇分立型。汉画像石中表现的伏羲女娲人首蛇身交尾图，已经在学界内外广为人知。石家河新出土玉玦的双人首共一蛇身的形象之所以让人感到新奇，就是因为其与常见的交尾双蛇形象明显不同。如果需要追问这个神话意象的发生原理，比较神话学提供的现成解说大致有三类：

第一类解释基于成双事物的生理学原型追溯：人类和动物生育的双生现象、现实存在的两头蛇、连体婴儿等。对此类现象的神话化，主要在于少见多怪的心理机制。如今国人还把双胞胎称为"龙凤胎"，这是一种美化的神话式命名，其想象的渊源来自大传统造型艺术。

第二类解释称为"模拟的变形：巫术性复制"（Imitative Twinning, Magical Duplication）。神话学家约翰·拉什（John Lash）在《双生与成双》一书中提出，旧石器时代晚期的欧洲洞穴壁画表明，一种模拟性的巫术仪式活动在三万年前已经流行：萨满—猎人一旦装扮成猎物的模样，一个生命体就复制成为两种形式，面具、化妆舞蹈和名称，都具有这种"一生二"的复制功能。表现在岩画上，就是成双成对的形象大量出现。在如今社会中，模拟性的变形复制已经脱离其神圣宗教领域，被广告形象制作者大肆利用。[②]

第三类解释基于天文神话的对立原型：日月二元论。认为日月意象代表着宇宙运行的法则：昼夜交替，光明与黑暗、生命与死亡的交替变化，循环往复而无穷尽。用成双的生物意象，特别是双生子形象来寄寓这种二元对立观念，就有双头蛇分别象征日月的造型艺术作品（图12）。

---

① ［法］谢瓦利埃等编：《世界文化象征辞典》，翻译组翻译，湖南文艺出版社1994年版，第806页。

② John Lash, *Twins and the Double*, London: Thames and Hudson, 1993, pp. 92–93.

图12 双龙与日月，17世纪炼金术木雕形象①

与上述解说相应，在我国荆门出土的战国时期的一件铜戈图案（图13）中，既能清楚地看到人物珥蛇（两耳贯蛇）的意象，又有日月意象同时出现。这样的神话图像不但十分有益于解说《山海经》珥蛇说的远古真相，也能给史前的双人首共一蛇身玉玦形象提供神话表现的变体对照：双蛇共贯一人的双耳；双蛇双蜥蜴对照太阳和月亮。

追溯文明时期的神话意象由来，一般的成功研究案例都是诉诸文明之前的史前文化。这方面较新的代表作可以举出大卫·里维斯-威廉姆斯、大卫·皮尔斯合著的《走进新石器时代的心灵》。其中讲到新石器时代的造型艺术中表现的鱼形象有三类，此外还有鳗鱼———一种介乎鱼和蛇之间的生物，它将水和蛇的象征组合为一身，因而能够代表转化的意义，同时表示死亡与再生。②该书还认为，新石器时代的人对生物的分类虽然明显不同于如今通用的林奈分类法，但如果能够从新石器时代的宇宙观和神话观来看的话，将是意味深长的。举例而言，蛇在现代生物学中被分类为爬行动物。蛇的生活形态，既能在地上爬行，又能钻入地下。

---

① 资料来源：John Lash, *Twins and the Double*, London: Thames and Hudson, 1993, p. 94.

② David Lewis-Williams and David Pearce, *Inside the Neolithic Mind*, London: Thames & Hudson, 2005, p. 191.

蛇还能蜕皮，这就能代表生命的转化和复活。两位作者提示，只有从这种神话宇宙观和生命观的层面去审视，史前的葬礼行为上出现的种种象征动物，才能获得语境化的理解和解释，那是将死亡作为宇宙论意义上的一种转换活动时，必须诉诸的神话符号。① 对照本文引用的所有文物和图像的原初语境，那基本上是配合丧葬礼仪活动而使用的神话道具。两位的神话学提示显然可以适用。中国的分类体系将蛇与虹视为同类，这显然也是神话类比逻辑作用的结果。相关的神话学分析拟在下文展开。

（四）龙蛇形玉玦与史前宗教的虹蛇或虹龙信仰

《山海经》中九处写到神祇或巨人"珥蛇"，即以蛇为耳饰。自从《山海图》在晋朝以后失传，后来的人们再也没有见过珥蛇的具体样子，现在有多件出土文物足以说明，珥蛇原是来自比《山海经》的时代更早的大传统的礼俗，以龙蛇为天地之间、神与人之间沟通使者，耳上戴蛇（如图13，图14，图15）或龙蛇形玉玦（如图11，图16）标志着主人的通神能力。

图13　湖北荆门出土战国太岁避兵戈图案，荆州博物馆，叶舒宪摄②

---

① David Lewis-Williams and David Pearce, *Inside the Neolithic Mind*, London: Thames & Hudson, 2005, p.192.
② 人物头戴羽冠，双耳珥蛇，双手持蜥蜴，双足分别踏着日和月。

578 | 第三编　文学人类学实践

图 14　佩戴人面蛇身耳饰的神人形象，台北"故宫博物院"藏龙山文化玉圭图像，距今约 4000 年①

图 15　辽宁出土红山文化蛇形玉耳坠，距今 5000 年②

---

① 资料来源：邓淑萍：《远古的通神秘码介字形冠——写在姚家山玉耘田器出土后》，《古玉新诠：史前玉器小品文集》，台北："故宫博物院" 2011 年版，第 29 页。
② 资料来源：王振宏、李克瑶：《田家沟考古出土罕见蛇形耳坠》，新华网，http：//news.xinhuanet.com/shuhua/2012-03/23/c_122870932.htm，2012 年 3 月 22 日。

玉玦与玉璜都与史前的龙蛇信仰有关。虹字从虫，表明造字者心目中的彩虹是龙蛇幻化而成的，[①] 桥状的虹则象征天地沟通之桥。台北"故宫博物院"所藏山东龙山文化玉圭上的珥蛇神人头像（图14）；2012年辽宁考古研究所披露的新发掘红山文化玉蛇耳坠（图15），等等，相当于给《山海经》记载的哑谜找出形象生动的直观答案。这样的考古案例表明第四重证据在解读古籍疑难方面的特殊效用，也给《山海经》研究找到突破口，预示出广阔的学术前景。

彩虹、虹桥、闪电、打雷等自然天气变化现象，在初民的神话想象中，是怎样被指认为是一条宇宙性的大蛇、龙蛇、羽蛇或飞蛇在活动的结果呢？高兰综合分析世界各地的民间文学材料后，这样认为：一则俄罗斯童话故事说大蛇的飞翔是这样的：它打雷，大地便会震动。茂密的森林弯下它的王冠，因为三头的大蛇飞过来。这是一个引起打雷现象的生命意象。一则希腊神话给上述的俄罗斯意象提供了可以比照的镜子：一个像蛇一样的怪物身上覆盖着羽毛，名叫提丰（Typhon），他在制造出风暴时，能够口中吐出烟火来。由此看，风的神话化，后来也被人格化为某一位神明。美洲印第安人信仰一种头上长角、身有羽翼的神话之蛇，它是闪电的人格化表现，能够给土地送来具有繁殖力的雨水。在澳洲原住民神话中，一条龙变成云朵，随后又再变成一条蛇。在澳洲的神话中还有彩虹蛇的母题，一条巨大的蛇，其身体伸展开来，如同一座划过整个天空的彩虹桥。它表达自己愤怒的方式就是打雷和闪电。据信这个巨大的蛇怪控制着女人的月经周期，而且他还被视为一位伟大的治疗师。求雨的巫师们和巫医们在其祭祀仪式上用海贝来向他祈求保佑。[②]

这个比较神话学的分析凸显出蛇与女性的特殊关联，相关的周期性变化意象或许还应加上阴晴圆缺的月亮。这就能让人们对《圣经·创

[①] （宋）叶廷珪：《海录碎事·帝王》："太史令康相言于刘聪曰：'蛇虹见弥天，一岐南彻，三日并照，此皆大异，其征不远也。'"

[②] Golan, Ariel, *Prehistoric Religion: Mythology · Symbolism*, Jerusalem, 2003, p. 198.

世记》的伊甸园神话为什么讲述蛇引诱女性夏娃先吃禁果的现象，有一个女性主义视角的反思契机，同时也对上文提到的两件较为罕见的双人首蛇身俑分别出自公主墓和皇后墓的现象，有所领悟。或许还可以反问：同为高等级墓葬，为什么隋炀帝本人的墓中没有随葬双人首蛇身俑，偏偏把这个"待遇"留给萧皇后呢？蛇的意象在中国文化中衍生出"美女蛇"的主题，难道会是偶然的吗？[1] 如今，文化大传统的新材料不断积累，新知识也不断丰富起来，如果能够参照中国新石器时代的通天通神的标志性玉器——玉璜，大多出自女性墓葬的现象，就会产生更多的体悟。苏州博物馆的考古工作者张照根等就明确提出一个观点："根据各遗址的人骨鉴定情况看，大部分出土玉璜的人骨为女性。且随葬器物比较丰富。如：瑶山墓地出土有玉璜的墓葬，随葬品就丰富得多。很明显墓主人不仅具有崇高的宗教地位，而且占有最多的财富，拥有最高的权力。似乎可以得出这样的结论：史前时期随葬玉璜的墓，其墓主人为女性巫师，同时又是部落的首领。"[2] 我国考古工作者做出的如上判断，不是从女性主义理论立场出发的，而是从出土文物的实际情况出发的。如果能对所有出土玉玦玉璜的史前墓葬做出定量的统计数据分析，其结论一定更为坚实可信。

三　龙蛇神话的史前原型与功能

本文从双人首蛇神并珥蛇形玉玦的神话学辨识入手，揭示"珥蛇"母题的深层宗教意蕴，自然涉及龙蛇并称和龙蛇不分的中国文化现象。十二生肖中辰为龙，紧随其后的巳为蛇，又称小龙。现实中莫须有的动物龙，无疑和现实存在的爬行动物蛇有密切关系。它们同样在新石器时代就已经被先民的信仰和想象塑造为神话化的生物。从新石器时代到文

---

[1] 叶舒宪：《千面女神——性别神话的象征史》，上海社会科学院出版社2004年版，第176—185页。

[2] 张照根、古方：《璜为巫符考》，载杨伯达主编《中国玉文化玉学论丛四编》（上），紫禁城出版社2006年版，第499页。

明社会的商周时代，龙蛇形玉玦的形制居然能够完全一脉相承地保留下来，如安阳出土的商代晚期玉玦（图16）。与图11展示的石家河文化玉玦一样，虽然当代人倾向于命名其为龙形玦，或干脆称之为"龙"①，但是生产和使用这类玉玦的先民究竟怎么看待这样的神话动物形象，他们到底称之为"龙玦"还是"蛇玦"？这显然还是悬而未决的疑问所在。作为专业研究者而非博物馆的讲解员，我们不得不时刻带着这样的问题意识去接近研究对象，否则很容易被人云亦云的名称和说法所误导。

图16 安阳殷墟出土龙蛇形玉玦，叶舒宪摄于殷墟博物院

在信仰万物有灵的史前时代，蛇无疑是最神秘的神灵化身之一。与蛇崇拜相关的造型艺术表现一直传承到文明史中，文献中所谓珥蛇者、践蛇者和操蛇之神，皆为其余绪。把史前文化的神话和信仰传承看作源远流长的大传统，则文字记载的书面文化为后起的小传统。二者的重要区别在于符号的编码方式：图像与文字。21世纪在河南偃师二里头遗址新发现的所谓"绿松石龙形器"②，究竟应该命名为蛇还是龙，当然

---

① 荆州博物馆编：《石家河文化玉器》，文物出版社2008年版，第96页。
② 许宏等：《河南偃师市二里头遗址中心区的考古新发现》，《考古》2005年第7期。

也需要听证会和专家会诊。二里头遗址被学界看成夏代晚期都城所在地，迄今发现的最大一件玉器造型就是这件绿松石"龙"形器，位于一座贵族墓墓主人骨架的上身，由2000多片绿松石拼合粘贴而成，长达64厘米，只有眼和鼻用白玉镶嵌而成。仅从外观上看，无疑更似蛇。若是按照后世区分龙与蛇的简单标准：龙有足而蛇无足（参考成语"画蛇添足"），那么二里头的"绿松石龙"则应改称"绿松石蛇神"。二者对应着古文献上记录的夏族神话圣物。

如《国语·周语上》记载的"内史过论神"一段说："昔夏之兴也，融降于崇山。其亡也，回禄信于聆隧。……是皆明神之志者也。"[1] 注释家多认为崇山即河南洛阳的嵩山，靠近夏都阳城。融即大神祝融。《墨子·非攻下》也说天命融隆火于夏之城间西北之隅。这两个关于夏代的记录都说融来自上天。钱大昕《十驾斋养新录》称融、熊读音与龙相同。闻一多则从字形上考察，认为融字从虫，"本义当是一种蛇的名字"[2]；原始的龙即蛇之一种。按照闻一多的看法，从虫的融、蛮、禹等字，均与夏族的龙（蛇）图腾崇拜有关。

"它"字专指世俗意义上的蛇。造字者对来自大传统信仰的圣物之蛇，则又专造一个字"螣"。《说文解字》："螣，神蛇也，从虫，腾声。"[3]《荀子·劝学篇》还说"螣蛇无足而飞"，此一说法中保留的是史前遗留下来的蛇神信仰神话。先秦时代有一个君王（秦文公）梦到黄蛇的事件，该蛇和融一样，也是来自上天的。司马迁《史记·封禅书》记载："文公梦黄蛇自天下属地，其口止于鄜衍。文公问史敦，敦曰：'此上帝之征，君其祠之。'于是作鄜畤，用三牲祭白帝焉。"[4] 史敦代表当时知识界的权威，在他眼中，来自天的蛇就是上帝的象征，所以他建议秦文公祭祀这梦幻中的黄蛇。神蛇从天上垂下的自然方式就是

---

[1] （战国）左丘明：《国语》，上海古籍出版社1988年版，第30页。
[2] 闻一多：《伏羲考》，载《闻一多全集》第1卷，生活·读书·新知三联书店1982年版，第39页。
[3] （汉）许慎：《说文解字》，中华书局1963年版，第278页。
[4] （汉）司马迁：《史记》，中华书局1982年版，第1358页。

幻化为彩虹。汉字"虹"也是史前虹蛇神话联想的二级编码产物。要问作为自然现象的"虹"，何以在汉字中要用代表蛇的"虫"旁？离开史前大传统神话联想的一级编码，是难以解释的。

总结本文，考古出土史前的神话图像是大传统神话的直观性符号，作为文史考证的"第四重证据"，它们不仅自身承载着初民的信仰、感知和联想，是探求文明之源和思想之源的有效媒介，而且还有助于揭开古书记载的疑难问题，求解历史遗留下来的未解之谜。

原载于《民族艺术》2016年第5期

生死两界"送魂歌"

——《亚鲁王》研究的几个问题

徐新建

近来，贵州腹地的麻山地区正因苗族古歌"亚鲁王"而备受关注，相关的宣传和新闻发布会从地方一直延伸到首都人民大会堂。①冯骥才发表文章把"亚鲁王"的被发现形容为"横空出世"，称其价值"无论在历史、民族、地域、文化还是文学方面，都是无可估量的"②。刘锡诚视"亚鲁王"为"原始农耕文明时代的英雄史诗"，认为它的发现、记录与出版"是 21 世纪我国非物质文化遗产保护工作的重大成果"，从此将改写"已有的苗族文学史乃至我国多民族文学史"。③ 接下来引出的议论热烈而广泛，话题涉民族—文学、史诗—古歌及地方开发与遗产保护等多个方面，可谓一举成名、四方围观，引出的问题驳杂繁多，还需深入辨析和探讨。

十多年前，贵州省民间文艺家协会发起编一套"贵州民间文化研究丛书"，主要的组织者是余未人。笔者作为执行主编，本来负责的是

---

① 王晓梅等：《一部民族的心灵追寻史——〈亚鲁王〉出版成果发布会在北京人民大会堂举行》，《贵州日报》2012 年 2 月 24 日；《〈亚鲁王〉：新世纪以来民间文学的最大发现》，《中国社会科学报》2012 年 3 月 9 日；《英雄的民族英雄的史诗　重大的发现重大的成果》，《中国艺术报》2012 年 3 月 9 日；《"亚鲁王"回归——苗族英雄史诗〈亚鲁王〉记略》，《中国民族》2012 年第 4 期。

② 冯骥才：《发现〈亚鲁王〉》，《当代贵州》2012 年第 21 期。

③ 刘锡诚：《〈亚鲁王〉：原始农耕文明时代的英雄史诗》，《西北民族研究》2012 年第 3 期。

"麻山实录"，后来阴差阳错没实现，选题改成了省城附近的布依族村寨，结果完成了以田野考察为主的《罗吏实录》。① 要是选题没改的话，或许那时就会接触到麻山的"亚鲁王"了。

不过十分巧合的是，作为值得思考的对照，在当年的罗吏考察中，笔者遇到并描述了与麻山苗族丧葬习俗颇为相似的布依族"砍牛""诵经"和"送魂"。现在索性就把二者联系起来，再做一点比较研讨。

一 生死信仰"送魂歌"

麻山苗族流传的《亚鲁王》被发现后，外界的命名有很多，最突出的是"英雄史诗"。这一说法得到国家级"非物质遗产名录"的认定和社会舆论的广泛传播，故影响较大。媒体向外发布的说法是《亚鲁王》所传唱的是西部苗族人"创世与迁徙征战的历史"②。余未人称它是用心灵记录、用口头传唱的"民族历史记忆经典作品"③。另有人认为《亚鲁王》是至今仍在民间口头传诵的"活态史诗"④。冯骥才则在把"亚鲁王"界定为苗族的"长篇英雄史诗"后，进一步指出其为"口述的、诗化的民族史"。⑤

据目前所见资料，特别是与葬礼吟唱有关的实地调查，"亚鲁王"在当地的活态传承中谱系驳杂、功能多样、含义甚广，命名问题还值得讨论。"英雄史诗"不失为其中的一种视角和层面。结合与罗吏案例的比照，笔者认为该传唱的最突出部分应称为唱给亡灵的"送魂歌"。所谓"送魂"就是送死者魂灵回归。通过经师诵唱，让亡灵离别人世，返回先祖汇聚的地方，从而帮助逝者完成生死交替。在此过程中所唱的

---

① 徐新建：《罗吏实录：黔中一个布依族社区的考察》，贵州人民出版社1997年版，"后记"第207—210页。
② 《"亚鲁王"回归——苗族英雄史诗〈亚鲁王〉记略》，《中国民族》2012年第4期。
③ 高剑秋：《发现和出版〈亚鲁王〉：改写苗族没有长篇史诗的历史》，《中国民族报》2012年2月24日。
④ 《英雄的民族英雄的史诗 重大的发现重大的成果》，《中国艺术报》2012年3月9日。
⑤ 冯骥才：《发现〈亚鲁王〉》，《当代贵州》2012年第21期。

歌，听众并非在世的生者，而是将要离去的魂灵。因此它的基本功能是：起歌为死者，以唱送魂灵，所以叫作"送魂歌"。

需要说明的是，如今汉语指涉的"苗"有广义和狭义之别。狭义指20世纪50年代后经政府认定的民族群体，即中华人民共和国境内56个民族之一；广义则与古代"三苗""荆楚""南蛮"及近代"苗夷"等含义相关。① 这是在把"亚鲁王"界定为"苗族史诗"时需要明确的一点。当由此谈到魂灵信仰和口头传唱等现象时，"苗人"的意思，在指涉上也会涉及广狭两面。

关于苗人的魂灵信仰及鬼神崇拜，文献记载是久远和广布的。《尚书·吕刑》曰："昔三苗……相当听于神。"《左传》说"楚人信巫"。乾隆年间的《楚南苗志》记载："苗俗为鬼，祭名匪一。"② 到了近代，民族学家们到黔中一带实地调查，了解到当地苗夷信仰鬼神仍"甚为虔诚"，"举凡日常一切活动，农事、交易、疾病、婚姻、丧葬之类，莫不均受鬼神信仰所支配"③。而依照石启贵的本土描述，"苗乡鬼神类多，有谓三十六神、七十二鬼"。在这样的信仰背景下，亡灵在当地（湘西）苗人的丧葬仪式里地位十分显要。与之相关的各种诵唱也丰富多样。其中不但有《探亡歌》，还有"寻亡"和"安亡"仪式。《探亡歌》唱的是：

死了死了真死了，生的莫挂死的人；

---

① 人类学家凌纯声等在20世纪40年代调查湘西苗族时就区别过"苗人"指称的广狭两义，指出广义的"苗"泛指所有的西南民族。不过他们持的是狭义观，考察研究的对象限于"纯苗"。参见凌纯声、芮逸夫《湘西苗族考察报告》，商务印书馆1947年版，第17页。而出生于黔东南的"苗人"梁聚五秉持广义说，认为苗族的所属有苗、夷、蛮、荆、僚、瑶、黎、僮、水家、峒家……范围不仅包括东南和西南，甚至涵盖至越南、缅甸和暹罗一带。参见梁聚五《苗族发展史》，收入《梁聚五文集》（上册），香港科技大学华南研究中心2010年版，第10—12页。

② 段汝霖:《楚南苗志湘西土司辑略》（四库全书存目丛书），齐鲁书社1996年版，第664页。

③ 陈国钧:《贵州安顺苗夷族的宗教信仰》，《边政公论》第7、8期，1942年3月；《贵州苗夷社会研究》，民族出版社2004年版，第198—205页。

丢了丢了丢开了，千年万载回不成。
从此今夜离别去，要想再见万不能。①

这是表明生死之别，人鬼两分。其中既有对逝者的惋惜之意，同时亦强调了彼此不再牵连。"寻亡"和"安亡"在苗话中叫作"土昂"（tongd ngangs）、"喜响"（xid xangb），是针对亡灵及其与生者关系而分别在入夜和清晨举行的两种仪式。

到了20世纪50年代以后，政府组织编撰的《苗族简史》记载说，各地苗族成年人正常死亡举办丧葬形式和过程，各地渐趋一致，只是在细节上有所差别而已。在这些渐趋一致的仪式中，为亡灵开路仍是其中主要环节。书中写道：

出丧之前，要请巫师"开路"，交待亡魂去处。这是一项很隆重的仪式，不可缺乏。

亡魂送去何方？一是"升天"，二是沿着祖先迁来的路线回到祖先发祥的地方去。②

可见，在如今麻山当地的活态传承中，"送魂歌"的存在及其特征与上述记载十分类似，彼此关系不说一脉相承至少也称得上文化同构。

据现今公布的资料，麻山地区的"送魂"诵唱大多伴随有两个主要的仪式环节："砍马"和"开路"。"砍马"时唱《砍马经》，对象是将要作为牺牲的马。"开路"面对逝者亡灵，诵唱的即是《送魂歌》。二者表象不尽相同，体现的内在信仰是一样的，那就是：人神相关，万物有灵；生而有魂，死有所归。依照中华书局2011年版的《亚鲁王》文本，苗人口承传统体现的信仰特征，是相信世界先有神灵，后有人

---

① 石启贵：《湘西苗族实地考察报告》（增订本），湖南人民出版社2002年版，第127—128页。

② 《苗族简史》编写组：《苗族简史》，贵州民族出版社1985年版，第334页。

类，人类由神创造。其中的主要创造者之一叫"董冬穹"（Dongx Dongf Nblongl）。是他先造了天地、日月，而后才造出了人类。有意思的是，一方面被叫作"董冬穹"的创造神仍有其自身的创造者（先辈），另一方面他对人类的创造亦非独自实现，而是由若干后代接替完成。为此，《亚鲁王》中的"亚鲁祖源"篇先是记载曰：

> 在远古岁月，
> 是远古时候。
> 哈珈生哈泽，
> 哈泽生哈翟。
> ……
> 觥斗曦吩咐董冬穹去宽阔的下方造天，
> 觥斗曦吩咐董冬穹去宽阔的下方造地
> ……
> 董冬穹造人已是横眼睛的岁月，
> 董冬穹造人到了横眼睛的时代。

像这样描述了世间由来及远古演变之后，歌者们又继续唱诵道：

> 董冬穹说，
> 儿女们呀，
> 你们分别去造万物，
> 你们分别去造祖先……[①]

可见正是在这种由神创造的世界里，人类的存在不仅与神灵有关，生死之间也因神和灵而紧密联系。也就是说正因为让众人——从唱者、

[①] 中国民间文艺家协会主编：《亚鲁王·史诗部分》，中华书局2011年版，第30—39页。文中所引《亚鲁王》引文均出自该书。

听众到全体参与者——知晓了原本"从哪里来",从而便明白将会"到哪里去"。另据已出版的其他相关考察报告描述,"亚鲁王"流传的麻山一带,苗人对于魂灵存在及其相关仪礼的传承纷繁而精细。例如2009年11月至12月调查的紫云县湾塘村个案中,老摩公操持的仪式类别就十分多样,其中的"隔魂""牵魂"环节意味深长。据介绍,所谓"隔魂"是拿鸡蛋在棺木上砍为两半,意在把阴魂、阳魂分开,"阴的上山,阳的回家"。后一种叫作"牵魂"仪式,是通过摩公的引导和诵唱,把亡魂牵到神坛,使其不再游离人间。①

记得20世纪90年代笔者在罗吏村考察"砍牛"习俗时,当地民众对魂灵存在的普遍深信及与之相应仪礼的异常繁多,令人印象深刻。除了口头诵唱的"非物质"话语外,还有一系列有关灵魂的物质性表达,如"招魂幡""纸经文""符咒图"等。前者高悬在死者屋前,象征着与亡灵对话,让其知晓生命已死,亡灵应归。后者用文字书写,直截了当地表明捧……之令,好年好月,好日好时,露灵出去!笔者当时所做的分析是:"为亡灵放幡,既希望其升天,更盼望其万世不回……因此放幡就是放魂、送魂、辞魂。"②

这样的内容和形式在以"巫—觋"著称的南方族群中可谓由来已久,绝非鲜见,除了麻山所见的苗族"亚鲁王"外,上自南方古国的楚辞,下至当代黔中布依族的摩公"砍牛"以及川滇黔彝语支民族由毕摩诵唱的《指路经》。③贵州黔西的纳雍一带,因为人们相信"灵魂不灭",人死之后魂魄将脱离躯壳而"存在",故而在唱给亡灵的"送魂歌"里,不但为其指路,还特地替亡灵索要粮种、树种、麻种、鸡种、猪种、竹种、牛种,进而重新传授农耕技艺。歌中唱道:

---

① 中国民间文艺家协会主编:《〈亚鲁王〉文论集:口述史·田野报告·论文》,中国文史出版社2011年版,第130—131页。

② 徐新建:《罗吏实录:黔中一个布依族社区的考察》,贵州人民出版社1997年版,第174—175页。

③ 果吉·宁哈等:《彝文〈指路经〉译集》,中央民族学院出版社1993年版。相关讨论见李列《彝族〈指路经〉的文化学阐释》,《民族文学研究》2005年第4期。

> 卯月你泡谷,辰月你撒种,巳月你插秧……
> 打得三升谷子,舂得一升米;
> 拿一碗做你的衣禄饭,一升做你的供食饭;
> 拿一把米草来,打成你的一双草鞋,
> 你好穿到阿略地去跳花。①

在黔东南月亮山一代的苗族"牯脏节"祭典中,参与者通过"请鼓""祭鼓""吹笙""砍牛"等一系列隆重仪式,同样也有对亡灵的歌唱,同样实现着对逝者的追思和悼念;只是与麻山苗民安葬初逝者时以歌送魂不同,在月亮山"牯脏节"的情景中,又多了一层祖先魂灵与在世子孙间的生死交往、沟通循环。②

如今若从深层信仰的角度出发,再与流传于其他民族文化区域内的《格萨尔王》《玛纳斯》及《江格尔》等与苯教—佛教和萨满教—伊斯兰教传统的比较来看的话,《亚鲁王》这样的苗族"送魂歌"无疑代表着与之有别的另一种谱系,体现着多民族中国口头文化的另外类型:南方农耕民族的魂灵信仰传统。若结合中原文化的所谓"傩文化"传统一并考察的话,或许还能发现彼此在鬼神信仰方面的内在关联。③

此外,若再把比较的目光扩大至世界范围,以"魂兮归去来"为标志的灵魂诵唱,堪称世界文学和文化中普遍存在的原型之一。无论屈原"招魂"、东朗"送魂",还是在西方经莫扎特转化为室内乐形式的"安魂"(Requiem)④,都可视为"魂歌"原型的特定显现或变体,值得在人类整体的文学视野及诵唱功能之比较中进一步探讨。

---

① 纳雍县民族宗教事务局:《纳雍苗族丧祭词》,民族出版社2003年版,第22—23页。
② 徐新建:《生死之间:月亮山牯脏节》,浙江人民出版社1998年版,第22—25页、第32—39页。
③ 徐新建:《傩与鬼神世界》,载《从文化到文学》,贵州人民出版社1992年版。
④ 莫扎特谱写的《安魂曲》完成于1791年,是西方音乐史上最著名的安魂曲作品之一,内容包括"进堂咏""垂怜经""末日经"及"奉献经"和"牺牲祈祷"等。

二 万物相连"创世记"

麻山地区苗族民众在死者葬礼上诵唱"送魂歌"时,期间要夹唱"万物起源歌",也就是讲述生死由来的"创世记"。在调查者记录的事例里,有对为何要做这种夹唱的解释,比如举行"开路"仪式前,歌师对亡灵唱道:

> 我们要送你回家了
> 对于我们的祖先你生前没有人告诉你
> 现在我们就告诉你我们祖先的事情
> 你要记在心上,回去与他们同在。①

由此可见,为亡灵诵唱"祖先的事情",目的是为了使之记住来源,以便回归。至于此例提的"生前无人告知"现象,倒不一定是常态,而有可能是因社会境遇变异而发生的脱落或转型。需要弄清楚的是,在麻山地区"夹唱"于丧葬仪礼中的祖先故事和万物起源歌,在平时的其他人生环节中是否出现?如有出现,这里便是提醒和复习,也就是让死者进一步"记在心上";若无出现,就要了解为什么?也就是要弄清当地族群的世界观、生死观如何形成,又如何传播和承继?如不弄清的话,就无法解释此交往圈中族群成员对万物有灵的信仰如何形成,以及生者与死者间的世代沟通何以实现。

根据各地收集的材料和调查,苗族古歌中创世传说——祖先故事和万物起源,其实包括两种诵唱场景,为亡灵而唱只是其中之一。另外一种更常见的是面对生者,为在世的成员集体传授,以口碑方式铭记万物起源、承袭族群记忆。类似的情景在黔省各地普遍存在,比如黔东南地

---

① 唐娜:《贵州麻山苗族英雄史诗〈亚鲁王〉考察报告》,载中国民间文艺家协会主编《〈亚鲁王〉文论集:口述史·田野报告·论文》,中国文史出版社2011年版,第29—58页。

区传唱的"仰阿莎"和"蝴蝶妈妈",以及侗族大歌中的"讲款辞""嘎萨岁"等。它们都以口头古歌的形式,描述并传递了族群认知中的宇宙观念和事物来源。此中,最突出的是关于"天地创造"等古歌的成员对唱,如流传于苗族中部方言区的"造日月歌"。其中以歌手间的相互问答唱道(苗汉对照):

甲(Ot):
Dib jangx juf ob hlat,造了十二个月亮,
Juf ob hnaib bil ent,天上十二个太阳,
Dib jangx dad mak bit. 造好给他们命名。
Dail hlieb bit gheix xid? 老大名字叫什么?
Dail ob bit gheix xid? 老二名字叫什么?
……
乙(Dliux):
Dail hlieb mais bit said,老大名字叫做子,
Dail ob mais bit hxud,老二名字叫做丑,
Bit ghangb yenx bit hxed. 这个名字多么美。[1]

湘西和贵州松桃收集的苗族古歌唱诵了对世界的二次创造。歌中唱到本来的世界"开天立地,气象复明",后又混沌不清,"陆地粘着故土,天空连接着陆地"。在被称为平地公公和婆婆两位神灵的再次开创下,天地才又重新分离,平地公公用平地婆婆的血肉为材料:

把她的心制成高高的山梁,
将她的肾做成宽大的陡坡。

---

[1] 参见苗族古歌《铸日造月》,相关讨论见今旦《苗族古歌歌花·歌骨歌花对唱实例》,贵州民族出版社1998年版;吴一文《苗族古歌的问答叙事》,《贵州民族学院学报》2011年第5期。

这样（天）地就分开了，下面的就成了陆地，
上面的变成了天空……①

在麻山地区，与天地起源相关的苗族古歌不仅为亡灵诵唱，而且还出现在砍马的仪式中。如调查于紫云县猛林村的案例里，歌师吟诵的《砍马经》就唱道：

马啊马……
听我唱古理
听我唱古根
很早很早前
棉轰王不歹
造了百种邪
造了亚多王……②

目前学界及媒体的多数说法是把《亚鲁王》命名为"英雄史诗"，笔者认为不够全面。因为即便其中的确包括史诗内容，也只是部分而已。宽泛些说，把已经考察到的"亚鲁王"视为口头传唱及仪式综合体更恰当些，若一定要标明为"史诗"的话，至少兼容了"英雄史诗"和"创世史诗"等类型，所以还可称为复合型史诗，不然会有损于它的丰富和完整性，并且还将卷入难以共识的文体分类之争。对于现代受西方分类影响产生的汉语"史诗"（Epic）一词，以往的解释很多，如"叙事诗""故事诗"或"诗史""史话"等。在英语世界，史诗被界定为"一种长篇叙事诗，内容通常涉及英雄伟绩以及特定文化或民族

---

① 石如金、龙正学收集翻译：《苗族创世史话》，民族出版社2009年版，第111—113页。
② 王金：《紫云县四大寨乡猛林村苗族丧葬仪式调查报告》，载中国民间文艺家协会主编《〈亚鲁王〉文论集：口述史·田野报告·论文》，中国文史出版社2011年版，第167—169页。

的重大事件"。① 在现代中国的学术界,也有多种多样的说法。《中国少数民族文学史》界定说,"史诗"指的是"民间叙事诗"的一类,属于"规模宏大的集体创作的古老作品"。② 从这个意义上看,视苗族的"亚鲁王"为史诗也未尝不可。与此同时还有人主张将其归为"神圣历史"③,笔者觉得也没太大的错,关键看命名者各自的不同定义和取舍。

如今细读已整理出版的《亚鲁王》文本,再结合对当地诵唱过程的实地考察,笔者认为"亚鲁王"是结合了神话、史诗、古歌和历史、仪式的综合体。其中的内容既有"招魂歌",也有"英雄谱",还有"创世记"。而从彼此的关联逻辑上说,"创世记"最为根本。因为它道出了万物起源、人类由来以及历史演变和族人命运,为关涉者自我的主体确认和文化的口承传递提供了最基础的构架和前提。有了这样的认识,再来看和听"亚鲁王"中的创世吟唱,就无法不为其中的描述、场景及气派所震撼。东朗们这样唱道:

> 女祖宗们一次又一次造族人,
> 男祖宗们一次再一次造万物。
> 女祖宗造成最初的岁月,
> 男祖宗又造接下的日子。
> 造九次天,造九次人。
> ……
> 有了天,才有地,
> 有了太阳,才有月亮。
> 有了月亮,才有黑夜。

---

① Michael Meyer, *The Bedford Introduction to Literature*, Bedford/St. Martin's, 2005, p. 2128.
② 马学良、梁庭望、张公瑾:《中国少数民族文学史》(上册),中央民族学院出版社1992年版,第128页。
③ 杨培德:《生命神话与神圣历史:神话思维叙事的苗族英雄史诗〈亚鲁王〉》,"中国苗族网",2012年9月4日,http://www.chinamzw.com/wlgz_readnews.asp? newsid=2188。

> 有了种子就有生灵，
> 有了根脉，才有枝丫。
> 有了上辈，就有儿女。
> ……①

不过对于这些颇为壮观的排比式唱辞，整理和选编者十分负责任地做了说明，交代说它们"只适用于葬礼上唱诵"②。由此需要进一步探究"创世记"在这里的特殊功能。对于麻山地区苗族诵唱的"亚鲁王"而言，为亡者送魂过程中"万物起源"及"古歌唱史"的出现，还担负着一个重要的功能，即用歌唱出来的世界图式为亡灵指路。参加紫云县宗地乡一带实地调查的课题成员指出，当地东朗在"开路"仪式里诵唱的内容包括五个部分，第四部分即为"开天辟地"和讲"祖先的历史"。歌师们介绍说这部分最为重要，因为"唱得好了，亡人才能够顺利地沿着祖先迁徙的路线回归到祖先曾经生活过的地方"③。

此外，在如今搜集整理出来的麻山古歌"亚鲁王"中，有关万物起源的部分同样丰富，不但包括开创性的"造天造地""造日月太阳"和"造人"，还包括讲变迁的"兄妹联姻"和"洪水滔天"等，从纵横面讲述了事物由来及生命演绎。马学良等编撰的少数民族文学史认为西南各民族的史诗普遍讲述"创世神话和传说"，"这与草原文化圈的史诗很不相同"，是一种"储存神话的复合型史诗"。④ 有学者把西南的这种现象概括为"南方创世史诗群"，认为其"不仅是我国其他区域所没有的现象，同时在世界文化史上也实属罕见"，堪称"值得中国人自豪

---

① 中国民间文艺家协会主编：《亚鲁王·史诗部分》，引子"亚鲁起源"（杨再华演唱），中华书局2011年版，第57页。
② 中国民间文艺家协会主编《亚鲁王·史诗部分》，引子"亚鲁起源"（杨再华演唱），中华书局2011年版，第30页。
③ 李志勇：《紫云县宗地乡湾塘村苗族丧葬文化调查报告》，载中国民间文艺家协会主编《〈亚鲁王〉文论集：口述史·田野报告·论文》，中国文史出版社2011年版，第130—131页。
④ 马学良、梁庭望、张公瑾：《中国少数民族文学史》（上册），中央民族学院出版社1992年版，第157页。

的一座宝库"。① 在这样的族群地域背景参照下，朝戈金较为全面地把《亚鲁王》视为"复合型史诗"，特点是它兼具了"在中国境内流布的创世史诗、迁徙史诗和英雄史诗三个亚类型的特征"。②

在笔者看来，虽然在"亚鲁王"里包含了大量的"英雄祖先"叙事，但正是以古歌诵唱的神话和创世记内容构成了"送魂歌"的生成背景。换种说法，亦即奠定了苗族古歌的"话语场"。它的核心是"万物相关""神灵创世"。这种表现为人神相连的信仰特征，与世界各地的"土著知识"（Indigenous Knowledge）连为一体，构成更为根本的超验类型，呈现的是人类整体精神史中与生态伦理及自然保护相吻合的类型，同时亦是自西方启蒙时代以来面对现代性危机重新展开"文明对话"的重要资源，需要从人类学和哲学角度深入总结。③

三 口耳相沿"英雄诗"

根据目前出版的材料，作为古歌传唱的主角，"亚鲁"（yangb luf）其人究竟是族长、先祖抑或"苗王"乃至"神灵"还可讨论。从已搜集汇编的唱本内容看，"亚鲁"（王）被传唱者视为某一类型的族群"先驱""首领"这一点是可以肯定的。由此也就突出了他在族群承继中的"英雄祖先"特征。不过，本文讨论的重点还不是其中曲折漫长的故事情节，而是作为特定的"英雄祖先"，亚鲁王在世代成员里口耳传唱的身体性。

麻山大地坝村接受访谈的歌师说，在唱"开路"的时候都要唱到"亚鲁"。"他是我们的老祖公，我们要唱到他。""李家唱到他，张家、

---

① 巴莫曲布嫫：《南方少数民族的创世史诗》，中国民族文学网：http://iel.cass.cn/news_show.asp?newsidu1647。
② 朝戈金：《〈亚鲁王〉："复合型史诗"的鲜活案例》，《中国社会科学报》2012年3月23日。
③ 徐新建：《文明对话中的"原住民转向"：兼论人类学视角中的多元比较》，《中外文化与文论》2008年第1期，四川大学出版社。

罗家、我们杨家也唱到他……"最后，歌师用反问的语句强调说："要是开路的时候不从'亚鲁'唱来，我们怎么知道我们是从哪点来的？"①

可见，作为族群祖先，"亚鲁"在诵唱中出现，并且只在诵唱中出现。"他"通过声音，以歌词和动作的形式存活于族群记忆中；经过诵唱，在口耳相沿的路上穿越世代成员的身体，才成为四方共享的形象。在这样的传承中，口耳记忆就是身心记忆，是人类知识得以呈现和累积的特殊类型。在这个意义上，"亚鲁王"虽已在今天被整理印制成了文字文本，但在现实的生活世界，其特质仍是以身心传承的口头践行。它的习得和呈现，仍将依赖歌师的勤学苦练及听者们的现场参与。对此，当地歌师表述说，我们苗族"是用苗话来唱的，没有字来看，都是用嘴巴来讲，用脑子来记，有时候记几句话都要很长时间"，因此"要反反复复练习才能记住"，"很难学会"；而且"学不成总是忘记"。"亚鲁王"涉及内容很多。操办葬礼仪式时，光是诵唱"开路"（送魂）就忙不过来，要由"开天辟地"讲起，从下午一直唱到次日天亮，故而要多人协作，数位歌师轮流诵唱。歌师杨宝安介绍说：

> 我们唱开路就是要理天是谁来造的？人是谁来造的？洪水滔天以后，只剩下两兄妹，后来没有办法了就结婚才有后面的这些人。这两个兄妹的名字我们用苗话叫做"namu"，但是不知道用哪个字来写……②

从歌师们的讲述中可以看到，由于诵唱内容的口传性，"亚鲁王"在当地并无固定"版本"，其中的情节、结构及顺序、名称等时常不一，呈现为形态的多样和场景的唯一，也就是说在整体的分布区域里表现为多种多样，同时又在具体的葬礼仪式中因歌师的派系传承乃至个人

---

① 李志勇：《马宗歌师杨宝安口述史》，载中国民间文艺家协会主编《〈亚鲁王〉文论集：口述史·田野报告·论文》，中国文史出版社2011年版，第173—187页。
② 李志勇：《马宗歌师杨宝安口述史》，载中国民间文艺家协会主编《〈亚鲁王〉文论集：口述史·田野报告·论文》，中国文史出版社2011年版，第173—187页。

的临时取舍而独一无二。

此外，对于为何苗人只有口传而无文字，当地歌师也有自己的说法。紫云打拱村歌师杨光祥和格然村的梁大荣讲了内容相似的一个故事：

> 以前我们老祖宗和别个民族的人去学歌，学得歌回来的途中遇上一条河。别个民族的人把记下来的歌条放进包里，把衣服脱了放在头上过河来，而我们的祖公把得来的歌条放进嘴里，等到过河来后才发现歌条已经化在嘴里了。①

面对如此令人沮丧的后果，幸好苗人的祖公已把歌全都学会，且已牢记在心，故而才得以世代相传。不过自那以后，所有的苗歌都没有文字记载，只能用唱来学习和承继了。然而正因为不靠文字阅读而用口耳传递，"亚鲁王"的存在和呈现就具有了集体参与和现场互动的交往特征。那样的场景异常热闹，对族群凝聚和集体认同所起的作用，实不亚于清冷的文本。歌师们描述说，当哪家老人过世后，请歌师诵唱这些古歌时来听的人很多，堂屋中的人挤得满满的。有的是亡人的兄弟姐妹，有的是亡人的儿女、亲戚。

> 他们主要是来听你唱家族是从哪里来，怎么一步步走到今天的历史。因为各家从各个地方来，历史是不一样的，所以那些客要来看你念到他家没有，念到念不到他家他都知道……念不到旁边听的人也会笑话你不会。②

根据人类学家所做的世界性民族志研究，"口耳相沿"的历史诵唱体现出族群记忆的身心合一。这种特征在众多的无字民族里表现得尤为

---

① 中国民间文艺家协会主编：《〈亚鲁王〉文论集：口述史·田野报告·论文》，中国文史出版社2011年版，第281—281页、266页。
② 中国民间文艺家协会主编：《〈亚鲁王〉文论集：口述史·田野报告·论文》，中国文史出版社2011年版，第183页。

突出。其中的意义和功能绝非后世带有傲慢和偏见的"文盲"二字所能遮蔽。长于仪式研究和阐释的维克多·特纳甚至提出当今世界已重新变为"身体社会",在其中"所有重要的政治和精神事宜都要通过身体的渠道来阐述"。[①]

乔健则在对北美印第安人的考察中,关注过在拿瓦侯族"诵唱者"(singer)的传承行为里,知识与身体的不可分割联系。乔健不仅将此与藏族的"格萨尔王"颂歌相比,指出二者的共同点之一是都具有仪式和医疗功能,而且还同儒家经典中的类似表述做了深入比照。他引述荀子《劝学篇》的话"君子之学也,入乎耳,箸乎心,布乎四体,形乎动静"来做分析,然后总结说,在这种口耳并用的传承模式中,诵唱已融入参与者的身体,成为了他们"呼吸与生命的一部分",或一如儒家圣者所称道的"修身"和"体认"。[②]这种理解的重要之处在于把儒家相关的理论阐释与本地民族的实践传统连成一体,打破了后世偏见将精英与底层对立开来的人为间隔,形成一种富有开拓力的诗学对话。

在这点上,其实从儒家诗论到本地民族的诵唱践行,在人类表述史上始终呈现着另一条世界性的"超文字"通道和路径。无论《诗大序》所谓"在心为志,发言为诗"和"言之不足故嗟叹之,嗟叹之不足故咏歌之"直至"手之舞之足之蹈之",抑或是侗族歌师信奉的"饭养身、歌养心",莫不阐述了这种身心关联的践行道理。[③]

这是尤其值得当今因陷入文字崇拜而导致身心蜕化的现代人备加反思的大课题。1998年联合国教科文组织公布的《人类口头和非物质遗产代表作条例》呼吁,各国政府和人民应当行动起来,保护那些"以传统为依据","通过模仿或其它方式口头相传"来表达群体或个体准则和价值的人类口头代表作。笔者认为,麻山苗族口头传唱的"亚鲁

[①] [英]肖恩·斯威尼等编:《身体》,贾俐译,华夏出版社2006年版,第4页。
[②] 乔健:《印第安人的颂歌:中国人类学家对拿瓦侯、祖尼、玛雅等北美原住民族的研究》,广西师范大学出版社2004年版,第10—24页。
[③] 徐新建:《表述问题:文学人类学的起点和核心》,《西南民族大学学报》2011年第1期。

王"就是这种值得珍视和保护的人类代表作。

四 沟通两界"东朗"人

麻山地区的"亚鲁王"传唱中,歌师"东朗"(Dongb Langf)是至关重要的核心和中介。依据实地调查资料,余未人指出,流传于乡间的《亚鲁王》并非人人能唱,而仅是"一部由东朗世代口传的史诗"。而成为东朗的人,不但要有学唱的愿望、天赋和优良记忆,而且必须通过虔诚拜师、艰苦学习以及长期参与方可出师。①

在麻山,与"东朗"类型相关的另一个名称是"Bot muf"。在现今整理出来的文献里有的译为"褒谋""褒牧",用汉语解释的意思是"摩公"(或"巫师""祭司""鬼师"),有时也与"歌师"的称呼混用。1997年笔者在与紫云县毗邻的罗甸苗族村寨调查,当地也有用汉语称为"摩公"的人物。苗语叫法与麻山近似,但我选择的汉译是"播摩"(后来在黔中布依族村寨罗吏选择的是"布摩")。有意思的是,麻山的"东朗"(摩公)不但能用苗歌传承古史,有的还可以用诵唱来治病;② 罗甸的"播摩"同样如此,也能用苗歌请神、驱鬼和招魂。③ 在黔东南及广义的"苗疆"地区,类似人物普遍存在。有的叫"沟横""神东"和"相"等,在湘西则称为"巴岱"(baxdeib),还有女的叫"仙娘"……

结合这些地方的文化传统及信仰特征来分析,尽管名称多样,其在族群内部的作用和功能是共同的,那就是作为人神中介,完成生死沟通。这一类型在中国南方的巫觋文化里极为普遍。麻山苗族的"东朗"自称,令人想到云南纳西族的"东巴"。另外,麻山一带存在的"Bot

---

① 余未人:《21世纪新发现的古老史诗〈亚鲁王〉》,《中国艺术报》2011年3月23日。
② 杨正兴:《苗族英雄史诗〈亚鲁王〉歌师普查手记》,载贵州省苗学会编《苗族文化保护与利用研究》,中国言实出版社2011年版,第131—143页。该文引用受访者的话说,麻山诵唱"亚鲁王"的歌师分两种类型,一种负责"唱述"故事,一种专为治疗及其他。
③ 徐新建:《苗疆考察记》,上海文艺出版社1997年版,第1—57页。

muf"叫法又与黔中布依族的"布摩"（摩公）和彝族的"毕摩"颇为相似，并且各自承担的功能也颇为相同。这样的现象有可能意味着存在一个范围广大的南方信仰共同体，或以沟通人间与灵界为特征的巫觋文化圈及其法事传播带。只不过在这样的整体格局中，各地间的关系是同源抑或共生？还需另做研讨。

  在笔者看来，"东朗"的存在对于理解《亚鲁王》至关重要。从生命视角看，他们体现的是对生死两界的信仰和沟通；从文学层面看，则代表与"世俗书写"极为不同的另一种类型，即不但诵唱万物起源、祖先历史，而且能连接生死、指引亡灵，乃至促进教化、实现传承的"神圣表述"。[①] 再者，从口耳传递的特点看，东朗们依靠各自的身体功能——习得、体认、记忆、诵唱、感染、传播乃至联想和即兴创作等，完成着民族群体的文化储存和认同凝聚，不仅堪称族群中的文学家、史学家和精神领袖，而且是民族传统的图书馆、信息库，远古生活的"纪念碑"。

  不过，若把范围扩大，拿"东朗"与西南地区藏缅语族"尼""冻巴"及其他跨文化体系的"格萨尔""玛纳斯"与"江格尔"等史诗演唱者和传承人等作番比较，其中的联系和异同还值得思考。

  "尼"是彝族群体中主要通过"神授"（病变、附体等）和传习获得通灵功能的人物。与"毕"（毕摩）不同，"尼"的男性叫"苏尼"，女性叫"嬷尼"。我们近年在四川大学组织的"藏彝走廊民族文化遗产研究"课题组对此做过专题调查。在实地调查的众多案例中了解到，"尼"的形成要通过更高一级的祭司"毕"的授予方可实现，由此才能拥有自己的"阿萨"。"阿萨"是能附体在"尼"身上予以护佑和协助的神灵。而正是借助"阿萨"的附体，"苏尼"和"嬷尼"便能践行"占卜""招魂"和"治病"的多样法事。但与毕摩不同，"尼"不识字，也就是认不得彝文，故他们的仪式通常不用经书，而是击鼓、舞蹈和诵唱口传歌谣。此外，虽然"尼"因阿萨附体而在表面上看去更具

[①] 徐新建：《文学：世俗虚拟还是神圣启迪》，《文艺理论研究》2011 年第 3 期。

神通，但毕摩却能经由世代流传的经书，在主持丧葬仪式时向"东朗"为亡灵"指路""安魂"。其中的内容、程序都与为送魂而唱的"亚鲁王"十分类似。

在藏族地区，史诗"格萨尔"的诵唱者也被视为人神之间的中介。根据流传普遍的说法，最早的歌手是一只秉承格萨尔使命的青蛙，转世到人间后变成以歌诵史的"仲肯"。后来的众歌手是受神灵庇护、托梦而歌的能人。藏语称为"包仲"，意为"托梦艺人"或"神授艺人"。①

新疆柯尔克孜族地区，演唱长篇史诗《玛纳斯》的歌者叫"玛纳斯奇"（Manasqi）。在他们当中，有居素普·玛玛依这类进入了最高级别的"大玛纳斯奇"。因能够记诵数十万行的《玛纳斯》以及其他十几种长度相当甚至更长的柯尔克孜和哈萨克族的长篇史诗，居素普·玛玛依被誉为最杰出的艺术家、"活着的史诗库"和"当代荷马"。②而通过学者们的调查发现，《玛纳斯》的演唱者大都有过从事巫师、占卜的经历，而且几乎所有的玛纳斯奇都"以各种神秘的梦授来解释自己怎么会演唱《玛纳斯》"。有条件的会宰杀牲畜进行简单的祭祀，并在演唱前按伊斯兰教的教义小净后才唱。有学者由此见到了《玛纳斯》及其唱者体现的萨满教与伊斯兰教乃至摩尼教、祆教等多教杂糅的痕迹。③

与柯尔克孜同属突厥语民族的哈萨克文化中，也有和"玛纳斯奇"类似、被称为"阿肯"（Akin）的人物。"阿肯"是哈萨克语"诗人"的意思，但含义要广泛得多，意味着"智者的化身"，是人群里最博学、经验最丰富以及最受尊敬的人。与"东朗"所属的苗人一样，由于诗与歌这样的口头传统在哈萨克群体中具有不可替代的地位，"阿肯"的作用也十分突出，是民族传统的核心。对此，人们的看法是：

---

① 降边嘉措：《关于〈格萨尔〉说唱艺人的创作观》，载《二十世纪中国民俗学经典·史诗歌谣卷》，社会科学文献出版社2002年版，第360—369页。

② 艾克拜尔·米吉提：《歌者与〈玛纳斯〉》，《民族文学》2002年第5期。另还可参阅阿地里·居玛吐尔地：《20世纪中国新疆阿合奇县玛纳斯奇群体的田野调查分析报告》，《西北民族研究》2006年第4期。

③ 古丽多来提：《〈玛纳斯〉与柯尔克孜族宗教文化》，《安徽文学》2009年第3期。

要了解哈萨克就必须了解哈萨克诗歌；而要了解哈萨克诗歌，首先就得了解阿肯。在这样的结构里，阿肯及其演唱就异常紧要，几乎关乎族民的整个一生。这一点，诗人们是这样表述的："歌儿替你打开世界的大门，你的躯体又伴随着歌儿被埋进坟茔。"①

通过广泛的比较研究，今天的学者认为尽管作为"山地游牧民族"和作为"草原游民民族"的柯尔克孜与哈萨克有所区别，但他们世代流传的史诗，无论在叙事结构、方式还是内容情节上都具有突厥语民族的鲜明共性，且都受到早期碑铭文学的影响。在以《阙特勤碑》为名的文字篇章里，亦有关于创世论的记载：

当上面蓝天、下面赭色大地造成时，
在二者之间创造了人类之子。
在人类之子上面，
坐有我祖先布民可汗和室点密可汗……②

这就是说，虽然在史诗诵唱的实践上，突厥语民族的"玛纳斯奇"与"阿肯"都可归入口承文化和创世信仰的体系之中，但与南方的"东朗"及"苏尼"相比，却已体现着从口传向书写的转换（或以书面向口头的延伸）；相应的，前者的史诗演唱也随之出现了由宗教信仰到世俗娱乐的替代和变形。而迄今为止，麻山地区苗族东朗们诵唱"亚鲁王"古歌除非面临特殊境遇，通常是不会在丧葬之外的场合呈现的，更不会拿来轻易娱人。这样的特点不知在他们的口传唱本被收集整理并以书面方式出版之后是否还能保持，将是值得关注的问题。

---

① 张昀、阿里木赛依提、达丽哈：《论哈萨克民族的阿肯与阿肯弹唱》，《青海民族研究》2003年第3期。
② 郎樱、扎拉嘎主编：《中国各民族文学关系研究·先秦至唐宋卷》，"突厥英雄史诗的叙事传统"一节，贵州人民出版社2005年版，第400—411页。

五 余论:"多语并置"再传承

2011年,通过中国民间文艺家协会的推动和组织,中华书局出版了装帧精美、苗汉对照的《苗族英雄史诗:亚鲁王》。在"后记"里,作为执行主编和汉译参与者的余未人提出了一个重要问题:对于如此浩瀚、特殊的民族古歌究竟该如何翻译?举例来说,读音为"勒咚"的苗语是《亚鲁王》的核心概念和关键词语,但汉语能将它准确翻译转达吗?根据了解,"勒咚"在苗语中有"天"的含义。但在译者看来无论译成汉语的"天宇""宇空"还是"苍穹"都不足以体现苗语本意。最后,经过交流琢磨,决定采用双语并置来处理,即一方面用音译方法保留苗族母语的"勒咚"读音,同时选择用"天外"的汉译来加以补充说明。为什么要如此审慎呢?余未人认为苗语的"勒咚"一词,"含义既丰富又模糊,体现了远古苗人的宇宙观"[①]。

在笔者看来,这不但标志着翻译者对"异文化"的尊重及对"本文化"的认知,而且体现出对不同文化交遇、对照时应有的冷静和严谨。此类例子还有很多。笔者认为,以往的相关研究在促进了文化交往和比较的同时也犯过错误,比如简单地用"萨满"(Shamanism)、"巫术"或"天人合一"来概指各地存在的超验现象和泛神信仰,遮蔽了"东朗""摩公"以及"开路""勒咚"等文化自称所具有的自身底蕴。

自地球上各个区域性文明不断靠近以来,人类便开始处在不同文化的多语并置之中。这里的"多语"既指日常交际的社会语言,亦指包含信仰和价值体系的文明话语。

如果说汉语文献的《诗经》《乐府》开启了从大一统教化到移风易俗的社会改造传统,现代西方人类学的民族志书写发明出对文明"他者"的代言的话,那么在倡导族群平等、文明对话的如今再次面对

---

① 冯骥才策划、余未人主编:《苗族英雄史诗:亚鲁王》,中华书局2011年版,第757—763页。

"勒咚"一类的苗人语词时,就应当从任何"我族中心"的心态和观念中走出来。走向何处呢?目标之一是以笔者称为主位、客位及全位"三位一体"的视野重新看待自我和他者,以便在异同比较的基础上获得对人之为人的整体认知。

以这样的思考为前提,笔者相信对"亚鲁王"的考察研究还方兴未艾、任重道远,其中的话语分析和多方对话,不但涉及民族、历史和语言、文学,更关联到人类对宇宙与生命的普遍呈现和多元表述。

因此回头来看,就还应当进入"亚鲁王"的母语本体及其信仰语境,从最基本的语词、概念及仪式实践开始,回归这一正被汉语赋予"英雄史诗"及"非物质遗产"等他称的文化主体,重新认识他们本有的自表述。让当地人说话,用他们的言辞、话语呈现生命本相和对世界的独特表述……

在那之后,与世界各地原住民族的文明对话方可开始。①

原载于《民族文学研究》2014年第1期,收入本书时作者有修订

---

① 徐新建:《文明对话中的"原住民转向":兼论人类学视角中的多元比较》,《中外文化与文记》2008年第1期,四川大学出版社。

文学人类学视野下的谣言、流言及叙述大传统[*]

李永平

一 引言

后现代知识观念认为,所有族群的知识体系包括科学、叙述和灵感三种,[①] 其中叙述知识是一个族群知识存在和传承的精神之所。经过近20年的现代性反思,文学研究迎来了影响深远的人类学转向。重新审视现代性背景中的思想启蒙,寻找失落的人类文化大传统,我们发现,人类学诗学视野下,叙述成为人类禳灾、疗救和恢复意义的重要手段。心理叙事学家马里萨·博尔托卢西和彼得·狄克逊认为:"实际上,叙事以非此即彼的形式充斥着我们的社会及社会经验的所有方面。叙事形式普遍地存在于文学语境、对生活事件的回忆、历史文献和教材、对数据的科学解释、政治演讲、日常对话之中。"[②] 谣言、流言、神话、民间故事、历史等叙述也都自然而然地成为人类叙述知识的组成部分。从

---

[*] 本文系国家社会科学基金重点项目"世界文学的中国化阐释"阶段性成果(12AZD090);陕西省社会科学基金资助项目"谣言舆情分析与风险防控研究"阶段性成果(2012R012)。

[①] 参见[法]让-佛朗索瓦·利奥塔尔《后现代状态:关于知识的报告》,车槿山译,生活·读书·新知三联书店1997年版,第59—67页;赵旭东《灵、顿悟与理性:知识创造的两种途径》,《思想战线》2013年第1期。

[②] Bortolussi, Marisa and Peter Dixon, *Psychonarratology: Foundations for the Empirical Study of Literary Response*, Cambridge: Cambridge Unirersity Press, 2003, p. 1.

后现代知识观念出发，我们的视野就会走出仅以叙述"真假"甄别谣言的窠臼，从而发现这一集体行为背后的深层动力机制。

把谣言和流言的分野界定在是否虚构这一点上，虽然给政府舆情控制提供了极具操作性的甄别控制谣言的标准，但也把谣言问题简单化了。虚构与真相只是一个结果判断。在焦虑心态支配下，人们主观上急于改变叙述不充分的状态，群体中的个体如果知道某一种叙述为虚假陈述，其传谣的动机只能解释为有"造谣惑众"的先天偏好。正因为如此，谣言研究中最典型、最值得关注的，是它如何滋生并弥漫性扩散、变异，再到逐渐消失的传播过程。谣言在传播过程中发生转移或偏向，而"转移"或"偏向"是由听传者共同完成的。它具有明显的历史传统、现实境遇等意识形态属性。因此，谣言的界定应着眼于其叙述、传播、变异本身。谣言研究的社会意识形态背景和风险管控压力，容易使学者从动机角度区分谣言与流言，但这种区分现实操作难度大，也没有抓住问题的实质。

二 谣言的本质是文学人类学意义下的叙述，虚构与否不是谣言和流言的分水岭

谣言是伴随着人类历史存在的广义叙述的遗留物，其产生和人类的想象、叙述、求证能力相适应。文化传统中的口头叙述传统是人类文化分蘖之根，大传统视野下的叙述分为两个阶段：一是前文字的口头叙述传统；二是与文字书写传统并行的口头叙述。尽管互联网压缩了谣言叙述历时性变形转换的时空，但其核心特点依然是口头形态。前文字时代开始的口耳相传的"歌谣"是谣言的"前世"，"没有事实根据的传闻"是谣言的今生。这一点从目前《词源》《辞海》《汉语大词典》等工具书的义项中就能看出端倪。[1]

---

[1] 1988年版《辞源》对"谣言"收有两条义项：（1）"民间流传评议时政的歌谣、谚语"，并引《后汉书·刘陶传》："兴和五年，诏公卿以谣言举刺史，二千石为民蠹言者"；（2）"没有事实根据的传闻。详见'谣诼'。参见《辞源》，商务印书馆1988年版，第1583页。

就像福柯探讨"精神病"生产史一样,在某种意义上,是医疗技术催生了"精神病人"。"谣言"语词意义的生成也大致如此。信仰时代王权对信息的获取都需倚重"世界最古老的传媒"谣言。听谣、采诗、祝祷、告神之类的日常叙述活动,都是口传时代考查社会治理合法性的高级证据。儒家继承这一知识传统:"故天子听政,使公卿至于列士献诗,瞽献曲,史献书,师箴,瞍赋,矇诵,百工谏,庶人传语,近臣尽规,亲戚补察,瞽史教诲,耆艾修之,而后王斟酌焉,是以事行而不悖。"① 由于叙述媒介及证伪技术的局限,人类早期的以"谣言"形式存在的信息传递本身就难辨真伪,带有很大的不确定性。所以《辞海》在"谣言"条下,定义"谣言"为"民间流行的歌谣或谚语"。②

纵观信息传递的历史,真伪分野的知识传统产生于19世纪。在此之前,包括历史也被认为是广义叙事。20世纪,对于历史表述的科学性,瓦莱里(Valery)、海德格尔(Heidegger)、萨特(Sartre)、列维-斯特劳斯(Levi-Strauss)、米歇尔·福柯(Foucault)都持怀疑态度。基尔纳·莫若(Morrow)直接提出"历史就是叙事"。③ 奥瑟·丹托(Danto)在《历史哲学的分析》(*Analytical Philosophy of History*)中表示:所有的历史都预示(presupposes)了叙事,历史学家所提供的是关于故事的组织方案(organizing scheme),就如同科学家提供的理论一样。④ 直到新历史主义者格林布拉特(Stephen Greenblatt)和海登·怀特(Hayden White)等把历史事实和历史表述区分开来。在怀特看来,历史文本表现为历史叙述,只要历史仍然要以文字作为媒介来进行演说和书写,对历史的理解和连缀就具有了一种叙述话语结构,这一结构的

---

① 《邵工谏厉王弭谤》,《国语·周语上》,引自邬国文《国语注译》,上海古籍出版社1994年版,第6页。

② 《辞海》缩印本,上海辞书出版社1980年版,第399页。

③ Morrow, "Comments on White's Logic of Historical Narration", in Sidney Hook ed., New York: Harcourt Brace, 1963, p. 286.

④ Danto, *Analytical Philosophy of History*, Cambridge: Cambridge University, 1965, p. 137.

深层内容是诗性的。[①] 谣言和流言的区别一样超越了虚构与事实的分野，主要体现在内容、发生语境和传播情境等方面。当谣言作为集体意识表现出来的时候，它鲜明却又隐讳地透露出所针对的对象，整个传播过程就在这种透露中不断完型自己的叙述结构。[②]

国内有学者以动机"恶意""故意"与否来区分谣言和流言，甚至认为谣言就是"凭空捏造"的谎言。[③] 其实，卡普费雷在总结了汗牛充栋的谣言研究成果后直言不讳地告诫那些对谣言持有偏见的人："我们已经证明这种负面观念是站不住脚的。一方面，它把对谣言的理解引上了一条死胡同；……另一方面，这一观念似乎是由一心想教训人和教条的想法所驱使。"[④]

首先，流言和谣言伴随着人类历史，事实和虚构的判断却经历了一个由口头传播到书写传播两个阶段的意义迁转。在传播史上，信息以口耳相传的传播历史远远长于白纸黑字的书写传播时间。从有历史记载到春秋时期：《书·周书·金縢》《诗·大雅·荡》《礼记·儒行》都只有"流言"一词，而早期"谣"和"言"连用又独立成词，"谣"（1）指"无音乐伴奏的歌唱"。（2）指"民间流传评议时政的歌谣、谚语"。[⑤]《南史·梁武帝纪》中有"诏分遣内侍，周省四方，观政听谣，访贤举滞"。[⑥] "谣言"并非贬义。考察两个词语在早期典籍中的记载，不难发现：从中性词"流言"到今天贬义的"谣言"，有一个从口头传统向书写传统演变过程中的"层累构成"和意义的扭转。书写的

[①] White, H., *Metahistory: the History Imagination in Nineteenth Century Europe*, Baltimore: Johns Hopkins University Press, 1973.

[②] [法] 弗朗索瓦丝·勒莫：《黑寡妇：谣言的示意及传播》，唐家龙译，商务印书馆1999年版，第126、157页。

[③] 胡泳：《谣言作为一种社会抗议》，《传播与社会学刊》2009年总第9期。参见蔡静《流言：阴影中的社会传播》，中国广播电视出版社2008年版，第3页；周裕琼《当代中国社会的网络谣言研究》，商务印书馆2012年版，第16页。

[④] [法] 让-诺埃尔·卡普费雷：《谣言：世界最古老的传媒》，郑若麟译，上海人民出版社1991年版，第287页。

[⑤] 商务印书馆编辑部：《词源》，商务印书馆1988年版，第1583页。

[⑥] 李延年：《南史·梁纪上·武帝上》，中华书局1975年版，第185页。

话语霸权强调"白纸黑字"的实证,对口耳相传时代以"谣"为主的传播加以贬损并使之边缘化和"污名化"。此后口耳相传的信息传递成为不可靠信息的代名词,难登大雅之堂。从传播史看,人类从倚重口头大传统的"有口皆碑"到倚重书写小传统的"树碑立传",话语诉求发生根本变化。口头传统倚重口述及其信用,尊重"述而不作"(孔子、老子、耶稣、苏格拉底、佛陀等)的人文主义传统。书写小传统兴起后,这一传统遭受质疑,不得不靠自证清白的"证伪体系"。最终,新兴的小传统借助于文字暴力丑化、妖魔化口头大传统,攫得了话语权力。因之,"谣言"也由周礼以来儒家的"察谣听政"的知识传统,演变为执政者竭力妖魔化的"造谣惑众"。

其次,流言、谣言所叙述的事件要使人相信,就不可能是虚构。这些关于现在或未来的叙述,像在线播报的消息,掺和了主观判断和感情色彩,甚至在昙花一现后隐匿遁形,其结果很难预先确定。但这类超越虚构/非虚构分野之上的"拟非虚构性"叙述,又常常"草蛇灰线,伏脉千里",具有强大的潜伏本领,并伺机等待破茧化蝶式的周期性爆发。之所以不称为"拟虚构性",是因为背后的叙述意图,绝对不希望接收者把它们当作虚构,不然它就丧失了受众,也失去了叙述动力。今人谓谣言是虚假的信息,仅仅是事后完全主观性质的价值判断。

谣言传播借助的是隐匿的权威,总在指代其他的、缺席的叙述者,引用并不在场的他人"有人"。[1] 后现代主义语言观认为:"所有的感知都是被语言编码的,而语言从来总是比喻性(figuratively)的,引起的感知永远是歪曲的,不可能确切。"[2] 也就是说,语言本身的"不透明本质",使叙述的"事实"常常被重重遮蔽。[3] 况且,在现实生活中,谣言更多地以流动性极强的口头方式传播。口述的特点就是变化不定,

---

[1] Hans-Joachim Neubauer, *The Rumor: A Cultural History*, trans. Christian Braun, London: Free Association Books, 1999, p. 121.

[2] Marie-Laure Ryan, "Postmodernism and the Doctrine of Panfictionality", *Narrative*, Vol. 5, 1997, pp. 165–187.

[3] 赵毅衡:《广义叙述学:一个建议》,《叙事》(中国版)2010年第2辑。

不仅语言文本难以固定，而且口头讲述常常不是单一媒介叙述：不管是新闻广播，还是电视新闻，都附有许多"类语言因素"，例如语气、场外音、伴奏、姿势等。马林诺夫斯基说过："对于语词的真正理解，从长远看，总是产生于这些语词所指称的现实的那些方面中的活动经验。"① 即是所谓的情境语境和文化语境，这二者都超出了语言的边界。还有，个体和集体的心理图像如白日梦中的形象，不一定能落在有形媒介上，它是非可感的"心像"，我们日有所思或夜有所梦，主要由这些形象构成，不能把这一些记忆和传播过程的信息失真都归罪于信息本身的真实或是虚构。

最后，谣言传播的路径高度依赖社会心理和个体心理，在某种意义上谣言是一种个体/集体揣摩社会示意传播的幽灵。从经验出发，人的神经活动宛如流动的河水，在不间断地做"叙述腹稿"，而人"心灵"的成熟和发展也伴随着这种能力的不断增强。心思或梦境，哪怕没有说出来，没有形诸言咏，也已经是一种叙述。荣格干脆直接把谣言理解为一种"和梦一样的'潜意识中的口号'。……口号的产生首先是多层次、集体的语言运用过程"。② 每个人的梦和心灵的映像，是一种现实情境的剪辑、嫁接、示意或象征，象征启用的都是旧有的素材，诉说的都是新的情境。所以，孤立地看没有什么特别之处的谣言，置之于特定的情境之中，其所指就格外醒目。

在特定社会情境和历史文化传统下，谣言是社会意识和个体意识间交互作用的群体获得社会认知，规避社会风险的精神康复和意义建构活动。其表现为人际间摆脱孤立状态，形成、维持、改变或适应其社会关系过程中的叙述话语。谣言没有时间的概念，也没有空间的关联，有的只是一个"召唤结构"，包含了许多"意义不确定性"和"意义空白"。它们在传播过程中由听传者集体给予确定和填充，并将谣言的内

---

① Bron Malinowski Routledge, *Coral Gardens and Their Magic*, London: Allen & Unwin, 1935, p. 58.
② 转引自［德］汉斯-约阿希姆·诺伊鲍尔《谣言女神》，顾牧译，中信出版社2004年版，第227页。

容转换为听传者心目中的内容。群体推理的特点是把彼此不同、表面上相似的事物搅在一起,并且立刻把具体的事物普遍化。① 在现实中,与故事、神话一样,谣言叙述把个体和集体、自我和他人、文化和自然、生者和死者联系起来,将个人和整个世界连成一体,象征性地获得与神齐一的神圣感,产生精神的疗救效果。② 从社会效果上,谣言也为各种无法获得适当信息的人群集体地寻求理解提供了共享(包括相信和质疑、共识和冲突两个方面)的平台。换言之,谣言更多时候表现为一种积极的话语实践,在集体认同的压力驱使下,实现对群体利益的影响。其现实效果表现为三个层面:"协调一致、营造真实、强制规训。"③ 群体的立场一旦形成,便会凝固成"符号性的真理"和"治疗性的信念"。由于"沉默螺旋"的压力作用,这时候"信息流瀑"和"群体极化"两个规律的"虹吸"作用开始启动,会迅速产生巨大的倾向性优势。④ 所以,在某种意义上,人们之所以相信谣言,不在于它多么符合客观事实,而是谣言身后潜在的群体意图和他们的信仰立场相一致,他们既在立场上免于"少数人"的心理危机,又在组织上有群体归属感。所以,一旦深入研究谣言的控制问题,我们立刻就闯入了谣言叙述的核心规律,即进入了个体和集体的精神信仰领域,而这完全是一个主观世界。

精神分析学的鼻祖弗洛伊德在 70 岁时谦虚地把无意识心理的真正发现者归为文学家,认为是小说的叙述揭示了如深渊一般的人类内心世界。创立一个多世纪的精神分析学,在 21 世纪又呈现出转回其母胎——文学艺术的倾向。⑤ 对谣言传播深层的精神动力解剖是文学人类

---

① [法] 古斯塔夫·勒庞:《乌合之众:大众心理研究》,冯克利译,广西师范大学出版社 2007 年版,第 79 页。
② Joan Halifax, *The Fruitful Darkness: Reconnecting with the Body of the Earth*, San Francisco: Harper San Francisco, 1993, p.104.
③ 周铭:《"流言"的政治功能——波特的"故事"与"诗"》,《外国文学评论》2011年第 2 期。
④ [美] 卡斯·R. 桑斯坦:《谣言》,张楠迪扬译,中信出版社 2010 年版,译者序。
⑤ 叶舒宪:《文学人类学教程》,中国社会科学出版社 2010 年版,第 254—255 页。

学叙事治疗的范例。我们一般浅层次的文学叙述反映的社会生活的概念，对于潜藏在叙述背后的巨大精神医学能量往往浑然不觉。作为文化动物，叙述是人的精神生存的特殊家园。它对于调节情感、意志和理性之间的冲突和张力，消解内心生活的障碍，维持身与心、个人与社会之间的健康均衡关系，培育和滋养健全完满的人性，均有不可替代的作用。①

三 谣言、神话、民间故事等是集体无意识的历史和现实的叙述表征

从神话时代开始，谣言就和人类历史相始终。古希腊人将谣言视为神谕，谣言女神（法玛）的祭坛就修在雅典城的中心广场上。而在罗马帝国奥古斯都大帝时代，诗人将女神的形态记载在诗篇中。奥维德在《变形记》中描绘了"谣言女神的家"，她是盖亚的小女儿，行动迅速，并长有翅膀，是"匿名的无处不在的传播媒介"。②

在任何社会文化环境里，人们在日常生活中往往会卷入到流言蜚语中，原因在于谣言来源于超越个体乃至民族、种族的人类普遍性的集体无意识。古斯塔夫·勒庞在《乌合之众》一书中指出，一些可以轻易在群体中流传的神话之所以能够产生，不仅是因为他们极端轻信，也是事件在人群的想象中经过了奇妙曲解之后造成的结果。"在群体众目睽睽之下发生的最简单的事情，不久就会变得面目全非。群体是用形象来思维的，而形象本身又会立刻引起与它毫无逻辑关系的一系列形象。"群体中个体的特点是"有意识人格的消失，无意识人格的得势，思想和情感因暗示和相互感染而转向一个共同的方向，以及把暗示的观念转

---

① 叶舒宪:《文学与治疗：关于文学功能的人类学研究》，社会科学文献出版社1999年版，第273页。
② [德]汉斯-约阿希姆·诺伊鲍尔:《谣言女神》，顾牧译，中信出版社2004年版，第56、61页。

化为行动的倾向"。①

美国民俗学家理查德·鲍曼（Richard Bauman）曾经指出：文类并不是僵化固定的，而是一个"动态的表达资源（dynamic expressive resource），那些标志着文类的风格特征的惯常期待和联想，能够被进一步地组合和重新组合，以生产多样化的形式和意义"。② 我们对"谣言"这一文类的界定，也应该具备这种反省和"自觉"意识，看到其受到语境和主体的制约，会随着具体的语境以及主体的变化而变化。表层看，谣言、故事、神话、传说看似不相关联，但其叙述的诗学的话语结构和编码规则有着惊人的一致性。它们重复讲述或预先讲述群体精神的焦点。"神话""传奇""民间故事""谣言"这种分类其实是将叙述形式和生成语境割裂开来的做法。谣言诗学将口头流传的传说、传奇、逸事按照简化、扩展、颠倒、替代、同化等诗学逻辑剪辑组装，与特定情境中的角色、环境、时间结合起来，形成一种社会性文本，通过叙述、言说、解释、表征一种存在，实现与现实权力的交往对话。"谣言的前世（幼虫阶段）是神话和集体记忆阶段。这一阶段里，谣言潜伏在各层结合部网络的毛细血管里"。③ 一些形象与符号之所以会在神话、民间故事、梦境、谣言中频繁出现，是因为它们烙在人类的思想中，表达了人类某种内在的思维模式，这就是原型意象（archetypes），这些原型虽然经常处于变化状态，但其基本形式却没有改变。荣格所说的原始意象，或曰集体无意识，实际上是指有史以来沉淀于人类心灵底层的、普遍共同的人类本能和经验遗存。这种遗存既包括了生物学意义上的遗传，也包括了文化历史上的文明的沉积，而正是这些社会文化肌体的基因编码决定了该肌体潜伏谣言的类型和数量，不同文化传统对不同谣言

---

① [法] 古斯塔夫·勒庞：《乌合之众：大众心理研究》，冯克利译，广西师范大学出版社2007年版，第51、59页。

② Richard Bauman, "Contextualization, Tradition, and the Dialogue of Genres: Icelandic Legends of the Kraftaskald", in Alessandro Duranti and Charles Goodwin, eds., *Rethinking Context: Language as an Interactive Phenomenon*, p. 127.

③ [法] 弗朗索瓦丝·勒莫：《黑寡妇：谣言的示意及传播》，唐家龙译，商务印书馆1999年版，第36页。

类型有选择性免疫效果。

伊利亚德从"神话的讹传"角度阐释了神话诗学与谣言诗学之间的关联：

> 神话可以蜕化为一种史诗般的传奇、一个民谣或者一段韵事，或者仅仅以"迷信"、习俗、乡愁等的变形而留存下来；尽管如此，它既没有丧失其本质也没有丧失其意义。我们还记得，宇宙树的神话是如何被保存在传奇以及采集草药的仪式里面的。参加入会礼的候选者所经受的"考验"、苦难以及跋涉也被保存在了那些英雄（尤利西斯、埃涅阿斯、帕济法尔、某些莎士比亚笔下的人物、浮士德等）尚未达到目的之前所经历的苦难与困顿的故事里面。所有这些构成史诗、戏剧的"考验"和"苦难"极其清楚地和通往"中心的道路上"遭受的仪式性痛苦以及障碍联系了起来。毫无疑问，虽然其"表现方式"与入会礼并非处在同一个层面上，但是，在类型上，19世纪的名著亦回响着尤利西斯的流浪或者寻找圣杯的故事，更不要说那些袖珍小说，我们不难发现它们的情节具有古老的起源。即使在今天，侦探小说叙述罪犯和侦探（古代故事中的好妖和恶妖、龙和童话王子）之间也有类似的斗智斗勇，在好几代人之前，他们喜欢表现一个孤儿王子或者无邪少女和"坏人"搏斗，而一百五十年之前流行的则是"黑色的"和夸张的浪漫故事，充斥着"黑衣修士"、"意大利人"、"坏蛋"、"受诱惑的少女"、"蒙面保护人"等，这些细节上的变化乃由流行情感的不同色彩特征所致，而主题则万变不离其宗。①

谣言、流言、当代传说和其他民间文学体裁以及通俗文学之间也存在密切的联系，沃斯讨论它们与歌谣、寓言、笑话、恐怖小说、神秘故

---

① ［美］米尔恰·伊利亚德：《神圣的存在：比较宗教的范型》，晏可佳、姚蓓琴译，广西师范大学出版社2008年版，第402—403页。

事、闲谈、UFO 传说以及作家文学的关系，甚至某种程度上她认为这些都是传说、谣言和流言存在的形式和方式。①

欧美民俗学家将当代传说、谣言、流言等视为民间文学，并运用学科独有的方法进行研究，取得了以下的研究成果：（1）从体裁学的角度进行界定，探讨谣言的特征和其他相关体裁的关系；（2）运用田野调查的方法，搜集了大量原始资料，包括文本、文学影视作品、相关民俗志资料；（3）运用一系列民俗学成熟的方法和理论进行多角度的研究。在西方民俗学家看来，谣言、流言和都市传说都是当代的民间叙事，更准确地说，属于"传说"这一体裁。布鲁范德在北美民俗学的经典教材《北美民俗研究》中，将谣言、流言、当代传说、逸闻、个人叙事等都归入传说一类，认为它们具有传说这一体裁的共有规律：至少包含一个事件（event），内容上被认为是真实可信的，形式上较为自由，有地方化和合理化的特征。② 盖尔·德·沃斯简明地梳理了当代传说（contemporary legend）、谣言（rumor）、流言（gossip）的定义、特征、分类以及它们之间的区别和联系，从语言文学的角度出发进行界定：当代传说"是在当代社会口耳相传，被当作事实讲述和展现的传统变异的故事。它们在社会经济的各个阶层和群体内广泛流传"。流言（gossip）"是无意义的闲谈、没有根据的谣言、闲聊、有关个人或社会事件的难以控制的谈话或书写。被认为是没有价值的、琐碎的。流言传达与人有关的信息，可以反映正反两方面的意图"。谣言（rumor）指"有疑问的一般的谈话，传闻或道听途说。一般来说是的简短、揣摩的信息，缺乏明确的叙事元素。主要是涉及个人的事件，也可以涉及很有声望或很重要的地区或事件"。③ 这三种体裁之间有相似性甚至重叠之

---

① Linda Dégh, *Legend and Belief: Dialectics of a Folklore Genre*, Bloomington: Indiana University Press, 2001, 84-96.

② Jarld Brunvand, *The Study of American Folklore* (4th Edition), New York & London: W. W. Norton & Company, 1998.

③ Gail de Vos, *Tales, Rumors and Gossip: Exploring Contemporary Folk Literature in Grades 7-12*, Libraries Unlimited, 2006, p. 21.

处，是人们在正式和非正式场合进行信息交换的工具。讲述者和读者可以借此搜集信息、表达观点、增加或者替换某些信息。

我们以英雄诞生的故事情节来阐明神话、故事、历史、谣言之间的原型结构。爱德华·泰勒、约瑟夫·坎贝尔不约而同地指出，英雄神话通常都有统一的情节模式：英雄非凡诞生，被抛弃到陌生领域，然后被底层人或动物搭救，获得神力，长大后历尽考验，最后荣归故里娶亲并成为世界的主宰。[1] 兰克在《英雄诞生神话》一书中认为，世界不同类型的英雄故事，都是俄狄浦斯希腊神话故事的转换变形，他列举了世界各地30个英雄诞生的神话，其中包括俄狄浦斯、吉尔伽美什、摩西（Moses）、萨尔贡（Sargon）、耶稣等人，英雄前半生的结构基本雷同。[2]《西游记》中，玄奘的父亲（陈光蕊）为贼人所害，母亲（满堂娇）在玄奘出世后就把他放逐江中，取名"江流儿"的传说；包公出生时面目黧黑，被父母抛弃，最后由嫂子抚养成人的故事传说；《钢铁侠》新神话以及羿与吉尔伽美什的英雄原型，都在叙述结构上和英雄神话有内在结构上的一致性。从文学人类学的角度看，现代都市谣言"艾滋病扎针"和"盗肾传说"等则是这类原型的进一步置换变形。[3]

巫术和妖法与谣言的散布密切关联。人类学家所熟悉的太平洋和非洲各民族的巫术和妖法，常常被人视为远离现代社会的所谓"封建迷信"或者"原始宗教"。但是安德鲁·斯特拉森提出，巫术和妖法总是跟谣言和闲话牵扯在一起。它们都"潜伏"在我们身边，具备超乎常人的能力，随时准备破坏我们的生活，社会总是要把他们清除出去。这

---

[1] [英]爱德华·泰勒：《原始文化》，连树声译，广西师范大学出版社2005年版，第227页；参见[美]约瑟夫·坎贝尔《千面英雄》，张承谟译，上海文艺出版社2000年版。

[2] Otto Rank, *The Myth of the Birth of the Hero: A Psychological Exploration of Myth*, Baltimore, MD: Johns Hopkins University Press, 2004, p.48.

[3] 陌生的地方是阈阈之限。从2002年开始，天津、内蒙古、新疆等地先后流传艾滋病患者用注射器抽取血液，在校园、公交车、公园等公共场合向陌生人扎针，注射传染艾滋病病毒的谣言。起源于拉丁美洲的盗肾传说，在五大洲广泛传播。从2006年开始，该传说变身为谣言，又在南京、杭州、东莞、四川等地改头换面，以求职、高校校园、浴缸等作为情境呈现。参见施爱东《盗肾传说、割肾谣言与守阈叙事》，《华南师范大学学报》（社会科学版）2012年第6期。

一切又跟想象、暴力、替罪羊等问题一道，构成一个个推进社会变迁的过程。①

表 1　　　　　　　　　几类神话英雄的旅行结构表

角色/出身	受孕	神谕	出世	经历1	经历2	结局
国王的儿子	触犯禁忌	凶兆	抛弃（追杀）	英雄被流放	底层人或动物抚养	成就伟业
江格尔	死亡威胁焦虑	骏马	西克锡力克加害	仙女帮助	神灵庇佑	建立宝木巴王国
布军（bima）	风神伐由之子		俱卢大战中获胜	古鲁的谋害1	古鲁的谋害2	布军悟道
农民工群体/性别隔阂	恐惧	告诫	进入陌生场域	诱惑	割肾/扎针	恐惧加深
幻游历险	宇宙吞没焦虑	幽闭恐惧意象	生育、脱胎意象	消解旧生命	净化、救赎	美与无限②
成年礼	不洁净的焦虑	禁闭	过渡仪式	考验1	考验2	新生/洁净

美国神话学家约瑟芬·方廷罗斯（joseph fontenrose）在论述神话概念时，在某种意义上也揭示了神话、谣言和故事的内在关联："当一个故事与崇拜或仪式没有关联时，不论是从外部还是从内部来看，它都不是神话，而应该被称为传奇或民间故事。"③ 在神话学家威廉·巴斯克姆看来，神话、民间故事、传奇之间没有什么差异，都属于"散体叙述"（prose narrative）。"散体叙述本质是一种流传颇广且非常重要的口

---

① ［美］安德鲁·斯特拉森等：《人类学的四个讲座：谣言、想象、身体、历史》，中国人民大学出版社2005年版，第162页。
② Stanislav Grof, *The Adventure of Self-Discovery*, New York： State University of New York, 1988.
③ Joseph Fontenrose, *Python： A Study of Delphic Myth and Its Origins*, New York： Biblo & Tannen Booksellers & Publishers, Inc., 1974, p.434.

头艺术。"① 这样看来，作为传统故事形态的神话就与史诗、民间传说、童话、传奇等联系在一起，它们之间存在一种基于人类叙述、想象及其显性表述的潜意识世界的一致性，只是在族群集体叙述意识河流的某个阶段或意向上，表述的类型有所不同。

谣言和神话的共同之处在于深层意蕴和历史真实之间有某种关联。在《兰克时代的神话历史》（"Mythistory in the Age of Ranke", 1990）一文中，美国史学家唐纳德·凯利（Donalld R. Kelly）试图复兴"神话历史"的观念和传统。在《多面的历史》（1998）第一章，唐纳德·凯利探讨了西方史学的"神话历史"传统，他先引用了米歇尔·德·塞特（Michel de Certeau）的名言"历史可能就是我们的神话"，并继而写道，"历史研究是最新的但不是最后的神话建构，通过它我们努力超越狭隘的文化视野，去了解未知的、甚至可能完全无法知晓的世界"。② 继唐纳德·凯利之后，以色列历史学家约瑟夫·马里（Joseph Mali）在《神话历史：一种现代史学的生成》（*Mythistory: The Making of a Modern Historiography*，以下简称《神话历史》）一书中提倡一种"现代史学"："把神话体认为它是一种已进入历史并成为历史的故事",③ 其任务是把这些故事重估为对个体认同和集体认同不可或缺的宝贵历史。在《神话历史》一书中，约瑟夫·马里梳理了（或者说建构了）现代史学中的"神话历史"传统，他选取雅各布·布克哈特、恩斯特·康托洛维茨、瓦尔特·本雅明、乔伊斯为重点个案，揭示了"神话历史"的不同面相。

德国学者沃尔特·伯克特认为，"神话又是最为古老、流传最广的故事形式，它主要讲述遥远时代神明们的故事，其根基是口头传统"。④

---

① William Bascom, "The Forms of Folklore: Prose Narratives", in Alan Dundes ed., *Sacred Narrative: Reading in the Theory of Myth*, Berkeley: University of California Press, 1984, p, 7.
② [美] 唐纳德·凯利：《多面的历史》，生活·读书·新知三联书店，2003年版，第2页。
③ Joseph Mali, *Mythistory*, Chicago: The University of Chicago Press, 2003, p. XII.
④ Walter Burker, *Ancient Mystery Cults*, Cambridge, Massachusetts & London, England: Harvard University Press, 1987, p. 73.

神话学家谢里曼、乌尔里克·维拉莫、欧文·罗德（Erwin Rohde）、爱德华多·迈耶（Eduardo Meyer）、卡尔·罗伯特（Carl Robert）等试图在神话与传说的底层探寻历史的真实性，其目的是确定神话的可信度、源头及其发展。如果神话叙述的一种原型在特定时期、特定地点出现，那么这就意味着神话叙述反映了特定的历史，诸如部落的迁移、城市的冲突、朝代的更替等。[1]

诺伊鲍尔论述谣言时，阐述了谣言的神话思维逻辑：

> （谣言）还有"神话式"思维特殊、矛盾和模棱两可的逻辑，这种逻辑不断地抽取"神话"思想的逻辑解剖针。……我们不用指望牵扯到流言一纵即逝的言辞时这种神秘的大雾会散去。正相反，古典时代的谣言和听传现象正是具有这种双重的不明确性。谣言在古典时期留下的大部分痕迹都是保存在对神话、战争和历史这些根本问题的探讨中……同时，"神谕"又一再以虚构人物的形象出现，说明了谣言与听传的影响力，就好像谣言和听传自己会说话一样。[2]

谣言、历史和神话的双向关联中，施爱东明确提出"谣言常常是民间故事（或传说）的初级形态或者省略式"[3]。民俗学家往往注意文本的搜集、整理和分类，在掌握大量文本的基础上进行文学的分析，不仅仅满足于探索谣言的生命史，在研究方法上也有意识地进行多学科的融合，超越了辨别真伪和价值判断的视域，如施爱东对灾难谣言的形态学分析[4]和对

---

[1] 王倩：《20世纪希腊神话研究史略》，陕西师范大学出版社2011年版，第59—69页。
[2] ［德］汉斯·约阿希姆·诺伊鲍尔：《谣言女神》，顾牧译，中信出版社2004年版，第16页。
[3] 施爱东：《灾难谣言的形态学分析——以5.12汶川地震的灾后谣言为例》，《民族艺术》2008年第4期。
[4] 施爱东：《灾难谣言的形态学分析——以5.12汶川地震的灾后谣言为例》，《民族艺术》2008年第4期。

周总理"鲍鱼外交"谣言中故事角色的分析。① 在盗肾传说和割肾谣言研究中，对来自澳洲、美洲和中国的文本进行比较研究，使用的正是类型的研究方法。施爱东对谣言生产者和传播者进行研究，划分出多个群体，并区分了积极传播者和消极传播者，这与叙事文学研究中的对积极讲述者和消极讲述者的研究类似。② 基于网络谣言的深入解剖，施爱东研究员生动地论及谣言、故事、历史关联中的一种类型：

> 谣言在其所经之处，如同昆虫产卵一样，在更多受众的记忆中投下了谣言的虫卵，这些虫卵如同潜伏的病毒，会在下一个适合的气候下，再次孵化，以一种崭新的姿态重现于世。反复发作的黑色谣言，经历了时间的漂白，它会慢慢沉淀为故事、掌故，成为疑案、野史，然后，由野史而渗入历史。③

谣言可以随着诠释的不同而进入传说和历史，成为神话和历史。笔者认为，谣言、神话、历史还有第二种关联，主要表现为历史变成了故事传说。时过境迁，沧海桑田，传说再后来成为神话，解构历史。试以华佗的接受史为例加以说明：华佗外科手术的精湛技艺本有据可查，有史为证。但由于血缘、师徒间的人格化技艺传承观念局限和传播媒介不发达等原因，华佗在外科手术方面取得的巨大成就随其身亡，技术断裂失传。《千金翼方》序云："元化（华佗字）刳肠而湔胃……晋宋方技，既其无继，齐梁医术，曾何足云。"④ 逐渐地，过了不到1000年，人们开始对华佗事迹真实性产生怀疑，要么不信，要么神化。《宋史》卷四六二《方技·庞安时传》质疑华佗医术的真实性："有问以华佗之事者，曰：'术若是，非人所能为也。其史之妄乎！'"名医庞安时也不相

---

① 施爱东：《灾难谣言的形态学分析——以5.12汶川地震的灾后谣言为例》，《民族艺术》2008年第4期。
② 施爱东：《谣言生产和传播的职业化倾向》，《民族艺术》2015年第4期。
③ 施爱东：《谣言的逆袭：周总理"鲍鱼外交"谣言史》，《民族艺术》2013年第3期。
④ （唐）孙思邈：《千金翼方》，上海古籍出版社1999年版，第1页。

信这种手术出于人为。叶梦得《玉涧杂书》还专门从当时就颇为时兴的动手术伤元气的角度否定华佗手术医疗的理论基础。明末清初名医喻昌也不相信华佗事迹，他认为这是撰史者的虚妄，华佗的事迹遂成为民间传闻。华佗采药行踪所至，今江苏、山东、河南、安徽等省广大地区，方圆达数百平方公里都有华佗的传说故事。明孙一奎《医旨绪余》把华佗本人神话化："世传华佗神目，置人裸形于日中，洞见其脏腑，是以象图，俾后人准之，为论治规范。"① 华佗能"刳肠剖臆，刮骨续筋"是因为华佗"造诣自当有神"或有"神目"。华佗这个实际的历史人物被涂抹上神话色彩。

斯特莱森曾说："历史可以是一种谣言"，"神话的某个方面可以变成当下的谣言"。② 即便医学这样一个传统意义上的科学，其理解和接受也从来不能摆脱"神农家"本草思想观念和文化传统的拘牵，何况"历史""神话""传说""谣言"这些语词意义的建构生产。

从文学人类学的功能角度看：不同民族的叙事文类采用包括神话、史诗、圣史、传奇、民间传说、骑士故事、寓言、忏悔文、编年史、讽喻诗、小说、谣言、流言等很多种体裁，每个体裁都有很多子体裁（sub-genres）：口头与书面、诗体与散文体、历史题材与虚构。但是，无论风格、语气或情节的差异有多大，每个故事的叙述都有一个共同的秩序维持和创伤疗救功能。这一点，人类学家列维－施特劳斯与宗教学家米尔恰·伊利亚德已经证实：巫师与圣人最初的一个职责就是讲神话等象征性故事，用象征符号解决无法用经验解决的矛盾。③

---

① （明）孙一奎：《医旨绪余》，文渊阁《四库全书》影印本，第766册，上海古籍出版社1987年版，第1088页。
② ［美］安德鲁·斯特拉森等：《人类学的四个讲座：谣言、想象、身体、历史》，中国人民大学出版社2005年版，第109页。
③ ［爱尔兰］理查德·卡尼（Richard Kearney）：《故事离真实有多远》，王广州译，广西师范大学出版社2007年版，第14—17页。

四 谣言、流言的风险阈限关系到集体语境和现实情境

对个人私生活闲言碎语的微观互动，变异扩大为对集体语境和危机情境的社会认知，谣言的意识形态就已经具备。谣言和大多数梦境一样，能指都善于伪装并启用旧有的素材，所指诉诸阐释的都是当下处境的"受伤的想象"。

食品安全问题近年来广受热议，如三鹿奶粉、三聚氰胺、苏丹红、香蕉致癌等。受众被包裹在此类氛围中，产生对食品质量和陌生人群过分的焦虑情绪和心理防御，这使得这些领域成为谣言叙述的策源地。微不足道的星星火源都会成"燎原之势"。具体的机制表现为：历时性的集体记忆和共时性的现实情境层累叠加，在特定语境中，相关群体的叙述就会像自来水沸腾，能量不断累积。民众的焦虑心态和猜疑容易把社会生活中偶然出现的个别现象彼此联系，想象、夸张、渲染的情绪让信息最终变形扭曲。[1]

历史、神话、故事传说总是以一种相似的结构不断重演，同样，谣言也是如此。"集体记忆，包括对过去谣言叙述的集体记忆会催生新的谣言。人们会将对过去事件的回忆融进对有关新的谣言的叙述。换言之，谣言的基因存在路径依赖。"[2] 谣言所过之处，如同昆虫产卵，在更多受众的个体记忆中投下"虫卵"，这些虫卵如同潜伏的病毒，伺机追寻合适的环境，再次孵化，以一种崭新的面目浮出世面。卡普费雷（Kapferer）说："谣言的反复出现取决于环境的偶然因素，这些因素放松了惯常的管制、抑制和疏导的作法，使潜伏的东西不再受到抑制。……它是一股地下水，只要有裂缝，水就会喷涌出来。"[3]

---

[1] 李永平：《谣言传播的本土语境及风险防控》，《当代传播》2011年第5期。
[2] Gary Alan Fine, Veronique Campion-Vincent and Chip Heath, *Rumor Mills: The Social Impact of Rumor and Legend*, New Jersey: Aldine Transaction, 2005, p.141.
[3] [法] 让-诺埃尔·卡普费雷：《谣言：世界最古老的传媒》，郑若麟等译，上海人民出版社1991年版，第125页。

李若建在论及 20 世纪 50 年代流传于我国,断断续续传播前后十余年的"毛人水怪"谣言时认为:在某种意义上,谣言是一个在特殊区位、特殊年代中被激活和重新建构的集体记忆。把事件简单归因为坏人造谣,然后惩罚造谣者,是平息谣言的最简单、最懒惰的办法,但是这种办法无法真正杜绝谣言。[1]

在古代传统社会,以人为媒介的人格化的信息生产占据主导地位,整个社会在场的人际互动频繁,日常交流和人格化交易增进了人与人之间的信任程度,社会整合程度高,风险系数整体较小,谣言引发或转变为社会风险的阈值高,官方对谣言的防范意识较弱。于是谣言和现实的社会风险之间形成相互递减的螺旋结构。反观今天,我们生活在媒介的"拟态环境"和程度不一的"风险社会"之中,风险阈值较低,社会整合度低。信息叙述的时间和空间在互联网世界被压缩。各种不确定因素的合力,容易使信息均衡被打破,叙述容易发生畸变,迅速扩散转变成集体想象,外化为一种舆论压力,[2] 为群体性事件的爆发安装引信。这客观上致使我们偏重于谣言的现实层面而忽视了它身后的历史传统。

德国学者诺伊鲍尔深刻洞悉谣言背后的深层大传统动力,他认为:谣言的修饰变异绝不是凭空臆造的,也不完全是邪恶的化身,而是历史的一部分,根源于民族集体无意识,并承载着历史的呼应,唤醒的是集体记忆。谣言的历史就是一部人文的历史。[3] 这种理解真正揭示了谣言叙述背后的深层动力,也就是人类学诗学所论述的意义治疗和话语实践。只有故事叙述将个体时间从零碎的、与个人无关的状态消逝,向一

---

[1] 李若建:《虚实之间:20 世纪 50 年代中国大陆谣言研究》,社会科学文献出版社 2011 年版,第 87 页。

[2] 美国学者卡斯·R. 桑斯坦给出的观点值得参考:如何将人民接受错误信息的风险降低呢?最显而易见、最标准的答案是:设立言论自由的机制,把人民置于均衡的信息中,让人们接收到知情者发布的更正确的信息。参见 [美] 卡斯·R. 桑斯坦《谣言》,张楠迪扬译,中信出版社 2010 年版,第 9 页。

[3] [德] 汉斯-约阿希姆·诺伊鲍尔:《谣言女神》,顾牧译,中信出版社 2004 年版,第 175 页。

种模式、情节、神话转变，将时间人格化。① 每个人的一生都在找寻一种叙事，愿意也罢，不愿意也罢，我们都想将某种和谐引入到每天都不得脱身的不和谐与涣散之中。因此，我们也许会同意把叙事界定为消除心理混乱的一种方法。我们常说理越辩越明，其实是让在场的叙述逐渐获得了秩序和方向感，因为讲述故事的冲动是而且一直是追求某种"生命协调"② 的愿望。

神秘文化传统浓厚的中国民间信仰使中国谣言叙述自古以来就和文化传统中的采生折割巫术、符咒、魅术、扶乩、神谕、谣谶、诗谶联系紧密，产生了神秘感和冥冥之中的力量感，并像梦魇一样会嫁接在集体潜在的或显性的欲求中，形成零散的片段。应对不同情境时，"片段"进行不同"组装"。从"蕉癌"报道畸变为人吃香蕉致癌的谣言，再联系艾滋病扎针、叫魂等谣言③等都可以看出：文化大传统基因的谣言浸润性（易感性）起到了关键作用。④

五　结论

在文学人类学视野下，"叙述知识"获得了再发现和重估的机会。和神话、诗学、民间故事一样，谣言诗学及其规律，是文化大传统的组成部分。谣言是真实和虚构间的莫比乌斯带，揭示的恰恰是叙述在二者之间的腾挪转换。蔽于舆论治理和维护秩序的诉求，长期以来我们不能很好地索解谣言的本质，尤其不能解释谣言传播的核心精神动力。放眼弗洛伊德、荣格、阿德勒以来的精神分析的最新发展，我们发现，叙述，特别是梦的情节、神话、民间故事、寓言、谣言、传奇、小说类叙

---

① ［爱尔兰］理查德·卡尼：《故事离真实有多远》，王广州译，广西师范大学出版社2007年版，第13页。
② Paul Ricoeur, *Time and Narrative*, Vol. 3, Chicago: Chicago University Press, 1984, p. 8.
③ ［美］孔飞力：《叫魂：1768年中国妖术大恐慌》，陈兼等译，上海三联书店1999年版。
④ 参见李永平《从"香蕉致癌"谣言看科学传播的本土语境》，《新闻爱好者》2009年第14期；李永平《谣言传播的本土语境及风险防控》，《当代传播》2011年第5期。

述成为某种文学的医学志,甚至升格为跨界的新文类。① 优秀的心理分析医生,不仅仅是一位处理事实的"科学家",而且完全可以将其比作剧作家、小说家、寓言家或者音乐家,他们的目的是唤起想象,但更像是一位掌握如何讲故事的"萨满教巫师"。② 每一位受伤害的个体,摘下面具,舔舐疗伤,真正透露内心自我甚至本我欲望、情感与梦幻的文本,恰恰是我们视为"旁门左道"又虚荒诞幻的"小说"、"志怪"、谣言、寓言等叙述。由此人类叙述言说的文类偏好及其社会分层背后,耐人寻味地侧漏出人类这个庞大的群体自我调节和自我救援的潜意识自觉。就像民间故事所说的那样,尾随受伤的蛇就会发现传说中的"灵芝草",因为蛇受伤后会本能地搜寻灵芝草疗伤。荣格反复强调:"受伤的医者才是最高明的疗伤者。"从这个意义上讲,谣言叙述的动力机制背后是脆弱个体受伤害的想象和主动地疗救、禳灾的主观努力。

在后萨满时代,人人都是自己的巫师。熟悉催眠治疗的人都明白,像萨满时代的巫师,通过叙述对话示意,把处于催眠状态中的个体逐渐导向被压制记忆的路径那样,叙述治疗的功能如同靶向治疗中被 γ 射线引导向"靶点"的光刀。由于语言叙述与文化传统中集体记忆的"压制性禁忌"和原型情结在结构上的一致,叙述的治疗作用和催眠师的搜索创伤记忆的治疗机理相一致。每个古老的文明中的人们都深深地了解词语和歌谣所蕴含的巨大能量,如今那些遥远的神话故事和传说,部分地化身为谣言、流言、都市传说一代代地被讲述,它本身有带领族群穿越时空隧道,探寻并获得整个族群经验的治疗功能。③ 谣言的反复叙述让集体摆脱概念等形而上的桎梏,经验性、象征性地重回曾经的集体记忆。完整和统一的个体逐渐从琐碎的、异化的现实分离出来,重新蛰伏进自身的内在本质——他的灵魂(即自性)。因之,通过叙述参与,自我献祭给自性,现世的存在获得了意义,一切非本质的表面附加物完

---

① 叶舒宪:《文学人类学教程》,中国社会科学出版社 2010 年版,第 258 页。
② [爱尔兰]理查德·卡尼:《故事离真实有多远》,王广州译,广西师范大学出版社 2007 年版,第 70、74 页。
③ 叶舒宪:《文学人类学教程》,中国社会科学出版社 2010 年版,第 243—244 页。

全脱落。①

  我们过去对民间故事、话本、累积小说的卓越叙述有一句耐人寻味的概括:"劳动人民集体智慧的结晶。"殊不知这句话背后道出了惊天的秘密:"人们听到谣言,常会从自己的角度来丰富谣言,甚至提供其他论据来证实谣言。在这种滚雪球效应里,人们把谣言变成自己的,在里面投射了自己的想象和幻觉。"② 当群体成千上万"喜大普奔"进行一种狂欢式叙事的时候,在场的时间感、空间感、群体感、力量感和归属感就会被无限地放大。在古代社会如此,在互联网时代更是如此。像飞蛾扑火,个体由此象征性地获得了集体无意识的神圣性和崇高感。从这个意义上,我们说谣言叙述的力量背后还隐隐包含了每个个体潜意识的"英雄情结"。

    原载于《思想战线》2014 年第 2 期,收入本书时作者有修订

---

 ① [美]拉·莫阿卡宁:《荣格心理学与西藏佛教》,商务印书馆 1994 年版,第 69 页。
 ② [法]让-诺埃尔·卡普费雷:《谣言:世界最古老的传媒》,郑若麟等译,上海人民出版社 1991 年版,第 55 页。

神话学的话语机制及其变迁

黄 悦[*]

人类对自身文明的追溯几乎都可以上溯到神话，无论是美索不达米亚泥版上刻下的文字，还是古埃及壁画上神秘的往世来生，抑或是《山海经》中至今难以索解的怪异形象，都指向一个与现实不同的世界。那些讲述世界创造、人类起源和万物秩序的故事以各种形式流传下来，以其蕴含的哲理、激情、美感成就了人类的梦幻，也催生出丰富灿烂的艺术成果。人类对神话的研究和探讨几乎和神话的历史一样悠久，但认识和态度却从未统一，神话学的诸多流派和观点正是在偏差中切磋碰撞而产生的。

一 从神话到神话学

神话英文为 myth，德语形式为 mythe，mythus，mythos 或法语为 mythe，其共同的词源来源于希腊文 μῦθος，其本意是故事。就其在古希腊语境中所体现出的意义而言，并不存在绝对的神圣性或虚构性，也没有和真实的对立。这些意义是在后来的流传、阐释和辩论中被逐渐赋予的。马克思说"希腊神话不只是希腊艺术的武库，而且是它的土壤"[①]，

---

[*] 黄悦，北京语言大学教授，一带一路研究院副院长。
[①] ［德］卡尔·马克思：《〈政治经济学批判〉导言》，《马克思恩格斯选集》第2卷，人民出版社1995年版，第28页。

这不仅揭示了神话在希腊艺术中的地位，也透露出其对整个西方文化的影响。荷马史诗和赫西俄德的《神谱》等所勾勒出的奥林匹斯山上的故事连同众神的形象一起，成为西方文学、艺术、哲学中延绵的底色，并一直延续到后现代艺术家手里。至此传统被拼接、变形、幻化，用来表达全新的艺术观念。

在当代文化中，神话被视为传统文化的组成部分，成为沟通传统与当下、精英与民间、个体与群体、理性与感性、普遍与特殊的重要情感依据和文化纽带，也是非物质文化遗产的重要内核。当神话重新被凸显于文化遗产的聚光灯下，值得关注的问题是：神话是否就仅仅是远古的故事？它在当下如何延续？对于当下社会又发挥着什么样的作用？这都是在当代遗产学视野中重新认识神话的关键所在。

理性当道以来，神话往往被视为逻辑的对立面，与美、善、终极的理想和伦理价值问题相关，而与日常的世俗规则无涉。事实上，密索斯最初并没有与代表理性的 logos 截然对立。① 早在古希腊时代，哲学家们就将密索斯作为智慧的源头和思考的起点，柏拉图虽然驱逐神话诗人荷马，但他自己也以神话的方式讲道理。② 亚里士多德则在《形而上学》中提到："古今来人们开始哲理探索，都应起于对自然万物的惊异。……（因此，神话所编录的全是怪异，凡爱好神话的人也是爱好智慧的人。）"③ 由此可见，神话是西方哲学的源头之一。但纵观上千年的文化史，关于神话究竟是什么却争论不一，其取向大致可分为二。其中一派侧重于"异"，强调神话思维与理性之区别：列维-布留尔在

---

① 词语 mythos 早期与 logos 有相同的意义：即词语（word）、说话（speech），后来则主要意指：故事（story, tale）……而 mythos 也仍然可与 logos 互换使用。参见 C. K. Barrett, "Myth and the New Testament: The Greek Word Mythos", in R. A. Segal ed., *Philosophy, Religious Studies, and Myth*, New York & London: Garland Publishing, Inc., 1996, p. 25.

② 比如在《蒂迈欧篇》中关于亚特兰蒂斯的故事，就是以神话的方式表达自己的宇宙观。在《美诺篇》《斐多篇》和《高尔吉亚篇》中神话也都占有重要的地位。但在柏拉图笔下的 muthoi 或 muthos 一词通常被视为尚未分化的"密索斯"，主要指以讲故事的方式表述某些纯理性叙述无法完全阐述的观点。参见陈中梅《神圣的荷马：荷马史诗研究》，北京大学出版社 2008 年版，第一章《概论："长了翅膀的话语"》。

③ ［古希腊］亚里士多德：《形而上学》，吴寿彭译，商务印书馆 1995 年版，第 5 页。

《原始思维》中将神话思维归为与科学思维相异的前现代体系，英国人类学家 E. B. 泰勒、J. G. 弗雷泽等早期对于异文化神话信仰的研究就将神话解释为"原始人"的科学。① 这种暗含价值判断的神话观念成为文化进化论的注脚，它一方面证明了文化的发展是一个直线进化的过程，另一方面也将神话定位到人类的童年时代，从而奠定了人类文化内在一致性的基础。求异思维的根本是密索斯和逻各斯的二元对立。这种异也常常被用来指涉某种文化在进化的链条上处于较低的位置。

另一派神话观念则侧重于"同"，特别是古今之同，人类之同。他们认为神话是人类思维的一种基本形式，自有其运作的规律，且其中不乏理性难以代替的智慧，维柯称之为"诗性智慧"。早在18世纪科学理性与宗教信仰的拉锯战中，维柯就将最初的智慧视为人类文化的源头和未来的希望。② 人们也曾试图将神话装入现代思维的容器中，比如将神话视为经过变形伪装的历史。其中最具代表性的观点被称为欧赫麦尔主义（Euhemerism），其目标是从神话中寻找历史事实的蛛丝马迹。神话也曾被视为语言讹变的结果，即神明的故事起源于用来表达抽象概念的文字，但后来这些词语为后人所不解，转变成各种人格性存在的神祇故事。比较神话学鼻祖马克斯·缪勒就持此说。③ 虽然缪勒的观点在某些方面难免偏颇，但这两种观点是以现代学科眼光研究神话的代表，影响巨大。在剑桥学派看来，神话与仪式生活相连，而这种神话—仪式的复合体则与艺术源于共同的心理冲动。④ 经过弗洛伊德和荣格从个体潜意识和集体无意识两个层面的解释，神话不仅被用于解释艺术家的心理，还提供了个体精神与外在世界、文化传统之间神秘契合的新理解。

19世纪以来的文化人类学家通过调查原始部落和异民族来了解神话与人类社会的关系，试图揭示神话在人类社会结构中的独特作用。在这

---

① 参见［美］泰勒《原始文化》，上海文艺出版社1992年版；［加拿大］弗雷泽《金枝》，徐育新等译，中国民间文艺出版社1987年版。
② 参见［意］维柯《新科学》，商务印书馆1989年版。
③ 参见［德］马克斯·缪勒《比较神话学》，金泽译，上海文艺出版社1989年版。
④ Jane Ellen Harrison, *Ancient Art and Ritual*, T. Butterworth, 1935.

方面功能学派功绩卓著,马林诺夫斯基认为神话是特定社会的特许状态。在马氏看来,神话是一个具有连续性的"谱系",一头连接着神圣的历史传统,另一头联系着世俗的社会生活。此说奠定了文化人类学中功能学派的基本模式,即从文化符号的功能入手研究其意义。与此形成对比的是:结构主义者认为神话最大的特点在于反映了人类思维的基本结构,因此更关注神话产生和运作的机理。20世纪六七十年代,克劳德·列维-斯特劳斯在语言学的框架上展开了神话学研究,① 他主张将神话划分为一些变体组成的意义束,并且通过分析这些变体来研究人类思维的共性结构。通过这种数学式的精确研究,他为神话研究开辟了普适化、标准化的方向,但也留下了神话研究去历史化的隐患。今天看来,结构主义这种求同的思路,深刻启发了当代思想家的神话观念。20世纪哲学家重视神话与政治话语的相通之处。卡西尔就认为:人类的所有活动都是符号活动,神话思维也不外乎创造符号,并在符号的基础上制造意义之网。卡西尔着力研究德国纳粹制造的国家神话和英雄神话,以及它所造成的巨大影响。② 至此,神话已经不再是古老文化遗迹的代名词,而是当下鲜活的符号活动,而且事关重大。他所开创的这一传统在第二次世界大战之后日益重要,神话一词的含义也因此更加丰富。③ 同样是聚焦于当代文化,罗兰·巴特则从细微现象入手,揭示广告、电影等合力

---

① [法]克洛德·列维-斯特劳斯:《结构人类学》,张祖建译,中国人民大学出版社2006年版。他的《神话学》四部曲就被视为结构主义神话学的集大成之作。

② 参见[德]恩斯特·卡西尔《神话思维》(黄龙宝、周振选译,中国社会科学出版社1999年版)、《国家的神话》(范进、杨君游、柯锦华译,华夏出版社1999年版),对于卡西尔对神话思维的研究在哲学史上的价值,参照更为全面地反思这一问题的还有法国社会学家A.索维,他将资产阶级的民主政治学说、政党的和国家的政治蛊惑、公众社会舆论等统统纳入神话范围内。

③ 卡西尔对德国民族神话的论述启示了不只一位思想家,比如安德森关于民族共同体的论述,西蒙·德·波伏娃关于古典神话中的父权制阴谋的揭示都运用到了神话这个概念,苏珊·桑塔格甚至认为疾病的叙事中也充满了神话和隐喻,而且这种神话有可能是致命的。虽然在比喻意义上使用神话一词由来已久,但在这些20世纪思想家的论述中,神话是一种在特定群体中被共同接受且作为思维基础甚至成为价值标准的叙事,在整个文化研究中,研究者更侧重于揭示神话作为信仰的虚幻一面,科技神话、国家神话、民族神话等皆是此类命名。与之前的研究相比,这一观念已经脱离了神话/理性、原始/现代的简单二元对立。

共谋的现代神话。他认为神话就是一种言说方式,在这一点上它不仅和语言现象内在一致,尤其和意识形态具有共通性。罗兰·巴特从涂尔干那里借来了"集体表象"一词,认为神话是一种集体行为,也是一种意指形式,一种言说方式,其特点是将文化之物逆转为自然。凡是以这种形式运作的,都是制造神话的行为。① 由此,罗兰·巴特不仅指出了神话的生成机制,指明了制造神话的主体,并且强化了神话与现代生活的联系。

神话受到研究者态度的巨大影响。英国当代神话学家罗伯特·西格尔(Robert Segal)在广泛研究各个当代学科对于神话之研究之后,区分了当代人面对神话的两种态度。第一种是批判的理性主义,即主张随着科学的发展,神话的意义已经或即将消灭。第二种是浪漫的还原主义的态度,认为神话是人类的精神脐带,非但不能抛弃,还能提供源源不断的精神力量。② 美国当代神话学者布鲁斯·林肯则将这两种倾向追溯到西方两大思想传统之中,其中第一类植根于启蒙传统,另一派则源于浪漫主义。当然,二者之间也偶有交叉。③ 概而言之,启蒙主义认为神话是人类思想文化进化链条上的早期一环,是人类蒙昧时期的思维化石或遗迹,可以供现代人猎奇或怀旧。而在浪漫主义传统之中,神话则被视为"古人"的思想和精神之精华,甚至是现代人获得拯救的希望所在。在反现代性的背景上,浪漫主义的神话观显然更占优势。当代宗教学家米尔恰·伊利亚德的神话研究就被视为这种浪漫主义神话观的代表:"他不仅把神话描述为一种文化类型,这一文化类型为'古人'提供了创造性、真实存在以及神圣力量的模式,而且他还把神话当作救赎的工具奉送给那些想要逃避世俗的、浅薄的、堕落的和衰弱的现代社会

---

① 参见[法]罗兰·巴特《神话修辞术》,屠友祥、温晋仪译,上海人民出版社 2009年版。
② Robert Segal, *Theorizing about Myth*, Amherst: University of Massachusetts Press, 1999.
③ [美]布鲁斯·林肯:《死亡、战争与献祭》,晏可佳译,龚方震校,上海人民出版社 2002 年版,中译本序。

之无意义和贫乏的人。"① 伊利亚德的这一看法，奠定了后现代主义看待神话的基本态度。在当代生态主义批评者的眼中，神话不仅是联系现代人类与其古老传统的脐带，而且也是整合个体身心与群体、宇宙的关节点，这种力量主要来自于神话整体性的宇宙观。但当人们把神话视为每个民族独特的精神遗产时，却往往以标准化的模具塑造神话，力求完整、独特、体系化，其代价反而是遮蔽了神话背后的知识体系和宇宙观。

二 中国神话概念的根源、演变与产生机制

与西方不同，中国神话是各种观念塑造的结果，文化遗产学视野中的神话则与特定思潮联系紧密。根据现有研究，秦汉以前的典籍中没有出现"神话"这一固定搭配，而其中"神"的概念也与古希腊的人格神有异。从字面上来看，"神，从示申"。《说文解字》注曰："天神，引出万物者也。"② 甲骨文中没有神字，其意义来自前身"申"，本是天空中闪电形，这个由具象符号发展而来的"申"字背后是天意的传达。《易·说卦》："神也者，妙万物而为言者也。"③《礼记·祭法》曰："山林、川谷、丘陵，能出云，为风雨，见怪物，皆曰神。"④ 荀子在《天论》中说道："万物各得其和以生，各得其养以成，不见其事而见其功，夫是之谓神。皆知其所以成，不见其形，夫是之谓天！唯圣人为不求知天！"⑤ 由此可见，在中国固有文化观念中，神并不是一个有谱系、有传承、有固定居所的人格形象，而是某种主宰万物的模糊力量或者与自然力量有关的灵。神的概念所体现出的是天人感应的整体文化

---

① 伊利亚德的主要思想体现在他的神话学著作中，其中包括《永恒回归的神话》《神圣与世俗》等。参见 ［美］布鲁斯·林肯《死亡、战争与献祭》，晏可佳译，龚方震校，上海人民出版社 2002 年版，"中译本序"第 4 页。
② （汉）许慎撰：《说文解字》卷一，中华书局 1963 年版，第 8 页上。
③ 阮元校刻：《十三经注疏》卷第九，中华书局 1980 年版，第 82 页。
④ 孙希旦撰：《礼记集解》，中华书局 1989 年版，第 1194 页。
⑤ 王先谦撰：《荀子集解》，中华书局 1988 年版，第 309 页。

观，即神灵主宰世间万物，而人则要顺从天意行事。这种前现代的本土"神"在一定程度上解释了中国上古神话多变零碎、不成体系的原因，也注定了对照西方神话构建中国神话体系的努力难免徒劳。

虽然中国文化中"神"作为一个神圣或神秘力量的存在由来已久，但"神话"一词及其后来所负载的种种内涵却是现代学术的产物。现代汉语中的神话一词源自西语，经日语转道而来。① 这个词被引入中国语境之初便与启蒙话语直接相关，② 随后借助文学、民俗学和历史学在现代学术的基本框架之中展开，文化遗产意义上的神话概念则更多地借重于民族学和民俗学的观念。

较早意识到"神话"之价值的当推文学家，在对西方理论的引进和调适中，他们将神话看作文学艺术的历史根源和心理根源。郑振铎和闻一多受到原型批评的影响，注重从文学作品中寻求民族心理原型和历史事实；而茅盾和鲁迅等人则将神话视作文学的萌芽阶段，尚未摆脱古典进化论的基调。鲁迅将神话视为文学史的一部分，所谓"夫神话之作，本于古民，睹天物之奇觚，则逞神思而施以人化，想出古异，诚诡可观，虽信之失当，而嘲之则大惑也"③。其中仍有进化论的影子，但把握住了神话的认识论本质，奠定了将神话纳入文学的典型思路。周作人是汉语学界较早认识到神话在文学之外价值的人，他在《童话论略》中将童话与神话进行了比较，认为："童话（Marchen）本质与神话（Mythos）世说（Saga）实为一体。童话研究当以民俗学为据。英有安特路兰（Andrew Lang）始以人类学法治比较神话学。"④ 周氏还介绍了

---

① 研究者通常将 1903 年蒋观云（智由）在《新民丛报·谈丛》（第 36 号）发表的《神话、历史养成之人物》一文视为神话一词被正式引进学术界的标志，但也有学者认为 1902 年梁启超发表《历史与人种之关系》一文在前。神话一词是在怎样的本土酝酿和外来刺激之下被引入的，最初的引进者是在何种背景和意义上使用的这个词，对于理解中国神话学的最初走向意义重大。关于这个问题的学术史考证，请参见谭佳《"神话""历史"的联袂与分裂——以 1902 年为起点》，《百色学院学报》2011 年 10 月。

② 梁启超、蒋观云、夏曾佑、鲁迅、周作人、章太炎等人的神话观都是他们启蒙观念的一部分，后文还将详细论证。

③ 鲁迅：《破恶声论》，载《鲁迅全集》第 8 卷，人民文学出版社 2005 年版，第 32 页。

④ 周作人：《童话论略》，绍兴县《教育会月刊》第 2 号，1913 年 11 月 5 日。

当时最流行的历史学派、譬喻派、神学派、语言学派、人类学派五种神话学理论,并特别强调了民俗学的眼光。从此,神话在中国的另一个走向呼之欲出。

中国神话学的发展与民族文化的重塑以及救亡图存背景下族群的自我认同息息相关。这本是神话学的题中之义,因为从历史语言学派开始,神话就被视为民族文化之根,甚至被视为识别民族的文化符号和研究民族心理的根据。神话被当作民族主义的内核是现代性的必然产物,有研究者认为,"现代性当中另一种核心张力,就是普遍主义与特殊主义之间的关系"。而在这一框架之下,民族国家则天然赋有文化特殊主义的表征欲望。[①] 在这里,启蒙的主题与民族主义高度重合,这赋予了中国神话学动力和使命感,但同时也留下了天然隐患。

事实上,自晚清以来,在传统学问向现代意识转换的过程中,知识分子对神话的兴趣很多是出于辨别种族的现实需要,并且是在夷夏之辨的传统中展开的。这一时期的神话研究往往围绕着"种族"这个关键词,一方面用新的材料来辨析中华民族的源流,另一方面则在建构自身存在的合法性和正统性。在这之后的学者们往往都有自觉的政治维度和较为明确的指向。这种服务于国族建构的文化想象和建构以清末最具代表性,历史学家对此也进行了反思。[②] 与此相反的则首推以顾颉刚先生为代表的古史辨派,他们的基本出发点就是以科学的实证史学观念来考证神话,从而对那些怪异神奇的上古史进行证伪。这种解构式的研究背后是科学主义的单纯诉求,但实际上却是对神话本

[①] [英]杰拉德·德兰迪、恩靳·伊辛主编:《历史社会学手册》,李霞、李恭忠译,中国人民大学出版社2009年版,第537页。

[②] 当代历史学者关于神话与国族认同的研究可参见唐慧兰《晚清民国时期"尊黄"思潮研究述论》,《燕山大学学报》(哲学社会科学版)2009年第4期;孙隆基《清季民族主义与皇帝崇拜之发明历史研究》,《历史研究》2000年第3期;罗志田《包容儒学、诸子与黄帝的国学:清季人士寻求民族认同象征的努力》,载《裂变中的传承:20世纪前期的中国文化与学术》,中华书局2003年版;沈松侨《"我以我血荐轩辕"——黄帝神话与晚清的国族建构》,《台湾社会研究季刊》1997年第28期。

身的消解。① 对神话的哲学研究和心理学研究有共通前提,即将神话视为人类深层心理结构的表现,而这个结构必须是超越族群和历史的。因此,从本质上来说,作为文化遗产的神话并不是因其内核而成为族群的精神纽带的,其存在和发展都不能脱离活态的传承环境和机制。在社会学的奠基者涂尔干看来,无论是最初级的图腾崇拜,还是最繁杂的高级宗教仪典,其中支撑性的信仰材料都是社会因素形成的。民族—国家话语和主流文化也给少数民族的神话打上了印记。"少数族裔的神话和叙事与社群、宗教、信仰、祭祀、仪式、民俗有着天然的联系,必然也随之载浮载沉。"② 换句话说,社群关系、民族认同、独特的仪式、祭祀、信仰不仅是神话的载体,而且也是其塑造者。

三 现代学术视野下的神话透视

在民俗学视野下,神话和口传叙事、民俗、仪式活动等一道被视为俗民文化的一部分,较之于由精英书写被反复篡改的书面文化,其保留着民族的集体记忆,神话成了其根源所在。中国民俗学的泰斗钟敬文先生就将神话纳入到民间文学的范畴中,他从文化史的角度入手认为神话具有文化遗留物的特点,因而有助于探究特定文化发展的本源。神话研究的另一个贡献是沟通了现代与古代文化、精英与民间文化。与钟老相比,后辈民俗学研究者们更为关注鲜活的社会现实,即神话作为一种延续至今的传统,究竟给当代人的思想和生活带来了什么。③ 在此,民俗学率先利用了另一个重要方法资源——田野调查,而这一点对于当下的

---

① 除了学问指向上的区别,治学方法也有不同,如吕微先生所言,"茅盾等人引进了现代西方神话学的核心观念及其理论(包括分类)体系;而顾颉刚等人则主要继承了本土传统解经学的支流——晚清变为学派的基本思路和考据方法"。参见吕微《传统经学与现代神话研究》,《广西民族学院学报》(哲学社会科学版)2003 年第 5 期。
② 刘大先:《现代中国与少数民族文学》,中国社会科学出版社 2013 年版,第 311 页。
③ 参见廖明君、杨利慧在题为《朝向神话研究的新视点》一文中对于神话作为文化遗留物到活态信仰这一学术观念转变的相关论述,载《民族艺术研究》2005 年第 1 期。

活态神话研究具有至关重要的作用。参照鲜活的田野材料,学者们认识到:神话只有被置于活态的传承语境之中和社会生活之中,才能变僵死的遗产为鲜活的"遗续",才能突破"本文化"的局限,看到神话的真实面目。① 在动态的眼光中神话是特定社会之中被各种力量共同创造的话语体系,它不是一个一成不变的体系,而且不仅受讲述者的影响。"最终为人们所接受的乃是一种标准的、恰到好处的,或者是占统治地位的神话版本,它是一种不可移易的集体产物,是经过了叙述者和听众长期的切磋琢磨而形成的。"② 作为一种民族集体记忆的神话正是在具体的社会关系中得到传播、传承和表述,也才能最终实现其功能。

在民族主义的视域中,民族的内在根据是特定族群共享的心理认同和文化记忆,而源自远古的神话则是其中最有效的识辨依据。所以,对神话的阐释乃至重塑就和对现代民族的自我认同和记忆塑造直接相关。但事实上这种本质主义的神话观也需要反思,且不论神话研究的一个基本假设就是神话思维的内在共性,在现实条件下,各个族群的神话在流传中不仅存在互相借鉴的情况,而且其本身也会经历发展流变。由此可见,作为非物质文化遗产的神话,被与民族文化画上等号,不仅与现代民俗学的基本假设相关,也是现代性的必然产物。

女娲神话被视为中华民族的一个神话始祖,也是很多地区信仰的对象。从散见在历代文献中的记载来看,她不仅完成了造人之功绩,还有救世的功劳,是一位典型的创世大母神。《天问》中就有:"女娲有体,孰制匠之?"关于《天问》为何有此一问,王逸的解释是:"传言女娲人头、蛇身,一日七十化,其体如此,谁所制匠而图之乎?"③ 也即认为,女娲擅长变化的神圣性不容置疑,那么她又是从何而来的呢?屈原

---

① 这里的"本文化"是指中国神话研究中单纯依赖文献和传统考据方法,从而局限于西方概念框架的倾向。关于中国神话研究"本文化"的问题,参见吕微《传统经学与现代神话研究》,《广西民族学院学报》(哲学社会科学版) 2003 年第 5 期。
② [美]布鲁斯·林肯:《死亡、战争与献祭》,晏可佳译,龚方震校,上海人民出版社 2002 年版,"中译本序言"第 7 页。
③ (宋)洪兴祖:《楚辞补注》,中华书局 1983 年版,第 104 页。

要追问的也许正是这个终极的神圣主体。许慎在《说文解字》中也专门解释道:"娲,古之神圣女,化万物者也。"① 这里将"化"解释为"化生万物",因此女娲的创世神地位就更突出了。古史辨派试图从古文献的爬梳中辨别她究竟是三皇之一还是伏羲的配偶,以及女娲与盘古究竟谁才是中华民族的创世神。古史辨派得出的是一个标准历史学的结论:"在汉代以前,至少在楚国一代地方,是奉女娲为开天辟地的人类始祖的,或者因为她是女人,不克担此重任,而以后的史家以为,她既修补了天地却又不在开辟之时,一定非首出御世的圣王,于是这开辟之功便被后起的盘古占去了。"② 古史辨派的主要根据就是关于盘古作为创世神的文献记载要远远晚于女娲。在这种分析和结论上可以看出传统学术和实证思想对历史学家的影响,但他们不约而同忽略了的一个问题就是:女娲和盘古都是以身体化生的方式创世,他们之间的共性何在?在《山海经》中,女娲就曾被这样提到:"有神十人,名曰女娲之肠,化为神,处栗广之野,横道而处。"晋郭璞注曰:"女娲,古神女而帝者。人面蛇神,一日中七十变。其腹化为此神。"③ 这个女娲之肠实际是对女娲蛇身的一种变形表达,而蛇身则是上古对神性的普遍表达。到了汉代之后,由于阴阳五行思想的兴起,加之女神地位的下降,女娲成了伏羲的配偶神,她的位置也逐渐由庙堂之上的三皇转向了民间信仰的对象。在汉代之后,各种画像石和绢画帛画中反复出现伏羲女娲人首蛇身交缠在一起的图案,这个图案中伏羲女娲手执规矩,身边环绕着的是日月星辰,显然是被看作创世二神。这二神的组合实际上表达了中国哲学和创世神话中的阴阳二神化生万物的思想,只不过将哲学的观念表现为具象的神话图案,并得以流传。自此之后女娲被看作拥有性别的女神,因此"置婚姻""置笙簧"、造人类等与增殖活动有关的信仰就日渐集中在她的身上,并成为后世民间信仰的基点。

---

① (汉)许慎撰:《说文解字》卷一二下,中华书局1963年版,第260页上。
② 顾颉刚、杨向奎、童书业:《三皇考》,载《古史辨》第七册中,上海古籍出版社1982年版,第155页。
③ 袁珂:《山海经校注》,巴蜀书社1993年版,第544页。

现代民俗学利用民间仪式、口传等资料开展研究，他们发现除了中原汉族之外，西南少数民族等地区也存在女娲信仰，孰先孰后的影响关系或许不易判定，但却都是对人类思维结构的反映。更有研究者从文字和图像以及考古实物入手，追溯到女娲神话的最初形态，其实是历史更为悠久的蛙神崇拜。① 杨利慧还通过田野调查指出，中原地区民间活态信仰中的女娲还担负着女性群体自我认同的重要功能。② 女娲神话对遗产学视野下的神话研究之启发在于：神话有可能是发展流变的，它既反映人类心理原型，也受到各种力量的塑造。因此，要研究这种遗产不仅要注重横向的文化对比、纵向的历史梳理，还应该注重对于民间活态信仰的考察。

图1 位于河北涉县的娲皇宫，始建于北齐（公元550—559年）③

站在现代人的立场上看，"神话"已经成了一个包含深刻自反性的吊诡概念，现代理性主义的一个基础就是怀疑，而这种逐渐获得权威的

---

① 参见叶舒宪《蛙神八千年》，《寻根》2008年2月。
② 杨利慧：《女娲的神话与信仰》，中国社会科学出版社1997年版。
③ 娲皇宫至今仍然在当地人的日常生活中发挥着重要的作用，同时也是父权社会中女性自我身份建构和认同的文化资源。关于河北涉县的民间女娲信仰参见拙文《从河北涉县女娲信仰看女神文明的民间遗存》，《中国比较文学》2007年第2期。

怀疑论则与神话本身所要求的权威性、神圣性天然相悖。① 因此，在一个理性主导的时代，怀疑必然消解神话中原本最重要的特质——不可置疑、无需论证的天然权威性。但在旧神话解体的过程中，启蒙、理性、科学又自我建构为新的神话。② 这些在新的社会秩序中占据统治性地位的权威叙事，发挥着在传统社会中由神话承担的作用，通过消解异质性的话语体系，来进一步建构自身的权威。也许正是因为预见到了这一点，美国文化人类学家博厄斯认为："似乎命中注定，神话世界刚刚形成就被打得粉碎，使得新的神话世界能够从它的碎片残屑当中诞生。"③ 因此对现代人来说，神话至少以三种方式与当下的生活产生联系。第一，神话所积淀下来的意象和原型是构成个体心理以及集体无意识的重要源头；第二，表现为特定符号体系的神话成为一个民族自我认同、划定边界的内在依据；第三，神话以一种超文体的方式联通了人类的历史与现实，并创造出延绵不绝的当代神话。因此，它不是化石般的遗产，而是鲜活的精神生产方式，与其寻找民族神话，不如尝试复原神话民族的精神地图。

神话并不遥远，未曾消亡，它更像是一个集体的梦潜伏在每个人的心底，这个关于起源、过往、根本原则和英雄情结的梦已经延续了数千年。经受过理性洗礼的人们已经很难再进入古老神话的世界，但梦中的情感和记忆却是依然鲜活，将帮助我们整合身心、互相辨识，维系信仰，它不仅是我们的过去，或许还蕴含着未来的希望。这正是作为非物质文化遗产的神话生生不息的内在动力。

原载于《民族艺术》2013 年第 6 期

---

① 比如"在哈贝马斯看来，现代性工程的核心侧面之一，就是传统作为一种合法性形态的终结。当创新成了一种信仰，作为传统的神话自然成了现代性的天然反面。"参见［英］杰拉德·德兰迪、恩斯·伊辛主编《历史社会学手册》，李霞、李恭忠译，中国人民大学出版社2009 年版，第 536 页。

② 对科学理论之神话性质的研究也是科学史反思的一部分，比如波普尔就认为科学理论保有神话特征，因为理论和神话一样，永远无法得到证明，只能被反证为不成立，因此始终在本质上是不确定的，或假设的。

③ 博厄斯为杰姆斯·泰伊特所著《英属哥伦比亚地区汤普逊河印第安人的传统》一书所写的序言，《美国民俗协会回忆录》第 6 卷，1898 年版，第 18 页。

涿鹿之战

——一个晒盐的故事

吴晓东[*]

涿鹿之战被称为中华史上的第一战役，诸多学者认为它奠定了炎黄为中华始祖的格局，影响深远。对涿鹿之战的研究其实已经延续了上千年之久，司马迁《史记》开篇中便有相关论述。对涿鹿之战的态度无非两种，一种是肯定它的真实性，另一种是认为它根本没有发生过，不过是一则神话传说而已。

在肯定涿鹿之战真实性的基础上，关于此战的研究是多方面的，但最困扰学者的问题主要集中在两个方面：（1）涿鹿之战的地望所在。文献中，涿鹿之战的地望不只被记载为涿鹿，也被记载为冀州之野、中冀等，因此涿鹿之战的地望不外乎被认为在今山西、河北、河南一带。在民间，有涿鹿之战故事流传，并认为涿鹿之战发生在当地的，主要集中在河北涿鹿县与山西的运城市，学者们的争论也主要在此两地，可称为河北涿鹿说[①]与山西运城说[②]，此外也有河北涿州说[③]、河南

---

[*] 吴晓东，中国社会科学院民族文学研究所研究员。
[①] 东汉末学者文颖在《汉书·刑法志》涿鹿之战句下注云"律历志云，与炎帝后战于阪泉。涿鹿在上谷，今见有阪泉地、黄帝祠"。首次将涿鹿之战的地望放在了今河北涿鹿县，之后多沿袭此观点。
[②] 张志斌：《中冀·阪泉·涿鹿考辨》，《运城高等专科学校学报》2000年第5期。
[③] 刘博：《"涿鹿"古地望考》，《史学月刊》1997年第6期。

巩义说①等。（2）涿鹿之战与阪泉之战的关系，以及蚩尤与炎帝的关系。正如司马迁《史记》中所描述的那样，大多数学者认为这是两场不同的战争，蚩尤与炎帝也是不同的两个人。但也有学者认为涿鹿之战与阪泉之战实为同一场战争，如清代学者梁玉绳在《史记志疑》中说："然则阪泉之战即涿鹿之战，是轩辕勤王之师，而非有两事，故《逸周书·史记解》称蚩尤曰'阪泉氏'，斯为确证。"②夏曾祐、丁山、吕思勉等史学家皆从此说。在认为涿鹿之战与阪泉之战实为同一场战争的同时，这一派学者也认为蚩尤即炎帝。

否定涿鹿之战的真实性主要始于对黄帝、蚩尤等人物的否定。对黄帝的怀疑自古就有，比如西汉戴德编著的《大戴礼记》载："宰予问于孔子曰，昔者予闻诸荣伊言黄帝三百年。请问黄帝者人邪，抑非人邪？何以至于三百年乎？"③人是不可能活三百岁的，宰予对黄帝的身份表示了怀疑。《太平御览》卷七九引用轶书《尸子》云："子贡云：'古者黄帝四面，信乎？'"这是子贡在请教孔子问题，说明他对黄帝的存在也心存疑虑。20世纪初，疑古学派对包括黄帝在内的诸多传说人物的真实性提出过质疑。顾颉刚在《与钱玄同先生论古史书》一文中说："周代人心目中最古的人是禹，到孔子时有尧舜，到战国时有黄帝神农，到秦有三皇，到汉以后有盘古等。""黄帝之祀起于秦国，说不定黄帝即是'黄龙地螾'之类。"④可见他认为黄帝是战国时期才被造出来的，不是真实之历史人物。黄帝既然不存在，涿鹿之战自然也就无从说起。另外也有从其他视角来否定涿鹿之战的真实性的，如刘宗迪认为这一战争是从仪式演变过来的，是"禳除水旱之灾的仪式上旱巫与雨巫的较量斗法"⑤。仓林忠从蚩尤的"食砂石子"等行为特征来断定蚩

---

① 马世之：《试析炎黄文化的发祥地》，载于《炎黄文化研究丛书》（四），河南科学技术出版社1993年版。
② （清）梁玉绳：《史记志疑》，中华书局1981年版，第4页。
③ 《大戴礼记》（二册），中华书局1985年版，第115页。
④ 顾颉刚：《古史辨》（一），上海古籍出版社1982年版，第60—65页。
⑤ 刘宗迪：《黄帝蚩尤神话探源》，《民族艺术》1997年第1期。

尤是鳄不是人，涿鹿之战是"我国远古史上发生的一场惊心动魄的人鳄大战"。①

本文拟从涿鹿之战的人物、地名切入，分析其语音来源与故事结构，论证涿鹿之战并非真实的历史事件，而是古代山西运城盐池一带晒盐过程的故事化，即"太阳在浊卤之野晒出池盐"被故事化为"黄帝在涿鹿之野擒杀蚩尤"。同时本文也解释了为什么涿鹿之战与阪泉之战在文献记载中混为一谈，蚩尤与炎帝为什么会被一些学者认为是同一个人，炎帝为什么又称为赤帝等问题。

一 涿鹿之战人物、地点名称的语音解读

关于涿鹿之战的地望，从西汉时期的司马迁开始，学者们就开始将研究的目光聚焦到今河北涿鹿，这一现象的理由很简单，皆因其名为"涿鹿"。可是，上谷郡之涿鹿县首设于西汉时期，得名较晚，按照目前当地的传说，"涿鹿"乃因山得名，在涿鹿县原来有一座竹鹿山。②在涿鹿县的保岱村，清代时依然保留有四面大照壁，其中一座坐北面南的照壁上写着"竹鹿""高照"四个大字，这座照壁正面对着竹鹿山。河北涿鹿流传的关于涿鹿之战的传说几乎都收集在《轩辕黄帝的传说》一书中，此书于1989年由中国民间文艺出版社出版。从书中的传说可以看出，几乎所有关键的、用来证明涿鹿之战发生在这里的一些地理名词，都有其原生的名称，特罗列于下：

涿鹿山——竹鹿山（灵山）（《涿鹿的来历》）
蚩尤寨——龙王堂（《蚩尤寨与龙王堂》）
蚩尤泉——龙泉（《蚩尤寨与龙王堂》）
阪泉（黄帝泉）——黑龙池（《黑龙池的来历》）

---

① 仓林忠：《涿鹿之战辨正》，《江苏广播电视大学学报》2003年第2期。
② 谷生旺：《轩辕黄帝的传说》，中国民间文艺出版社1989年版，第49—50页。

阪泉村——七旗村（《七旗村的来历》）

　　从这一整套名称的对应，可看出其附会的痕迹十分明显。涿鹿县首设于西汉时期，此后人们又因涿鹿之名误认为涿鹿之战发生于此，并将故事中的一些名称附会到当地的地理，但其原生的地理名称依然保留完整。那么，在山西运城又是怎样一种情况呢？山西运城并没有涿鹿这一地名，但当地人依然流传有涿鹿之战发生在这里的说法。运城边有一个大盐池，这里盛传盐池里的卤水是蚩尤被黄帝杀死之后其血化成的。

　　那么，运城既然没有涿鹿这一关键性的地名，为什么依然会盛传涿鹿之战的故事，并认为涿鹿之战发生在这里？山西运城的盐池史上称为浊泽，也称为涿泽，浊与涿相通。《括地志》载："浊泽出解县东北平地，即浊水也。浊、涿音近，故称涿泽。"《辞源》云："浊泽，地名，在山西运城西，又名涿泽。战国时魏惠王元年，韩懿侯与赵成侯合军并兵以伐魏，战于涿泽，即此。"《清一统志》载："解州东南二里许有蚩尤村，州西二十五里有浊泽，一名涿泽。"张志斌认为："涿鹿乃是'浊卤'的讹化。"[①] 段玉裁《说文解字注》释"盐"曰："卤也。天生曰卤，人生曰盐。"意思是指天然生产的盐称"卤"，人工生产的盐称"盐"。马重阳说，因为运城盐池晒盐用的原料是取之于盐池内黑河中浑浊的卤水，因而，也就自然把盐池叫作"浊卤"。[②] 涿鹿（浊卤）其实是指盐池里浑浊的卤水。这一观点为解开涿鹿之战的历史谜团撕开了一道关键的口子。

　　盐的种类有海盐、池盐、井盐等多种，池盐是从咸水湖里产生的盐。山西运城的盐池，自古是中原最主要的池盐产地。从"炎帝""赤帝""蚩尤""涿鹿"等名称的语音进行分析，这些名称都无一例外地指向了池盐。山西运城池盐不仅是古代中原的经济命脉，同时也孕育了当地的池盐民间信仰文化。在盐池边，自古就有供奉池神的庙宇。盐池

[①] 张志斌：《中冀·阪泉·涿鹿考辨》，《运城高等专科学校学报》2000年第5期。
[②] 马重阳：《从"涿鹿"、"浊鹿"再到"浊卤"——关于"炎黄大战蚩尤"的文史追踪》，《山西师大学报》2012年第3期。

岸边供奉的池神，自然也是盐神，全称则是池盐神。神的人间化，被称为帝，池神成了池帝，盐神成了盐帝，池盐神自然成了池盐帝。不过，文献中依然保留有"炎（盐）神"的称呼，比如《御览》七十九引《归藏》云："黄神与炎神争斗涿鹿之野，将战，筮于巫咸。"这里的炎神即炎帝。在文字产生初期，人们用尚不完善的文字将盐神的故事记录下来，盐帝变成了炎帝，池帝变成了赤帝，而池盐帝则成了蚩尤帝，浊卤也成了涿鹿。

知道了炎帝、赤帝与蚩尤都是"池盐"一词的讹化之后，我们再来看看涿鹿之战的主角黄帝。如果蚩尤、炎帝（赤帝）不是真实人物，不存在，那么黄帝是否为历史人物？关于黄帝是否为历史人物的问题，学者已经多有研究，以顾颉刚为代表的疑古学派，对黄帝的存在提出过质疑。但是，在热议了一阵之后，持黄帝为历史人物的观点有所恢复。究其原因，疑古学派最主要的观点"历史层累说"之最大软肋就是，多以古文献为依据，忽略了口头传统资料。古文献里没有的，不等于当时的民间没有相关的口头传说。具体来说，某一时期的文献里找不到黄帝的记载，不等于当时的民间里就没有黄帝的口头传说，只是没有进入文献而已。所以，仅仅以文献的出现与否来进行判断是不够的。正因为如此，涿鹿之战被认为是真实历史事件的观点目前依然是学界主流。

何新在其《诸神的起源》里重新论证了黄帝为神话人物而非历史人物。首先，他考证了黄字的含义："黄，《说文》指出其字从古文'光'字，也读作光字。实际上黄、光不仅古音相同，而且都有光的语义。《风俗通》说：'黄，光也。'《释名》说：'黄，晃，日光也。犹晃晃像日光也。'日光本色即黄色。所以古天文学中，日行之道，称作'黄道'皇帝之袍，不用红，而用黄。封建时代，以黄河杏黄作为五色中最尊贵的颜色，其俗应皆本于此也。"接着他得出结论："凡此皆可证，黄、晃、皇、煌、光在古代音同义通，可以互用。所以，黄帝可释作'光帝'所谓黄帝、皇帝，其本义就是光明之神。"[①] 可见他认为黄

---

① 何新：《诸神的起源——中国远古太阳神崇拜》，光明日报出版社1996年版，第65页。

帝即皇帝的异写，即光帝，而且，此光即日光，黄帝即太阳。单就这一语音上的考证，这一观点也显得单薄，但如果放在涿鹿之战的系列人物之中加以论证，则会更为系统化，更为有力。下文将证明黄帝杀蚩尤即太阳晒盐的故事化。

为了直观，现将这些名称的对应关系图示如下：

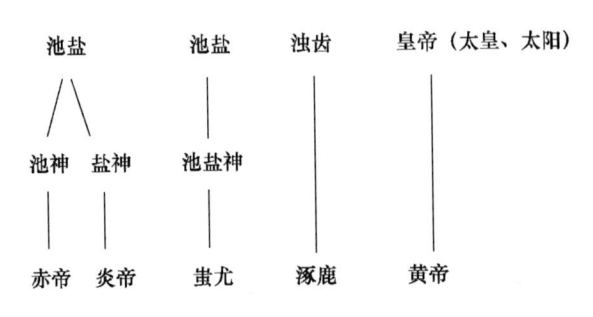

```
池盐          池盐        浊齿      皇帝（太皇、太阳）
 /\            |           |              |
池神 盐神     池盐神        |              |
 |    |         |           |              |
赤帝  炎帝     蚩尤        涿鹿           黄帝
```

图 1　涿鹿之战中名称对应关系图

这一对应涉及古音的问题。由于"蚩尤"等名称在《尚书》《山海经》等古籍中既已出现，因此这些名称的古音至少要追溯到上古音时期。首先来看"池""赤""蚩"的上古音构拟。① 关于这三字，因为"池"在中古的时候是多音字，各位语言学家的上古音构拟多不相同。王力将"池"构拟为 diai，白一平将"赤""蚩"构拟为 thjAk、the，韵母几乎一致，声母也较为接近，因为 th 是 d 的清化送气音，两者的互换在汉语各方言中是十分常见的。另外，就"池"与"赤"两字，郑张尚芳构拟为 l'al、Khljag，赤的声母多了个送气的"k"，我们知道，复辅音中的前辅音在发音时只是做一个辅助的口形，所以 l'al 与 Khljag 的发音是很接近的。

再来看看"盐""炎""尤"的语音比较。在这一组字中，潘悟云构拟为 [g] lam、glam、gʷω，王力构拟为 λiam、γiam、γiu，都很一致。"盐"与"炎"的现代音是一致的，"尤"的读音似乎稍有差别，

---

①　古音构拟均来源于上海高校比较语言学 E—研究院官方网站的上古音查询系统。

但从各语言学大家的上古音构拟看，却出奇的一致，特别是"炎"与"尤"的构拟。

接下来看"浊卤"与"涿鹿"的语音比较。关于浊、涿两字，高本汉构拟为 dˊuk、tuk，王力构拟为 deok、teok，郑张尚芳构拟 rdoog、rtoog，都只是微小的清浊的差异而已，这种差异在目前的汉语方言里很普遍。关于卤、鹿两字，高本汉构拟为 Lo、Luk，王力构拟为 La、Lok，郑张尚芳构拟为 raa、broog，也是很接近的。最后再看"皇"与"黄"的语音比较。关于这两个字，多位语言学家的构拟几乎都是一致的，比如高本汉构拟为 gˊwaŋ、gˊwaŋ，王力构拟为 ɣuaŋ、ɣuaŋ，郑张尚芳构拟为 gʷaaŋ、gʷaaŋ。因此在远古的口传时代，"皇帝"与"黄帝"的语音应该是完全一样的，只是由于文字的出现，将一个神分化为一神一人了，一个依然保持神格，一个则演化为人君了。

上古语音构拟只是后人对古音的一种推测，完全不是定论，只能作为一种参考。为了提高其可信度，本文特将这些名称结合起来考虑，并加以故事结构的分析。从这一对应可以解释两个问题：（1）为什么炎帝又叫赤帝？这是因为运城盐池的池神也就是盐神。（2）为什么在古文献中蚩尤与炎帝经常混为一团，致使有学者认为蚩尤与炎帝为同一个人？比如吕思勉在他的《先秦史》中说："蚩尤、炎帝，殆即一人。"[①] 夏曾佑《中国历史教科书》也指出："蚩尤逐帝榆罔而自立，号炎帝，亦曰阪泉氏。"[②] 其原因是赤帝、炎帝是蚩尤帝的简称，换言之，蚩尤是赤、炎的合称，只不过由于记录时所使用的文字不同，给后人留下了千古谜团。

涿鹿之战的研究中，还有一个关键的问题，就是涿鹿之战与阪泉之战的关系如何？这到底是两场不同的战争还是同一场战争？这其实可以换为另一个问题，阪泉与涿鹿到底是两个不同的地方还是同一个地方？大家所熟知的，西汉司马迁在其《史记》里将黄帝与炎帝的战争发生

[①] 吕思勉：《先秦史》，上海古籍出版社1982年版。
[②] （清）夏曾佑：《中国古代史》，商务印书馆1933年版。

地记述为阪泉，黄帝与蚩尤的战争发生地记述为涿鹿。可是，同是西汉人，在他之前的贾谊（前200年—前168年）却说炎黄之战是在涿鹿。贾谊在其《新书·益壤》说："炎帝无道，黄帝伐之涿鹿之野，血流漂杵，诛炎帝而兼其地，天下乃治。"① 在《新书·制不定》又说："黄帝行道，而炎帝不听，故战涿鹿之野，血流漂杵。夫地制不得，自黄帝而以困。"②《太平御览》卷七十九引《归藏》云："昔黄神与炎神争斗涿鹿之野，将战筮于巫咸。"③ 不仅有说炎黄战于涿鹿的，也有说黄蚩战于阪泉的，《焦氏易林·蒙之四》说："白龙黑虎，起须暴怒，战于坂泉，蚩尤败走。"④ 可见在古文献中涿鹿与阪泉经常相互替代，难怪很多学者认为涿鹿之战就是阪泉之战，比如吕思勉在他的《先秦史》中就说"涿鹿、阪泉，亦即一役"⑤。

　　如果将目光放在运城的盐池，阪泉与涿鹿的问题也能得到十分合理的解释。张志斌给"阪泉"做了全新的解释："'阪泉'，是对山西运城'解州盐泽'盐版、黑河泉水的概称，借代盐池。同时也指出了'阪泉之战'的实质。'盐版'亦称'硝版'夏季，在25℃—30℃的常温下，盐池中的氯化物结晶成1米—3米厚的坚硬版状体，被称为盐版，盐版以下是自然形成取之不尽，用之不竭的黑水河……盐工打开河面盐版，泉水溢出故称为'阪泉'。"⑥ 盐池里的盐版是盐池的一大特点，《山海经》里就将运城的盐池称为盐版之泽："又南三百里，曰景山，南望盐贩之泽。"⑦ 西晋郭璞注释："即盐池也，今在河东猗氏县，或无贩字。"⑧ 郭璞不了解，运城其实方圆百里很大程度上可以说是一片盐碱地，盐版覆盖其上，只不过《山海经》将盐版写作"盐贩"而已。

---

① （汉）贾谊：《新书》卷一，四部业刊景明正德十年吉藩本，第8页。
② （汉）贾谊：《新书》卷二，四部业刊景明正德十年吉藩本，第10页。
③ （宋）李昉：《太平御览》卷七十九，四部业刊三编景宋本，第494页。
④ （汉）焦赣：《易林》卷十，民国景印明万历本，第44页。
⑤ 吕思勉：《先秦史》，上海古籍出版社1982年版，第58页。
⑥ 张志斌：《中冀·阪泉·涿鹿考辨》，《运城高等专科学校学报》2000年第5期。
⑦ 袁珂：《山海经校注》，巴蜀学社1996年版，第107页。
⑧ 袁珂：《山海经校注》，巴蜀学社1996年版，第107页。

其实，在《梦溪笔谈》卷三中就提到过何为版（阪泉）"解州盐泽……卤色正赤，在版泉之下，俚俗谓之'蚩尤血'。唯中间有一泉，乃是甘泉，得此水，然后可以聚"①。这段话说了，卤水是红色的，集聚在版泉的下边，当地俗称为"蚩尤血"。唯独盐池中间有一眼泉水，却是淡水，有了这水，然后就可以使卤水结晶。与张志斌解释有所不同的是，《梦溪笔谈》所说的版（阪）泉是在盐池里面自然的泉水。两者的解释虽有差异，但共同点都是阪泉在盐池里，是卤水结晶为盐的必要条件。

至此可知，阪泉之战与涿鹿之战在古文献中为什么总是盘根错节地混为一谈，因为阪泉即浊卤中产盐的具体位置所在，阪泉与浊卤在叙事中可以相互替代，就像"盐"与"池盐"可以相互替代一样。

二 涿鹿之战是太阳晒池盐生产过程的故事化

既然黄帝与蚩尤都是神话人物，在历史上没有存在过，涿鹿之战的神话又是怎样产生的呢？这是池盐生产过程的拟人化与故事化的结果。

卤与盐的区别在于，卤是含盐的物质，还不能直接食用，盐是卤水凝固后的成品，可以食用。在人们懂得从卤水中提炼出盐之前，盐是自然形成的，卤水在暖风的吹拂下，或太阳的照晒下，都可能自然形成盐。后来，人们观察到这一自然规律之后，就懂得了人为加工，将卤水引灌到开挖好的盐田里，用清水泼洒，再让阳光照晒、暖风吹拂，就会成盐。这一过程称为种盐。张守节在其《史记正义》中做了翔实的记叙："河东盐池畦种。作畦若种韭一畦。天雨下池中，咸淡得匀，运城盐池的盐场即驭池中水上畦中，深一尺许，以日曝之，五六日则成盐，若白矾石，大小若双陆棋其子。及暮则呼为畦盐。"②

故事诞生于人们的生产、生活，而"黄帝在涿鹿之野杀蚩尤"的

---

① （宋）沈括：《梦溪笔谈》，侯真平校点，岳麓书社2002年版，第16页。
② （汉）司马迁：《史记》卷一二九，中华书局1982年版，第3259—3260页。

故事原型也正是"太阳在浊卤之野晒出池盐"的产盐过程。故事生成过程可构拟如下：

晒盐（故事原型）： 太阳在浊卤之野晒出池盐
　　　　　　　　　↓
故事化： 皇帝在浊卤之野擒住池盐神
　　　　　　　↓
口头变异： 皇帝在浊卤之野擒杀池盐帝
　　　　　　　↓
文字记载： 黄帝于涿鹿之野擒杀蚩尤

图2　浊卤之野晒盐故事生成图式

上文已做过说明，晒盐的地点泛说是浊卤之野，而具体地讲是在阪泉之处，所以这一晒盐故事的表述，也可以用阪泉来替代浊卤之野。不同的是，浊卤在整个盐池里都有，故可称为浊卤之野，而阪泉仅限于泉眼，故不能说阪泉之野。与此同时，故事也可能用"盐帝"来替代"池盐帝"，致使后人以为有阪泉之战与涿鹿之战的区分。故事图式可表述如下：

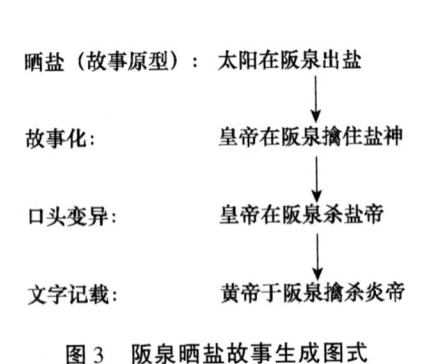

晒盐（故事原型）： 太阳在阪泉出盐
　　　　　　　　　↓
故事化： 皇帝在阪泉擒住盐神
　　　　　　　↓
口头变异： 皇帝在阪泉杀盐帝
　　　　　　　↓
文字记载： 黄帝于阪泉擒杀炎帝

图3　阪泉晒盐故事生成图式

这一微小的表述差异，导致的困扰却非常之大，给后人留下了千古之谜，致使学者对蚩尤是否就是炎帝，以及阪泉之战与涿鹿之战是否为同一场战争的问题争论不休。如上所述，在盐池的晒盐过程，浊卤与阪泉是同一概念，可以随意替换，都是太阳所晒的对象；而池盐与盐也是同一概念，都是太阳晒浊卤所产生的结果，两者也可以在表述中随意替换。明乎此，我们便知道了蚩尤就是炎帝，阪泉就是涿鹿。在运城盐池，盐神也称为池盐神，按理在故事中，"神"换为"帝"之后，炎帝（盐帝）也可以称为蚩尤帝（池盐帝），但由于汉语喜用双音节的表述习惯，蚩尤帝的"帝"字往往会被省略，简称为双音节的"蚩尤"二字。这一语言表述习惯其实也给后人破解谜题留下了的一定难度，不仅语音上"蚩尤"与"炎帝"有很大的差异，而且在语义的理解也有很大的偏差导向，因为炎帝一定是帝，而蚩尤则未必是帝了。这就为后来发展出"蚩尤为臣"的故事情节打下了埋伏。

以上仅仅是涿鹿之战故事情节的基干，无论是古文献的记载，还是如今的民间口头流传，涿鹿之战还有更多的细节，比如应龙蓄水、旱魃止雨、蚩尤作雾等，不过，这些细节也无一不是来自产盐的过程。无论是自然形成，还是人为加工，在卤水变盐的过程中，都与水、阳光、温度等自然条件密切相关。其过程存在三个需要注意的事项：（1）中和卤水的清水要适量，不能过量，所以在产盐的过程中人们害怕下雨，担心下雨冲淡了卤水的浓度；（2）中和卤水的必须是清水，不能是浊水；（3）要空气通畅，不能久阴多雾，浓雾会影响水气的蒸发，不利于卤水凝固结晶成盐。这其实也可视为产池盐过程中三个需要解决的矛盾，古人为了解决这三个矛盾，费尽心机，同时也编造了许多相关的神话故事。换言之，山西运城的一些神话传说，正是围绕着这三个矛盾形成的。

以下先来分析太阳晒盐过程中适量清水与过量清水矛盾的故事化。这一矛盾的故事化便是典型的黄帝战蚩尤的神话故事。正因为池盐的生产与气象息息相关，构成了涿鹿之战特殊的故事情节，涿鹿之战的情节几乎都是与水、风、阳光等气象因素有关。

在产盐的过程中人们害怕下雨。黄娟在《运城盐池生产习俗》一文中写道："运城盐池的生产过程也有许多禁忌，主要包括以下几种：忌讳说'下雨'。盐池的生产需要水，但又怕水淹，只有当水的比例适当才能晒制出好盐，而下雨会改变卤水的浓度，不利于盐业的生产。历史上有好几次大雨都给盐业生产带来了巨大的损失,所以人们尽量避免说'下雨'二字。"① 下雨改变卤水的浓度妨碍盐的结晶,是盐形成过程中的一大规律,不仅在懂得人工种盐之后是这样,即使是在之前,人们也会观察和认识到这一现象,懂得下大雨不利于卤水形成盐的道理。所以,在人们的观念中,适当的水对盐的形成是有利的,而过量的水对盐的形成是不利的。《山海经》中关于黄帝与蚩尤战争的故事正是这一矛盾的表现,《山海经》中的涿鹿之战是这样的:

> 有人衣青衣,名曰黄帝女魃。蚩尤作兵伐黄帝,黄帝乃令应龙攻之冀州之野。应龙畜水。蚩尤请风伯雨师,纵大风雨。黄帝乃下天女曰魃,雨止,遂杀蚩尤。(《大荒北经》)②

黄帝用应龙蓄水,相当于制盐时的蓄卤水,应龙蓄水的"蓄"字颇值得玩味,它暗含了古人利用盐田蓄卤水的故事原型。而蚩尤使风伯雨师刮风下雨,则暗指过量的雨水对产盐的破坏作用,所以黄帝只好派女魃下来止雨,这其实是雨水过量时人们期待天晴的心理折射。

涿鹿之战的故事结构与池盐生产时"清水适量与不适量矛盾"结构图对应如下:

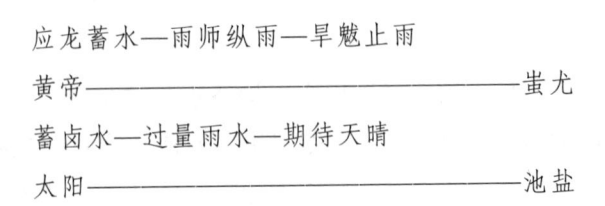

```
应龙蓄水—雨师纵雨—旱魃止雨
黄帝————————————————蚩尤
蓄卤水—过量雨水—期待天晴
太阳—————————————————池盐
```

图4 涿鹿之战与池盐生产故事结构对应图

---

① 黄娟:《运城盐池生产习俗研究》,《人文社科》2006年第2期。
② 袁珂:《山海经校注》,北京联合出版公司2013年版,第362页。

《山海经》关于涿鹿之战的描述里，女魃其实也是太阳的化身，女魃在别的故事里被说成是黄帝的女儿，而且是光头，光头正是太阳的象征。再说，她本身是旱魃，是引起干旱的根本原因，所以女魃其实也是太阳的人物化。

以下再来看另一个矛盾，即盐池中的卤水结晶为盐的过程中存在的清水与浊水之矛盾。无论是在懂得种盐之前还是之后，卤水都需要清水来中和才能成盐，如果是浊水，就不行了。《天工开物》说："土人种盐者，池旁耕地为畦垄，引清水入所耕畦中，忌浊水，掺入即淤淀盐脉。"① 《梦溪笔谈》卷三中也明确地记载了这一情况：

> 解州盐泽，方百二十里。久雨，四山之水悉注其中，未尝溢；大旱未尝涸。卤色正赤，在版泉之下，俚俗谓之"蚩尤血"。唯中间有一泉，乃是甘泉，得此水，然后可以聚。又其北有尧梢水，亦谓之巫咸河。大卤之水，不得甘泉和之，不能成盐。唯巫咸水入，则盐不复结，故人谓之"巫咸河"，为盐泽之患。筑大堤以防之，甚于备寇盗。原其理，盖巫咸乃浊水，入卤中则淤淀卤脉，盐遂不成，非有他异也。②

这段话详细描述了运城盐池卤水成盐过程中使用甘泉水与防范巫咸水的重要性。甘泉水是清水，有利于卤水结晶；巫咸水是浊水，阻止卤水结晶。围绕着这一矛盾，山西运城盐池流传着这样一个传说：

> 中条山北边是方圆百里盐滩，寸草不生，一片荒芜，既荒凉又干燥，盐工们整日晒盐时需要背着淡水，用于往硝板上泼水，口干的时候喝。因此每个盐工都企盼着盐池附近能发现一口甜水泉。晒盐的工人中，有位老汉，他的女孩叫甜姑。一天，甜姑做了一个

---

① （明）宋应星：《天工开物》，钟广言注释，广东人民出版社1976年版，第153页。
② （宋）沈括：《梦溪笔谈》，侯真平校点，岳麓书社2002年版，第16页。

梦,梦中一位白发老奶奶对她说,只要她唱着歌,用绣花针挖地,连续一百天,就能在盐池内挖出甘泉。在中条山山洞里,住着一头久占盐池的刺牛怪,它不愿让人们取盐,听说甜姑挖泉的消息后,就出来阻止此事。甜姑与刺牛怪斗争,终于用金针挖出甜泉。其结果甜姑不仅被泉中首先喷出的恶水刺瞎了眼睛,而且又成了哑巴。她死后,人们为纪念她,称此泉为哑姑泉。①

这一故事同样是太阳晒盐的产盐过程的故事化,与涿鹿之战故事结构是一样的。甜姑替代了黄帝,刺牛替代了蚩尤,甘泉水替代了应龙之水,喷出的恶水是对卤水成盐起坏作用的浊水,相当于蚩尤使雨师所施之雨水。这则故事与池盐产盐的对应如下:

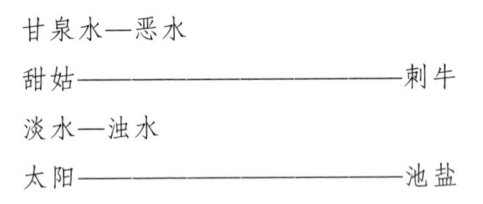

甘泉水—恶水
甜姑————————————刺牛
淡水—浊水
太阳————————————池盐

图 5　甜姑传说与池盐故事生产结构对应图

甜姑是黄帝的变异,绣花针、刺眼等元素都与太阳有关。很多民族都有关于太阳是女人的传说:太阳是女的,月亮是男的,太阳说,我是女的,我不敢晚上出来,月亮说,那好吧,你走白天,我走晚上。太阳又说,我是女的我怕羞,白天走别人看我怎么办?月亮说,不要怕,我给你好多绣花针,谁看你你就用绣花针刺他的眼睛。可以看出,山西运城的这则传说里,甜姑依然带有太阳的一些元素。这则故事不仅在结构上与涿鹿之战故事是一致的,而且能让我们更好地认识"阪泉"的含义。甜姑挖井取盐,正是太阳在阪泉晒卤水出盐的具体写照。

---

① 赵启林:《中国盐文化史》,大象出版社2009年版,第299—300页。

最后我们再来分析产盐过程中雾气与风的矛盾在故事中的体现。在卤水结晶成盐的过程中，阳光曝晒盐池卤水必然产生水蒸气，如果无风，水蒸气就会浮在池面上形成一个蒸汽隔离层，雾气笼罩整个盐池，影响池水继续受热蒸发。只有靠风将雾气吹散，露出阳光，才有利于盐的结晶。所以说，晒盐时人们最怕长时间雾气弥漫，在这时候，人们最为期盼的，是大风将迷雾吹散，露出艳阳来。这种太阳晒盐过程中雾气与风的博弈，故事化之后便是蚩尤（池盐）作雾，风后拨开云雾的独特母题。蚩尤作雾的传说在古文献中比比皆是：

黄帝与蚩尤战于涿鹿之野，蚩尤作大雾，弥三日。军士皆惑。黄帝乃令风后法斗机，作指南车以别四方，遂擒杀蚩尤。(《太平御览》卷十五引晋虞喜《志林》)[1]

蚩尤"征风召雨，吹烟喷雾。"(《玄女兵法》)[2]

蚩尤能作云雾。(南朝任昉《述异记》)[3]

北宋苏舜钦《大雾》云："欲晓霜气重不收，余阴乘势相淹留。化为大雾塞白昼，咫尺不辨人与牛。窃思朝廷政无滥，未尝一日封五侯。何为终朝不肯散，焉知其下无蚩尤。"这是用蚩尤作雾的典故来借古说今。在故事中，给黄帝破出雾阵的是风后，这无非就是大风将浓雾吹散的自然写照。以下是一则民间关于风后的传说，流传于离运城不远的芮城一带：

轩辕黄帝和蚩尤在涿鹿排开战场，蚩尤神通广大，兴起了大雾，三天三夜，弥漫不开。轩辕黄帝所统领的军队，尽都迷失了方向，没法进行战斗。而蚩尤，这个凶恶强悍的敌人，却借风扬沙，

---

[1] (宋) 李昉：《太平御览》卷十五，四部业刊三编景宋本，第783页。
[2] (宋) 张君房：《云笈七签》，四部业刊明正统道藏本，第1043页。
[3] (南朝梁) 任昉：《述异记》卷二，明汉魏业书本，第1页。

凭着大雾，东闯西杀，眼看着就要得势了。就在这个关键时刻，风后献计献策，制造了有名的"指南车"，使自己的军队在大雾弥漫之中明辨东南西北，使黄帝冲出重围。①

这里流传的风后是利用指南车在雾里辨别方向，但估计故事的起初并不是辨别方向，而是使浓雾散去。在陕西流传的《战蚩尤》就保持了这一古朴的原始母题：

> 蚩尤又施了一个鬼招术，只见他口中吐出一股青烟，再吹了口气，满山遍野就充满了雾。黄帝的军队一下迷失了方向，在大雾中东冲西撞，不知所向。蚩尤却借机带领他那八十一兄弟和山林水泽中的鬼怪，发出鬼一样的嚎叫，黄帝的军队损失很大。"冲出去呀！"黄帝挥动金剑指挥突围，战士们也拼死冲锋，可是冲来冲去，还是在这一团浓雾的包裹中。正当此生死关头，耳边却传来一阵鼾声。黄帝回头一看，是一个老谋士，黄帝非常生气。这老谋士睁开睡眼，含含糊糊地强辩，说自己正在想办法哩。黄帝以为他在编谎，老谋士就告诉黄帝："蚩尤鼓的是'五里之雾'，咱有'拨云法'。"说完他又双手掩面打起呼噜。黄帝正准备发脾气，只见那大雾忽然一层一层地向两边退开，露出了蓝天和站在城头惊讶得长大嘴巴的蚩尤。②

虽然陕西流传的《战蚩尤》将破雾见日的战绩归功于一位老谋士，但在现实生活中，能吹散雾的只有风，风后是当仁不让的主角。风后并非真有其人，而只是风的拟人化而已。"后"是王的意思，风后即风王。《帝王世纪》云："黄帝梦大风吹天下之尘垢皆去，又梦人执千钧之弩，驱羊万群。帝寤而叹曰：'风为号令，执政者也。垢去土，后在

---

① 王树山：《风后和风陵渡》，《运城师专学报》1983年第1期。
② 李延军：《赫赫始祖》，陕西旅游出版社1999年版，第104页。

也，天下岂有姓风名后者哉？……'于是依二占而求之，得风后于海隅，登以为相。"① 这个故事依然显现出风后的原型就是大风，它的出处是海隅，也就是盐池边的某个角落，这是人们对风之来源的想象。黄帝利用风后，就是为了实现他的梦想："一场罕见的大风，把大地上的尘垢刮得荡然无存，只剩下一片清白的世界。"这正是太阳晒盐靠风力吹散雾气的写照。

风后的传说主要在山西运城一带，其信仰与相关"遗迹"也主要在这一带。运城市解州镇东门外社东村有一块"风后故里"的大碣石和"风神庙"；在芮城有"风陵渡"，相传是风后的陵墓所在，故以此为名。河南密县的《密县志》收录了唐代文学家独孤及所刻《风后八阵图记》全文，文中云："帝用经略，北清涿鹿，南平蚩尤，戡黎于阪泉。"② 可见风后的传说主要与浊卤（涿鹿）、池盐（蚩尤）有关。风神不只山西运城有，但风神与雾，以及与蚩尤关系的传说唯运城所独有，究其原因，依然是太阳晒盐过程中需要风来吹散雾气。大风吹雾见日，太阳才能晒出池盐，在故事中表现成了唯黄帝才能擒住蚩尤。

通过以上的分析，可以看出涿鹿之战的故事细节与池盐形成过程的气象条件的整齐对应。总的来说，要获得池盐，主要是依靠太阳对卤水的照晒。在这一过程中，气象对卤水成盐的影响很大，所以，涿鹿之战故事的情节主要是气象的拟人化。从运城池神庙所祭祀的神灵也可以看出人们对气象的重视。池神庙里除了供奉有池神（即盐神、池盐神），还有日神、风神、雨神、泉神，以及土地爷和关公。土地爷是诸多神庙都供奉的地主，关公崇拜是当地的特色，因为关羽是运城人，其影响力在此地十分巨大，其他的神都与产盐息息相关。池神（盐神、池盐神）位于正中间，因为它是主神。池神殿旁西边有风神殿，东边有日神殿，因为盐的生产离不开风和阳光。在日神庙左侧还有雨神庙，池神庙下古

---

① （汉）司马迁：《史记》，吉林人民出版社1996年版，第10页。
② 密县史志编纂委员会：《密县志》，中州古籍出版社1990年版，第406—407页。

有甘泉二井，亦名淡泉，冬夏不竭，是调卤成盐的宝水，故在池神庙前又建有甘泉神庙。这些都反映了产盐过程的各种因素，这些因素也都在涿鹿之战的故事中有所反映。

产盐过程被拟人化、故事化的个案并非在山西运城独有，湖北恩施土家族的族源神话其实也是一则关于产盐的神话，故事是这样的：

> 盐水有神女，谓廪君曰："此地广大，鱼盐所出，愿留共居"。廪君不许，盐神暮辄来取宿，旦即化飞虫，与诸虫群飞，掩蔽日光，天地晦冥，积十余日。廪君不知东西所向，七日七夜。使人操青缕以遗盐神曰："缨此即相宜，云与女俱生，宜将去"，盐神受而缨之。廪君即立阳石上，应青缕而射之，中盐神。盐神死，天乃大开，廪君于是君乎夷城。①

这里土家族的祖先廪君，相当于华夏的祖先黄帝，只不过土家族祖先是一只老虎，而华夏族的祖先是一个太阳。土家族盐神神话是祖先廪君最后把盐神杀死，自己占领她的地盘，在那里一代代繁衍下去，涿鹿之战同样是黄帝把蚩尤（池盐神）杀死，成为华夏族的祖先。非常有意思的是，两个战争的细节有一些相似之处，就是盐神都把太阳光遮住，使廪君或黄帝迷失方向，辨不清东南西北。不同的是，土家族神话是小虫子漫天飞舞遮住太阳，涿鹿之战是蚩尤作雾使黄帝辨不清方向。这一细节，其实都与产盐需要阳光来暴晒有关系，一旦阳光被遮住，就可能得不到盐。

结　语

综上所述，历来被认为奠定了炎黄为华夏始祖格局的涿鹿之战并非

---

① （清）秦嘉谟等：《世本八种》，商务印书馆1957年版，第335页。

历史上的真实战争，而是山西运城盐池一带晒盐过程的故事化。故事中的人物、地望以及故事细节，都能找到完整的与之对应的原型。这一普普通通的故事之所以对华夏产生了如此大的影响，恐怕与山西运城处于中华文明的中心地带不无关系。

原载于《民族艺术》2015 年第 2 期

上古授时仪式与仪式韵文
——论《夏小正》的性质、时代及演变

韩高年[*]

《史记·夏本纪》云:"孔子正夏时,学者多传《夏小正》。"秦汉以至清代,学者大多认为《夏小正》记"夏时",为夏代之作。晚近以来颇有人怀疑其真实性。本文在前人研究的基础上,[①] 尝试从揭示《夏小正》蕴含的仪式文化内涵入手,借以探讨其性质、产生年代和传播演变问题。作者认为:《夏小正》是用于授时仪式的韵文,从其中记载的星象、历法等内容以及其语言形式来看,它的产生年代应在商周以前。《礼记》中的《月令》及《吕氏春秋》十二纪首等类似韵文都是在《夏小正》基础上改造、附益而成的。

一 《夏小正》文本的来源与仪式文化背景

上古时期,人们在生产实践中积累了关于时历和季节的经验。它们

---

[*] 韩高年,西北师范大学文学院教授。

[①] 《夏小正》渊源久远,历代有很多学者潜心研究。其版本源流方面,台湾的庄雅洲先生有详尽的研究。见其所著《〈夏小正〉研究》(台湾师范大学1981年刊行)及《〈夏小正〉析论》(台湾文史哲出版社1985年版)。根据现代科学知识对《夏小正》的经文内容加以系统考察的,有夏玮英《〈夏小正〉经文校释》和与范楚玉合著的《〈夏小正〉及其在农业史上的意义》(刊《中国史研究》1979年第3期)。李学勤的《〈夏小正〉新证》结合考古材料研究《夏小正》,开创了一条新路子。最具突破性的研究,当属国家"九五"重大项目"夏商周断代工程"对《夏小正》星象年代的研究。胡铁珠的《〈夏小正〉星象年代研究》是带有总结性的成果,对于确定《夏小正》的年代有重要意义。

以俚谚的形式流传,后来为巫祝等"有识者"所总结,汇集而成《夏小正》一类的仪式性韵语。统治者据此安排农时、祭祀和其他活动,由此形成上古社会中的季节性仪式景观,即特定的季节性物候与社会生活中依次举行的各种礼仪呼应,并由此形成特定的生活节奏与社会心理。

农耕与祭祀都需要依时而动,所以在远古就流传着物候天象和时令方面的理谚。之后这些理谚逐渐由个别人集中起来,加以系统化。进入阶级社会,统治者利用其权威垄断了这些总结经验知识的理谚,通过它们"敬授民时"。《尚书·尧典》载尧"乃命羲和,钦若昊天,历象日月星辰,敬授人时"。敬授民时是上古政治的重要内容。不同的部族使用不同的历法,所以统一历法,也是当时部族结盟的一种重要手段。

观测天象和制定历法,关系到季节性祭祀礼仪和农业生产。垄断这些知识,就可以实现统治,并控制其他部落和民众。夏、商以来,按时节向农夫宣布农事及祭祀等事宜,也就成为历代统治者行政的常制。

《夏小正》就是授时仪式的产物,而《逸周书·周月》《礼记·月令》《管子·立政篇》《吕览》十二纪首等文献,则是由《夏小正》演变而来。

《吕览·仲秋纪》说夏历八月:"乃劝种麦,毋或失时,其有失时,行罪无疑。"沈飚民先生认为《吕览》"十二纪'敬授民时,巡狩祭享',即《中庸》'威仪三千'之制也。知此旨,可以考威仪矣。《后汉书·礼仪志》曰:'夫威仪,所以舆君臣序六亲也。……'此统治阶级利用'敬授民时',加以威仪统治人民耳。汉制虽未能与三代之制悉合,而因革犹可考也"[1]。这揭示了"敬授民时"的仪式文化内涵。这一古老的制度,作为重农主义思想下的国之急政,在秦汉以后,仍代代相传。

为便于向老百姓宣布和容易记忆,"官方"的月令辞大多沿用了农

---

[1] 沈飚民:《读吕纪随笔》,载《中华文史论丛》第2辑,中华书局上海编辑所1962年版,第191—219页。

谚时谣的韵语形式。由于认识水平的局限性，上古"见鸟兽孕乳，以别四季"①，"见禽兽之产，识春秋之气"②，还属于直观性很强的"物候历"阶段。③ 物候和节气的对应有的只是巧合，还有少数则纯粹出于臆想。因此月令类的韵文在叙述和描写物候时，常常具有浓重的巫术色彩。这在客观上成为后世文学景物描写的滥觞。从这个意义上说，《夏小正》类的韵文在形式和内容方面也具有文学价值。

这种情况还可以从民族学方面找到佐证。据载，彝族毕摩（巫师或祭司）在重大的节日祭典上，常用树枝插出一个复杂的星图，吟唱有关节令划分、天象变化及物候运作等的古歌，并伴随着与天象有关的象征性舞蹈。不管这些星图的用途如何，准确性如何，也不管这些歌舞的幻化程度如何，有一点可以肯定，那就是先民所认识到的天文知识的传播常常和歌舞仪式紧密结合在一起。特别在以口传文化或象征性文化作为主要传承工具的民族中，这些歌舞及"星图"，正是他们保存和传播"知识"和经验的重要手段之一。④

晚近研究表明，彝族源出于古羌族群，⑤ 与夏人有相当密切的关系，彝族以歌舞传播天文知识的方式也可能传自夏商以来的古制。据《今本竹书纪年》载：

（夏禹）元年壬子，帝即位，居冀，颁夏时于邦国。

《今本竹书纪年》是晋以后人所根据春秋战国以来的相关史料及《汲冢竹书》残本重辑而成，亦具重要的史料价值。上引材料代表了战国以来的人对相沿已久的授时仪式制度的追述。《国语·周语》载单子

---

① 参见（南朝宋）范晔《后汉书·乌桓鲜卑列传》，中华书局标点本。
② 参见（宋）乐史《太平寰宇记·儋州风俗》，文渊阁四库全书本。
③ 王昆吾：《火历论衡》，载《中国早期艺术与宗教》，东方出版中心1998年版，第1—40页。
④ 周凯模：《祭舞神乐》，云南人民出版社1992年版，第35页。
⑤ 马学良等：《彝族文化史》，上海人民出版社1989年版，第3—21页。

论陈国之政违犯先王之令——《夏令》，故有亡国之相。所引及之《夏令》，内容与《夏小正》颇为相似。据此，上引《竹书》所载夏禹"颁夏时"——即举行敬授民时仪式，应有所本。

《国语·楚语》载申叔时论教太子，曰"教之以《令》，使访物官"，《集解》云："《令》，先王之官法、时令也。"即《夏小正》之类。可见《夏小正》用于仪式，传之口耳，为记诵之便，故全文押韵（详见后文）。这是仪式诵辞的普遍特征。所以本文认为，先秦时期传为记载夏历的《夏小正》，就是夏代颁布时令的"仪式诵辞"。

二 《夏小正》的产生年代

据文献记载和考古所见，夏朝时已有较科学和实用的历法。所以《夏小正》所载"夏时"所达到的水平是毋庸置疑的。而对其中星象年代的推算结果也大体接近夏代。由此可以证明《夏小正》的产生时代。

《夏小正》这一古老文献，汇集了时历农事的谣谚俚语，将其分属十二个月，以说明各月的物候、气象、星象和相关的农耕、渔猎、蚕桑、畜牧业等情况。关于其产生时代，据《礼记·礼运》等文献所载，为孔子得于夏人之后的杞人。孔子认为其内容当属夏代原有。[①] 这个看法大体可信。

《夏小正》全文共记载天象、物候、农事、生活等共124项。其中记录星象共21项，清人王聘珍用岁差逐一推论这些星象位置，发现全

---

① 《论语·卫灵公》："颜渊问为邦。子曰：行夏之时，乘殷之辂，服周之冕。"《礼记·礼运》篇引孔子曰："我欲观夏道，是故之杞，而不足征也，吾得夏时焉。"郑玄注认为孔子"得夏四时之书也，其存者有《小正》"。《史记·夏本纪》亦云："孔子正夏时，学者多传《夏小正》。"此《小正》即今本《大戴礼记》之《夏小正》篇。《隋志》著录"《夏小正》一卷"，从此单行。迄有清一代，考据之学大兴，《夏小正》备受重视。据清末程鸿诏《夏小正集说》所集录，仅清人之治《夏小正》者，就有四十余家（参见于省吾《夏小正五事质疑》，《文史》第四辑，中华书局1965年版，第145—150页）。《四库全书总目提要》指出："《大戴礼记》书中《夏小正》篇最古。《小正》文句简奥，尤不易读。"连具有疑古倾向的四库馆臣也肯定其古老性。

部21项记载中,只有一项不符,一项误夺,一项方向偏差45度,其余的全部符合夏代星象。① 当代一些研究者认为,《夏小正》经文中给出的星象共计有17个,将其分为昏旦南中、伏见和星座指向3部分,通过天文计算,分析其使用年代,结论是:《夏小正》中各星象的年代是一致的,该历曾被用于周代,其起源可以上推至夏代,但确认后者还需要其他方面的证据。② 虽然不能确凿地肯定《夏小正》为夏代原作,但至少可以肯定其内容有古老的来源。

《夏小正》所记载的天象物候,还可以从考古发现得到证实。夏族的主要活动区域,学术界大多认为是在今河南省西北部和山西中南部,陕西全境及甘肃;其发展的方向似乎是从陕西南部向河南和陕西方向移动。③ 在这一地区考古发掘所发现的新石器遗址有:仰韶文化,河南龙山文化和二里头文化。这个地区的这三种文化类型,是我们探索夏文化的主要对象。

夏族活动区域地处黄河中游,这里是我国文化的重要发源地,早在距今8000年前的裴李岗文化期,就出现了农业。到仰韶时期,这里的农业进一步发展,农作物的种类较前更多。农业生产对自然条件和气候的依赖性很大,所以农业生产水平的提高,意味着人们天文历法方面的知识也达到了一定的水平。在郑州大河村仰韶文化遗址中,出土了许多陶器,上面的彩陶纹饰上绘有与天文星象有关的太阳纹、月亮纹、星座纹、日洱纹等图案。其中太阳每器十二个,专家认为这表示一年有十二个月。月亮有圆月与新月两种,这种图纹说明当时人们对月亮盈亏的不同月相变化已有认识。④《列子·汤问》:"大禹曰:六合之间,四海之内,照之以日月,经之以星辰,纪之以四时,要之以太岁。"大禹是否

---

① (清)王聘珍:《大戴礼记解诂》卷二,王文锦点校,中华书局1983年版。
② 徐旭生:《史前期中国社会研究》,生活·读书·新知三联书店1961年版,第155页。
③ 胡铁珠:《〈夏小正〉星象年代研究》,刊《自然科学史研究》2000年第3期。刘次沅:《夏商周断代工程及天文学问题》,刊《天文学进展》2001年第6期。
④ 参见郑州博物馆《郑州大河村遗址发掘报告》,《考古学报》1979年第3期。《谈谈郑州大河村遗址出土的彩陶上的天文图象》,《河南文博通讯》1978年第1期。

说过这话，难以查证，但夏代已掌握了这些历法知识，是完全可能的。《夏小正》正是分一年为十二月。考古材料和文献材料可以相互印证。

此外，1987年，在安徽含山县凌家滩新石器遗址中，发掘出一批距今约4500—5000年的精美玉器。其中一件刻有特殊图案的长方形玉片，引起了科学家的兴趣。学者们认为这与汉代纬书中所说的"元龟衔符""元龟负书出""大龟负图"等传说有关，这是一套人们从未见过的与天文历法相关的史前占卜测量仪具。① 事实上它来源于一种最古老的斗建授时的传统。② 《夏小正》中所用的正是斗建纪时法：正月启蛰，初昏参中，斗柄悬在下；三月参则伏；四月昴则见，初昏，南门正；五月参则见，初昏，大火中；六月初昏，斗柄正在上；七月织女正东向，斗柄悬在下，则旦。八月辰则伏，参中则旦；九月内火，辰系于日；十月初昏，南门见；织女正北向，则旦。夏代立法在天文授时上采用了斗建纪月、岁星纪年两套授时系统，既用了赤道星空，又利用了极地星空。《夏小正》的历法，与含山玉版有着惊人的相似性。

也有专家认为，含山玉版是一块记载季节与星历的上古历法图。但无论哪种说法，从中都可以看出，夏历的水平并不像有些学者说的那么低。既然含山玉版历法图反映的是我国夏代或先夏的律历制度，那么就

---

① 玉版呈长方形，剖面略呈拱形，长11厘米，宽8.2厘米，通体呈黄色，内外两面精磨，其中三条边磨出榫沿，且两条短边各钻有5个圆孔，一条长边钻有9个圆孔，在没有榫沿的一条长边钻有4个圆孔。玉版正面雕琢有复杂的图纹，中心部位刻有两个同心圆，圆中心是一方八角形图象。两圆之间以直线均分为八区，每区内各有一枚叶脉纹矢状标分指八方，外圆之外又有四个矢状指标指向玉版四角。同时出土的还有一枚由背甲和腹甲组成的玉龟，均呈灰白色。出土时，玉版夹在玉龟之间。详参安徽省文物考古研究所《安徽含山凌家滩新石器时代墓地发掘简报》，《文物》1989年第4期。

② 经中国科学院自然科学史研究所的有关专家研究，玉版外方内圆，象征地和天。中心的八角形和两圆之间的八个区域和玉版的中心区域，合起来构成的图形象征九宫八方，大圆外的四个矢状标指向象征天地之间的四维。八方与分至启闭八节始终是相互配合，八节则是不同季节来自八方的不同之气，北方冬至；东北立春；东方春分；东南立夏；南方夏至；西南立秋；西方秋分；西北立冬；最后以太一北斗居中。太一北斗既是北辰的天神，又是主气之神，它的所居就是太一宫，也即九宫中的中宫，天文学上相当于紫宫。太一按一定次序行移于八方之宫，建定八节，这便是太一下行九宫的道理。详参冯时《中国天文考古学》，社会科学文献出版社2001年版，第370—394页。

不能无端地怀疑《夏小正》内容的真实性。①

《夏小正》的时代还可以从其语言形式得到证实。《夏小正》"文句简奥，实三代之书"（李调元《夏小正笺·序》），"三代之文唯夏后氏为最古"（王叔琳《夏小正序》）。其语言形式和语法现象较传世的商周文献更原始。《夏小正》全文押韵，其中的一些谚语性质的句子，又见于《诗》《易》，可以看出是在汇集了俚谚歌谣的基础上形成的仪式韵语。

今本《大戴礼记》之《夏小正》文本，明显由两部分组成，一部分为"经"，经文后解释说明性文字为"传"。前人据《隋志》误以为《夏小正》之经为戴氏所撰，陆玑《毛诗草木鸟兽虫鱼疏》引《大戴礼记·夏小正传》云："《大戴礼记》旧本，但有《夏小正》之文，而无其传，戴德为之作注，遂自为一卷。后卢辨作注，始采其传入其经文下，《隋书·经籍志》所谓戴德撰者乃传也，当误传作撰。"这一点清人王聘珍《大戴礼记解诂》也已经指出。② 这两类内容，一是关于夏代情况的原始的传说，它比较简单；一是后人所加的解释，其体例与文句类于《公羊传》，可能是汉代经师所论，《史记·夏本纪》谓"孔子正夏时，学者多传《夏小正》"，这后一类内容应当是传授时所加。

《夏小正》虽未必为夏代写定之本，可能经后世润色，但作为夏代以来颁布月令农时的仪式诵辞，其语言形式仍保留有原始性的痕迹。

第一，其句式方面，多以二言、三言、四言为主，显得比较古朴。尤其是多达25句的主谓倒句，在商、周文献中十分罕见，经一些学者的对比研究，认为这种句式来自夏代，证明《夏小正》的语言十分古老。如正月的"缇缟"，"缟"为草名，即莎随、青莎草。"缇"为动词，意谓"发芽"。此句谓语动词在前，意谓"发芽莎草"。王聘珍问曰："先言缇而后言缟者何？缇见者也。"是说先见其发芽而后识其为青莎。这是符合早期人们认识事物先从其具体特征入手的思维方式的。

---

① 陈久金、张敬国：《含山出土玉片图形度考》，《文物》1989年第4期。
② （清）王聘珍：《大戴礼记解诂》卷二，王文锦点校，中华书局1983年版。

再如三月的"拂桐苞",《月令》作"桐始华"。"拂"即"华",就是开花。此句亦为主谓倒句。类似例子甚多,不繁举。这类句式零星见于《商书》《易》《诗》等文献,绝不见于较晚之书。① 说明《夏小正》的确有较早的来源。

第二,用韵方面,分段来看,或韵或否,用韵处亦不规则,比较随意。但整体来看是韵语,全文大体上以幽部字遥韵。韵字如"韭""鸠""粥(入)""学""收""鸠""秀""秀""鸟""兽""狩"等。

第三,词汇古老。其中一些涉及时令、气候、天象、物候的词,属于上古所特有。如九月之"啬人",据李学勤先生考证,即是"啬夫"②,又见于《夏书》:"辰不集于房,瞽奏鼓,啬夫驰,庶人走"(《左传》昭公二十七年引,又见《尚书·胤征》),知其来源甚早。

另外,其中的一些对物候的认识,具有巫术的色彩,如"田鼠化为䴏""雀入于海为蛤""玄雉入于淮为蜃"等,也体现出人们认识水平尚处在较低的阶段。

三 《夏小正》的传播及演变

三代重"礼",礼表现为各种仪式,而仪式是联结和整合上层社会与乡民社会的最有力的手段。上古时期,人们日出而作,日落而息,春耕秋收,依时而动。农耕文化的节奏感决定了仪式的季节性。反过来说,季节性仪式构筑了上古人们的生活内容,并决定了其生活方式和社会心理。仪式韵文依附于季节性仪式文化景观,当后者发生变化时,仪式诵辞在形式和内容上也会发生适应性的变化。但从夏到周,作为生活主要内容的季节性仪式并无多大变化,相反却因农耕生产方式主导地位

---

① 颜景常:《〈夏小正〉里的主谓倒句》,《南京高师学报》1997年第3期。
② 参见《〈夏小正〉新证》一文,载《农史研究》第8辑,农业出版社1989年版。又见《古文献丛论》,上海远东出版社1996年版。

的确立而得到加强。所以《夏小正》一类的仪式韵文为商、周所继承，仍然发挥着指导农时、规范生活的作用。当然，在内容和传播方式方面作些调整以增强其适用性，这也是在所难免的。柳田国男《传说论》一书用大量实例证明口传韵文介于历史和文学两极之间的性质。口头传说虽然会随生活方式的变化而被后来者改造，刻上新的生活方式的印迹，但仍具有相对的稳定性。①

诚如一切口头传说那样，《夏小正》在其基本内核不变的情况下，必然会经历"润之以新辞""涂以新的色彩"的过程。从《夏小正》到《礼记·月令》，再到《吕览》十二纪首的演变系列，就是如此。

历法的颁行虽然由统治者掌握，属于大传统的范畴，但某种历法一旦在民间使用，就又以小传统的形式存在于民间。甚至于在大传统消亡之后，它还在一定范围内继续存在。周人重农，加之周族在族源上与夏的密切关系，②所以周人沿用夏时，除杞人之外，至春秋夏时仍在一些地区使用。因为夏时易于掌握，便于安排农时，所以为孔子所称道。③

大传统在演变为小传统的同时，其中的合理因素亦为新的大传统所吸收。《夏小正》可能通过这种途径传至后世。《吕氏春秋·先识览》载："夏太史令终古，出其图法，执而泣之。夏桀迷惑，暴乱愈甚，太史令终古乃出奔如商。……殷内史向挚见纣之愈乱迷惑也，于是载其图法，出亡之周。"④ 太史所载之"图法"，即作为大传统的图录和法典，其中亦包括《夏小正》一类的东西。周初沿用夏代文化制度，历法亦不例外。据《国语·周语中》载：

单子归……对曰："夫辰角见而雨毕，天根见而水涸，本见而

---

① [日]柳田国男：《传说论》，连湘译，中国民间文艺出版社1988年版，第33—34页。
② 参见傅斯年《夷夏东西说》，载国立中央研究院《历史语言研究所集刊》外编第一种《庆祝蔡元培先生65岁论文集》，1933年1月。
③ 《论语·卫灵公》："颜渊问为邦。子曰：'行夏之时，乘殷之辂，服周之冕，乐则韶舞（武）……'"
④ 许维遹撰：《吕氏春秋集释》，中华书局2009年版，第395—396页。

草木节解，驷见而陨霜，火见而清风戒寒。故先王之教曰：'雨毕而除道，水涸而成梁，草木节解而备藏，陨霜而冬裘具，清风至而修城郭宫室。'故《夏令》曰：'九月除道，十月成梁。'其时儆曰："收而场功，待而畚梮，营室之中，土功其始，火之初见，期于司里。'此先王所以不用财贿，而广施德于天下者也。今陈国火朝觌矣，而道路若塞，野场若弃，泽不陂障，川无舟梁，是废先王之教也。"①

这段材料本是单子论陈之政的话，单子引述其九月、十月部分的内容，说明陈国将亡的原因是"火朝觌矣，而道路若塞，野场若弃，泽不陂障，川无舟梁"，即违背了"先王之教"——《夏令》。韦注："《夏令》，夏后氏之令，周所因也。"这部《夏令》和《夏小正》在内容上有相似之处。其中"其时儆曰"的"儆"字，表明这是行政者告诫民众之辞，故可称为"令"。

经过阴阳家附益的《礼记·月令》完全体现了"令"的特点，显系因袭改造《夏小正》而成。《逸周书·周月》："夏数得天，百王所同……亦越我周王，至伐于商，改正异械，以垂三统。至于敬授民时，巡狩祭享，犹自夏焉。"是周人沿用夏时。

《逸周书·月令》很早散佚，无从知其原貌。论者多以为即今《礼记·月令》及《吕氏春秋·十二纪》《淮南子·时则训》。这几篇文献内容大体相同，当中以《月令》最古。其他文献，都是沿袭《月令》。据日本能田忠亮和中国学者潘鼐的研究，《月令》与《十二纪》中记载的星象，除二、三项误记外，其观测年代当在公元前 620 年左右。② 从天文星象观测年代的推算可以看出，《月令》是因袭《夏小正》而成。这个结论与文献所载也颇为一致。

---

① 邬国义等：《国语译注》，上海古籍出版社 1994 年版，第 55 页。
② ［日］能田忠亮：《礼记月令天文考》，《东方学报》1941 年；潘鼐：《中国恒星观测史》，学林出版社 1989 年版，第 13—16 页。

《夏小正》的内容侧重于天象物候和农事及日常生活，偶尔涉及祭祀。《月令》则明显以祭祀和政教为中心，体现出夏、商文化的不同特点。但二者又有很多相同，则表明了后者对《夏小正》物候的继承。郑玄《礼记》注指出《月令》有 9 处直接引用了《夏小正》①，这是指二者文字完全相同者。除此之外，文字不完全相同，而相关内容一样的条目共有 56 条之多。②

另外，十多条同样的物候，两者相差一个月。如《夏小正》正月桃则华；《月令》二月桃始华。这说明同样是春天桃花开放的物候，周代比夏代晚一个月。又如《夏小正》九月荣鞠，树麦；《月令》八月鞠有黄华，乃劝种麦。都是说秋天菊花开放时节劝说老百姓开始种冬小麦。但《夏小正》比《月令》又晚了一个月。这说明《夏小正》的时代，春天回暖早，秋天降温迟。据竺桢桢先生研究，夏商时期是第一个温暖期，那时黄河中下游地区有野象等亚热带动物。西周到明朝初期为寒暖交错期。总体来说，在夏代，中原地区的气候比周代要暖和。③ 这与《夏小正》物候的记录是相吻合的。由此可以证明，《夏小正》的确记录了夏代物候，周人继承夏时的《周月》(《礼记·月令》所本)，在转录《夏小正》的物候方法时，根据周代的气候变化，做了一些相应的调整。④

陈美东对《夏小正》及《吕纪》《月令》的物候进行了归类比较研究，得出结论认为："《吕》、《礼》文中的物候受到了《夏小正》的重大影响，直接承继者占 1/3 强。同时《吕》、《礼》文物候又有了巨大的发展，其中以气象类的增加最为突出，从 4 项增至 18 项与从 37 项增至 42 项，二者所选用的具体动、植物象有较大差异，不同者分别为 13 项和 19 项，从而证明《吕》、《礼》文物候的发展带有创造性与突破性的意义。"⑤《夏小正》记星象比较零散，《月令》及十二纪的记录则更

---

① (唐) 孔颖达：《礼记正义》引郑注，中华书局影印《十三经注疏》本，1980 年版。
② 参见竺可桢《中国近五千年来气候变化的初步研究》，《考古学报》1972 年第 1 期。
③ 谢世俊：《中国气象史稿》，重庆出版社 1992 年版，第 169 页。
④ 《周书》有《周月》篇，今佚。
⑤ 陈美东：《月令、阴阳家与天文历法》，《中国文化》1995 年秋季号。

加具体和成系统，每月都有。这说明后者对星象的观测较《夏小正》的时代有较大的突破。

沈瓞民亦认为，战国末吕不韦召集门客编纂《吕氏春秋》，欲为秦之施政宪法，用夏时：

> 《吕氏春秋》十二纪用夏正。或谓周正，或谓秦制，皆非也。其所谓月者，皆依据节中，即《逸周书·周月解》所谓"凡四时成岁，有春夏秋冬，各有孟仲季，以名十有二月中气以著……天地之正，四时之极，不易之道。夏数得天，百王所同。……其在商汤，……以建丑为正。……亦越我周王，改正异械……以重三统，至于敬授民时，巡狩祭享，犹自夏焉。"为十二纪用夏时之明证。注家皆昧其理，以为不韦所著，是用秦历，误之又误矣。①

沈先生推论十二纪用"夏正"，也证明了《夏小正》与《月令》之间的源流关系。至于《月令》与十二纪中的阴阳五行内容，则出于战国中后期的阴阳家学者的附益。之后《淮南子·时则训》等，又是对阴阳家《月令》的继承。这一点前人已有详论，② 兹不赘述。

综上所述，《夏小正》是用于授时仪式的韵文，从其中记载的星象、历法等内容以及其语言形式来看，它的产生年代应在商周以前。《礼记》中的《月令》《吕氏春秋》十二纪首等类似韵文都是在《夏小正》基础上改造、附益而成的。

原载于《文献》2004年第4期

---

① 沈瓞民：《读吕纪随笔》，《中华文史论丛》第2辑，中华书局上海编辑所1962年版，第191—219页。
② 参见容肇祖《月令的来源考》，原载《燕京学报》第十八期，1935年出版；又见《容肇祖集》，齐鲁书社1978年版。杨宽《月令考》，原载《齐鲁学报》1941年第2期；又见《杨宽古史论文选集》，上海人民出版社2003年版。